供护理学类专业高等学历继续教育等使用

内科护理学

U0644296

第 4 版

主　　编　　胡　荣　朱小平
副 主 编　　李健芝　沈　勤　魏秀红

数字负责人　朱小平　　武汉大学中南医院
编　　者　　卜秀梅　　辽宁中医药大学护理学院
（按姓氏笔画排序）申　玲　　福建医科大学护理学院
　　　　　　朱小平　　武汉大学中南医院
　　　　　　李红梅　　山西医科大学汾阳学院
　　　　　　李健芝　　南华大学护理学院
　　　　　　杨　益　　新疆医科大学第一附属医院
　　　　　　沈　勤　　浙江中医药大学护理学院
　　　　　　林蓓蕾　　郑州大学护理与健康学院
　　　　　　郑悦平　　中南大学湘雅医院
　　　　　　赵振娟　　哈尔滨医科大学附属第二医院
　　　　　　胡　荣　　福建医科大学护理学院
　　　　　　柳家贤　　广州医科大学护理学院
　　　　　　贾　平　　四川省人民医院
　　　　　　夏继凤　　宁夏医科大学护理学院
　　　　　　蒋　莉　　广西医科大学护理学院
　　　　　　蔡小霞　　海南医科大学国际护理学院
　　　　　　蔡金辉　　中山大学附属第一医院
　　　　　　魏秀红　　山东第二医科大学护理学院

编写秘书及数字秘书　申　玲　福建医科大学护理学院（兼）

人民卫生出版社
·北 京·

图书在版编目（CIP）数据

内科护理学 / 胡荣，朱小平主编. -- 4 版. -- 北京：
人民卫生出版社，2024. 11. --（全国高等学历继续教育
"十四五"规划教材）. -- ISBN 978-7-117-36685-4

Ⅰ. R473. 5

中国国家版本馆 CIP 数据核字第 20248LY291 号

内科护理学
Neike Hulixue
第 4 版

主　　编	胡　荣　朱小平
出版发行	人民卫生出版社（中继线 010-59780011）
地　　址	北京市朝阳区潘家园南里 19 号
邮　　编	100021
E – mail	pmph @ pmph.com
购书热线	010-59787592　010-59787584　010-65264830
印　　刷	三河市国英印务有限公司
经　　销	新华书店
开　　本	787×1092　1/16　印张：36　插页：5
字　　数	847 千字
版　　次	2003 年 8 月第 1 版　　2024 年 11 月第 4 版
印　　次	2024 年 12 月第 1 次印刷
标准书号	ISBN 978-7-117-36685-4
定　　价	92.00 元

打击盗版举报电话　010-59787491　　E- mail　WQ @ pmph.com
质量问题联系电话　010-59787234　　E- mail　zhiliang @ pmph.com
数字融合服务电话　4001118166　　　E- mail　zengzhi @ pmph.com

出版说明

为了深入贯彻党的二十大和二十届三中全会精神，实施科教兴国战略、人才强国战略、创新驱动发展战略，落实《教育部办公厅关于加强高等学历继续教育教材建设与管理的通知》《教育部关于推进新时代普通高等学校学历继续教育改革的实施意见》等相关文件精神，充分发挥教育、科技、人才在推进中国式现代化中的基础性、战略性支撑作用，加强系列化、多样化和立体化教材建设，在对上版教材深入调研和充分论证的基础上，人民卫生出版社组织全国相关领域专家对"全国高等学历继续教育规划教材"进行第五轮修订，包含临床医学专业和护理学专业（专科起点升本科）。

本套教材自1999年出版以来，为促进高等教育大众化、普及化和教育公平，推动经济社会发展和学习型社会建设作出了重要贡献。根据国家教材委员会发布的《关于首届全国教材建设奖奖励的决定》，教材在第四轮修订中有12种获得"职业教育与继续教育类"教材建设奖（1种荣获"全国优秀教材特等奖"，3种荣获"全国优秀教材一等奖"，8种荣获"全国优秀教材二等奖"），从众多参评教材中脱颖而出，得到了专家的广泛认可。

本轮修订和编写的特点如下：

1. 坚持国家级规划教材顶层设计、全程规划、全程质控和"三基、五性、三特定"的编写原则。

2. 教材体现了高等学历继续教育的专业培养目标和专业特点。坚持了高等学历继续教育的非零起点性、学历需求性、职业需求性、模式多样性的特点，贴近了高等学历继续教育的教学实际，适应了高等学历继续教育的社会需要，满足了高等学历继续教育的岗位胜任力需求，达到了教师好教、学生好学、实践好用的"三好"教材目标。

3. 贯彻落实教育部提出的以"课程思政"为目标的课堂教学改革号召，结合各学科专业的特色和优势，生动有效地融入相应思政元素，把思想政治教育贯穿人才培养体系。

4. 将"学习目标"分类细化，学习重点更加明确；章末新增"选择题"，与本章重点难点高度契合，引导读者与时俱进，不断提升个人技能，助力通过结业考试。

5. 服务教育强国建设，贯彻教育数字化的精神，落实教育部新形态教材建设的要求，配备在线课程等数字内容。以实用性、应用型课程为主，支持自学自测、随学随练，满足交互式学习需求，服务多种教学模式。同时，为提高移动阅读体验，特赠阅电子教材。

本轮修订是在构建服务全民终身学习教育体系、培养和建设一支满足人民群众健康需求和适应新时代医疗要求的医护队伍的背景下组织编写的，力求把握新发展阶段，贯彻新发展理念，服务构建新发展格局，为党育人，为国育才，落实立德树人根本任务，遵循医学继续教育规律，适应在职学习特点，推动高等学历医学继续教育规范、有序、健康发展，为促进经济社会发展和人的全面发展提供有力支撑。

新形态教材简介

　　本套教材是利用现代信息技术及二维码，将纸书内容与数字资源进行深度融合的新形态教材，每本教材均配有数字资源和电子教材，读者可以扫描书中二维码获取。

　　1. 数字资源包含但不限于PPT课件、在线课程、自测题等。

　　2. 电子教材是纸质教材的电子阅读版本，其内容及排版与纸质教材保持一致，支持多终端浏览，具有目录导航、全文检索功能，方便与纸质教材配合使用，可实现随时随地阅读。

获取数字资源与电子教材的步骤

❶ 扫描封底**红标**二维码，获取图书"使用说明"。

❷ 揭开红标，扫描**绿标**激活码，注册/登录人卫账号获取数字资源与电子教材。

❸ 扫描书内二维码或封底绿标激活码随时查看数字资源和电子教材。

电子教材操作演示

❹ 登录 zengzhi.ipmph.com 或下载应用体验更多功能和服务。

扫描下载应用

客户服务热线 400-111-8166

前　言

为适应医学科技的进步及临床实际工作的快速进展，进一步提高教材质量，我们于2023年对高等学历继续教育护理学专业规划教材《内科护理学》（第3版）进行修订。

在新版教材编写过程中，除遵循护理学专业教学评审委员会和人民卫生出版社的统一要求外，在内容选择及编写体例上还根据专升本教育培养实用型人才的目标和专升本学生的特点进行组织，对新版教材作了如下修订，以期进一步提高本教材的科学性、实用性和先进性。本教材主要特色如下：

1. 定位　本教材的使用对象为成人专科升本科护理专业学生及已经从事护理工作、具有一定工作经验的护理人员。因此，本教材在整体风格上重点突出成人教育的特点，关注成人学生的学习需求，教材编写所涉及的内容均以此为基准。

2. 实用性　本教材在讲授内科护理学基本知识的同时，着重培养学生的临床思维及分析问题、解决问题的能力。此外，内容及重点知识涵盖主管护师职称考试所有知识点，兼具教材及考试复习用书的功能，体现一书多用。

3. 新颖性　①在章节前以真实临床案例为导入并根据教学目标设置相应问题，引导学生以解决实际问题为需求进行知识的学习。②在章节中，引入"相关链接"拓展临床前沿知识；插入一定难度的思考题引导学生开拓临床思维。③梳理知识框架，增加图、表的应用，力求简明、扼要体现知识构架，帮助学生记忆与理解。④每章后最后一节为该系统疾病的进展式"案例临床思维分析"，并在数字教材中提供参考答案，提升学生综合应用知识的能力。⑤在每章后对该章重点以思维导图进行小结，帮助学生对知识进行总结归纳与记忆。⑥对本教材进行了课程思政融入与整体布局，提升学生的整体素养。

4. 先进性　本教材力求反映国内外临床医学特别是临床护理的新进展、新技术、新的诊治标准及指南，更新和补充新的诊断、治疗及护理的方法和技术。

本教材适用于我国高等学校护理学专业专科起点升入本科的学生，也可供参加主管护师职称考试考生、临床护理教师和护理工作者使用和参考。

胡　荣　朱小平

2024年11月

目　录

第一章 绪论

第一节 内科护理学概述与发展

内科护理学是建立在基础医学（如人体解剖学、生理学、病理学、药理学等）、健康评估、护理学基础、人文社会科学基础上，解析疾病相关知识及其预防、治疗、护理，促进康复、增进健康的一门综合性应用学科，为临床其他专业课的基石，也是护理学专业各层次教育的主干课程。

（一）内科护理的特点及对护士的要求

内科护理涉及临床领域宽广，从呼吸、循环、消化、泌尿、血液、内分泌、风湿与代谢性疾病至神经系统疾病，几乎涵盖了所有"非手术科"；护理实践范畴面向全社会人群；临床护理工作模式以生理–心理–社会整体护理为中心。随着社会经济与文化、科技的发展，健康中国战略对卫生保健需求及医疗服务水平提出了更高的要求；而同时威胁人类健康的疾病谱发生了较大变化，因而对护士的专业素质与涵养、知识水平和综合能力等提出了新的挑战。内科护士不仅是病人的直接照护者，还承担管理者、教育者、协作者、代言者及学科研究者等多重角色，是实现健康中国战略目标的主要推进者之一。

（二）内科护理学与相关学科的进展

近年来，生物信息学及其大数据、互联网+、人工智能、元宇宙等数字化技术的交叉应用，促进了疾病的诊断、治疗与照护技术更加精确化与个性化，推动了临床诊断、治疗及护理决策的科学化，促进了内科护理学的发展，而内科护理学的发展也促进了各相关学科的进步。

1. 病因及发病机制的进展　随着分子生物学、基因蛋白组学技术等日臻成熟，以及基因克隆、基因探针、干细胞技术、生物芯片等新技术的广泛应用，对许多疾病的病因及发病机制有了更深入的认识。遗传学的发展，使通过对胎儿绒毛膜或羊水细胞基因中DNA的分析，可得到胎儿地中海贫血的遗传类型和血友病的产前诊断。免疫学的发展，揭示了免疫机制障碍在恶性肿瘤、肾小球疾病、Graves病、类风湿关节炎中的作用，免疫治疗在器官移植、白血病等治疗中的应用，使治疗效果显著提高。靶向药物的研制与纳米技术的结合应用，为肿瘤等一些疾病提供了更为有效的治疗方法。

2. 检查与诊断技术的进展　随着计算机科学技术的发展，心、肺、脑等高尖端电子监护仪器与设备广泛应用于临床，能早期、及时发现和处理病情变化，明显降低了危重症病人的死亡率，改善病人预后。内镜技术的发展为疾病的诊断和治疗带来革命性突破，可通过内镜直接观察病变部位的外观结构、夹取活组织进行病理学检查及分子生物学诊断与研究，有效地提高了呼吸道、消化道、泌尿道、腹腔内一些疾病的早期诊断和确诊率，并且可用于止血、取出结石和异物、切除息肉等局部微创治疗。多排螺旋CT、正电子发射计算机体层显像（PET/CT）、单光子发射计算机断层成像（SPECT）、放射性核素显像及超声诊断技术等影像技术的发展，极大地提高了疾病的诊断水平。此外，随着对基因组学、蛋白组学等的研究进一步深入，基因测序技术逐渐进入临床，许多疾病建立了分子水平的诊断标准。

3. 预防与治疗技术的进展　随着干细胞技术的深入发展，初步形成了组织器官工程学与再生医学。外周血造血干细胞移植技术的发展、单克隆抗体靶向药物的研制如酪氨酸激酶抑制剂、全反式维A酸等为白血病的治疗取得了突破进展。血液透析、腹膜透析等血液净化技术的不断改进，使急慢性肾衰竭、高血容量状态、某些急性中毒的治疗效果明显改观，使慢性肾衰竭病人的长期生存率和生存质量明显提高。心导管诊断和介入性治疗技术的发展，改变了一些心脏疾病的传统治疗方式，使疗效及预后大为改善。此外，近年来精准医学的兴起，将快速推动肿瘤、心脑血管疾病、糖尿病等慢性病的精准预防与治疗。

4. 内科护理学及专业实践的进展　自20世纪90年代，内科护理逐渐由功能制疾病护理转向以人为中心的生物–心理–社会整体护理模式。近年来，随着高等护理教育的发展与完善，护理研究的广泛深入开展及医学相关学科的发展，内科护理学取得了长足进展。对疾病病因及发病机制的进一步认识，成为对病人及社会人群进行健康教育和保健指导的理论依据。心导管、射频消融术、起搏器的安置术及电子监护技术的发展促进了心内科重症护理监护水平及抢救技术的完善。化疗与放疗的护理、心脑血管介入治疗前后的护理、血液透析与腹膜透析的护理、中心静脉导管如经外周静脉穿刺的中心静脉导管（PICC）、静脉输液港的置入、应用与维护等专科技术也得到了相应发展。许多医院建立了护士专科门诊，使护理走向精、专、细，促进了护理专业实践的发展。

第二节　内科护理学学习要求与方法

（一）学习要求

作为高等学历继续教育本科层次学生，前期已具备一定的专业基础与临床实践能力。本课程的学习应以课程目标为导向，以整体护理观为指导，围绕内科护士角色及任务，着力于拓宽内科护理相关专业知识，发展评判性思维与临床思维能力、自学能力，提升临床实践水平。通过本教材的学习，熟悉临床内科护理的相关专业知识，了解最新进展，能运用护理程序的科学方法及评判性思维与临床思维，对内科病人及高危人群进行生理–心理–社会–精神–文化多方面的护理评估，确定现存的及潜在的健康问题，制订且执行相应的护理措施，实施健康指导和心理护理。

（二）知识构架

内科护理学知识体系的整体性强，每个系统或专科疾病病人的护理各成一章，但知识点构架基本相同，详见图1-1。

（三）学习方法

学习过程中切忌死记硬背，要在理解的基础上记忆，在运用的过程中深化理解。针对继续教育特点，推荐以下两种学习方法供参考。

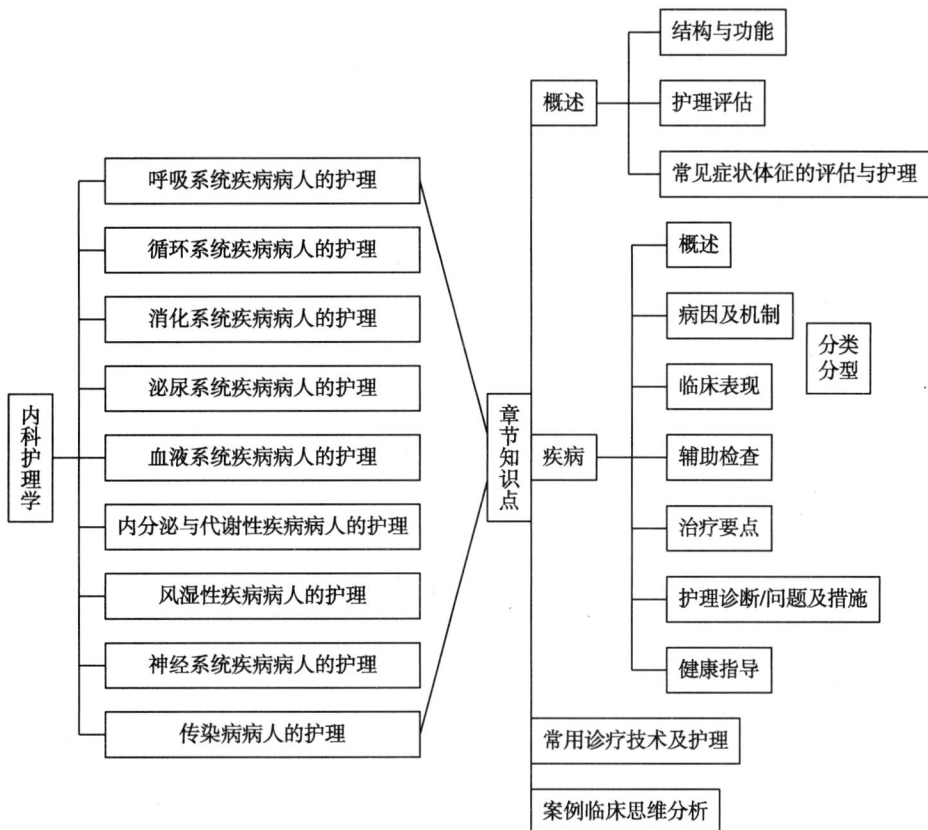

▲ 图1-1 内科护理学知识构架

1. **思维导图法** 思维导图法是英国学者托尼·巴赞基于大脑的发散性思维模式创制的有效思维工具。它要求沿着"中心→四周"的方式绘制思维导图，即从一个中心点出发，扩展出许多二级关键词，再以这些关键词为中心，扩展出更多层次的关键词。以图1-1的知识构架为依托，构建每章的知识导图。具体要求：① 准备白纸：推荐16开白纸，可粘贴于书中；② 充分利用图形和色彩：对于不同的知识点，可以选择自己喜爱的多种图形多种色彩来表现（最好三种以上或更多艳丽的颜色）；③ 注意层次：构建图形要有层次感，中央的线条要粗些，字体、线条的变化可以多一些；④ 注意排序：使用数字顺序，间隔应尽量合理安排；⑤ 突出重点：重点知识可以通过"小红旗""小星星"等来展现。

2. **线上线下相结合的混合式学习** 第一步：从每节的"案例导入"着手，依据案例的设问，通读全节内容，用彩色笔标识重点知识及疑难之处，分析问题。第二步：线上学习相关视频及融合教材资料。第三步：对疑难之处上网检索，课堂听课或线上留言讨论。第四步：依据每章后的案例临床思维训练，对整个系统知识进行回顾与强化，培养临床思维意识与思路及评判性思维能力。第五步：参考章小结的思维导图，温故全章知识。

第二章

呼吸系统疾病病人的护理

学习目标

知识目标	1. 掌握	常见呼吸系统症状；肺炎的临床表现、治疗与护理；肺结核分类标准、临床表现及结核菌素试验；肺结核的化疗原则与护理；哮喘的概念、基本病因、症状及护理；支气管扩张的临床表现、痰的性质及护理要点；慢性阻塞性肺疾病及慢性肺源性心脏病的概念、临床表现、治疗要点及护理；呼吸衰竭的概念、临床表现、治疗要点及护理。
	2. 熟悉	肺炎的特点、病因、分类及健康指导；结核分枝杆菌的特点；哮喘的分期、并发症及健康指导；支气管扩张的病因、治疗要点和健康指导；自发性气胸的概念、临床表现、治疗及护理要点；肺血栓栓塞症的概念、临床表现、治疗及护理要点；原发性支气管肺癌的概念、临床表现、治疗及护理要点。
	3. 了解	呼吸系统结构与功能；急性呼吸道感染；肺结核发生发展规律；哮喘、支气管扩张、慢性阻塞性肺疾病、慢性肺源性心脏病、自发性气胸、肺血栓栓塞症、原发性支气管肺癌的发病机制。
能力目标		能应用临床思维与评判性思维对呼吸系统疾病病人进行病情评估，能识别肺炎、哮喘等危重情况；能正确提出护理问题，实施整体护理。
素质目标		重视全球生态环境，培养大局观和全局意识，以医者仁心、大爱无疆精神为指引，甘于奉献，为人民健康做贡献。

第一节　概述

呼吸系统疾病是影响人体健康的常见病、多发病。2023年中国统计年鉴显示，呼吸系统疾病在我国城市及农村人口的主要疾病死亡率及死因构成中居第四位，仅次于恶性肿瘤、心脏病和脑血管疾病。2020年全球癌症负担数据指出，肺癌是我国发病率及死亡率最高的恶性肿瘤。慢性阻塞性肺疾病、支气管哮喘等疾病发病率日渐增多，《中国居民营养与慢性病状况报告（2020年）》显示我国仍是全球慢性阻塞性肺疾病发病率最高的国家之一。传染性肺结核患病率虽已下降至59.3/10万，但耐药结核病仍然是目前乃至今后一段时间需要面对的重点问题。流感在我国每年的发病率为10%~30%，其侵入体内的主要靶器官也是肺。肺部感染的发病率和死亡率仍有增无减，严重急性呼吸综合征、甲型H1N1流感、人感染H7N9禽流感以及新型冠状病毒感染等突发急性传染病疫情造成的对人体健康的危害已经构成影响公共健康的问题，其防治任务艰巨。

一、结构与功能

1. **呼吸道** 以环状软骨下缘为界分为上、下呼吸道。上呼吸道包括鼻、咽、喉，主要作用是对吸入气体进行加温、过滤、湿化，达到95%的相对湿度，使肺部的气体交换适合生理需求；下呼吸道是由环状软骨以下的气管和支气管构成，是气体的传导通道，气管在隆凸处（相当于胸骨角处）分为左、右主支气管，右主支气管较左主支气管粗、短而陡直，因此异物及吸入性病变如肺脓肿多发生在右侧，气管插管过深也易误入右主支气管。

2. **肺** 肺是由肺泡、肺泡上皮细胞、肺间质等组成。成人肺泡总面积约为$100m^2$，在平静状态下只有1/20的肺泡进行气体交换，因而具有巨大的呼吸储备力。肺间质是指肺泡上皮与血管内皮之间、终末气道上皮以外的支持组织，包括血管及淋巴组织。肺有双重血供，即肺循环和支气管循环，肺循环是功能血管，具有低压、低阻及高血容量等特点。缺氧能使小的肺动脉肌性收缩，形成肺动脉高压，是发生慢性肺源性心脏病的重要机制之一。体循环的支气管动、静脉与支气管伴行，营养各级支气管及肺。支气管静脉与动脉伴行，收纳各级支气管的静脉血，最后经上腔静脉回右心房。支气管动脉在支气管扩张症等疾病时可形成动静脉分流，曲张的静脉破裂可引起大咯血。

3. **胸膜和胸膜腔** 胸膜可分为壁层和脏层，壁胸膜分布有感觉神经末梢，脏胸膜无痛觉神经，因此胸部疼痛是由壁胸膜发生病变或受刺激引起。胸膜腔是一个由脏胸膜和壁胸膜构成的密闭潜在腔隙，腔内有少量浆液，具有润滑作用。正常成人平静呼气末胸腔内压呈负压状态，是吸气时肺扩张的重要条件。当胸膜腔内进入气体（气胸），胸膜腔内负压减小，甚至转为正压，则可造成肺萎陷，不仅影响呼吸功能，也将影响循环功能，甚至危及生命。

4. **呼吸系统的防御功能** 正常成人每天接触的空气量高达15 000L，同时，还会受到经血液循环带来的机体内部有害物质的侵害。为防止各种微生物、变应原、毒素和粉尘等有害颗粒的侵袭，肺与呼吸道共同构成气道、肺泡、气道与肺泡之间完善的防御机制。当各种原因，如经口呼吸、理化刺激、气管切开或气管插管、缺氧、高浓度吸氧及药物（如糖皮质激素、免疫抑制剂及麻醉药）等引起呼吸系统防御功能下降或外界的刺激过强，可为病原体入侵创造条件。

气道有3个主要防御机制。① 物理防御机制：通过对致病因子的沉积、滞留和气道黏液 - 纤毛运载系统的作用完成；② 生物防御机制：上呼吸道的正常菌群对机体是一种防御机制；③ 神经防御机制：主要是由有害因子刺激鼻黏膜、喉及气管时产生咳嗽反射、喷嚏和支气管收缩等完成，从而将异物或微生物排出体外。

二、护理评估

【病史评估】

1. 患病及治疗过程

（1）患病过程：了解病人患病的起始时间、主要症状及伴随症状，如咳嗽、咳痰、呼吸困难、咯血、胸痛等的表现及其特点；询问有无诱因、症状加剧和缓解的相关因素或规律性，发病有关的病因，如感染、气候变化、环境改变、情绪、起居饮食失调等。

（2）诊治经过：询问病人曾做过何种检查、结果如何；曾用药物的名称/种类、用法、末次用药的时间，用药后症状改善情况；支气管哮喘病人是否会正确使用吸入性药物等；患病期间有无采取特殊治疗方法，如慢性阻塞性肺疾病病人的长期氧疗等。

（3）目前状况：了解病人日常的生活及自理能力是否受到影响，如夜间频繁咳嗽、咳痰可影响睡眠质量；呼吸困难可影响患病期间的工作、学习、睡眠、进食、排泄等。

（4）相关病史：与呼吸系统疾病有关的疾病史，如过敏性疾病、麻疹、百日咳及心血管疾病等。了解与呼吸系统疾病有关的过敏史，如支气管哮喘环境激发因素等。有无家族遗传史，如40%的支气管哮喘病人有家族史。

2. 心理-行为-社会状况

（1）心理状况：因呼吸功能损害，如持续存在咳嗽、胸痛、呼吸困难等症状，引起病人工作及活动能力下降而产生不良情绪反应。大量咯血可造成病人的恐惧心理，肺炎起病多急骤，短期内病情严重，加之高热和全身中毒症状明显，病人及家属可产生自卑、焦虑及抑郁等心理。

（2）生活方式：了解病人日常生活、工作、学习、睡眠等是否规律。① 吸烟与呼吸系统疾病关系密切，应询问吸烟史、吸烟量及是否已戒烟或准备戒烟，家庭、工作环境中是否有被动吸烟的情况等；② 询问居住地是否长期处在污染环境中，如矿区；③ 询问病人药物成瘾、自我保健情况，有无借助药物入睡，实际生活中活动完成情况及是否借助辅助用具或他人帮助；④ 询问病人日常的活动量及活动耐力，能否胜任目前的工作，衡量其活动前后心率变化及主观感觉、有无活动无耐力的相关症状等；⑤ 询问患病后角色功能、社会交往、性功能等是否发生改变，如慢性阻塞性肺疾病病人逐渐丧失工作能力，可能影响家庭经济来源，甚至影响到日常生活的自理能力。

（3）社会支持系统：评估病人对疾病的发生、病程、预后及健康保健是否认知，病人是否采用有效应对方式适应角色的转变。评估病人的家庭组成、经济状况、教育背景等基本情况；询问病人的主要照顾者对病人所患疾病的认识及对病人的关怀、支持程度；明确医疗费用的来源或医疗负担水平及出院后继续就医的条件，包括居住地有无比较完备的初级卫生服务等资源。

【身体评估】

1. 全身状态　呼吸系统疾病多与感染有关，病人常有体温升高、脉率增快。观察病人有无急性病容和鼻翼扇动等表现；肺结核病人可有消瘦或体重下降；缺氧时会呈现出皮肤及黏膜的发绀；存在二氧化碳潴留时病人皮肤潮红；慢性肺源性心脏病可引起右心衰竭，表现为肝肿大及肝颈静脉回流征阳性。肺性脑病、呼吸衰竭病人可发生意识改变，表现为烦躁、嗜睡、惊厥和表情淡漠；支气管肺癌淋巴结转移时可触及肿大的淋巴结。

2. 胸部评估 注意胸廓外形、两肺呼吸运动是否一致；肺部触诊有无语音震颤改变和胸膜摩擦感；肺部叩诊音和听诊呼吸音有无变化，有无干、湿啰音及其分布，有无胸膜摩擦音。

【辅助检查】

1. **血常规** 细菌感染常表现为白细胞计数升高、中性粒细胞百分比增高及核左移现象。嗜酸性粒细胞增多见于支气管哮喘。大咯血时可导致血红蛋白降低。

2. **痰液检查** 是诊断呼吸系统疾病病因、进行疗效观察及判断预后的重要项目。一般检查：观察并记录痰液的量、颜色、性质和气味等。如呼吸道化脓性感染常咳黄脓痰；合并厌氧菌感染时痰液有恶臭味，常见于肺脓肿、支气管扩张症病人。显微镜检查：常做痰涂片染色检查。抗酸染色法可查找结核分枝杆菌，巴氏染色法可检查肺癌病人痰中脱落的癌细胞等。痰培养对肺部感染的病因判断和药物选用有重要价值。

相关链接 | **留取痰标本方法**

① 应尽可能在抗生素使用（或更换）前进行，采集来自下呼吸道的分泌物。
② 最常用自然咳痰法，留取方法简便。指导病人于晨起后首先以清水漱口数次，以减少口腔杂菌污染，之后用力咳出深部第一口痰，并留于加盖的无菌容器中。③ 标本留好后尽快送检，一般不超过2小时。④ 若病人无痰，可用高渗盐水（3%~10%）雾化吸入诱导痰液引出。⑤ 经环甲膜穿刺气管吸引或经纤维支气管镜留取痰标本，可防止咽喉部定植菌污染痰标本，怀疑普通细菌感染，需留取痰液量＞1ml，真菌和寄生虫感染留取3~5ml，分枝杆菌感染留取5~10ml。

---

3. **血气分析** 判断机体的通气状态与换气状态，是否有PaO_2减低和/或$PaCO_2$升高，机体的酸碱平衡状态，酸碱失衡的类型及代偿程度等。

4. **影像学检查** 包括胸部X线、CT及磁共振成像（MRI）等，这些检查可为明确病变部位、性质、气管和支气管的通畅程度等提供依据。另外，肺血管造影、支气管动脉造影和栓塞术对血管病变、咯血有较好的诊治价值。

5. **纤维支气管镜和胸腔镜** 纤维支气管镜及支气管肺泡灌洗，用于组织病理学检查，有助于明确病原和病理诊断。胸腔镜可直接观察胸膜病变，进行胸膜活检和肺活检，用于胸膜和部分肺部疾病的诊断。

6. **肺功能检查** 肺功能检查是通过对肺通气和肺换气功能进行测定，以了解肺功能损害的程度和性质的检查方法，临床最常用的是肺通气功能检查。

（1）肺总容量（total lung capacity，TLC）：深吸气后肺内所能容纳的总气量，由肺活量和残气量组成。正常成年男性约为5 000ml，女性约为3 500ml。

（2）肺活量（vital capacity，VC）：是尽力吸气后完全呼出的最大气量，正常成年男性约为3 500ml，女性约为2 500ml。

（3）残气量（residual volume，RV）：是最大呼气末气道内残留的气量。正常成年男性约为1 500ml，女性约为1 000ml。

（4）用力肺活量（forced vital capacity，FVC）：是指尽力最大吸气后，尽力尽快呼气所能呼出的最大气量。

三、常见症状体征的评估与护理

【咳嗽与咳痰】

咳嗽（cough）是由于延髓咳嗽中枢受刺激后引发的在短暂吸气后的爆发性呼气运动，是一种反射性防御动作，可以清除呼吸道分泌物和异物。根据是否伴有痰液，咳嗽可分为干性咳嗽和湿性咳嗽两类。如果长期频繁咳嗽影响工作和休息，则为病理状态。

咳痰（expectoration）是通过咳嗽动作将气管、支气管的分泌物或肺泡内渗出液排出的过程。正常的支气管黏膜腺体和杯状细胞只分泌少量黏液，用以保持呼吸道湿润。当气道炎症时，气道黏膜充血、水肿，黏液分泌增加，毛细血管通透性增加，浆液渗出。渗出物与黏液、吸入的尘埃和某些坏死组织等混合而成痰液，随咳嗽排出。

咳嗽与咳痰的常见原因有：① 感染，以细菌、病毒最为常见，如上呼吸道感染、支气管炎、肺炎等；② 变态反应性疾病，如支气管哮喘、过敏性鼻炎等；③ 理化因素，如吸烟、刺激性气体、粉尘刺激等；④ 肿瘤，如鼻咽部、气管、支气管、肺、胸膜、纵隔的肿瘤等。

1. 护理评估

（1）病史：了解病人有无反复上呼吸道感染及气喘病史，是否有慢性阻塞性肺疾病、肺结核等疾病，症状出现与气候变化的关系。询问病人目前祛痰、止咳治疗情况，有无吸烟史、过敏史及粉尘接触史等。

（2）身体评估

1）生命体征及意法状态，尤其是体温、呼吸节律、频率，血氧饱和度等。

2）营养收态，有无食欲减退、消瘦和营养不良。

3）体位与活动：有无强迫体位、如端坐呼吸等。

4）皮肤、黏膜颜色及状态，有无脱水、多汗及发绀。

5）肺部听诊，呼吸音粗细，有无异常呼吸音、干啰音及湿啰音等。

（3）辅助检查：痰液检查有无致病菌；胸部 X 线或 CT 检查确定病变部位，动脉血气分析有无 PaO_2 下降和 $PaCO_2$ 升高；支气管镜、肺功能检查有无异常。

2. 常用护理诊断/问题　清理呼吸道无效　与呼吸道分泌物过多、痰液黏稠不易咳出，或病人胸痛、意识障碍导致的无力、无效咳嗽有关。

3. 护理目标　病人能够掌握有效咳嗽的方法，咳嗽减轻或缓解，痰液能及时清除。

4. 护理措施

（1）生活护理

1）环境：为病人提供安静、舒适的治疗环境，保持室内空气清新、洁净，注意通风。适宜的室温维持在 18~20℃，湿度在 50%~60%，避免灰尘与烟雾的刺激。

2）饮食护理：给予足够热量的饮食，适当增加蛋白质和维生素的摄入，避免油腻、辛辣刺激性食物，以免刺激呼吸道加重咳嗽。适当补充水分，保证每日饮水量在1500ml以上，以利于呼吸道黏膜的湿润，使痰液稀释容易排出。

（2）促进有效排痰：包括有效咳嗽、气道湿化、胸部叩击、体位引流和机械吸痰等措施。

1）有效咳嗽：适用于神志清醒、一般状况良好、能够配合的病人。

实施前评估病人自主和反射性咳嗽的能力，实施过程中注意：① 指导病人有效咳嗽的方法。病人尽量取舒适和放松的坐位或前倾体位；深而慢的腹式呼吸5~6次，然后深吸气，屏气3~5秒后发出急剧的2~3次短促有力的咳嗽，帮助痰液咳出。② 经常变化体位有利于痰液咳出。③ 对于腹部肌肉无力、不能有效咳嗽的病人，在深吸气准备咳嗽时医护人员可将手从病人剑突下向上向里用力推，帮助病人快速吸气，引起咳嗽。④ 如胸部有伤口可用双手或枕头轻压伤口两侧，避免咳嗽时胸廓扩展牵拉伤口引起疼痛。

2）气道湿化：适用于痰液黏稠不易咳出者。气道湿化包括湿化治疗和雾化治疗两种方法。湿化治疗是通过湿化装置提高吸入气体的湿度，达到湿润气道、稀释痰液的目的。雾化治疗又称气溶胶吸入疗法，是指使用特制的气溶胶发生装置，使药物和水分形成气溶胶的液体或固体微粒，吸入后沉积于呼吸道和肺内，达到治疗疾病、改善症状的目的。

注意事项：① 避免湿化不足或湿化过度，病人如出现痰液黏稠，感觉鼻面部干燥时应考虑湿化不足；如病人出现频繁咳嗽或痰液稀薄，需要频繁排痰或吸引时，常提示湿化过度。② 控制湿化温度：一般在35~37℃，避免温度过高灼烧呼吸道。③ 防止呼吸道交叉感染，严格消毒湿化装置，严格无菌操作，加强口腔护理。④ 防止窒息：呼吸道干稠的分泌物经湿化膨胀后，如不能及时排出，会进一步加重气道狭窄及阻塞，甚至发生窒息死亡。治疗过程中加强病情观察，尤其是体弱、咳嗽无力者，及时帮助病人排出痰液。

3）胸部叩击：通过叩击所产生的振动和重力作用，使滞留在气道内的分泌物松动，移行到中心气道，通过咳嗽的方式排出体外。适用于久病卧床、体弱、排痰无力的病人。禁用于骨折及肿瘤的区域、肺栓塞、严重胸壁疼痛、不稳定型心绞痛及有明显出血倾向的病人。

方法：① 病人取侧卧位或坐位，叩击者手指弯曲并拢，掌侧呈杯状，指关节微屈；② 以手腕的力量，从肺底自下而上、由外向内迅速而有节律地叩拍胸壁，边拍边鼓励病人咳嗽，以进一步促进痰液排出；③ 叩击时应避开乳房和心脏，勿在骨突起部位进行，如胸骨、肩胛骨及脊柱；④ 叩击的力量要适中，以病人不感疼痛为宜；⑤ 每个肺叶叩击1~3分钟，每分钟叩击120~180次，每次叩击时间以3~5分钟为宜；⑥ 叩击安排在餐前30分钟或餐后2小时为宜，以免引起病人呕吐；⑦ 叩击后协助病人排痰并做好口腔护理，询问病人的感受，观察痰液情况。

4）体位引流：通过适当的体位摆放，使病人受累肺段的支气管尽可能垂直于地面，利用重力的作用使支气管内的分泌物流向气管，然后通过咳嗽等方式排出体外。适用于支气管扩张、肺脓肿等痰液较多且排痰不畅者。体位引流的原则是病变的部位在高处，引流支气管开口位于低处。禁用于呼吸困难明显、近期内有大咯血病史、严重心血管疾病或年老体弱病人等。具体方法参见本章第六节"支气管扩张症"。

5）机械吸痰：适用于痰液黏稠无力咳出、意识不清或建立人工气道的病人。可经病人的口、鼻腔、气管插管或气管切开处进行负压吸痰。

注意事项：① 吸痰时动作轻柔、迅速；② 每次吸引时间不超过15秒；③ 在吸痰前后适当提高吸氧的浓度，防止吸痰引起低氧血症；④ 严格进行无菌技术操作，避免呼吸道交叉感染；⑤ 吸痰过程中注意观察病人生命体征、血氧饱和度等变化。

5. 评价

（1）病人咳嗽减轻或消失，痰液能有效排出。

（2）能正确运用体位引流等胸部物理治疗排出痰液。

【肺源性呼吸困难】

呼吸困难（dyspnea）是病人主观上感到空气不足、憋气、呼吸费力，并伴有呼吸频率、深度与节律的异常。肺源性呼吸困难主要是由呼吸系统疾病引起的肺通气、换气功能障碍，导致缺氧和/或二氧化碳潴留所致。根据临床特点分为三种类型。① 吸气性呼吸困难：见于喉部、气管、大支气管的狭窄与阻塞；特点为吸气显著费力，重症者吸气时呼吸肌用力收缩，胸内负压增高，可出现锁骨上窝、胸骨上窝及肋间隙向内凹陷，称"三凹征"。② 呼气性呼吸困难：常见于慢性支气管炎、慢性阻塞性肺疾病、支气管哮喘、弥漫性泛细支气管炎等；特点为呼气费力、缓慢，呼气时间明显延长，常伴有呼气期哮鸣音。③ 混合性呼吸困难：见于重症肺炎、大面积肺栓塞、重症肺结核、弥漫性肺间质疾病、大量胸腔积液、气胸等；特点为吸气期和呼气期均感呼吸费力、呼吸频率增快、深度变浅，可伴有呼吸音异常或病理性呼吸音，出现端坐呼吸、鼻翼扇动等。

🔔 **问题与思考**
肺源性呼吸困难与心源性呼吸困难有哪些不同点？

1. 护理评估

（1）病史：① 评估病人的呼吸频率、节律、深度，是否感到胸闷、憋气、呼吸费力及喘息；② 了解呼吸困难的起病缓急与持续时间，环境或病情加重的关系，询问病人对治疗的反应；③ 详细询问有无呼吸系统疾病，如支气管哮喘、支气管扩张症、肺炎等，发作是否与过敏性诱因有关；④ 是否伴有咳嗽、咳痰、胸痛、发热及神志改变等。

（2）身体评估

1）神志：病人有无烦躁不安、意识模糊、嗜睡、谵妄或昏迷。

2）面容：有无口唇发绀，张口或点头呼吸。

3）呼吸状况：呼吸的频率、节律、深度，呼吸困难的类型以及严重程度。

4）胸部：观察是否有桶状胸；听诊双肺呼吸音，有无啰音等。

（3）辅助检查：动脉血气分析有助于判断是否缺氧和/或二氧化碳潴留及程度；肺功能测定可了解肺功能的情况。

相关链接 | **呼吸困难严重程度**

临床上常以完成日常生活活动情况评定呼吸困难的程度，共分为三种。

① 轻度：可在平地行走，登高及上楼时气急，中度或中度以上体力活动后出现

呼吸困难；② 中度：平地慢步行走中途需休息，轻体力活动时出现呼吸困难，完成日常生活活动需他人帮助；③ 重度：洗脸、穿衣，甚至休息时也感到呼吸困难，日常生活活动完全依赖他人帮助。

2. 常用护理诊断/问题

（1）气体交换受损　与呼吸道痉挛、呼吸面积减少、换气功能障碍等有关。

（2）活动耐力下降　与呼吸困难导致机体缺氧和能量消耗增加有关。

3. 护理目标

（1）病人呼吸困难程度减轻，呼吸平稳。

（2）病人能得到充分的休息，活动耐力逐渐提高。

4. 护理措施

（1）气体交换受损

1）环境：保持环境安静、舒适，空气洁净，温湿度适宜，居室内避免存在过敏原，如尘螨、花粉、刺激性气体等。病情严重者应安置在重症监护病房，以便及时观察并处理病情变化。

2）体位：采取的体位以病人自觉舒适为原则，对于因呼吸困难而不能平卧者可采取半卧位或坐位身体前倾，并使用枕头、靠背架或桌板等支撑物增加病人的舒适度。

3）病情观察：观察并判断呼吸困难的类型，动态评估病人呼吸频率、节律及呼吸困难的严重程度，监测血氧饱和度的变化。

4）保持呼吸道的通畅：鼓励和教会病人有效咳嗽；补充水分以稀释痰液；按医嘱给予支气管扩张剂，缓解呼吸困难的症状；气道分泌物较多者，应协助病人翻身拍背，充分排出痰液，以保持呼吸道通畅；必要时需建立人工气道，以增加肺泡通气量。

5）氧疗：是指通过给病人吸入高于空气浓度的氧气，以提高动脉血氧分压、血氧饱和度和氧含量，纠正机体低氧血症的治疗方式。根据呼吸困难类型、严重程度的不同，采取合理的氧疗以缓解呼吸困难症状（详见本章第十二节"呼吸衰竭"）。

6）心理护理：注意安慰病人，给予心理支持增强其安全感，保持情绪稳定。

（2）活动耐力下降

1）休息与体位：病人休息时尽量减少不必要的护理操作并保持病室环境的安静和舒适。采取的体位以病人自觉舒适为原则，指导病人穿着宽松的衣服并避免盖被过厚而造成胸部压迫等加重不适。

2）呼吸功能锻炼：指导病人进行腹式呼吸、缩唇呼吸、全身呼吸操训练及借助呼吸锻炼器训练等，以提高呼吸肌的耐力和力量，改善呼吸困难症状。

3）制订个体化运动处方：在全面评估病人的病情、活动耐力、呼吸肌功能、日常生活能力等基础上，与病人共同制订个体化的运动处方，内容包括运动的方式、频率、持续时间、运动强度及事项等。运动方式包括有氧训练、抗阻训练、平衡训练、柔韧性训练或多种方式结合。常见的运动包括快走、慢跑、游泳及骑脚踏车等，临床上常用心率储备法评估有氧运动强度，储备心率＝（220－年龄－静息心率），目标心率（次/min）＝储备心率×运动强度%+静息心率，运动时间需结合病人的病情及耐受程度来定，建议一次治疗时间为20~60分钟。抗阻训练是通过重复举一定重量的负荷来锻炼局部肌肉群力量的运动方式，原则是每次进行3~5组大肌群训练，每组动作重复8~12次，间隔30秒；抗阻训练方式常包括器械训练（哑铃、弹力带、各种抗阻训练器械等）和徒手训练（深蹲、俯卧撑等）。柔韧性训练建议在每次运动结束后进行，主要牵伸全身大关节，每个动作持续15~30秒，重复2~3遍。运动训练应循序渐进，时间及强度逐渐增加，逐步提高病人的运动耐力。

4）指导节约能量的方法：指导病人学会在日常生活中的能量保存，减少能量消耗，提高独立生活的能力。如合理安排活动与休息的时间，活动强度轻重交替，活动过程中注意休息，活动时掌握合理的节省体力的方法等，以节省体力，增加活动与工作的时间。

5. 评价

（1）病人无发绀，呼吸频率、深度趋于正常或呼吸平稳。

（2）病人日常活动量增加且不感疲乏。

【咯血】

咯血（hemoptysis）指喉及喉以下呼吸道或肺组织的血管破裂导致的出血经口腔咯出，包括大量咯血、血痰或痰中带血。咯血最主要的病因是呼吸系统疾病，包括支气管扩张症、支气管肺癌、支气管结核和慢性支气管炎等支气管疾病，以及肺炎、肺结核、肺脓肿等肺部疾病；急性肺水肿可引起小量咯血或痰中带血；二尖瓣狭窄、血液病、系统性红斑狼疮等亦可引起咯血。突发胸痛及呼吸困难，而后出现咯血者应警惕肺血栓栓塞症。

1. 护理评估

（1）病史：评估病人有无支气管扩张、肺结核等病史以及其他全身疾病；注意咯血的时间、性质、量、次数及治疗的经过。询问病人有无感染、过度疲劳、屏气动作等诱因。

1）症状：咯血前病人常有胸闷、喉痒和咳嗽等先兆症状，或突发胸痛、呼吸困难而后出现咯血，咯出的血色多为鲜红色、混有泡沫或痰，呈碱性。大量咯血主要见于支气管扩张症、空洞性肺结核和慢性肺脓肿，病人常伴有脉搏细速、呼吸急促、面色苍白、出冷汗、紧张不安及恐惧感。

2）并发症：咯血的并发症有窒息、失血性休克、肺不张、肺部感染等。窒息是咯血最严重的并发症，可导致病人迅速死亡，应积极抢救。如果大咯血过程中咯血突然减少或中断，病人感胸闷、憋气，出冷汗，随即烦躁、表情紧张或惊恐、两手乱动或手指喉头（示意空气吸不进来），继而出现发绀、呼吸窘迫、全身抽搐、昏迷，甚至心跳、呼吸停止等情况，应考虑病人发生了窒息，立即进行急救处理。

3）咯血量评估：每日咯血量少于100ml或仅为痰中带血为小量咯血，100~500ml为中等量咯血，一次咯血大于100ml或24小时咯血量超过500ml为大量咯血。

（2）身体评估：密切观察病人面色、表情、呼吸频率等，注意是否面色青紫、呼吸急促等表现；评估心肺功能，注意有无心脏杂音和肺功能啰音等。

（3）辅助检查：肺部X线或CT检查，以观察评估肺部病变情况；心脏超声心动图检查可以明确是否有心脏瓣膜病变；血常规、血液生化等可以评估病人的血液及全身情况。

2. 常用护理诊断/问题 潜在并发症：窒息、休克、肺不张、肺部感染。

3. 护理目标 病人咯血量、次数减少或咯血停止；无窒息发生。

4. 护理措施及依据 咯血的护理及急救措施见本章第六节"支气管扩张症"。

5. 评价

（1）病人咯血量、次数减少或咯血停止。

（2）病人无窒息发生。

（杨益）

第二节　急性呼吸道感染

案例导入

病人，男，22岁，以"咽部不适2天，咳嗽咳痰，发热1天"为主诉入院。

病史评估：病人2天前参加球赛后淋浴并吹空调，随后感觉咽部发痒和烧灼感，咽痛不明显，1天前开始咳嗽、咳痰，痰量少许，伴有全身酸痛、乏力、发热。既往身体健康，经常锻炼身体。

身体评估：T 39.5℃，P 105次/min，R 28次/min，BP 110/70mmHg，咽部明显充血和水肿，颌下淋巴结肿大且有触痛。

辅助检查：血常规检查白细胞计数$15×10^9$/L，中性粒细胞百分比84%，胸部X线检查示双肺肺纹理增粗。

初步诊断：急性上呼吸道感染。

入院后给予补液、物理降温、口服药物治疗。

请思考：急性上呼吸道感染常见的病因有哪些？护理应注意哪些内容？

急性呼吸系统感染主要通过病人喷嚏和含有病毒的飞沫经空气传播，或经污染的手和用具接触传播。多发于冬春季节，为散发，且可在气候突变时小规模流行。发病不分年龄、性别、职业和地区，且人体感染后产生的免疫力较弱、短暂，病毒间也无交叉免疫，故可反复发病。本病通常病情较轻、病程短、可自愈，预后良好。少数可引起严重的并发症，应积极防治。

一、急性上呼吸道感染

急性上呼吸道感染（acute upper respiratory tract infection）简称上感，是鼻腔、咽、喉部急性炎症的总称，是呼吸道最常见的感染性疾病。急性上呼吸道感染全年皆可发病，冬春季节多发，在气候突然变化时可引起局部小规模的流行。

【病因及发病机制】

急性上呼吸道感染有70%~80%由病毒引起，主要有鼻病毒、流感病毒（甲、乙、丙）、副流感病毒、呼吸道合胞病毒、腺病毒、埃可病毒、柯萨奇病毒、麻疹病毒、风疹病毒等。少数由细菌所致，常见致病菌为溶血性链球菌，其次为肺炎链球菌和葡萄球菌等，偶见革兰氏阴性杆菌。病原体主要通过飞沫传播，也可由于接触被污染的用具而传播。病情是否加重，取决于传播途径和人群易感性，当机体或呼吸道局部防御功能下降时（如受凉、淋雨、过度疲劳等），原先存在于上呼吸道或外界侵入的病毒和细菌迅速繁殖致病。老幼体弱，免疫功能低下或有慢性呼吸道疾病如鼻窦炎、扁桃体炎者更易发病。

【临床表现】

根据临床表现可分为普通感冒及以咽喉炎为主要表现的急性病毒性咽炎、急性病毒性喉炎、急性疱疹性咽峡炎、急性咽结膜炎、急性咽-扁桃体炎等。

1. 症状和体征

（1）普通感冒：俗称"伤风"，以鼻咽部卡他症状为主要表现。潜伏期短（1~3天），起病较急。初期出现咳嗽、咽干、喉痒，继而出现鼻塞、喷嚏、流涕，2~3天后鼻分泌物变稠。可伴咽痛，也可出现流泪、声音嘶哑、味觉迟钝、呼吸不畅等。一般无发热及其他全身症状，或仅有低热、轻度头痛、全身不适等症状。查体可见鼻腔黏膜充血、水肿、有分泌物，咽部轻度充血。如无并发症，一般5~7天可痊愈。

相关链接 | **流行性感冒**

流行性感冒（influenza）简称流感，是由流感病毒引起的急性呼吸道传染病。起病急，高热、头痛、乏力、眼结膜炎和全身肌肉酸痛等中毒症状明显，而呼吸道卡他症状较轻，主要通过接触及空气飞沫传播。甲型流感病毒常引起大流行，病情较重；乙型和丙型流感病毒可引起流行和散发，病情较轻。病人以小儿与青年较多见。

（2）以咽喉炎为主要表现的急性上呼吸道感染

1）急性病毒性咽炎：常由鼻病毒、腺病毒、副流感病毒和呼吸道合胞病毒等引起。主要临床表现为咽部发痒和烧灼感，咽痛不明显；腺病毒感染时可伴有眼结膜炎。查体可见咽部明显充血、水肿、颌下淋巴结肿大，可有触痛。

2）急性病毒性喉炎：由鼻病毒、流感病毒、副流感病毒和腺病毒等引起，以声音嘶哑、说话困难、咳嗽伴咽喉疼痛为特征，常有发热。查体可见喉部水肿、充血，局部淋巴结轻度肿大和触痛，可闻及喘息声。

3）急性疱疹性咽峡炎：主要由柯萨奇病毒A组所致，多见于儿童。主要临床表现为明显咽痛、发热，病程约为1周。查体可见咽部充血，软腭、腭垂、咽及扁桃体表面有灰白色疱疹及浅溃疡，周围有红晕。

4）急性咽结膜炎：常由腺病毒和柯萨奇病毒引起。主要临床表现有发热、咽痛、畏光、流泪等。查体可见咽部及结膜明显充血。

5）急性咽-扁桃体炎：起病急，多由溶血性链球菌引起，咽痛明显，吞咽时加剧，伴畏寒、发热，体温可达39℃以上。体检咽部充血明显，扁桃体充血肿大、表面有脓性分泌物，颌下淋巴结肿大，有压痛。

2. 并发症 可并发急性鼻窦炎、中耳炎、气管－支气管炎。以咽喉炎为表现的上呼吸道感染中，部分病人可继发溶血性链球菌感染引起的风湿热、肾小球肾炎，少数病人可并发病毒性心肌炎，应予以警惕。

【辅助检查】

1. 血常规检查 病毒感染时白细胞计数正常或偏低，淋巴细胞比例升高。细菌感染时白细胞计数可偏高，中性粒细胞百分比增高，核左移。

2. 病原学检查 主要采用咽拭子进行微生物检测。细菌培养可判断细菌类型和进行药敏试验。病毒分离、病毒抗原的血清学检测等有利于判断病毒的类型，区别病毒和细菌感染。

【治疗要点】

呼吸道病毒感染一般以对症处理为主，辅以中医治疗，并防治继发细菌感染。

1. 病因治疗 普通感冒和单纯的病毒感染不必应用抗菌药物，如并发细菌感染，可尝试经验用药，常选用青霉素类、头孢菌素、大环内酯类抗菌药物口服，极少需要根据病原菌和药敏试验选用抗菌药物。由于目前药物滥用而造成流感病毒耐药现象，所以对于无发热、免疫功能正常、发病不超过2天的病人一般无需应用抗病毒药物。对于免疫缺陷病人，可早期常规使用。奥司他韦（oseltamivir）和利巴韦林对流感病毒、副流感病毒和呼吸道合胞病毒等有较强的抑制作用，可缩短病程。

2. 对症治疗 对有发热、头痛、咳嗽及全身肌肉酸痛的病人可适当加用解热镇痛类药物，包括对乙酰氨基酚、布洛芬等。鼻塞可用1%麻黄碱局部滴鼻，以减轻鼻部充血。频繁喷嚏、流涕者给予抗过敏药物。小儿感冒忌用阿司匹林，以防瑞氏综合征（Reye syndrome）。有哮喘病史者忌用阿司匹林。

3. 中医治疗 可选用具有清热解毒或辛温解表和抗病毒作用的中药，有助于改善症状，缩短病程。

【常用护理诊断/问题及护理措施】

舒适的改变：头痛、鼻塞、流涕、咽痛 与病毒、细菌感染有关。

1. 环境和休息 保持室内温、湿度适宜和空气流通，应适当休息，病情较重或年老者以卧床休息为主。指导病人咳嗽或打喷嚏时应用双层纸巾捂住口鼻，减少探视，以避免交叉感染。

2. 饮食护理 选择清淡、富含维生素、易消化的食物，保证足够热量。鼓励病人多饮水，避免刺激性食物。进食后漱口或给予口腔护理，防止口腔感染。

3. 病情观察 观察生命体征及主要症状，尤其是体温、咳嗽、咳痰等的变化。

4. 用药护理 解热镇痛剂或抗过敏药可引起头晕、嗜睡等不良反应，应遵医嘱使用，并指导病人在临睡前服用，驾驶员和高空作业者应避免使用。

【其他相关护理诊断】

体温过高 与病毒、细菌感染有关。

【健康指导】

1. 疾病知识指导　保持室内空气流通，避免受凉、淋雨、过度疲劳等诱发因素，生活规律、劳逸结合、加强体育锻炼，坚持耐寒训练，增强体质，吸烟者应戒烟。患病期间注意休息，多饮水，并遵医嘱用药。

2. 用药指导　贯众、板蓝根、野菊花、桑叶等中草药熬汤饮用。

3. 疾病预防指导　在流行季节注意隔离病人，采取适当的措施避免本病传播，防止交叉感染。

二、急性气管-支气管炎

急性气管-支气管炎（acute tracheobronchitis）是以气管为主并可累及支气管的急性自限性炎症。根据2011年欧洲呼吸学会定义，急性气管-支气管炎是指无慢性肺部疾病者出现以咳嗽为主的急性症状，可以伴有咳痰或其他提示下呼吸道感染的临床征象（气急、喘息、胸部不适/疼痛），而不能以其他原因来解释（如鼻窦炎或支气管哮喘）。

【病因及发病机制】

主要病因是感染，过度劳累、受凉、冷空气、粉尘、刺激性气体或烟雾等是常见诱因。可由病毒、细菌直接感染或急性上呼吸道病毒、细菌感染迁延而来，也可在病毒感染后继发细菌感染。常见的病毒有腺病毒、呼吸道合胞病毒、流感病毒等。细菌以肺炎链球菌、流感嗜血杆菌和葡萄球菌常见。近年来支原体和衣原体感染引起的急性气管-支气管炎有所上升。花粉、有机粉尘的吸入或对细菌蛋白质过敏等，均可引起本病。

【临床表现】

好发于寒冷季节或气候突变时，主要临床表现为咳嗽和咳痰。

1. 症状　起病较急，先有鼻塞、流涕、咽痛、声音嘶哑等上呼吸道感染症状，初为干咳或少量黏液痰，2~3天后痰由黏液性痰转为黏液脓性痰，痰量亦增多，偶有痰中带血。全身症状较轻，可有发热。炎症累及气管时可在深呼吸和咳嗽时感胸骨后疼痛；伴支气管痉挛时，可有胸闷和气促。咳嗽、咳痰可持续2~3周，吸烟者则更长，少数可演变为慢性支气管炎。

2. 体征　两肺呼吸音粗。可闻及散在干、湿啰音，咳嗽后减少或消失。支气管痉挛时可闻及哮鸣音。

【辅助检查】

周围血白细胞计数多正常。由细菌感染引起者，可伴白细胞总数和中性粒细胞百分比升高，血沉加快。痰涂片或培养可发现致病菌。胸部X线片多无异常，或仅有肺纹理增粗、紊乱。

【治疗要点】

1. 病因治疗　有细菌感染证据时应及时选用敏感抗生素控制感染，多数病人以口服为主，必要时可注射给药。

2. 对症治疗　咳嗽无痰或少痰，可用氢溴酸右美沙芬、喷托维林（咳必清）镇咳。咳嗽有痰而不易咳出，可选用溴己新、复方氯化铵合剂或盐酸氨溴索，也可给予雾化治疗帮助祛痰，还可选用兼有镇咳和祛痰作用的复方甘草合剂。发生支气管痉挛时可用平喘药如茶碱、β_2受体激动剂和胆碱能阻滞剂等药物。止咳祛痰可选用中成药，有痰病人不宜使用可待因等强力镇咳药。发热可用解热镇痛药对症处理。

【常用护理诊断/问题及护理措施】

清理呼吸道无效　与呼吸道感染、痰液黏稠有关。护理措施参见本章第一节"咳嗽与咳痰"的护理。

【其他相关护理诊断】

1. 气体交换受损　与过敏、炎症引起支气管痉挛有关。

2. 疼痛：胸痛　与咳嗽、气管炎症有关。

【健康指导】

1. 疾病预防指导　戒烟，冬春季节注意防寒保暖，避免各种诱发因素。坚持体育活动以增强体质，如做健身操、打太极拳、跑步等，可进行耐寒训练，如冷水洗脸等。

2. 疾病知识指导　患病期间注意休息，避免劳累。饮食宜清淡、富有营养，多饮水。按医嘱用药，症状加重应及时就诊。

3. 病情监测指导　观察用药效果，咳嗽及喘息程度。

（杨益）

第三节　肺炎

案例导入

病人，男，30岁。以"咳嗽咳痰2天，高热1天"为主诉入院。

病史评估： 病人1周前出差，途经多地，2天前出现咳嗽、咳痰，全身酸痛、四肢无力，1天前体温骤然升高，面色潮红，咳嗽加剧，痰量增多并呈铁锈色，自服抗感冒药物及退热剂，效果不佳。

身体评估： T 39.8℃，P 112次/min，R 28次/min，BP 100/70mmHg。病人身体健壮、神志清，面色潮红，口角周围有疱疹。触诊右下肺呼吸运动减弱，叩诊浊音，听诊可闻及支气管呼吸音及少量湿啰音，深吸气时有胸膜摩擦音。

辅助检查： 血常规检查示白细胞计数$22×10^9$/L，中性粒细胞百分比85%；胸部X线检查示右下肺大片浸润阴影。

初步诊断： 肺炎。

入院后给予补液、抗生素、中药辅助治疗。

请思考： 病人患肺炎的原因是什么？分析其临床表现及特点。如果病情进一步发展会出现什么严重情况？如何治疗及护理？

肺炎（pneumonia）指终末气道、肺泡和肺间质的炎症，可由多种病因引起，如感染、理化因素、免疫损伤等。细菌性肺炎是最常见的肺炎，也是最常见的感染性疾病之一。肺炎发病率和病死率仍较高，可能与社会人口老龄化、吸烟、病原体的变迁、医院获得性肺炎发病率增加、病原学诊断困难及不合理使用抗菌药物引起细菌耐药性增高等有关。

病原体可通过下列途径引起肺炎：① 空气吸入；② 血行播散；③ 邻近感染部位蔓延；④ 上呼吸道定植菌的误吸等。

【分类】

1. 按解剖分类

（1）大叶性肺炎：致病菌以肺炎链球菌最为常见。典型者表现为肺实质炎症，通常不累及支气管，X线胸片显示肺叶或肺段的实变阴影。

（2）小叶性肺炎：致病菌有肺炎链球菌、葡萄球菌、病毒、肺炎支原体以及军团菌等。病变起于支气管或细支气管，继而累及终末细支气管和肺泡，又称支气管性肺炎。X线显示为沿肺纹理分布的不规则斑片状阴影，边缘密度浅而模糊，无实变征象，且不受肺叶和肺段限制，区别于大叶性肺炎。

（3）间质性肺炎：可由细菌、支原体、衣原体、病毒或肺孢子菌等引起。是以肺间质为主的炎症，病变主要累及支气管壁及其周围组织。胸部X线片通常表现为肺下部的不规则条索状阴影。由于病变在肺间质，呼吸道症状较轻，异常体征较少。

2. 按病因分类

（1）细菌性肺炎：是最常见的肺炎，病原菌为肺炎链球菌、金黄色葡萄球菌、甲型溶血性链球菌等需氧革兰氏阳性球菌；肺炎克雷伯菌、流感嗜血杆菌、铜绿假单胞菌等需氧革兰氏阴性杆菌；棒状杆菌、梭形杆菌等厌氧杆菌。

（2）非典型病原体所致肺炎：常由支原体、军团菌和衣原体等引起。

（3）病毒性肺炎：由冠状病毒、腺病毒、呼吸道合胞病毒、流感病毒等引起。

（4）真菌性肺炎：由白念珠菌、曲霉菌、隐球菌、肺孢子菌等引起。

（5）其他病原体所致肺炎：由立克次体、原虫（如弓形虫、卡氏肺囊虫）、寄生虫（如肺包虫、肺吸虫）等引起。

（6）理化因素所致肺炎：见于放射性损伤引起的放射性肺炎；胃酸、刺激性气体、液体等吸入引起的化学性肺炎。

病因学分类对于肺炎的治疗有决定性意义，常见病原体所致肺炎的症状、体征和胸部X线检查有各自不同的特点（表2-1）。

▼ 表2-1　常见病原体所致肺炎的症状、体征和胸部X线特征

病原体	病史、症状和体征	胸部X线征象
肺炎链球菌	起病急，寒战，高热，咳铁锈色痰、胸痛、肺实变体征	肺叶或肺段实变，无空洞，可伴胸腔积液
金黄色葡萄球菌	起病急，寒战，高热，脓血痰、气急、毒血症症状、休克	肺叶或小叶浸润，早期空洞，脓胸，可见液气囊腔

病原体	病史、症状和体征	胸部X线征象
肺炎克雷伯菌	起病急、寒战、高热、全身衰竭、咳砖红色胶冻状痰	肺叶或肺段实变，蜂窝状囊肿，叶间隙下坠
铜绿假单胞菌	毒血症症状明显，脓痰，可呈蓝绿色	弥漫性支气管炎，早期肺脓肿
大肠埃希菌	原有慢性病，发热、脓痰、呼吸困难	支气管肺炎，脓胸
流感嗜血杆菌	高热、呼吸困难、衰竭	支气管肺炎、肺叶实变、无空洞
厌氧菌	吸入病史，高热、腥臭痰、毒血症症状明显	支气管肺炎、脓胸、脓气胸，多发性肺脓肿
军团菌	高热、肌痛、相对缓脉	下叶斑片浸润，进展迅速，无空洞
支原体	起病缓，可小流行，乏力、肌痛、头痛	下叶间质性支气管肺炎，3~4周可自行消散
念珠菌	慢性病史，畏寒、高热、黏痰	双下肺纹理增多，支气管肺炎或大片浸润，可有空洞
曲霉菌	免疫抑制宿主，发热、干咳或棕黄色痰、胸痛、咯血、喘息	以胸膜为基地的楔形影、结节或团块影，内有空洞；有晕轮征和新月体征

3. 按患病环境分类

（1）社区获得性肺炎（community acquired pneumonia，CAP）：是指在医院外罹患的感染性肺实质炎症，包括有明确潜伏期的病原体感染而在入院后平均潜伏期内发病的肺炎。常见病原体为肺炎链球菌、支原体、衣原体、流感嗜血杆菌和病毒等，传播途径为吸入飞沫、空气或血源传播。

（2）医院获得性肺炎（hospital acquired pneumonia，HAP）：简称医院内肺炎，指病人在入院时既不存在、也不处于潜伏期，而是在住院48小时后发生的感染，也包括出院后48小时内发生的肺炎。其中以呼吸机相关肺炎最为多见。常见病原体为铜绿假单胞菌、大肠埃希菌、肺炎克雷伯菌、金黄色葡萄球菌、肺炎链球菌、流感嗜血杆菌等。

相关链接 | **重症肺炎诊断标准**

《中国成人社区获得性肺炎诊断和治疗指南（2016年版）》中重症肺炎诊断标准包括：主要标准：① 需要气管插管，行机械通气治疗；② 脓毒血症休克经积极液体复苏后仍需要血管活性药物治疗。次要标准：① 呼吸频率≥30次/min；② 氧合指数≤250mmHg；③ 多肺叶浸润；④ 意识障碍和/或定向障碍；⑤ 血尿素氮（BUN）≥7.14mmol/L；收缩压<90mmHg，需要积极的液体复苏。

符合1项主要标准，或至少3项次要标准者，可诊断为重症肺炎，需要密切观察、积极救治，有条件时收入ICU治疗。

【临床表现】

1. 肺炎链球菌肺炎　是肺炎链球菌引起的肺炎，居社区获得性肺炎的首位，占半数以上。病人多为无基础疾病的青壮年及老年人，男性多见。发病前常有淋雨、受凉、醉酒、疲劳、病毒感染和生活在拥挤环境等诱因，多有数日上呼吸道感染的前驱症状。临床起病急骤，以高热、寒战、咳嗽、血痰和胸痛为特征。病人体温可在数小时内达39~40℃，呈稽留热，高峰在下午或傍晚。咳嗽、咳痰，可痰中带血，典型者痰呈铁锈色；可伴患侧胸痛并放射至肩部或腹部，深呼吸或咳嗽时加

📢 问题与思考
新型冠状病毒感染的肺炎与以上肺炎类别的异同点有哪些？

剧，故病人常取患侧卧位。病人呈急性病容，鼻翼扇动，面颊绯红，口角和鼻周有单纯疱疹，严重者可有发绀、心动过速、心律不齐。早期肺部无明显异常体征，随病情加重可出现患侧呼吸运动减弱，叩诊音稍浊，听诊可有呼吸音减弱及胸膜摩擦音；肺实变期有典型实变体征；消散期可闻及湿啰音。

2. **葡萄球菌肺炎** 起病多急骤，体温达39~40℃，伴有寒战、高热、胸痛、咳黄脓痰或脓血痰，重症病人胸痛和呼吸困难进行性加重，并出现血压下降、少尿等周围循环衰竭表现。通常全身中毒症状突出，表现为全身乏力、大汗、衰弱、关节肌肉酸痛等。

3. **革兰氏阴性杆菌肺炎** 由革兰氏阴性杆菌感染引起的肺炎中毒症状较重，早期即可出现休克、肺脓肿，甚至心包炎的表现。

4. **肺炎支原体肺炎** 约有1/3病人症状不明显。起病初可有乏力、头痛、咽痛、咳嗽、发热、食欲不振、腹泻、肌肉酸痛等；肺部体征不明显，与肺部病变程度常不相称。

5. **病毒性肺炎** 婴幼儿及老年人易发生重症病毒性肺炎，表现为呼吸困难、发绀、嗜睡、精神萎靡，严重者可发生休克、心力衰竭、急性呼吸窘迫综合征、呼吸衰竭等并发症。

6. **休克型或中毒性肺炎** 为肺炎严重并发症。一般多在肺炎早期发生，有高热或体温不升，血压降到80/50mmHg以下，四肢厥冷、多汗，少尿或无尿，脉快、心音弱，伴烦躁、嗜睡及意识障碍等表现。

【辅助检查】

1. **血常规检查** 白细胞计数升高，多在（10~30）×10^9/L，中性粒细胞百分比多>80%，休克型肺炎、年老体弱、酗酒、免疫功能低下者白细胞计数常不增高，但中性粒细胞百分比增高，有核左移现象，胞浆内常有中毒颗粒。病毒性肺炎白细胞计数正常、稍高或偏低。C反应蛋白（C-reactive protein，CRP）一般会有不同程度的升高。降钙素原（procalcitonin，PCT）对于细菌性肺炎有一定参考价值，正常值<0.1ng/ml。

2. **痰液检查** 最常用的是下呼吸道病原学标本，采集后在室温下2小时内送检。痰培养24~48小时可确定病原体。部分病人合并菌血症，应做血培养，标本采集应在抗生素治疗前。

相关链接 | **痰定量培养的意义**

痰定量培养分离的致病菌或条件致病菌浓度≥10^{7}cfu/ml，可以认为是肺部感染的致病菌；≤10^{4}cfu/ml则为污染菌；介于两者之间建议重复痰培养；如连续分离到相同细菌，10^5~10^{6}cfu/ml连续2次以上，也可以认为是致病菌。

3. 胸部X线检查 早期仅见肺纹理增多。典型表现为与肺叶、肺段分布一致的片状、均匀、致密的阴影。好发于右肺上叶、双肺下叶，在病变区可见多发性蜂窝状小脓肿，叶间隙下坠。病变累及胸膜时，可见肋膈角变钝的胸腔积液征象。葡萄球菌肺炎可表现为片状阴影伴空洞及液平面。

4. 血清学检查 是确诊肺炎支原体感染最常用的检测手段，病毒性肺炎病人的血清抗体可呈阳性，如恢复期血清抗体较急性期滴度增高4倍以上有诊断意义。

5. 血气分析 休克型肺炎可出现呼吸性酸中毒合并代谢性酸中毒。病情加重可出现动脉血氧分压下降和/或二氧化碳分压增高。

【治疗要点】

1. 抗感染治疗 是肺炎治疗的最主要环节。治疗原则：初始采用经验治疗（根据HAP或CAP选择抗生素），初始治疗后根据临床反应、细菌培养和药物敏感试验，给予特异性的抗生素治疗。对于下呼吸道感染而言，如PCT<0.25ng/ml，一般不考虑使用抗生素，而>0.5ng/ml提示有使用抗生素的指征。用药疗程一般5~7天，对于有基础疾病者，疗程可延长至10~14天。抗生素治疗后48~72小时应对病情进行评价，治疗有效表现为体温下降、症状改善、白细胞逐渐降低或恢复正常、PCT和CRP等出现下降，而X线胸片病灶吸收较迟。如病人治疗72小时后症状无改善或出现恶化，要考虑原因并调整治疗。

2. 支持及对症治疗 采取呼吸道隔离，以避免交叉感染。维持水电解质平衡、保持呼吸道通畅、改善营养及加强机体免疫功能等治疗。

3. 并发症治疗 休克型肺炎除早期使用足量有效的抗生素外，尚需补充血容量、纠正酸中毒、应用血管活性药物和糖皮质激素。

【常用护理诊断/问题及护理措施】

1. 体温过高 与肺部感染有关。

（1）生活护理：维持室内空气流通，避免交叉感染。室内通风每日2次，每次15~30分钟，避免病人受凉。室温应保持在18~20℃，湿度在55%~60%为宜。对早期干咳而胸痛明显者，宜采取患侧卧位。补充足够热量、蛋白质和维生素丰富、易消化的流质或半流质饮食。多饮水，以保证足够的入量，有利于稀释痰液。做好口腔护理，保持口腔的清洁湿润。

（2）高热护理：高热病人应卧床休息，以减少氧耗量，缓解头痛、肌肉酸痛等症状。体温过高可采用温水擦浴、冰袋、冰帽等物理降温措施，必要时遵医嘱使用退烧药，以逐渐降温为宜，防止虚脱。病人退热时出汗较多，应勤换床单、衣服，保持皮肤干燥清洁。

（3）病情观察：观察病人呼吸频率、节律、深度和型态的改变；观察皮肤黏膜的色泽和意识状态；监测并记录生命体征，重点观察儿童、老年人、久病体弱者的体温变化。心脏病或老年人应注意补液速度，避免过快导致急性肺水肿。对痰量较多且不易咳出者，可遵医嘱应用祛痰剂，指导病人进行有效咳嗽，采取翻身、拍背、雾化吸入等措施协助排痰。

（4）用药护理：遵医嘱使用抗生素，观察疗效和不良反应。病人一旦出现严重不良反应，应及时与医生沟通，并作相应处理。头孢菌素类药物（头孢拉定、头孢克洛、头孢他啶）可出现发热、皮疹、胃肠道不适等不良反应；喹诺酮类药物（氧氟沙星、环丙沙星）偶见皮疹、恶心等不良反应；氨基糖苷类抗生素有肾、耳毒性，老年人或肾功能减退者应特别注意有无耳鸣、头晕、唇舌发麻、蛋白尿、血尿等不良反应。

（5）心理护理：耐心讲解有关疾病的知识，指导各种检查、治疗和护理的配合，缓解病人紧张、焦虑等负性情绪，使之身心愉悦，促进疾病康复。

2. 清理呼吸道无效 参见本章第一节"咳嗽与咳痰"的护理。

3. 潜在并发症：感染性休克。

（1）病情监测：注意观察生命体征、精神、意识、尿量等变化。如出现心率加快、脉搏细速、血压下降、脉压变小、体温不升或高热、肢端湿冷、呼吸困难等症状时，需进行心电监护。疑有休克应监测每小时尿量。

（2）抢救配合：发现异常情况，立即通知医生，并备好物品，积极配合抢救。

1）体位：病人取仰卧中凹位，头胸部抬高约20°，下肢抬高约30°，以利于呼吸和静脉血回流。

2）吸氧：给予中高流量吸氧，流量为4~6L/min，必要时给予机械通气辅助呼吸，如病人发绀明显或发生抽搐时需给予面罩给氧，以改善组织器官的缺氧状态。及时清除气道内分泌物，保证呼吸道通畅。

3）补充血容量：扩容是抗休克的最基本措施。快速建立两条静脉通道，遵医嘱补液，以维持有效血容量。输液速度应先快后慢，输液量宜先多后少，可以中心静脉压作为调整补液速度的指标，中心静脉压<5cmH$_2$O可适当加快输液速度；中心静脉压达到或超过10cmH$_2$O时，则输液速度不宜过快，以免诱发急性心力衰竭。下列证据提示血容量已补足：口唇红润、肢端温暖、收缩压>90mmHg、尿量>30ml/h以上。在血容量已基本补足的情况下，尿量仍<20ml/h，尿比重<1.018，应及时报告医生，警惕急性肾损伤的发生。

4）用药护理：在补充血容量和纠正酸中毒后，末梢循环仍无改善时可遵医嘱应用血管活性药物，如多巴胺、酚妥拉明、间羟胺等。用药注意事项：静脉滴注多巴胺等药物时，防止药液溢出血管外引起局部组织坏死。血管活性药物若滴注速度太快或浓度过高，病人会出现剧烈头痛、头晕、恶心、呕吐及烦躁不安的表现。

【健康指导】

1. 疾病知识指导 加强身体锻炼，增强营养，保证充足的休息睡眠时间，预防上呼吸道感染，避免受凉、过劳或酗酒等诱因。老年人及久病卧床的慢性病人，应注意经常改变体位、翻身、拍背，促进气道内痰液的排出。必要时可接种流感疫苗、肺炎疫苗等，以预防发病。

2. 用药指导 指导病人遵医嘱按疗程用药，出院后定期随访。

3. 疾病监测指导 出现高热、心率增快、咳嗽、咳痰、胸痛等症状及时就诊。

（杨益）

第四节　肺结核

案例导入

病人，女，25岁，职员，以"低热、夜间出汗、乏力1个月，气短1周"为主诉入院。

病史评估： 病人1个月前开始出现低热、乏力，以午后明显，近一周感到活动后气短。

身体评估： T 37.8℃，P 96次/min，R 27次/min，BP 105/75mmHg，肺部触诊（－），叩诊浊音，听诊呼吸音减弱，未闻及啰音。

辅助检查： 胸部X线检查示右侧上叶呈斑片状渗出影。纯化蛋白衍生物（PPD）试验强阳性。

初步诊断： 肺结核。

入院后给予HRZ联合化疗。

请思考： 结核分枝杆菌致病的特点是什么？结核毒性症状有何表现？肺结核化疗用药应注意哪些不良反应？临床护理及健康指导的要点。

肺结核（pulmonary tuberculosis）是结核分枝杆菌引起的肺部慢性传染性疾病。结核病是全球流行的传染性疾病之一。结核分枝杆菌可累及全身多个脏器，但以肺结核最为常见。临床常有低热、乏力、盗汗、消瘦等全身中毒症状和咳嗽、咳痰、咯血、胸痛等呼吸系统表现。全球90%的结核病病人在发展中国家。我国由于人口众多，各地区疫情控制不均衡，结核病的疫情呈现感染率高、肺结核患病率高、死亡人数多和地区患病率差异大的特点。因此，结核病的防治仍是一个需要高度重视的公共卫生问题。

相关链接 | **人民的医生——钱元福**

纪录片《人民的医生——我从医这70年》，"爱国是我第一奋斗目标"——这是我国结核病专家钱元福始终坚守的人生信条。从风华正茂的医学生，到银发苍苍的老教授，钱元福在他70年的从医岁月中秉持一颗爱国心，将国富民强作为毕生愿望和追求。"世界卫生组织定出了目标，2030年消灭结核病。我很赞成！所以我是寄希望于什么呢，2030年，咱们中国也能消灭结核病，这是我的理想！"在他的从医岁月中，始终秉持着一颗赤诚之心，将一生都奉献给他的病人，他的祖国。

【病因及发病机制】

1. 结核分枝杆菌　引起人类结核病的主要为人型结核分枝杆菌，牛型结核分枝杆菌感染较少见。典型的结核分枝杆菌涂片染色具有抗酸性，故又称抗酸杆菌。结核分枝杆菌的主要特点有：抗酸性、生长缓慢、抵抗力强、菌体结构复杂。结核分枝杆菌在阴湿环境能生存5个月以上，但在烈日下暴晒2小时以上、70%乙醇接触2分钟或煮沸1分钟均能被杀灭。将痰吐在纸上直接焚烧是最简易的灭菌方法。

2. 肺结核的传播　飞沫传播是肺结核最重要的传播途径。传染源主要是排菌的肺结核病人（尤其是痰涂片阳性、未经治疗者）。病人通过咳嗽、喷嚏、大笑、大声谈话等方式把含有结核分枝杆菌的微滴排到空气中而传播，1~5μm大小的微滴可较长时间悬浮于空气中，在空气不流通的室内可达5小时，与病人密切接触者可能吸入而感染。结核分枝杆菌随血行播散还可并发脑膜、心包、泌尿生殖系统及骨结核。

3. 肺结核的发生与发展　人体感染结核分枝杆菌后并不一定发病，其感染后所获得的免疫力能杀灭入侵的结核分枝杆菌，防止发病，或使病情减轻。由于结核分枝杆菌为细胞内寄生菌，结核病的免疫主要是细胞免疫，表现为淋巴细胞致敏与吞噬细胞的功能增强。在结核分枝杆菌侵入人体后4~8周，机体组织对结核分枝杆菌及其代谢产物可发生Ⅳ型变态反应（又称迟发型变态反应），此时如用结核菌素做皮肤试验，呈阳性反应。而生活贫困、年老、糖尿病、硅沉着病及有免疫缺陷等情况时，由于机体免疫力低下易患结核病。

（1）原发感染：人体初次感染后，若结核分枝杆菌未被吞噬细胞完全清除，并在肺泡巨噬细胞内外生长繁殖，这部分肺组织即出现炎性病变，称为原发病灶。原发病灶中的结核分枝杆菌沿着肺内引流淋巴管到达肺门淋巴结，引起肺门淋巴结肿大。原发病灶和肿大的气管、支气管、淋巴结合称为原发综合征。原发病灶继续扩大，可直接或经血流播散到邻近组织器官，引起相应部位的结核感染。

随着机体对结核分枝杆菌的特异性免疫力加强，原发病灶炎症被迅速吸收或留下少量钙化灶，肿大的肺门淋巴结逐渐缩小、纤维化或钙化，播散到全身各器官的结核分枝杆菌大部分被消灭，这就是原发感染最常见的良性过程。

（2）继发感染：继发感染是指初次感染后再次感染结核分枝杆菌，多为原发感染时潜伏下来的结核分枝杆菌重新生长、繁殖所致，称内源性复发，也可以受结核分枝杆菌的再感染而发病，称为外源性重染。由于机体此时对结核分枝杆菌已有一定的特异性免疫力，故病变常较局限，发展也较缓慢，较少发生全身播散。但局部病灶有渗出、干酪样坏死乃至空洞形成的倾向。

继发性肺结核的发病方式有两种：一种发病慢，临床症状少而轻，多发生在肺尖或锁骨下，痰涂片检查阴性，预后良好；另一种发病快，几周内即出现广泛的病变、空洞和播散，痰涂片检查阳性，有传染性，是防治工作的重点，多发生于青春期女性、营养不良、抵抗力弱的群体以及免疫功能受损者。肺结核病的发生发展过程见图2-1。

（3）科赫（Koch）现象：1890年德国医生和细菌学家Koch观察到，将结核分枝杆菌注射到未感染的豚鼠，10~14天后注射局部红肿、溃烂，形成深的溃疡乃至局部淋巴结肿大，最后豚鼠因结核分枝杆菌播散到全身而死亡。将同量结核分枝杆菌注射到3~6周前已受少量结核分枝杆菌感染且结核菌素皮肤试验阳转的豚鼠，2~3天后注射局部皮肤出现剧烈反应，但不久即愈合且无局部淋巴结肿大和全身播散，亦不致死亡。这种机体对结核分枝杆菌再感染和初感染所表现不同反应的现象称为Koch现象。较快的局部红肿和表浅溃烂是由结核分枝杆菌诱导的迟发型变态反应的表现。结核分枝杆菌无播散，引流淋巴结无肿大以及溃疡较快愈合是免疫力的反映。

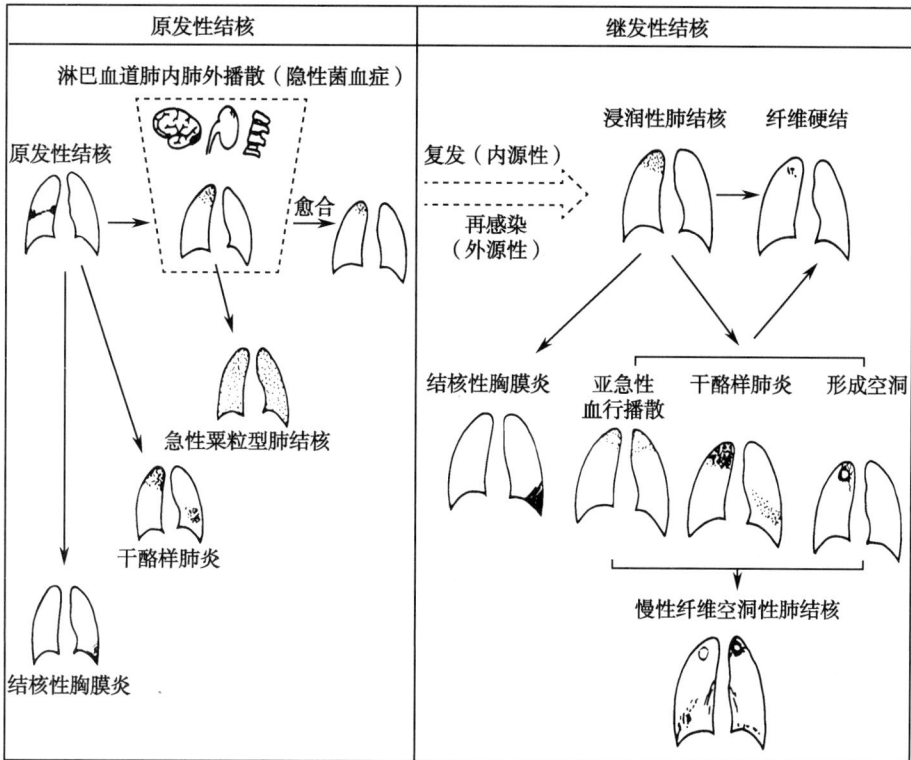

▲ 图2-1　肺结核病自然过程示意图

4. 结核的基本病理改变　结核病的基本病理改变为渗出、增生（结核结节形成）和干酪样坏死。在结核病的病理过程中，破坏与修复常同时进行。渗出性病变通常出现在结核炎症的早期或病灶恶化时；增生性病变多发生于病变恢复阶段，多在菌量较少而机体抵抗力较强时发生，典型的改变是结核结节形成，为结核病的特征性病变；干酪样坏死病变常发生于机体抵抗力降低或菌量过多、变态反应过于强烈时，干酪坏死组织发生液化经支气管排出形成空洞，其内含有大量结核分枝杆菌，肉眼下见病灶呈黄灰色，质松而脆，状似干酪，故称干酪样坏死。上述三种基本病变可同时存在于一个病灶中，多以某一病变为主，且可相互转变。

【临床表现】

1. 症状

（1）呼吸系统症状

1）咳嗽、咳痰：是肺结核最常见症状，可见痰中带血。有空洞形成，或合并细菌感染时，痰呈脓性且量增多；合并支气管结核时表现为刺激性咳嗽；合并厌氧菌感染时有大量脓臭痰。

2）咯血：1/3~1/2的病人有不同程度的咯血，病人常有胸闷、喉痒和咳嗽等先兆，以少量咯血多见，少数严重者可大量咯血。

3）胸痛：炎症波及壁胸膜时可引起胸膜炎性胸痛，随呼吸运动和咳嗽加重。

4）呼吸困难：当病变广泛和/或患结核性胸膜炎大量胸腔积液时，可有呼吸困难。多见于干酪样肺炎和大量胸腔积液病人，也可见于纤维空洞性肺结核的病人。

（2）全身症状：发热最常见，多为长期午后低热。部分病人有乏力、食欲减退、盗汗和体重减轻等全身毒性症状。育龄女性可有月经失调或闭经。若肺部病灶进展播散，可有不规则高热、畏寒等。

2. 体征 取决于病变性质和范围。渗出性病变范围较大或干酪样坏死时可有肺实变体征，如触觉语颤增强、叩诊浊音、听诊闻及支气管呼吸音和细湿啰音。较大的空洞性病变听诊也可以闻及支气管呼吸音。结核性胸膜炎早期有局限性胸膜摩擦音，出现典型胸腔积液体征。慢性纤维空洞性肺结核或胸膜粘连增厚时，纵隔及气管向患侧移位，患侧胸廓塌陷、叩诊浊音、听诊呼吸音减弱并可闻及湿啰音。

3. 并发症 窒息是最严重的并发症。病人突然停止咯血，并出现呼吸急促、面色苍白、口唇发绀、烦躁不安等症状时，常为咯血窒息征象，应及时抢救。其他可并发自发性气胸、脓气胸、支气管扩张症、慢性肺源性心脏病等。结核分枝杆菌随血行播散可并发淋巴结、脑膜、骨及泌尿生殖器官等肺外结核。

4. 肺结核分类标准

（1）原发性肺结核：包括原发综合征及胸内淋巴结结核，多见于儿童及从边远山区、农村初进城市的成人。症状多轻微而短暂，多有结核病接触史，结核菌素试验多为强阳性。X线胸片表现为哑铃形阴影，即原发病灶、引流淋巴管炎和肿大的肺门淋巴结，形成典型的原发综合征。

（2）血行播散性肺结核：包括急性、亚急性和慢性3种类型。急性粟粒型肺结核多见于婴幼儿和青少年，特别是营养不良、患传染病和长期应用免疫抑制剂导致抵抗力明显下降的小儿。起病急、持续高热、中毒症状严重，一半以上的病人并发结核性脑膜炎。X线显示双肺满布粟粒状阴影。

（3）继发性肺结核：包括浸润性肺结核、纤维空洞性肺结核和干酪性肺炎等，多见于成年人。

1）浸润性肺结核：是肺结核中最常见的一种类型，多发生在肺尖和锁骨下。X线显示为片状、絮状阴影，可融合形成空洞。

2）空洞性肺结核：临床表现为发热、咳嗽、咳痰和咯血，病人痰中经常排菌。

3）结核球：干酪样病变吸收，周围形成纤维包膜或空洞阻塞性愈合形成。

4）干酪性肺炎：发生于免疫力低下、体质衰弱、大量结核分枝杆菌感染的病人，或有淋巴结支气管瘘，淋巴结内大量干酪样物质经支气管进入肺内。

5）纤维空洞性肺结核：空洞长期不愈，反复进展恶化，双侧或单侧的空洞壁增厚和广泛纤维增生，造成肺门抬高，肺纹理呈垂柳样，纵隔向患侧移位，健侧可发生代偿性肺气肿。

（4）结核性胸膜炎：包括结核性干性胸膜炎、结核性渗出性胸膜炎、结核性脓胸，以结核性渗出性胸膜炎最常见。

（5）其他肺外结核：按部位和脏器命名，如骨关节结核、肾结核、肠结核等。

（6）菌阴肺结核：即三次痰涂片及一次培养阴性的肺结核。

相关链接 | 结核病分类（WS196-2017）

我国实施的结核病分类标准（WS196-2017）突出了对痰结核分枝杆菌检查和化疗史的描述，取消按活动程度及转化归期的分类，使分类法更符合现代结核病控制的概念和实用性。其分类如下：

1. 结核分枝杆菌潜伏感染者

2. 活动性结核病

（1）按病变部位

1）肺结核分为以下6种类型：原发性肺结核、血行播散性肺结核、继发性肺结核、气管、支气管结核、结核性胸膜炎。

2）肺外结核：按照病变器官及部位命名。

（2）按病原学检查结果：涂片阳性肺结核、涂片阴性肺结核、培养阳性肺结核、培养阴性肺结核、分子生物学阳性肺结核、未痰检肺结核。

（3）按耐药状况

1）非耐药结核病

2）耐药结核病：分为单耐药结核病、多耐药结核病、耐多药结核病（MDR-TB）、广泛耐药结核病（XDR-TB）、利福平耐药结核病。

（4）按治疗史

1）初治结核病。初治患者指符合下列情况之一：

① 从未因结核病应用过抗结核药物治疗的患者；

② 正进行标准化疗方案规则用药而未满疗程的患者；

③ 不规则化疗未满1个月的患者。

2）复治结核病。复治患者指符合下列情况之一：

① 因结核病不合理或不规则用抗结核药物治疗≥1个月的患者；

② 初治失败和复发患者。

3. 非活动性结核病

（1）非活动性肺结核病：① 钙化病灶（孤立性或多发性）；② 索条状病灶（边缘清晰）；③ 硬结性病灶；④ 净化空洞；⑤ 胸膜增厚、粘连或伴钙化。

（2）非活动性肺外结核病

【辅助检查】

1. 痰结核分枝杆菌检查　痰中找到结核分枝杆菌是确诊肺结核的主要依据。临床上直接涂片镜检最常用，若抗酸杆菌阳性，肺结核诊断基本可成立。

2. 结核菌素试验　国际通用推荐使用的结核菌素为纯化蛋白衍生物（purified protein derivative, PPD）皮内注射法，以便于国际间结核感染率的比较。结核菌素试验常作为结核感染的流行病学指标，也是卡介苗接种后效果的验证指标。方法：通常取0.1ml（5IU）结核菌素，在左前臂屈侧作皮内注射，以局部出现7~8mm大小的圆形橘皮样皮丘为宜。注射48~72小时后测量皮肤硬结的横径和纵径。阴性：硬结直径≤5mm或无反应；阳性：硬结直径>5mm，其中<10mm为一般阳性，10~15mm为中度阳性，>15mm或局部出现双圈、水疱、坏死或淋巴管炎为强阳性。成人用5IU结核菌素进行检查，其阳性结果仅表示曾有结核分枝杆菌感染，并不一定患有结核病。结核菌素试验对婴幼儿的诊断价值较大，因年龄越小，自然感染率越低，3岁以下强阳性反应者，应视为有新近感染的活动性结核病。试验阴性除提示没有结核分枝杆菌感染外，还见于初染结核分枝杆菌4~8周内，机体变态反应尚未充分建立，机体免疫功能低下或受抑制时。

3. 影像学检查　胸部X线检查是诊断肺结核的常规首选方法，不同类型肺结核的X线影像各自具有特点，用于早期发现肺结核，可对病灶部位、范围、性质、病情发展和治疗效果作出判断，胸部CT检查能发现微小或隐蔽性病变、了解病变范围及进行肺部病变鉴别。

4. 纤维支气管镜检查　对支气管结核的诊断有重要价值。也可取肺内病灶进行活检，提供病理学诊断。

5. 其他检查　结核病人血象一般无异常。严重病例可有贫血、血沉增快、白细胞计数减少或类白血病反应。血清中抗体检查、浅表淋巴结活检对结核病诊断有帮助。

【治疗要点】

1. 肺结核化学治疗　主要作用在于迅速杀死病灶中大量繁殖的结核分枝杆菌，使病人由传染性转为非传染性，中断传播，防止耐药性产生，最终达到治愈的目的。为帮助病人规律服药和完成疗程，1991年WHO将全程督导短程化学治疗（directly observed treatment，short-course，DOTS）正式确定为官方策略。DOTS是救治结核病人最可行的方法，是预防结核病进一步传播的最佳方式，也是使耐药性结核病不至极端恶化的希望。这一策略是国际上公认的最符合成本-效益原则的结核病控制策略。早期、规律、全程、适量和联合治疗是化学治疗的原则。整个化疗方案分强化和巩固两个阶段。

抗结核药物依据其抗菌能力分为杀菌药与抑菌药。常规剂量下药物在血液中（包括巨噬细胞内）的浓度能达到试管内最低抑菌浓度10倍以上时才能起杀菌作用，否则仅有抑菌作用（表2-2）。

▼ 表2-2　常用抗结核药的用法、不良反应和注意事项

药名（缩写）	成人每日用量/g	抗菌特点	主要不良反应	注意事项
异烟肼（H，INH）	0.3~0.4，空腹顿服	全杀菌药	周围神经炎偶有肝功能损害	避免与抗酸药同时服用，注意消化道反应、肢体远端感觉及精神状态
利福平（R，RFP）	0.45~0.6，空腹顿服	全杀菌药	肝功能损害过敏反应	体液及分泌物呈橘黄色，监测肝脏毒性及过敏反应，会加速口服避孕药、口服降糖药、茶碱、抗凝血药等的排泄，使药效降低或失效
链霉素（S，SM）	0.75~1.0，一次肌内注射	半杀菌药	听力障碍眩晕肾功能损害	注意听力变化及有无平衡失调（用药前、用药后1~2个月复查一次），了解尿常规及肾功能的变化
吡嗪酰胺（Z，PZA）	1.5~2.0，顿服	半杀菌药	胃肠道不适肝功能损害高尿酸血症关节痛	监测肝功能，注意关节疼痛、皮疹等反应；定期监测血尿酸浓度

药名（缩写）	成人每日用量/g	抗菌特点	主要不良反应	注意事项
乙胺丁醇（E，EMB）	0.75~1.0**，顿服	抑菌药	视神经炎	检查视觉灵敏度和颜色的鉴别力（用药前、用药后每1~2个月复查一次）

*.体重<50kg用0.45g/d，≥50kg用0.6g/d；**.前2周25mg/kg，其后15mg/kg。

2. 对症治疗 结核中毒症状重者，可在应用有效抗结核药的基础上短期加用糖皮质激素，以减轻中毒症状和炎性反应。咯血量少时，嘱卧床休息，患侧卧位。大量咯血病人可用垂体后叶素缓慢静脉注射或静脉滴注，垂体后叶素可收缩小动脉，使肺循环血量减少而达到较好的止血效果，但高血压、冠状动脉粥样硬化性心脏病、心力衰竭病人和孕妇禁用。必要时可经支气管镜局部止血，或插入球囊导管，压迫止血。

【常用护理诊断/问题及护理措施】

1. 知识缺乏：缺乏结核病治疗的相关知识。

（1）合理休息：休息可以调整新陈代谢，使机体耗氧量减低，有利于病灶愈合。恢复期可适当增加户外活动，以提高机体的抗病能力。

（2）用药指导：指导病人按医嘱服药，不要自行停药或减量，坚持完成规则、全程化疗，以提高治愈率、减少复发。向病人说明药物的用法、疗程及不良反应，定期检查肝功能，发现不适及时与医生联系。

（3）正确留取痰标本：通常初诊病人应留3份痰标本（即时痰、清晨痰和夜间痰），夜间无痰者，应在留取清晨痰后2~3小时再留1份。复诊病人应每次送检2份痰标本（夜间痰和清晨痰）。病人需首先以清水漱口数次，以减少口腔杂菌污染，之后用力咳出深部第一口痰，并留于加盖的无菌容器中，标本留好后应尽快送检，一般不超过2小时。若病人无痰，可用高渗盐水（3%~10%）超声雾化吸入导痰。

2. 营养失调：低于机体需要量 与机体消耗增加、食欲减退有关。

肺结核是一种慢性消耗性疾病，宜给予高热量、高蛋白、富含维生素的易消化饮食，忌烟酒及辛辣刺激性食物。蛋白质可增加机体的抗病能力及机体修复能力，建议每天蛋白质摄入量为1.5~2.0g/kg，其中鱼、肉、蛋、牛奶等优质蛋白摄入量占一半以上；多进食新鲜蔬菜和水果，以补充维生素。注意食物合理搭配，色、香、味俱全，以增加食欲及促进消化液的分泌，保证摄入足够的营养，食欲减退者可少量多餐。鼓励病人多饮水，每日不少于1 500~2 000ml，既保证机体代谢的需要，又有利于体内毒素的排泄。

3. 潜在并发症：大咯血、窒息 护理措施详见本章第六节"支气管扩张症"的护理。

【健康指导】

1. 疾病预防指导

（1）控制传染源：控制传染源的关键是早期发现和彻底治愈肺结核病人。对确诊的结核病人，应及时转至结核病防治机构进行统一管理，并实行全程督导短程化学治疗（DOTS）。

（2）切断传播途径：结核分枝杆菌主要通过呼吸道传播，病人咳嗽或打喷嚏时应用双层纸巾遮掩；严禁随地吐痰，痰液须经灭菌处理，如将痰吐在纸上直接焚烧是最简易的灭菌方法。接触痰液后用流动水清洗双手。衣物、寝具、书籍等污染物可在烈日下暴晒进行杀菌。每天紫外线消毒病室，开窗通风，保持空气新鲜。

（3）保护易感人群：对未受过结核分枝杆菌感染的新生儿、儿童及青少年及时接种卡介苗，使人体对结核分枝杆菌产生获得性免疫力。

2. 用药指导 抗结核用药时间至少半年，有时长达一年半之久，强调坚持规律、全程、合理用药的重要性，督促病人治疗期间定期复查胸片和肝、肾功能，指导病人观察药物疗效和不良反应，若出现药物不良反应及时就诊，定期随访。

3. 病情监测指导 嘱病人合理安排休息，恢复期逐渐增加活动，以提高机体免疫力但避免劳累。保证营养的摄入，戒烟酒；避免情绪波动及呼吸道感染。保持居室通风、干燥，按要求对痰液及污染物进行消毒处理。与涂阳肺结核病人密切接触的家属必要时应接受预防性化学治疗。

（杨益）

第五节　支气管哮喘

案例导入

病人，男，17岁，学生。以"发作性喘息伴咳嗽、咳痰2年，加重1天"为主诉入院。

病史评估： 病人因一天前进入新粉刷的教室上课，出现频繁咳嗽、咳白色泡沫样痰，伴有喘息，离开教室未得到缓解，症状逐渐加重，出现呼吸困难。

身体评估： T 37℃，P 86次/min，R 28次/min，BP 120/75mmHg，病人神志清，指端及口唇轻度发绀，触诊胸廓饱满、叩诊清音，听诊双肺呼吸音粗且呼气延长，可闻及散在哮鸣音。

辅助检查： 血常规检查示白细胞计数 $12×10^9/L$ ，中性粒细胞百分比85%；胸部X线检查示双肺透明度增加，肺纹理增多并紊乱。

初步诊断： 支气管哮喘。

入院后给予解痉、抗炎、平喘、补液治疗。

请思考： 病人哮喘发作的诱因。临床上治疗哮喘的常用药物及护理措施。

支气管哮喘（bronchial asthma）简称哮喘，是一种以慢性气道炎症和气道高反应性为特征的异质性疾病。主要特征包括气道慢性炎症、气道对多种刺激因素呈现的高反应性、多变的可逆性气流受限和气道重塑等。临床表现为反复发作的喘息、气急、胸闷或咳嗽等症状，常在夜间及凌晨发作或加重，多数病人可自行缓解或经治疗后缓解。根据全球和我国哮喘防治指南提供的资料，经过长期规范化治疗和管理，80%以上的病人达到哮喘的临床控制。本病约40%有家族史。儿童发病率高于成人。我国成人哮喘的患病率为1.24%，并有逐年上升趋势。

【病因及发病机制】

1. 病因

（1）遗传因素：哮喘是一种复杂的、具有多基因遗传倾向的疾病，其发病具有家族集聚现象，亲缘关系越近，患病率越高。目前采用全基因组关联分析（genome wide association study，GWAS）鉴定了多个哮喘易感基因。具有哮喘易感基因的人群发病与否受环境因素的影响较大。

（2）环境因素：① 变应原性因素，如室内变应原（尘螨、家养宠物、蟑螂）、室外变应原（花粉、草粉）、职业性变应原（油漆、活性染料）、食物（鱼、虾、蛋类、牛奶）和药物（阿司匹林、抗生素）；② 非变应原性因素，如大气污染、吸烟、运动和肥胖等。

2. 发病机制　哮喘的发病机制不完全清楚，可概括为气道免疫–炎症机制、神经调节机制和气道高反应性及其相互作用（图2-2）。

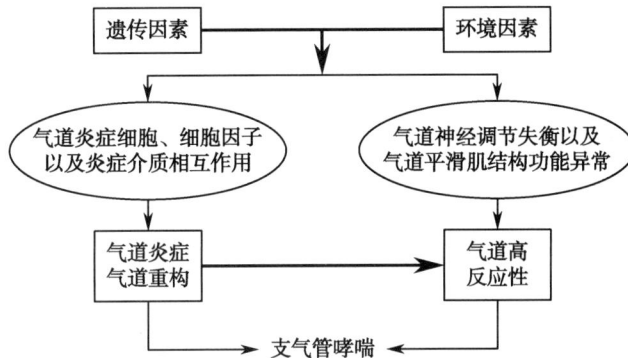

▲ 图2-2　哮喘发病机制示意图

（1）气道免疫–炎症机制：气道慢性炎症反应是由多种炎症细胞、炎症介质和细胞因子共同参与、相互作用的结果。外源性变应原通过吸入、食入或接触等途径进入机体后，一方面引起典型的变态反应过程，另一方面导致气道慢性炎症。体液介导和细胞介导免疫均参与发病过程。炎症细胞在介质的作用下又可分泌多种介质，使气道病变加重，炎症浸润增加，产生哮喘的临床症状。

（2）神经调节机制：神经因素是哮喘发病的重要环节。支气管受复杂的自主神经支配，有胆碱能神经、肾上腺素能神经和非肾上腺素能非胆碱能（non-adrenergic non-cholinergic，NANC）神经系统。支气管哮喘与β肾上腺素受体功能低下和迷走神经张力亢进有关。NANC能释放舒张和收缩支气管平滑肌的神经介质，两者平衡失调，则可引起支气管平滑肌收缩。

（3）气道高反应性（airway hyperresponsiveness，AHR）：是指气道对各种刺激因子如变应原、理化因素、运动、药物等呈现高度过敏状态，表现为气道对各种刺激因子出现过强或过早的收缩反应，目前普遍认为气道慢性炎症是导致AHR的重要机制之一。而AHR则为支气管哮喘病人的共同病理生理特征。

（4）气道重构（airway remodeling）：是哮喘的重要病理特征。气道重构的发生主要与持续存在的气道炎症和反复的气道上皮损伤/修复有关。气道重构使哮喘病人对吸入激素的敏感性降低，出现不可逆气流受限以及持续存在的AHR。

支气管哮喘的早期病理变化不明显，随疾病发展可出现肺泡高度膨胀，支气管及细支气管内含有黏稠的痰液和黏液栓，支气管壁增厚，黏膜及黏膜下血管增生、黏膜水肿。支气管壁有肥大细胞、嗜酸性粒细胞、中性粒细胞和淋巴细胞浸润，上皮脱落，基膜显著增厚。若长期反复发作可使气管壁增厚与狭窄，逐渐发展为阻塞性肺气肿。

【临床表现】

1. 症状　典型表现为发作性伴有哮鸣音的呼气性呼吸困难。夜间及凌晨发作或加重是哮喘的重要临床特征。症状在数分钟内发作，持续数小时至数天，经平喘药物治疗后缓解或自行缓解。哮喘的具体临床表现形式及严重程度在不同时间表现为多变性，有些病人尤其青少年，其哮喘症状在运动时出现，称为运动性哮喘。临床上还存在没有喘息症状的不典型哮喘，表现为发作性咳嗽、胸闷或其他症状。不典型哮喘以咳嗽为唯一症状称为咳嗽变异性哮喘，以胸闷为唯一症状称为胸闷变异性哮喘。

2. 体征　哮喘发作时的典型体征为双肺可闻及广泛的哮鸣音，呼气音延长。但非常严重的哮喘发作时，哮鸣音反而减弱，甚至完全消失，表现为"沉默肺"，是病情危重的表现。因为非发作期体检可无异常，未闻及哮鸣音，不能排除哮喘。

3. 支气管哮喘的分期及控制水平分期　根据临床表现可分为急性发作期、慢性持续期和临床缓解期。

（1）急性发作期：常因接触刺激物或治疗不当所致。以喘息、气促、咳嗽、胸闷等症状突发或加重，伴有呼气流量降低。急性发作时严重程度可分为轻度、中度、重度和危重4度（表2-3）。

▼ 表2-3　哮喘急性发作时病情严重程度的分级

病情程度	临床表现	血气分析	血氧饱和度	支气管扩张剂
轻度	对日常生活影响不大，可平卧，说话连续成句，步行、上楼时有气短。呼吸频率轻度增加，呼吸末期散在哮鸣音。脉率<100次/min。可有焦虑	PaO_2正常 $PaCO_2<45mmHg$	>95%	能被控制
中度	日常生活受限，稍事活动便有喘息，喜坐位，讲话常有中断。呼吸频率增加，哮鸣音响亮而弥漫。脉率100~120次/min，有焦虑和烦躁	PaO_2 60~80mmHg，$PaCO_2≤45mmHg$	91%~95%	仅有部分缓解
重度	休息时感气短，日常生活受限，喘息持续发作，只能单字讲话，端坐呼吸，大汗淋漓。呼吸频率>30次/min，哮鸣音响亮而弥漫。脉率>120次/min。常有焦虑和烦躁	$PaO_2<60mmHg$ $PaCO_2>45mmHg$	≤90%	无效
危重	病人不能讲话，出现嗜睡、意识模糊，哮鸣音明显减弱或消失。脉率>120次/min或变慢和不规则	$PaO_2<60mmHg$ $PaCO_2>45mmHg$	<90%	无效

（2）慢性持续期：病人表现为不同程度的哮喘症状，可伴有肺通气功能下降。目前应用最为广泛的慢性持续期哮喘严重性评估方法为哮喘症状控制水平，具体指标见表2-4。

A：哮喘症状控制			哮喘症状控制水平		
			良好控制	部分控制	未控制
过去4周，病人存在：					
日间哮喘症状>2次/周	是□	否□			
夜间因哮喘憋醒	是□	否□	无	存在1~2项	存在3~4项
使用缓解药物次数>2次/周	是□	否□			
哮喘引起的活动受限	是□	否□			
B：未来风险评估（急性发作风险，病情不稳定，肺功能迅速下降，药物不良反应）					
与未来不良事件风险增加的相关因素包括：					
临床控制不佳；过去一年频繁急性发作；曾因严重哮喘而住院治疗；FEV$_1$低；烟草暴露；高剂量药物治疗					

（3）临床缓解期：指病人无喘息、气急、咳嗽、胸闷等症状1年以上，肺功能正常。

4. 并发症　可并发阻塞性肺气肿、慢性肺源性心脏病、慢性呼吸衰竭及自发性气胸等。

【辅助检查】

1. 痰液检查　大多数哮喘病人痰液中嗜酸性粒细胞计数增高（>2.5%），痰液中嗜酸性粒细胞计数可作为评价哮喘气道炎症指标之一，也是评估糖皮质激素治疗反应性的敏感指标。

2. 呼吸功能检查

（1）通气功能检测：哮喘发作时呈阻塞性通气功能障碍表现，呼气流速指标显著下降，FEV$_1$、FEV$_1$/FVC和呼气流量峰值（peak expiratory flow，PEF）均减少；肺容量指标可见用力肺活量减少、残气量及残气量与肺总量比值增加。缓解期上述通气功能指标逐渐恢复。病变迁延、反复发作者，其通气功能可逐渐下降。

（2）支气管激发试验（bronchial provocation test，BPT）：用以测定气道反应性。常用吸入激发剂为醋甲胆碱和组胺，使用吸入激发剂后如FEV$_1$下降≥20%为激发试验阳性，提示存在气道高反应性。激发试验只适用于FEV$_1$占正常预计值70%以上的病人。

（3）支气管舒张试验（bronchial dilation test，BDT）：用以测定气道的可逆性。常用吸入的支气管舒张药如沙丁胺醇、特布他林等。舒张试验阳性诊断标准：吸入支气管舒张药20分钟后重复测定肺功能显示FEV$_1$较用药前增加≥12%且其绝对值增加≥200ml。试验阳性提示存在可逆性的气道阻塞。

（4）呼气流量峰值（PEF）及其变异率测定：PEF可反映气道通气功能的变化。哮喘发作时PEF下降。监测PEF日间、周间变异率有助于哮喘的诊断和病情评估。PEF平均每天昼夜变异率>10%，或PEF周变异率>20%，提示存在气道可逆性的改变。

3. 血气分析　哮喘发作时可有不同程度的缺氧，PaO$_2$降低，过度通气使PaCO$_2$下降，pH上升，表现为呼吸性碱中毒。如果重症哮喘发作，气道阻塞进一步发展，可出现PaCO$_2$上升，表现为呼吸性酸中毒。若缺氧明显，可合并代谢性酸中毒。当PaCO$_2$较前增高，即使在正常范围内也要警惕严重气道阻塞的发生。

4. 胸部X线检查 早期哮喘发作时双肺透亮度增加，呈过度充气状态，缓解期多无异常。合并肺部感染时，可见肺纹理增粗及炎症的浸润阴影。胸部CT在部分病人可见支气管壁增厚、黏液阻塞。

5. 特异性变应原检测 外周血变应原特异性IgE增高结合病史有助于病因诊断；血清总IgE测定对哮喘诊断价值不大，但其增高的程度可作为重症哮喘使用抗IgE抗体治疗及调整剂量的依据。体内变应原试验包括皮肤变应原试验和吸入变应原试验。哮喘病人大多数伴有过敏体质，对众多的变应原和刺激物敏感。血清IgE常升高2~6倍。

6. 呼出气一氧化氮（fractional exhaled nitric oxide，FeNO）检测 FeNO测定可以作为评估气道炎症和哮喘控制水平的指标，也可以用于判断吸入激素治疗的反应。

【治疗要点】

目前哮喘无特殊的治疗方法。长期规范化治疗可使大多数病人达到良好或完全的临床控制。哮喘治疗目标是长期控制症状、预防未来风险的发生，即在使用最小有效剂量药物治疗或不用药物的基础上，能使病人与正常人一样生活、学习和工作。治疗原则为急性发作期使用支气管扩张剂和抗生素，消除诱因，控制发作；缓解期预防复发。

1. 脱离变应原 脱离变应原的接触是防治哮喘最有效的方法。

2. 药物治疗 治疗哮喘的药物分为控制药物和缓解药物。控制药物指需要长期每天使用的药物，主要用于治疗气道慢性炎症，达到减少发作的目的；缓解药物指按需使用的药物，能迅速解除支气管痉挛，缓解哮喘症状（表2-5）。

（1）糖皮质激素：简称激素，是当前控制哮喘发作最有效的药物。激素通过作用于气道炎症形成过程中的诸多环节有效控制气道炎症。给药途径包括吸入、口服和静脉用药等。吸入型糖皮质激素（inhaled corticosteroids，ICS）是目前哮喘长期治疗的首选药物。常用药物有倍氯米松、布地奈德、氟替卡松、莫米松等。通常需规律吸入1~2周或以上方能起效。根据哮喘病情选择吸入不同ICS剂量。口服给药为泼尼松、泼尼松龙等，用于吸入激素无效或需要短期加强治疗的病人。泼尼松的起始剂量为30~60mg/d，症状缓解后逐渐减量至≤10mg/d。重度或严重哮喘发作时应及早静脉给予激素，经静脉给予琥珀酸氢化可的松100~400mg/d或甲泼尼龙80~160mg/d。不主张长期口服激素用于维持哮喘控制的治疗。

（2）β_2受体激动剂：为控制哮喘急性发作的首选药物。常用药物有定量雾化吸入（metered dose inhaler，MDI）、干粉吸入、持续雾化吸入等。也可口服或静脉用药，首选定量吸入。

1）短效β_2受体激动剂（short-acting β_2 agonist，SABA）：哮喘急性发作治疗的首选药物。常用药物有沙丁胺醇和特布他林。SABA应按需间歇使用，不宜长期、单一使用。主要不良反应有心悸、骨骼肌震颤、低钾血症等。

2）长效β_2受体激动剂（long-acting β_2 agonist，LABA）：是目前最常用的哮喘控制性药物，与ICS联合应用。常用药物有沙美特罗（经吸入器或碟剂装置给药）、福莫特罗（经都保给药）。福莫特罗属快速起效的LABA，也可按需用于哮喘急性发作的治疗。目前常用ICS加LABA的联合制

缓解性药物	控制性药物
短效β_2受体激动剂（SABA）	吸入型糖皮质激素（ICS）
短效抗胆碱药（SAMA）（吸入型）	白三烯调节剂
短效茶碱	长效β_2受体激动剂（LABA，不单独使用）
全身用糖皮质激素	缓释茶碱 色甘酸钠 抗IgE抗体 联合药物（如ICS/LABA）

剂有：氟替卡松/沙美特罗吸入干粉剂，布地奈德/福莫特罗吸入干粉剂。吸入法适用于哮喘（尤其是夜间哮喘和运动诱发哮喘）的预防和治疗。LABA不能单独用于哮喘的治疗。

（3）白三烯（leukotriene，LT）调节剂：具有抗炎和舒张支气管平滑肌的作用，是目前除ICS外唯一可单独应用的哮喘控制性药物，适用于阿司匹林哮喘、运动性哮喘和伴有过敏性鼻炎哮喘病人的治疗。通常口服给药。常用药物有扎鲁司特或孟鲁司特。

（4）茶碱类药物：具有舒张支气管平滑肌的作用，用于轻至中度哮喘急性发作以及哮喘的维持治疗，与糖皮质激素合用具有协同作用。口服控（缓）释茶碱尤其适用于夜间哮喘。缓慢静注适用于哮喘急性发作且近24小时未用过茶碱类药物的病人。

（5）抗胆碱药：有舒张支气管及减少痰液的作用。分为速效抗胆碱药（维持4~6小时）和长效抗胆碱药（维持24小时），常用的速效抗胆碱药有异丙托溴铵，长效抗胆碱药有噻托溴铵。

（6）其他：口服酮替芬、阿司咪唑、曲尼司特具有抗变态反应作用。

3. 急性发作期的治疗 治疗目的是尽快缓解气道痉挛，纠正低氧血症，恢复肺功能，预防进一步恶化或再次发作，防止并发症。

（1）轻度：经MDI吸入SABA，在第1小时内每20分钟1~2喷。随后可调整为每3~4小时1~2喷。效果不佳时可加服茶碱缓释片，或加用短效抗胆碱药吸入剂。

（2）中度：吸入SABA，在第1小时内可持续雾化吸入。联合应用短效抗胆碱药（short-acting β_2-receptor antagonist，SABA）、激素混悬液雾化吸入，也可联合茶碱类药物静注。在控制性药物治疗的基础上发生急性发作，应尽早口服激素，同时吸氧。

（3）重度至危重度：SABA持续雾化吸入，联合SAMA、激素混悬液雾化吸入以及茶碱类药物静脉注射，吸氧。尽早静脉应用激素。注意维持水、电解质平衡，纠正酸碱失衡。经上述治疗病情继续恶化者应及时给予机械通气治疗，指征包括呼吸肌疲劳、$PaCO_2 \geq 45mmHg$、意识改变。

4. 慢性持续期的治疗 哮喘一般经过急性期治疗后症状可以得到控制，但哮喘的慢性炎症改变仍然存在，必须进行长期治疗。哮喘病人长期治疗方案分为5级（表2-6），以最小量、最简单的联合，不良反应最少、达到最佳哮喘控制为原则。如果使用该级治疗方案不能使哮喘得到控制，治疗方案应该升级直至达到哮喘控制为止。当达到哮喘控制之后并能够维持至少3个月以上，且肺功能恢复并维持平稳状态，可考虑降级治疗。

治疗方案	第1级	第2级	第3级	第4级	第5级
推荐选择控制药物	不需使用药物	低剂量ICS	低剂量ICS加LABA	中/高剂量ICS加LABA	加其他治疗，如口服糖皮质激素
其他选择控制药物	低剂量ICS	白三烯受体拮抗剂低剂量茶碱	中/高剂量ICS低剂量ICS加白三烯受体拮抗剂低剂量ICS加茶碱	中/高剂量ICS加LABA加LAMA高剂量ICS加白三烯受体拮抗剂高剂量ICS加茶碱	加LAMA加IgE单克隆抗体加IL-5单克隆抗体
缓解药物	按需使用SABA	按需使用SABA	按需使用SABA或低剂量布地奈德/福莫特罗或倍氯米松/福莫特罗		

ICS：吸入型糖皮质激素；LABA：长效β₂受体激动剂；SABA：短效β₂受体激动剂；LAMA：长效抗胆碱药。

5. 免疫疗法　分为特异性和非特异性两种，前者又称脱敏疗法。通常采用特异性变应原（如螨、花粉、猫毛等）作定期反复皮下注射或其他途径，剂量由低至高，以产生免疫耐受性，使病人脱敏。非特异性疗法如注射卡介苗、转移因子等生物制品以抑制变应原反应的过程。

6. 哮喘管理　通过有效的哮喘管理，实现对哮喘的控制。哮喘管理目标：① 达到并维持症状的控制；② 维持正常活动，包括运动能力；③ 维持肺功能水平尽量接近正常；④ 预防哮喘急性加重；⑤ 避免因哮喘药物治疗导致的不良反应；⑥ 预防哮喘导致的死亡。

> 🔔 问题与思考
>
> 　　哮喘病人是不是不能参加运动，也不能养宠物？有没有好的建议帮助病人。

【常用护理诊断/问题及护理措施】

1. 气体交换受损　与支气管痉挛、气道炎症、气道阻力增加有关。

（1）生活护理：应尽快脱离过敏原。保持室内清洁、空气流通、温湿度适宜。病室不宜摆放花草，避免使用皮毛、羽绒或蚕丝织物等。呼吸困难者提供舒适体位，以减少体力消耗。提供清淡、易消化、足够热量的饮食，避免进食硬、冷、油煎食物。避免食用与哮喘发作有关的食物，如鱼、虾、蟹、蛋类、牛奶等。有烟酒嗜好者戒烟酒。

（2）氧疗护理：重症哮喘病人常伴有不同程度的低氧血症，应遵医嘱给予鼻导管或面罩吸氧，吸氧流量为每分钟1~3L，吸入氧浓度一般不超过40%。为避免气道干燥和寒冷气流的刺激而导致气道痉挛，吸入的氧气应尽量温暖湿润。如哮喘严重发作，经一般药物治疗无效，或病人出现神志改变，$PaO_2 < 60mmHg$，$PaCO_2 > 50mmHg$时，应准备进行机械通气。

（3）病情观察：观察哮喘发作的前驱症状，如鼻咽痒、喷嚏、流涕、眼痒等黏膜过敏症状。哮喘发作时，观察病人意识状态、呼吸频率、节律、深度，是否有辅助呼吸肌参与呼吸运动等，监测呼吸音、哮鸣音变化，监测动脉血气分析和肺功能情况，了解病情和治疗效果。哮喘严重发作时，如经治疗病情无缓解，需做好机械通气的准备工作。加强对急性期病人的监护，尤其夜间和凌晨是哮喘易发作的时间，应严密观察有无病情变化。

（4）用药护理：观察药物疗效和不良反应。

1）糖皮质激素：吸入药物治疗的全身性不良反应少，少数病人可出现口腔念珠菌感染和声音嘶哑，用药后及时指导病人用清水漱口，选用干粉吸入剂或加用除雾器可减少上述不良反应。口服药宜在饭后服用，以减少对胃肠道黏膜的刺激。

2）β_2受体激动剂：用药过程观察有无心悸、骨骼肌震颤、低血钾等不良反应。指导病人正确使用吸入器，以保证药物的疗效。因长期应用可引起β_2受体功能下降和气道反应性增高，出现耐药性，故指导病人按医嘱用药，不宜长期、规律、单一、大量使用。

3）茶碱类：静脉注射时浓度不宜过高，速度不宜过快，注射时间宜在10分钟以上，以防中毒症状发生。不良反应有恶心、呕吐、心律失常、血压下降和呼吸中枢兴奋，严重者可致抽搐甚至死亡。茶碱缓（控）释片有控释材料，不能嚼服，必须整片吞服。

4）其他：抗胆碱药吸入后，少数病人可有口苦或口干感。酮替芬有镇静、头晕、口干、嗜睡等不良反应，对高空作业人员、驾驶员、操纵精密仪器者应予以强调。

（5）心理护理：哮喘新近发生和重症发作的病人，通常会出现紧张甚至惊恐不安的情绪，应耐心解释病情，给予心理疏导和安慰，消除过度紧张情绪，对减轻哮喘发作的症状和控制病情有重要意义。

2. 清理呼吸道无效　与支气管黏膜水肿、分泌物增多、痰液黏稠、无效咳嗽有关。

（1）促进有效排痰：指导病人进行有效咳嗽，协助叩背，以促进痰液排出。痰液黏稠者可定时给予雾化吸入。无效者可用负压吸引器吸痰。

（2）补充水分：鼓励病人每天饮水2 500~3 000ml，以补充丢失的水分，稀释痰液。重症者遵医嘱及时、充分补液，纠正水、电解质和酸碱平衡紊乱。

（3）病情观察：观察病人咳嗽情况、痰液性状和量。

3. 知识缺乏：缺乏正确使用定量吸入器用药的相关知识。

（1）定量吸入器（MDI）：正确使用是保证吸入治疗成功的关键（图2-3）。

方法：① 打开盖子，摇匀药液，深呼气至不能再呼时张口。② 将MDI喷嘴置于口中，双唇包住咬口，以慢而深的方式经口吸气，同时以手指按压喷药，至吸气末屏气10秒。③ 使较小的雾粒沉降在气道远端，然后缓慢呼气，休息3分钟后可再重复使用1次。④ 特殊MDI的使用：可在MDI上加储药罐，简化操作，增加吸入到下呼吸道和肺部的药物量，减少雾滴在口咽部沉积引起刺激，增加雾化吸入疗效，适用于对不易掌握MDI吸入方法的儿童或重症病人。

▲ 图2-3　定量吸入器
1. 口含嘴（MDI喷嘴）；2. 以手指按压喷药。

（2）干粉吸入器：常用的有都保装置和准纳器。

1）都保装置（图2-4）：即储存剂量型涡流式干粉吸入器，如米克都保、奥克斯都保、信必可都保（布地奈德福莫特罗粉吸入器）。

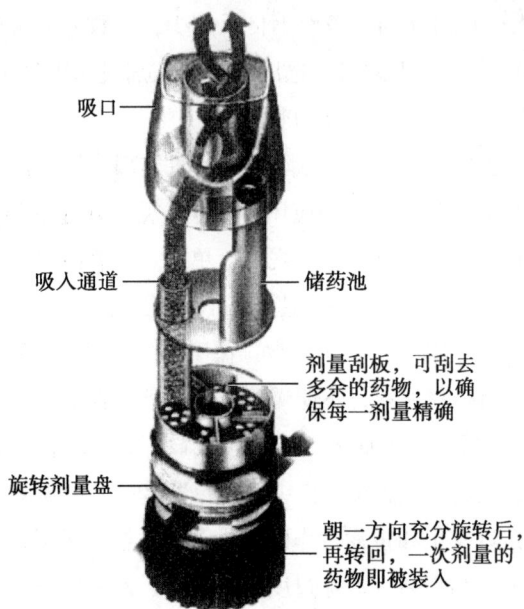

吸口 ———

吸入通道 ——— ——— 储药池

——— 剂量刮板，可刮去
多余的药物，以确
保每一剂量精确

旋转剂量盘 ———

——— 朝一方向充分旋转后，
再转回，一次剂量的
药物即被装入

▲ 图2-4　都保装置

使用方法：① 旋转并拔出瓶盖，确保红色旋柄在下方；② 拿直都保，握住底部红色部分和都保中间部分，向某一方向旋转到底，再向反方向旋转到底，可听到一次"咔嗒"声，即完成一次装药；③ 先呼气（勿对吸嘴呼气），将吸嘴含于口中，双唇包住吸嘴用力深长地吸气，然后将吸嘴从嘴部移开，继续屏气5秒后恢复正常呼吸。

2）准纳器（图2-5）：常用的有氟替卡松/沙美特罗吸入干粉剂（舒利迭）等。

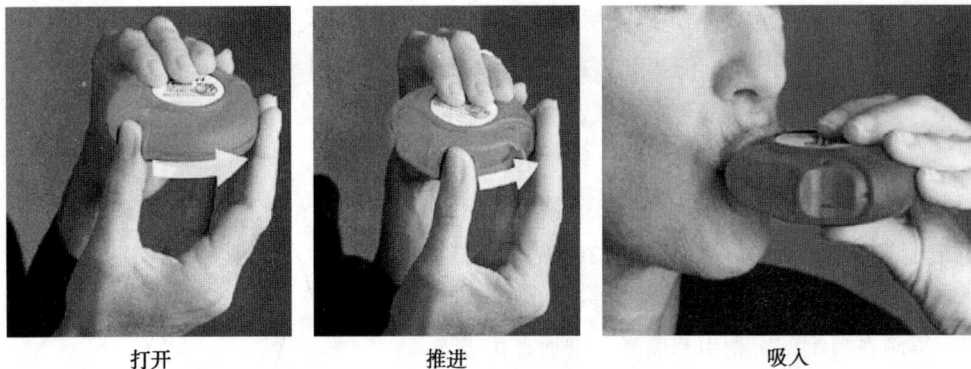

打开　　　　　　　　　推进　　　　　　　　　吸入

▲ 图2-5　准纳器

使用方法：① 一手握住准纳器外壳，另一手拇指向外推动准纳器的滑动杆直至发出咔嗒声，表明准纳器已做好吸药的准备；② 握住准纳器并使其远离嘴，在保证平稳呼吸的前提下，尽量呼气；③ 将吸嘴放入口中，深深地平稳地吸气，将药物吸入口中，屏气约10秒；④ 拿出准纳器，缓慢恢复呼气，关闭准纳器（听到咔嗒声表示关闭）。

【健康指导】

1. 疾病知识指导　指导病人增加对哮喘的激发因素、发病机制、控制目的和效果的认识，有效控制可诱发哮喘发作的各种因素，如避免摄入引起过敏的食物、避免接触刺激性气体及预防呼吸道感染、避免接触宠物或动物皮毛。在缓解期应加强体育锻炼、耐寒锻炼及耐力训练，以增强体质。提高病人的治疗依从性。

2. 用药指导　指导病人或家属掌握正确的药物吸入技术，遵医嘱使用 $β_2$ 受体激动剂和 / 或糖皮质激素吸入器。

3. 疾病监测指导　指导病人识别哮喘发作的先兆表现和病情加重的征象，学会哮喘发作时进行简单的紧急自我处理方法。学会利用峰流速仪来监测呼气流量峰值（peak expiratory flow，PEF）。峰流速仪的使用方法：① 取站立位，尽可能深吸一口气，然后用唇齿部分包住口含器；② 以最快的速度，用 1 次最有力的呼气吹动游标滑动，游标最终停止的刻度，就是此次峰流速值。峰流速测定是发现早期哮喘发作最简便易行的方法，在没有出现症状之前，PEF 下降，提示将发生哮喘的急性发作。

（杨益）

第六节　支气管扩张症

案例导入

病人，女，46 岁，以"咳嗽 3 天，寒战、高热、咳痰 1 天"为主诉入院。

病史评估：10 年前诊断为"支气管扩张"，1 周前淋雨后咳嗽、流涕 3 天，近 1 天来出现寒战、高热、咳大量黄色黏稠痰，急诊入院治疗。

身体评估：神志清楚，T 39.8℃，P 112 次 /min，R 28 次 /min，BP 100/70mmHg，左侧肺部可闻及湿啰音。

辅助检查：血红蛋白 95g/L，白细胞计数 $20×10^9$/L，中性粒细胞百分比 87%，核左移。胸部 X 线片：左肺纹理增多，左肺下叶见大片均匀致密阴影。

初步诊断：支气管扩张症。

入院后给予退热、祛痰、体位引流等治疗。

请思考：还需要进一步评估哪些资料？为该病人进行身体评估的重点是什么？如何指导病人进行有效的体位引流？

支气管扩张症（bronchiectasis）是指急、慢性呼吸道感染和支气管阻塞后，反复发生支气管化脓性炎症，致使支气管壁结构破坏，管壁增厚，引起支气管异常和持久性扩张的一类异质性疾病的总称。临床特点为慢性咳嗽、咳大量脓痰和 / 或反复咯血。病程多呈慢性经过，常见于儿童和青年。

【病因及发病机制】

部分支气管扩张症无明显病因，弥漫性支气管扩张症多发生于有遗传、免疫或解剖缺陷的病人，发病基础多为支气管-肺组织感染和支气管阻塞。引起感染的常见病原体为铜绿假单胞菌、流感嗜血杆菌、卡他莫拉菌、肺炎克雷伯菌、金黄色葡萄球菌等。婴幼儿期支气管肺组织感染是支气管扩张最常见的原因。各种阻塞因素如肿瘤、呼吸道异物、感染等导致炎症造成阻塞，阻塞又导致感染，互相影响，管壁的慢性炎症破坏了管壁的平滑肌、弹力纤维，甚至软骨，从而削弱了支气管管壁的支撑结构，损伤气道清除和防御功能。反复细菌感染可使充满炎症介质和病原菌黏稠脓性液体的气道逐渐扩大，形成瘢痕和扭曲。支气管先天发育障碍及遗传因素也是导致气管和主支气管扩张的原因之一，但较少见。当吸气和咳嗽时管内压增高并在胸腔负压的牵引下引起支气管扩张，而呼气时却又因管壁弹性削弱而不能充分回缩，久之，则逐渐形成支气管的持久性扩张。

【临床表现】

1. 症状

（1）慢性咳嗽、大量脓痰：持续或反复咳嗽、咳（脓）痰是常见症状。咳嗽、咳痰多发生于清晨和晚上，痰量与体位改变有关，这是由于分泌物积聚于支气管的扩张部位，改变体位时分泌物刺激支气管黏膜引起咳嗽和排痰。随着支气管感染加重，或病变累及周围肺实质出现肺炎可咳黄绿色脓痰，量增多和发热。如有厌氧菌感染，痰有恶臭。感染时痰液静置后出现分层的特征：上层为泡沫，下悬脓性成分；中层为混浊黏液；下层为坏死组织沉淀物。

（2）呼吸困难：提示广泛的支气管扩张或潜在的慢性阻塞性肺疾病。

（3）反复咯血：多因感染而诱发，50%~70%的病人有不同程度的咯血。从痰中带血至大量咯血，大咯血常因支气管动脉和肺动脉的终末支气管扩张及吻合形成的血管瘤破裂所致。部分病人平时可无咳嗽，唯一症状为反复咯血，临床上称为"干性支气管扩张症"，其病变多位于引流良好的上叶支气管。

（4）全身症状：可出现发热、乏力、消瘦、肌肉酸痛等全身中毒症状。在疾病晚期多伴有营养不良。

2. 体征　早期无异常肺部体征。气道内有较多分泌物时，查体可闻及湿啰音和干啰音。伴有慢性缺氧、肺源性心脏病和右心衰竭的病人可出现杵状指和右心衰竭体征。

【辅助检查】

1. 影像学检查　胸部X线片呈现囊状支气管扩张的气道表现为显著的囊腔，腔内可存在气液平面，气管壁可增厚，患侧肺纹理增多及增粗现象。柱状支气管扩张的典型X线表现为"双轨征"。高分辨率CT（HRCT）检查具有无创、易重复和易接受的特点，可在横断面上清晰地显示扩张的支气管，已成为支气管扩张症的主要诊断方法。

2. 实验室检查　血常规显示白细胞计数、中性粒细胞百分比及C反应蛋白可升高，合并免疫缺陷者可出现血清免疫球蛋白缺乏，痰培养和药敏试验结果可指导抗菌药物的选择。血气分析可判断病人是否合并低氧血症和高碳酸血症。

3.纤支镜检查 可明确出血、扩张或阻塞的部位，还可用于病原学和病理诊断及指导治疗。

4.肺功能测定 可证实由弥漫性支气管扩张或相关阻塞性肺病导致的气流受限。

【治疗要点】

支气管扩张症的治疗原则是保持呼吸道引流通畅，控制感染，处理咯血，改善气流受限、清除呼吸道分泌物，必要时手术治疗。

【常用护理诊断/问题及护理措施】

1.清理呼吸道无效 与痰液黏稠和无效咳嗽有关。

（1）生活护理：保持环境舒适、室内空气流通，维持适宜的温湿度。急性感染或病情严重者应卧床休息，注意保暖。提供高热量、高蛋白质、富含维生素饮食，少食多餐。避免冰冷食物以免诱发咳嗽。保持口腔卫生，及时清理痰杯内痰液。鼓励每天饮水1 500ml以上，以利于痰液的稀释和排出。

（2）体位引流：体位引流是利用重力的作用促使呼吸道分泌物流入气管、支气管排出体外。

① 引流前准备：向病人解释体位引流的目的、过程和注意事项，监测生命体征，肺部听诊，明确病变部位。引流前15分钟遵医嘱给予支气管扩张剂。备好排痰用的纸巾或一次性容器。
② 引流体位：引流体位的选择取决于分泌物潴留的部位和病人的耐受程度（图2-6）。原则上抬高病变部位，引流支气管开口向下，有利于分泌物随重力作用流入支气管和气管排出。首先引流上叶，然后引流下叶后基底段，因为自上到下的顺序有利于痰液完全排出。如果病人不能耐受，应及时调整姿势。头外伤、胸部创伤、咯血、严重心血管疾病和病情不稳定者，不宜采取头低位进行体位引流。③ 引流时间：根据病变部位、病情和病人状况，每天1~3次，每次15~20分钟。一般于餐前1小时或餐后1~2小时进行，进餐后马上引流易导致胃内容物反流致呕吐。④ 引流的观察：引流时应有护士或家人协助，观察病人有无出汗、脉搏细弱、头晕、疲劳、面色苍白

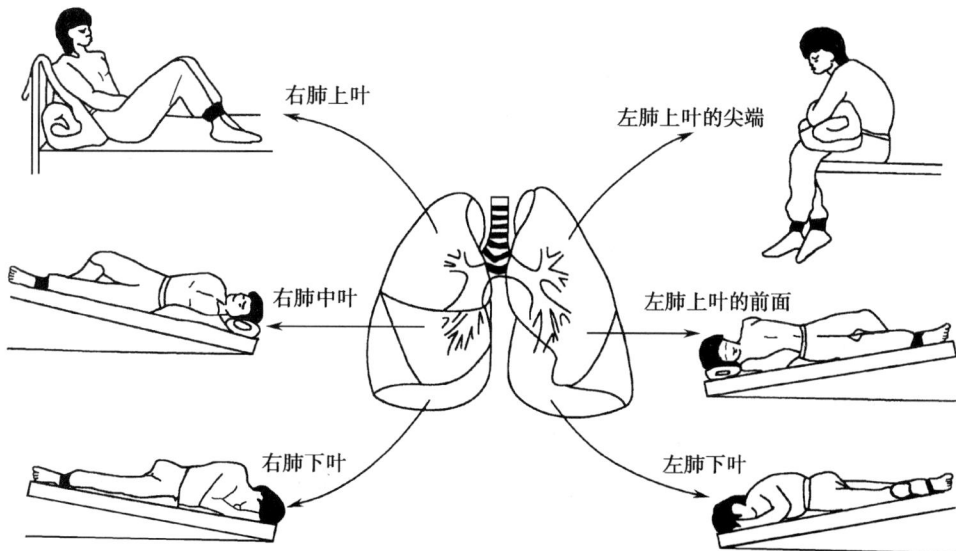

右肺上叶

左肺上叶的尖端

右肺中叶

左肺上叶的前面

右肺下叶

左肺下叶

▲ 图2-6 体位引流

等症状。评估病人对体位引流的耐受程度，如病人出现心率超过120次/min、心律失常、高血压、低血压、眩晕或发绀，应立即停止引流并通知医生。在体位引流过程中，鼓励并指导病人作腹式深呼吸，使用振动排痰仪辅以胸部叩击或震荡等措施。⑤引流后护理：协助病人保持引流体位进行咳嗽，然后帮助病人采取舒适体位，处理污物。协助漱口，保持口腔清洁，观察病人咳痰的情况，如性质、量及颜色，并记录。听诊肺部呼吸音和痰鸣音的改变，评价体位引流的效果。

（3）病情观察：观察痰液的量、颜色、性质、气味以及与体位的关系，准确记录24小时痰液排出量，痰液静置后是否有分层现象。病情严重者需观察缺氧情况，有无发绀、气促等表现。注意观察有无发热、消瘦、贫血等全身症状。观察用药效果及不良反应。

2. 潜在并发症：大咯血、窒息。

（1）生活护理：小量咯血者以静卧休息为主，宜进少量温、凉流质饮食；大量咯血者应禁食，绝对卧床休息，取患侧卧位，头偏一侧。尽量避免搬动病人，可减少患侧胸部的活动度，既防止病灶向健侧扩散，同时有利于健侧肺的通气功能。多饮水，多吃富含纤维素食物，以保持大便通畅，避免排便腹压增加而引起再度咯血。保持口腔清洁、舒适，咯血后嘱病人漱口，擦净血迹，防止因口咽部异味刺激引起剧烈咳嗽而再度诱发咯血。

（2）保持呼吸道通畅：鼓励病人将气管内痰液和积血轻轻咳出，保持呼吸道通畅。痰液黏稠无力咳出或大量咯血不畅者，可予负压吸引。负压吸引前后应适当提高吸氧浓度，以防吸痰引起低氧血症。咯血时协助轻轻拍击健侧背部，嘱病人不要屏气，以免诱发喉头痉挛，使血液引流不畅形成血块，导致窒息。

（3）用药护理：①垂体后叶素可收缩小动脉，减少肺血流量，从而减轻咯血。但也能引起子宫、肠道平滑肌收缩和冠状动脉收缩，故冠心病、高血压病人及孕妇忌用。静脉滴注时速度不宜过快，以免引起恶心、便意、心悸、面色苍白等不良反应。②年老体弱、肺功能不全者在应用镇静药和镇咳药后，应注意观察有无呼吸中枢和咳嗽反射受抑制的情况，以早期发现因呼吸抑制导致的呼吸衰竭和不能咯出血块而发生窒息。

（4）病情观察：观察咯血频次、量、性质及出血的速度，生命体征及意识状态的变化；观察病人有无窒息发生，有无胸闷、气促、呼吸困难、发绀、面色苍白、出冷汗、烦躁不安等窒息征象；有无阻塞性肺不张、肺部感染及其他合并症表现。记录24小时咯血量。

（5）窒息的抢救：①对大咯血及意识不清的病人，应在病床边备好急救物品；②病人一旦出现窒息的征象，应立即取俯卧位，头偏向一侧，轻拍背部，迅速清除口咽部的血块，或直接刺激咽部以咳出血块；③必要时用吸痰管进行负压吸引；④给予高浓度吸氧；⑤做好气管插管或气管切开的准备和配合工作，以解除呼吸道阻塞。

（6）心理护理：及时清理病人咯出的血块及污染的衣物、被褥，有助于稳定情绪、增加安全感，避免因精神过度紧张而加重病情。对精神极度紧张、咳嗽剧烈的病人，遵医嘱给予小剂量镇静药或镇咳药。

【健康指导】

1. 疾病知识指导 支气管扩张症与感染相关，应积极防治呼吸道感染和其他呼吸系统慢性疾病。帮助病人和家属了解疾病发生、发展与治疗、护理过程，与病人及家属共同制订长期防治计划。指导病人合理饮食，增加营养摄入，促进机体康复，增强抗病能力。

2. 排痰方法指导 指导病人及家属学习和掌握有效咳嗽、胸部叩击、雾化吸入及体位引流等排痰方法，长期坚持，以控制病情的发展。目前在临床上也可以采用振动排痰仪替代传统的叩背排痰。

3. 疾病监测指导 指导病人自我监测病情，学会识别病情变化征象，强调清除痰液对减轻症状、预防感染的重要性。一旦发现症状加重，应及时就诊。

（杨益）

第七节 慢性阻塞性肺疾病

案例导入

病人，男，58岁，以"咳嗽、咳痰9年，气喘5年，加重3天"为主诉入院。

病史评估：病人9年前无明显诱因出现间断咳嗽、咳痰，为白色黏痰，不易咳出，于春秋季节发作。近5年来咳嗽、咳痰症状发作频繁，伴气喘，活动耐力逐渐下降，诊断为"慢性阻塞性肺疾病"。3天前受凉后自感气喘加重，伴咳嗽、咳痰，痰量较前增加，为黄色黏痰，不易咳出，故来院就诊。发病以来饮食差，睡眠可，体重无明显变化。

身体评估：神志清楚，T 36℃，P 60次/min，R 21次/min，BP 145/85mmHg，口唇紫绀，桶状胸、肋间隙增宽，呼吸运动正常，双肺叩诊呈过清音，听诊呼吸音粗，触诊双侧触觉语颤减弱。

辅助检查：血气分析示PaO_2 52mmHg，$PaCO_2$ 48mmHg。胸部X线检查示双肺纹理增粗、模糊，肺气肿。

初步诊断：慢性阻塞性肺疾病急性加重期，阻塞性肺气肿。

给予抗生素治疗7天后症状缓解，嘱其出院后继续进行家庭氧疗，加强呼吸功能锻炼。

请思考：家庭氧疗的给氧方式、给氧浓度和时间；呼吸功能锻炼的方法及目的。

慢性阻塞性肺疾病（chronic obstructive pulmonary disease，COPD）简称慢阻肺，主要临床特征是持续存在的呼吸系统症状和气流受限，通常与显著暴露于有害颗粒或气体引起的气道和/或肺泡异常有关。COPD是呼吸系统疾病中的常见病和多发病，其患病率和死亡率居高不下。在我国，COPD是导致慢性呼吸衰竭和慢性肺源性心脏病最常见的病因，约占全部病例的80%。因肺功能进行性减退，严重影响病人的劳动力和生活质量，造成巨大的社会和经济负担。

COPD与慢性支气管炎及肺气肿密切相关。慢性支气管炎（简称慢支）是指在除外慢性咳嗽的其他已知原因后，病人每年咳嗽、咳痰3个月以上并持续2年者。肺气肿是指肺部终末细支气管远端气腔出现异常持久的扩张，并伴有肺泡壁和细支气管的破坏而无明显肺纤维化。当慢性支气管炎、肺气肿病人肺功能检查出现持续气流受限时，则诊断为COPD。

【病因及发病机制】

确切的病因尚不清楚，可能是多种环境因素与机体自身因素长期相互作用的结果。

1. 炎症机制　气道、肺实质及肺血管的慢性炎症是COPD的特征性改变，中性粒细胞、巨噬细胞、T淋巴细胞等炎症细胞均参与了COPD的发病过程。

2. 蛋白酶–抗蛋白酶失衡　COPD病人肺组织中蛋白酶与抗蛋白酶表达失衡。蛋白水解酶对组织有损伤、破坏作用；抗蛋白酶对弹性蛋白酶等多种蛋白酶具有抑制功能。蛋白酶与抗蛋白酶维持平衡是保证肺组织正常结构免受损伤和破坏的主要因素。蛋白酶增多或抗蛋白酶不足均可导致组织结构破坏产生肺气肿。有害物质和气体的暴露对蛋白酶和抗蛋白酶的产生均造成影响。

3. 氧化应激机制　许多研究表明COPD病人的氧化应激增加。氧化物可直接作用并破坏许多生物大分子导致细胞功能障碍或细胞死亡，氧化应激、吸烟等危险因素也可以降低抗蛋白酶的活性，促进炎症反应。

4. 其他　自主神经功能失调、营养不良、气温的突变等都可能参与COPD的发生、发展。

上述机制共同作用，最终产生小气道病变和肺气肿病变，两者的共同作用造成COPD特征性的持续性气流受限（图2-7）。

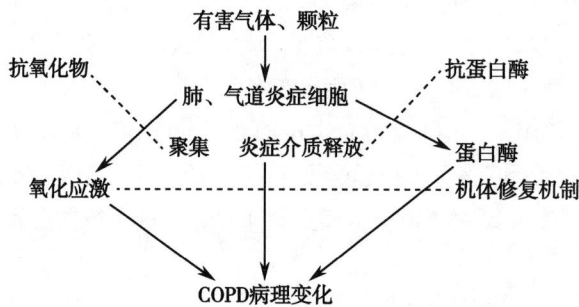

▲ 图2-7　COPD发病机制

【临床表现】

1. 症状　起病缓慢，病程较长，早期可以没有自觉症状。主要症状包括：

（1）慢性咳嗽：通常是COPD的首发症状。常晨间咳嗽明显，睡眠时有阵咳或排痰。随病程发展可终身不愈。

（2）咳痰：一般为白色黏液或浆液性泡沫痰，偶可带血丝，清晨排痰较多。急性加重伴有细菌感染时，痰量增多，可有脓性痰。

（3）气短或呼吸困难：是COPD的标志性症状，最初在较剧烈活动时出现，后逐渐加重，在日常活动甚至休息时可感到气短。

（4）喘息和胸闷：急性加重期支气管分泌物增多，胸闷和气促加剧。

（5）其他：晚期病人常有乏力、体重下降和食欲减退。长时间的剧烈咳嗽可导致咳嗽性晕厥。

2. 体征 早期可无异常，随着疾病进展可出现：视诊有桶状胸，呼吸浅快，严重者可有缩唇呼吸等；触诊双侧触觉语颤减弱或消失；叩诊呈过清音，心浊音界缩小，肺下界和肝浊音界下降；听诊可闻及两肺呼吸音减弱，呼气延长，部分病人可闻及干啰音和/或湿啰音。

3. COPD的病情严重程度评估 COPD对病人的影响要进行综合评估，包括肺功能分级、症状评估、急性加重的风险等。

（1）肺功能评估：可使用慢性阻塞性肺疾病全球倡议（global initiative for chronic obstructive lung disease，GOLD）分级。COPD病人吸入支气管舒张药后FEV_1/FVC<70%，再根据FEV_1下降程度进行气流受限的严重程度分级（表2-7）。

▼ 表2-7 慢性阻塞性肺疾病病人气流受限严重程度的肺功能分级

肺功能分级	病人肺功能FEV_1占预计值的百分比/%
GOLD1级：轻度	≥80
GOLD2级：中度	50~79
GOLD3级：重度	30~49
GOLD4级：极重度	<30

（2）症状评估：可采用改良版英国医学研究委员会呼吸困难问卷（mMRC问卷）评估（表2-8）。

▼ 表2-8 mMRC问卷

mMRC分级	呼吸困难症状
0级	剧烈活动时出现呼吸困难
1级	平地快步行走或爬缓坡时出现呼吸困难
2级	由于呼吸困难，平地行走时比同龄人慢或需要停下来休息
3级	平地行走100m左右或数分钟后即需要停下来喘气
4级	因严重呼吸困难而不能离开家，或在穿衣脱衣时即出现呼吸困难

（3）急性加重风险评估：上一年发生2次及以上急性加重，或1次及以上需要住院治疗的急性加重，均提示急性加重风险增加。

依据肺功能改变、临床症状和急性加重风险等，即可对稳定期COPD病人的病情严重程度做出综合性评估，并依据评估结果选择稳定期的主要治疗药物（表2-9）。

（4）急性加重期病情严重程度评估：细菌或病毒感染是导致病情急性加重常见的原因。COPD急性加重是指咳嗽、咳痰、呼吸困难比平时加重，或痰量增多，或咳黄痰，需要改变用药方案。根据临床征象将COPD急性加重期分为3级（表2-10）。

4. 并发症 COPD可并发慢性呼吸衰竭、自发性气胸、慢性肺源性心脏病等。

▼ 表2-9　稳定期慢性阻塞性肺疾病病人病情严重程度综合性评估及主要治疗药物

病人综合评估分组	特征	肺功能分级	上一年急性加重次数	mMRC分组	首选治疗药物
A组	低风险，症状少	GOLD1~2级	≤1次	0~1级	SAMA或SABA，必要时
B组	低风险，症状多	GOLD1~2级	≤1次	≥2级	LAMA和/或LABA
C组	高风险，症状少	GOLD3~4级	≥2次	0~1级	LAMA或LAMA+LABA或ICS加LABA
D组	高风险，症状多	GOLD3~4级	≥2次	≥2级	LAMA+LABA，或加ICS

　　SABA：短效β_2受体激动剂；SAMA：短效抗胆碱药；LABA：长效β_2受体激动剂；LAMA：长效抗胆碱药；ICS：吸入型糖皮质激素。

▼ 表2-10　COPD急性加重期的临床分级

临床征象	I级	II级	III级
呼吸衰竭	无	有	有
呼吸频率/（次·min^{-1}）	20~30	>30	>30
应用辅助呼吸肌群	无	有	有
意识状态改变	无	无	有
低氧血症	能通过鼻导管或文丘里面罩28%~35%浓度吸氧而改善	能通过文丘里面罩28%~35%浓度吸氧而改善	不能通过文丘里面罩吸氧或>40%吸氧浓度而改善
高碳酸血症	无	有，$PaCO_2$增加到50~60mmHg	有，$PaCO_2$增加到>60mmHg，或存在酸中毒（pH≤7.25）

【辅助检查】

1. 肺功能检查　是判断气流受限的主要客观指标。FEV_1/FVC是COPD的一项敏感指标，吸入支气管舒张药后$FEV_1/FVC<70\%$可确定为持续气流受限，肺总量（TLC）、功能残气量（FRC）和残气量（RV）增高，肺活量（VC）减低，表明肺过度充气。肺功能对COPD诊断、严重程度评价、疾病进展、预后及治疗反应等有重要意义。

2. 影像学检查　COPD早期胸部X线片可无变化，逐渐出现肺纹理增粗、紊乱等非特异性改变，胸部CT检查可见COPD小气道病变的表现，也可出现肺气肿改变，即胸廓前后径增大，肋间隙增宽，肋骨平行，膈低平，两肺透亮度增加，肺血管纹理减少或有肺大疱征象。

3. 动脉血气分析　早期无异常，对判断COPD晚期病人发生低氧血症、高碳酸血症、酸碱平衡失调以及呼吸衰竭有重要价值。

4. 其他　COPD并发细菌感染时，血白细胞计数增高，核左移。痰培养可能检出病原菌。

【治疗要点】

1. 稳定期治疗

（1）教育与管理：其中最重要的是劝导吸烟的病人戒烟，这是减慢肺功能损害最有效的措施，也是最难落实的措施。医务人员自己首先应该不吸烟。对吸烟的病人采用多种宣教措施，有条件者可以考虑使用辅助药物。因职业或环境粉尘、刺激性气体所致者，应脱离污染环境。

（2）支气管舒张药：是COPD稳定期病人最主要的治疗药物，联合应用不同药理机制的支气管舒张药可增加治疗效果。短期应用以缓解症状，长期规律应用可预防和减轻症状。β_2受体激动剂：短效β_2受体激动剂，如沙丁胺醇吸入剂；长效β_2受体激动剂，如沙美特罗、福莫特罗等。抗胆碱药：短效制剂如异丙托溴铵吸入剂，长效制剂如噻托溴铵。茶碱类：茶碱缓（控）释片或氨茶碱。

（3）祛痰药：对痰不易咳出者可选用盐酸氨溴索等。

（4）糖皮质激素：对综合评估为高风险（C组和D组）的病人，有研究显示长期吸入糖皮质激素和长效β_2受体激动剂的联合制剂能改善病人运动功能，减少急性加重的次数，提高生活质量。

（5）长期家庭氧疗：对COPD合并慢性呼吸衰竭病人可提高生活质量和生存率，对血流动力学、运动能力和精神状态产生有益的影响。

应用指征：① $PaO_2 < 55mmHg$或$SaO_2 \leqslant 88\%$，有或没有高碳酸血症；② PaO_2 55~60mmHg或$SaO_2 < 89\%$，并有肺动脉高压、右心衰竭或红细胞增多症。持续低流量吸氧，1~2L/min，每天15小时以上，目的是使病人在海平面、静息状态下达到$PaO_2 \geqslant 60mmHg$和/或SaO_2升至90%以上。

（6）康复治疗：可以使因进行性气流受限、严重呼吸困难而很少活动的病人改善活动能力、提高生活质量，是稳定期病人的重要治疗手段，具体包括呼吸生理治疗、肌肉训练、营养支持、精神治疗与教育等多方面措施。

2. 急性加重期治疗

（1）确定急性加重的原因，根据病情严重程度决定门诊或住院治疗。

（2）支气管舒张药的使用同稳定期。有严重喘息症状者可给予较大剂量雾化吸入治疗。发生低氧血症可用鼻导管持续低流量吸氧，避免吸入氧浓度过高导致二氧化碳潴留。

（3）根据病原菌种类及药物敏感试验，选用抗生素积极治疗。住院治疗的急性加重期病人可使用糖皮质激素。

（4）对于并发较严重呼吸衰竭的病人可使用机械通气治疗。

【常用护理诊断/问题及护理措施】

1. 气体交换受损　与气道阻塞、通气不足、呼吸肌疲劳、分泌物过多和肺泡呼吸面积减少有关。

（1）生活护理：病人采取半卧位或坐位等舒适体位，以利于呼吸。视病情进行适当的活动，以不感到疲劳、不加重症状为宜。室内温湿度适宜，秋冬季节注意保暖，避免直接吹冷风或吸入冷空气。

（2）病情观察：观察咳嗽、咳痰，呼吸困难的程度，监测动脉血气分析和水、电解质、酸碱平衡情况。

（3）氧疗护理：呼吸困难伴低氧血症者，遵医嘱给予氧疗。一般采用鼻导管持续低流量吸氧，氧流量1~2L/min，应避免吸入氧浓度过高而引起二氧化碳潴留。提倡进行每天持续15小时以上的长期家庭氧疗。长期持续低流量吸氧不但能改善缺氧症状，还有助于降低肺循环阻力，减轻肺动脉高压和右心负荷。

氧疗有效的指标：病人呼吸困难减轻、呼吸频率减慢、发绀减轻、心率减慢、活动耐力增加。

（4）用药护理：遵医嘱应用抗生素、支气管舒张药和祛痰药物，注意观察疗效及不良反应。

（5）呼吸功能锻炼：COPD病人需要增加呼吸频率来代偿呼吸困难，这种代偿多数又依赖于辅助呼吸肌参与呼吸，即胸式呼吸，而非腹式呼吸。然而胸式呼吸的有效性低于腹式呼吸，病人容易疲劳。因此，护理人员应指导病人进行缩唇呼气、腹式呼吸等呼吸锻炼，以加强胸、膈呼吸肌肌力和耐力，改善呼吸功能。

1）缩唇呼吸：缩唇呼吸的技巧是通过缩唇形成的微弱阻力来延长呼气时间，增加气道压力，延缓气道塌陷。病人闭嘴经鼻吸气，然后通过缩唇（吹口哨样）缓慢呼气，同时收缩腹部（图2-8）。吸气与呼气时间比为1∶2或1∶3。缩唇大小程度与呼气流量，以能使距口唇15~20cm处，与口唇等高点水平的蜡烛火焰随气流倾斜又不至于熄灭为宜。

2）膈式或腹式呼吸：病人可取立位、平卧位或半卧位，两手分别放于前胸部与上腹部。用鼻缓慢吸气时，膈肌最大程度下降，腹肌松弛，腹部凸出，手感到腹部向上抬起。呼气时用口呼出，腹肌收缩，膈肌松弛，膈肌随腹腔内压增加而上抬，推动肺部气体排出，手感到腹部下降（图2-9）。可以在腹部放置小枕头、杂志或书锻炼腹式呼吸。如果吸气时，物体上升，证明是腹式呼吸。缩唇呼吸和腹式呼吸每天训练3~4次，每次重复8~10次，每次10~20分钟。腹式呼吸会增加能量消耗，因此呼吸训练需要在疾病稳定期进行，护理人员在疾病恢复期如出院前对病人进行指导训练。膈式或腹式呼吸可与缩唇呼吸联合起来练习。

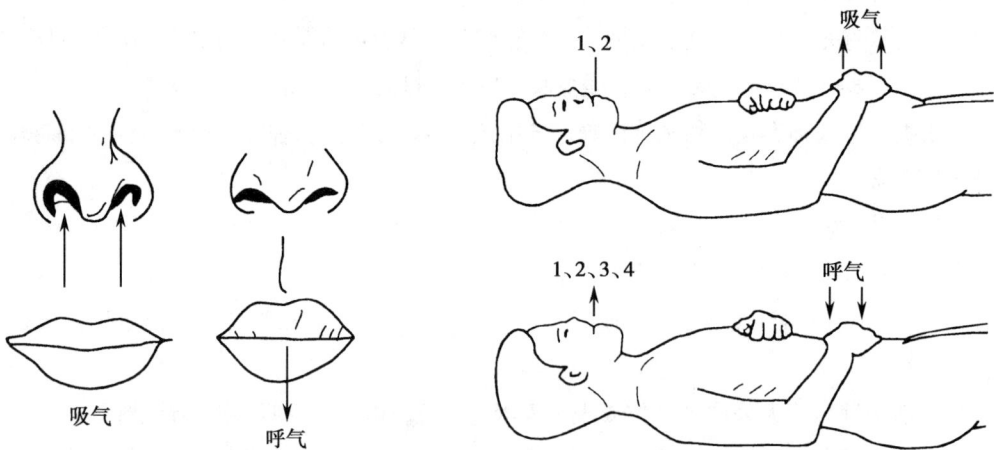

▲ 图2-8　缩唇呼吸

▲ 图2-9　膈式或腹式呼吸

2. 清理呼吸道无效　与分泌物增多且黏稠、气道湿度降低和无效咳嗽有关。

（1）病情观察：密切观察咳嗽、咳痰的情况，包括痰液的颜色、量及性状，以及咳痰是否顺畅。

（2）用药护理：注意观察止咳药、祛痰药、抗生素等药物疗效和不良反应。

（3）保持呼吸道通畅：指导病人进行有效咳嗽、咳痰。痰多黏稠的病人鼓励多饮水，以湿化气道，稀释痰液。也可遵医嘱每天进行雾化吸入。嘱病人注意口腔的清洁卫生，咳痰后漱口。护士或家属可给予胸部叩击和体位引流协助排痰，具体方法参见本章第一节中"常见症状体征的评估与护理"的相关内容。

【健康指导】

1. 疾病知识指导　向病人讲解COPD的相关知识，识别使病情恶化的因素。戒烟是预防COPD的重要措施，应劝导病人戒烟；避免粉尘和刺激性气体的吸入；避免和呼吸道感染病人接触，在呼吸道传染病流行期间，尽量避免去人群密集的公共场所。指导病人根据气候变化，及时增减衣物，避免受凉感冒。

2. 家庭氧疗　护理人员应指导病人和家属做到以下几点：① 了解氧疗的目的、必要性及注意事项；② 注意安全，供氧装置周围严禁烟火，防止氧气燃烧爆炸；③ 氧疗装置定期更换、清洁、消毒。

3. 病情监测指导　通过延续护理发挥病人自我康复的主观能动性，制定呼吸训练的计划，教会病人和家属依据呼吸困难与活动之间的关系，判断呼吸困难的严重程度，以便合理安排工作和生活。

理论与实践　　　　　　　　　　**振动排痰术**

　　国内研究表明，振动排痰仪排痰效果优于传统叩背排痰，有利于减轻肺部感染。传统的手法叩背排痰法是通过手掌叩击振动病人背部，使附着在肺泡周围或支气管壁的痰液松动脱落而易被咳出。而手部叩击的作用仅限于肺部的浅表层，且频率难以控制，力量不均匀、不持久，不能使痰液作定向移动，因此排痰效果欠佳，同时也增加了护士的工作强度。振动排痰仪是根据物理定向叩击原理设计的，对排出和移动肺泡、支气管等小气道分泌物和代谢废物有明显作用，它同时提供两种力：一种是垂直于身体表面的垂直力，该力对支气管黏膜表面黏液及代谢物起松弛作用；另一种是平行于身体表面的水平力，该力帮助支气管内液化的黏液按照选择的方向排出体外。

　　方法：病人取侧卧位，头尽量放低，待引流的病变部位在上，调节振动频率为20~30次/s，根据患者的年龄和耐受力来确定，转速为20~60r/s，叩击头从外向内，自下而上向着主支气管的方向移动进行叩击、振动，每次5~15分钟，每日治疗2~4次。

　　注意事项：① 排痰治疗宜在餐前1~2小时或餐后2小时进行；② 排痰时叩击头应避开胃肠、心脏；③ 叩击头要外套塑料袋或一次性纸制叩击罩，治疗不同病人时更换，避免交叉传染；④ 治疗完毕指导病人深呼吸及有效咳痰，必要时负压吸痰，观察痰液排出情况，听诊肺部痰鸣音的变化。

（杨益）

第八节　慢性肺源性心脏病

案例导入

病人，女，76岁，以"咳嗽、咳痰40余年，呼吸困难2年，再发5天"为主诉入院。

病史评估：病人间断咳嗽、咳痰40余年，胸闷、气喘2年，再发5天。10年前诊断为慢性阻塞性肺疾病。5天前出现呼吸困难，咳嗽，咳黄白脓痰，痰液黏稠，不易咳出，伴活动耐力下降，步行100m即感喘憋，夜间不能平卧。

身体评估：T 36℃，P 102次/min，R 26次/min，BP 134/83mmHg，神志清，自主体位，结膜轻度水肿，双肺叩诊呈清音，双肺可闻及湿啰音，下肢中度凹陷性水肿。

辅助检查：血白细胞计数$12.3×10^9$/L；血气分析示pH 7.31，PaO_2 60mmHg，$PaCO_2$ 62mmHg。

初步诊断：慢性阻塞性肺疾病急性发作，慢性肺源性心脏病。

给予抗生素治疗2天后病人仍有呼吸困难，家属反映病人已两夜未眠，要求给予安眠药。

请思考：病人目前主要的护理诊断是什么？病人是否可以用安眠药？目前病人病情观察、饮食、给氧、排痰的护理措施有哪些？

肺源性心脏病（cor pulmonale）是指支气管-肺组织、胸廓或肺血管病变致肺血管阻力增加，产生肺动脉高压，继而右心室结构和/或功能改变的疾病。根据起病缓急和病程长短，可分为急性和慢性肺源性心脏病两类。急性肺源性心脏病常见于急性大面积肺栓塞，本节重点论述慢性肺源性心脏病。

慢性肺源性心脏病（chronic cor pulmonale）是呼吸系统的常见疾病，《中国心血管健康与疾病报告2022》显示，我国有肺源性心脏病病人500万。农村患病率高于城市，吸烟人群患病率高于不吸烟人群，发病率随年龄增长而增高。冬春季节、气候骤变是慢性肺源性心脏病急性发作的常见诱因。

【病因及发病机制】

1. 病因

（1）支气管、肺疾病：以慢性阻塞性肺疾病最为多见，占80%~90%，其次为支气管哮喘、支气管扩张等。

（2）胸廓运动障碍性疾病：较少见，严重的胸廓或脊柱畸形以及神经肌肉疾病均可导致慢性肺源性心脏病。

（3）肺血管疾病：特发性肺动脉高压、慢性栓塞性肺动脉高压和肺小动脉炎均可发展成慢性肺源性心脏病。

（4）其他：原发性肺泡通气不足、睡眠呼吸暂停低通气综合征等均可导致肺动脉高压而发展成为慢性肺源性心脏病。

2. 发病机制　不同疾病所致肺动脉高压的机制不完全一样，COPD等疾病可导致低氧性肺动脉高压，其肺血管阻力增加的发病机制包括功能性因素、解剖性因素、血液黏稠度增加和血容量增多。缺氧、高碳酸血症和呼吸性酸中毒是肺血管阻力增加的功能性因素，可使肺血管收缩、痉挛，其中缺氧是肺动脉高压形成最重要的因素。各种病因导致肺血管解剖结构的变化，形成肺循环血流动力学障碍是肺血管阻力增加的解剖性因素。此外，慢性缺氧导致继发性红细胞生成增多，血液黏稠度增加。缺氧可使醛固酮分泌增加，引起水、钠潴留；缺氧又使肾小动脉收缩，肾血流量减少也加重水、钠潴留，血容量增多。血液黏稠度增加和血容量增多，可使肺动脉压升高。肺循环阻力增加导致肺动脉高压，右心发挥代偿作用，以克服肺动脉压升高的阻力而发生右心室肥厚。随着病情进展，肺动脉压持续升高，右心失代偿而致右心衰竭。此外，缺氧和高碳酸血症可导致重要器官如脑、肝、肾、胃肠及内分泌系统、血液系统等发生病理改变，引起多脏器的功能损害。

【临床表现】

1. 肺、心功能代偿期

（1）症状：咳嗽、咳痰、气促，活动后可有心悸、呼吸困难、乏力和活动耐力下降。急性感染时上述症状可进一步加重。少有胸痛或咯血。

（2）体征：原发肺脏疾病体征，可有不同程度的发绀和肺气肿体征，可见肺动脉高压和右心室扩大的体征。

2. 肺、心功能失代偿期

（1）呼吸衰竭

1）症状：呼吸困难加重，夜间为甚，常有头痛、失眠、食欲下降、白天嗜睡，甚至出现表情淡漠、神志恍惚、谵妄等肺性脑病表现。

2）体征：发绀明显、球结膜充血、水肿，严重时出现视网膜血管扩张、视盘水肿等颅内压升高的表现。腱反射减弱或消失，出现病理反射。因高碳酸血症可出现周围血管扩张的表现，如皮肤潮红、多汗。

（2）右心衰竭

1）症状：气促明显、心悸、食欲缺乏、腹胀、恶心等。

2）体征：发绀明显，颈静脉怒张，心率增快，可出现心律失常，剑突下可闻及收缩期杂音，甚至出现舒张期杂音。肝大并有压痛，肝颈静脉回流征阳性，下肢水肿，重者可有腹水。少数可出现肺水肿及全心衰竭的体征。

3. 并发症　肺性脑病、酸碱失衡及电解质紊乱、心律失常、休克、消化道出血和弥散性血管内凝血等。

【辅助检查】

1. X线检查　除肺、胸基础疾病及急性肺部感染的特征外，尚有肺动脉高压征象。

2. 心电图检查　心电图对慢性肺源性心脏病的诊断阳性率为60.1%~88.2%。主要表现有电轴右偏、肺性P波。

3. 动脉血气分析　可出现低氧血症，甚至呼吸衰竭或合并高碳酸血症。

4. 血液检查　红细胞及血红蛋白可增高。合并感染时，白细胞计数和中性粒细胞百分比增高。全血及血浆黏度可增加，心功能不全时可伴有肾功能或肝功能异常。

5. 其他　早期或缓解期慢性肺源性心脏病可行肺功能检查。痰细菌学检查可指导抗生素的选用。

【治疗要点】

1. 肺、心功能代偿期　可采用综合治疗措施，延缓COPD等基础疾病进展，如增强病人的免疫功能，预防感染，减少或避免急性加重，加强康复锻炼和营养，必要时进行长期家庭氧疗或家庭无创呼吸机治疗等。

2. 肺、心功能失代偿期　治疗原则为积极控制感染，保持呼吸道通畅，改善呼吸功能，纠正缺氧和二氧化碳潴留，控制呼吸衰竭和心力衰竭，防治并发症。

（1）控制感染：参考痰培养及药敏试验选择抗生素。没有痰培养结果时，根据感染的环境及痰涂片结果选用抗生素。常用青霉素类、喹诺酮类或头孢菌素类药物。

（2）控制呼吸衰竭：使用支气管舒张药和祛痰药，通畅呼吸道，改善通气功能。合理氧疗，纠正缺氧。必要时给予无创正压通气或气管插管有创正压通气治疗。

（3）控制心力衰竭：慢性肺源性心脏病病人一般经积极控制感染，改善呼吸功能、纠正缺氧和二氧化碳潴留后，心力衰竭便能得到改善，病人尿量增多、水肿消退，不需常规使用利尿剂和正性肌力药。但病情较重或对上述治疗无效的病人，可适当选用利尿剂、正性肌力药或扩血管药物。原则上选用作用温和的利尿剂，联合保钾利尿剂，宜短期、小剂量使用。应用利尿剂易出现低钾、低氯性碱中毒，痰液黏稠不易排痰和血液浓缩，应注意预防。正性肌力药原则上选用作用快、代谢快的洋地黄类药物，小剂量（常规剂量的1/2或2/3量）静脉给药。用药前注意纠正缺氧，防治低钾血症，以免发生药物毒性反应。

【常用护理诊断/问题及护理措施】

1. 气体交换受损　与低氧血症、二氧化碳潴留、肺血管阻力增高有关。

护理措施详见本章第一节中"肺源性呼吸困难"的护理。

2. 清理呼吸道无效　与呼吸道感染、痰液过多而黏稠有关。

护理措施详见本章第一节中"咳嗽与咳痰"的护理。

3. 活动耐力下降　与心、肺功能减退有关。

（1）休息与活动：让病人了解充分休息有助于心肺功能的恢复，在心肺功能失代偿期，应绝对卧床休息，协助采取舒适体位，如半卧位或坐位，以减少机体耗氧量，减轻心肺负担，减慢心率和减轻呼吸困难。鼓励肺、心功能代偿期病人进行适量活动，活动量以不引起疲劳、不加重症状为宜。对于卧床病人应协助定时翻身、更换卧位，并保持舒适安全的体位。依据病人的耐受能力指导病人在床上进行缓慢的肌肉松弛活动，如上肢交替前伸、握拳，下肢交替抬离床面，使肌肉保持紧张5秒后，松弛平放床上。指导病人采取既有利于气体交换又能节省能量的姿势，如站立时，背倚墙，使膈肌和胸廓松弛，全身放松。坐位时凳高合适，两足正好平放在地上，身体稍向前倾，两手放在双腿上或趴在小桌上，桌上放软枕，使病人胸椎与腰椎尽可能在一直线上。卧位时抬高床头，并略抬高床尾，使下肢关节轻度屈曲。注意保持大便通畅，排便时避免过度用力。病人病情稳定时鼓励进行呼吸功能锻炼，提高活动耐力。

（2）病情观察：观察病人的生命体征及意识状态；注意有无发绀和呼吸困难及其严重程度；观察有无心悸、胸闷、腹胀、尿量减少、下肢水肿等右心衰竭的表现；定期监测动脉血气分析，密切观察病人有无头痛、烦躁不安、神志改变等肺性脑病表现。

4. 体液过多　与心排血量减少、肾血流灌注量减少有关。

（1）皮肤护理：注意观察全身水肿情况及皮肤状况，因慢性肺源性心脏病病人常有营养不良和身体下垂部位水肿，若长期卧床，极易发生压力性损伤。指导病人穿宽松、柔软的衣服，定时更换体位，必要时使用气垫床。

（2）饮食护理：给予低盐、清淡、易消化、高纤维素、富含维生素的清淡饮食，防止因便秘、腹胀而加重呼吸困难。避免含糖高的食物，以免引起痰液黏稠。如病人出现水肿、腹水或尿量减少时，应限制水钠摄入，钠盐<2g/d、水分<1 500ml/d，蛋白质为1.0~1.5g/（kg·d）。避免高碳水化合物饮食，因碳水化合物可增加二氧化碳生成量，增加呼吸负担，故碳水化合物摄入一般不超过总热量的60%。少食多餐，减少用餐时的疲劳，进餐前后漱口，保持口腔清洁，促进食欲。必要时遵医嘱静脉补充营养。

（3）用药护理：① 对二氧化碳潴留、呼吸道分泌物多的重症病人慎用镇静剂、麻醉药、安眠药，如必须用药，使用后注意观察有无呼吸抑制和咳嗽反射减弱的情况出现。② 应用利尿剂后易出现低钾、低氯性碱中毒而加重缺氧、过度脱水引起血液浓缩、痰液黏稠不易排出等不良反应，应注意观察和预防。使用排钾利尿剂时，督促病人遵医嘱补钾。利尿剂尽可能在白天给药，避免夜间频繁排尿而影响病人睡眠。③ 使用洋地黄类药物时，应询问有无洋地黄类药物用药史，遵医嘱准确用药，注意观察药物毒性反应。④ 应用血管扩张剂时，注意观察病人心率及血压情况。注意有无心率增快、氧分压下降、二氧化碳分压上升等不良反应。⑤ 使用抗生素时，注意观察感染控制的效果、有无继发真菌感染。

5. 潜在并发症：肺性脑病。

（1）吸氧护理：持续低流量、低浓度给氧，氧流量1~2L/min，浓度在25%~29%，可使用文丘里面罩精准控制氧浓度，防止高浓度吸氧抑制呼吸，加重缺氧和二氧化碳潴留。

（2）病情观察：定期监测动脉血气分析，密切观察病情变化，出现头痛、烦躁不安、表情淡漠、神志恍惚、精神错乱、嗜睡和昏迷等症状时，及时通知医生并协助处理。

（3）用药护理：遵医嘱使用呼吸兴奋剂，观察疗效和不良反应。出现心悸、呕吐、震颤、惊厥等症状，立即通知医生。

（4）休息与安全：指导病人绝对卧床休息，呼吸困难者取半卧位，有意识障碍者予床档进行安全保护，必要时专人护理。

【健康指导】

1. 疾病预防指导　COPD等疾病是导致慢性肺源性心脏病发生的重要病因，应对高危人群进行宣传教育，劝导戒烟，积极防治COPD等慢性支气管、肺疾病，以降低发病率。

2. 疾病知识指导　向病人和家属讲解疾病发生、发展过程及去除病因和诱因的重要性。注意预防呼吸道感染，可定期接种流感疫苗等。指导病人坚持家庭氧疗，加强饮食营养，以保证机体康复的需要。根据病人心、肺功能及体力情况进行适当的体育锻炼和呼吸功能锻炼，如散步、打太极拳、腹式呼吸、缩唇呼吸等，改善呼吸功能，提高机体免疫力，延缓病情的进展。

3. 病情监测指导 告知病人及家属病情变化的征象，如体温升高、呼吸困难加重、咳嗽剧烈、咳痰不畅、尿量减少、水肿明显或家人发现病人神志淡漠、嗜睡、躁动、口唇发绀加重等，均提示病情变化或加重，需及时就医诊治。

相关链接 | **太极拳与慢性阻塞性肺疾病**

太极拳是中国武术的一种，以中国传统儒、道哲学中的太极、阴阳辩证理念为核心思想，集颐养性情、强身健体、技击对抗等多种功能为一体，其运动中处处渗透和体现中华民族传统的哲学思想，是中华民族传统文化的瑰宝。2020年我国著名呼吸病学专家、中国工程院院士钟南山教授领衔专家团队研究发现，打太极拳对改善慢性阻塞性肺疾病病人功能状态方面的效果与传统肺康复锻炼相当。上述研究成果分别发表在 International Journal of COPD、CHEST 国际医学专业期刊上，为我国慢性阻塞性肺疾病防治方案的制定提供了最新的科学依据。

（沈勤）

第九节 自发性气胸

案例导入

病人，男，18岁，以"突发左侧胸痛、咳嗽1小时"为主诉入院。

病史评估： 病人1小时前在无明显诱因下突然出现左侧胸痛、咳嗽，前来急诊就医。

身体评估： T 37℃，P 98次/min，R 26次/min，BP 109/73mmHg，神志清，身高180cm，体重67kg。

辅助检查： 胸片提示左侧少量气胸，左肺被压缩约40%，左肺下叶实变影。

初步诊断： 自发性气胸。

急诊行左侧胸腔闭式引流术。

请思考： 自发性气胸的常见病因有哪些？如何进行胸腔闭式引流护理？胸腔闭式引流拔管后的注意事项有哪些？

胸膜腔为不含气体的密闭潜在腔隙，当气体进入胸膜腔，造成积气状态时，称为气胸（pneumothorax）。气胸可分为自发性、外伤性和医源性3类。自发性气胸（spontaneous pneumothorax）是指肺组织及脏胸膜的自发破裂，或胸膜下肺大疱自发破裂，使肺及支气管内气体进入胸膜腔所致

的气胸。自发性气胸以继发于肺部基础疾病为多见，称为继发性自发性气胸；其次是原发性自发性气胸，多发生于无基础肺疾病的健康人。自发性气胸为内科急症，男性多于女性。外伤性和医源性气胸相关内容见《外科护理学》。

【病因及发病机制】

1. 继发性自发性气胸 由于肺结核、COPD 等肺部疾病可引起肺大疱，咳嗽、打喷嚏或肺内压增高时，导致大疱破裂引起气胸。有些女性可在月经来潮后 24~72 小时内发生气胸，病理机制尚不清楚，可能是胸膜上有异位子宫内膜破裂所致。脏胸膜破裂或胸膜粘连带撕裂时如导致其中的血管破裂可形成自发性血气胸。

2. 原发性自发性气胸 多见于瘦高体形的男性青壮年，常规 X 线检查除可发现胸膜下肺大疱外，肺部无显著病变。胸膜下肺大疱的产生原因尚不清楚，可能与吸烟、瘦高体型、非特异性炎症瘢痕或先天性弹力纤维发育不良有关。航空、潜水作业时无适当防护措施或从高压环境突然进入低压环境也可发生气胸。抬举重物、用力过猛、剧烈咳嗽、屏气甚至大笑等可成为促使气胸发生的诱因。

气胸发生后，胸膜腔内压力增高，失去了负压对肺的牵引作用，且正压对肺产生压迫，使肺失去膨胀能力，导致限制性通气功能障碍，表现为肺容量减小、肺活量降低、最大通气量降低。但由于初期血流量并不减少，产生通气血流比例下降、动静脉分流增加，从而出现低氧血症。大量气胸时，不但失去了胸腔负压对静脉血回心的吸引作用，而且胸膜腔内正压还对心脏和大血管产生压迫作用，使心脏充盈减少，导致心排血量减少，出现心率加快、血压降低甚至休克。张力性气胸可引起纵隔移位，导致循环障碍，甚至窒息死亡。

【临床类型】

根据脏胸膜破裂口的情况和气胸发生后对胸膜腔内压力的影响，自发性气胸通常分为以下 3 种类型。

1. 闭合性（单纯性）气胸 胸膜破裂口较小，随着肺脏萎缩而关闭，气体不再继续进入胸膜腔。胸膜腔内压的正负取决于进入胸膜腔的气体量，抽气后压力下降不复升，病程中气体逐渐吸收。

2. 交通性（开放性）气胸 胸膜破裂口较大，或因胸膜粘连妨碍肺脏回缩而使裂口持续开放，气体经裂口随呼吸自由出入胸膜腔。患侧胸膜腔抽气后可呈负压，但很快复升至抽气前水平，压力变化不大。

3. 张力性（高压性）气胸 胸膜破裂口呈单向活瓣或起活塞作用，吸气时胸廓扩大，胸内压变小，活瓣开放，空气进入胸膜腔；呼气时，胸廓变小，胸内压升高，压迫活瓣使之闭合。气体不能排出，胸膜腔内积气越来越多，胸内压持续升高。抽气后胸膜腔内压可下降，但又迅速复升。此型气胸引起的病理生理改变最大，可发生严重呼吸和循环功能障碍，需积极抢救。

【临床表现】

1. 症状

（1）胸痛：病人突感胸痛，常为针刺样或刀割样，持续时间短暂，继之出现胸闷和呼吸困难。

部分病人有剧烈咳嗽、屏气排便、提举重物、大笑等诱因存在，也可在正常活动或安静休息时发病。

（2）呼吸困难：严重程度取决于是否有肺基础疾病及肺功能状态、气胸发生的速度、胸膜腔内积气量及压力。若气胸发生前肺功能良好，尤其是年轻人，即使肺压缩80%也无明显呼吸困难。积气量大或原有严重肺功能减退者，即使小量气胸，也可出现明显的呼吸困难。张力性气胸时胸膜腔内压持续升高使患侧肺受压，纵隔向健侧移位，造成严重呼吸及循环功能障碍，表现为烦躁不安、表情紧张、胸闷、气促、窒息感、发绀、出汗及脉速、心律失常，甚至出现休克、昏迷和呼吸衰竭。

2. 体征 取决于积气量，小量气胸时体征不明显。大量气胸时，出现呼吸加快，呼吸运动减弱，患侧胸廓饱满，肋间隙膨隆，语音震颤及呼吸音均减弱或消失，叩诊呈鼓音或过清音，心或肝浊音区消失。气管和纵隔向健侧移位。张力性气胸有时可在左心缘处听到与心脏搏动一致的气泡破裂音，称Hamman征。液气胸时可闻及胸内振水音。血气胸如失血量过多或张力性气胸发生循环障碍时，可出现血压下降，甚至发生休克。

如自发性气胸病人的呼吸频率＜24次/min，心率60~120次/min，血压正常，呼吸室内空气时SaO_2＞90%，两次呼吸间说话成句，此时称为稳定型气胸，否则为不稳定型。

【辅助检查】

1. 胸部X线检查 为诊断气胸最可靠的方法。可显示肺压缩的程度、肺部情况、有无胸膜粘连、胸腔积液及纵隔移位等。胸部X线检查典型表现为：被压缩肺边缘呈外凸弧形线状阴影。合并积液或积血时，可见气液平面。

2. 胸部CT检查 表现为胸膜腔内极低密度气体影，伴有不同程度的肺组织压缩改变。CT对于小量气胸、局限性气胸以及肺大疱与气胸的鉴别比胸部X线检查更敏感和准确。

【治疗要点】

自发性气胸治疗的目的在于促使肺复张，消除病因及防止复发。

1. 保守治疗 适用于稳定型小量闭合性气胸。严格卧床休息、给氧、酌情给予镇静和镇痛等药物、积极治疗肺基础疾病。由于胸膜腔内气体的吸收有赖于胸膜腔内气体分压与毛细血管内气体分压的压力梯度，高浓度吸氧可加大压力梯度，因而能加快胸膜腔内气体的吸收。保守治疗过程中需密切监测病情变化。

2. 排气疗法 适用于呼吸困难明显、肺压缩程度较重的病人，特别是张力性气胸需紧急排气者。

（1）胸膜腔穿刺排气：适用于少量气胸、呼吸困难较轻的闭合性气胸病人。穿刺点常选择患侧锁骨中线外侧第2肋间。皮肤消毒后用气胸针穿刺入胸膜腔，连接50ml或100ml的注射器进行抽气并测压。一般一次抽气量不宜超过1 000ml，每日或隔日抽气一次。张力性气胸病人病情危急，在紧急情况下可将无菌粗针头经患侧肋间插入胸膜腔排气。也可在粗针头的尾部套扎一顶端剪有小裂缝的橡胶指套，使气体排出至胸腔内压减为负压时，套囊塌陷，裂缝关闭，外界空气不能进入胸膜腔。

（2）胸腔闭式引流：对于呼吸困难明显、肺压缩程度较大的不稳定型气胸病人，包括交通性气胸、张力性气胸和气胸反复发作的病人，无论气胸容量多少，均应尽早行胸腔闭式引流。常选择锁骨中线外侧第2肋间或腋前线第4~5肋间插入引流管；局限性气胸或有胸膜粘连者宜X线定位；液气胸需排气排液者，多选择上胸部插管引流。插管后连接胸腔闭式引流瓶进行引流，胸膜腔内压力保持在-2~-1cmH$_2$O或以下，插管成功则导管持续逸出气泡，呼吸困难迅速缓解，压缩的肺可在几小时至数天内复张。肺复张不满意可采用持续负压吸引。肺压缩严重、时间较长的病人，插管后应夹闭引流管分次引流，避免胸膜腔内压力骤降产生肺复张后肺水肿。

3. 化学性胸膜固定术　对于气胸反复发生，肺功能欠佳，不宜手术治疗的病人，可胸腔内注入硬化剂，如多西环素、无菌滑石粉等，产生无菌性胸膜炎症，使两层胸膜粘连，胸膜腔闭合，达到预防气胸复发的目的。

4. 手术治疗　对反复发作的气胸、长期肺不张、张力性气胸引流失败、双侧气胸、血气胸或支气管胸膜瘘的病人，可行胸腔镜直视下处理肺或肺大疱破口、支气管胸膜瘘、结核穿孔等，或通过开胸行破口修补术、肺大疱结扎术或肺叶肺段切除术。

5. 并发症及处理　气胸病人常见的并发症包括纵隔气肿与皮下气肿、血气胸及脓气胸，根据临床情况给予相应处理。

【常用护理诊断/问题及护理措施】

潜在并发症：严重缺氧、循环衰竭。

1. 一般护理

（1）休息与体位：病人应绝对卧床休息，避免用力、屏气、咳嗽等增加胸腔内压的动作。血压平稳者取半坐位，有利于呼吸、咳嗽排痰及胸腔引流。定时翻身，防止压疮，翻身时应注意防止胸腔引流管脱落。

（2）吸氧：根据病人缺氧的严重程度选择适当的给氧方式和吸入氧流量，保证病人SaO$_2$>90%。对于保守治疗的病人，给予10L/min的高浓度吸氧，有利于促进胸膜腔内气体的吸收。

2. 排气治疗病人的护理

（1）术前准备：① 向病人简要说明排气疗法的目的、基本过程及注意事项，以取得病人的理解与配合；② 严格检查引流管是否通畅，胸腔闭式引流装置是否密闭，各接合口是否牢固。胸腔闭式引流装置有单瓶、双瓶和三瓶，一次性胸腔闭式引流装置（图2-10A、B为一次性三腔引流装置，其瓶体部分由积液腔、水封腔和调压腔三个腔组成），使用时需严格检查胸腔引流装置内包装和瓶体是否完好，并分别在水封腔和调压腔注入无菌蒸馏水或生理盐水至标记水位线，注水后将水封腔的加水口密封盖拧紧，确保处于密闭状态。如使用非一次性胸腔引流装置（图2-10C、D），为了使胸膜腔内压力保持在1~2cmH$_2$O，需将连接胸腔引流管的玻璃管一端置于水面下1~2cm（图2-10C）。引流瓶塞上的另一短玻璃管为排气管，其下端应距离液面5cm以上。如同时引流液体时，需在水封瓶之前增加一贮液瓶（图2-10D），使液体引流入贮液瓶中，确保水封瓶液面的恒定。负压引流时，需调节好压力，确保胸腔所承受的吸引负压（图2-10D）。

（2）保证有效引流：① 所有接口的地方要用胶带加固，防止脱开。② 保持引流瓶直立，放置低于病人胸壁引流口平面60~100cm，以防瓶内液体反流进入胸腔。妥善固定引流管，长度宜

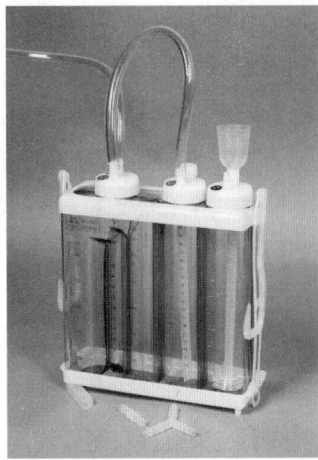

A

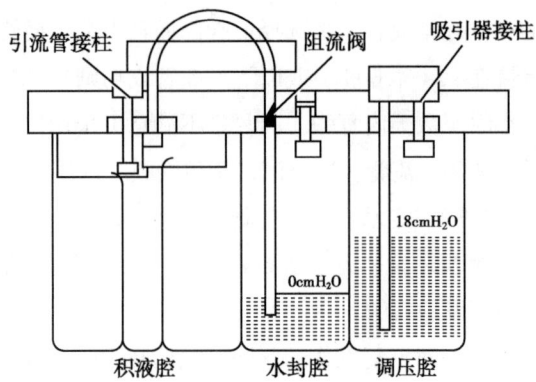

引流管接柱　　阻流阀　　吸引器接柱

18cmH₂O

0cmH₂O

积液腔　　水封腔　　调压腔

B

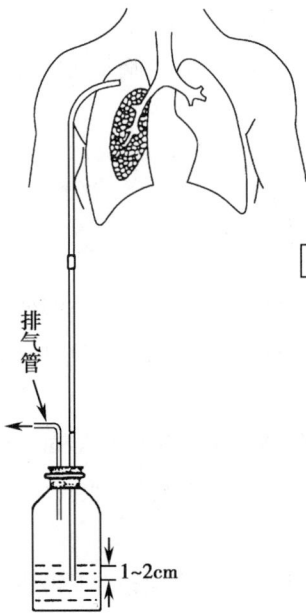

排气管

1~2cm

C

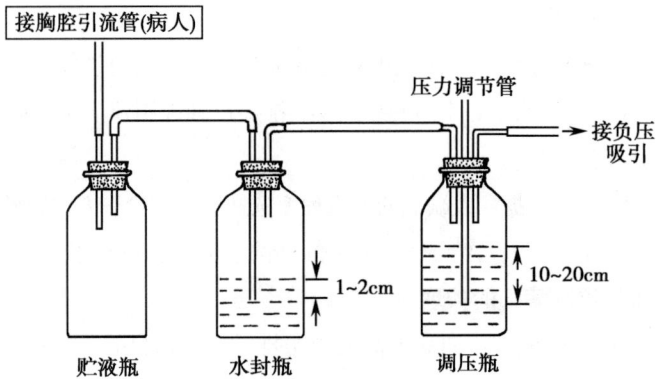

接胸腔引流管(病人)

压力调节管

接负压吸引

贮液瓶　　水封瓶　　调压瓶

1~2cm

10~20cm

D

▲ 图2-10　胸腔闭式引流装置

A. 一次性胸腔闭式引流装置；B. 一次性三腔引流装置模式图；C. 单瓶水封瓶闭式引流装置；
D. 三瓶贮液、水封、调压瓶闭式引流装置。

便于病人翻身活动，但要避免过长扭曲、反折或受压。③ 密切观察引流管内的水柱波动情况，有无气泡逸出。水柱随呼吸波动表明引流通畅；若水柱波动不明显，液面无气体逸出，深呼吸或咳嗽后无改变，病人无胸闷、呼吸困难，可能肺组织已复张；若病人呼吸困难、发绀、胸闷加重，可能是引流管不通畅或部分脱出胸膜腔，应通知医生立即处理。④ 引流液体时，应观察和记录引流液的量、色和性状，引流是否通畅。引流液黏稠或为血液时，应根据病情每1~2小时挤捏引流管1次，两手交替由胸腔端向引流瓶端方向进行顺序挤压。⑤ 防止脱管意外：搬动病人时需用两把血管钳将引流管双重夹紧，防止在搬动过程中发生引流管滑脱、漏气或引流液反流等意外情况。胸腔引流管不慎脱出时，应嘱病人屏气，无剧烈咳嗽，迅速用凡士林纱布及胶布封闭引流口，并立即通知医生进行处理。

（3）预防感染：遵循产品说明书要求的频次或量更换引流装置；当引流装置的无菌密闭状态被打破时，应立即更换。伤口敷料每1~2天更换1次，有分泌物渗出或污染时及时更换。伤口护理及更换引流瓶时均应严格执行无菌操作。

（4）肺功能锻炼：鼓励病人每2小时进行1次深呼吸、咳嗽（但应避免持续剧烈的咳嗽）和吹气球练习，协助病人经常更换体位，病情允许时可协助病人在床上坐起或下地走路，以促进受压萎陷的肺扩张，加速胸腔内气体排出，促进肺尽早复张。

（5）拔管护理：拔管前，做好病人和物品的准备。拔管后注意观察病人有无胸闷、呼吸困难、切口处漏气、渗出、出血、皮下气肿等情况，有异常应及时处理。

3. 病情观察　密切观察病人的呼吸频率、呼吸困难和缺氧的情况、治疗后患侧呼吸音的变化等；有无心率加快、血压下降等循环衰竭的征象；大量抽气或放置胸腔引流管后，如呼吸困难缓解后再次出现胸闷，并伴有顽固性咳嗽、患侧肺部湿啰音，应考虑复张性肺水肿的可能，立即报告医生进行处理。

4. 心理支持　病人由于疼痛和呼吸困难会出现紧张、焦虑和恐惧等情绪反应，导致耗氧量增加、呼吸浅快，从而加重呼吸困难和缺氧。因此当病人呼吸困难严重时应安排专人陪伴，解释病情并及时满足病人的需求。在做各项检查、操作前，向病人解释目的和效果，即使在非常紧急的情况下，也要在实施操作的同时进行必要的解释，密切关注病人的心理状态。

【健康指导】

1. 疾病预防指导　有肺部基础疾病的病人，积极治疗基础疾病对预防气胸的复发极为重要。指导病人避免气胸的诱发因素：① 避免抬举重物、剧烈咳嗽、屏气、用力排便，采取有效措施预防便秘；② 注意劳逸结合，在气胸愈合后的1个月内，不进行剧烈运动，如打球、跑步等；③ 保持心情愉快，避免情绪波动；④ 劝导吸烟者戒烟。

2. 病情监测指导　告知病人一旦出现突发性胸痛，随即感到胸闷、气急时，可能为气胸复发，应及时就诊。

（沈勤）

第十节　肺血栓栓塞症

案例导入

病人，女，71岁，以"突发呼吸困难1小时"收入院。

病史评估：病人有高血压病史20年，冠状动脉粥样硬化性心脏病史11年，1年前突发右侧偏瘫，诊断为"脑血栓形成"，经治疗后病情稳定出院。出院后因仍有右侧肢体活动不利，以卧床休息为主，较少下床活动。1小时前病人突发呼吸困难，伴有咳嗽、咳痰，痰中带有少量血丝，家属急送医院就诊。

身体评估：T 35.7℃，P 106次/min，R 26次/min，BP 103/70mmHg，神志清，呼吸急促、口唇发绀，颈静脉充盈，肺部闻及哮鸣音和细湿啰音，肺动脉瓣区闻及第二心音亢进，三尖瓣区闻及收缩期杂音。

辅助检查：血气分析（未吸氧）示pH 7.45，$PaCO_2$ 33mmHg，PaO_2 79mmHg，HCO_3^- 22.9mmol/L，SpO_2 93%。

初步诊断：肺栓塞，冠状动脉粥样硬化性心脏病，高血压3级。

请思考：肺栓塞常见临床症状有哪些？辅助检查有哪些？护理要点是什么？

肺栓塞（pulmonary embolism，PE）是以各种栓子阻塞肺动脉或其分支为发病原因的一组疾病或临床综合征，包括肺血栓栓塞症、脂肪栓塞综合征、羊水栓塞、空气栓塞等。当栓子为血栓时，称为肺血栓栓塞症（pulmonary thromboembolism，PTE），以肺循环和呼吸功能障碍为主要临床和病理生理特征。引起PTE的血栓主要来源于深静脉血栓（deep venous thrombosis，DVT）。PTE与DVT是一种疾病过程在不同部位、不同阶段的表现，两者合称为静脉血栓栓塞症（venous thromboembolism，VTE）。

VTE已成为世界性的重要医疗保健问题，其发病率和病死率均较高，仅2018年，全球就有10万人死于PTE。欧盟6个主要国家每年的症状性VTE新发病例数超过100万，34%的病人表现为突发性致死性PTE。我国住院病人中PTE的比例为1.45‰。随着诊断意识和检查技术的提高，PTE已不再视为"少见病"。然而，由于PTE症状缺乏特异性且无特殊的检查技术，漏诊和误诊现象仍较普遍。

【病因及发病机制】

引起PTE的血栓可以来源于下腔静脉、上腔静脉或右心腔，其中大部分来源于下肢深静脉，特别是从腘静脉上端到髂静脉的下肢近段深静脉（占50%~90%）。近年来，由于颈内静脉和锁骨下静脉内插入或留置导管和静脉内化疗的增加，使来源于上腔静脉的血栓较前增多。

1. 危险因素 任何可以导致血液淤滞（stasis of blood）、静脉系统内皮损伤（endothelial vessel wall injury）和血液高凝状态（hypercoagulability）的因素，都可以使DVT和PTE发生的危险性增高。

（1）遗传性因素：主要由遗传变异引起，包括V因子突变、蛋白C缺乏、蛋白S缺乏和抗凝血酶缺乏等，以40岁以下的年轻病人无明显诱因反复发生DVT和PTE为特征。

（2）获得性因素：是指后天获得的易发生DVT和PTE的多种病理和病理生理改变、医源性因素及病人自身因素，如年龄、创伤和/或骨折、脑卒中、恶性肿瘤、外科手术、口服避孕药、制动/长期卧床和高龄等，这些因素可单独存在，也可同时存在并发挥协同作用。

2. 发病机制 外周静脉血栓形成后，一旦血栓脱落，即可随静脉血流移行至肺动脉内，形成PTE（图2-11）。急性肺栓塞发生后，由于血栓机械性堵塞肺动脉及由此引发的神经、体液因素的作用，可导致一系列呼吸和循环功能的改变。

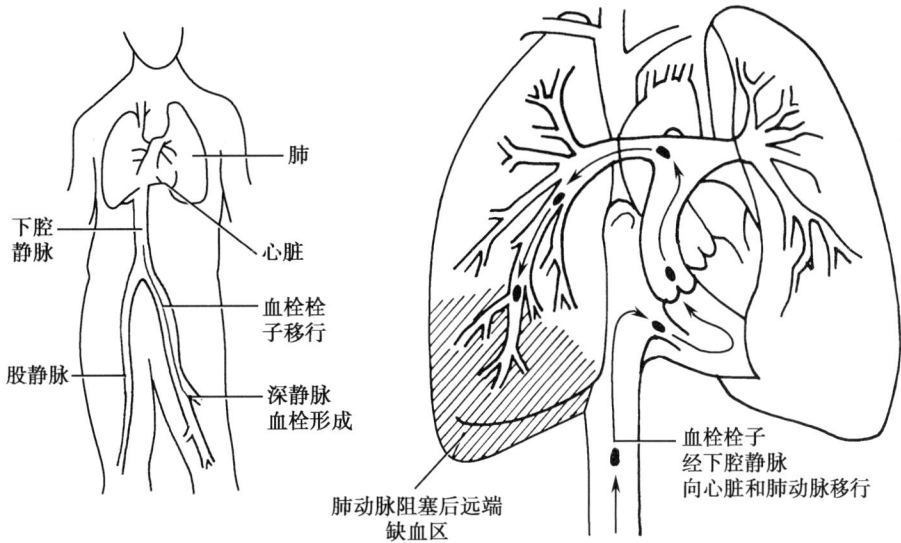

▲ 图2-11 肺血栓栓塞症（PTE）的形成机制
外周深静脉血栓形成后脱落，随静脉血流移行至肺动脉内，形成肺动脉内血栓。

（1）血流动力学改变：① 肺动脉压升高。肺血管阻塞后，机械阻塞及由此诱发的血管收缩可使肺血管阻力增加、肺动脉压升高。② 右心功能不全。由于肺动脉压升高导致右心室后负荷增加所致。③ 低血压休克。由于右心功能不全、右心室压力升高使室间隔左移，导致左心室充盈减少、心排血量下降所致。④ 右心室心肌缺血。为PTE急性期的重要病理生理改变。由于主动脉内低血压和右心室压力升高，使冠状动脉灌注压降低，导致心肌尤其是右心室心肌处于低灌注状态，同时右心室后负荷增加使右心室耗氧量增加，两者相互作用导致心肌损害，进一步可形成恶性循环，最终导致死亡。

（2）呼吸功能不全：主要是由于血流动力学改变所致。包括：① 心排血量降低导致混合静脉血氧饱和度下降。② 栓塞部位血流减少和非栓塞区血流增加导致通气血流比例失调。③ 右心房压力升高可引起功能性闭合的卵圆孔开放，导致心内右向左分流。④ 栓塞部位肺泡表面活性物质分泌减少，肺泡萎陷，呼吸面积减少。同时肺顺应性下降使肺体积缩小，导致肺不张。⑤ 由于各种炎性介质和血管活性物质释放引起毛细血管通透性增高，间质和肺泡内液体增多或出血，累及胸膜可出现胸腔积液。

（3）肺梗死：肺动脉发生栓塞后，若其支配区的肺组织因血流受阻或中断而发生坏死，称为肺梗死（pulmonary infarction，PI）。肺组织接受肺动脉、支气管动脉和肺泡内气体弥散三重氧供，故PTE病人很少出现肺梗死，只有当病人同时存在心肺基础疾病或病情严重影响到肺组织的多重氧供时，才会导致肺梗死。

（4）慢性血栓栓塞性肺动脉高压（chronic thromboembolic pulmonary hypertension，CTEPH）：急性PTE后血栓未完全溶解，或PTE反复发生，出现血栓机化、肺血管管腔狭窄甚至闭塞，导致肺动脉压力持续升高，继而出现右心室肥厚甚至右心衰竭。

PTE病人的病情严重程度取决于上述机制的综合作用，栓子的大小和数量、栓塞次数及间隔时间、是否同时存在其他心肺疾病等对发病过程和预后有重要影响。

【临床表现】

1. 症状　PTE的症状多种多样，缺乏特异性。症状的严重程度亦有很大差别，可从无症状、隐匿到血流动力学不稳定，甚至发生猝死。常见症状包括：

（1）不明原因的呼吸困难：尤以活动后明显，为PTE最为多见的症状。

（2）胸痛：包括胸膜炎性胸痛或心绞痛样胸痛。

（3）晕厥：可为PTE的唯一或首发症状。

（4）烦躁不安、惊恐甚至濒死感：为PTE常见症状。

（5）咯血：常为少量咯血，大咯血少见。

（6）咳嗽：早期为干咳或伴有少量白痰。当呼吸困难、胸痛和咯血同时出现时称为"肺梗死三联征"。

2. 体征

（1）呼吸系统：呼吸急促，发绀，动脉血氧饱和度下降，肺部可闻及哮鸣音和/或细湿啰音。

（2）循环系统：心率加快，严重时可出现血压下降甚至休克；颈静脉充盈或异常搏动；肺动脉瓣区第二心音亢进或分裂，三尖瓣区收缩期杂音。

（3）发热：多为低热，少数病人体温可达38℃以上。

3. 深静脉血栓　如肺栓塞继发于下肢深静脉血栓形成，可伴有患肢肿胀、周径增粗、疼痛或压痛、皮肤色素沉着和行走后患肢易疲劳或肿胀加重。

4. 临床分型

（1）急性肺血栓栓塞症：① 高危（大面积）PTE，以休克和低血压为主要表现（由于右心衰竭或心血管闭塞所致），收缩压<90mmHg或与基线值相比下降幅度≥40mmHg，持续15分钟以上。须排除新发生的心律失常、低血容量或感染中毒症所致的血压下降。② 中危（次大面积）PTE，未出现休克和低血压但存在右心功能不全和/或心肌损伤。③ 低危（非大面积）PTE，血流动力学稳定且无右心功能不全和心肌损伤，病死率<1%。

（2）慢性血栓栓塞性肺动脉高压：常表现为呼吸困难、乏力、运动耐力下降，后期出现右心衰竭的临床表现。

【辅助检查】

1. 实验室检查

（1）血浆D-二聚体（D-dimer）：敏感性高而特异性差。可作为PTE的初步筛选指标，急性PTE时升高。若其含量低于500μg/L，可基本排除急性PTE。

（2）动脉血气分析：常表现为低氧血症，低碳酸血症，肺泡-动脉血氧分压差（$P_{A-a}O_2$）增大，部分病人的结果也可正常。

2. 心电图　最常见的改变为窦性心动过速。当有肺动脉及右心压力升高时，可出现$V_1 \sim V_4$的T波倒置和ST段异常，$S_IQ_{III}T_{III}$征（即I导联出现明显的S波，III导联出现大Q波及T波倒置）

等。对心电图的改变，需做动态观察。

3. 超声心动图 表现为右心室和/或右心房扩大、室间隔左移和运动异常、近端肺动脉扩张、三尖瓣反流和下腔静脉扩张等。

4. 下肢深静脉检查 包括超声检查和静脉造影等，超声检查为诊断DVT最简便的方法。

5. 影像学检查 螺旋CT是目前最常用的PTE确诊手段。X线胸片、放射性核素肺通气/血流灌注扫描、MRI、磁共振肺动脉造影均有助于诊断。

【治疗要点】

1. 一般处理 对高度怀疑或确诊PTE的病人，应进行严密监护，监测生命体征、心电图及动脉血气等；卧床休息，保持大便通畅，避免用力，以免深静脉血栓脱落；必要时可适当使用镇静、镇痛、镇咳等药物进行对症治疗。

2. 呼吸循环支持 应用鼻导管或面罩吸氧，以纠正低氧血症。对于出现右心功能不全且血压下降者，可使用多巴酚丁胺、多巴胺、去甲肾上腺素等。如果上述治疗无效，需要考虑进行外科治疗或体外膜肺氧合（extracorporeal membrane oxygenation，ECMO）治疗。

3. 抗凝治疗 抗凝治疗能有效预防血栓再形成和复发，为机体发挥自身的纤溶机制溶解血栓创造条件，是PTE和DVT的基本治疗方法。当临床疑诊PTE时，即可开始肝素抗凝治疗，常用药物包括肝素和华法林。

（1）肝素：包括普通肝素和低分子肝素。普通肝素首剂负荷量2 000~5 000U或80U/kg静脉注射，继以18U/（kg·h）持续静脉滴注，应用时根据活化部分凝血活酶时间（activated partial thromboplastin time，APTT）调整剂量，使注射后6~8小时内的APTT达到并维持于正常值的1.5~2.5倍。低分子肝素根据体重给药，每天1~2次皮下注射，不需监测APTT和调整剂量。

（2）磺达肝癸钠：是一种小分子的合成戊糖，通过与抗凝血酶特异性结合抑制Xa因子而发挥抗凝作用。磺达肝癸钠需按体重给药，体重<50kg、50~100kg和>100kg时，其剂量分别为5、7.5和10mg/d。

（3）华法林：在肝素/磺达肝癸钠开始应用后的第1天加用华法林口服，初始剂量为3.0~5.0mg/d。由于华法林需要数天才能发挥作用，因此需与肝素至少重叠使用5天，当国际标准化比值（international normalized ratio，INR）达到2.0~3.0时，或凝血酶原时间（prothrombin time，PT）延长至正常值的1.5~2.5倍并持续24小时，方可停用肝素，单独口服华法林治疗，并根据INR或PT调节华法林的剂量。口服华法林的疗程至少为3个月。对于栓子来源不明的首发病例，至少治疗6个月；对复发性VTE、并发肺源性心脏病或危险因素长期存在者，应延长抗凝治疗时间至12个月或以上，甚至终身抗凝。

（4）新型口服抗凝药：如达比加群酯、利伐沙班、阿哌沙班，直接作用于凝血因子发挥抗凝作用。

4. 溶栓治疗

（1）适应证：溶栓治疗可迅速溶解部分或全部血栓，恢复肺组织灌注，降低PTE病人的病死率和复发率，主要适用于大面积PTE病人。对于急性PTE，若无禁忌可考虑溶栓；而对于血压和右心室运动功能均正常的病人，则不宜溶栓。溶栓的时间窗一般为14天以内，若近期有新发PTE征象可适当延长。溶栓应尽可能在PTE确诊的前提下慎重进行，但对有明确溶栓指征的病人宜尽早开始溶栓。

（2）禁忌证：溶栓治疗的主要并发症为出血，以颅内出血最为严重，发生率为1%~2%，发生者近半数死亡。用药前应充分评估出血风险。绝对禁忌证有活动性内出血、近期自发性颅内出血。相对禁忌证包括近期大手术、分娩、器官活检或不能压迫止血部位的血管穿刺、胃肠道出血、严重创伤、血小板计数减少、缺血性脑卒中、难以控制的重度高血压、妊娠等。对于致命性大面积PTE，上述绝对禁忌证亦可视为相对禁忌证。

（3）常用溶栓药物

1）尿激酶（urokinase，UK）：负荷量4 400U/kg，静脉推注10分钟，随后以2 200U/（kg·h）持续静脉滴注12小时，或以20 000U/kg剂量，持续静脉滴注2小时（称2小时溶栓方案）。

2）链激酶（SK）：负荷量250 000U，静脉推注30分钟，随后以100 000U/h持续静脉滴注24小时。链激酶具有抗原性，故用药前需肌内注射苯海拉明或地塞米松，以防止过敏反应，且6个月内不宜再次使用。

3）重组组织型纤溶酶原激活剂（recombinant tissue type plasminogen activator，rt-PA）：50mg持续静脉滴注2小时。

5. 肺动脉血栓摘除术　手术风险大，死亡率高，仅适用于经积极内科治疗无效的紧急情况（如大面积PTE）或有溶栓禁忌证者。

6. 肺动脉导管碎解和抽吸血栓　适用于肺动脉主干或主要分支的大面积PTE，且有溶栓和抗凝治疗禁忌，或经溶栓或积极的内科治疗无效而又缺乏手术条件者。

7. 放置腔静脉滤器　为预防再次发生栓塞，可根据DVT的部位放置下腔静脉或上腔静脉滤器，置入滤器后如无禁忌，宜长期服用华法林抗凝，定期复查有无滤器上血栓形成。

8. 慢性血栓栓塞性肺动脉高压的治疗　长期口服华法林3.0~5.0mg，根据INR调整剂量，保持INR为2.0~3.0。若阻塞部位处于手术可及的肺动脉近端，可考虑行肺动脉血栓内膜剥脱术；反复下肢深静脉血栓脱落者，可放置下腔静脉滤器。

【常用护理诊断/问题及护理措施】

1. 气体交换受损　与肺血管阻塞所致通气血流比例失调有关。

（1）一般护理

1）给氧：病人呼吸困难时，应立即根据缺氧严重程度选择适当的给氧方式和吸氧浓度给予氧疗，以提高肺泡氧分压。

2）休息：活动、呼吸加快、心率加快、情绪紧张和恐惧均可增加耗氧量，加重缺氧。因此，病人应绝对卧床休息，抬高床头或取半卧位。

3）心理：指导病人进行深慢呼吸，并通过放松术等方法减轻恐惧心理，降低耗氧量。

（2）监测呼吸及重要脏器的功能状态：对高度怀疑或确诊PTE的病人，需住重症监护病房，对病人进行严密监测。① 呼吸状态：当出现呼吸浅促、动脉血氧饱和度降低、心率加快等表现，提示呼吸功能受损、机体缺氧。② 意识状态：监测病人有无烦躁不安、嗜睡、意识模糊、定向力障碍等脑缺氧的表现。③ 循环状态：监测病人有无颈静脉充盈、下肢水肿等右心功能不全的表现。当较大的肺动脉栓塞后，可使心排血量减少，需严密监测血压和心率的改变。④ 心电活动：肺动脉栓塞时可致心电图的改变，动态监测心电图，有利于肺栓塞的早期诊断。溶栓治疗后，如出现胸前导联T波倒置加深可能是溶栓成功、右室负荷减轻和急性右心扩张好转的表现。另外，严重缺氧可致心动过速和心律失常，需严密监测病人的心电图改变。

（3）溶栓药应用护理：按医嘱给予溶栓药，应注意对临床及相关实验室检查情况动态观察，评价溶栓疗效。溶栓治疗的主要并发症是出血，最常见的出血部位为血管穿刺处，严重的出血包括腹膜后出血和颅内出血，后者发生率为1%~2%，一旦发生，预后差，约半数病人死亡。溶栓治疗病人的护理要点：① 密切观察出血征象，如皮肤青紫、血管穿刺处出血过多、血尿、严重头痛、神志改变等。② 严密监测血压，当出现低血压或血压过高时及时报告医生进行适当处理。③ 给药前宜留置外周静脉套管针，以方便溶栓过程中取血监测，避免反复穿刺血管。静脉穿刺部位压迫止血需加大力量并延长压迫时间。④ 溶栓治疗后，应每2~4小时测定1次PT或APTT，当其水平降至正常值的2倍时遵医嘱开始应用肝素抗凝。

（4）抗凝药应用护理

1）肝素：开始治疗后的24小时内每4~6小时监测1次APTT，达到稳定治疗水平后，改为每日监测1次APTT。肝素治疗的不良反应包括出血和肝素诱导的血小板减少症（heparin-induced thrombocytopenia，HIT）。HIT的发生率较低，但一旦发生，常较严重，因此在治疗的第1周应每1~2天、第2周起每3~4天监测1次血小板计数，若出现血小板迅速或持续降低达30%以上，或血小板计数<100×10^9/L，应报告医生停用肝素。

2）华法林：华法林的疗效主要通过监测INR是否达到并保持在治疗范围进行评价，因此，在治疗期间需要定时监测INR。在INR未达到治疗水平时需每日监测，达到治疗水平时需每周监测2~3次，监测2周，以后延长至每周监测1次或更长间隔。华法林的主要不良反应是出血。发生出血时用维生素K拮抗。在用华法林治疗的开始几周还可能引起血管性紫癜，导致皮肤坏死，需注意观察。

（5）消除再栓塞的危险因素

1）急性期：病人除绝对卧床外，还需避免下肢过度屈曲，一般在充分抗凝的前提下卧床时间为2~3周；保持大便通畅，避免用力，以防下肢血管内压力突然升高，使血栓再次脱落形成新的危及生命的栓塞。

2）恢复期：需预防下肢血栓形成，如病人仍需卧床，下肢须进行适当的主动或被动关节活动，穿抗栓袜或气压袜，不在腿下放置垫子或枕头，以免加重下肢循环障碍。

3）观察下肢深静脉血栓形成征象：由于下肢深静脉血栓形成以单侧下肢肿胀最为常见，因此需测量和比较双侧下肢周径，并观察有无局部皮肤颜色的改变，如发绀。下肢周径的测量方法：大、小腿周径的测量点分别为髌骨上缘以上15cm处和髌骨下缘以下10cm处，双侧下肢周径差>1cm有临床意义。检查是否存在Homans征阳性（轻轻按压膝关节并屈膝、踝关节急速背屈时出现腘窝部、腓肠肌背屈疼痛）。

（6）右心功能不全的护理：如病人出现右心功能不全的症状，需按医嘱给予强心药，限制水钠摄入，并按肺源性心脏病进行护理。

（7）低排血量和低血压的护理：当病人心排血量减少出现低血压甚至休克时，应按医嘱给予静脉输液和升压药物，记录液体出入量，当病人同时伴有右心功能不全时，尤应注意液体出入量的调整，平衡低血压需输液和心功能不全需限制液体之间的矛盾。

2. 恐惧 与突发的严重呼吸困难、胸痛有关。

（1）增加病人的安全感：当病人突然出现严重的呼吸困难和胸痛时，医务人员需保持冷静，避免引起紧张慌乱的气氛而加重病人的恐惧心理。护士应尽量陪伴病人，告诉病人目前的病情变化，用病人能够理解的词句和方式解释各种设备、治疗措施和护理操作，并采用非言语性沟通技巧，如抚摸、肢体接触等增加病人的安全感。

（2）鼓励病人充分表达自己的情感：应用适当的沟通技巧促使病人表达自己的担忧和疑虑。

（3）用药护理：按医嘱适当给予镇静、镇痛、镇咳等相应的对症治疗措施，注意观察疗效和不良反应。

【健康指导】

1. 疾病预防指导

（1）对存在DVT危险因素人群，应指导其避免可能增加静脉血流淤滞的行为，如长时间保持坐位，特别是坐时跷二郎腿以及卧位时膝下放置枕头，穿束膝长筒袜，长时间站立不活动等。

（2）对于卧床病人应鼓励其进行床上肢体活动，不能自主活动的病人需进行被动关节活动，病情允许时需协助早期下地活动和走路。不能活动的病人，将腿抬高至心脏以上水平，可促进下肢静脉血液回流。

（3）卧床病人可利用机械作用，如穿加压弹力抗栓袜、应用下肢间歇序贯加压充气泵等促进下肢静脉血液回流。

（4）指导病人适当增加液体摄入，防止血液浓缩。由于高脂血症、糖尿病等疾病可导致血液高凝状态，应指导病人积极治疗原发病。

（5）对于血栓形成高危病人，应指导其按医嘱使用抗凝药，防止血栓形成。

2. 病情监测指导 向病人介绍DVT和PTE的表现。对于长时间卧床的病人，若出现一侧肢体疼痛、肿胀，应注意DVT发生的可能；若突然出现胸痛、呼吸困难、咳血痰等表现时应注意PTE的可能，需及时告知医护人员或及时就诊。

3. 用药指导 由于PTE的复发率高，出院后常需要口服华法林进行抗凝治疗，指导病人做到以下几个方面：① 按医嘱服用华法林，不可擅自停药。② 定期监测INR。③ 观察出血表现，发现有皮肤青紫、血尿、严重头痛等，应及时就诊。④ 没有医生处方不可服用阿司匹林以及其他非处方药。⑤ 随身携带"服用抗凝药物"的标签。

相关链接 | 2014年欧洲心脏病学会（European Society of Cardiology，ESC）《急性肺栓塞诊断和管理指南》首次就新型口服抗凝药在急性肺栓塞中的应用作了全面推荐：

达比加群酯、利伐沙班、阿哌沙班、依度沙班均可替代华法林用于初始抗凝治疗（ⅠB）。利伐沙班和阿哌沙班可作为单药治疗（利伐沙班：15mg、2次/d，3周后改为20mg、1次/d；阿哌沙班：10mg、2次/d，7天后改为5mg、2次/d）；达比加群酯和依度沙班必须在急性期胃肠外抗凝治疗至少5天后才能予以应用（达比加群酯：150mg、2次/d，＞80岁病人：110mg、2次/d）。

指南同时强调，这四种新型口服抗凝药物均不能用于严重肾功能损害的病人。对于不能耐受或拒绝服用任何口服抗凝药物的病人，可以考虑口服阿司匹林进行预防。

（沈勤）

第十一节　原发性支气管肺癌

案例导入

病人，男，54岁，确诊右肺鳞状细胞癌6月余，拟行下一周期化疗入院。

身体评估：T 36℃，P 90次/min，R 24次/min，BP 104/67mmHg，神志清，听诊右肺呼吸音低，未闻及干湿啰音。

初步诊断：右肺鳞状细胞癌。

入院后病人诉右侧肩背部及右侧胸部灼痛，遵医嘱给予盐酸羟考酮缓释片40mg每12小时1次口服。病人接受吉西他滨+顺铂方案化疗后，复查血常规，白细胞计数28×10^9/L；医嘱：重组人粒细胞刺激因子注射液150μg皮下注射，每天1次。病人出现抑郁，非常担心预后。

请思考：癌痛相关的宣教重点是什么？化疗所致骨髓抑制的护理措施有哪些？如何帮助病人缓解恐惧情绪？

原发性支气管肺癌（primary bronchogenic carcinoma）简称肺癌（lung cancer），为起源于支气管黏膜或腺体的恶性肿瘤。根据世界卫生组织发布的2020年全球最新癌症负担数据显示：2020年新发肺癌病例220万，仅次于乳腺癌，居全球第二；死亡人数180万，仍居全球癌症首位。我国国家癌症中心统计数据显示，2016年我国肺癌发病率和死亡率均居恶性肿瘤首位，其中新发肺癌病例约82.81万，因肺癌死亡约65.70万例。其中新发肺癌病例78.7万，肺癌死亡病例63.1万，男性高于女性，且与以往数据相比，发病率和死亡率均呈上升趋势。肺癌早期多无明显症状，约2/3的病人确诊时已属晚期，因此5年生存率低于20%。

【病因及发病机制】

迄今尚未完全明确，一般认为肺癌的发病与下列因素有关。

1. **吸烟** 吸烟是肺癌发生率和死亡率进行性增加的首要原因。开始吸烟年龄越小、吸烟时间越长、吸烟量越大，肺癌的发病率及死亡率越高。二手烟或被动吸烟也是肺癌的病因之一。

2. **职业因素** 已被确认的致癌物包括石棉、烟尘、无机砷化合物、氯甲醚、铬、镍、氡、氯乙烯、煤烟、沥青和大量电离辐射，且与吸烟有协同致癌作用。

3. **空气污染** 主要来自汽车尾气、工业废气、公路沥青等。室内小环境污染如被动吸烟、烹调时的烟雾等亦为肺癌的危险因素。

4. **饮食与营养** 有研究表明，成年期蔬菜、水果的摄入量低及血清中β-胡萝卜素水平低的人群，肺癌发生的风险增加。此外，遗传和基因改变、肺结核、病毒和真菌感染等，与肺癌的发生可能也有一定关系。

【分类】

1. **按解剖学部位分类** ① 中央型肺癌：发生在段及以上支气管的肺癌，以鳞状上皮细胞癌和小细胞肺癌较多见。② 周围型肺癌：发生在段支气管以下的肺癌，以腺癌多见。

2. **按组织病理学分类** ① 非小细胞肺癌：最为常见，约占85%。包括鳞状上皮细胞癌、腺癌、大细胞癌、腺鳞癌、肉瘤样癌、唾液腺型癌等。② 小细胞肺癌：是一种低分化的神经内分泌肿瘤，早期广泛转移，初次确诊时60%~88%的病人已有肺外转移。

【临床表现】

肺癌的临床表现与肿瘤发生部位、大小、病理类型、临床分期、有无并发症或转移有密切关系。多数病人就诊时已表现出相关症状和体征，仅5%~15%的病人无症状。

1. **原发肿瘤引起的症状和体征**

（1）咳嗽：早期症状，为无痰或少痰的刺激性干咳，当肿瘤引起支气管狭窄后可使咳嗽加重。咳嗽多为持续性，呈高调金属音或刺激性呛咳。当继发感染时，痰量增多，呈黏液脓性。

（2）咯血：多见于中央型肺癌。肿瘤向管腔内生长可出现间歇或持续痰中带血，侵蚀大血管时，可出现大咯血。

（3）气短或喘鸣：肿瘤向支气管内生长或肿大的淋巴结压迫主支气管或隆突，或转移引起大量胸腔积液、心包积液、上腔静脉阻塞、膈肌麻痹，或广泛的肺部侵犯时，可出现呼吸困难、气短、喘息，偶尔表现为喘鸣，听诊时有局限或单侧哮鸣音。

（4）发热：肿瘤组织坏死可引起发热，但多数发热由肿瘤引起的阻塞性肺炎所致，抗生素治疗效果不佳。

（5）体重下降：肿瘤发展到晚期，由于肿瘤毒素、长期消耗、感染及疼痛导致食欲减退，病人可表现为消瘦或恶病质。

2. **肿瘤局部扩展引起的症状和体征**

（1）胸痛：肿瘤侵犯胸膜或胸壁时，可产生不规则的钝痛、隐痛或剧痛，在深呼吸、咳嗽时加重；侵犯肋骨、脊柱时可有压痛点，与呼吸、咳嗽无关。肿瘤压迫肋间神经时，胸痛可累及其分布区域。

（2）声音嘶哑：肿瘤直接压迫或转移至纵隔淋巴结后压迫喉返神经（多见左侧）可引起声音嘶哑。

（3）吞咽困难：肿瘤侵犯或压迫食管可引起吞咽困难，也可引起气管食管瘘，导致纵隔或肺部感染。

（4）胸腔积液：提示肿瘤转移累及胸膜或肺淋巴回流受阻。

（5）上腔静脉阻塞综合征：上腔静脉被转移性淋巴结压迫或右上肺原发性肺癌侵犯，或腔静脉内癌栓阻塞静脉回流所致。表现为颈面部及上肢水肿、颈静脉扩张和胸壁静脉曲张。严重者皮肤可呈暗紫色，眼结膜充血，视物模糊，头晕、头痛。

（6）霍纳（Horner）综合征：肺上沟瘤是肺尖部肺癌，可压迫颈部交感神经，引起病侧上眼睑下垂、瞳孔缩小、眼球内陷，同侧额部与胸壁少汗或无汗，称为 Horner 综合征。

（7）心包积液：肿瘤直接侵犯心包或阻塞心脏的淋巴引流导致心包积液。

3. 肿瘤远处转移引起的症状和体征　可转移至中枢神经系统、骨骼、腹部或淋巴结，出现相应的临床表现。

4. 胸外表现　指肺癌非转移性的胸外表现，可出现在肺癌发现的前、后，称为副癌综合征，包括内分泌综合征、骨骼–结缔组织综合征、血栓性疾病、皮肌炎等。

【辅助检查】

1. 影像学检查　胸部X线检查是发现肺癌最常用的方法之一，但分辨率低，有一定的局限性。胸部CT检查可检出直径约2mm的微小结节及隐秘部位的病变，低剂量螺旋CT是早期肺癌筛查的最佳方式。MRI不推荐作为肺癌的常规检查。PET-CT可同时获得解剖定位和生物代谢信息，对发现早期肺癌和其他部位转移灶，以及肺癌分期和疗效评价均优于现有的其他影像学检查。

2. 病理学检查　可通过痰脱落细胞学检查、胸腔积液细胞学检查、呼吸内镜检查、针吸活检等明确病理性质，经上述多项检查仍未能确诊时，可考虑进行开胸肺活检。

3. 肿瘤标志物检测　目前尚无诊断敏感性和特异性高的肿瘤标志物。癌胚抗原（carcinoembryonic antigen，CEA）、神经元特异性烯醇化酶（neuron specific enolase，NSE）、细胞角质蛋白19片段抗原21–1（cyto–keratin 19 fragment antigen 21–1，CYFRA21–1）及胃泌素释放肽前体（progastrin releasing peptide，ProGRP）检测或联合检测，对肺癌的诊断有一定的参考价值。

4. 基因诊断及其他　肺癌的发生被认为是由于原癌基因的激活和抑癌基因的缺失所致，癌基因产物如 *c-myc* 基因扩增，*ras* 基因突变，抑癌基因 *Rb*、*p53* 异常等有助于肺癌的诊断。基因检测还可用于识别靶向药物的最佳用药人群。

【治疗要点】

1. 手术治疗　外科手术是早期肺癌的最佳治疗手段，应力争根治性切除，并进行TNM分期，指导术后的综合治疗。胸腔镜（包括机器人辅助）等微创手术安全可行，对可行外科手术治疗的病人，在不影响肿瘤学原则的前提下推荐胸腔镜手术路径。

2. 化疗　主要用于肺癌晚期或复发病人的治疗，还可采用术后辅助化疗、术前新辅助化疗以及联合放疗的综合治疗等。化疗需严格掌握指征，综合考虑病人的疾病分期、身体状况、自身意愿、药物不良反应和生活质量等。

3. 放疗 分为根治性放疗、姑息性放疗、辅助放疗和预防性放疗等。根治性放疗适用于病灶局限、因各种原因不能手术的病人，辅以化疗可提高疗效。姑息性放疗可抑制肿瘤的发展，延迟扩散和缓解症状。辅助放疗适用于术前放疗或术后切缘阳性的病人。预防性放疗适用于全身治疗有效的小细胞肺癌病人，进行全脑放疗。

4. 靶向治疗 靶向治疗是以肿瘤细胞或组织的驱动基因变异及肿瘤相关信号通路的特异性分子为靶点，利用分子靶向药物特异性阻断该靶点的生物学功能，选择性地逆转肿瘤细胞的恶性生物学行为，达到抑制肿瘤生长甚至使肿瘤消退的目的。靶向治疗成功的关键是选择特异性的标靶人群。

5. 其他治疗 包括中医中药治疗、支气管动脉灌注化疗、经气管镜介入治疗等。中西医协同治疗，可减少肺癌病人化疗、放疗的不良反应，促进机体抵抗力的恢复。

【常用护理诊断/问题及护理措施】

1. 恐惧 与肺癌确诊、不了解治疗计划及预感疾病及治疗对机体功能的影响和死亡的威胁有关。

（1）加强沟通：多与病人交谈，鼓励其表达自己的感受，耐心倾听，了解病人的心理状态及对诊断、治疗的认知和理解程度，以适当的方式和语言与病人讨论病情、检查、治疗方案。引导病人面对现实，积极配合检查及治疗。

（2）心理与社会支持：通过多种途径为病人及家属提供心理与社会支持，帮助病人建立良好有效的社会支持系统，使病人感受到关爱，激起对生活的热情，保持积极的情绪，对抗疾病。

2. 疼痛 与癌细胞浸润、肿瘤压迫或转移有关。

（1）观察与评估：评估疼痛的部位、性质、程度和持续时间，疼痛加重或减轻的因素，影响其表达疼痛的因素以及疼痛对其睡眠、进食、活动等日常生活的影响程度。

（2）心理护理：耐心倾听病人诉说，教会病人正确描述疼痛的程度及转移注意力的技术。为病人提供舒适、安静的环境，避免和减轻精神紧张、恐惧等负性情绪。

（3）用药护理：指导病人遵医嘱使用止痛药，及时评估药物疗效，了解疼痛缓解的程度及止痛药作用持续时间，对生活质量的改善情况等。根据评估的结果及时与医生沟通，按需调整用药方案。加强药物不良反应的预防及护理，如阿片类药物有便秘、恶心、呕吐、精神紊乱等不良反应，应指导病人多进食富含纤维素的蔬菜和水果，或使用缓泻药等，以预防和缓解便秘。

3. 营养失调：低于机体需要量 与癌肿致机体过度消耗、压迫食管致吞咽困难、化疗反应致食欲下降、摄入量不足有关。

（1）营养评估：评估病人的体重变化、血常规检查结果等，综合动态评价营养状况。

（2）饮食护理：根据病人的饮食习惯，给予高蛋白、高热量、高维生素、易消化饮食，动、植物蛋白应合理搭配，注意食物的色、香、味，以刺激食欲。有吞咽困难者应给予流质饮食，进食时取半卧位，避免发生吸入性肺炎或呛咳，甚至窒息。病情危重无法自行进食者给予鼻饲或静脉营养。

4. 潜在并发症：化疗药物毒性反应。

护理措施见第六章第四节"白血病"。

【健康指导】

1. 疾病预防指导　不吸烟、及早戒烟可能是预防肺癌最有效的方法之一。鼓励病人戒烟，避免被动吸烟。加强职业劳动保护，避免接触与肺癌发生有关的环境和物质。肺癌高危人群应进行定期筛查，以早发现、早诊断、早治疗。

2. 疾病知识指导　提倡健康的生活习惯，加强营养，合理安排休息及活动，增强机体抵抗力，避免呼吸道感染。督促病人坚持放、化疗等治疗。出现呼吸困难、疼痛等症状加重或不能缓解时及时就医。

3. 心理指导　指导病人积极应对疾病，保持良好的精神状态，增强疾病治疗的信心。可采取一些分散注意力的方法，如看书、听音乐等，以减轻痛苦。鼓励病人进行力所能及的家务活动或社会活动，增强信心。

4. 临终关怀指导　对肿瘤晚期的病人，指导家属做好临终前的关怀和护理，告知家属对症处理的措施，使病人平静有尊严地走完人生的最后旅程。

（沈勤）

第十二节　呼吸衰竭

案例导入

病人，男，68岁，以"反复咳嗽咳痰30年余，胸闷气急8年余，再发2天"收入院。

病史评估：病人于30年前出现咳嗽咳痰，夜间加重，痰白色质黏，未系统诊疗。8年前开始出现胸闷，活动后气促，休息后可缓解，咳嗽咳痰，夜间加重，痰白色质黏，不易咳出。此后因"慢性阻塞性肺疾病急性加重"多次住院，病人2天前受凉后出现气急，昨晚咳嗽、咳痰加重，痰白色质黏，烦躁不安，前来就诊。

身体评估：T 37.8℃，P 116次/min，R 32次/min，BP 132/86mmHg，意识模糊，皮肤红润，四肢温暖多汗，口唇发绀，颈静脉怒张，桶状胸，双肺可闻及较多湿啰音，肝、脾未触及，腹软，无压痛，双下肢轻度水肿。

辅助检查：血气分析示pH 7.33，$PaCO_2$ 50mmHg，PaO_2 60mmHg，心电图见肺性P波。

初步诊断：慢性阻塞性肺疾病急性加重、慢性肺源性心脏病、呼吸衰竭。

请思考：请根据血气分析结果，判断病人呼吸衰竭的类型。该病人当前的氧疗原则是什么？该病人的主要护理诊断与护理措施有哪些？

呼吸衰竭（respiratory failure）简称呼衰，是指各种原因引起的肺通气和/或换气功能严重障碍，以致在静息状态下亦不能维持足够的气体交换，导致低氧血症伴或不伴高碳酸血症，从而引起一系列病理生理改变和相应临床表现的综合征。因其临床表现缺乏特异性，明确诊断需依据动脉血气分析，若在海平面、静息状态、呼吸空气条件下，动脉血氧分压（PaO_2）<60mmHg，伴或不伴二氧化碳分压（$PaCO_2$）>50mmHg，即可诊断为呼吸衰竭。

【病因及发病机制】

1. 病因 呼吸过程由外呼吸、气体运输和内呼吸三个环节组成，当参与外呼吸（肺通气和肺换气）的任何一个环节发生严重病变，都可导致呼吸衰竭，包括：① 气道阻塞性病变；② 肺组织病变；③ 肺血管疾病；④ 胸廓与胸膜病变；⑤ 心脏疾病；⑥ 神经肌肉病变等。

2. 低氧血症和高碳酸血症的发生机制

（1）肺泡通气不足：各种原因导致肺泡通气量减少时，引起 PaO_2 降低和 $PaCO_2$ 升高，从而导致缺氧和二氧化碳潴留。

（2）弥散障碍：肺内气体交换是通过弥散过程来实现的。弥散过程取决于弥散面积、肺泡膜厚度和通透性、气体和血液接触的时间和气体分压差等。由于氧气的弥散能力仅为二氧化碳的1/20，故弥散障碍时通常以低氧血症为主。

（3）通气血流比例失调：主要见于两种情况。① 部分肺泡通气不足：肺部病变如肺泡萎陷、肺炎、肺不张、肺水肿等引起病变部位的肺泡通气不足，而血流未相应减少，通气/血流<0.8，流经该区肺动脉的静脉血未经充分氧合便进入肺静脉中，形成肺动-静脉分流或称功能性分流，使 PaO_2 降低；② 部分肺泡血流不足：当肺血管发生病变时，如肺栓塞等，使部分肺泡血流量减少，通气/血流>0.8，肺泡通气不能被充分利用，形成功能性无效腔增大，又称无效腔样通气。通气血流比例失调常仅产生缺氧而无二氧化碳潴留。

（4）肺内动-静脉解剖分流增加：肺动脉里的静脉血未经氧合直接流入肺静脉，造成低氧血症。这是通气血流比例失调的特例，常见于动静脉瘘。提高吸入氧浓度并不能改善缺氧。

（5）氧耗量增加：当各种原因导致氧耗量增加时，可使肺泡氧分压下降，此时需通过增加通气量防止缺氧，若同时伴有通气功能障碍，则会出现严重的低氧血症。

3. 低氧血症和高碳酸血症对机体的影响

（1）对中枢神经系统的影响：脑组织耗氧量大，对缺氧十分敏感。通常完全停止供氧4~5分钟可引起不可逆的脑损害。缺氧对中枢神经系统的影响程度取决于缺氧的程度和发生速度。当 PaO_2 降至60mmHg时，可出现注意力不集中、智力和视力轻度减退；当氧分压迅速降至40~50mmHg以下时，会引起一系列神经精神症状，如头痛、烦躁不安、定向力与记忆力障碍、精神错乱、嗜睡；低于30mmHg时，出现神志丧失乃至昏迷，氧分压低于20mmHg时，只需数分钟即可造成神经细胞不可逆性损伤。

轻度二氧化碳增加时，对皮质下层刺激加强，间接引起皮质兴奋，病人往往出现失眠、精神兴奋、烦躁不安、言语不清、精神错乱；当二氧化碳潴留使脑脊液 H^+ 浓度增加时，可抑制大脑皮质活动，表现为嗜睡、昏迷、抽搐和呼吸抑制。这种由于缺氧和二氧化碳潴留导致的神经精神障碍症候群称为肺性脑病，又称二氧化碳麻醉。缺氧、二氧化碳潴留及酸中毒可使脑血管扩张和血管内皮损伤，血管通透性增加，导致脑间质和脑细胞水肿，颅内压增高，压迫脑组织和血管，进一步加重脑缺氧，形成恶性循环。

（2）对循环系统的影响：缺氧和二氧化碳潴留均可引起反射性心率加快、心肌收缩力增强、心排血量增加。严重缺氧和二氧化碳潴留可直接抑制心血管中枢，造成心脏活动受抑、血管扩张、血压下降和心律失常等严重后果。急性严重缺氧可导致心室颤动或心脏骤停。长期慢性缺氧可导致心肌纤维化、心肌硬化、肺动脉高压，最终发展为肺源性心脏病。

（3）对呼吸系统的影响：缺氧和二氧化碳潴留对呼吸的影响都是双向的，既有兴奋作用又有抑制作用：$PaO_2 < 60mmHg$ 时，主要通过颈动脉窦和主动脉体化学感受器，反射性兴奋呼吸中枢，但若缺氧缓慢加重，反射作用会较迟钝；缺氧对呼吸中枢产生直接抑制作用，$PaO_2 < 30mmHg$ 时抑制作用占优势。二氧化碳对呼吸中枢具有强大的兴奋作用，$PaCO_2$ 增加时，通气量明显增加，但 $PaCO_2 > 80mmHg$，会对呼吸中枢产生抑制和麻痹作用，通气量反而下降，此时呼吸运动主要靠缺氧的反射性呼吸兴奋作用维持。

（4）对消化系统和肾功能的影响：严重缺氧可使胃黏膜屏障作用降低，而二氧化碳潴留可使胃酸分泌增多，出现胃肠黏膜糜烂、坏死、溃疡和出血。缺氧可直接或间接损害肝细胞，使肝功能受损；也可使肾血管痉挛、肾血流量减少，导致肾功能不全。

（5）对酸碱平衡和电解质的影响：严重缺氧可抑制细胞能量代谢的中间过程，产生大量乳酸和无机磷，引起代谢性酸中毒。能量不足可导致钠泵功能障碍，使细胞内 K^+ 转移至血液，而 Na^+ 和 H^+ 进入细胞内，造成高钾血症和细胞内酸中毒。急性二氧化碳潴留使血 pH 迅速下降，加重酸中毒。慢性二氧化碳潴留时，肾减少 HCO_3^- 排出以维持正常 pH，机体为维持血中主要阴离子的相对恒定，增加 Cl^- 排出，造成低氯血症。

【分类】

1. 按动脉血气分析分类　① Ⅰ型呼吸衰竭：血气分析特点是 $PaO_2 < 60mmHg$，$PaCO_2$ 降低或正常，见于换气功能障碍（通气血流比例失调、弥散功能损害和肺动静脉分流）疾病。② Ⅱ型呼吸衰竭：血气分析特点是 $PaO_2 < 60mmHg$，伴 $PaCO_2 > 50mmHg$，系肺泡通气不足所致。

2. 按起病急缓分类　① 急性呼吸衰竭：某些突发致病因素使通气或换气功能迅速出现严重障碍，在短时间内发展为呼吸衰竭，如不及时抢救将危及生命，如急性呼吸窘迫综合征（acute respiratory distress syndrome，ARDS）。② 慢性呼吸衰竭：由于呼吸和神经肌肉系统的慢性疾病，导致呼吸功能损害逐渐加重，经较长时间发展为呼吸衰竭，以慢性阻塞性肺疾病最常见，早期虽有缺氧或二氧化碳潴留，但机体尚可代偿，称代偿性慢性呼吸衰竭，若在此基础上并发呼吸系统感染或气道痉挛等，使病情加重，短时间内 PaO_2 明显下降、$PaCO_2$ 明显升高，称慢性呼吸衰竭急性加重，此时则兼有急性呼吸衰竭的特点。

3. 按照发病机制分类　① 泵衰竭：由呼吸泵（驱动或制约呼吸运动的神经、肌肉及胸廓）功能障碍引起，主要表现为 Ⅱ型呼吸衰竭；② 肺衰竭：由肺组织、气道阻塞和肺血管病变引起，主要表现为 Ⅰ型呼吸衰竭。

【临床表现】

除呼吸衰竭原发疾病的症状、体征外，主要是缺氧和二氧化碳潴留引起的呼吸困难和多脏器功能障碍。

1. 呼吸困难 多数病人有明显的呼吸困难。急性呼吸衰竭早期表现为呼吸频率加快，重者出现"三凹征"。慢性呼吸衰竭轻者表现为呼吸费力伴呼气延长，重者呼吸浅快，并发二氧化碳麻醉时转为浅慢呼吸或潮式呼吸。

2. 发绀 是缺氧的典型表现。当SaO_2低于90%时，在口唇、甲床等处出现发绀。因其程度与还原血红蛋白含量相关，故红细胞增多者发绀更明显，贫血者则不明显。

3. 精神神经症状 急性呼吸衰竭可迅速出现精神错乱、狂躁、昏迷、抽搐等症状。慢性呼吸衰竭随着$PaCO_2$升高，出现先兴奋后抑制症状。兴奋症状包括烦躁不安、昼夜颠倒甚至谵妄。二氧化碳潴留加重时导致肺性脑病，出现抑制症状，表现为表情淡漠、肌肉震颤、间歇抽搐、嗜睡甚至昏迷等。

4. 循环系统表现 多数病人出现心动过速，严重缺氧、酸中毒时可引起周围循环衰竭、血压下降、心律失常甚至心脏骤停。二氧化碳潴留者出现体表静脉充盈、皮肤潮红、温暖多汗、血压升高。慢性呼吸衰竭并发肺源性心脏病时可出现体循环淤血等右心衰竭表现。因脑血管扩张，病人常有搏动性头痛。

5. 消化和泌尿系统表现 严重呼吸衰竭可损害肝、肾功能。并发肺源性心脏病时出现少尿。部分病人可致应激性溃疡而发生上消化道出血。

【辅助检查】

1. 动脉血气分析 在海平面、标准大气压、静息状态、呼吸空气条件下，$PaO_2 < 60mmHg$，伴或不伴$PaCO_2 > 50mmHg$，pH可正常或降低。

2. 影像学检查和肺功能检测 胸部X线、CT和放射性核素肺通气/灌注扫描等有助于分析呼吸衰竭的原因。肺功能检测有助于判断原发病的种类和严重程度。

【治疗要点】

呼吸衰竭的治疗原则是在保持呼吸道通畅前提下，迅速纠正缺氧、二氧化碳潴留和酸碱失衡所致的代谢紊乱，积极治疗原发病，消除诱因及防治多脏器功能损害。

1. 保持呼吸道通畅 是最基本、最重要的治疗方法。及时清除呼吸道分泌物及异物，用支气管舒张药缓解支气管痉挛，必要时建立人工气道。

2. 氧疗 是重要治疗措施，能提高肺泡的氧分压，减轻组织损伤，恢复脏器功能。

3. 增加通气量、改善二氧化碳潴留 ① 正压机械通气和体外膜肺氧合：用于经上述处理不能有效地改善缺氧和二氧化碳潴留的严重呼吸衰竭病人。② 呼吸兴奋剂：主要用于以中枢抑制为主、通气量不足所致的呼吸衰竭，不宜用于以换气功能障碍为主所致的呼吸衰竭。常用药物如多沙普仑等。

4. 病因治疗 迅速纠正缺氧、二氧化碳潴留的同时，针对不同病因采取适当的治疗措施亦是治疗呼吸衰竭的根本所在。感染是慢性呼吸衰竭急性加重的常见诱因，且呼吸衰竭常继发感染，因此需根据病原菌进行积极抗感染治疗。

5. 一般支持疗法 包括纠正酸碱平衡失调和电解质紊乱、加强液体管理、维持血细胞比容、保证充足的营养及能量供给等。

6. 重要脏器功能的监测与支持 重症病人需转入ICU进行积极抢救和监测，预防和治疗肺动脉高压、肺源性心脏病、肺性脑病、肾功能不全和消化道功能障碍。

【常用护理诊断/问题及护理措施】

1. 气体交换受损 与非心源性肺水肿、通气血流比例失调等有关。

（1）体位、休息与活动：病人卧床休息，取半卧位或坐位，以利于改善呼吸状态。加强生活护理，减少自理活动，以减少体力消耗、降低氧耗量。

（2）氧疗护理：氧疗是低氧血症病人的重要处理措施。

1）吸氧浓度：Ⅰ型呼吸衰竭病人需吸入较高浓度（$FiO_2 > 35\%$）氧气，在PaO_2迅速提高到60mmHg或SaO_2达到90%以上的前提下，尽量降低吸氧浓度。Ⅱ型呼吸衰竭病人应予低浓度（<35%）持续给氧，使PaO_2控制在60mmHg或SaO_2在90%或略高，以防因缺氧完全纠正，使外周化学感受器失去低氧血症的刺激而导致呼吸抑制。

2）吸氧装置：常用的有鼻导管、鼻塞、面罩给氧。鼻导管和鼻塞法使用简单方便，但吸入氧浓度不稳定，用于轻度呼吸衰竭和Ⅱ型呼吸衰竭的病人。面罩包括普通面罩、非重复呼吸面罩和文丘里面罩。普通面罩（图2-12）以5~8L/min的氧流量给氧时，FiO_2为40%~60%，用于缺氧较严重的Ⅰ型呼吸衰竭病人。非重复呼吸面罩（图2-13）带有储氧袋，在面罩和储氧袋之间有一单向阀，病人吸气时允许氧气进入面罩内，而呼气时避免呼出的废气进入储氧袋。面罩上还有数个呼气孔，并有单向皮瓣，允许病人呼气时将废气排入空气中，在吸气时阻止空气进入面罩内。因此，这种面罩的吸入氧分数最高，可达90%以上，用于有严重低氧血症、呼吸状态极不稳定的Ⅰ型呼吸衰竭和

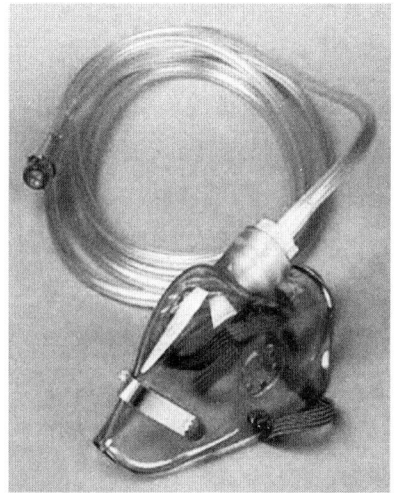

▲ 图2-12 普通面罩

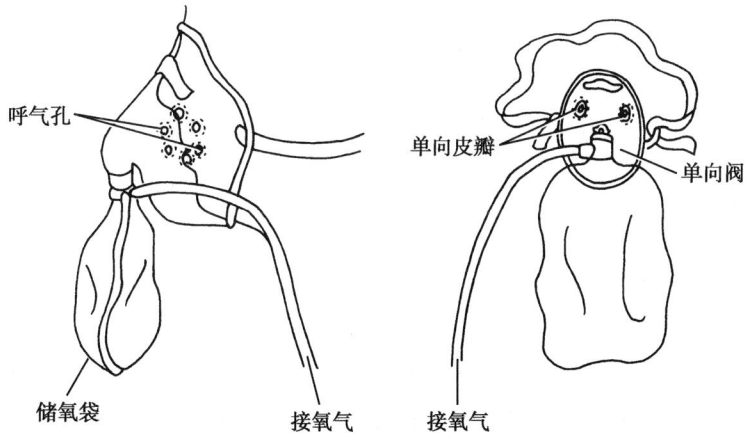

▲ 图2-13 非重复呼吸面罩

ARDS病人。文丘里面罩（图2-14）能够提供准确的吸入氧分数，在面罩的底部与供氧源之间有一调节器，可准确控制进入面罩的空气量，并通过调节氧流量精确地控制空气与氧气混合的比例，因此能按需要调节吸入氧分数，对于慢性阻塞性肺疾病引起的呼吸衰竭尤为适用。经鼻高流量氧疗是一种新型的呼吸支持技术，可以实现气体流量和氧气浓度单独调节，吸入氧气浓度更加稳定，有利于改善气体交换和降低呼吸功耗，改善通气效率，促进气体分布的均一性。

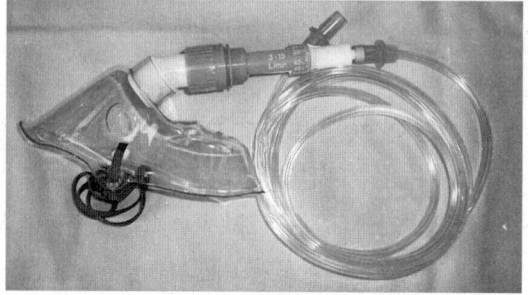

▲ 图2-14　文丘里面罩

3）效果观察：如吸氧后呼吸困难缓解、发绀减轻、心率减慢，表示氧疗有效；如果意识障碍加深或呼吸过度表浅、缓慢，可能为二氧化碳潴留加重。应根据动脉血气分析结果和病人的临床表现，及时调整吸氧流量或浓度，保证氧疗效果，防止氧中毒和二氧化碳麻醉。如通过非重复呼吸面罩或经鼻高流量氧疗后，不能有效改善病人的低氧血症，应做好气管插管和机械通气的准备，配合医生进行气管插管和机械通气。

（3）用药护理：按医嘱及时准确给药，密切观察呼吸、意识及动脉血气的变化，观察疗效和不良反应。使用呼吸兴奋剂时应保持呼吸道通畅，适当提高吸入氧浓度。

（4）病情观察：呼吸衰竭病人均需收住ICU进行严密监护。

监测内容包括：① 呼吸状况，包括呼吸频率、节律和深度，使用辅助呼吸肌呼吸的情况，呼吸困难的程度。② 缺氧及二氧化碳潴留情况，观察有无发绀、球结膜水肿、肺部有无异常呼吸音及啰音。③ 循环状况，监测心率、心律及血压，必要时进行血流动力学监测。④ 意识状况及神经精神状态，观察有无肺性脑病的表现，如有异常应及时通知医生。昏迷者应评估瞳孔、肌张力、腱反射及病理反射。⑤ 液体平衡状态，观察和记录每小时尿量和液体出入量，有肺水肿的病人需适当保持负平衡。⑥ 实验室检查结果，监测动脉血气分析和生化检查结果，了解电解质和酸碱平衡情况。

（5）急救配合与护理：备齐有关抢救用物，发现病情恶化时及时配合抢救，赢得抢救时机，提高抢救成功率。同时做好病人家属的心理支持。

2. 清理呼吸道无效　　与呼吸道感染、分泌物过多或黏稠、咳嗽无力等有关。

（1）清除呼吸道分泌物：① 意识清楚者，指导其有效咳嗽、咳痰。② 每1~2小时翻身1次，并给予叩背，促使痰液排出。③ 病情严重、意识障碍者可因舌后坠致分泌物堵塞气道，应取仰卧位，头后仰，托起下颌，用多孔导管经鼻或口吸痰，以保持呼吸道通畅。④ 行机械通气者可给予气管内吸痰，必要时可用纤维支气管镜吸痰并冲洗。⑤ 严重ARDS病人宜使用密闭系统进行吸痰和呼吸治疗，保持呼吸机管道的连接状态，防止因呼气末正压通气（positive end expiratory pressure，PEEP）中断致严重低氧血症和肺泡内分泌物重新增多。⑥ 多饮水、口服或雾化吸入祛痰药可稀释痰液，便于痰液咳出或吸出，行机械通气病人注意加强气道湿化以稀释痰液。

（2）痰的观察与记录：注意观察痰的颜色、性状、量、气味，并及时做好记录。正确留取痰液检查标本，发现痰液出现特殊气味或痰液量、色及黏稠度等发生变化，应及时与医生联系，以便调整治疗方案。

【健康指导】

1. 疾病知识指导　向病人及家属讲解疾病的发生、发展和转归。指导病人制订合理的活动与休息计划。教会病人避免氧耗量较大的活动，并在活动过程中增加休息。指导病人合理安排膳食，加强营养，改善体质。避免劳累、情绪激动等不良因素刺激。

2. 康复指导　教会病人有效咳嗽及呼吸功能锻炼技术，如缩唇呼吸、腹式呼吸、体位引流、叩背等方法，提高病人的自我护理能力，延缓肺功能下降。指导并教会病人及家属正确的家庭氧疗方法及注意事项。劝告吸烟病人戒烟并避免二手烟，避免吸入刺激性气体。告知病人尽量少去人群拥挤的地方，避免与呼吸道感染者接触，减少感染的机会。

3. 用药指导与病情监测　指导病人出院后遵医嘱服药，避免擅自加量、减量或停药。密切观察病情变化，若有气急、发绀加重等变化，应尽早就医。

相关链接　|　南丁格尔勋章获得者：叶欣

叶欣，广东省中医院急诊科护士长。SARS暴发后，她第一时间主动请缨到一线工作，抢先处理病人的粪便、血痰等最危险的传染源。2003年3月，她被自己最后所抢救的病人传染，在病人健康出院后不到一个星期，叶欣永远地离开了人世。作为抗击非典的英雄模范，叶欣被追授南丁格尔勋章、"最美奋斗者""感动中国人物"等荣誉称号。叶欣是广大奋战在一线医护人员的缩影，他们冒着生命危险，成为最美的逆行者。

（沈勤）

第十三节　呼吸系统疾病常用诊疗技术及护理

一、胸膜腔穿刺术

胸膜腔穿刺术（thoracentesis）是自胸膜腔内抽取积液或积气的操作，常用于检查胸腔积液的性质，抽气、抽液减压以及进行胸膜腔内给药等。

【适应证】

1. 诊断性胸膜腔穿刺术　原因不明的胸腔积液，可抽取积液进行常规、生化、微生物及细胞学检测，明确性质，协助诊断。

2. 治疗性胸膜腔穿刺术　① 抽出胸膜腔内的积气和积液，减轻对肺组织的压迫，促进肺复张，缓解呼吸困难等症状；② 抽吸胸膜腔内的脓液，行胸腔冲洗治疗脓胸；③ 胸膜腔给药，可注入抗生素、抗癌药物及促进胸膜粘连的药物等。

【禁忌证】

1. 身体衰弱、病情危重不能耐受穿刺者。

2. 对麻醉药物过敏者。

3. 存在未纠正的凝血功能障碍及严重出血倾向者。

4. 有精神疾病或不合作者。

5. 穿刺部位或附近有感染者。

6. 疑为胸腔棘球蚴病病人，穿刺可能造成感染扩散。

【操作前准备】

1. **病人准备** 向病人及家属解释穿刺目的、操作步骤以及术中注意事项，协助病人做好心理准备，以配合穿刺。胸腔穿刺术是一种有创性操作，术前病人或家属应签署知情同意书。

2. **病人指导** 操作前指导病人练习穿刺体位，并告知病人在操作过程中保持体位，不要随意活动，避免咳嗽或深呼吸，以免损伤胸膜或肺组织。必要时给予镇静药。

【操作中配合】

1. **病人体位** 抽液时协助病人反坐于靠背椅上，双手平放椅背上；或取坐位，使用床旁桌支托；亦可取仰卧位或侧卧位，举起上臂，完全暴露胸部，床头抬高30°。抽气时，协助病人取半坐卧位。

2. **穿刺部位** 一般胸腔积液的穿刺点在肩胛线或腋后线第7~8肋间隙或腋前线第5肋间隙。气胸病人取患侧锁骨中线第2肋间隙或腋前线第4~5肋间隙进针。

3. **抽液抽气量** 每次抽液、抽气时，不宜过多、过快，以防因胸腔内压骤然下降，发生复张后肺水肿或循环障碍、纵隔移位等。减压抽液时，首次总抽液量不宜超过700ml，抽气量不宜超过1 000ml，以后每次抽吸量不应超过1 000ml。如为明确诊断，抽液50~100ml即可，置入无菌试管送检。如为脓胸，每次尽量抽尽，如治疗需要，抽液、抽气后可注射药物。

4. **病情观察** 穿刺过程中密切观察病人的脉搏、面色等变化，询问有无不适，若病人突觉头晕、心悸、冷汗、面色苍白、脉细、四肢发凉，提示可能出现"胸膜反应"，应立即停止抽吸，取平卧位，遵医嘱皮下注射1%肾上腺素0.3~0.5ml，或其他对症处理。

【操作后护理】

1. 穿刺后病人静卧，鼓励深呼吸，促进肺膨胀。24小时后方可洗澡，以免穿刺部位发生感染。

2. 记录穿刺的时间、抽液抽气的量、胸腔积液的颜色以及病人在术中的情况。

3. 密切观察病人的脉搏、呼吸等，注意有无血胸、气胸、肺水肿等并发症的发生。观察穿刺部位，如出现红、肿、热、痛，液体溢出或体温升高时及时通知医生予以处理。

二、纤维支气管镜检查术

支气管镜是利用光学纤维内镜或电子内镜从口腔、鼻腔、气管导管或气管切开套管进入气管及支气管管腔，在直视下进行检查及治疗的手段。通过支气管镜可对气管及支气管进行病变部位的活检或刷检、钳取异物、吸引或清除阻塞物、支气管及肺泡灌洗行细胞学或液性成分检查、气管内注入药物、切除气管腔内的良性肿瘤等操作。

【适应证】

1. 原因不明的咯血或痰中带血，持续1周及以上，尤其是年龄>40岁者。

2. 原因不明的慢性咳嗽，怀疑气管支气管肿瘤、异物或其他病变者。

3. 原因不明的突发喘息、喘鸣，尤其是局限性哮鸣，需排除大气道狭窄或梗阻时。

4. 原因不明的声音嘶哑，可能因喉返神经麻痹或气道新生物引起时。

5. 任何原因引起的单侧肺、肺叶或肺段不张，不明原因的弥漫性肺实质疾病，临床影像学怀疑各种支气管、气管瘘，需协助明确诊断者。

6. 疑诊气管、支气管、肺部肿瘤或肿瘤性病变需要确定病理分型、分期者。

7. 不能明确诊断、进展迅速、抗生素治疗效果欠佳的下呼吸道感染或伴有免疫功能受损者。

8. 器官或骨髓移植后新发肺部病变，或疑诊移植肺免疫排斥、移植物抗宿主病。

9. 气道异物、外伤、烧伤，气道狭窄等的评估及治疗。

10. 原因不明的纵隔淋巴结肿大、纵隔异物。

11. 清除黏稠的气道分泌物、黏液栓；行支气管肺泡灌洗及用药；引导气管插管等。

【禁忌证】

支气管镜检查目前无绝对禁忌证，相对禁忌证的范围也逐渐缩小。但下列情况下行支气管镜检查，术前应慎重评估，权衡利弊，若必须进行时，需要做好抢救准备。

1. 活动性大咯血。

2. 急性心肌梗死。

3. 血小板计数<20×10^9/L。血小板计数<60×10^9/L时不建议进行活检。

4. 妊娠期。

5. 恶性心律失常、高血压危象、不稳定型心绞痛、严重心肺功能不全、严重肺动脉高压、颅内高压、主动脉瘤、主动脉夹层、严重精神疾病及全身极度衰竭等。

【操作前准备】

1. 病人准备　向病人及家属说明检查目的、操作过程及有关配合注意事项，以消除紧张情绪，取得配合。纤维支气管镜检查是有创性操作，术前病人或家属应签署知情同意书。局部麻醉时术前禁食4小时、禁水2小时；全身麻醉时术前禁食8小时、禁水2小时。病人若有活动性义齿应事先取出。使用抗凝药的病人根据检查要求及病情遵医嘱提前停用抗凝药。术前常规建立静脉通路，并保留至术后恢复期结束。

2. 物品准备　备好吸引器和复苏设备，以防术中出现喉痉挛、呼吸窘迫，或因麻醉药物的作用抑制病人的咳嗽和呕吐反射，分泌物不易咳出时紧急抢救用。

3. 术前检查　术前完善胸部X线或CT、凝血功能及心电图等检查。

【操作中配合】

护士应密切观察病人的生命体征和反应，按医生指示经纤维支气管镜滴入麻醉剂作黏膜表面麻醉，根据需要配合医生做好吸引、灌洗、活检、治疗等相关操作。

【操作后护理】

1. 病情观察 观察病人生命体征，有无发热、胸痛、呼吸困难及咯血等症状。活检后数小时内病人出现少量咯血及痰中带血，向其说明属正常现象，缓解紧张情绪。咯血量增加时应通知医生，并密切观察咯血的性质、量，有窒息先兆时及时抢救。行支气管肺活检的病人注意观察有无气胸的发生。

2. 避免误吸 局麻术后2小时或全麻术后6小时后方可饮水、进食。进食前试验小口喝水，无呛咳再进食。

3. 减少咽喉部刺激 术后数小时内避免谈话和咳嗽，使声带得以休息，以免声音嘶哑和咽喉部疼痛。

（沈勤）

第十四节　呼吸系统临床思维案例

【案例1】

病史：病人，女，34岁，教师。以"乏力、食欲减退，伴午后低热2月余，加重1周"为主诉入院。病人2个月前出现下午或夜间低热，偶有夜间出汗，体温在37.6~38℃，咳嗽，少量咳痰，偶有少量血痰及右侧胸痛。近半个月来出现月经不调，逐渐感到乏力，食欲减退，工作力不从心，睡眠欠佳，体重有所下降。病人既往每年体检未发现身体有异常情况，无药物过敏史，平时饮食习惯良好，无烟酒嗜好，发病前所带班级的学生有诊断肺结核者。

体格检查：病人面色皮肤微黄，身形瘦弱，T 37.7℃，P 96次/min，R 21次/min，BP 115/80mmHg，心律齐。触诊浅表淋巴结无肿大，右侧呼吸运动减低、触诊语颤增强、叩诊浊音、听诊有支气管肺泡呼吸音和湿啰音。

辅助检查：血常规检查显示血红蛋白120g/L，白细胞计数9.0×10^9/L，中性粒细胞百分比66.0%，血小板计数138×10^9/L，血沉33mm/h。胸部X线检查显示在右侧肺尖部为边缘模糊不清的片状、絮状阴影。病人在门诊进行PPD（结核菌素试验）检查结果为阳性。拟诊"肺结核"收住入院。

问题：

1. 请归纳出病例的临床特点，病人肺结核为哪种类型？并做出解释。

> 病情进展：
>
> 病人入院第3天清晨，咳嗽加剧，突然出现喷射性咯血，量约200ml，继而咯血中断，病人表情恐怖，双眼瞪目，两手乱抓，大汗淋漓。

2. 该病人发生了什么情况？首要的护理措施应如何实施？抢救时还应该给予哪些相关的护理措施？

病情进展：

病人病情稳定后，遵医嘱给予利福平+异烟肼+乙胺丁醇抗结核治疗，2周后上述症状基本消失。医嘱要求定期监测肝功能、行视觉相关检查等。

3. 常用抗结核药物有哪几种？上述药物会出现哪些不良反应？结核病病人的用药原则是什么？

病情进展：

病人住院1月余，经抗结核治疗和卧床休息，T 36.7℃，P 88次/min，心律齐。血常规检查显示血红蛋白125g/L，白细胞计数7.0×10^9/L，中性粒细胞百分比6.0%，血小板计数121×10^9/L，血沉10mm/h，胸部X线检查显示在右侧肺尖部病灶明显好转。病人将办理出院手续，回家继续休息。病人经医生同意可以出院。

4. 病人在住院期间如何加强结核病的呼吸道隔离护理？出院后如何加强营养，提高机体免疫力？

【案例2】

病史：病人，男，57岁。因"间断喘憋30余年，加重3天"入院。病人自诉30余年前接触过敏原后出现喘憋（具体过敏原不详），后经检查提示过敏原为羊肉、粉尘、香油、花粉、磺胺类药物等，给予脱敏药物治疗后症状好转。以后接触过敏原或感冒后仍间断发生喘憋。3天前病人接触感冒的亲属后再次出现喘憋，症状较前明显加重；轻微活动后即感胸部憋闷、气短，不能平卧，自行服用盐酸莫西沙星及氨茶碱，症状未缓解，来院就诊。自发病以来，饮食可，睡眠不佳，大小便如常，体重未见明显变化。

既往史：患高血压15年，10年前诊断为冠状动脉粥样硬化性心脏病；患糖尿病8年，血糖控制不满意；对羊肉、粉尘、香油、花粉、磺胺类药物等过敏。饮酒10年，未戒酒；吸烟8年，平均4支/d，已戒烟20年。

体格检查：T 36.6℃，P 79次/min，R 23次/min，BP 159/70mmHg。神志清，表情与面容正常，查体合作。叩诊双肺呈清音，双侧呼吸音粗，双侧闻及散在哮鸣音，余（-）。

辅助检查：胸片提示双肺纹理增粗，右肺下叶为主；右侧胸膜增厚；心影饱满，主动脉迂曲、硬化。心脏彩超示：射血分数69%，左心房增大。血常规：白细胞计数7.0×10^9/L，中性粒细胞百分比78.0%。血气分析：PaO_2 73.5mmHg，$PaCO_2$ 32.2mmHg，SpO_2 96%。

问题：

1. 请根据病人的临床表现特点，判断其目前的主要医疗诊断，并写出判断依据。

病情进展：

经治疗病人病情平稳，入院第6天下午，邻床病人亲属带着鲜花来病房探视。半小时后，病人突然咳嗽加剧，出现喘憋、气促、呼吸困难。

2. 病人出现了什么情况？主要原因是什么？主要的护理问题是什么？

> **病情进展：**
>
> 病人住院10天后，静息状态下无明显胸闷、喘息，偶有少许咳嗽，无明显咳痰，无畏寒、发热，精神、睡眠尚可，二便正常。生命体征平稳，两侧散在哮鸣音较前减少，心率72次/min，律齐。拟第2天出院。

3. 病人出院后为控制气道慢性炎症，首选的药物是什么？使用此类药物的注意事项有哪些？病人出院后如何避免诱发因素？

（杨益　沈勤）

复习参考题

一、简答题

1. 简述促进有效排痰的方法及适应证。
2. 支气管哮喘病人健康教育要点有哪些？
3. 简述肺炎病人高热的护理措施。
4. 肺结核病人的用药原则是什么？
5. 腹式缩唇呼吸训练的方法和要点有哪些？
6. 分析慢性肺源性心脏病病人为何只能低流量给氧？
7. 气胸行排气治疗的病人如何维持有效引流？
8. 简述呼吸衰竭的治疗原则。
9. 简述Ⅰ型、Ⅱ型呼吸衰竭的区别及氧疗原则。
10. 分析肺血栓栓塞症的常见病因及预防措施。

二、选择题

1. 左肺下叶支气管扩张症病人体位引流时应采取的体位
   - A. 端坐位
   - B. 俯卧位，腰部抬高
   - C. 右侧卧位，腰部抬高
   - D. 右侧卧位
   - E. 平卧位
2. 大咯血病人最首要的护理诊断是
   - A. 活动无耐力
   - B. 恐惧
   - C. 清理呼吸道无效
   - D. 气体交换受损
   - E. 有窒息的危险
3. 慢性阻塞性肺疾病病人，进行呼吸功能锻炼的方法是
   - A. 加强腹式呼吸，鼻深吸气口缓呼气
   - B. 加强腹式呼吸，鼻吸气经口用力快速呼气
   - C. 加强胸式呼吸，鼻吸气经口用力快速呼气
   - D. 加强胸式呼吸，经鼻缓慢呼气
   - E. 加强胸式呼吸，经口缓慢吸气
4. 病人，男，65岁，COPD病史10余年，近日病情加重收治入院，入院后血气分析结果提示Ⅱ型呼吸衰竭，下列各项中符合该诊断的是
   - A. PaO_2 60mmHg　$PaCO_2$ 35mmHg
   - B. PaO_2 50mmHg　$PaCO_2$ 60mmHg
   - C. PaO_2 70mmHg　$PaCO_2$ 45mmHg

D. PaO_2 60mmHg $PaCO_2$ 45mmHg

E. PaO_2 70mmHg $PaCO_2$ 30mmHg

A. 肺部感染

B. 末梢循环衰竭

5. 病人，男，78岁，因"肺源性心脏病"收治入院，入院后第2天出现昼睡夜醒、多语，首先应考虑并发

C. 肺性脑病

D. 电解质紊乱

E. 洋地黄中毒

答案：1. C 2. E 3. A 4. B 5. C

循环系统疾病病人的护理

学习目标

知识目标	1. 掌握 心脏的结构与功能；常见症状体征如心源性呼吸困难、心源性水肿、心源性胸痛、心悸与心源性晕厥的护理；循环系统常见疾病如心力衰竭、心律失常、心脏瓣膜病、原发性高血压、冠状动脉粥样硬化性心脏病、心肌疾病、感染性心内膜炎、心包疾病的临床表现、常见护理问题及措施、健康指导要点；循环系统疾病常用诊疗技术的术前和术后护理。
	2. 熟悉 循环系统疾病病人的护理评估；上述循环系统常见疾病的病因、分类、治疗要点；循环系统疾病常用诊疗技术的术中配合；循环系统疾病的临床思维分析方法。
	3. 了解 循环系统的结构和功能；上述循环系统常见疾病的发病机制及辅助检查；循环系统疾病常用诊疗技术的适应证与禁忌证。
能力目标	能应用评判性思维对循环系统疾病病人进行病情评估；能识别急性心力衰竭和急性心肌梗死等危重情况；能正确提出护理问题，并实施整体护理。
素质目标	具备急救意识和团队协作精神，以及职业认同和社会责任感；具有同理心，关爱病人；具有创新意识和锲而不舍的科学素养。

第一节 概述

心血管疾病是导致人类死亡和健康寿命损失的首要原因，居全球疾病负担首位。近30年，全球心血管疾病患病人数从2.71亿增长到5.22亿，死亡人数从1 210万增长到1 860万。我国城市和农村地区心血管疾病死亡率均逐年上升，分别占死因的48.00%和45.86%，每5例死亡中就有2例死于心血管疾病，因此，对心血管疾病的防治刻不容缓。通过对病因、临床表现和辅助检查等结果的综合分析，可对大多数心血管疾病作出诊断，并给予针对性的治疗和护理。同时，随着心血管疾病诊疗新技术在临床的广泛开展，大多数冠心病、心律失常、心脏瓣膜病等得到较好的控制。

一、结构与功能

循环系统包括心脏、血管和调节血液循环的神经-体液。

1. 心脏的位置　心脏是一个中空的肌性器官，形似倒置的、前后稍扁的圆锥体，约本人拳头大小。心脏位于胸腔中纵隔内，在胸骨体和第2~6肋骨后方，第5~8胸椎前方。约2/3位于正中线左侧，1/3位于正中线右侧。心尖朝向左前下方，心底朝向右后上方，见图3-1。

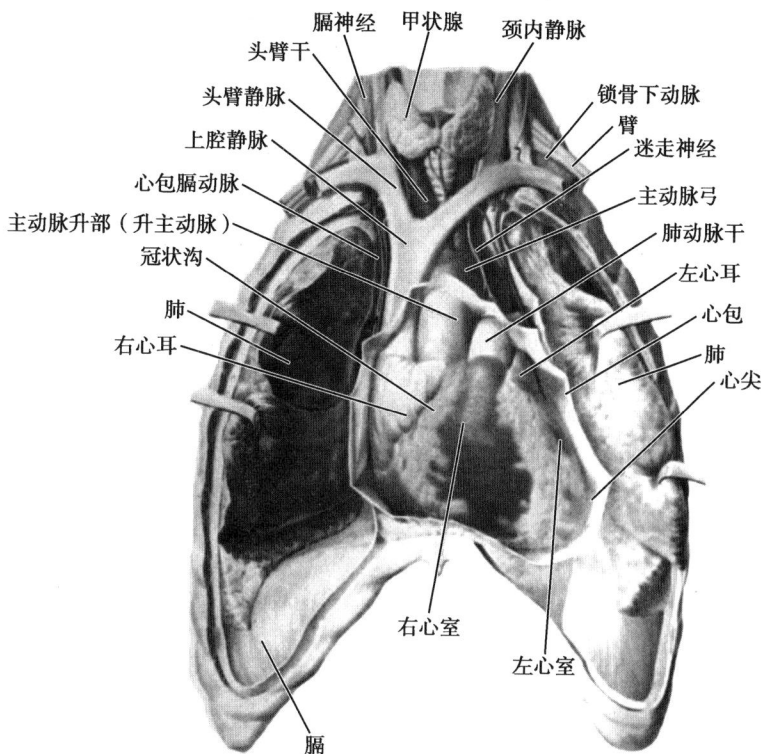

▲ 图3-1　心脏的位置

2. 心脏的解剖结构

（1）心脏的组织结构：心壁由内到外分为心内膜、心肌和心外膜三层。心外膜与心包壁层之间形成一个间隙，称为心包腔，内含约20ml的淡黄色浆液，在心脏收缩和舒张时起润滑作用。心脏分为四个腔，上部由房间隔分为左心房和右心房，下部由室间隔分为左心室和右心室；其中房间隔由比较薄的心肌构成，室间隔由比较厚的心肌构成。心内膜上有特殊的瓣膜装置，左心房室之间的瓣膜是二尖瓣，右心房室之间的瓣膜是三尖瓣，左心室与主动脉之间的瓣膜是主动脉瓣，右心室与肺动脉之间的瓣膜是肺动脉瓣。

（2）心脏的传导系统：心脏传导系统由负责正常冲动形成与传导的特殊心肌细胞组成，包括窦房结、结间束、房室结、希氏束、左右束支和浦肯野纤维。窦房结是心脏正常的起搏点。结间束连接于窦房结和房室结之间。房室结位于三尖瓣基底附近的心房间隔的右后方。希氏束为索状结构，与房室结相连，在心室间隔的顶部分为左、右束支，并最终分成浦肯野纤维，弥散分布于心肌的所有部位，见图3-2。

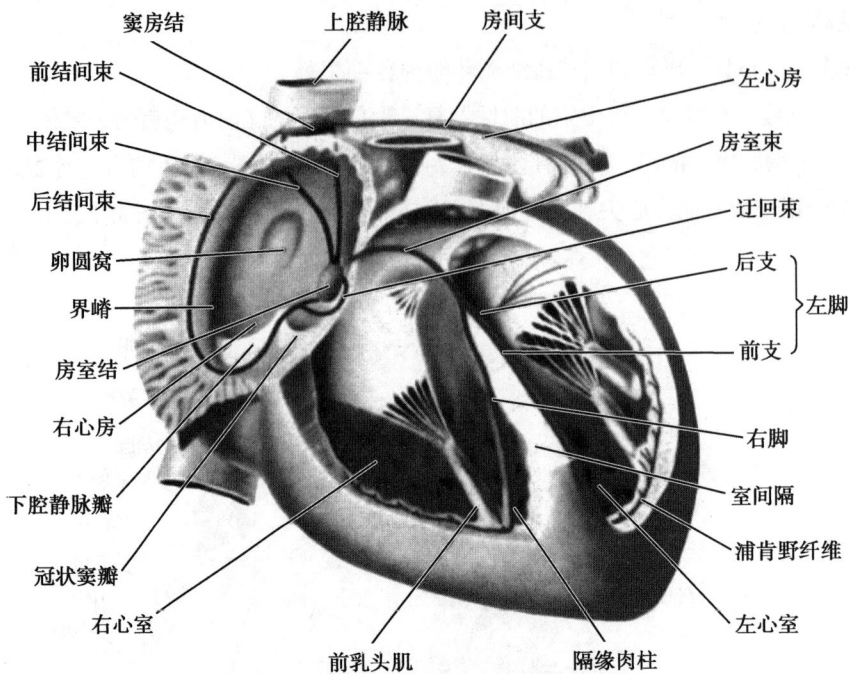

▲ 图3-2　心脏传导系统

（3）冠状动脉：心脏的血液供应来自左、右冠状动脉。左冠状动脉主干很短，起自左冠状动脉窦，行走于肺动脉与左心耳之间，到达冠状沟后分成前降支和回旋支。前降支及其分支主要分布于左室前壁、前乳头肌、心尖、室间隔前2/3、右室前壁一小部分。回旋支及其分支主要分布于左房、左室侧壁、左室前壁一小部分、左室后壁的一部分或大部分。右冠状动脉一般分布于右房、右室前壁大部分，右室侧壁和后壁的全部，左室后壁的一部分及室间隔的后1/3，窦房结和房室结。

心脏的血液供应见图3-3、图3-4。

3. 调节循环系统的神经-体液

（1）调节循环系统的神经：心脏受来自迷走神经的胆碱能神经纤维和来自胸腰部交感系统的肾上腺素能神经纤维的支配。交感神经兴奋时，激活肾上腺素能α和β$_1$受体，使心率加快，心肌收缩力增强，外周血管收缩，血管阻力增加，血压升高。迷走神经兴奋时，激活乙酰胆碱能受体，使心率减慢，心肌收缩力减弱，外周血管扩张，血管阻力减小，血压下降。

（2）调节循环系统的体液因素：如肾素-血管紧张素-醛固酮系统（renin-angiotensin-aldosterone system，RAAS）、血管内皮因子、某些激素和代谢产物等。RAAS能够调节钠钾平衡、血容量和血压。血管内皮细胞生成的收缩物质（如内皮素、血管收缩因子等）具有收缩血管的作用，生成的舒张物质（如前列环素、一氧化氮等）具有扩张血管的作用。

4. 循环系统的功能　循环系统的主要功能是为全身组织器官运输血液，通过血液将氧、营养物质和激素等供给组织，并将组织代谢产物运走，以保证机体正常新陈代谢的需要，维持生命活动。

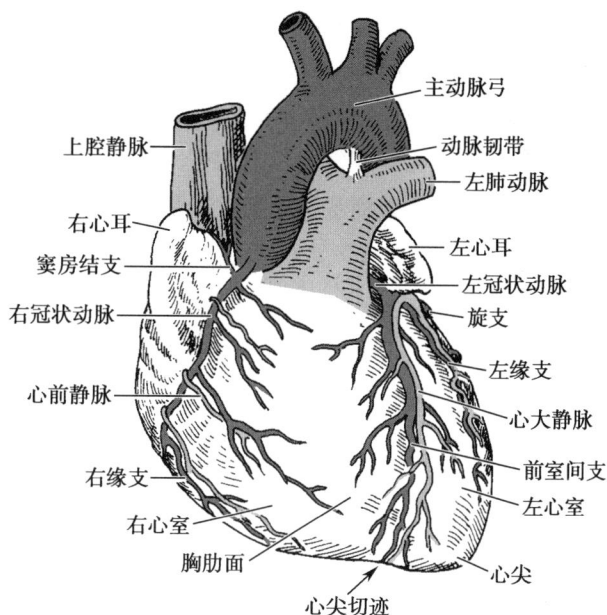

▲ 图3-3　心的外形和血管（前面观）

主动脉弓
动脉韧带
左肺动脉
左心耳
左冠状动脉
旋支
左缘支
心大静脉
前室间支
左心室
心尖

上腔静脉
右心耳
窦房结支
右冠状动脉
心前静脉
右缘支
右心室
胸肋面
心尖切迹

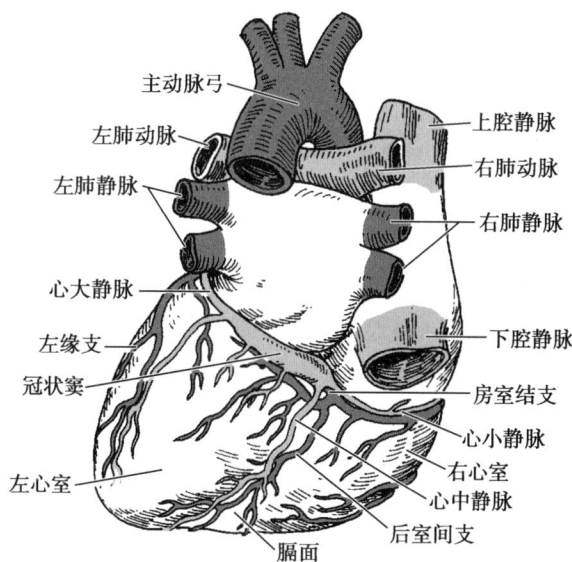

▲ 图3-4　心的外形和血管（后下面观）

主动脉弓
左肺动脉
左肺静脉
心大静脉
左缘支
冠状窦
左心室

上腔静脉
右肺动脉
右肺静脉
下腔静脉
房室结支
心小静脉
右心室
心中静脉
后室间支
膈面

二、护理评估

【病史评估】

1. 患病及治疗过程

（1）患病过程：患病的起始时间、主要症状、严重程度、持续时间、发作频率、诱发及缓解因素、有无伴随症状、是否进行性加重、有无并发症等。

（2）检查及治疗过程：主要检查结果、治疗经过、具体用药（包括药物名称、剂量和用法等）或手术情况、非药物治疗及遵医行为等。

（3）目前状况：目前主要的不适，如冠心病病人可出现心前区不同程度的疼痛、胸闷等；心力衰竭病人可出现劳力性呼吸困难、夜间阵发性呼吸困难、端坐呼吸或下肢水肿等；高血压病人可出现头痛、心悸、疲乏及视物模糊等症状。是否对日常活动、饮食、睡眠、大小便等产生影响。

2. 既往史及家族史

（1）既往史：评估病人既往的情况，如曾患过的主要疾病、手术史及外伤史等；有无与心血管病相关的疾病，如糖尿病、甲亢、贫血等。

（2）家族史：评估病人直系亲属中是否有冠心病、高血压、糖尿病等疾病。

3. 心理–行为–社会状况

（1）心理–社会资料

1）心理状态：评估病人有无焦虑、恐惧、抑郁、悲观等心理反应及其严重程度。

2）性格特征：如A型行为和D型人格是冠心病、原发性高血压的危险因素之一。此外，情绪激动和精神紧张也是引起心绞痛发作、原发性高血压病情加重的最常见诱因之一。

（2）生活方式

1）饮食习惯：评估病人饮食偏好，是否经常摄入高热量、高胆固醇、高钠、高脂肪的食物，是否经常暴饮暴食等。

2）烟酒习惯：评估病人有无烟酒嗜好，吸烟及饮酒史，每天吸烟、饮酒量及持续年限，是否已戒烟酒。

3）运动习惯：评估病人对运动的态度、是否进行规律的体育锻炼，主要运动形式及运动量，是否了解限制最大活动量的指征。

4）排泄：评估病人排便习惯，有无便秘。

（3）社会支持系统：评估病人家庭经济状况、教育背景，对所患疾病的认知，可获得的关心和支持程度；评估病人出院后的就医条件，居住地的社区保健资源等。

（4）个人史：评估病人的家庭情况，如婚姻状况、子女情况、居住地、职业及工作环境等。如冠心病及原发性高血压多见于脑力劳动者；风湿性心脏病在环境潮湿的居民中发病率明显增高。

【身体评估】

1. 一般状况

（1）生命体征：评估体温是否正常，如感染性心内膜炎病人常有体温升高；评估脉搏的频率、节律、强弱及两侧是否对称，如心房颤动时可出现脉搏短绌，心脏压塞时出现奇脉；评估呼吸的频率、节律及深度变化，如心力衰竭病人常出现呼吸困难的症状；评估血压情况，如高血压病人可出现不同程度的血压升高，主动脉瓣关闭不全病人脉压可增大。

　　（2）面容及表情：高血压急症或急性心肌梗死时病人常表情痛苦，二尖瓣狭窄病人可出现双颧发红的"二尖瓣面容"。

　　（3）体位：严重心力衰竭病人常取半卧位或端坐位。

　　（4）营养状态：评估是否存在超重或消瘦。

　　（5）有无杵状指/趾。

　　2. 心脏

　　（1）视诊：心前区有无隆起，心尖搏动位置和范围是否正常。正常成人心尖搏动位于第5肋间，左锁骨中线内侧0.5~1.0cm，搏动范围直径为2.0~2.5cm。

　　异常心尖搏动见于：① 左心室增大时，心尖搏动向左下移位；右心室增大时，心尖搏动向左移位；当全心增大时，心尖搏动向左下移位，伴心界向两侧扩大。② 一侧出现胸腔积液或气胸时，心尖搏动移向健侧；一侧肺不张或胸膜粘连时，心尖搏动移向患侧。③ 大量腹水或腹腔巨大肿块时，心尖搏动向上移位。

　　（2）触诊：进一步确定心尖搏动的位置；同时，可判断心尖或心前区的抬举性搏动。心尖区抬举性搏动指心尖区徐缓、有力的搏动，可使手指尖端抬起且持续至第二心音开始。胸骨左下缘收缩期抬举性搏动是右心室肥厚的可靠指征。另外，触诊可判断有无震颤和心包摩擦感，常见于某些先天性心脏病、心脏瓣膜狭窄或心包炎等。

　　（3）叩诊：评估心界大小及其形状。心脏浊音界包括相对及绝对浊音界，心脏左右缘被肺遮盖的部分，叩诊呈相对浊音，不被肺遮盖的部分叩诊呈绝对浊音。

　　（4）听诊：评估心率快慢，与脉搏是否一致；心律是否整齐，心音有无增强或减弱，有无奔马律及心包摩擦音，各瓣膜区有无病理性杂音。瓣膜听诊区及听诊顺序见图3-5。

　　3. 其他

　　（1）皮肤和黏膜：评估皮肤、黏膜的颜色、温度和湿度，有无发绀、结节和瘀点等，如在低心排血状态下皮肤可呈现苍白、潮湿，肢体末梢湿冷；诊断为右向左分流的先天性心脏病时可出现皮肤发绀；感染性心内膜时皮肤黏膜可出现瘀点、Osler结节。

　　（2）颈部：检查颈动脉搏动的性质和压力，正常人立位或坐位颈外静脉不显露，平卧时稍有充盈，但限于锁骨上缘距下颌角距离的下2/3处。卧位时如充盈度超过正常水平，或立位与坐位时可见明显静脉充盈，称为颈静脉怒张。

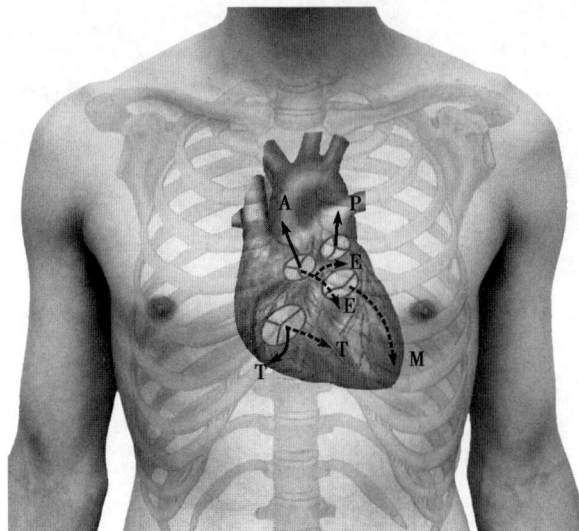

▲ 图3-5　心脏瓣膜听诊区及听诊顺序

M：二尖瓣区；A：主动脉瓣区；E：主动脉瓣第二听诊区（Erb区）；
P：肺动脉瓣区；T：三尖瓣区

（3）四肢：评估两上肢肱动脉的搏动是否一致，并与两侧股动脉搏动进行比较，评价有无栓塞的表现；评估有无杵状指/趾等。

（4）肺：评估有无肺静脉压力升高的表现，如肺部有无啰音及捻发音等。

（5）腹部：评估有无腹水征及肝颈静脉回流征。

【辅助检查】

1. 血液检查　如血常规、肝肾功能、脑钠肽、心肌坏死标志物、血气分析及血培养等。

2. 血流动力学检查　如中心静脉压、肺动脉压和心排血量测定等。

3. 心电图　包括常规心电图、动态心电图、运动心电图、食管心电图、起搏电生理及心率变异性分析等。下面着重介绍常用的几种。

（1）心电图（electrocardiogram，ECG）：心脏在每个心动周期中，由起搏点、心房、心室相继兴奋，伴随着生物电的变化，通过心电描记器从体表引出多种形式的电位变化的图形。心电图是心脏兴奋的发生、传播及恢复过程的客观指标，是诊断心律失常和急性心肌梗死的重要手段。检查时要求病人仰卧，双臂与躯干平行，平静呼吸，避免紧张，防止产生干扰波形而影响分析。

（2）动态心电图（ambulatory electrocardiogram，AECG）：指连续记录24小时或更长时间的心电图。常规心电图只能记录静息状态短暂数十次心动周期的波形，而动态心电图于24小时内可连续记录多达10万次的心电信号，可提高对非持续性异位心律，尤其是对一过性心律失常及短暂心肌缺血发作的检出率。

（3）运动心电图（exercise electrocardiography）：用于早期冠心病的诊断和心功能的评价。目前临床上常用的方式是平板运动，检查前向病人解释检查的目的及方法；嘱病人检查前3小时禁食、禁烟，衣着要适于运动；由于某些药物可影响运动时的心率和血压变化，应在医生的指导下决定是否停用药物；运动终止后应注意观察血压、心率和心电图变化至少10~15分钟，确保安全后方可离开。

4.动态血压监测（ambulatory blood pressure monitoring，ABPM） 采用特殊血压测量和记录装置，按设定的时间间隔测量并记录24小时血压，能够了解病人的平均血压、昼夜变化规律及血压波动情况等，对轻型高血压、假性高血压的检测具有重要意义，还可用于评价抗高血压药的降压效果。

5.影像学检查

（1）胸部X线：可显示心脏、大血管的外形。二尖瓣型心脏常见于二尖瓣狭窄，主动脉型心脏常见于高血压、主动脉瓣关闭不全，普遍增大型心脏常见于全心衰竭、心包积液。

（2）超声心动图：可用于了解心脏结构、心内或大血管内血流方向和速度、心脏瓣膜的形态和活动度、心室收缩和舒张功能、心房或心室内有无血栓等。

（3）心脏CT：能够观察心脏结构、心肌、心包和大血管病变。近年因其在评估冠状动脉粥样硬化时的价值，已成为筛选和诊断冠心病的重要手段。

（4）心脏磁共振成像（cardiac magnetic resonance imaging）：能够系统检查心脏结构、功能和血流动力学变化，对于心绞痛、心肌梗死、心肌病、二尖瓣和主动脉瓣的狭窄及关闭不全，甚至是心脏的肿瘤，均有重要的诊断价值。

（5）放射性核素：主要用于评价心肌缺血的范围和严重程度，了解冠状动脉血流和侧支循环情况，检测存活心肌等。

6.心导管检查和血管造影 详见本章第十节"循环系统疾病常用诊疗技术及护理"。

三、常见症状体征的评估与护理

【心源性呼吸困难】

心源性呼吸困难（cardiogenic dyspnea）：由于各种心血管疾病引起病人主观上自觉呼吸时空气不足、呼吸费力，客观上表现呼吸运动用力，严重时可出现张口呼吸、鼻翼扇动、端坐呼吸甚至发绀，并且可有呼吸频率、深度和节律的改变。主要是由于左心和/或右心衰竭引起，尤其是左心衰竭时呼吸困难更为严重。同时也可见于心脏压塞、肺栓塞及原发性肺动脉高压等。心源性呼吸困难表现为：① 劳力性呼吸困难，是左心衰竭最早出现的症状。在体力活动时发生或加重，休息后缓解或消失，随着病情的加重，轻微体力活动时即可出现。② 夜间阵发性呼吸困难，即病人在夜间入睡后因突然胸闷、气急而憋醒，被迫坐起，呼吸深快。轻者数分钟至数十分钟后症状逐渐缓解，重者可伴有咳嗽、咳白色泡沫痰、气喘等症状，称为心源性哮喘。③ 端坐呼吸，呼吸困难程度进一步加重后出现，病人表现为平卧时呼吸急促，被迫半卧位或坐位，见于严重左心衰竭时，主要由于坐位时重力作用使回心血量减少并使膈肌下降，可减轻肺淤血、缓解呼吸困难。

1.护理评估

（1）病史：评估病人呼吸困难发生的急缓、持续时间、特点、严重程度，是否有咳嗽、咳痰、乏力等伴随症状，痰液的性质、颜色和量，呼吸困难减轻的方法，出现呼吸困难后的睡眠状况，对日常生活和活动耐力的影响，是否有精神紧张、焦虑抑郁等负性情绪。

（2）身体评估：包括生命体征、意识、面容与表情、体位、皮肤黏膜有无发绀等。听诊双肺是否可闻及湿啰音或哮鸣音。心脏有无增大，心率、心律、心音的改变，有无奔马律。

（3）辅助检查：评估血氧饱和度、血气分析结果，判断缺氧程度及酸碱平衡状况。胸部X线检查有助于判断肺淤血、肺部感染的严重程度，有无胸腔积液或心包积液等。

2. 常用护理诊断/问题

（1）气体交换受损　与肺淤血、肺水肿或伴肺部感染有关。

（2）活动无耐力　与机体缺血、缺氧有关。

3. 护理目标

（1）病人呼吸困难减轻或消失。

（2）活动耐力增加，活动时心率、血压正常，无明显不适。

4. 护理措施及依据

（1）气体交换受损　与肺淤血、肺水肿或伴肺部感染有关。

1）休息与体位：劳力性呼吸困难者，应减少活动量，以不引起症状为宜。根据病人呼吸困难程度采取适宜体位，出现夜间阵发性呼吸困难时，应协助病人坐起。严重呼吸困难时，取端坐位，必要时双腿下垂，可用软枕支托肩、臂、骶、膝等部位，避免受压或下滑，确保体位的舒适与安全。同时，加强生活护理，保持病室安静、整洁，适当开窗通风，每次15~30分钟。

2）吸氧：对低氧血症者，应及时纠正缺氧以缓解呼吸困难，减少缺氧对器官功能的损害。氧疗方法包括鼻导管吸氧、面罩吸氧和无创正压通气吸氧等。急性肺水肿病人的氧疗详见本章第二节中"急性心力衰竭"的治疗与护理。

3）输液护理：严格控制输液量和速度，防止加重心脏负荷，诱发急性肺水肿。根据病人容量负荷情况及每天的出量决定入量，保持液体负平衡状态直至恢复正常。

4）病情监测：密切观察呼吸困难有无改善，听诊肺部湿啰音是否减少，监测血氧饱和度、血气分析结果是否正常等。

5）心理护理：呼吸困难病人常因影响日常生活及睡眠而心情烦躁、痛苦。应稳定病人情绪，帮助其树立战胜疾病的信心。

（2）活动无耐力　与机体缺血、缺氧有关。

1）评估活动耐力：评估病人的心功能，了解既往的活动类型、强度、持续时间和频率，为制定适宜的活动计划提供基础。

2）制定活动目标和计划：与病人及家属一起制定活动计划，确定具体的活动量和持续时间。当病人活动耐力增加时给予肯定和鼓励，增强其信心。

3）活动过程中的监测：观察病人在活动过程中的反应，若出现明显心前区不适、呼吸困难、头晕、面色苍白等，应停止活动，就地休息，并及时通知医生。

4）协助和指导病人生活自理：卧床期间加强生活护理，做好饮食、皮肤与口腔护理，进行床上主动或被动肢体活动，以保持肌张力，预防静脉血栓形成。病情允许活动时，鼓励病人尽可能生活自理。

5）出院指导：根据病情及居家生活条件（如居住的楼层、卫生设备条件以及家庭支持能力等）进行有针对性的活动指导。

5. 护理评价

（1）病人呼吸困难减轻或消失，肺部无啰音，血氧饱和度及血气分析结果恢复正常。

（2）活动耐力增加，能根据自身耐受能力，完成活动计划，活动时无明显不适。

【心源性水肿】

心源性水肿（cardiac edema）是由于心脏功能障碍引起的水肿。心源性水肿最常出现于右心衰竭，其发生机制主要是有效循环血量不足导致肾血流量减少，肾小球滤过率降低，水钠潴留；体静脉压增高，毛细血管静水压增高，组织液回吸收减少；淤血性肝硬化导致蛋白质合成减少、胃肠道淤血导致食欲下降及消化吸收功能下降，继发低白蛋白血症，血浆胶体渗透压下降。心源性水肿的特点是水肿最先出现在身体最低垂的部位，呈凹陷性水肿，平卧位时常出现在骶尾部。

1. 护理评估

（1）病史：评估水肿出现的部位、持续时间、特点、程度，水肿与饮食、体位及活动的关系；评估导致水肿的原因，饮水量、摄盐量和尿量等；病人目前所用药物的名称、剂量、时间、方法及疗效；病人对水肿的认知及心理状态。

（2）身体评估：评估生命体征、体重、颈静脉充盈程度；检查水肿的部位、范围、程度，压之是否凹陷，水肿部位皮肤是否完整。同时评估是否伴有胸腔积液征和腹水征等。

（3）辅助检查：有无低蛋白血症及电解质紊乱等。

2. 常用护理诊断/问题

（1）体液过多　与水钠潴留、低蛋白血症有关。

（2）有皮肤完整性受损的危险　与水肿所致组织细胞营养不良、局部长时间受压有关。

3. 护理目标

（1）病人知晓并进行低盐饮食，水肿减轻或消失。

（2）皮肤完整，无破损。

4. 护理措施及依据

（1）体液过多　与水钠潴留、低蛋白血症有关。

1）休息与体位：轻度水肿者应限制活动，重度水肿者应卧床休息，伴胸腔积液或腹水者宜采取半卧位。

2）饮食护理：限制钠盐摄入，每天食盐摄入量在5g以下。告诉病人及家属低盐饮食的重要性以提高其依从性。限制含钠量高的食品，如腌制或熏制品、罐头、海产品、番茄酱、啤酒、碳酸饮料等。烹调时可适当使用一些调味品如醋、葱、蒜等。

3）用药护理：使用利尿剂的护理，见本章第二节"心力衰竭"病人的护理。

4）病情监测：准确记录24小时液体出入量，若病人尿量<30ml/h，应报告医生。每天测量

体重，有腹水者应每天测量腹围。此外，应注意病人颈静脉充盈程度、肝脏大小、水肿消退情况等，以判断病情进展及疗效。

（2）有皮肤完整性受损的危险　与水肿所致组织细胞营养不良、局部长时间受压有关。

1）保护皮肤：保持床单位整洁、柔软、平整、干燥，严重水肿者可使用气垫床。定时协助或指导病人变换体位，使用便盆时动作轻巧，勿强行推、拉，防止擦伤皮肤。嘱病人穿柔软、宽松的衣服。用热水袋保暖时，水温不宜过高，防止烫伤。注意定时翻身，防止压疮发生。

2）观察皮肤情况：密切观察水肿部位、肛周及受压处皮肤有无发红、起水疱或破溃等。

5. 护理评价

（1）病人水肿减轻或消失。

（2）皮肤无破损，未发生压疮。

【胸痛】

多种循环系统疾病可导致胸痛。胸痛的程度因个体痛阈的差异而不同，与疾病严重程度不完全一致。常见疾病的胸痛特点见表3-1。近年来为降低急性胸痛病人的死亡率，改善其临床预后，国内已开始进行胸痛中心建设，即通过建立有效的区域救治网络，联合院前急救医疗系统、急诊科、心内科、影像科等多学科，优化资源利用，最大程度对急性胸痛病人进行早期诊断、危险分层及分类治疗。

▼ 表3-1　常见疾病的胸痛特点

疾病名称	胸痛特点
心绞痛	多位于胸骨后，呈压榨样痛，发作时间短暂（持续1~5分钟），可在劳力或精神紧张时诱发，休息或含服硝酸甘油后多可缓解
心肌梗死	疼痛剧烈并有恐惧、濒死感，持续时间较长（数小时或更长）且不易缓解，含服硝酸甘油无效，常伴有面色苍白、大汗、血压下降或休克
梗阻性肥厚型心肌病	含服硝酸甘油无效，甚至加重
急性主动脉夹层	突然出现胸背部撕裂样剧痛或烧灼痛，伴有面色苍白、大汗、血压下降或休克等
急性心包炎	疼痛因呼吸或咳嗽加剧，呈锐痛，持续时间较长

1. 护理评估

（1）病史：评估疼痛的部位、程度、性质、诱因、持续时间、缓解方式和伴随症状；病人对疼痛的感受、心理状态以及服用药物情况等。

（2）身体评估：评估病人的神志、面色、生命体征、末梢循环和下肢水肿情况等。

（3）辅助检查：有无心电图ST段的抬高或压低，是否出现严重心律失常，血氧饱和度是否降低；血液检查中心肌坏死标志物和D-二聚体水平；超声心动图或CT结果有无异常等。

2. 常用护理诊断/问题

（1）疼痛：胸痛　与各种伤害性刺激作用于机体引起的不适有关。

（2）恐惧　与剧烈疼痛有关。

3. 护理目标

（1）病人胸痛症状减轻或消失。

（2）恐惧感减轻或消失。

4. 护理措施及依据

（1）疼痛：胸痛　与各种伤害性刺激作用于机体引起的不适有关。

1）休息：根据胸痛的严重程度以及诱发疼痛的原因，给予相应的休息与活动指导。

2）饮食护理：给予低热量、低盐、清淡易消化饮食，少量多餐，不宜过饱。由急性心肌梗死引发的胸痛，病人的饮食方式参照本章第六节"冠状动脉粥样硬化性心脏病"中的护理措施。

3）吸氧：伴呼吸困难或发绀等缺氧症状时，及时给予氧气吸入。

4）心电监护：严密监测心率、心律的变化；出现严重心律失常或ST段明显改变时，参照本章第三节"心律失常"和第六节"冠状动脉粥样硬化性心脏病"中的护理措施。

5）病情观察：注意病人疼痛部位、性质、严重程度、持续时间、缓解因素和疼痛程度不同时的伴随症状，遵医嘱使用止痛药。

（2）恐惧　与剧烈疼痛有关。

1）提供舒适、安静的病房环境，限制探视，避免不良刺激，必要时镇静。

2）给予疾病知识讲解，提升病人对疾病的认知；鼓励家属提供良好的家庭支持，增进病人的自信心。

5. 护理评价

（1）病人胸痛的症状减轻或消失。

（2）恐惧感消失，能积极配合治疗。

【心悸】

心悸（palpitation）是一种自觉心脏跳动的不适感。引起心悸的病因主要有：① 心律失常，如心动过速、期前收缩、心房扑动或颤动；② 生理性因素，如健康人剧烈运动、精神紧张或情绪激动、过量饮酒、饮浓茶或咖啡等；③ 应用某些药物，如肾上腺素、阿托品、氨茶碱等可引起心肌收缩力增强、心率加快而致心悸；④ 心血管神经症。

【心源性晕厥】

心源性晕厥（cardiogenic syncope）是由于心排血量骤减、中断或严重低血压而引起脑供血突然减少或终止而出现的短暂意识丧失，常伴有肌张力丧失而不能维持一定的体位。近乎晕厥指一过性黑矇，肌张力降低或丧失，但不伴意识丧失。心脏供血暂停3秒以上可发生近乎晕厥，5秒以上可发生晕厥，超过10秒则可出现抽搐，称阿-斯综合征（Adams-Stokes syndrome）。常见病因有严重心律失常（如病态窦房结综合征、三度房室传导阻滞、室性心动过速）和器质性心脏病（如急性心肌梗死、主动脉夹层、心脏压塞等）。晕厥发作时先兆症状常不明显，持续时间很短。大多数晕厥病人预后良好，反复发作的晕厥提示病情严重，应加以重视。心源性晕厥的护理见本章第三节"心律失常"病人的护理。

（赵振娟）

第二节　心力衰竭

案例导入

病人，女，58岁，农民，以"活动后气短3年，加重1周"为主诉入院。

病史评估： 3年前出现活动后胸闷、气急，偶尔睡眠中憋醒，坐起后症状自行缓解，未进行治疗。此后症状反复发作，1周前感冒后胸闷、气急症状明显加重，轻微活动即有呼吸困难，伴双下肢肿胀。

身体评估： T 36.3℃，P 100次/min，R 20次/min，BP 110/70mmHg；双肺可闻及干、湿啰音；心尖搏动位于第6肋间左锁骨中线外1cm，心界扩大；肝大，肋下可及2cm；双下肢水肿。

辅助检查： 尿常规与血常规大致正常，血清钠140mmol/L，尿素氮7.0mmol/L，肌酐103μmol/L。胸部X线示心脏扩大。超声心动图示左房和左室扩大，EF值26%。

初步诊断： 心力衰竭。

请思考： 哪些因素可以诱发心力衰竭？请评判性思考该病人病情的进展过程？可以给病人提供哪些最新的用药方案？护理人员进行病情监测和护理观察的要点有哪些？一旦病人出现急性肺水肿症状，如何有效配合医生实施抢救？

心力衰竭（heart failure，HF），简称心衰，是各种心脏结构或功能性疾病导致心室充盈和/或射血功能受损，心排血量不能满足机体组织代谢需要，以肺循环和/或体循环淤血、器官组织血液灌注不足为临床表现的一组综合征，主要表现为呼吸困难、体力活动受限和体液潴留。心力衰竭为各种心血管疾病的终末阶段，是当今最重要的心血管病之一。最新中国心力衰竭医疗质量控制报告显示，目前心力衰竭病人平均年龄为（67±14）岁，男性占60.8%，心力衰竭病人中瓣膜病所占比例逐年下降，而高血压和冠心病成为中国心力衰竭病人的主要病因。

【心力衰竭的分类】

1. 按左室射血分数（left ventricular ejection fraction，LVEF）分类　包括射血分数保留的心力衰竭（heart failure with preserved ejection fraction，HFpEF），LVEF≥50%；射血分数中间值的心力衰竭（heart failure with mid-range ejection fraction，HFmrEF），LVEF为41%~49%；射血分数降低的心力衰竭（heart failure with reduced ejection fraction，HFrEF），LVEF≤40%。

2. 按心力衰竭发生的部位分类　可分为左心衰竭、右心衰竭和全心衰竭。左心衰竭指左心室代偿功能不全而发生的心力衰竭，临床上较为常见，主要特征是肺循环淤血。右心衰竭主要见于肺源性心脏病及某些先天性心脏病，主要特征是体循环淤血。左心衰竭导致肺动脉压力增高，使右心负荷加重，长时间可致右心衰竭，即为全心衰竭。

3. 按心力衰竭发生的缓急分类　可分为急性心力衰竭和慢性心力衰竭。急性心力衰竭指急性严重心肌损害或突然的负荷加重，使心功能正常或处于代偿期的心脏在短时间内发生衰竭或使慢性心力衰竭急剧恶化。临床上以急性左心衰竭常见，表现为急性肺水肿或心源性休克。慢性心力衰竭发展过程缓慢。

一、慢性心力衰竭

慢性心力衰竭（chronic heart failure）的发病率随年龄的增长而增高，年龄<55岁时发病率约为1%，而75岁以上人群可>10%。此外，由于人口的老龄化，预计在未来20年内，慢性心力衰竭的患病率将达25%。

【病因及诱因】

1. 基本病因

（1）心肌损害：原发性心肌损害包括缺血性心肌损害（如冠心病）、心肌炎和心肌病；继发性心肌损害包括内分泌代谢性疾病（如糖尿病、甲状腺疾病）、心肌淀粉样变性、结缔组织病和心脏毒性药物等并发的心肌损害。

（2）心脏负荷过重

1）压力负荷（后负荷）过重：见于高血压、主动脉瓣狭窄、肥厚型心肌病、肺动脉高压、肺动脉瓣狭窄等。

2）容量负荷（前负荷）过重：见于心脏瓣膜关闭不全、先天性心脏病引起的血液分流等，以及伴有全身循环血量增多的疾病，如慢性贫血、甲状腺功能亢进症等。

2. 诱因　心力衰竭的发生大部分是有诱发因素的，常见诱因有：

（1）感染：是心力衰竭最常见的诱因之一，以呼吸道感染最为常见。

（2）心律失常：心房颤动是诱发心力衰竭的重要因素之一；其他，如快速型心律失常以及严重的缓慢型心律失常亦可诱发心力衰竭。

（3）血容量增加：如静脉输液或输血过多、过快等。

（4）过度劳累或情绪激动：主要是由于过度劳累或情绪激动可引起交感神经兴奋而使心率增快，心脏负荷加重，从而诱发心力衰竭。

（5）治疗不当：如过量使用抗心律失常药、洋地黄类药物可引起严重心律失常和心力衰竭等。

（6）并发其他疾病：如甲状腺功能亢进症、贫血、肿瘤等。

（7）麻醉与手术。

【病理生理】

心力衰竭发生时的病理生理机制十分复杂，当基础心脏病损及心功能时，机体首先发生多种代偿机制，使心功能在一定的时间内维持在相对正常的水平。当代偿失效而出现心力衰竭时病理生理变化则更为复杂。

1. 代偿机制　当心肌收缩力减弱时，为了保证正常的心排血量，机体通过以下的机制进行代偿。

（1）Frank-Starling机制：即增加心脏的前负荷，使回心血量增多，心室舒张末期容积增加，从而增加心排血量并提高心脏做功量。心室舒张末期容积增加，意味着心室扩张，舒张末压力也增高，相应的心房压、静脉压也随之升高。当左心室舒张末压>18mmHg时，出现肺充血的症状和体征；若心脏指数<2.2L/（min·m^2）时，出现低心排血量的症状和体征。

（2）心肌肥厚：心脏长期的压力负荷增高，导致心肌纤维增多，心肌肥厚，心肌收缩力增强，从而克服压力负荷阻力，使心排血量在相当长时间内维持正常，病人可无心力衰竭症状。

（3）神经体液的代偿机制

1）交感神经兴奋性增强：心力衰竭病人血液中去甲肾上腺素水平升高，作用于心肌β_1肾上腺素能受体，增强心肌收缩力并提高心率，以提高心排血量。但同时由于周围血管收缩，心脏压力负荷增加，心率加快，可使心肌耗氧量增加。

2）肾素–血管紧张素–醛固酮系统（RAAS）激活：心排血量降低导致肾血流量减低，RAAS被激活；一方面使心肌收缩力增强，周围血管收缩维持血压，调节血液的再分配，保证心、脑等重要脏器的血液供应；另一方面促进醛固酮分泌，水、钠潴留，增加体液量及心脏容量负荷，从而对心力衰竭起到代偿作用。

2. 体液因子的改变　近年来发现一些新的肽类细胞因子参与心力衰竭的发生与发展过程。重要的有：

（1）利钠肽类：包括心钠肽（atrial natriuretic peptide，ANP）、脑钠肽（brain natriuretic peptide，BNP）和C型利尿钠肽（C-type natriuretic peptide，CNP）。ANP主要储存于心房，当心房压力增高，房壁受牵引时，ANP分泌增加，从而显示扩张血管、排钠、对抗肾上腺素、肾素–血管紧张素等的水、钠潴留效应的作用。BNP主要储存于心室肌内，BNP的生理作用与ANP相似。CNP主要位于血管系统内，生理作用尚不明确。心力衰竭时BNP和ANP的分泌增加，血浆中ANP及BNP水平升高，其增高的程度与心力衰竭的严重程度呈正相关。因此，血浆ANP及BNP水平可作为评定心力衰竭的进程和判断预后的指标。

（2）精氨酸加压素（arginine vasopressin，AVP）：由垂体分泌，具有抗利尿和收缩周围血管作用，能维持血浆渗透压。心力衰竭时血浆AVP水平升高，引起全身血管收缩，水钠潴留。心力衰竭早期，AVP的效应有一定的代偿作用，而长期的AVP增加将使心力衰竭进一步恶化。

（3）内皮素（endothelin，ET）：是由血管内皮细胞释放的强效血管收缩肽。心力衰竭时，血浆ET水平升高。ET还可导致细胞肥大增生，参与心脏重塑过程。

3. 心肌损害与心室重塑　原发性心肌损害和心脏负荷过重使心功能受损，导致心室扩大或心室肥厚等各种代偿性变化。在心室扩大、心室肥厚的过程中，心肌细胞、胞外基质、胶原纤维网等均有相应变化，即心室重塑过程。目前研究表明，心力衰竭发生发展的基本机制是心室重塑。心力衰竭时心肌细胞减少使心肌整体收缩力下降；纤维化的增加又使心室的顺应性降低，重塑更趋明显，心肌收缩力不能发挥其应有的射血功能，如此形成恶性循环，终至不可逆转的终末阶段。

【心力衰竭的分期与分级】

1. 心力衰竭的分期　美国心力衰竭学会、欧洲心脏病学会心力衰竭协会、日本心力衰竭学会共同撰写的《心力衰竭的通用定义和分类》将心力衰竭分为四期。

（1）A期（心力衰竭风险期）：病人存在心力衰竭高危因素，有心力衰竭风险，但目前尚无心脏结构或功能异常，也无心力衰竭的症状和/或体征。

（2）B期（心力衰竭前期）：病人无心力衰竭的症状和/或体征，但已发展为结构性心脏病（如左心室肥厚）、心功能异常或利钠肽水平升高。

（3）C期（心力衰竭期）：病人已有基础结构性心脏病，既往或目前有心力衰竭的症状和/或体征。

（4）D期（晚期心力衰竭）：需要特殊干预（如心脏移植或机械循环支持等）的难治性心力衰竭。

2. 心功能分级 心力衰竭的严重程度常采用1928年美国纽约心脏病协会（NYHA）提出的心功能分级方法，见表3-2。

▼ 表3-2 心功能分级

心功能分级	临床表现
I级	患有心脏病，但日常活动量不受限制，一般活动不引起疲乏、心悸、呼吸困难等心力衰竭症状
II级	体力活动受到轻度的限制，休息时无自觉症状，但平时一般活动可出现上述症状，休息后很快缓解
III级	体力活动明显受限，休息时无症状，低于平时一般活动量即可引起上述症状，休息较长时间后症状方可缓解
IV级	不能从事任何体力活动，休息时亦有心力衰竭的症状，体力活动后加重。如无须静脉给药，可在室内或床边活动者为IVa级，不能下床并需静脉给药者为IVb级

3. 六分钟步行试验 此试验简单易行、安全方便，可用以评定慢性心力衰竭病人的运动耐力。嘱病人在平直走廊里尽可能快地行走，测定其6分钟的步行距离，若<150m为重度心力衰竭，150~450m为中度心力衰竭，>450m为轻度心力衰竭。

【临床表现】

1. 左心衰竭 以肺循环淤血和心排血量降低为主要表现。

（1）症状

1）呼吸困难：不同程度的呼吸困难是左心衰竭最主要的症状，主要由急性或慢性肺淤血所引起。表现为呼吸困难呈进行性加重，由劳力性呼吸困难，发展至夜间阵发性呼吸困难和端坐呼吸。严重时可发展成肺水肿，甚至休克。

2）疲倦、乏力及心悸：主要是由于心排血量降低，器官、组织血液灌注不足及代偿性心率加快所致。

3）咳嗽、咳痰、咯血：开始常于夜间发生，坐位或立位时咳嗽可减轻，白色浆液性泡沫状痰为其特点；长期肺淤血使肺静脉压力升高，导致肺循环和支气管血液循环之间形成侧支，血管一旦破裂可引起咯血。

4）少尿及肾功能损害症状：严重左心衰竭病人的血液进行再分配时，首先是肾血流量明显减少，可出现少尿。长期慢性肾血流量减少可出现血尿素氮、肌酐升高，并可有肾功能不全的相应症状。

（2）体征：对左心衰竭病人进行体格检查时，除基础心脏病的固有体征外，常可见：① 肺部湿啰音，随病情的加重，肺部啰音可从局限于肺底部发展至全肺；② 心率增快，一般均有心脏扩大，心尖区可闻及舒张期奔马律，肺动脉瓣区第二心音亢进。

2. 右心衰竭　以体循环淤血为主要表现。

（1）症状

1）消化道症状：胃肠道及肝脏淤血引起腹胀、恶心、呕吐等，是右心衰竭最常见的症状。

2）劳力性呼吸困难：继发于左心衰竭的右心衰竭可出现呼吸困难。单纯性右心衰竭多由分流性先天性心脏病或肺部疾病所致，也有明显的呼吸困难。

（2）体征：对右心衰竭病人进行体格检查时，除基础心脏病的固有体征外，常可见：① 水肿。主要是由于水钠潴留和静脉淤血导致毛细血管压力增高。由于下垂部位的流体压力较高，水肿首先出现于身体最低垂的部位，并呈对称性和凹陷性。② 肝脏肿大、压痛，晚期可出现黄疸、肝功能受损及大量腹水。③ 颈静脉充盈、怒张，肝颈静脉回流征阳性。④ 三尖瓣关闭不全的反流性杂音。

3. 全心衰竭　病人可同时存在左、右心衰竭的症状与体征，或以左心衰竭或右心衰竭的症状与体征为主。右心衰竭继发于左心衰竭而形成全心衰竭，右心衰竭出现时，右心排血量减少，夜间阵发性呼吸困难等肺淤血的表现反而减轻。

【辅助检查】

1. 血液检查　① 利钠肽：临床常用BNP及氨基末端脑钠肽前体（NT-proBNP），可用于评估慢性心力衰竭的严重程度和预后，未经治疗的病人若BNP或NT-proBNP水平正常可基本排除心力衰竭诊断，若已接受规范治疗，而BNP或NT-proBNP水平仍高者则提示预后差；② 肌钙蛋白：主要用以明确是否存在急性冠脉综合征；③ 其他常规检查：包括血常规、肝肾功能、血糖、血脂和电解质等。

2. 尿液检查　由于心力衰竭病人的肾功能受损，检查其尿常规时，可发现蛋白尿和颗粒管型；若病人无原发性肾病时，尿比重增高。

3. 胸部X线　确诊左心衰竭肺水肿的主要依据，主要是有无Kerley-B线出现，即肺小叶间隔内积液导致肺野外侧出现清晰可见的水平线状影。

4. 超声心动图　① 从心力衰竭病人超声心动图中，可以准确分析各心腔大小变化及心瓣膜结构及功能情况。② 查看病人LVEF值，若LVEF≤40%，则提示其发生HFrEF。③ 查看病人的E/A值（心动周期中舒张早期心室充盈速度最大值为E峰，舒张晚期心室充盈最大值为A峰）。正常人E/A值不应小于1.2，如E峰下降，A峰增高，E/A比值降低，则提示病人出现舒张功能不全。

5. 放射性核素检查　有助于判断心室腔大小、心脏收缩及舒张功能。

6. 心脏磁共振成像　可评价左右心室容积、心功能、室壁运动、心肌厚度等。

7. 有创性血流动力学检查　若病人是急性重症心力衰竭，必要时采用漂浮导管在床边进行有创性血流动力学检查。

8. 心肺运动试验　仅适用于慢性稳定性心力衰竭病人，即在运动状态下测定病人对运动的耐受量，以评价病人心脏的功能状态。需注意此试验中的两个数据：① 最大耗氧量，应大于20ml/（min·kg），16~20ml/（min·kg）表示心功能轻至中度损害，10~15ml/（min·kg）表示心功能中至重度损害，小于10ml/（min·kg）表示心功能极重度损害；② 无氧阈值，即呼气中二氧化碳的增长超过了氧耗量的增长，标志着无氧代谢的出现，此值越低说明心功能越差。

【治疗要点】

1. 病因治疗

（1）基本病因治疗：评估所有可能导致心功能受损的常见疾病，如高血压、冠心病、糖尿病等，遵医嘱早期应用药物进行有效的治疗；对于需介入及手术治疗的疾病（如冠心病、心脏瓣膜病以及先天性心脏病等），均应配合医生早期进行干预。

（2）控制或消除诱因：通过询问病史，找出诱发病人出现心力衰竭的因素，并进行处理，如呼吸道感染，应遵医嘱给予适当的抗菌药物治疗；对于出现心律失常，特别是心房颤动的病人，应积极配合医生纠正心律失常。

2. 药物治疗　是大多数慢性心力衰竭病人最重要的治疗手段，对于射血分数降低的心力衰竭病人，目前治疗方案由"金三角方案"改为"新四联标准治疗方案"，即在血管紧张素转化酶抑制剂（angiotensin converting enzyme inhibitor，ACEI）或血管紧张素受体脑啡肽酶抑制剂（angiotensin receptor neprilysin inhibitor，ARNI）、醛固酮受体拮抗剂和β受体阻滞剂的基础上，加用钠-葡萄糖共转运蛋白2（sodium-glucose co-transporters 2，SGLT2）抑制剂。常用的药物种类、作用机制及不良反应详见表3-3。

▼ 表3-3　常用药物种类、作用机制及不良反应

类型	作用机制	代表药	不良反应
利尿剂	抑制肾小管对钠的重吸收，增加水、钠的排出；降低肺动脉阻力和肺毛细血管楔压，扩张静脉血管，降低前负荷，减轻体循环和肺循环的淤血	① 噻嗪类（氢氯噻嗪） ② 袢利尿剂（呋塞米） ③ 保钾利尿剂（螺内酯、氨苯蝶啶）	① 低血钾；胃部不适、呕吐、腹泻；高血糖和高尿酸血症等 ② 低钠、低钾、低氯性碱中毒；口渴、乏力、肌肉酸痛和心律失常等 ③ 嗜睡、运动失调、男性乳房发育、面部多毛、胃肠道反应和皮疹等
血管紧张素转化酶抑制剂（ACEI）	抑制血管紧张素Ⅰ转化为血管紧张素Ⅱ；抑制缓激肽降解；增加前列环素水平，扩张血管、减轻心脏前后负荷；抑制肾素-血管紧张素系统和交感神经系统，改善和延缓心室重塑	卡托普利、贝那普利、培哚普利、依那普利	低血压、干咳、皮疹、肾功能衰竭、高血钾和中性粒细胞减少等
血管紧张素Ⅱ受体阻滞剂（ARB）	阻断血管紧张素Ⅱ受体，抑制肾素-血管紧张素系统和交感神经系统	氯沙坦、缬沙坦	血钾升高，血管性神经水肿（罕见）等
血管紧张素受体脑啡肽酶抑制剂（ARNI）	抑制血管收缩，改善心肌重构	沙库巴曲缬沙坦	血管水肿，认知功能损害等
β受体阻滞剂	减慢心率、降低心肌耗氧，减少心律失常的发生，减轻儿茶酚胺对心肌细胞的毒性	美托洛尔、比索洛尔	心动过缓、支气管痉挛、肢体发凉、性功能障碍和头晕等

类型	作用机制	代表药	不良反应
洋地黄类药物	直接增强心肌收缩力，提高心排血量；兴奋迷走神经，对抗心力衰竭时交感神经兴奋的不利影响	毛花苷C（西地兰）	各类心律失常，胃肠道反应，如食欲下降、恶心、呕吐等；神经系统症状，如头痛、乏力、视物模糊、黄视或绿视等
钠-葡萄糖共转运蛋白2（SGLT2）抑制剂	通过抑制近端肾小管钠转运起到利尿作用，促进尿钠排出，改善利尿剂抵抗，同时还有降低动脉僵硬度、改善内皮功能、改善心肌代谢等作用	恩格列净、达格列净	泌尿生殖道感染，低血糖，脱水、低血容量或低血压，肿瘤风险等

3. 心脏再同步化治疗（cardiac resynchronization therapy，CRT） 可减少心力衰竭的住院率并明显降低死亡率。CRT的ⅠA类推荐指征包括：心力衰竭病人经过优化的药物治疗，仍表现为窦性心律，QRS宽度≥150ms，左束支传导阻滞形态，LVEF≤35%；有心室起搏指征的高度房室传导阻滞的HFrEF病人。

4. 植入型心律转复除颤器（implantable cardioverter defibrillator，ICD） 适用于：① 一级预防：缺血性心力衰竭病人（40天内未发作过心肌梗死），经过≥3个月的优化药物治疗后，仍有症状（NYHAⅡ~Ⅲ级），LVEF≤35%，且预期寿命1年以上；非缺血性心力衰竭病人，经过≥3个月的优化药物治疗，仍有症状（NYHAⅡ~Ⅲ级），LVEF≤35%，且预期寿命在1年以上。② 二级预防：如果病人发生过引起血流动力学不稳定的室性心律失常，同时无可逆性病因存在，发生时间不在心肌梗死后48小时内，且预期寿命在1年以上。

5. 左室辅助装置（left ventricular assistant device，LVAD） 适用于严重心脏事件后或准备行心脏移植术病人的短期过渡治疗和急性心力衰竭的辅助治疗。

6. 心脏移植 主要适用于无其他可选择治疗方法的重度心力衰竭病人，主要问题是移植排斥反应。

【常用护理诊断/问题及护理措施】

1. 气体交换受损 与左心衰竭致肺淤血有关。

（1）参见本章第一节概述中"心源性呼吸困难"的护理措施。

（2）用药护理：① 使用肾素-血管紧张素-醛固酮系统抑制剂时的护理：用药期间需严密监测血压，防止直立性低血压的出现，嘱病人从卧位、坐位起立时动作宜缓慢。若病人出现不能耐受的咳嗽或血管神经性水肿应停止用药。② 使用β受体阻滞剂时的护理：宜从小剂量开始，逐渐增加剂量，适量长期维持，注意病人心率低于50次/min时，应及时报告医生。

（3）心理护理：心力衰竭病人存在多种负性情绪，如呼吸困难所引发的紧张和恐惧；疾病的反复与进行性加重导致的自信心降低；经济负担的加重导致对治疗前景的担心等。护理人员应根据病人的具体情况，给予足够的关心和安慰，必要时遵医嘱给予镇静剂。

2. 体液过多 与右心衰竭致体循环淤血、水钠潴留、低蛋白血症有关。

（1）体位：注意病人体位的舒适和安全，避免压疮的发生。对于下肢水肿者，如无明显呼吸困难，可提高下肢，促进静脉回流，增加回心血量和肾血流量，促进水钠的排出。

（2）饮食护理：清淡为主，少食多餐；适当限制热量摄入，以减少心脏负担。为减轻症状应限制钠盐摄入，具体钠盐的摄入应根据心力衰竭的程度和利尿剂的使用情况而定，轻度心力衰竭的病人钠盐应控制在2.0~3.0g/d，中重度心力衰竭病人的钠盐应<2.0g/d。如果病人在应用排钠利尿剂，不应严格限制钠盐的摄入，以免导致低钠血症。

（3）控制液体入量：控制在1.5~2.0L/d，一般保持出入量负平衡约500ml。

（4）使用利尿剂时的护理：① 遵医嘱正确使用利尿剂，注意对药物不良反应的观察和预防，监测血钾、钠、氯等离子浓度，观察病人是否出现低钾血症（常表现为恶心、呕吐、乏力、腹胀、肌无力和肠鸣音减弱等）、低钠血症（可出现肌无力、口干、下肢痉挛等）、低钾低氯性碱中毒（可出现神志淡漠、呼吸浅慢等）。根据离子浓度告知病人适宜的饮食；② 合理安排给药时间，一般宜在早晨或日间服用利尿剂，以免夜间排尿过频而影响病人休息；③ 静脉用呋塞米时要先稀释后再缓慢注入；④ 严格记录出入量、体重和水肿变化。

3. 活动无耐力 与心排血量下降有关。

（1）休息与运动：① 告知病人应限制体力和脑力活动，注意休息。在医生的指导下进行活动，切不可运动过量。② 在病情恢复期，鼓励病人进行主动运动，根据病情轻重不同，进行适量有氧运动（如散步等）。③ 根据心功能分级安排活动量。心功能Ⅰ级：不限制一般体力活动，可适当参加体育锻炼，但应避免剧烈运动。心功能Ⅱ级：适当限制体力活动，增加午睡时间，不影响轻体力劳动或家务劳动。心功能Ⅲ级：严格限制一般体力活动，以卧床休息为主，同时应鼓励病人日常生活自理。心功能Ⅳ级：Ⅳa级的病人可下床站立或在室内缓步行走，在协助下生活自理，以不引起症状加重为度；Ⅳb级绝对卧床休息，日常生活由他人照顾。

（2）活动过程中监测：若活动中病人出现呼吸困难、胸痛、心悸、头晕、乏力、大汗、面色苍白、低血压等情况时应停止活动。若经休息后症状仍持续不缓解，应及时通知医生。

4. 潜在并发症：洋地黄中毒。

（1）预防洋地黄类药物中毒：① 洋地黄类药物的治疗剂量与中毒剂量有一定程度的关系，同一剂量的药物，某些病人无中毒症状，而有些病人可发生严重中毒。除与个体差异有关外，还受一些因素影响，如年龄、心肌缺血缺氧、重度心力衰竭、电解质紊乱、肾功能减退等，应严密观察病人用药后反应。② 与奎尼丁、胺碘酮、维拉帕米、阿司匹林等药物合用，可增加中毒机会，给药前应询问有无上述药物及洋地黄类用药史。③ 严格遵医嘱用药，用毛花苷C或毒毛花苷K时务必稀释后缓慢（10~15分钟）静注，并同时监测心率、心律及心电图变化。

（2）用药观察：用药前应密切观察病人病情，注意心律、心率、脉搏、尿量及辅助检查结果，识别易导致洋地黄类药物中毒的因素。成人心率低于60次/min应暂停用药。用药后，观察心力衰竭症状、体征改善情况，注意用药后是否出现中毒表现。教会病人进行自我监测，记录脉搏、尿量及体重变化，出现异常及时报告医护人员。告知病人严格遵医嘱服药，避免漏服或因漏服而加服药物的情况。

（3）观察洋地黄类药物中毒表现：① 心脏毒性，表现为各类心律失常，如室性期前收缩、室性心动过速、房室传导阻滞及心房颤动等，其中室性期前收缩最常见，多呈二联律或三联律；② 胃肠道反应，如食欲下降、恶心、呕吐等；③ 神经系统症状，如头痛、乏力、视物模糊、黄视或绿视等。

（4）洋地黄类药物中毒的处理：① 立即停用洋地黄类药物。② 低血钾者可口服或静脉补钾，停用排钾利尿剂。③ 治疗心律失常：快速性心律失常可用利多卡因或苯妥英钠，因易致心室颤动一般禁用电复律；有传导阻滞及缓慢性心律失常者可用阿托品。

【健康指导】

1. 避免诱发因素 告知病人出院后常见诱因，如感冒、过度劳累、情绪激动、用力排便等，应及时治疗和控制。讲解合理饮食的重要性，针对病人的实际情况安排适宜的饮食种类和烹饪方法，控制盐摄入量。保持大便畅通，养成定时排便习惯，必要时遵医嘱服用缓泻剂。育龄妇女应在医生指导下决定是否可以妊娠与自然分娩。

2. 掌握基本治疗药物需调整的时机 在遵医嘱用药的基础上，出现心力衰竭加重征兆、心率和血压不达标时，应考虑利尿剂、β受体阻滞剂、ACEI 和 ARB 的剂量可能需要调整，应及时就医。

3. 合理安排运动 根据病人的基础疾病、心功能和自理能力，指导病人选择适宜的运动，避免长期卧床。

4. 自我监测与管理 教会病人每天监测脉搏、血压、尿量、体重的变化。当出现心慌、咳嗽、呼吸困难、难以平卧、水肿、恶心、呕吐、尿量减少，3天之内体重增加2kg以上时，应立即就诊。

5. 随访

（1）一般随访：每1~2个月1次，内容包括了解病人日常生活和运动能力，容量负荷及体重变化，饮酒、膳食和钠摄入状况，以及药物应用的剂量、依从性和不良反应等；评估肺部啰音、水肿程度、心率和心律等。

（2）重点随访：每3~6个月1次，除一般随访中的内容外，应做心电图、生化检查、BNP/NT-proBNP检测，必要时做胸部X线和超声心动图检查。

二、急性心力衰竭

急性心力衰竭（acute heart failure）是指心力衰竭急性发作和/或加重的一种临床综合征，可表现为心脏急性病变导致的新发心力衰竭或慢性心力衰竭急性失代偿，已成为年龄＞65岁病人住院的主要原因，并且与高死亡率和再住院率有关。院内死亡率从4%到10%不等，出院后1年死亡率可达25%~30%，死亡或再入院率高达45%以上。

【病因及发病机制】

1. 病因 常见病因包括慢性心力衰竭急性加重；急性心肌坏死、损伤或伴并发症，如急性广泛前壁心肌梗死、乳头肌梗死断裂、室间隔破裂穿孔等；感染性心内膜炎引起的瓣膜穿孔、腱索断裂所致瓣膜性急性反流等。

2. 发病机制 心脏收缩力突然急剧减弱，或左室瓣膜急性反流，心排血量急剧减少，左室舒张末压迅速升高，肺静脉回流受阻，导致肺静脉压快速升高，肺毛细血管压随之升高使血管内液体渗入到肺间质和肺泡内，形成急性肺水肿。

【临床表现】

突发严重呼吸困难，呼吸频率达30~50次/min，端坐呼吸，面色灰白、发绀，大汗，皮肤湿冷。频频咳嗽，咳粉红色泡沫样痰，有窒息感而极度烦躁不安、恐惧。发病早期可有血压一过性升高，如不能及时纠正，血压可持续下降直至休克。听诊两肺布满湿啰音和哮鸣音，心尖部第一心音减弱，频率快，可闻及舒张期奔马律，肺动脉瓣第二心音亢进。

【治疗与护理】

1. 迅速开放静脉通道，给予必要的心电监护及血氧饱和度监测等。

2. 体位　① 急性肺水肿时，立即协助病人取坐位或半坐位，双腿下垂，减少静脉回心血流，减轻心脏负荷；② 出现持续性低血压，伴皮肤湿冷、苍白和发绀，尿量减少等低血容量表现时，应迅速采取平卧位或休克卧位，抬高头部及下肢，以增加回心血量。

3. 氧疗　适用于低氧血症和呼吸困难明显，尤其指端血氧饱和度<90%的病人。可采用不同方式：① 鼻导管吸氧，从低氧流量（1~2L/min）开始，根据动脉血气分析结果调整氧流量；② 面罩吸氧，适用于伴呼吸性碱中毒的病人。必要时采用无创性或气管插管呼吸机辅助通气治疗。

4. 遵医嘱用药

（1）吗啡：吗啡的镇静作用可减轻病人的烦躁不安，同时通过扩张外周小血管减轻心脏负荷。早期给予吗啡3~5mg静脉注射，必要时可重复一次。老年病人可酌情减量或改为皮下注射。用药后应严密观察是否出现呼吸抑制、低血压、恶心和呕吐等不良反应。伴明显和持续低血压、休克、意识障碍、COPD等疾病的病人禁用吗啡。

（2）快速利尿剂：如呋塞米20~40mg静脉注射，同时，注意利尿过度引起的低血钾等副作用。

（3）血管扩张剂：可选用硝普钠、硝酸甘油静脉滴注，有条件者用输液泵控制滴速，根据血压调整剂量，维持收缩压在90~100mmHg为宜。① 硝普钠：为动、静脉血管扩张剂，起始剂量0.3μg/（kg·min），酌情逐渐增加至5μg/（kg·min）；② 硝酸甘油：扩张小静脉，减少回心血量，一般从10mg/min开始使用。

（4）正性肌力药物：① 洋地黄制剂，尤其适用于快速心房颤动或已知有心脏增大伴左心室收缩功能不全的病人。可用毛花苷C稀释后静脉注射，首剂0.4~0.8mg，2小时后可酌情再给0.2~0.4mg。急性心肌梗死病人24小时内不宜用洋地黄类药物。② 非洋地黄类药物，如多巴胺、多巴酚丁胺、米力农等，适用于低心排血量综合征。

5. 机械辅助治疗　对极危重病人，可采用主动脉内球囊反搏术，详见本章第十节"循环系统疾病常用诊疗技术及护理"。

6. 病情监测　严密监测生命体征、血氧饱和度、血电解质、血气分析等。观察意识、精神状态、皮肤颜色、温度及肺部啰音的变化。

7. 出入量管理　无明显低血容量者，每天液体入量宜在1 500ml以内，不超过2 000ml。保持每天出入量负平衡约500ml，严重肺水肿者负平衡为1 000~2 000ml/d，甚至更多。如肺淤血、水肿明显消退，应逐步过渡到出入量大体平衡。

8. 心理护理 医护人员在抢救时必须保持镇静、操作熟练有序，使病人及家属产生信任与安全感，并提供情感支持。

9. 饮食护理 症状平稳后，给予清淡、易消化、低胆固醇、低钠、高蛋白、高维生素的半流食或软食，少量多餐，不可暴饮暴食，避免产气食物以免加重呼吸困难。根据利尿剂的治疗情况限制钠盐，应注意低钠、低钾症状的出现，饮水量要适当控制。

10. 做好基础护理 在病人抢救后进行口腔、皮肤、大小便护理，伴有水肿时应加强皮肤护理，以防感染的发生，并保证充足睡眠。

案例思考

临床情景中蕴含的反思点

23:00时，某住院病房，一病人家属奔跑至护士站大声呼喊，诉病人喘憋、咳嗽咳痰，护士立即通知值班医生，迅速推抢救车至床旁，发现病人呼吸急促，不能平卧，咳粉红色泡沫痰，立即协助病人端坐位，给予吸氧和除颤仪监护，并使用扩血管、利尿剂等药物。在抢救过程中，家属情绪高度紧张，护士给予恰当的解释，取得其配合。最终病人的病情得到有效控制。

由理论知识可知，急性心力衰竭发生时，准确地判断并根据病情严重程度给予有效的处置，才能为病人的救治赢得更多的时间。通过上述临床情景，需要思考：

1. 在面对急危重症病人时，医护人员如何做到沉着冷静，有序地施救？应做好哪些分工合作？

2. 如何高效地与病人和家属沟通？

3. 假若你作为实习护生，是上述情景中病人家属的第一呼救对象，你该怎么办？如何提高急救能力？

（赵振娟）

第三节　心律失常

案例导入

病人，男，68岁，以"发作性头晕伴黑矇3个月"为主诉入院。

病史评估： 3个月前无明显诱因出现发作性头晕、伴一过性黑矇，休息数分钟后可自行缓解，无胸闷、胸痛，无心悸、气促，无恶心、呕吐，无肢体感觉或活动障碍，未发生过晕厥。既往有冠状动脉粥样硬化性心脏病史2年。

身体评估： T 37℃，P 38次/min，R 18次/min，BP 105/60mmHg，神志清，胸部未闻及干湿啰音，听诊心率38次/min，心律齐。

辅助检查: 血尿常规、血生化检查大致正常; 心电图示三度房室传导阻滞。

初步诊断: 三度房室传导阻滞。

病人求治心切,担心疾病再次发作。

请思考: 三度房室传导阻滞的心电图有哪些特征? 该病人目前最大的危险是什么? 该如何进行病情观察? 病人担心疾病再次发作,应如何对病人做好心理护理?

心律失常(cardiac arrhythmia)是指心脏冲动的频率、节律、起源部位、传导速度与激动次序的异常,使心脏的活动规律发生紊乱。

【分类和发病机制】

1. **分类** 心律失常按其发生原理,分为冲动形成异常和冲动传导异常两大类。

(1)冲动形成异常

1)窦性心律失常:窦性心动过速;窦性心动过缓;窦性心律不齐;窦性停搏。

2)异位心律:① 被动型异位心律:逸搏与逸搏心律(房性、房室交界区性、室性)。② 主动型异位心律:期前收缩(房性、房室交界区性、室性);阵发性心动过速(房性、房室交界区性、室性);心房扑动、心房颤动;心室扑动、心室颤动。

(2)冲动传导异常

1)生理性、病理性干扰及房室分离。

2)窦房传导阻滞,房内传导阻滞,房室传导阻滞,室内传导阻滞。

3)房室间传导途径异常:预激综合征(左、右束支及左束支分支传导阻滞)。

此外,按照心律失常发生时心率的快慢,可将其分为快速性心律失常与缓慢性心律失常两大类。前者包括心动过速、扑动和颤动;后者包括窦性心动过缓、房室传导阻滞等。

2. **发病机制**

(1)冲动形成异常

1)异常自律性:自主神经系统兴奋性改变或心脏传导系统内在病变,均可导致原有正常自律性的细胞冲动发放异常。此外,原来无自律性的心肌细胞,如心房、心室肌细胞,亦可在病理状态下出现异常自律性。

2)触发活动:多见于局部出现儿茶酚胺浓度增高、心肌缺血再灌注、低血钾、高血钙及洋地黄中毒时,心房、心室与希氏束、浦肯野组织在动作电位后产生除极活动,被称为后除极。若后除极的振幅增高并抵达阈值,便可引起反复激动,亦可导致持续性快速性心律失常。

(2)冲动传导异常:折返是所有快速性心律失常最常见的发生机制,产生折返的基本条件如下(图3-6)。

1)心脏两个或多个部位的传导性与不应期各不相同,相互连接形成一个闭合环。

2)其中一条通道发生单向传导阻滞。

3)另一通道传导缓慢,使原先发生阻滞的通道有足够时间恢复兴奋性。

4）原先阻滞的通道再次激动，从而完成一次折返。

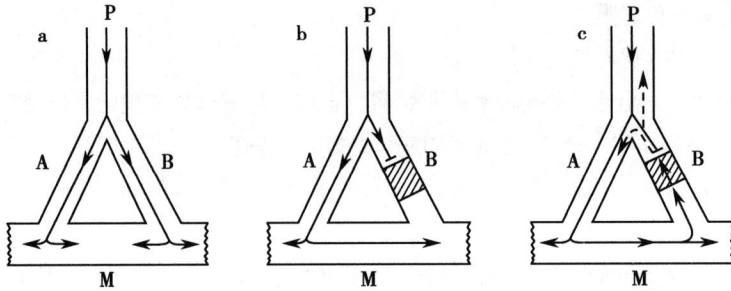

▲ 图3-6　折返激动示意图

P：浦肯野纤维

M：心室肌

A：慢径，即传导速度快而不应期长

B：快径，即传导速度慢而不应期短

a：窦性冲动沿A、B两条路径下传到心室肌

b：B路径存在单向阻滞区，窦性冲动仅沿A路径传导至心室肌

c：当传导至B路径时，B路径不应期结束，冲动沿B路径回传至心房，并同时沿A路径继续
向下传导，完成一次折返。

一、窦性心律失常

正常成人心率为60~100次/min，窦性心律失常是窦房结冲动发放频率异常或窦性冲动向心房传导异常，常见类型包括窦性心动过速、窦性心动过缓、窦性停搏和病态窦房结综合征（sick sinus syndrome，SSS）。

【病因】

1.窦性心动过速

（1）生理性：吸烟、饮茶、咖啡、酒，体力活动或情绪激动等。

（2）病理性：发热、甲状腺功能亢进、心力衰竭、休克、贫血以及应用肾上腺素、阿托品等药物。

2.窦性心动过缓

（1）生理性：健康青年人、运动员及睡眠状态。

（2）病理性：冠状动脉粥样硬化性心脏病、窦房结病变等心脏病，颅内高压、甲状腺功能减退、高血钾、某些药物的副作用等。

3.窦性停搏　迷走神经张力过高、颈动脉窦过敏、冠状动脉粥样硬化性心脏病、窦房结变性和纤维化、应用洋地黄类等药物。

4.病态窦房结综合征

（1）病理变化：淀粉样变性、纤维化与脂肪浸润、硬化与退行性变等损害窦房结。

（2）疾病：冠状动脉粥样硬化性心脏病、心肌炎、心肌病、心脏瓣膜病、先天性心脏病、甲状腺功能减退等。

（3）其他：迷走神经张力过高，某些抗心律失常药等。

【临床表现】

1. 窦性心动过速　可觉心悸、胸闷。

2. 窦性心动过缓　多无自觉症状；当心率过慢导致心排血量不足时，可有胸闷、头晕等症状。

3. 窦性停搏　可发生头晕、黑矇、晕厥，严重者可发生阿-斯综合征，甚至死亡。

4. 病态窦房结综合征　多无自觉症状；当心率过慢导致心排血量不足时，可有胸闷、头晕等症状。

相关链接 | **心电图之父：艾因特霍芬（Einthoven）**

　　心电图技术是诊断心律失常的重要检查手段，其发明者 Einthoven 因此荣获 1924 年诺贝尔生理学或医学奖。Einthoven 来自荷兰莱顿大学，在 1887 年观摩了英国皇家学会玛丽医院 Waller 教授采用毛细管静电针记录人类第一例心电图后，致力于此研究。通过改进关键技术，经过 13 年不懈努力，1901 年，Einthoven 成功地用弦线式心电图机记录了第一份心电图，并将各波命名为 P、Q、R、S、T、U 波，这些命名沿用至今。随着世界医学的进步，心电图技术逐渐完善。如今，心电图检查已经成为临床常规检查项目之一，百年辉煌，万众泽被，那些奋不顾身、献身科学的人终将在人类历史上留下不可磨灭的印记。

【心电图特点】

1. 窦性心动过速　成人窦性心律的频率超过 100 次/min。窦性心动过速通常逐渐开始和终止，频率大多在 100~150 次/min，见图 3-7。

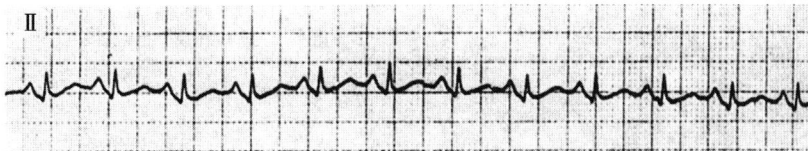

▲ 图 3-7　窦性心动过速

2. 窦性心动过缓　成人窦性心律频率低于 60 次/min，见图 3-8。

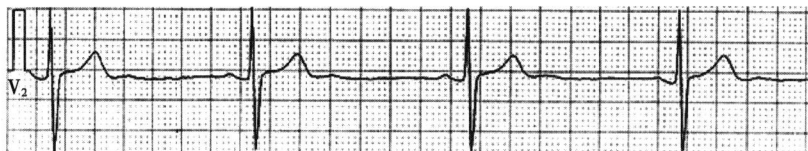

▲ 图 3-8　窦性心动过缓

3. 窦性停搏　指窦房结在一段不同长短时间内不能产生冲动。心电图在正常 PP 间期较长时间内无窦性 P 波，或 P 波与 QRS 波均不出现，其后可见下位的潜在起搏点发出的单个逸搏或逸搏心律，见图 3-9。

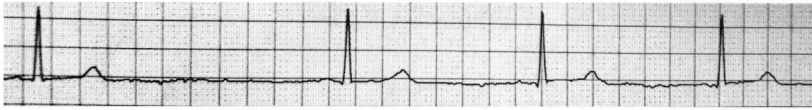

▲ 图3-9　窦性停搏

4. **病态窦房结综合征**　持续而显著的窦性心动过缓（50次/min以下）；窦性停搏和窦房传导阻滞；窦房传导阻滞与房室传导阻滞并存；心动过缓-心动过速综合征（bradycardia-tachycardia syndrome），又称慢-快综合征，即心动过缓与房性快速性心律失常交替发作。

【治疗】

心律失常的治疗原则一般为积极治疗原发病、解除诱因、对症治疗及纠正严重心律失常。

1. **窦性心动过速**　针对病因，去除诱发因素。必要时可用β受体阻滞剂，如美托洛尔减慢心率。

2. **窦性心动过缓**　无症状者通常不必治疗。出现心排血量不足症状则可用阿托品或异丙肾上腺素等药物提高心率，严重者应考虑心脏起搏治疗（详见本章第十节中"心脏起搏治疗"）。

3. **窦性停搏和病态窦房结综合征**　无症状者不需治疗，仅定期随诊观察；有症状者应接受起搏器治疗。心动过缓-心动过速综合征病人应用起搏器治疗后，心动过速发作时，可同时应用各种抗心律失常药。

相关链接 ｜　　　　　　　**常用抗心律失常药物的种类**

1. Ⅰ类（钠通道阻滞剂）　阻断心肌和心脏传导系统的钠通道，可以减慢传导、抑制异位自律性和阻断折返通路。根据药物对钠通道阻滞作用的不同，又分为四个亚类，即Ⅰa、Ⅰb、Ⅰc、Ⅰd。

（1）Ⅰa类：阻滞钠通道开放，与钠通道解离时间中等。常用药物有硫酸奎尼丁、普鲁卡因胺、丙吡胺。

（2）Ⅰb类：阻滞钠通道开放与失活，与钠通道解离时间短。常用药物有利多卡因、美西律等。

（3）Ⅰc类：明显抑制钠通道，与钠通道解离时间长。常用药物有普罗帕酮、氟卡尼等。

（4）Ⅰd类：选择性晚钠电流抑制剂。代表药物雷诺嗪。

2. Ⅱ类（β受体阻滞剂）　阻滞β₁受体，降低窦房结自律性，减慢传导性。常用药物有普萘洛尔、美托洛尔、比索洛尔等。

3. Ⅲ类（钾通道阻滞剂）　延长复极，阻断钾通道。常用药物有胺碘酮、决奈达隆、索他洛尔、伊布利特、尼非卡兰等。

4. Ⅳ类（钙通道阻滞剂）　阻滞钙通道，包括维拉帕米和地尔硫草等。

——中华医学会心血管病学分会，中华生物医学工程学会心律分会
《抗心律失常药物临床应用中国专家共识》

二、室上性心律失常

室上性心律失常包括房性心律失常和房室交界性心律失常，现介绍其中重点部分。

【病因】

1. 房性期前收缩 可见于正常人和各种器质性心脏病病人。

2. 心房扑动 可见于器质性心脏病、肺栓塞等。

3. 心房颤动 正常人情绪激动、手术后、运动或大量饮酒时可发生；器质性心脏病者。

4. 阵发性室上性心动过速 不同性别与年龄均可发生，通常无器质性心脏病表现。

5. 预激综合征 存在房室间异常通路，多无器质性心脏病，可见于先天性血管病如三尖瓣下移畸形、二尖瓣脱垂等。

【临床表现】

1. 房性期前收缩 一般无症状，频发房性期前收缩时可有心悸。

2. 心房扑动 ① 心室率不快时，病人可无症状；② 伴极快的心室率，可诱发心绞痛与心力衰竭；③ 体格检查可见快速的颈静脉扑动。

3. 心房颤动 常见心悸、胸闷和运动耐量下降，症状的轻重受心室率快慢的影响，心室率超过150次/min，可诱发心绞痛、心力衰竭。心房颤动并发体循环栓塞的危险性极大，栓子来自左心房。心脏听诊第一心音强弱不等、心律极不规则，当心室率快时可有脉搏短绌。根据心房颤动的表现、持续时间、终止方式可分为5类。

（1）首次诊断的心房颤动：首次诊断，不考虑持续时间及其余相关症状和严重程度。

（2）阵发性心房颤动：在48小时内自行终止的心房颤动，最长可持续7天。

（3）持续性心房颤动：持续时间>7天的心房颤动，需通过药物或直流电复律终止。

（4）长程持续性心房颤动：在决定采取节律控制策略时，心房颤动持续时间≥1年。

（5）永久性心房颤动：医生和病人接受心房颤动，共同决定放弃节律控制策略。

4. 阵发性室上性心动过速 ① 心动过速突发、突止，持续时间长短不一；② 症状包括胸闷、心悸，少数有晕厥、心绞痛、心力衰竭等表现；③ 心脏听诊心尖区第一心音强度恒定，心律绝对规则。

5. 预激综合征 频率过快的心动过速可恶化为心室颤动或导致心力衰竭、低血压。

【心电图特点】

1. 房性期前收缩 指激动起源于窦房结以外心房的任何部位的一种主动型异位心律。心电图特征：① P波提前出现，与窦性心律的P波形态不同；② PR间期大于0.12秒，QRS波群大多与窦性心律相同；③ 大多数为不完全性代偿间歇，见图3-10。

2. 心房扑动 简称房扑。心电图特征：① P波消失，代以形态、间距及振幅绝对规则的呈锯齿样心房扑动波（F波），F波间无等电位线，心房率250~350次/min；② 最常见的心室传导比例为2:1，产生规则的心室律，有时房室传导比例不恒定，引起不规则的心室律；③ QRS波群形态多与窦性心律相同，如有心室内差异性传导，QRS波群可增宽，见图3-11。

3. 心房颤动（atrial fibrillation，AF） 简称房颤，是最常见的心律失常之一。其心电图特征：

① P波消失，代之以形态、间距及振幅绝对不规则的心房颤动波（f波）；② 心房f波频率350~600次/min；③ QRS波群形态正常，间距绝对不规则，见图3-12。

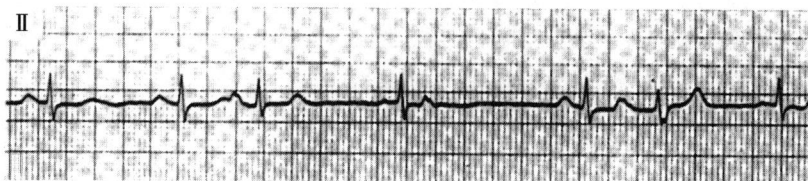

▲ 图3-10 房性期前收缩

图中第3个P波提前发生，与窦性P波形态不同。

不完全代偿间歇：第2个与第4个P波之间的PP间期小于第1个和第2个P波之间的PP间期的2倍。

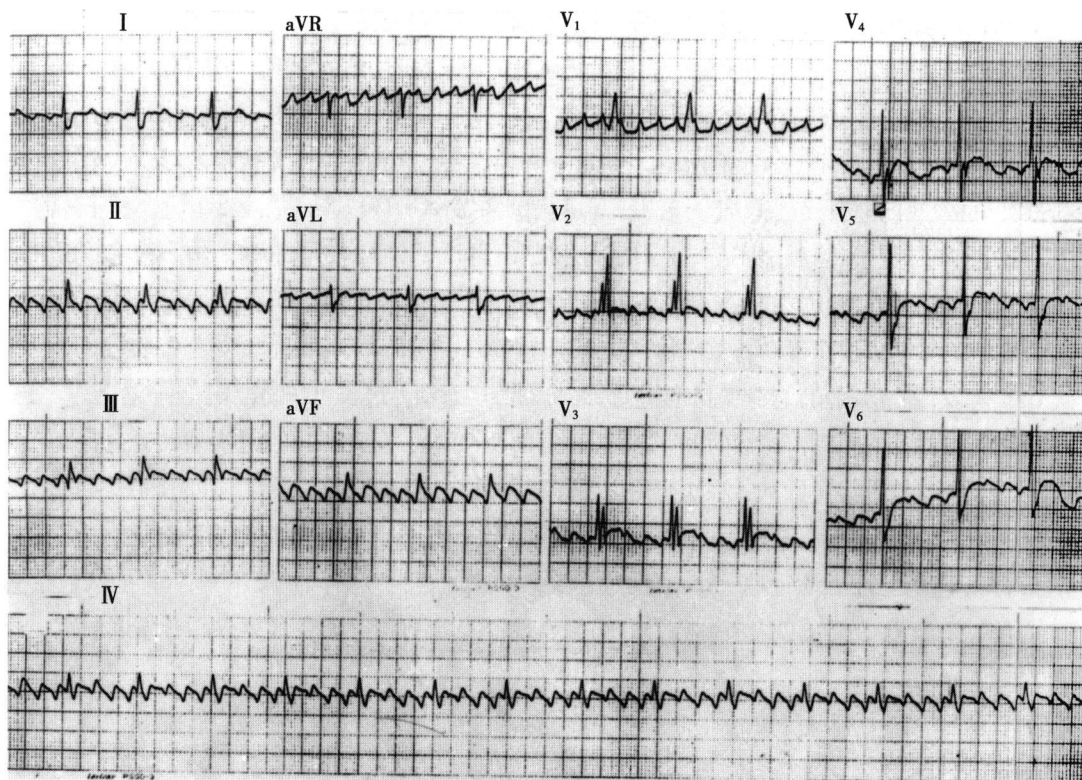

▲ 图3-11 心房扑动

图中P波消失，代之以规律的F波，频率达300次/min。

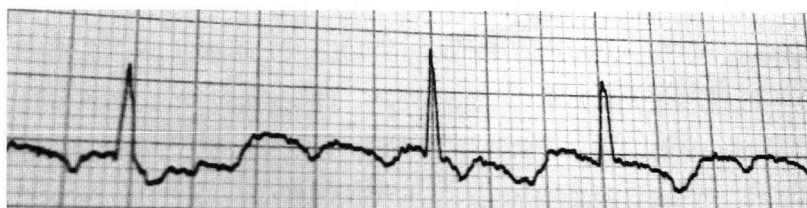

▲ 图3-12 心房颤动

4. 阵发性室上性心动过速（paroxysmal supraventricular tachycardia，PSVT） 简称室上速，大部分由折返机制引起，折返可发生在窦房结、房室结与心房，其中房室结内折返性心动过速是最常见的室上速类型。心电图特征：① 心率在150~250次/min，节律规则；② QRS形态一般正常；③ 如能找出与窦性P波形态不同的波，则称为阵发性房性心动过速；逆行P波位于QRS波群的前或后，逆行P波与QRS波保持恒定关系；④ 起始突然，通常由一个房性期前收缩诱发，见图3-13。

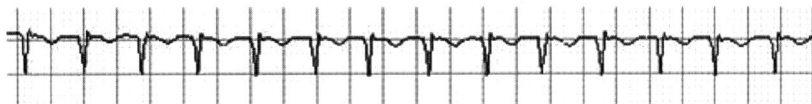

▲ 图3-13 阵发性室上性心动过速

P波不易辨认，QRS波群快速规律，频率约为167次/min。

5. 预激综合征（preexcitation syndrone） 又称Wolf-Parkinson-White综合征（WPW综合征），其解剖学基础是在房室间除正常的传导组织外，还存在一些由异常心肌组成的肌束，其中连接心房与心室之间者称房室旁道或Kent束。心电图特征：① PR间期＜0.12秒；② QRS波群增宽≥0.12秒；③ QRS波群起始部分变粗钝，称为预激波或δ波；④ 出现继发性ST-T改变，见图3-14。

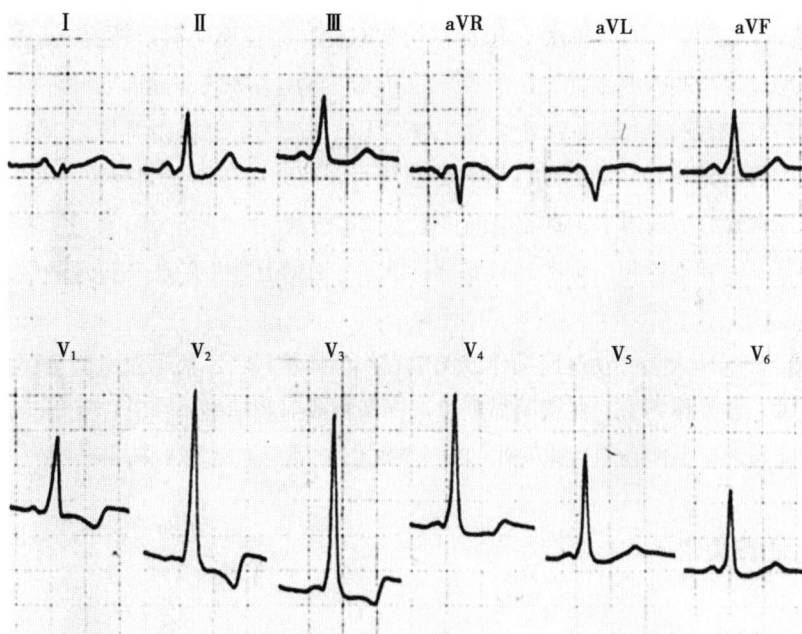

▲ 图3-14 预激综合征

【治疗】

1. 房性期前收缩 通常无需治疗。当有明显症状或可能触发室上性心动过速时，可给予β受体阻滞剂、普罗帕酮等药物治疗。

2. 心房扑动 心房扑动往往有不稳定的倾向，可恢复窦性心律或进展为心房颤动。① 病因治疗：应针对原发疾病进行治疗；② 直流电同步电复律：是最有效终止心房扑动的方法；③ 药物治疗：钙通道阻滞剂（如维拉帕米）、β受体阻滞剂（如艾司洛尔）等可减慢心房扑动时的心室率；④射频消融术：对症状明显或引起血流动力学不稳定的心房扑动，应选用射频消融术。

3. 心房颤动　心房颤动的治疗目标为治疗原发病、预防血栓、恢复窦性心律和控制心室率。

（1）抗凝治疗：除病人存在禁忌证，所有心房颤动病人均应进行抗凝治疗。可以使用维生素K拮抗剂（华法林）或非维生素K拮抗剂［新型口服抗凝药（NOAC）］，目前有四种NOAC可用于抗凝治疗，包括达比加群酯、利伐沙班、阿哌沙班和艾多沙班。心房颤动病人大部分血栓来自左心耳，采用左心耳封堵术（left atrial appendage closure，LAAC），将左心耳与循环系统隔绝，可以预防大多数血栓脱落引起的栓塞。

（2）恢复窦性心律：病情稳定的心房颤动病人推荐先选择药物复律，如胺碘酮。若持续发作且伴有血流动力学障碍首选电复律。心房颤动发作频繁、心室率很快、药物治疗无效者，可施行心导管射频消融术（见本章第十节中"心脏射频消融术"）、外科迷宫手术等。

（3）心室率控制的目标：使用药物治疗如β受体阻滞剂或钙通道阻滞剂，控制静息时心室率<80次/min，中等程度运动量时心率<110次/min。

4. 阵发性室上性心动过速

（1）急性发作期：可先尝试刺激迷走神经，如诱导恶心、将面部浸于冷水、按摩颈动脉窦（病人取仰卧位，先按摩右侧，每次5~10秒，切勿双侧同时按摩）等。改良Valsalva动作能有效终止室上性心动过速（病人取半卧位，深吸气后屏气，再用力呼气；随即取仰卧位，被动抬高双腿）。药物治疗首选腺苷，6~12mg快速静脉注射，无效时改为静脉注射维拉帕米或地尔硫草。伴有心力衰竭者，可首选洋地黄类药物。合并低血压可应用升压药物如间羟胺、去氧肾上腺素等。此外，还可选择食管心房调搏术、直流电同步电复律等方法。

（2）预防复发：导管射频消融术具有安全、迅速、有效且能根治心动过速的优点，应优先考虑应用。

5. 预激综合征　病人无心动过速发作或偶尔发作但症状轻者，需通过危险分层决定是否接受导管射频消融术。若发作频繁、症状明显则可选择药物或射频消融术。其中经导管消融旁道作为根治预激综合征病人室上性心动过速发作的首选治疗，已可取代大多数药物治疗。

三、室性心律失常

【病因】

1. 室性期前收缩　可见于正常人，心肌炎症、缺血、缺氧，麻醉和手术、药物中毒、电解质紊乱、烟酒过量等情况。

2. 室性心动过速　常发生于各种器质性心脏病病人，偶发生于无器质性心脏病者。最常见为冠状动脉粥样硬化性心脏病，尤其是心肌梗死者；其次是心肌病、心力衰竭、代谢障碍、电解质紊乱、长QT综合征等。

3. 心室扑动和心室颤动　为致命性心律失常。常发生于缺血性心脏病、使用抗心律失常药物、严重缺氧、预激综合征等。

【临床表现】

1. 室性期前收缩　可有心悸、失重感等；听诊时，室性期前收缩之第二心音强度减弱，仅能听见第一心音。桡动脉搏动减弱或消失。

2. 室性心动过速　① 非持续性室性心动过速（发作持续时间短于30秒，能自行终止）通常无症状；② 持续性室性心动过速（发作持续时间超过30秒，需药物或电复律方能终止）常可出现气促、少尿、低血压、晕厥、心绞痛等症状；③ 听诊心律轻度不规则。

3. 心室扑动和心室颤动　病人意识丧失、抽搐、呼吸停止甚至死亡。听诊心音消失，脉搏触不到、血压测不到。

【心电图特点】

1. 室性期前收缩　是一种最常见的异位心律失常。心电图特征：① 提前出现的QRS波群，前无相关的P波。② QRS波群宽大畸形，时限大于0.12秒，T波与主波方向相反。③ 期前收缩后有完全性代偿间歇。④ 室性期前收缩有不同类型，频发室性期前收缩是指1分钟内有6次以上的室性期前收缩；二联律是指每1个窦性搏动后跟随1个室性期前收缩；三联律是每两个正常搏动后出现1个室性期前收缩，见图3-15。

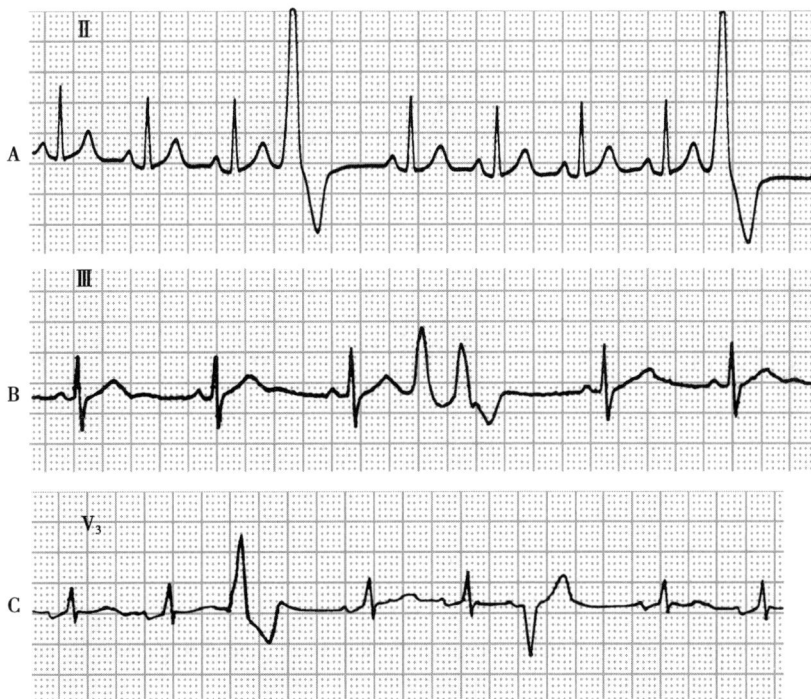

▲ 图3-15　室性期前收缩

第3个QRS波群提前发生，前无相关P波；QRS时限0.16s，宽大畸形，T波与QRS主波方向相反。

2. 室性心动过速　① 3个或3个以上连续出现的室性期前收缩；② QRS波群宽大畸形，时限>0.12秒，且ST-T波方向与ORS波群方向相反；③ 心室率多在100~250次/min，心律规则或略不规则；④ P波与QRS波群关系不固定，心房独立活动；⑤ 心室夺获（室性心动过速时少数室性冲动下传至心室，表现为窄QRS波群，且有P波）或室性融合波（其QRS波形态介于窦性与异位心室波动之间），为确定室性心动过速的重要依据，见图3-16。

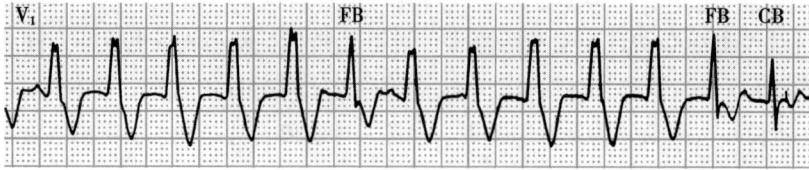

▲ 图3-16　室性心动过速
宽大畸形QRS波群连续出现，第6、12个QRS波群为室性融合波，第13个QRS波群为心室夺获。

3. 心室扑动与心室颤动

（1）心室扑动：心电图无正常QRS与T波，代之以连续快速而相对规则大振幅波动，频率为150~300次/min。

（2）心室颤动：波形极不规则，无法辨认QRS波群、ST段和T波，见图3-17。

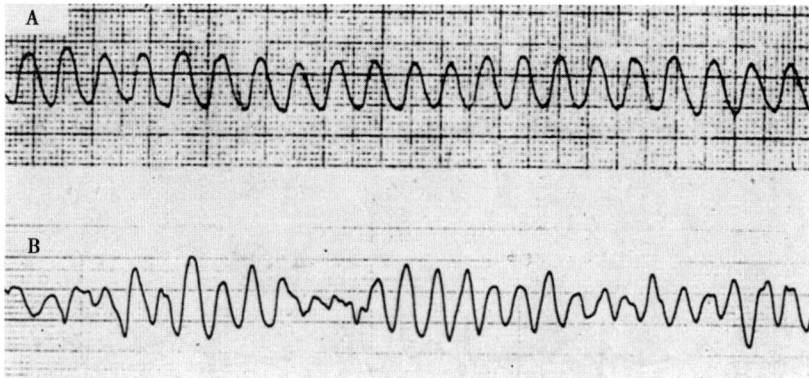

▲ 图3-17　心室扑动与心室颤动
A. 心室扑动；B. 心室颤动。

【治疗】

1. 室性期前收缩　对于无器质性心脏病的病人，室性期前收缩不会增加其发生心脏性死亡的危险性，如无明显症状，不必使用药物治疗。如有明显症状，应避免诱发因素，选用β受体阻滞剂、美西律、普罗帕酮等。

2. 室性心动过速　① 终止室性心动过速发作：如无显著血流动力学障碍，首选胺碘酮、利多卡因静脉注射。若出现血流灌注不足症状应立即施行电复律。② 预防复发：积极寻找诱因，治疗基础病变。心室率过慢时可给予阿托品或临时心脏起搏器。

3. 心室扑动与心室颤动　发生心室颤动时立即予心肺复苏和复律治疗。尽早开通静脉通道，给予急救药物，以维持有效循环和呼吸功能，维持水、电解质和酸碱平衡。

四、房室传导阻滞

心脏传导阻滞包括窦房传导阻滞、房内传导阻滞、房室传导阻滞和室内传导阻滞，本节重点阐述房室传导阻滞。房室传导阻滞（atrioventricular block，AVB）也称为房室阻滞，是指房室交界区脱离生理不应期后，心房冲动传导延迟或不能传导至心室。按照阻滞严重程度，分为一度传导阻滞、二度传导阻滞（分为Ⅰ型，也称文氏型；Ⅱ型，也称莫氏型）和三度传导阻滞。

【病因】

1. 正常人或运动员可出现二度Ⅱ型房室传导阻滞，常发生在夜间。

2. 多见于病理状态，如急性心肌梗死、心肌炎、心肌病、先天性心脏病、原发性高血压、电解质紊乱、药物中毒等。

【临床表现】

一度房室传导阻滞病人通常无症状。二度房室传导阻滞病人可有心悸和心搏脱落感。三度房室传导阻滞为严重心律失常，病人可出现疲乏、头晕、晕厥、心绞痛等，甚至意识丧失、抽搐，即阿-斯综合征，严重者可猝死。

【心电图特点】

1. 一度房室传导阻滞　传导时间延长，全部冲动仍能传导。成人PR间期>0.20秒，无QRS波群脱落，见图3-18。

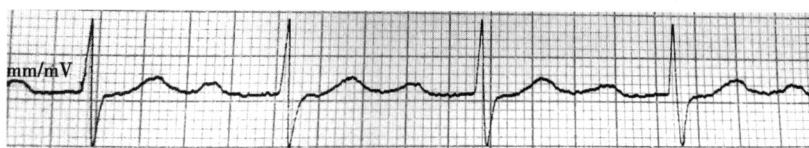

▲ 图3-18　一度房室传导阻滞

2. 二度房室传导阻滞

（1）Ⅰ型：又称文氏现象。传导时间进行性延长，直至一次冲动不能传导。心电图特征：PR间期逐渐延长，直到P波后QRS波群脱漏，包含QRS波群脱落的RR间期小于正常窦性PP间期的2倍。该型很少发展为三度房室传导阻滞，见图3-19。

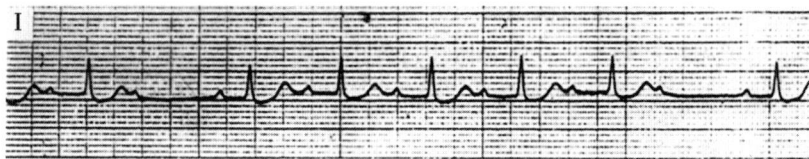

▲ 图3-19　二度Ⅰ型房室传导阻滞
第一个PR间期为0.24秒，第2个P波后未出现ORS波。
第3个P波开始PR间期逐渐延长，直到第8个P波后未出现ORS波。

（2）Ⅱ型：又称莫氏现象。阻滞表现为间歇出现传导阻滞。心电图特征：PR间期恒定（正常或延长），P波后有QRS波脱落，QRS波群形态一般正常，见图3-20。

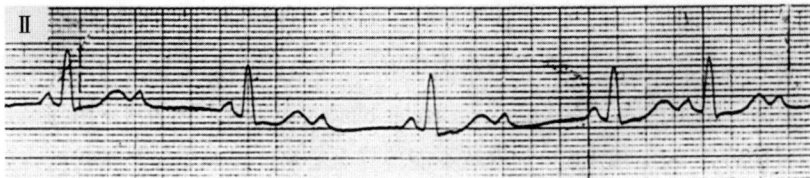

▲ 图3-20　二度Ⅱ型房室传导阻滞

第1、3、5个P波后跟ORS波，第2、4、6个P波后QRS波脱落。

3. 三度房室传导阻滞　又称完全性传导阻滞，此时全部冲动不能被传导。心电图特征：P波与QRS波群毫无关系，且各自独立相关，心房率快于心室率，见图3-21。

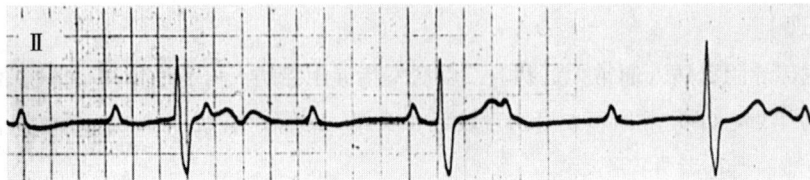

▲ 图3-21　三度房室传导阻滞

窦性P波规则，QRS波群节律规则，P波与QRS波群互不相关。

五、心律失常病人的护理

【常用护理诊断/问题及护理措施】

1. 活动无耐力　与心律失常导致心排血量减少有关。

（1）一般护理：对于无器质性心脏病的心律失常病人，鼓励其正常工作和生活，建立健康的生活方式，避免过度劳累。当病人发生严重心律失常时应卧床休息，以减少心肌耗氧量和对交感神经的刺激。给予低热量、易消化的食物。保持排便通畅，切忌排便过度用力，尤其是心动过缓者避免屏气用力，以免兴奋迷走神经加重心动过缓。

（2）吸氧：伴呼吸困难、发绀等缺氧表现时，给予氧气吸入，根据缺氧程度调整氧流量。

（3）预防跌倒：有头晕、晕厥发作或曾有跌倒史者应卧床休息，24小时需有陪护，协助其生活起居，避免单独外出、如厕，防止意外发生。

（4）用药护理：抗心律失常药物主要用于治疗快速型心律失常，静脉注射药物时速度应缓慢，静脉滴注速度严格按医嘱执行，注意用药过程中及用药后的心率、心律、血压、脉搏、呼吸、意识变化，判断疗效和有无不良反应。

2. 潜在并发症：猝死。

（1）评估危险因素：评估有无冠状动脉粥样硬化性心脏病、心力衰竭、心肌病、心肌炎、药物中毒、电解质紊乱等危险因素存在。

（2）病情观察：严密监测心率、心律的变化。监测心律失常的类型、发作次数、持续时间、治疗效果等情况。当病人出现频发室性期前收缩、阵发性室上性心动过速、二度Ⅱ型及三度房室传导阻滞等时，应及时通知医生。嘱病人卧床休息，减少心肌耗氧量和对交感神经的刺激。密切观察病人的意识状态、心率、呼吸、血压、皮肤黏膜状况等。一旦出现猝死的表现，如意识丧失、抽搐、大动脉搏动消失、呼吸停止，立即进行抢救。

（3）积极配合抢救：开放静脉通道，床边备好各种抢救药品及仪器，对突然发生室性心动过速或心室颤动的病人，立即施行心肺复苏及非同步直流电除颤，并通知医生。遵医嘱及时、准确给予抢救药品。

六、健康指导

1. 疾病预防指导　嘱病人注意劳逸结合、生活规律，保证充足的休息和睡眠，保持乐观、稳定的情绪。戒烟酒，避免摄入刺激性食物如咖啡、浓茶等，避免饱餐和用力排便。避免劳累、情绪激动、感染，以防止诱发心律失常。

2. 疾病知识指导　向病人及家属讲解心律失常的常见病因、诱因及防治知识。

3. 用药指导　嘱病人遵医嘱用药，严禁随意增减药物剂量、停药或擅用其他药物。教会病人观察药物疗效和不良反应，发现异常及时就诊。

4. 病情监测　教会病人及家属监测脉搏的方法，以利于自我监测病情，对反复发生严重心律失常危及生命者，教会家属心肺复苏术以备急用。

（申玲）

第四节　心脏瓣膜病

> **案例导入**
>
> 病人，女，61岁，以"反复心悸、气促、乏力3年，夜间呼吸困难1周"为主诉入院。
>
> **病史评估**：3年前劳累后出现心悸、气促，休息后自行缓解。1周前无明显诱因出现夜间呼吸困难，不能平卧，坐位可稍缓解。
>
> **身体评估**：T 36.7℃，P 85次/min，R 18次/min，BP 126/75mmHg。慢性病容，口唇发绀。心界向两侧扩大，心率97次/min，心律绝对不齐，第一心音强弱不等，二尖瓣听诊区可闻及舒张期隆隆样杂音，左下肢轻度凹陷性水肿。
>
> **辅助检查**：心电图示心房颤动、心肌缺血；心脏彩超示二尖瓣重度狭窄。
>
> **初步诊断**：二尖瓣重度狭窄；心房颤动。
>
> **请思考**：二尖瓣狭窄有哪些临床表现？该病人病情观察的重点有哪些？如何对该病人进行健康指导？因夜间呼吸困难，病人睡眠不佳，应如何帮助她？

　　心脏瓣膜病（valvular heart disease）是由于炎症、缺血性坏死、退行性改变、黏液样变性、先天性畸形、创伤等原因引起的单个或多个瓣膜的功能或结构异常，导致瓣口狭窄和/或关闭不全。链球菌感染所致风湿性心脏瓣膜病是我国早期心脏瓣膜病的常见原因。二尖瓣最常受累，其次为主动脉瓣。心室扩大和主、肺动脉根部严重扩张也可产生相应房室瓣和半月瓣的相对性关闭不全（表3-4）。

▼ 表3-4　四种常见瓣膜病变比较

疾病名称	症状	体征	并发症	辅助检查
二尖瓣狭窄	呼吸困难、咯血、咳嗽、声音嘶哑	① "二尖瓣"面容 ② 心尖区舒张中晚期低调的隆隆样杂音	① 心房颤动 ② 心力衰竭 ③ 急性肺水肿 ④ 血栓栓塞 ⑤ 感染性心内膜炎	胸部X线检查：梨形心 心电图：二尖瓣型P波
二尖瓣关闭不全	轻者无症状或轻微劳力性呼吸困难；慢性者表现疲乏无力，急性者可发生急性左心衰竭	① 心尖冲动呈高动力型，向下移位 ② 心尖区收缩期高调吹风样杂音	与二尖瓣狭窄相似，但感染性心内膜炎较之多见	胸部X线检查：心影向左扩大
主动脉瓣狭窄	三联症：呼吸困难、心绞痛和晕厥	① 主动脉瓣第一听诊区吹风样收缩期杂音 ② 细迟脉	① 心房颤动 ② 房室传导阻滞 ③ 室性心律失常	胸部X线检查：心影可正常，左室向心性肥厚
主动脉瓣关闭不全	最先出现心悸、心前区不适；晚期可出现左心衰竭表现	① 心尖冲动呈抬举样，向下移位 ② 胸骨左缘第3、4肋间闻及高调叹气样舒张期杂音，心尖区舒张期隆隆样杂音 ③ 脉压增大，周围血管征	常见感染性心内膜炎、室性心律失常、心力衰竭，心脏猝死少见	胸部X线检查：靴形心

　　风湿性心脏瓣膜病，是A组乙型溶血性链球菌感染所致异常免疫反应累及瓣膜所致。常见于40岁以下人群，女性多于男性。近年来我国风湿性心脏瓣膜病的人群患病率已有所下降，但老年退行性瓣膜病、钙化性主动脉瓣狭窄和瓣膜黏液样变性在我国日益增多。本节重点介绍二尖瓣和主动脉瓣病变。

【临床表现】

　　1. 二尖瓣狭窄　最常见病因是风湿热。急性风湿热后，至少需要2年才能形成明显的二尖瓣狭窄，常同时累及主动脉瓣。约半数病人无急性风湿热史，但多有反复链球菌咽峡炎或扁桃体炎史。一般在瓣口面积减少到1.5cm²以下，即中度狭窄时出现临床症状。

　　（1）症状

　　1）呼吸困难：最常见的早期症状，运动、精神紧张、感染、性交、妊娠或心房颤动为其常见诱因。多先有劳力性呼吸困难，随狭窄程度的加重，出现夜间阵发性呼吸困难甚至端坐呼吸。

　　2）咯血：表现为血性痰或血丝痰；急性肺水肿时咳大量粉红色泡沫痰；突然咯大量鲜血，常见于严重二尖瓣狭窄，可为首发症状。

　　3）咳嗽：冬季多见，部分病人平卧时干咳，可能与支气管黏膜淤血水肿易引起慢性支气管炎，或左心房增大压迫左主支气管有关。

　　4）其他：扩大的左心房和左肺动脉压迫左喉返神经可引起声音嘶哑，压迫食管可引起吞咽困难；右心衰竭时可出现食欲减退、腹胀、恶心等消化道淤血症状。

（2）体征：重度二尖瓣狭窄者常有"二尖瓣面容"，颜面潮红，口唇发绀。心尖区可闻及舒张中、晚期隆隆样杂音。

（3）并发症

1）心房颤动：为相对早期的常见并发症。起始可为阵发性，之后可转为持续性心房颤动，其发生率随左房增大和年龄增长而增加。突发快速心房颤动为左房衰竭和右心衰竭甚至肺水肿的常见诱因。

2）心力衰竭：是晚期常见并发症及主要死亡原因。

3）急性肺水肿：为重度二尖瓣狭窄的严重并发症，如不及时救治，可能致死。

4）血栓栓塞：20%以上的病人可发生体循环栓塞，以脑动脉栓塞最多见。栓子来源于左心耳或左心房，心房颤动、左心房增大、栓塞史或心排血量明显降低为其危险因素。

5）感染性心内膜炎：较少见。

2. 二尖瓣关闭不全　最常见原因为风湿性损害，主要累及左心房、左心室，最终影响右心。从首次风湿热后，与二尖瓣狭窄相比，其无症状期更长，常超过20年。

（1）症状：轻度二尖瓣关闭不全者可终身无症状或仅有轻微劳力性呼吸困难。重度反流急性者可发生急性左心衰竭，慢性者则突出表现为疲乏无力，呼吸困难出现较晚。

（2）体征：心尖搏动呈高动力型，向左下移位。心尖区可闻及全收缩期吹风样杂音，向左腋下和左肩胛下区传导，可伴震颤。

（3）并发症：与二尖瓣狭窄相似，但感染性心内膜炎较二尖瓣狭窄多见，而体循环栓塞比二尖瓣狭窄少见。

3. 主动脉瓣狭窄　常见于先天性、退行性和炎症性病变。几乎无单纯性的风湿性主动脉瓣狭窄，大多伴有关闭不全和二尖瓣损害。

（1）症状：呼吸困难、心绞痛和晕厥为典型主动脉狭窄的三联征。

1）呼吸困难：劳力性呼吸困难常为首发症状，见于95%的有症状病人，由晚期肺淤血引起。可发生夜间阵发性呼吸困难、端坐呼吸和急性肺水肿。

2）心绞痛：是重度主动脉瓣狭窄病人最早出现也是最常见的症状。见于60%的有症状病人，常由运动诱发，休息后缓解，主要由心肌缺血引起。

3）晕厥：见于1/3的有症状病人，多发生于直立、运动中或运动后即刻，少数在休息时发生，由脑缺血引起。

（2）体征：主动脉瓣第一听诊区可闻及粗糙而响亮的吹风样收缩期杂音，向颈动脉传导，常伴震颤。脉搏上升缓慢、细小而持续（细迟脉）；严重主动脉瓣狭窄者，同时触诊心尖部和颈动脉，可发现颈动脉搏动明显延迟。

（3）并发症：约10%的病人可发生心房颤动。主动脉瓣钙化侵及传导系统可致房室传导阻滞；左心室肥厚、心内膜下心肌缺血或冠状动脉栓塞可致室性心律失常，上述两种情况均可导致晕厥甚至猝死。

4. 主动脉瓣关闭不全　约2/3的慢性主动脉瓣关闭不全为风湿性心脏病所致，感染性心内膜炎为单纯主动脉瓣关闭不全的常见原因。

（1）症状：首发症状表现为心悸、心前区不适、头部动脉强烈搏动感等。晚期可出现左心衰竭的表现。

（2）体征：心尖搏动向左下移位，呈抬举性搏动。胸骨左缘第3、4肋间可闻及高调叹气样舒张期杂音，坐位前倾和深呼吸时易听到。重度反流者，常在心尖区闻及舒张中晚期隆隆样杂音（Austin-Flint杂音）。脉压增大，周围血管征常见，包括随心脏搏动的点头征、颈动脉和桡动脉扪及水冲脉、毛细血管搏动征、股动脉枪击音等，用听诊器压迫股动脉可闻及双期杂音。

（3）并发症：感染性心内膜炎、室性心律失常较常见，心脏性猝死较少见。

【辅助检查】

1. X线检查　① 中、重度二尖瓣狭窄左心房显著增大时，心影呈梨形；② 慢性二尖瓣关闭不全重度反流常见左心房、左心室增大，左心衰竭时可见肺淤血和间质性肺水肿；③ 主动脉瓣狭窄时，心影正常或左心室轻度增大，左心房可能轻度增大；④ 主动脉瓣关闭不全时，左心室增大，心影呈靴形。

2. 心电图检查　① 二尖瓣狭窄可出现"二尖瓣型P波"；② 慢性重度二尖瓣关闭不全主要为左心房增大，部分有左心室肥厚及非特异性ST-T改变，心房颤动常见；③ 主动脉瓣狭窄和关闭不全表现为左心室肥厚伴继发性ST-T改变。

3. 超声心动图　为明确和量化诊断二尖瓣、主动脉瓣狭窄程度的可靠方法。

4. 造影术　左心室造影和主动脉造影可判断二尖瓣、主动脉瓣关闭不全反流程度。

【治疗要点】

1. 抗风湿活动　有风湿活动的病人应长期甚至终身应用苄星青霉素，120万U，每月肌注1次。

2. 预防感染性心内膜炎　病人接受可因出血或明显创伤而致短暂性菌血症的手术和器械操作，如口腔、上呼吸道、泌尿、生殖等手术或操作时，应预防性使用抗生素。

3. 并发症的治疗　急性肺水肿时应避免使用以扩张小动脉为主的药物，应选用扩张静脉、减轻心脏前负荷为主的硝酸酯类药物。积极抗心律失常治疗，慢性心房颤动者如无禁忌证应长期服用华法林，预防血栓栓塞。右心衰竭者应限制钠盐摄入，应用利尿剂、β受体阻滞剂、地高辛等。心绞痛者可使用硝酸酯类药物。

4. 介入和外科治疗　单纯二尖瓣狭窄首选经皮腔内球囊二尖瓣成形术，二尖瓣关闭不全根据瓣膜病变严重程度可选择瓣膜修补术或人工瓣膜置换术，主动脉狭窄、主动脉瓣关闭不全的主要治疗方法为人工瓣膜置换术。

相关链接　｜　　　　　**心脏瓣膜病的介入和外科治疗**

1. 经皮腔内球囊二尖瓣成形术　对高龄、伴有严重冠状动脉粥样硬化性心脏病，合并肺、肾等疾病不能耐受手术治疗者、妊娠伴严重呼吸困难等病人可选择此疗法。

2. 瓣膜修补术　如瓣膜损害较轻，瓣叶无钙化，瓣环有扩大，但瓣下腱索无严重增厚者可行瓣膜修复成形术。与换瓣相比，瓣膜修复术死亡率低，作用持久，术后并发症少，能获得长期临床改善，较早和较晚期均可考虑瓣膜修补术。

3. 人工瓣膜置换术　适应证：① 严重瓣叶和瓣下结构钙化、畸形，不宜做分离术者；② 二尖瓣狭窄合并明显二尖瓣关闭不全者。人工瓣膜置换术死亡率高（3%~8%），术后存活者，心功能恢复较好。

4. 经导管主动脉瓣置换术（transcatherter aortic replacement，TAVR）　又称经导管主动脉瓣植入术（transcatheter aortic valve implantation，TAVI），是指将组装完备的人工主动脉瓣经导管置入病变的主动脉瓣处，置换原有主动脉瓣，在功能上完成主动脉瓣的替代。对不适合外科手术的高危病人具有较好的疗效及安全性，是术后预期生存时间大于1年且生活质量较好病人的首选。

【常用护理诊断/问题及护理措施】

1. 体温过高　与风湿活动、并发感染有关。

（1）病情观察：观察有无风湿活动的表现，如皮肤环形红斑、皮下结节、关节红肿及疼痛不适等。体温超过38.5℃时给予物理降温或遵医嘱给予药物降温，半小时后复测体温并记录降温效果。出汗多的病人应勤换衣裤、被褥，以免受凉。

（2）饮食与休息：给予高热量、高蛋白质、高维生素易消化饮食，如牛奶、鸡蛋、水果等，以促进机体恢复。无症状者避免剧烈体力活动，呼吸困难者应减少体力活动。风湿复发时应注意休息，病变关节应制动、保暖，并用暖垫固定，避免受压和碰撞。

（3）用药护理：遵医嘱给予抗生素及抗风湿药物治疗。苄星青霉素溶解后为白色乳剂，若按一般的肌内注射方法易堵塞针头。操作时应选择9号针头，用4~6ml生理盐水稀释后，更换7号注射针头，快速深部肌内注射。阿司匹林可导致胃肠道反应、牙龈出血、血尿、柏油样便等不良反应，应饭后服用并观察有无出血征象。口服华法林需定时监测凝血酶原时间国际标准化比值（INR），将INR值控制在2.0~3.0。使用大量利尿剂时，严密观察出入量，监测血清电解质，防止血容量不足和电解质紊乱。

2. 潜在并发症：心力衰竭。

（1）避免诱因：积极预防和控制感染，纠正心律失常，避免劳累和情绪激动等诱因，以免发生心力衰竭。

（2）心力衰竭的观察与处理：监测生命体征，评估病人有无呼吸困难、乏力、食欲减退、少尿等症状，检查有无肺部湿啰音、肝大、下肢水肿等体征。一旦发现则按心力衰竭进行对症治疗和护理。

3. 潜在并发症：栓塞。

（1）栓塞的评估：评估病人有无栓塞的危险因素，如心房颤动、心房增大、附壁血栓形成等。

（2）栓塞的预防：遵医嘱使用抗心律失常、抗血小板聚集的药物，预防附壁血栓形成和栓塞。

左房内有巨大附壁血栓应绝对卧床休息，以防止脱落造成其他部位栓塞。病情允许时应鼓励并协助病人翻身、活动下肢、按摩或用温水泡脚或床下运动，预防下肢深静脉血栓形成。

（3）栓塞的观察与处理：观察病人有无栓塞的征象，见本章第八节"感染性心内膜炎"的护理。一旦出现栓塞征象，应立即报告医生并协助处理。

【健康指导】

1. 疾病预防指导　居住环境应保持室内空气流通、温暖、干燥、阳光充足。平时适当锻炼身体，加强营养，提高机体抵抗力。注意防寒保暖，避免感冒，一旦发生感染应立即用药治疗。进行侵入性手术操作前，如拔牙、内镜检查等，告知医生自己有风湿性心脏病史，以便预防性用药。对反复发生扁桃体炎者，在风湿活动控制后2~4个月后行扁桃体摘除术。避免重体力劳动、剧烈运动或情绪激动等。育龄妇女需在医生指导下选择妊娠和分娩的时机。

2. 疾病知识指导　告知病人及家属本病的病因和病程进展特点，鼓励病人树立信心，做好长期与疾病做斗争的思想准备。强调提高服药依从性的重要性，并定期门诊复查。有手术指征者，应尽早择期手术，提高生活质量。

（申玲）

第五节　原发性高血压

案例导入

病史评估：病人，男，45岁，发现并确诊高血压病5年，血压最高达190/110mmHg，平时工作繁忙，应酬较多，间断服用抗高血压药物卡托普利治疗，血压控制不佳。父亲于50岁时发现高血压及冠心病，否认糖尿病等疾病家族史，吸烟20余年，每日约1.5包，偶饮酒。

身体评估：T 36.2℃，P 70次/min，R 18次/min，BP 160/100mmHg，步入病室，神志清楚，焦虑，查体合作。身高1.7m，体重80kg。听诊主动脉瓣第二心音亢进。

辅助检查：血脂检查示血清总胆固醇6.5mmol/L；心电图、超声心动图、双肾超声均正常。

初步诊断：高血压病。

请思考：该病人血压升高的可能原因有哪些？其血压水平属于哪一级？危险程度如何？存在哪些主要的护理问题？应该采取哪些护理措施？如何帮助该病人走出心理困境？

　　高血压是以体循环动脉压升高为主要临床表现的心血管综合征，可分为原发性高血压（primary hypertension）和继发性高血压（secondary hypertension）。原发性高血压又称高血压病，是心脑血管疾病最重要的危险因素，可损伤心、脑、肾等重要脏器的结构和功能，最终导致这些器官功能衰竭，占所有高血压病人的95%以上。继发性高血压又称症状性高血压，高血压仅为其临床症状之一，其特点是有确定的疾病和原因引起的血压升高，只占高血压的5%左右。

　　高血压患病率在不同国家、地区或种族之间有差别，工业化国家较发展中国家高，美国黑色人种的高血压患病率约为白色人种的2倍。我国高血压患病率男性高于女性，患病率及血压水平随年龄增长而升高，目前全国高血压病人约2.45亿。老年人以收缩期高血压多见，患病率存在地区、城乡和民族差别，北方高、南方低的现象仍存在，但目前呈现出大中型城市患病率较高、农村地区患病率增长速度较城市快、高原少数民族地区患病率较高的特点。

📢 问题与思考

原发性高血压与继发性高血压在临床表现及治疗方面有何异同点？

【病因】

原发性高血压是在一定遗传背景下由多种环境因素的交互作用，使正常血压调节机制失代偿所致。

1. 遗传因素 原发性高血压有遗传学基础或伴有遗传生化异常。双亲均有高血压的子女患高血压的概率明显高于双亲均为血压正常者子女的概率。

2. 环境因素

（1）饮食：高钠低钾饮食是我国人群重要的高血压发病危险因素。高蛋白质摄入、饮食中饱和脂肪酸含量或饱和脂肪酸与不饱和脂肪酸比值较高也属于升压因素。饮酒与血压水平线性相关。叶酸缺乏导致血浆同型半胱氨酸水平增高，与高血压发病成正相关，尤其增加高血压引起脑卒中的风险。

（2）精神应激：长期精神紧张是高血压患病的危险因素，因精神紧张可激活交感神经，使血压升高。压力、视觉刺激下、焦虑或长期噪声环境中工作均可导致血压升高。

（3）吸烟：吸烟会增加人们患高血压的风险，烟草烟雾中的尼古丁可以刺激人体交感神经系统，使血压升高。尼古丁还可以诱发血管内皮功能障碍，使外周血管的阻力增加，从而进一步促进血压的升高。

3. 其他因素 超重和肥胖是高血压患病的重要危险因素，腹型肥胖者容易发生高血压。50%的睡眠呼吸暂停低通气综合征病人患有高血压，且血压升高程度与疾病病程和严重程度有关。口服避孕药、麻黄碱、糖皮质激素、非甾体抗炎药、甘草等也可使血压升高。此外，糖尿病、血脂异常、大气污染、久坐或运动不足等均是高血压的危险因素。

【发病机制】

原发性高血压的发病机制目前尚未形成统一的认识，主要认为受各种因素的影响，血压的调节功能失调。

1. 神经机制 各种原因导致交感神经系统活性亢进，血浆儿茶酚胺浓度升高，阻力小动脉收缩增强，使血压上升。

2. 肾脏机制 各种原因引起肾性水钠潴留，机体为避免心排血量增高使组织过度灌注，全身阻力小动脉收缩增强，导致外周血管阻力增高。也可能通过排钠激素分泌释放增加使外周血管阻力增高。

3. 激素机制 肾素-血管紧张素-醛固酮系统（RAAS）激活，肾小球入球小动脉的球旁细胞分泌肾素，激活从肝脏产生的血管紧张素原，生成血管紧张素Ⅰ（ATⅠ），然后经血管紧张素转换酶（ACE）生成血管紧张素Ⅱ（ATⅡ）。作用于血管紧张素Ⅱ受体，使小动脉平滑肌收缩，刺激肾上腺皮质球状带分泌醛固酮，通过交感神经末梢突触前膜的正反馈使去甲肾上腺素分泌增加。这些作用均可使血压升高，参与高血压发病并维持。

4. 血管机制 正常情况下，舒张因子和收缩因子的作用能够保持平衡。高血压时，具有舒张血管作用的一氧化氮生成减少，而内皮素等收缩血管物质增加；同时，血管平滑肌细胞对舒张因子的反应减弱而对收缩因子反应增强。

5. 胰岛素抵抗（insulin resistance，IR） 是指机体组织对胰岛素处理葡萄糖的能力减退。约50%原发性高血压病人存在胰岛素抵抗，胰岛素抵抗导致血压升高有关的机制如下：① 肾小管对水钠的重吸收增加；② 交感神经活动增高；③ 细胞内钠、钙浓度增加；④ 血管壁增生肥厚。

【血压水平分类和定义】

高血压被定义为未使用降压药情况下，非同日3次测量诊室血压，收缩压≥140mmHg和/或舒张压≥90mmHg；既往有高血压史，现正在服降压药，虽血压<140/90mmHg，仍可诊断为高血压。根据血压升高水平，进一步将高血压分为1~3级，具体见表3-5。

▼ 表3-5 血压水平分类和定义［《中国高血压防治指南（2018年修订版）》］

类别	收缩压/mmHg		舒张压/mmHg
正常血压	<120	和	<80
正常高值	120~139	和/或	80~89
高血压	≥140	和/或	≥90
1级高血压（轻度）	140~159	和/或	90~99
2级高血压（中度）	160~179	和/或	100~109
3级高血压（重度）	≥180	和/或	≥110
单纯收缩期高血压	≥140	和	<90

注：以上标准适用于≥18岁的成人，当收缩压和舒张压分属于不同分级时，以较高的级别作为标准。

【临床表现】

1. 一般表现

（1）症状：大多数高血压病人起病隐匿，缺少典型的症状。有的病人可表现为头晕、头痛、耳鸣、后颈部不适、记忆力下降、注意力不集中和失眠等。部分病人可长期无症状，仅于体检或因其他疾病检查时发现血压升高，或因并发症就诊时才诊断为高血压。

（2）体征：一般较少，应重点检查周围血管搏动、血管杂音、心脏杂音等项目。心脏听诊可闻及主动脉瓣区第二心音亢进、收缩期杂音或收缩早期喀喇音。

2. 高血压急症和亚急症

（1）高血压急症（hypertensive emergencies）：是指血压突然升高（一般超过180/120mmHg），同时伴进行性心、脑、肾等重要靶器官功能不全的表现。少数病人舒张压持续≥130mmHg，伴有头痛，视物模糊，眼底出血、渗出和视盘水肿，肾脏损害突出，持续蛋白尿、血尿及管型尿，称为恶性高血压。

（2）高血压亚急症（hypertensive urgencies）：是指血压显著升高但不伴靶器官损害。病人可以有血压明显升高造成的症状，如头痛、胸闷、鼻出血和烦躁不安等。高血压亚急症与高血压急症的唯一区别标准是有无新近发生的急性进行性严重靶器官损害。

3. 并发症

（1）脑血管病：包括脑出血、脑血栓形成、腔隙性脑梗死和短暂性脑缺血发作。

（2）心力衰竭和冠心病：左心室后负荷长期增高可致心室肥厚、扩大，最终导致心力衰竭。血压持续增高，可直接损伤动脉血管壁，还可引起冠状动脉痉挛，加速冠状动脉粥样硬化的进程，导致冠心病。

（3）慢性肾衰竭：长期持久的血压升高可致进行性肾小球硬化，并加速肾动脉粥样硬化的发生，出现蛋白尿、肾损害，晚期可有肾衰竭。

（4）主动脉夹层：血液渗入主动脉壁中层形成的夹层血肿，是猝死的病因之一。

（5）视网膜病变：视网膜小动脉早期发生痉挛，血压急骤升高可引起视网膜渗出、出血和视盘水肿。

【心血管危险分层】

高血压的预后及心血管事件发生不仅与血压的水平有关，还与心血管危险因素、靶器官损害及伴有的临床疾病有关。因此，从指导治疗和判断预后的角度，对高血压病人进行心血管风险分层，即根据血压升高水平、其他心血管危险因素、靶器官损害和伴随临床疾病情况（表3-6），将高血压病人分为低危、中危、高危和很高危4个层次。具体分层标准见表3-7。

▼ 表3-6　影响高血压病人心血管预后的重要因素［《中国高血压防治指南（2018年修订版）》］

心血管危险因素	靶器官损害	伴随临床疾患
① 高血压（1~3级） ② 男性>55岁；女性>65岁 ③ 吸烟或被动吸烟 ④ 糖耐量受损（2小时血糖7.8~11.0mmol/L）和/或空腹血糖异常（6.1~6.9mmol/L） ⑤ 血脂异常（TC≥5.2mmol/L或LDL-C≥3.4mmol/L或HDL-C<1.0mmol/L） ⑥ 早发心血管病家族史（一级亲属发病年龄<50岁） ⑦ 腹型肥胖或肥胖 ⑧ 高同型半胱氨酸血症（≥15μmol/L）	① 左心室肥厚 ② 颈动脉超声IMT≥0.9mm或动脉粥样斑块 ③ 颈-股动脉脉搏波速度≥12m/s ④ 踝臂指数<0.9 ⑤ 估算的肾小球滤过率降低［eGFR 30~59ml/（min·1.73m²）］或血肌酐轻度升高：男性115~133μmol/L，女性107~124μmol/L ⑥ 微量白蛋白尿：30~300mg/24h或白蛋白/肌酐比值≥30mg/g（3.5mg/mmol）	① 脑血管病（脑出血，缺血性脑卒中，短暂性脑缺血发作） ② 心脏疾病（心肌梗死史，心绞痛，冠状动脉血运重建，慢性心力衰竭，心房颤动） ③ 肾脏疾病，如糖尿病肾病、肾功能受损［eGFR<30ml/（min·1.73m²）］；血肌酐升高（男性≥133μmol/L，女性≥124μmol/L），蛋白尿（≥300mg/24h） ④ 外周血管疾病 ⑤ 视网膜病变（出血或渗出，视盘水肿） ⑥ 糖尿病

注：TC. 总胆固醇；LDL-C. 低密度脂蛋白胆固醇；HDL-C. 高密度脂蛋白胆固醇；IMT. 颈动脉内膜中层厚度。

▼ 表3-7　高血压病人心血管风险水平分层标准 [《中国高血压防治指南（2018年版）》]

其他危险因素和病史	血压			
	收缩压130~139mmHg 和/或舒张85~89mmHg	1级高血压	2级高血压	3级高血压
无		低危	中危	高危
1~2个危险因素	低危	中危	中危/高危	很高危
≥3个危险因素，靶器官损害，或慢性肾脏病3期，无并发症的糖尿病	中危/高危	高危	高危	很高危
临床并发症，或慢性肾脏病≥4期，有并发症的糖尿病	高危/很高危	很高危	很高危	很高危

【辅助检查】

1. 基本项目　①血液检查：包括血生化检查、血常规；②尿液检查：包括尿蛋白、尿糖和尿沉渣等；③心电图：是诊断左心室肥厚的最简单方法，左心室导联上 QRS 波电压增高。

2. 推荐项目　24小时动态血压监测、超声心动图、颈动脉超声、血同型半胱氨酸、尿蛋白定量、血糖测定、眼底检查及踝臂指数等。

3. 选择项目　对疑似病人，可按需选择。如血浆肾素活性、血和尿醛固酮、皮质醇，血和尿儿茶酚胺，动脉造影，肾和肾上腺超声、CT或MRI，睡眠呼吸监测等。对有并发症的高血压病人，应进行相应的心、脑、肾功能检查。

相关链接 | **继发性高血压的筛查**

《中国高血压防治指南（2018年修订版）》推荐2类高血压人群需要进行继发性高血压的筛查，首先是新诊断高血压病人，其次是难治性高血压病人。但在临床实践中，为平衡医疗资源同时减少不必要的检查、检验，建议对至少符合其中之一条件的病人进行继发性高血压的筛查。

（1）血压中、重度升高的年轻高血压病人；

（2）舒张压高于100mmHg的老年高血压病人（年龄≥65岁）；

（3）症状、体征或实验室检查有怀疑线索，例如肢体脉搏搏动不对称性减弱或缺失，腹部听到粗糙的血管杂音，既往患有肾脏疾病史等；

（4）不明原因的高血压伴低血钾；

（5）发生与高血压程度不相称的靶器官损伤；

（6）降压药物联合治疗效果差，或者治疗过程中血压曾经控制良好但近期内又明显升高；

（7）急进性或恶性高血压病人。

【治疗要点】

治疗的根本目标是降低心、脑、肾与血管并发症和死亡的总危险。因此，在治疗高血压的同时，应干预所有其他可逆性心血管危险因素、靶器官损害以及各种并存的临床情况。

1. 降压目标　在病人能耐受的情况下，逐步降压达标，一般高血压病人，应将血压降至140/90mmHg以下；老年（≥65岁）高血压病人，血压应降至<150/90mmHg，如果能耐受，可进一步降至<140/90mmHg；一般糖尿病或慢性肾脏病或病情稳定的冠心病合并高血压病人，血压控制目标<130/80mmHg。

相关链接　| 中国高血压防控事业的开创者和先驱者——刘力生教授

作为我国高血压防控事业的开创者和先驱者之一，刘力生对世界高血压领域的最大贡献是拿出中国样本的循证证据。她自1986年起就开始在国内开展大规模多中心前瞻性临床研究，包括：PATS（卒中后降压治疗研究）、CAST（中国阿司匹林治疗急性缺血性脑卒中临床试验）、Syst-China（中国老年收缩期高血压试验）、FEVER（非洛地平减少心脑血管并发症研究）、CHIEF（高血压综合防治研究）、CHINOM（正常高值血压干预研究）等，多项临床试验结果被国内外高血压和相关指南所引用，树立了我国在国际心血管临床试验中的地位。她领导编写了中国第一部《中国高血压防治指南》《中国基层高血压指南》和《中国高血压病人教育指南》。她曾说："总是要做点什么事情，让病人受益，坚持就是胜利。"

2. 非药物治疗　主要指生活方式干预，适用于所有高血压病人。主要措施包括控制体重、减少脂肪摄入、戒烟、限酒等。

3. 药物治疗

（1）启动药物治疗时机：① 高危、很高危病人，应立即开始降压药物治疗；② 中危、低危病人在改善生活方式下分别随访1个月和3个月，多次测量血压仍≥140/90mmHg，可开始降压药物治疗。

（2）降压药物种类与作用特点：目前常用降压药物可归纳为5类，即噻嗪类利尿剂、β受体阻滞剂、钙通道阻滞剂（CCB）、血管紧张素转化酶抑制剂（ACEI）、血管紧张素Ⅱ受体阻滞剂（ARB）、血管紧张素受体脑啡肽酶抑制剂（ARNI）。常见药物不良反应见本章第二节心力衰竭。

1）噻嗪类利尿剂：主要通过排钠，降低细胞外容量，减轻外周血管阻力，发挥降压作用。适用于轻、中度高血压病人。常用药包括氢氯噻嗪、呋塞米、阿米洛利等。

2）β受体阻滞剂：主要通过抑制过度激活的交感神经活性、抑制心肌收缩力、减慢心率发挥降压作用。适用于不同程度的高血压病人，尤其是心率较快的中青年病人或合并心绞痛、慢性心力衰竭的病人，对老年高血压疗效相对较差。常用药包括普萘洛尔、美托洛尔等。

3）钙通道阻滞剂：主要通过阻断血管平滑肌细胞上的钙离子通道，发挥扩张血管、降低血压的作用。适用于合并糖尿病、冠心病或外周血管病的病人。对老年高血压病人有较好的降压疗效。该类药降压起效迅速，降压疗效和降压幅度相对较强，剂量与疗效呈正相关。常用药包括硝苯地平、氨氯地平和维拉帕米等，不良反应包括心率增快、面部潮红、头痛、下肢水肿等。

4）血管紧张素转化酶抑制剂：通过抑制血管紧张素转化酶阻断肾素血管紧张素Ⅱ的生成，抑制激肽酶的降解而发挥降压作用。特别适用于伴有心力衰竭、心肌梗死、心房颤动、蛋白尿、糖耐量减退或糖尿病肾病的高血压病人，常用药包括卡托普利、依那普利等。

5）血管紧张素Ⅱ受体阻滞剂：通过阻断血管紧张素Ⅱ受体发挥降压作用。降压起效缓慢，但持久而平稳，在6~8周时达最大作用，常用药包括氯沙坦、缬沙坦等。

6）血管紧张素受体脑啡肽酶抑制剂：通过对血管紧张素Ⅱ受体–脑啡肽酶双重抑制，达到降压作用。常用药物为沙库巴曲缬沙坦等。

（3）降压药物使用原则：① 从小剂量开始，然后根据病人的血压水平逐步增加剂量。② 优先选择长效制剂。③ 联合用药。一方面联合用药可增强降压效果，同时，也可以降低药物的不良反应。④ 根据高血压病人的具体情况，个体化用药。基于降压药物的有效性和耐受性，兼顾病人的经济条件和个人意愿，选择合适的降压药。

4. 高血压急症的治疗

（1）处理原则：① 及时降压。选择有效的降压药物，静脉给药，持续监测血压。② 控制性降压。血压控制是必须在保证重要脏器灌注的前提下进行的，初始阶段（一般数分钟至1小时内）降压的目标为平均动脉压的降低幅度不超过治疗前水平的25%；在其后2~6小时内应将血压降至安全水平（一般为160/100mmHg）。临床情况稳定后，在之后的24~48小时逐步将血压降至正常水平。同时，针对不同的靶器官损害进行相应处理。③ 合理选择降压药。要求药物起效迅速，短时间内达到最大作用；作用持续时间短，停药后作用消失较快；不良反应较小。④ 治疗开始时不宜使用强力的利尿剂。

（2）常用的降压药物：① 硝普钠，为首选药物，能同时扩张动脉和静脉，降低心脏前、后负荷，降压效果迅速；② 硝酸甘油，扩张静脉和选择性扩张冠状动脉与大动脉，其降低动脉压作用不及硝普钠；③ 尼卡地平，降压的同时可改善脑血流量；④ 地尔硫䓬，降压同时有改善冠状动脉血流量和控制快速室上性心律失常的作用；⑤ 拉贝洛尔，兼有α受体阻滞作用的β受体阻滞剂，起效较迅速，持续时间较长。

5. 高血压亚急症的治疗　应在出现症状后的24~48小时将血压缓慢降至160/100mmHg。大多数高血压亚急症病人可通过口服降压药进行血压控制，如口服CCB、ACEI、ARB、β受体阻滞剂、α₁受体阻滞剂和祥利尿剂。在用药过程中应注意静脉或大剂量口服负荷量降压药可产生副作用或低血压，并可能造成靶器官损害，应注意监测。

【常用护理诊断/问题及护理措施】

1. 疼痛：头痛　与血压升高有关。

（1）减少引起或加重头痛的因素：为病人提供安静、舒适的环境，尽量减少探视时间及次数。护理人员操作应相对集中，动作轻巧，防止过多干扰病人。头痛时嘱病人卧床休息，改变体位的动作要慢。避免劳累、情绪激动和精神紧张等不良因素。向病人解释头痛出现的主要原因，消除或减轻其紧张心理。指导病人使用放松技术，如心理训练、音乐治疗、缓慢呼吸等。

（2）用药护理：遵医嘱应用降压药物治疗，密切监测血压变化以判断疗效，并注意观察药物的不良反应。

2. 有受伤的危险　与头晕、视物模糊、意识改变或发生直立性低血压有关。

（1）避免受伤：病人出现头晕、眼花、耳鸣和视物模糊等症状时，应嘱病人卧床休息，如厕时应有人陪伴；头晕严重时，应协助病人在床上大小便。伴恶心、呕吐的病人，应将痰盂放在病人伸手可及处防止取物时跌倒。避免迅速改变体位，活动场所应设有相关安全设施，必要时病床加用床栏。

（2）直立性低血压的预防和处理：直立性低血压是指在体位变化时发生的血压突然过度下降（先让病人平卧5分钟后测量血压，改为直立位后1分钟和3分钟再分别测量血压，若站立位血压较平卧位时收缩压/舒张压下降＞20/10mmHg，或下降幅度为原来血压的30%以上）同时伴有头晕或晕厥、乏力、心悸、出汗、恶心、呕吐等供血不足的症状。① 首先向病人解释直立性低血压的表现，尤其是在联合用药、服首剂药物或加量时应特别注意。② 指导病人预防直立性低血压的方法：告知病人应避免长时间站立，尤其在服药后最初几小时；改变姿势，特别是从卧位、坐位起立时动作宜缓慢；选在平静休息时服药，且服药后应继续休息一段时间再下床活动；避免用过热的水洗澡或洗蒸汽浴；不宜大量饮酒。③ 指导病人发生直立性低血压时应平卧，下肢抬高位，促进血液回流。

3. 潜在并发症：高血压急症。

（1）避免诱因：向病人讲明高血压急症的诱因，应避免情绪激动、慎饮酒、剧烈运动、随意增减药量。

（2）病情监测：密切监测血压变化，一旦发现血压急剧升高、剧烈头痛、呕吐、大汗、视物模糊、面色及神志改变、肢体运动障碍等症状，立即通知医生。

（3）高血压急症的护理：① 发生高血压急症时，告知病人绝对卧床休息，避免一切不良刺激和不必要的活动，给予吸氧。② 进行心电监护。③ 昏迷的病人应保持呼吸道通畅，头偏向一侧；烦躁或抽搐病人应防止坠床。④ 迅速建立静脉通路，遵医嘱尽早应用降压药物，用药过程中注意监测血压变化，避免出现血压骤降；应用硝普钠时应避光，避免长时间应用。⑤ 安抚病人情绪，必要时用镇静剂。

【健康指导】

1. 疾病知识指导　让病人了解自己的病情，包括血压水平、危险因素及同时存在的临床疾病等，告知病人高血压的风险和有效治疗的益处，使其权衡利弊。指导病人调整心态，学会自我心理调节，避免情绪激动。对病人家属进行疾病知识指导，使其了解治疗方案，提高其配合度。并教会病人和家属正确的家庭血压监测方法。

2. 生活方式指导

（1）饮食指导：① 减少钠盐、增加钾盐的摄入。告知病人钠盐可升高血压以及高血压的发病风险，每天钠盐摄入量应低于6g，增加钾盐摄入，建议使用可定量的盐勺。减少味精、酱油等调味品的使用，减少咸菜、火腿、卤制、腌制等食品的摄入。② 限制总热量，尤其要控制油脂类的摄入量。③ 营养均衡，适量补充蛋白质，增加新鲜蔬菜和水果，增加膳食中钙的摄入。

（2）控制体重：高血压病人应控制体重，使BMI＜24kg/m²，男性腰围＜90cm，女性腰围＜85cm。告知病人高血压与肥胖密切相关，减轻体重可以改善降压药的效果及降低心血管事件的风险。最有效的减重措施是控制能量摄入和增加体力活动。

（3）戒烟限酒：吸烟是心血管事件的主要危险因素，被动吸烟也会显著增加心血管疾病危险。指导病人戒烟，不提倡高血压病人饮酒。

（4）运动指导：定量的体育锻炼可增加能量消耗、降低血压、改善糖代谢等。指导病人根据年龄和血压水平及个人兴趣选择适宜的运动方式，合理安排运动量。① 运动形式：可采取有氧、抗阻和伸展运动等，以有氧运动为主；② 运动强度：常用运动时最大心率来评估运动强度，中等强度运动为能达到最大心率［最大心率（次/min）=220-年龄］的60%~70%的运动量。高危运动前需进行评估。③ 运动频度：建议每周运动4~7天，每次累计30~60分钟的中等强度运动，如步行、慢跑、游泳、打太极拳等。

（5）减轻精神压力，保持心理平衡：避免过于紧张的脑力劳动，学会使用放松技巧，保持情绪平稳。

（6）管理睡眠：保持规律的睡眠时间和起床时间，尽量避免熬夜和过度疲劳。建立良好的睡眠习惯有助于平稳血压。

3. 用药指导　指导病人正确服用药物：① 强调长期药物治疗的重要性。② 告知有关降压药物的名称、剂量、用法、作用及不良反应，并提供书面材料。嘱病人遵医嘱按时按量服药。③ 不能擅自突然停药，经治疗血压得到满意控制后，可以在医生指导下逐渐减少剂量。

4. 家庭血压监测指导　家庭血压测量可获得日常生活状态下病人的血压信息，可帮助排除"白大衣高血压"，检出隐蔽性高血压，在增强病人参与诊治的主动性、改善病人治疗依从性等方面具有优点。① 应教会病人和家属正确的血压监测方法，推荐使用合格的上臂式全自动血压计自测血压。② 家庭血压值一般低于诊室血压值，高血压的诊断标准为135/85mmHg，与诊室血压的140/90mmHg相对应。③ 血压未达标者，建议每天早晚各测量血压1次，每次测量2~3遍，连续7天，以后6天血压平均值作为医生治疗的参考。血压达标者，建议每周测量1次。④ 对于精神高度焦虑病人，不建议自测血压。在家庭血压监测时，要规范操作，如实记录血压测量结果，随访时提供给医护人员作为治疗参考。

5. 高血压急症院外急救知识指导　院外出现高血压急症时，为避免病情加重和途中出现意外，不要慌忙急诊入院。应采取以下急救措施：稳定病人情绪；舌下含服快速降压药；当血压下降、病情平稳后再积极入院诊治。

6. 心理指导　应采取各种措施，帮助病人预防和缓解精神压力，纠正和治疗病态心理，必要时建议病人寻求专业心理辅导或治疗。

7. 定期随访　根据病人的心血管危险分层及血压水平决定随访频次：① 若当前血压水平仅属正常高值或1级，危险分层属低危者或仅服一种药物治疗者，可安排每1~3个月随访一次；② 新发现的高危及较复杂病例的随诊间隔应缩短，高危病人血压未达标的，每2周至少随访一次；③ 血压达标且稳定的，每个月随访1次。若治疗后血压降低达到目标，且其他危险因素得到控制可以减少随诊次数。

（夏继凤）

第六节 冠状动脉粥样硬化性心脏病

案例导入

病人，男，57岁，以"胸痛、胸闷1个月"就诊。

病史评估：近1个月于急走或骑车时感觉心前区疼痛，为持续性胸骨后压榨样疼痛，每次发作持续3~5分钟，休息数分钟可自行缓解。既往有吸烟史30年，高血压病史14年。

身体评估：T 36℃，P 67次/min，R 18次/min，BP 138/80mmHg。神志清楚，自动体位。心前区无隆起，心尖搏动正常，心律齐。

辅助检查：心电图正常。心肌酶谱、肌钙蛋白未见明显异常。

初步诊断：稳定型心绞痛。

请思考：稳定型心绞痛发作时有何特点？应如何护理？若病人舌下含服硝酸甘油数十分钟后胸痛不能缓解，则应考虑哪些问题？病人对疾病发作不以为意，应如何对病人进行健康指导？

冠状动脉粥样硬化性心脏病（coronary atherosclerotic heart disease）是指冠状动脉粥样硬化使血管腔狭窄或阻塞，导致心肌缺血缺氧或坏死而引起的心脏病，简称冠心病（coronary heart disease，CHD），亦称缺血性心脏病。

冠状动脉粥样硬化性心脏病是动脉硬化导致器官病变的最常见类型，也是严重危害人类健康的常见病。2019年，全球估计有914万人因冠心病死亡，全球估计有1.97亿人患冠心病。在欧美发达国家本病常见，在我国本病近年来呈增长趋势，其死亡率呈现农村高于城市，男性高于女性的特征。

【危险因素】

本病病因尚未完全明确，目前认为是多种因素作用所致，主要的危险因素有以下几种。

1. 年龄、性别　本病多见于40岁以上人群，男性多于女性，但女性在更年期后发病率增加。

2. 血脂异常　脂质代谢异常是动脉粥样硬化最重要的危险因素。总胆固醇（total cholesterol，TC）、甘油三酯（triglyceride，TG）、低密度脂蛋白（low-density lipoprotein，LDL）或极低密度脂蛋白（very low density lipoprotein，VLDL）增高，高密度脂蛋白（high density lipoprotein，HDL）减低都被认为是危险因素。

3. 高血压　血压升高与本病密切相关。60%~70%的冠状动脉粥样硬化性心脏病病人都有高血压，高血压病人患病率较血压正常者高3~4倍。

4. 吸烟　易导致动脉粥样硬化的形成，与不吸烟者相比较，吸烟者的发病率和病死率增高2~6倍，被动吸烟也是冠状动脉粥样硬化性心脏病的危险因素。

5. 糖尿病和糖耐量异常　糖尿病病人中本病发病率较非糖尿病者高数倍。

6. 其他危险因素　还包括肥胖、缺少体力活动、遗传因素、A型性格、不良饮食习惯等。

【分类】

1979年，世界卫生组织（World Health Organization，WHO）基于冠状动脉粥样硬化性心脏病的临床表现，将其分为无症状性冠心病、心绞痛、心肌梗死、缺血性心肌病和猝死五型。目前，基于发病特点和治疗原则将其分为慢性冠脉疾病（chronic coronary artery disease，CAD），也称慢性缺血综合征（chronic ischemic syndrome，CIS）和急性冠脉综合征（acute coronary syndrome，ACS）两大类。前者包括稳定型心绞痛（stable angina pectoris，SAP）、缺血性心肌病和隐匿型冠心病。后者包括不稳定型心绞痛（unstable angina pectoris，UAP）、非ST段抬高型心肌梗死（non-ST segment elevation myocardial infarction，NSTEMI）、ST段抬高型心肌梗死（ST segment elevation myocardial infarction，STEMI），也有将冠心病猝死包括在内。本章将重点讨论"稳定型心绞痛"和"急性冠脉综合征"。

一、稳定型心绞痛

稳定型心绞痛（stable angina pectoris，SAP）是在冠状动脉狭窄的基础上，心肌负荷增加而导致心肌急剧的、暂时的缺血与缺氧的临床综合征。其特点为阵发性的前胸压榨性疼痛或憋闷感，主要位于胸骨后部，可放射至心前区、左肩、颈部或左上肢，常发生于劳力负荷增加时，持续数分钟，休息或含服硝酸酯制剂后消失。

【病因及发病机制】

当冠状动脉的供血与心肌的需血之间不平衡，冠状动脉血流量不能满足心肌代谢的需要，引起心肌急剧的、暂时的缺血缺氧时，即可发生心绞痛。正常情况下，冠状循环血流量具有很大的储备力量，其血流量可随身体的生理情况有显著的变化。当剧烈活动时，冠状动脉适当扩张，血流量增加6~7倍；缺氧时，冠状动脉也扩张，使血流量增加4~5倍。但冠状动脉粥样硬化致冠状动脉狭窄或部分分支闭塞时，其扩张性减弱，血流量减少。若心肌的血供减少到尚能应付平时的需要，则休息时无症状。一旦心脏负荷增加如劳累、激动、心力衰竭等致心肌耗氧量增大，对血液的需求增加时，冠状动脉的供血已不能相应增加，即可引起心绞痛。

【临床表现】

1. 症状　以发作性胸痛为主要临床表现，疼痛特点如下。

（1）部位：主要在胸骨体上段或中段之后，可波及心前区，界线不清楚。常放射至左肩、左臂内侧环指和小指或至颈、咽或下颌部。

（2）性质：常为压迫、发闷、紧缩、烧灼感，但不尖锐，不像针刺或刀割样痛，偶伴濒死感，发作时病人常被迫停止原来活动，直至症状缓解。

（3）诱因：体力劳动、情绪激动、饱餐、寒冷、吸烟、心动过速、休克等均可诱发。

（4）持续时间：持续数分钟至十余分钟，多为3~5分钟，一般不超过半小时。

（5）缓解方式：停止原来诱发症状的活动后即可缓解；舌下含服硝酸甘油等硝酸酯类药物也能在几分钟内缓解。

2. 体征　心绞痛发作时常见面色苍白、出冷汗、心率增快、血压升高，听诊可有暂时性心尖部收缩期杂音，有时出现第四心音奔马律。根据加拿大心血管学会（CCS）分级，心绞痛严重程度可分为四级（表3-8）。

▼ 表3-8 心绞痛严重程度分级［加拿大心血管学会（CCS）分级］

分级	分级标准
Ⅰ级	一般日常活动不引起心绞痛发作
Ⅱ级	饭后、情绪激动后可发作，日常体力活动稍受限
Ⅲ级	平地步行1km或上一层楼（一般速度一般条件）可诱发，日常体力活动受限
Ⅳ级	休息时可发作，日常轻微活动即可引起发作

【辅助检查】

1. 心电图检查　是发现心肌缺血、诊断心绞痛最常用的检查方法。静息心电图约有半数病人为正常，亦可出现非特异性ST段和T波异常；心绞痛发作时可出现暂时性心肌缺血引起的ST段移位或T波改变。运动负荷试验及24小时动态心电图检查可明显提高缺血性心电图的检出率。

2. 放射性核素检查　利用放射性心肌显像所示灌注缺损提示心肌血流供血不足或消失区域，对心肌缺血诊断极有价值。

3. 冠状动脉造影　冠状动脉造影是目前冠心病临床诊断的"金标准"。选择性冠状动脉造影可使左、右冠状动脉及其主要分支得到清楚显影，具有确诊价值。

4. 其他　还可进行血糖、血脂检查了解发病危险因素；查血清心肌损伤标志物，判别是否出现心肌梗死。冠状动脉多层螺旋CT造影通过冠状动脉二维或三维重建，可判断冠状动脉狭窄程度。超声心动图检查也可以使用。

【治疗要点】

心绞痛的治疗原则是改善冠状动脉的供血，降低心肌的耗氧量；积极治疗动脉粥样硬化，避免各种诱发因素和纠正各种危险因素；预防心肌梗死和猝死，提高生活质量。

1. 发作时的治疗

（1）休息：发作时应立即休息，病人一般停止活动后症状即可消除。

（2）药物治疗：宜选用作用较快的硝酸酯制剂，这类药物除可扩张冠状动脉、增加冠状动脉血流量外，还可扩张周围血管，减轻心脏前后负荷，从而缓解心绞痛。① 硝酸甘油0.5mg舌下含服，1~2分钟即可显效，可维持约半小时。长时间反复应用可由于产生耐药性而效力减低。② 硝酸异山梨酯5~10mg，舌下含服，2~5分钟显效，作用维持2~3小时。

相关链接 | **含服硝酸甘油片延迟见效或无效的可能原因**

1. 长期反复用药产生耐药性，需增加剂量或停药10小时后可恢复疗效。

2. 硝酸甘油已过期失效或未溶解。建议病人随身携带的硝酸甘油每6个月更换一次。

3. 病情发展为不稳定型心绞痛或急性心肌梗死。

4. 疼痛为其他原因，并非心绞痛。

相关链接 | **诺贝尔和硝酸甘油**

硝酸甘油俗称硝化甘油，是一种黄色的油状透明液体，可因震动而爆炸，属化学危险品。瑞典发明家阿尔弗雷德·诺贝尔，在硝化甘油的基础上，成功地发明了安全炸药，并建立了世界上第一座硝化甘油炸药工厂。在工厂工作的工人出现了一种奇怪的现象，每当他们周一从家返回工厂时，会觉得脸上发烫，并伴有严重头痛，称为"周一病"。经过研究，发现硝酸甘油可以扩张血管，工人是因为头部血管扩张出现头痛、脸热等。由此，药理学家们将硝酸甘油发展为一种缓解心绞痛的药物。

2. 缓解期的治疗

（1）药物治疗：选择作用持久的药物，改善心肌缺血，预防心肌梗死，改善预后。

1）β受体阻滞剂：除有明确禁忌证者外，是稳定型心绞痛的初始治疗药物。通过抑制β受体，起到减慢心率、降低血压的作用，从而减低心肌收缩力和耗氧量，减少心绞痛的发生。常用药品有美托洛尔、比索洛尔、阿替洛尔等。

2）硝酸酯制剂：通过扩张血管，减轻症状。长效硝酸甘油制剂，常用的药物有硝酸异山梨酯、单硝酸异山梨酯。

3）钙通道阻滞剂：抑制钙离子进入细胞内，抑制心肌收缩，减少心肌耗氧量；扩张冠状动脉，改善心肌缺血；扩张周围血管，减轻心脏前后负荷从而缓解心绞痛。常用药物有维拉帕米、硝苯地平、地尔硫䓬。

4）环氧化酶（COX）抑制剂：抗血小板聚集，减少血栓形成，可以预防心肌梗死，改善预后。常用药物有阿司匹林、吲哚布芬。阿司匹林剂量范围为75~150mg/d。若有阿司匹林使用禁忌可使用P_2Y_{12}受体拮抗药，如氯吡格雷、替格瑞洛。

5）调脂药物：血脂异常者，经饮食调节和适当运动3个月后，未达到治疗目标水平者，应选用他汀类药物降低总胆固醇和低密度脂蛋白胆固醇。常见药物有辛伐他汀、阿托伐他汀、普伐他汀等。

6）其他：曲美他嗪、ACEI或ARB、中医中药治疗等。

（2）介入治疗：可进行冠状动脉血运重建，如经皮冠状动脉介入治疗（详见本章第十节中"冠状动脉介入性诊断及治疗"）或冠状动脉旁路移植术。

（3）增强型体外反搏（enhanced external counterpulsation，EECP）：EECP装置是具有我国自主知识产权的下半身气囊序贯加压式体外反搏器，能降低病人心绞痛发作频率，改善运动负荷试验中的心肌缺血情况，能使75%~80%的病人症状获得改善。

（4）运动锻炼疗法：适度的运动锻炼有助于促进侧支循环的形成，提高体力活动的耐受量而改善症状。

【常用护理诊断/问题及护理措施】

1. 疼痛：胸痛　与心肌缺血、缺氧有关。

（1）休息与活动：心绞痛发作时应立即停止正在进行的活动，休息片刻即可缓解。

（2）心理护理：安抚病人，解除其不良情绪，以减少心肌耗氧量。

（3）疼痛观察：评估病人疼痛的部位、性质、程度、持续时间及有无诱因，并及时记录。避免引起心绞痛的诱因，严密观察病人有无面色苍白、大汗、恶心等不适，监测心率、心律、血压变化。

（4）用药护理：① 心绞痛发作时可给予病人舌下含服硝酸甘油，用药后注意观察病人胸痛变化情况。如疼痛时间延长，性质加重，休息和含服硝酸甘油不能缓解，应警惕心肌梗死的发生。亦可遵医嘱给予硝酸甘油静脉滴注或微量泵输注，但应严格控制速度，并告知病人及家属不可擅自调节滴速，严密监测血压情况，以防低血压发生。② 应用β受体阻滞剂注意预防直立性低血压，告知病人服药后起身动作宜缓慢，预防跌倒的发生。此类药物宜以小剂量开始，停药时应逐步减量，突然停药易诱发心肌梗死。③ 应用他汀类药物，注意监测肝肾功能等。

（5）避免诱因：分析发作的常见诱因，防止其发作。

2. 活动无耐力　与心肌氧的供需失调有关。

评估病人有无心绞痛发作而引起的活动受限。根据病人的活动能力制订合理的活动计划，最大活动量以不发生心绞痛为度，避免竞赛活动和屏气用力动作，避免精神过度紧张和长时间工作。对于规律发作的心绞痛，可预防性用药，如外出、就餐、排便等活动前含服硝酸甘油等。

【健康指导】

1. 改变生活方式　生活方式的改变是冠状动脉粥样硬化性心脏病治疗的基础。① 合理膳食：指导病人养成良好的生活习惯，摄入低盐、低脂、低胆固醇饮食，多食新鲜水果、蔬菜，避免暴饮暴食，保持大便通畅；② 戒烟：强调戒烟和控制吸二手烟的重要性；③ 控制体重指数：鼓励病人控制体重指数（BMI）<24kg/m^2，男性腰围<90cm，女性腰围<85cm；④ 适度运动：坚持每周5次，至少每天1次30~60分钟适当强度的有氧运动，如慢跑、疾走、骑单车、游泳、做健身操等；⑤ 控制血糖：对合并糖尿病者要强调通过改变生活方式和坚持药物治疗达到糖化血红蛋白<6.5%~7.0%的标准；⑥ 控制血压：合并高血压、糖尿病或慢性肾脏病者控制血压低于130/80mmHg。

2. 避免诱发因素　告知病人心绞痛发作的诱因有过劳、情绪激动、饱餐、寒冷等，应注意尽量避免。

3. 病情的自我管理及随访　教会病人及家属心绞痛发作时的缓解方法，如心绞痛发作比以往频繁、程度加重，服用硝酸甘油不易缓解，应立即到医院就诊，警惕心肌梗死的发生。嘱病人应定期复查心电图、血糖、血脂等。

4. 提高服药依从性　指导病人出院后遵医嘱服药，自我监测药物的副作用，不擅自增减药量。外出时随身携带硝酸甘油以备急需。硝酸甘油见光易分解，应放在棕色瓶内，6个月更换一次，以确保疗效。

二、急性冠脉综合征

急性冠脉综合征包括不稳定型心绞痛（UAP）、非ST段抬高型心肌梗死（NSTEMI）和ST段抬高型心肌梗死（STEMI）。心肌梗死（myocardial infarction，MI）是心肌的缺血性坏死。动脉粥样硬化不稳定斑块破裂或糜烂导致冠状动脉内急性血栓形成，被认为是大多数急性冠脉综合征发病的主要病理基础，血小板激活在其发病过程中起着非常重要的作用。其中，UAP和NSTEMI称为非ST段抬高急性冠脉综合征（non-ST-segment elevation acute coronary syndrome，NSTE-ACS）。

（一）不稳定型心绞痛和非ST段抬高型心肌梗死

不稳定型心绞痛是介于稳定型心绞痛和急性心肌梗死之间的临床状态，若同时伴有血清心肌坏死损伤标志物升高，则为非ST段抬高型心肌梗死。

【发病机制】

主要是冠状动脉内不稳定的粥样斑块继发病理改变，如斑块内出血、斑块纤维帽出现裂隙、表面有血小板聚集和/或刺激冠状动脉痉挛，使局部心肌血流量明显下降，导致缺血加重。虽然也可因劳力负荷诱发，但劳力负荷中止后胸痛并不能缓解。

【临床表现】

胸痛的部位、性质与稳定型心绞痛相似，通常程度更重，持续时间更长，可达数十分钟，胸痛在休息时也可发生。但具有以下特点之一。

1. 稳定型心绞痛在1个月时间内症状加重，心绞痛严重程度Ⅲ级。

2. 1个月以内新发的心绞痛，时间超过20分钟，心绞痛严重程度Ⅱ级或Ⅲ级。

3. 心肌梗死后1个月内发生的心绞痛。

4. 查体时能闻及一过性第三心音或第四心音，但不具有特异性。

【辅助检查】

1. **心电图检查**　病人胸痛发作时可出现ST段压低或一过性ST段抬高、T波低平或倒置，可通过运动负荷试验进行。

2. **冠状动脉造影**　同稳定型心绞痛。

3. **心肌损伤标志物检查**　肌钙蛋白（cTn）是最敏感和最特异的心肌损伤标志物，在症状发生后24小时内，肌钙蛋白峰值超过正常对照值的99个百分位需考虑NSTEMI的诊断。所有疑似病人均应在发病后3~6小时内检测肌钙蛋白（cTn）T和I。

4. **其他**　可进行超声心动图和放射性核素检查。

【治疗要点】

1. **一般处理**　卧床休息，消除紧张情绪和顾虑，保持环境安静。有呼吸困难、发绀者应给予氧气吸入，维持血氧饱和度在95%以上。

2. **药物治疗**　硝酸甘油或硝酸异山梨酯含服或持续静脉滴注、泵入，直至症状缓解。对于无禁忌证的病人，及早使用β受体阻滞剂，必要时可用镇静剂吗啡。

3. **抗凝治疗**　应用阿司匹林、氯吡格雷和肝素以防止血栓形成，阻止病情向心肌梗死方向发展。

4. 急诊冠状动脉介入治疗　详见本章第十节中"冠状动脉介入性诊断及治疗"。

不稳定型心绞痛经治疗病情稳定后，出院应继续强调抗凝和调脂治疗，特别是他汀类药物的应用以促使斑块稳定。

（二）急性ST段抬高型心肌梗死

案例导入

病人，女，53岁，以"突发胸痛4小时"为主诉入院。

病史评估： 4小时前，晚饭后出现心前区胸闷、胸痛，呈压榨样疼痛，并向背部放射痛，伴全身冷汗，急诊入院。

身体评估： T 36.7℃，P 92次/min，R 22次/min，BP 130/93mmHg，神志清楚，表情痛苦。心界不大，心律齐，各瓣膜听诊区未闻及病理性杂音。

辅助检查： 心电图示V_1~V_5导联ST段抬高0.22mV，肌酸肌酶同工酶50IU/L，心肌肌钙蛋白10.89μg/L。

初步诊断： ST段抬高型心肌梗死。

请思考： 急性心肌梗死的胸痛有哪些特点？该病人主要的护理问题及措施有哪些？病人入院后十分恐惧，应如何对其进行健康指导？

急性ST段抬高型心肌梗死（STEMI）是在冠状动脉病变的基础上，发生冠状动脉血供急剧减少或中断，使相应的心肌严重而持久地急性缺血导致心肌坏死。临床上表现为持久的胸骨后剧烈疼痛、白细胞计数和血清心肌坏死标志物增高及心电图进行性改变，常可并发心律失常、休克或心力衰竭，属急性冠脉综合征的严重类型。

【病因及发病机制】

本病的基本病因是冠状动脉粥样硬化，造成一支或多支血管管腔严重狭窄和心肌供血不足。在此基础上，一旦血供急剧减少或中断，使心肌严重而持久地急性缺血达20~30分钟以上，即可发生STEMI。绝大多数是由于不稳定斑块溃破，继而出血和管腔内血栓形成，致使管腔闭塞。

促使斑块破裂出血及血栓形成的诱因有：① 休克、脱水、出血、外科手术或严重心律失常，使心排血量骤降，冠状动脉灌流量锐减；② 重体力活动、情绪过分激动、血压剧升或用力排便时，左心室后负荷加重；③ 在饱餐特别是进食大量脂肪后，血脂增高，血液黏稠度增高；④ 晨起6时至12时交感神经活动增加，机体应激反应增强，冠状动脉张力增高。

【临床表现】

1. 先兆　50%~81%的病人在发病前数日有乏力，胸部不适，活动时心悸、气急、烦躁、心绞痛等前驱症状，以新发生心绞痛或原有心绞痛加重最为突出。心绞痛发作较以往频繁、性质剧烈、持续时间长、硝酸甘油疗效差、诱发因素不明显。心电图示ST段一过性明显抬高或压低，T波倒置或增高。如此时及时住院处理，可使部分病人避免发生急性心肌梗死。

2. 症状

（1）疼痛：为最早出现最突出的症状。疼痛的性质和部位与心绞痛相似（表3-9），但常无明显诱因，且程度更剧烈，呈难以忍受的压榨、窒息或烧灼样，伴有大汗、烦躁不安、恐惧及濒死感，持续时间可达数小时或数天，休息和服用硝酸甘油不缓解。部分病人因疼痛向上腹部、下颌、颈部、背部放射而被误诊。少数病人无疼痛，一开始即表现为休克或急性心力衰竭。

▼ 表3-9　稳定型心绞痛与急性ST段抬高型心肌梗死（STEMI）的区别要点

区别要点	稳定型心绞痛	STEMI
疼痛		
部位	胸骨上、中段之后	相同，但也可在较低位置或上腹
性质	压榨样或窒息样	相似，但更剧烈
诱因	劳力、情绪激动、受寒或饱食等	不常有
持续时间	短，1~5分钟或30分钟以内	长，数小时或1~2天
频率	频繁发作	不频繁
硝酸甘油疗效	显著缓解	作用较差或无效
辅助检查		
血清心肌坏死标志物	无变化	有异常
心电图变化	无变化或暂时性ST段和T波改变	有特征性和动态性变化

🔔 问题与思考

　急性心肌梗死的疼痛常发生在胸骨后和心前区，若发生在其他部位容易与相应部位的疾病混淆，导致误诊。

　1. 哪些疾病的疼痛易与其相混淆？

　2. 鉴别要点是什么？

（2）全身症状：发热、心动过速、白细胞增高和血沉增快等，系由坏死物质被吸收所致。体温可升高至38℃左右，持续约1周。

（3）胃肠道症状：疼痛剧烈时常伴恶心、呕吐、胀痛，肠胀气亦不少见。

（4）心律失常：见于75%~95%的病人，多发生在起病1~2天内，24小时内最多见。以室性心律失常最多，尤其是室性期前收缩，频发、多源、成对出现的或呈R on T现象的室性期前收缩常为心室颤动的先兆。心室颤动是STEMI入院前主要的死因。

（5）低血压和休克：多发生在起病后数小时至数日内，主要为心源性休克，为心肌广泛坏死，心排血量急剧下降所致。表现为烦躁不安、面色苍白、皮肤湿冷、脉细而快、大汗淋漓、尿少、神志迟钝，严重者出现昏迷。

（6）心力衰竭：主要为急性左心衰竭，为心肌梗死后心脏舒缩力显著减弱或不协调所致。表现为呼吸困难、咳嗽、发绀、烦躁等症状，重者可发生肺水肿，随后可发生颈静脉怒张、肝大、水肿等右心衰竭表现。右心室心肌梗死者可一开始就出现右心衰竭表现，伴血压下降。

3. 体征 心率多增快, 少数也可减慢; 除急性心肌梗死早期血压可增高外, 几乎所有病人都有血压下降; 心脏浊音界可正常或轻至中度增大; 心尖部第一心音减弱, 可闻及第三或第四心音奔马律; 亦有部分病人在心前区可闻及收缩期杂音或喀喇音, 为二尖瓣乳头肌功能失调或断裂所致; 部分病人在起病2~3天出现心包摩擦音, 为反应性纤维性心包炎所致。

4. 并发症

(1) 乳头肌功能失调或断裂: 二尖瓣乳头肌因缺血、坏死等使收缩功能发生障碍, 造成二尖瓣脱垂及关闭不全。轻者可以恢复, 重者可严重损害左心功能致使发生急性肺水肿, 在数日内死亡。

(2) 心脏破裂: 少见, 常在起病1周内出现, 多为心室游离壁破裂, 偶有室间隔破裂。

(3) 栓塞: 发生率1%~6%, 见于起病后1~2周, 如为左心室附壁血栓脱落所致, 则引起脑、肾、脾或四肢等动脉栓塞; 下肢静脉血栓脱落可导致肺动脉栓塞。

(4) 心室壁瘤: 主要见于左心室, 发生率5%~20%。较大的室壁瘤体检时可见左侧心界扩大, 超声心动图可见心室局部有反常运动, 心电图示ST段持续抬高。

(5) 心肌梗死后综合征: 发生率为10%。于心肌梗死后数周至数月内出现, 可反复发生, 表现为心包炎、胸膜炎或肺炎, 有发热、胸痛等症状, 可能为机体对坏死物质产生的过敏反应。

【辅助检查】

1. 心电图 疑似STEMI的病人, 在首次医疗接触 (first medical contact, FMC) 后10分钟内, 应记录12导联心电图, 推荐记录18导联心电图。

(1) 特征性改变: STEMI的心电图有特征性的改变及演变过程, 见图3-22。ST段弓背向上抬高 (呈单相曲线) 伴或不伴病理性Q波、R波减低, 常伴对应导联镜像性ST段压低。但STEMI早期多不出现这种特征性改变, 而表现为超急性T波 (异常高大且两支不对称) 改变和/或ST段斜直型升高, 并发展为ST-T融合, 伴对应导联的镜像性ST段压低。

心电图动态演变过程为: ① 在起病数小时内可无异常或出现异常高大两支不对称的T波, 为超急性期改变。② 数小时后, ST段明显抬高, 弓背向上, 与直立的T波连接, 形成单相曲线; 数小时至2天内出现病理性Q波, 同时R波减低, 为急性期改变。Q波在3~4天内稳定不变, 此后70%~80%永久存在。③ 如果早期不进行治疗干预, 抬高的ST段可在数天至2周内逐渐回到基线水平, T波逐渐平坦或倒置, 为亚急性期改变。④ 数周至数月后, T波呈V形倒置, 两支对称,为慢性期改变。T波倒置可永久存在，也可在数月至数年内逐渐恢复。

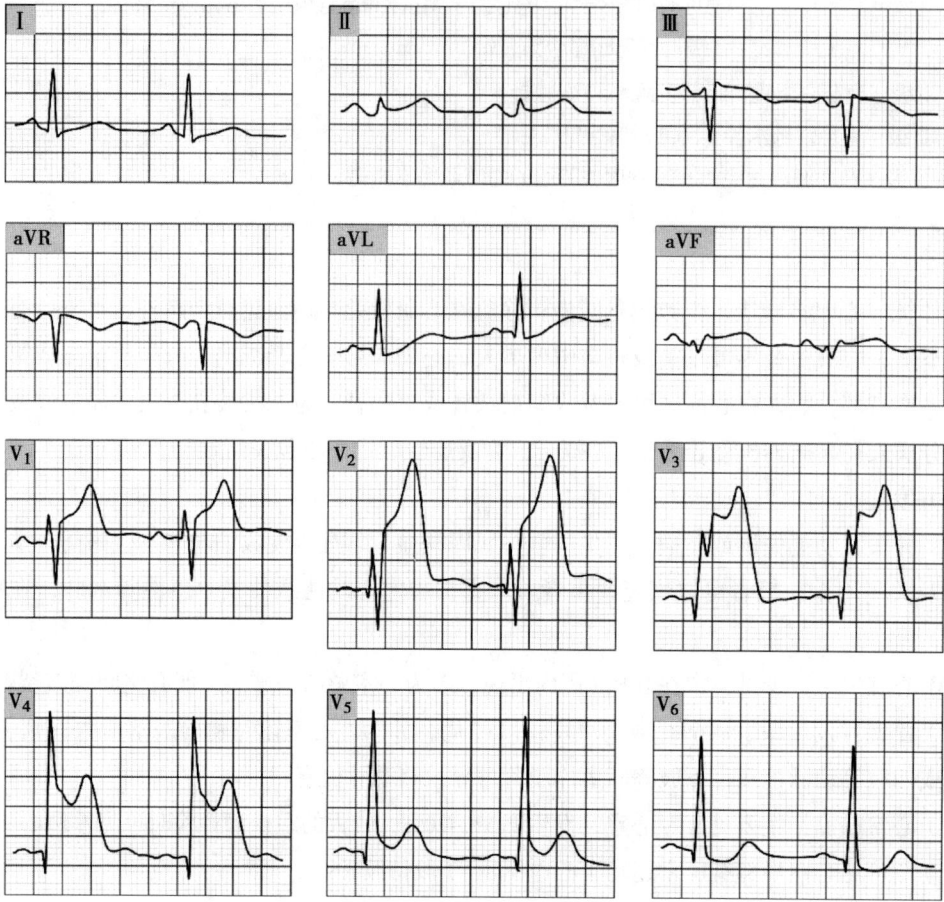

▲ 图3-22　急性前壁心肌梗死的心电图

（2）定位诊断：通过特征性改变出现的导联数进行判断，V_1、V_2、V_3导联示前间壁心肌梗死，$V_1 \sim V_5$导联示广泛前壁心肌梗死，Ⅱ、Ⅲ、aVF导联示下壁心肌梗死，Ⅰ、aVL导联示高侧壁心肌梗死。

2. 超声心动图　二维和M型超声心动图有助于了解心室壁的运动和左心室功能，诊断室壁瘤和乳头肌功能失调等。

3. 放射性核素检查　可显示STEMI的部位与范围，观察左心室壁的运动和左心室的射血分数。

4. 辅助检查

（1）血常规检查：常见白细胞总数增高，中性粒细胞增多，嗜酸性粒细胞减少或消失；血沉增快，C反应蛋白增高可持续1~3周。

（2）血清心肌坏死标志物增高：建议分别于入院时、2~4小时、6~9小时、12~24小时测定，见表3-10。

检查项目	开始升高时间/h	高峰时间/h	恢复正常时间	临床意义
肌红蛋白	2	12	24~48h	出现最早，敏感性高，但特异性不强
肌钙蛋白I（cTnI）	2~4	10~24	7~10d	诊断心肌坏死最特异和敏感的首选指标
肌钙蛋白T（cTnT）	2~4	24~48	10~14d	
肌酸激酶同工酶（CK-MB）	4	16~24	3~4d	对诊断心肌坏死的特异性较高，适用于早期STEMI诊断和再发梗死诊断。其峰值提前有助于判断溶栓治疗后梗死相关动脉开通
肌酸激酶（CK）	6~10	12	3~4d	敏感性较差，有诊断参考价值

【治疗要点】

对于STEMI，强调早发现早治疗，建立区域协同救治网络和规范化胸痛中心。治疗原则是尽早实现心肌血液的再灌注，以挽救濒死的心肌，防止梗死面积扩大或缩小心肌缺血范围，及时处理严重心律失常、泵衰竭和各种并发症，防止猝死。

1. 一般治疗　① 休息：急性期卧床休息，保持环境安静；减少探视，防止不良刺激，解除焦虑；② 吸氧：不常规给氧，当合并低氧血症（$SaO_2 < 90\%$ 或 $PaO_2 < 60mmHg$）时吸氧；③ 监测：急性期应住在心血管监护病房，密切观察心律、心率、血压和心功能的变化，除颤仪随时处于备用状态。

2. 解除疼痛　① 吗啡2~4mg静注，减轻交感神经过度兴奋和濒死感，注意观察呼吸功能抑制等不良反应；② 硝酸甘油或硝酸异山梨酯舌下含服或静脉滴注。

3. 再灌注心肌　起病后3~6小时内（最多不超过12小时）使闭塞的冠状动脉再通，心肌得到再灌注，濒临坏死的心肌可能得以存活或使坏死范围缩小，改善预后，血管开通时间越早，挽救的心肌越多。

（1）经皮冠状动脉介入治疗（percutaneous coronary intervention，PCI）：具备实施介入治疗条件的医院，在明确诊断之后应尽快行PCI术，可获得更好的治疗效果（见本章第十节中"冠状动脉介入性诊断及治疗"）。

（2）溶栓疗法：对于STEMI，无条件施行介入治疗或因病人就诊延误、转运至上级医院将会错过再灌注时机时，如无禁忌证应行溶栓治疗。

1）适应证：① 两个或两个以上相邻导联ST段抬高0.1mV，或血流动力学不稳定，无直接PCI条件；② 急性胸痛未超过12小时，预计首次医疗接触至实施PCI时间超过120分钟；③ ST段抬高的心肌梗死发病时间已达12~24小时，但仍有进行性缺血性胸痛；④ 无溶栓禁忌证。

2）禁忌证

① 绝对禁忌证：既往任何时间发生过颅内出血或未知原因卒中；近6个月发生过缺血性卒中；中枢神经系统损伤、肿瘤或动静脉畸形；近1个月内有严重创伤/手术/头部损伤、胃肠道出血；已知原因的出血性疾病（不包括月经来潮）；明确、高度怀疑或不能排除主动脉夹层；24小

时内接受非可压迫性穿刺术（如肝脏活检、腰椎穿刺）。

②相对禁忌证：6个月内有短暂性脑缺血发作；口服抗凝药治疗中；妊娠或产后1周；严重未控制的高血压（收缩压>180mmHg和/或舒张压>110mmHg）；晚期肝脏疾病；感染性心内膜炎；活动性消化性溃疡；长时间或有创性复苏。

3）溶栓药物的应用：临床主要应用特异性纤溶酶原激活剂和非特异性纤溶酶原激活剂。①重组组织型纤溶酶原激活剂，如阿替普酶最常用。②非特异性纤溶酶原激活剂，如尿激酶，因再通率低，使用不方便，不推荐院前溶栓使用。

（3）紧急主动脉-冠状动脉旁路移植术：介入治疗失败或溶栓治疗无效，有手术指征者，宜争取6~8小时内行主动脉-冠状动脉旁路移植术。

4. 消除心律失常　心律失常必须及时消除，以免演变为严重心律失常甚至猝死。①一旦发现室性期前收缩或室性心动过速，立即用利多卡因50~100mg静脉注射，必要时每5~10分钟重复一次。如室性心律失常反复发作者可用胺碘酮。②发生心室颤动时，尽快采用电除颤或同步直流电复律，在未取得除颤器之前应立即开始CPR。③缓慢性心律失常可用阿托品0.5~1mg肌内注射或静脉注射。④房室传导阻滞发展到二度或三度，伴有血流动力学障碍者，可用临时心脏起搏器。

5. 控制休克　STEMI时既有心源性休克，也有血容量不足、周围血管舒缩障碍等因素存在。因此，应在血流动力学监测下，采用升压药、血管扩张剂和纠正酸中毒等抗休克治疗。如上述处理无效时，应在主动脉内球囊反搏（intra-aortic balloon pump，IABP）的支持下，即刻选择行冠状动脉造影，随后行经皮腔内冠状动脉成形术或支架置入术，使冠状动脉及时再通，必要时行主动脉-冠状动脉旁路移植术。

6. 治疗心力衰竭　主要是治疗急性左心衰竭，以应用吗啡（或哌替啶）和利尿剂为主，也可选用血管扩张剂减轻左心室的前后负荷。24小时内宜尽量避免使用洋地黄制剂。

7. 其他治疗

（1）抗栓治疗：对防止梗死面积扩大及再梗死有积极疗效。包含抗血小板治疗及抗凝治疗。抗血小板常用药物有阿司匹林、氯吡格雷、替格瑞洛。抗凝治疗的代表药物有普通肝素、依诺肝素或比伐芦定。阿司匹林联合1种P_2Y_{12}受体拮抗药的双联抗血小板治疗是抗栓治疗的基础。

（2）β受体阻滞剂、钙通道阻滞剂和血管紧张素转化酶抑制剂：在起病早期，无禁忌证可尽早应用，能防止梗死范围的扩大，改善预后。钙通道阻滞剂中的地尔硫䓬亦有类似效果。血管紧张素转化酶抑制剂中的卡托普利有助于改善恢复期心肌的重构，降低心力衰竭的发生率，从而降低死亡率。

（3）极化液疗法：氯化钾1.5g，胰岛素10U加入10%葡萄糖溶液500ml内静脉滴注，此法有利于恢复心肌细胞膜极化状态，改善心肌收缩功能，减少心律失常。

（三）急性冠脉综合征病人的护理

【常用护理诊断/问题及护理措施】

1. 疼痛：胸痛　与心肌缺血坏死有关。

（1）饮食与休息：起病后4~12小时内给予流质饮食，2天内宜进半流食，3天改为软食，提倡少量多餐，以减轻胃扩张。发病12小时内绝对卧床休息，限制探视。

（2）给氧：低氧血症时给氧。

（3）疼痛的护理：遵医嘱给予吗啡或哌替啶镇痛，注意有无呼吸抑制等不良反应。给予硝酸甘油或硝酸异山梨酯，随时监测血压的变化。

（4）溶栓治疗的护理

1）溶栓前：① 询问病人是否有溶栓禁忌证；② 检查血常规、血小板、出凝血时间和血型，配血备用；③ 建立静脉通路。

2）溶栓中：遵医嘱应用溶栓药物，并注意观察有无溶栓并发症，详见第二章第十节"肺血栓栓塞症"。

3）溶栓疗效观察：溶栓后60~90分钟密切观察，可根据下列指标间接判断溶栓已成功：① 胸痛缓解或消失；② 心电图ST段回降>50%；③ 出现再灌注性心律失常；④ cTnI或cTnT峰值提前出现到发病后12小时内，血清CK-MB峰值提前出现（14小时以内）。冠状动脉造影可直接判断冠状动脉是否再通。

2. 潜在并发症：心律失常、心力衰竭

（1）急性期严密心电监测，及时发现心率及心律的变化，特别是在溶栓治疗后24小时内易发生再灌注性心律失常。一旦发现频发室性期前收缩，多源性的、成对的、呈R on T现象的室性期前收缩或严重的房室传导阻滞时，应立即通知医生，遵医嘱使用利多卡因等药物，警惕心室颤动或心脏停搏的发生。准备好急救药物和抢救设备如除颤器、起搏器等，随时准备抢救。监测电解质和酸碱平衡状况，警惕诱发心律失常。

（2）急性心肌梗死病人在起病最初几天，甚至在梗死演变期可发生心力衰竭，特别是左心衰竭。一旦发生心力衰竭，则按心力衰竭进行护理。

3. 活动无耐力　与氧的供需失调有关。

（1）评估进行康复训练的适应证：住院期间开始康复的指征包括过去8小时内没有新的或再发胸痛；肌钙蛋白水平无进一步升高；没有出现新的心力衰竭失代偿先兆（静息呼吸困难伴湿啰音）；过去8小时内没有新的明显的心律失常或心电图动态改变；静息心率50~100次/min；静息血压90~150/60~100mmHg；血氧饱和度>95%。

（2）解释合理运动的重要性：目前主张早期运动，实现早期康复。向病人讲明活动耐力恢复是一个循序渐进的进程，既不能操之过急，过早或过度运动，也不能因担心病情而不敢活动。急性期卧床休息可减轻心脏负荷，减少心肌耗损量，缩小梗死范围，有利于心功能的恢复。病情稳定后应逐渐增加活动量，可促进侧支循环的形成，提高活动耐力。适宜的运动能降低血中胆固醇浓度和血小板聚集率，减缓动脉硬化和血栓形成，避免再发，也能辅助调查急性心肌梗死后病人的情绪，改善睡眠和饮食，增强其康复信心，提高生活质量，延长存活时间。

（3）制订个体化运动处方：推荐住院期间4步早起运动和日常生活指导计划。

A级：上午取仰卧位，双腿分别做直腿抬高运动，抬腿高度为30°，双臂向头侧抬高深吸气，放下慢呼气，5组/次；下午取床旁坐位或站立5分钟。B级：上午床旁站立5分钟；下午床旁行走5分钟。C级：床旁行走10分钟/次，2次/天。D级：病室内活动，10分钟/次，2次/天。

（4）活动中监测：住院病人运动康复和日常生活指导必须在心电、血压监护下进行。

避免或停止运动的指征：运动时心率增加>20次/min；舒张压≥110mmHg；与静息时比较收缩压升高>40mmHg以上，或收缩压下降>10mmHg；明显的室性或房性心动过速；二度或三度房室传导阻滞；心电图有ST段动态改变；存在不能耐受的症状，如胸痛、心悸、气短、头晕等。

【健康指导】

除参见"稳定型心绞痛"病人的健康教育外，还可参考"冠心病二级预防ABCDE原则"（表3-11）。

1. 生活方式指导 包括调节饮食，合理运动，积极戒烟，防止便秘，以利于疾病康复、延长远期存活和提高生活质量，告诉家属对病人积极配合和支持，并创造一个良好的身心休养环境。ACS是心脏性猝死的高危因素，应教会家属心肺复苏的基本技术以备急用。必要时争取病人工作单位和同事的支持。

2. 康复指导 应分阶段循序渐进增加活动量，提倡小量、重复、多次运动，适当的间隔休息，可以提高运动总量而避免超负荷运动。活动内容包括个人卫生、家务劳动、娱乐活动、步行活动，避免剧烈活动、竞技性活动、举重或活动时间过长。运动强度以目标心率为最大心率的70%~85%控制运动强度，运动频率为每周3~5天。经2~4个月的体力活动锻炼后，酌情恢复部分工作，以后部分病人可恢复全天工作，避免过重体力劳动或精神过度紧张。

3. 用药指导 指导病人按医嘱服药，告知各类药物的名称、作用和不良反应。无禁忌证时，所有STEMI病人出院后均应长期服用阿司匹林、ACEI和β受体阻滞剂。定期监测凝血功能等指标的变化。

4. 救治知识宣教 STEMI是冠心病的严重类型，是致死致残的主要原因。疾病的早期发现和及时救治十分重要。应加强对公众疾病相关知识培训，使其了解疾病表现，及时就医，缩短发病到就医的时间，改善STEMI病人的预后。

▼ 表3-11 冠心病二级预防ABCDE原则

代号	释义
A	Aspirin（阿司匹林联合使用或氯吡格雷）抗血小板聚集 Anti-anginal therapy抗心绞痛
B	β受体阻滞剂 Blood pressure control控制血压
C	Cholesterol lowing控制血脂水平 Cigarette quitting戒烟
D	Diet control控制饮食 Diabetes treatment治疗糖尿病
E	Exercise有计划、适当运动锻炼 Education健康宣教

（申玲）

第七节 心肌疾病

案例导入

病人，女，60岁，以"活动后胸闷、气短5年，加重1周"为主诉入院。

病史评估： 5年前常于劳累或活动后出现胸闷、气短，伴咳嗽、咳白色泡沫样痰，休息后好转，偶有夜间阵发性呼吸困难，间断双下肢水肿。

身体评估： T 36.6℃，P 86次/min，R 20次/min，BP 104/70mmHg；神志清楚，身高163cm，体重75kg。

辅助检查： 入院心电图示窦性心律，左心室肥大，偶发室性期前收缩。超声心动图示左心室扩大，心室壁运动幅度明显降低，EF值31%。

初步诊断： 扩张型心肌病。

请思考： 病史评估还需要补充哪些资料？身体评估还可能发现哪些问题？目前主要的护理问题是什么？请评判性比较心力衰竭和心肌病的异同点。

心肌疾病是由不同病因引起的心肌病变导致心肌机械和/或心电功能障碍，分为遗传性心肌病（包括肥厚型心肌病、右心室发育不良心肌病、左心室致密化不全、离子通道病）、混合型心肌病（包括扩张型心肌病、限制型心肌病）、获得性心肌病（包括感染性心肌病、心动过速心肌病、心脏气球样变、围生期心肌病）；后者是由细菌、病毒、寄生性微生物感染，以及放射线和毒性物质所致的心肌炎症。本节重点阐述扩张型心肌病、肥厚型心肌病和心肌炎。

一、扩张型心肌病

扩张型心肌病（dilated cardiomyopathy，DCM）是引起心力衰竭、心律失常和猝死的常见疾病之一。主要临床特征为左心室或双心室扩大，伴心肌收缩功能障碍。我国患病率为（13~84）/10万。

【病因】

目前此病的病因不明，可能与下列因素有关。

1. 遗传 25%~50%的DCM病人有基因突变和家族遗传背景，主要为常染色体显性遗传。

2. 感染与免疫 病原体直接侵袭和由此引发的慢性炎症和免疫反应是造成心肌损害的机制。常见的病毒有柯萨奇B组病毒、ECHO病毒、脊髓灰质炎病毒、流感病毒等。

3. 其他 营养与代谢障碍、某些化学药物（如抗癌药物）、重金属和长期饮酒等也可能是导致DCM发生的原因。

【临床表现】

1. 症状 起病缓慢，早期病人无明显症状，或仅运动后出现气促、疲乏无力。当病人出现气急甚至端坐呼吸、水肿等心力衰竭的表现时才被诊断。病人可出现各种类型的心律失常，如室性与房性期前收缩、心房颤动、左右束支传导阻滞、室性心动过速、房室传导阻滞和病态窦房结综合征等。由于心腔扩大、心房颤动及低心排血量，心内膜上可形成附壁血栓，容易出现因血栓脱落而导致的心、肾或肺栓塞。

2. 体征 早期无明显异常体征，晚期可出现心界扩大、心音减弱、奔马律、体循环和肺循环淤血的体征等。

【辅助检查】

1. 心电图 DCM心电图缺乏特异性，可见一种或数种心律失常；常见ST段压低和T波倒置，某些病人可出现异常Q波。

2. 胸部X线 心影明显增大，常呈"球形"、"三角形"或"主动脉型"，以左心室扩张为其主要特征，其次为右心室与左心房增大；心胸比＞50%，肺淤血征。

3. 超声心动图 是诊断及评估DCM最常用的重要检查手段，疾病早期仅表现为左心室轻度扩大，后期各心腔均扩大，以左心室扩大为主，呈球形改变。心室壁运动普遍减弱，左心室射血分数明显降低，提示心肌收缩功能下降；彩色血流多普勒可显示二、三尖瓣反流，左心室心尖部附壁血栓等。

4. 其他 心导管检查、心内膜心肌活检、血清学检测、核素检查、心脏CT和心脏磁共振成像等均有助于诊断。

【治疗要点】

目前临床上主要针对疾病的临床表现，给予抗心力衰竭、心律失常、栓塞等对症治疗，以提高DCM病人的生存质量。

1. 病因治疗 去除可能引起DCM的病因及诱因，给予积极治疗，如控制感染，防止心力衰竭加重等；戒烟、限酒或戒酒，建立健康的生活方式。

2. 心力衰竭治疗 详见本章第二节"心力衰竭"。

3. 抗凝治疗 栓塞是DCM常见的并发症。目前主张对已有心房颤动、深静脉血栓形成或有血栓栓塞病史者给予抗凝治疗，可采用华法林或新型口服抗凝药。

4. 心律失常治疗 针对性选择抗心律失常药物或进行电复律治疗。

5. 心脏起搏器治疗 主要用于药物难以控制而又不能或不愿意接受心脏移植的DCM伴心力衰竭的病人，详见本章第十节"循环系统疾病常用诊疗技术及护理"。

6. 心脏移植 DCM晚期，病人经上述治疗不能缓解，其他系统器官无明显功能损害时可行心脏移植术。

二、肥厚型心肌病

肥厚型心肌病（hypertrophic cardiomyopathy，HCM）主要是由于编码肌小节相关蛋白基因致病性变异导致的或病因不明的以心肌肥厚为特征的心肌病，左心室壁受累常见。其中，以基底部室间隔肥厚为主并伴有左心室流出道梗阻者，称之为梗阻性肥厚型心肌病；以心肌非对称性肥厚，不伴有左心室流出道梗阻者，称之为非梗阻性肥厚型心肌病。

【病因】

肥厚型心肌病的主要病因是编码肌小节蛋白或肌小节相关结构蛋白的基因变异，主要表现为常染色体显性遗传，约60%的肥厚型心肌病存在致病性或可能致病性基因变异，但仍有大约40%未找到明确致病基因。肥厚型心肌病分为家族性和散发性。家族性肥厚型心肌病是指除先证者外，三代直系亲属中有一个或以上成员被确诊为肥厚型心肌病，或存在与先证者相同的基因变异，伴或不伴有心电图及超声心动图异常。否则为散发性肥厚型心肌病。

【临床表现】

不同类型病人的临床表现差异较大，取决于左室流出道有无压力阶差及阶差的程度、左室肥厚及舒张功能不全的程度等。

1. 症状　大多数症状轻或无症状，多在体检中发现。症状与左心室流出道梗阻、心功能受损、快速或缓慢型心律失常等有关。梗阻性肥厚型心肌病病人多有劳力性呼吸困难和心绞痛症状。约1/3的梗阻型病人在活动后出现先兆晕厥或晕厥。如果左室流出道存在严重的梗阻，可出现猝死。

2. 体征　主要表现为心脏轻度增大。梗阻性肥厚型心肌病病人在胸骨左缘第3、4肋间可听到喷射性收缩期杂音，心尖部也可闻及吹风样收缩期杂音。使心肌收缩力下降或使左心室容量增加的因素，如应用β受体阻滞剂、取下蹲位或举腿时，杂音可减轻；而使心肌收缩力增强或使左心室容量减少的因素，如含服硝酸甘油，杂音可增强。

【辅助检查】

1. 心电图　常见ST段压低、T波倒置、左心室肥大和异常Q波；部分病人可出现为室上性心动过速或多源性室性期前收缩。

2. 胸部X线　心影多在正常范围，有心力衰竭时可见心影增大。

3. 超声心动图　是无创诊断肥厚型心肌病的最佳方法，主要特征为心室非对称性肥厚而无心室腔增大。同时，超声心动图还可以确定肥厚型心肌病的分型，安静时流出道压力阶差≥30mmHg时为梗阻性，<30mmHg时为非梗阻性。

4. 其他　心导管检查、心内膜心肌活检和心脏磁共振成像等均有助于诊断。

【治疗要点】

肥厚型心肌病治疗的总体原则是减轻症状，改善心功能，延缓疾病进展。对非梗阻性肥厚型心肌病的治疗主要集中于控制心肌肥厚进展、降低左心室充盈压力、减轻临床症状及治疗心律失常、心力衰竭等合并症；对于梗阻性肥厚型心肌病，可以通过药物、介入治疗、外科手术等来改善症状，降低风险。

1. 一般治疗　应注意避免劳累、情绪激动等诱发因素。

2. 药物治疗　β受体阻滞剂可降低心肌收缩力、减少心肌耗氧量，是梗阻性肥厚型心肌病的一线治疗用药。非二氢吡啶类钙通道阻滞剂是β受体阻滞剂的替代选择。出现心力衰竭时要进行针对性处理（详见本章第二节"心力衰竭"的治疗），但注意要避免使用增强心肌收缩力的药物（如洋地黄）及减轻心脏负荷的药物（如硝酸甘油），以免加重左室流出道梗阻。

3. 非药物治疗　双腔起搏治疗梗阻性肥厚型心肌病可使房室同步，能够改善严重梗阻者的临床症状及预后。经皮间隔心肌消融术适用于有明显晕厥、心绞痛临床症状，或心功能不全者（心功能Ⅲ~Ⅳ级或Ⅱ级合并猝死危险因素），经药物治疗、起搏器治疗效果不佳，愿意接受经皮穿刺腔内间隔心肌消融术治疗，有明显主动脉瓣下梗阻，二尖瓣收缩期前向运动（systolic anterior motion，SAM）征阳性者。另外，对于药物治疗无效、心功能不全（NYHA Ⅲ~Ⅳ级）的病人，若存在严重流出道梗阻，需考虑行肥厚肌肉室间隔切除术。

三、病毒性心肌炎

病毒性心肌炎（viral myocarditis）是由病毒感染引起的，以心肌非特异性间质性炎症为主要病变的心肌炎。近年来病毒性心肌炎已成为常见的心脏病之一，少数呈暴发性导致急性心力衰竭或猝死。

【病因及发病机制】

引起病毒性心肌炎的病毒较多，以柯萨奇B组病毒、ECHO病毒、脊髓灰质炎病毒较常见。病毒性心肌炎的发病机制包括病毒直接对心肌的损害和细胞免疫反应。典型病变是心肌间质增生、水肿和充血。

【临床表现】

1. **症状**　取决于病变的范围、部位和程度。轻者可无症状，重者可导致严重心律失常、心源性休克、心力衰竭，甚至猝死。常见症状为发病前1~3周出现病毒感染前驱症状，如发热、乏力等"感冒"样症状或恶心、呕吐等消化道症状；心脏受累症状，如心悸、心前区疼痛、心源性休克及猝死等。

2. **体征**　常有心律失常，可出现与发热程度不平行的心动过速；或有颈静脉怒张、肺部啰音、肝大等心力衰竭体征；心脏可扩大或正常，心尖区可闻及第一心音减弱，可出现第三心音或杂音。

【辅助检查】

1. **血液检查**　白细胞增加、血沉增快、心肌损伤标志物（如心肌酶）增高。

2. **病原学检查**　血清柯萨奇病毒IgM抗体滴度明显增高，心内膜心肌活检有助于病原学诊断。

3. **心电图**　常见ST-T段改变及各种心律失常，特别是室性心律失常和房室传导阻滞等。

4. **胸部X线**　可见肺淤血、心脏正常或扩大、心胸比例增大。

5. **超声心动图**　可正常，或左心室增大，室壁运动减弱或左心室收缩功能减低。

【治疗要点】

目前尚无特效治疗方法，一般采取对症及支持疗法。

1. **一般治疗**　合理休息以减少心肌耗氧量及心脏负荷，急性期应限制体力活动直至完全恢复；去除病因，控制感染和增强机体的抵抗力；给予富含维生素和蛋白质的饮食。

2. **对症治疗**　心力衰竭和心律失常者分别按抗心力衰竭和抗心律失常原则进行治疗，详见本章第二节"心力衰竭"和第三节"心律失常"的治疗要点。

3. **抗病毒治疗**　抗病毒是急性期治疗的关键，应尽早应用抗病毒药物，如利巴韦林和干扰素。

四、心肌病病人的护理

【常用护理诊断/问题及护理措施】

1. 活动无耐力 与心肌损伤导致心力衰竭或心律失常有关。

（1）休息与活动：保持病室环境安静，向病人及其家属讲解卧床休息的重要性，执行探视制度，保证病人得到充分的休息和睡觉时间。协助病人满足生活需要。

（2）活动过程中的监测：待病情稳定后，与病人及家属一起制定适合病人的活动方案。进行活动时，严密监测心率、心律及血压变化；若活动后出现胸闷、气短、心悸及呼吸困难等症状，应停止活动，并通知医生；安排下次活动时以此次活动量为参考。对不愿活动或害怕活动的病人，使其知晓适量活动的必要性，并给予心理护理，鼓励病人完成耐力范围内的活动量。

2. 疼痛：胸痛 与心肌耗氧量增加有关。

（1）评估疼痛情况：评估疼痛的部位、性质、程度、持续时间、诱因、缓解方式等，注意生命体征及心电图变化。

（2）发作时的处理：立即停止活动，卧床休息；给予吸氧；安抚病人，解除紧张情绪；遵医嘱给予β受体阻滞剂或钙通道阻滞剂，注意有无心动过缓等不良反应。

（3）避免诱因：嘱病人避免剧烈运动、情绪激动、饱餐或寒冷刺激，戒烟限酒。

3. 潜在并发症：心力衰竭、心律失常、血栓栓塞、心源性猝死。

病人出现心力衰竭或心律失常时，详见本章第二节"心力衰竭"和第三节"心律失常"的护理，扩张型心肌病病人对洋地黄耐受性差，使用时尤应警惕药物中毒的发生。观察病人有无栓塞的征象，严格遵医嘱指导病人服药，定期检测凝血酶原时间，注意监测有无出血征象，如鼻出血、牙龈及皮肤黏膜出血、黑便、呕血等，出现上述情况时应及时通知医生，详见本章第八节"感染性心内膜炎"的护理。对暴发性心肌炎病人，急性期应严密心电监护，同时备好抢救仪器和药物，做好急救处理。

【健康指导】

1. 饮食指导 给予高蛋白、高维生素、富含纤维素的低盐低脂饮食，嘱病人少食多餐、尽量选择易消化的食物，控制心力衰竭。心肌炎病人应特别补充富含维生素C的食物，以促进心肌代谢。

2. 运动指导 告知病人应避免剧烈运动、情绪激动、持重、长时间屏气、排便用力等，改变体位时不宜过快，以减少晕厥和猝死的危险。有晕厥病史或猝死家族史者应避免独自外出活动。病毒性心肌炎病人一般起病后6个月方可完全恢复体力活动。

3. 心理指导 对病人及其家属进行康复指导，使其对疾病有正确的认识，解除其思想顾虑。

4. 用药指导 告知病人严格遵医嘱服药的重要性，向病人说明药物的名称、剂量、用法、主要不良反应等，使病人及其家属意识到药物对康复的重要性，能够自觉遵医嘱按时按量服药，并了解处理药物不良反应的方法。

5. 随访指导 教会病人自测脉率，出现咳嗽、气喘、水肿及呼吸困难等症状时立即就诊。定期复查心电图和超声心动图等。

（赵振娟）

第八节 感染性心内膜炎

案例导入

病人，女，33岁，因"发热10余天，活动后气喘3天"为主诉入院。

病史评估：近10余天出现午后发热，体温最高达38.6℃，无寒战，3天来自觉活动后喘息明显，日常活动受限，为进一步治疗就诊。既往患风湿性心脏病二尖瓣狭窄伴关闭不全多年。

身体评估：T 38.4℃，P 105次/min，R 24次/min，BP 110/70mmHg，双肺呼吸音粗，未闻及明显干湿啰音，听诊第一心音减低，二尖瓣听诊区可闻及Ⅳ级收缩期杂音，向腋下传导。腹软无压痛，双下肢无水肿。

辅助检查：白细胞计数12.0×10^9/L，中性粒细胞绝对值0.78×10^9/L；尿白细胞3~5个/高倍镜视野，尿红细胞1~3个/高倍镜视野；血沉58mm/h；C反应蛋白5mg/L。血培养结果示金黄色葡萄球菌。超声心动图示二尖瓣后叶脱垂，二尖瓣后叶瓣尖赘生物形成。

初步诊断：感染性心内膜炎。

请思考：如何做好病人的发热护理？如何正确采集病人的血培养标本？该病人主要的潜在危险是什么？该采取哪些护理措施？作为主管护士，如何帮助她积极面对疾病？

感染性心内膜炎（infective endocarditis，IE）为心脏内膜表面的微生物感染，一般因细菌、真菌或其他微生物（如病毒、立克次体等）循血行途径直接感染心脏瓣膜、室壁膜或邻近大动脉内膜，伴赘生物形成。赘生物为大小不等、形状不一的血小板和纤维素团块，内含大量微生物和少量炎症细胞，瓣膜为最常受累部位。也可发生在间隔缺损部位、腱索或心壁内膜。

【分类】

1. 根据病程分类

（1）急性感染性心内膜炎：特征为中毒症状明显；病程进展迅速，数天至数周引起瓣膜破坏；感染迁移多见；病原体主要为金黄色葡萄球菌。

（2）亚急性感染性心内膜炎：特征为中毒症状轻；病程数周至数月；感染迁移少见；病原体以草绿色链球菌多见，其次为肠球菌。

2. 根据获得途径分类 可分为社区获得性、医疗相关性和经静脉毒品滥用者感染性心内膜炎。

3. 根据瓣膜材质分类 可分为自体瓣膜心内膜炎和人工瓣膜心内膜炎。

本节主要介绍自体瓣膜心内膜炎。

相关链接 | 人工瓣膜心内膜炎

人工瓣膜心内膜炎是指心瓣膜置换术后发生的感染性心内膜炎，是心瓣膜置换术后一种严重并发症，其中发生于术后1年以内的心内膜炎属早期人工瓣膜心内膜炎，约50%的病人由葡萄球菌引起；发生于术后1年以后的心内膜炎属晚期人工瓣膜心内膜炎，最常见的致病菌是葡萄球菌、链球菌和肠球菌。换瓣术后持续发热、血培养阳性、超声心动图检出人工瓣膜上赘生物、瓣周漏及瓣膜功能障碍等有助于诊断本病。本病常难以治愈。应延长抗菌治疗的时程，必要时施行瓣膜再置换术。

【病因及发病机制】

1. **病因** 感染性心内膜炎的主要病原微生物是链球菌和金黄色葡萄球菌。急性者主要由金黄色葡萄球菌引起，少数由肺炎链球菌、淋球菌、A组链球菌和流感杆菌所致。亚急性者主要由甲型溶血性链球菌引起，其次为D组链球菌、表皮葡萄球菌等。

2. **发病机制**

（1）急性：其发病机制尚不清楚，主要累及正常心瓣膜，主动脉瓣常受累。病原菌来自皮肤、肌肉、骨骼或肺部等部位的活动性感染灶。循环中细菌量大、毒力强，具有高度侵袭性和黏附于内膜的能力。

（2）亚急性：占2/3的病例，发病主要与以下因素有关。

1）血流动力学因素：主要发生于器质性心脏病，常见心脏瓣膜病、先天性心脏病。赘生物常位于血流从高压腔经病变瓣口或先天缺损至低压腔产生高速射流和湍流的下游，高速射流冲击可致相应部位的局部损伤，易于感染。

2）非细菌性血栓性心内膜炎：为血小板聚集在内膜的内皮受损处，形成血小板微血栓和纤维蛋白沉着，成为结节样无菌性赘生物，是细菌定居瓣膜表面的重要因素。

3）短暂性菌血症：各种感染或细菌寄居的皮肤黏膜的创伤常导致暂时性菌血症，循环中的细菌如定居在无菌性赘生物上即可发生感染性心内膜炎。

4）细菌感染无菌性赘生物：取决于发生菌血症的频度、循环中细菌的数量及细菌黏附于无菌性赘生物的能力。

【临床表现】

1. **发热** 最常见。急性者呈暴发性败血症过程，有高热寒战。亚急性者起病隐匿，可伴有全身不适、乏力、体重减轻等非特异性症状，可有弛张热，一般不超过39℃，午后和晚上高，部分病人热型不典型。

2. **心脏杂音** 80%~85%的病人可闻及心脏杂音，由基础心脏病和/或心内膜炎所致瓣膜损伤所致。急性者比亚急性者更易出现杂音强度和性质的变化，或出现新的杂音。

3. **周围体征** 多为非特异性，可能原因是微血管炎或微血栓，包括：① 瘀点，可出现在任何部位，以锁骨以上皮肤、口腔黏膜和睑结膜多见；② 指（趾）甲下线状出血；③ Osler结节，为指（趾）垫出现豌豆大的红色或紫色痛性结节；④ 罗特（Roth）斑，为视网膜的卵圆形出血斑，中心呈白色；⑤ 詹韦（Janeway）损害，为手掌和足底处直径1~4mm的无痛性出血红斑。

4. **动脉栓塞** 赘生物碎片脱落可导致栓塞，占20%~40%。可发生于机体的任何部位，常见于脑、心、脾、肺、肾、肠系膜和四肢。

5. 感染的非特异性症状 如贫血、脾大等。

6. 并发症

（1）心脏：心力衰竭最常见，其次可见心肌脓肿、急性心肌梗死、心肌炎和化脓性心包炎等。

（2）神经系统：约1/3病人有神经受累的表现，如可出现脑栓塞、脑细菌性动脉瘤、脑出血等不同神经系统受累表现。

（3）肾脏：大多数病人有肾损害，包括肾动脉栓塞和肾梗死、肾小球肾炎、肾脓肿等。

（4）其他：迁移性脓肿多见于急性病人，常发生于肝、脾、骨髓和神经系统；细菌性动脉瘤多见于亚急性者。

【辅助检查】

1. 血培养 血培养是最重要的诊断方法，药物敏感试验可为治疗提供依据。近期未接受过抗生素治疗的病人阳性率可高达95%以上。

2. 尿液检查 可见镜下血尿和轻度蛋白尿，肉眼血尿提示肾梗死，红细胞管型和大量蛋白尿提示弥漫性肾小球肾炎。

3. 血液检查 血常规检查以进行性贫血较常见，白细胞计数正常或轻度升高，分类计数中性粒细胞轻度左移。血沉几乎均升高。

4. 超声心动图 可发现赘生物、瓣周并发症等。经胸超声心动图可诊断出50%~75%的赘生物，经食管超声心动图诊断感染性心内膜炎的敏感性为90%~100%。

5. 免疫学检查 25%病人可有高丙种球蛋白血症，80%病人可出现循环中免疫复合物，病程6周以上的亚急性病人中50%类风湿因子阳性。

6. 其他 胸部X线检查可了解心脏外形、肺部表现等。心电图可发现急性心肌梗死或心律失常等。

【治疗要点】

1. 抗微生物药物治疗 为最重要的治疗措施，用药原则为：① 早期用药，在连续3~5次血培养后即可开始治疗。② 足量、联合、大剂量、长疗程用药，旨在完全消灭藏于赘生物内的致病菌。③ 静脉给药为主，以保持高而稳定的血药浓度。④ 病原微生物不明时，急性者选用针对金黄色葡萄球菌、链球菌、革兰氏阴性杆菌均有效的广谱抗生素，如萘夫西林加氨苄西林或庆大霉素；亚急性者选用针对大多数链球菌的抗生素，以青霉素为主或加庆大霉素。⑤ 已培养出病原微生物时，根据药物敏感试验结果选择用药。

2. 手术治疗 有严重心脏并发症或抗生素治疗无效的病人应及时考虑外科手术治疗。

【常用护理诊断/问题及护理措施】

1. 体温过高 与感染有关。

（1）发热护理：高热病人应卧床休息，病室温度和湿度适宜。可采用冰袋或温水擦浴等物理降温措施，动态监测体温变化情况，每4~6小时测量体温1次。出汗较多时可在衣服与皮肤之间垫以柔软毛巾，便于潮湿后及时更换，增加舒适感，并防止因频繁更衣而导致病人受凉。

（2）饮食护理：给予清淡、高蛋白、高热量、高维生素、易消化的饮食。鼓励病人多饮水，做好口腔护理。有心力衰竭征象的病人按心力衰竭病人饮食进行指导。

（3）正确采集血培养标本：告知病人及家属为提高血培养结果的准确率，需多次采血，且采血量较多，在必要时甚至需暂停抗生素，以取得病人及家属的理解和配合。① 采集时机：本病的菌血症为持续性，无需在体温升高时采血。对于未经治疗的亚急性病人，应在第1天每间隔1小时采血1次，共3次。如次日未见细菌生长，重复采血3次后，开始抗生素治疗。已用过抗生素者，停药2~7天后采血。急性感染性心内膜炎病人应在入院后3小时内，每隔1小时采血1次，共取3次血标本后，按医嘱开始治疗。② 采血量：每次采血10~20ml，同时做需氧和厌氧培养，至少应培养3周。

（4）病情观察：密切观察病人的生命体征、神志变化，评估病人有无皮肤瘀点、指（趾）甲下线状出血、Osler结节和Janeway损害等，以及消退情况。

（5）用药护理：严密观察药物疗效及不良反应。因感染性心内膜炎病人需大剂量长疗程使用抗生素，要注意保护静脉，可使用静脉留置针，避免多次穿刺增加病人痛苦。

2. 潜在并发症：栓塞。

（1）活动与休息：心脏超声可见巨大赘生物的病人，应绝对卧床休息，防止赘生物脱落。

（2）病情观察：观察病人有无栓塞的征象，当病人出现神志和精神改变、失语、吞咽困难、肢体功能障碍、瞳孔大小不等，甚至抽搐或昏迷等征象时，应警惕脑梗死的可能；当病人突然出现胸痛、气急、发绀和咯血等症状，要考虑肺栓塞的可能；出现腰痛、血尿等，要考虑肾栓塞的可能；当出现肢体突然剧烈疼痛、局部皮肤温度下降、动脉搏动减弱或消失等，要考虑外周动脉栓塞的可能。出现可疑征象，应及时报告医生并协助处理。

【健康指导】

1. 疾病知识指导 向病人和家属讲解本病相关知识。在施行口腔手术如拔牙、扁桃体摘除术，上呼吸道手术或操作，泌尿、生殖、消化道侵入性诊治或其他外科手术前，应说明自己患有心脏瓣膜病、心内膜炎等病史，以预防性使用抗生素。勿挤压痤疮、疖、痈等感染病灶，减少病原体入侵的机会。

2. 生活指导 嘱病人平时注意防寒保暖，避免感冒，加强营养，增强机体抵抗力，合理安排休息。保持口腔和皮肤清洁，少去公共场所。

3. 用药护理 告知病人坚持足够剂量和足够疗程抗生素治疗的重要性，强调应遵医嘱用药，切勿擅自停药，一旦出现异常反应，如恶心、呕吐、食欲减退及真菌感染，应及时告知医生。

4. 病情自我监测指导 教会病人自我监测体温变化，有无栓塞表现，定期门诊随访。

（夏继凤）

第九节　心包疾病

案例导入

病人，男，58岁，以"胸痛、气促4小时"为主诉入院。

病史评估: 4小时前病人无明显诱因下出现胸痛，为心前区持续性剧痛，深呼吸及咳嗽时加重，伴气促。1周前有上呼吸道感染史。

身体评估: T 37.7℃，P 115次/min，R 24次/min，BP 100/65mmHg。神志清楚，表情痛苦。心脏叩诊心界向两侧扩大，心律齐，心前区可闻及心包摩擦音。

辅助检查: 心电图示窦性心动过速，肢体导联QRS低电压，未见病理性Q波；血清心肌坏死标志物无升高；超声心动图示少量心包积液。

初步诊断: 急性心包炎。

请思考: 该病人属于哪种类型的急性心包炎？病人目前最大的危险是什么？该如何进行病情观察？如需进行心包穿刺术，如何给病人做好心理疏导？

心包疾病是由感染、肿瘤、代谢性疾病、尿毒症、自身免疫病、外伤等引起的心包病理性改变。

【分类】

1. 根据病程分类

（1）急性心包炎：病程<6周，包括纤维蛋白性心包炎、渗出性（浆液性或血性）心包炎。

（2）亚急性心包炎：病程6周至3个月，包括渗出性-缩窄性心包炎、缩窄性心包炎。

（3）慢性心包炎：病程>3个月，包括缩窄性心包炎、渗出性心包炎、粘连性心包炎。

2. 根据病因分类 可分为感染性心包炎和非感染性心包炎。

一、急性心包炎

急性心包炎（acute pericarditis）为心包脏层和壁层的急性炎症，可由细菌、病毒、肿瘤、自身免疫、物理、化学等因素引起。

【病因】

最常见病因是病毒感染，其他包括细菌、自身免疫病、肿瘤、尿毒症、急性心肌梗死后心包炎、主动脉夹层、胸壁外伤及心脏手术后。有些病因不明确，称为特发性急性心包炎或急性非特异性心包炎。

【临床表现】

1. 纤维蛋白性心包炎

（1）症状：心前区疼痛为主要症状，多见于急性非特异性心包炎和感染性心包炎。疼痛可位于心前区，性质尖锐，与呼吸运动有关，常因咳嗽、变换体位或吞咽动作而加重。疼痛也可位于胸骨后，为压榨性，需注意与急性心肌梗死胸痛相鉴别。

（2）体征：心包摩擦音是纤维蛋白性心包炎的典型体征。多位于心前区，以胸骨左缘第3、4

肋间最为明显。坐位时身体前倾、深吸气或将听诊器胸件加压更易听到。心包摩擦音可持续数小时或数天、数周，当积液增多将两层心包分开时，摩擦音即可消失。心前区听到心包摩擦音即可作出心包炎的诊断。

2. 渗出性心包炎 临床表现取决于积液对心脏的压塞程度，轻者尚能维持正常的血流动力学，重者则可出现循环障碍或衰竭。

（1）症状：呼吸困难为最突出的症状，可能与支气管、肺受压及肺淤血有关。严重时可有端坐呼吸，伴身体前倾、呼吸浅速、面色苍白、发绀等。也可因压迫气管、食管而出现干咳、声音嘶哑及吞咽困难。全身症状可表现为发冷、发热、乏力、烦躁、上腹闷胀等。

（2）体征：大量心包积液可使收缩压下降而舒张压变化不大，故脉压变小，可累及静脉回流，出现颈静脉怒张、肝大、水肿及腹水等。心脏叩诊浊音界向两侧扩大，皆为绝对浊音区。心尖冲动减弱或消失，心音低而遥远。大量积液时可在左肩胛骨下出现浊音及左肺受压迫所引起的支气管呼吸音，称心包积液征。

3. 心脏压塞 心脏压塞的临床特征为贝克（Beck）三联征，即低血压、心音低弱、颈静脉怒张。短期内出现大量心包积液可引起急性心脏压塞，表现为窦性心动过速、血压下降、脉压变小和静脉压明显升高。如果心排血量显著下降，可造成急性循环衰竭和休克。如果体液积聚较慢，则出现亚急性或慢性心脏压塞，产生体循环静脉淤血征象，表现为颈静脉怒张，库斯莫尔（Kussmaul）征（吸气时颈静脉充盈更明显），还可出现奇脉。

【辅助检查】

1. 实验室检查 取决于原发病，如为感染性心包炎，常有外周血白细胞计数增加、血沉增快等，自身免疫病可有免疫指标阳性，尿毒症病人可见肌酐明显升高等。

2. 胸部X线检查 对渗出性心包炎有一定的诊断价值。可见心影向两侧增大而肺部无明显充血现象。

3. 心电图检查 常规导联（除aVR外）普遍ST段抬高呈弓背向下型，aVR导联ST段压低。数小时至数天后，ST段回到基线，出现T波低平及倒置，持续数周至数月后T波逐渐恢复正常。如积液量较大，常有窦性心动过速，QRS波群低电压。

4. 超声心动图检查 对诊断心包积液简单易行，迅速可靠。并可在超声引导下行心包穿刺引流，增加成功率和安全性。

5. 心脏MRI检查 能清晰显示心包积液容量和分布情况，帮助分辨积液的性质，测量心包的厚度等。

【治疗要点】

1. 病因治疗 针对病因，应用抗生素、抗结核药物、化疗药物等治疗。

2. 对症治疗 呼吸困难者给予半卧位、吸氧；疼痛者应用镇痛药，首选非甾体抗炎药，必要时给予吗啡类药物。

3. 心包穿刺 可解除心脏压塞和减轻大量渗液引起的压迫症状，必要时可经心包腔内注入抗菌药物或化疗药物等。

4. 心包切开引流及心包切除术等。

二、缩窄性心包炎

缩窄性心包炎（constrictive pericarditis）是指心脏被致密厚实的纤维化或钙化心包所包围，使心室舒张期充盈受限而产生的一系列循环障碍的疾病。

【病因与病理生理】

1. 病因　在我国，以结核性心包炎最为常见，其次为急性非特异性心包炎、化脓性或创伤性心包炎演变而来。近年来放射性心包炎和心脏手术后引起者逐渐增多；少数与肿瘤、自身免疫性疾病、尿毒症等有关。

2. 病理生理　急性心包炎后，随着渗出液逐渐吸收可有纤维组织增生，心包增厚粘连、钙化，使心包失去伸缩性，致使心室舒张期受限，充盈减少，心搏量下降而产生血液循环障碍。同时上、下腔静脉回流受阻，出现体循环淤血的体征。

【临床表现】

心包缩窄多见于急性心包炎后1年内形成，少数可长达数年。

1. 症状　劳力性呼吸困难常见，主要与心搏量降低有关。可伴有疲乏、食欲缺乏、上腹胀满或疼痛等症状。

2. 体征　颈静脉怒张、肝大、腹水、下肢水肿、心率增快等；可见Kussmaul征，即吸气时颈静脉怒张更明显。心脏体检可见心浊音界正常或稍大，心尖搏动减弱或消失，心音减低，可闻及心包叩击音。

【辅助检查】

1. 胸部X线检查　心影偏小、正常或轻度增大。

2. 心电图检查　有QRS波群低电压、T波低平或倒置。

3. 超声心动图检查　对其诊断价值较心包积液低，可见心包增厚、室壁活动减弱、室间隔矛盾运动等非特异性征象。

4. 其他检查　CT和心脏MRI对该病诊断优于超声心动图；右心导管检查血流动力学可有相应改变。

【治疗要点】

心包切除术是目前缩窄性心包炎唯一有效的治疗措施。通常在心包感染被控制，结核活动停止即应手术，并在术后继续用药1年。

三、心包疾病病人的护理

【常用护理诊断/问题及护理措施】

1. 气体交换受损　与心包积液、肺或支气管受压有关。

（1）一般护理：保持病室安静，限制探视，注意病室的温度和湿度，避免病人受凉，以免发生呼吸道感染而加重呼吸困难。病人衣着应宽松，以免妨碍胸廓运动。遵医嘱用药，控制输液速度，防止加重心脏负荷。胸闷气急出现低氧血症者给予氧气吸入。疼痛明显者给予止痛药，以减轻疼痛对呼吸功能的影响。

（2）体位：协助病人取舒适卧位，如半卧位或坐位。出现心脏压塞的病人往往被迫采取前倾坐位，应提供可以倚靠的床上小桌，使病人取舒适体位。

（3）病情监测：观察病人生命体征、血氧饱和度、血气分析结果等。有无急性心脏压塞的表现，如大汗、心动过速、血压下降、脉压变小等，一经发现应立即行心包穿刺或切开引流术（详见本章第十节中"心包穿刺术"）。

2. 疼痛：胸痛 与心包炎症有关。

（1）疼痛评估：评估病人疼痛的部位、性质及其变化情况，是否可闻及心包摩擦音。

（2）休息与体位：指导病人卧床休息，勿用力咳嗽、深呼吸或突然改变体位，以免引起疼痛加重。

（3）用药护理：遵医嘱使用非甾体抗炎药，注意观察疗效及不良反应等；若疼痛加重，可应用吗啡类药物，注意有无呼吸抑制等不良反应。

【健康指导】

1. 生活指导 嘱病人注意休息，加强营养，增强机体抵抗力。注意防寒保暖，防止呼吸道感染。进食高热量、高蛋白、高维生素、易消化食物，限制钠盐摄入。

2. 疾病相关知识指导 告诉病人坚持足够疗程药物治疗（如抗结核治疗）的重要性，不可擅自停药，防止复发；注意药物不良反应；定期随访肝肾功能。对缩窄性心包炎病人及家属讲解行心包切除术的重要性，解除其思想顾虑，尽早接受手术治疗。术后病人仍应坚持休息半年左右，加强营养，以利于心功能的恢复。

（夏继凤）

第十节　循环系统疾病常用诊疗技术及护理

一、心脏起搏治疗

心脏起搏器（cardiac pacemaker）简称起搏器，通过发放一定形式的电脉冲刺激心脏，使之激动和收缩，即模拟正常心脏的冲动形成和传导，以治疗由于某些心律失常所致的心脏功能障碍的医用电子仪器。心脏起搏技术是目前心律失常介入治疗的重要方法之一。心脏起搏器由脉冲发生器（pulse generator，即起搏器本身）和起搏电极导线（lead）两部分组成。人工心脏起搏器的分类方法有很多种，根据起搏器应用的方式分为临时心脏起搏（采用体外携带式起搏器）和植入式心脏起搏（起搏器一般埋植在病人胸部的皮下组织内）。

【起搏器功能类型】

1. VVI心脏起搏器 即心室起搏－心室感知－抑制型起搏模式，又称心室按需起搏器。电极置于心室。起搏器按规定的周长或频率发放脉冲起搏心室，如有自身的心搏，起搏器能感知自身心搏的QRS波，起抑制反应，并重整脉冲发放周期，避免心律竞争。但此型起搏器只保证心室起搏节律，而不能保持房室顺序收缩，因而是非生理性的。

2. AAI心脏起搏器 即心房起搏-心房感知-P波抑制型生理性按需起搏。电极置于心房。起搏器按规定的周长或频率发放脉冲起搏心房，并下传激动心室，以保持心房和心室的顺序收缩。如有自身的心房搏动，起搏器能感知自身的P波，起抑制反应，并重整脉冲发放周期，避免心房节律竞争。

3. 双腔（DDD）起搏器 心房和心室均放置电极。如自身心率慢于起搏器的低限频率，导致心室传导功能障碍，则起搏器感知P波触发心室起搏（呈VDD工作方式）。如心房的自身频率过缓，但房室传导功能是好的，则起搏器起搏心房，并下传心室（呈AAI工作方式）。此种起搏器能保持心房和心室的顺序收缩。

4. 频率自适应（R）起搏器 起搏器的起搏频率能根据机体对心排血量的要求而自动调节适应，起搏频率加快，则心排血量相应增加，满足机体生理需要。具有频率自适应的VVI起搏器，称为VVIR型；具有频率自适应的AAI起搏器，称为AAIR型；具有频率自适应的DDD起搏器，称为DDDR型。

5. ICD、CRT-P、CRT-D 即植入型心律转复除颤器（ICD）和心脏再同步治疗起搏器（CRT-P）以及可提供除颤治疗和心脏再同步治疗的心脏再同步治疗除颤器起搏器（CRT-D）。ICD具备除颤、复律、抗心动过速起搏及抗心动过缓起搏等功能。CRT目前主要用于纠正双室收缩不同步引发的心力衰竭。

目前，希浦系统起搏作为生理性起搏方式已在国内多家中心开展，尤其是左束支起搏技术，被临床广泛关注。此外，无导线起搏器（又称"胶囊起搏器"）体积小、重量轻，已开始进入临床使用。

【适应证】

1. 植入式心脏起搏

（1）非可逆或非生理原因导致的获得性二度Ⅱ型房室传导阻滞、三度房室传导阻滞。

（2）症状由病态窦房结综合征引起。

（3）反射性晕厥的病人，年龄≥40岁，出现反复发作的无征兆的晕厥，并且记录到症状性的心脏停搏和/或房室传导阻滞。

（4）有症状的心脏功能不全者。

（5）永久性心房颤动且有症状性心动过缓，建议植入起搏器。

近年来，随着起搏新技术的不断研发，起搏器治疗的适应证不断扩展，如预防和治疗长QT间期综合征的恶性室性心律失常，辅助治疗梗阻性肥厚型心肌病等。

2. 临时心脏起搏 适用于：① 阿-斯综合征发作、一过性高度或完全房室传导阻滞且逸搏心律过缓；② 操作过程中或急性心肌梗死、药物中毒、严重感染等危急情况下出现危及生命的缓慢型心律失常。植入临时起搏器之后，如评估病人有植入永久性起搏器的指征，应尽早更换为永久性起搏器。也可超速抑制治疗异位快速心律失常。

【护理】

1. 术前护理 向病人及家属介绍手术的方法和意义、手术的必要性和安全性，以解除思想顾虑和精神紧张，取得最佳手术配合。必要时遵医嘱使用镇静药，保证充足的睡眠。指导并协助病人完成必要的实验室检查。经股静脉穿刺者，备皮范围是会阴部及双侧腹股沟；经锁骨下静脉穿刺者备皮范围是上胸部，包括颈部和腋下。必要时完成抗生素皮试。术前应用抗凝血药者需停用至凝血酶原时间恢复在正常范围内。如不能停用药物者，术前应准备止血药，以备术中使用。术前建立静脉通道，术前30分钟至2小时预防性应用抗生素1次。训练病人平卧位床上排尿，以免术后由于卧床体位而出现排尿困难。

2. 术中配合 严密监测心率、心律、呼吸及血压的变化，发现异常立即通知医生。了解病人术中疼痛情况及其他不适主诉，并做好安慰解释工作，帮助病人顺利配合手术。

3. 术后护理

（1）休息与活动：术后将病人平移至床上，植入式起搏者需保持平卧位或略向左侧卧位4~6小时，如病人平卧体位不适，可抬高床头30°~60°。术侧肢体肩关节不宜过度活动，肘关节以下可活动，术侧手掌进行握拳运动以预防血栓形成。勿用力咳嗽，如出现咳嗽，尽早应用镇咳药。经股静脉安置临时起搏器的病人需绝对卧床，平卧或左侧卧位，术侧肢体避免屈曲或活动过度。卧床期间做好生活护理。术后第1次下床活动应动作缓慢，防止跌倒。

（2）监测：术后心电监护，并描记心电图。观察有无腹壁肌肉抽动、心肌穿孔等表现。出院前常规行胸部X线检查和起搏器功能测试。

（3）伤口护理与观察：植入式起搏者伤口局部以沙袋加压6小时，且每间隔2小时解除压迫5分钟；或局部加压包扎即可。保持切口处皮肤清洁干燥，严格无菌换药，术后24小时换药1次，伤口无异常可2~3天换药1次。观察起搏器囊袋有无肿胀，观察伤口有无渗血、红、肿，病人有无局部疼痛、皮肤变暗发紫、波动感等，及时发现出血、感染等并发症。如切口愈合良好，一般术后第7天拆线（采用可吸收缝线者多不用拆线）。临时起搏者每天换药，防止感染。

（4）植入式心脏起搏器安装术后无须常规应用抗生素预防感染。临时起搏器安装一般不需应用抗生素，依据病情如病人以股静脉入路并且留置时间长，可预防性应用抗生素。禁用活血化瘀药物，防止皮下淤血。

【健康指导】

1. 教会病人自己计数脉搏，出现脉率比设置频率低10%或再次出现安装起搏器前的症状应及时就医。

2. 不要随意按压起搏器植入部位，自行检查该部位有无红、肿、热、痛等炎症反应或出血现象，出现不适立即就医。

3. 避免剧烈运动，装有起搏器的一侧上肢应避免做用力过度或幅度过大的动作（如俯卧撑、吊单杠等），以免影响起搏器功能或使电极脱落。

4. 指导病人避免强磁场和高电压的场所，一些医疗设备如核磁共振诊断仪、电手术刀等对起搏器工作也有一定影响，嘱咐病人就医时告知医生自己装有起搏器。告知病人家庭生活用电一般不影响起搏器工作。

5. 妥善保管好起搏器卡（起搏器型号、有关参数、安装日期、品牌等），外出时随身携带，便于出现意外时为诊治提供信息。

6. 定期随访，测试起搏器功能。出院后第1、3、6、12个月各随访1次，以后每3个月至半年随访1次。此外，出现呼吸困难、胸痛、头晕等不适时，也需联系医生进行起搏器功能检查。

二、心脏电复律

心脏电复律是在短时间内向心脏通以高压强电流，使全部或大部分心肌瞬间同时除极，然后心脏自律性最高的起搏点重新主导心脏节律。因最早用于消除心室颤动，故亦称为心脏电除颤，用于电复律的仪器称作除颤器。

【适应证】

1. 心室颤动、心室扑动、无脉性室性心动过速。

2. 心房颤动和心房扑动伴血流动力学障碍者可选择心脏电复律。

3. 药物及其他方法治疗无效或有严重血流动力学障碍的阵发性室上性心动过速、室性心动过速、预激综合征伴心房颤动者可选择心脏电复律。

【禁忌证】

1. 心脏病史多年，心脏（尤其是左心房）明显增大及心房内有新鲜血栓形成或近3个月有栓塞史。

2. 伴高度或完全性房室传导阻滞的心房颤动或扑动。

3. 伴病态窦房结综合征的异位快速心律失常。

4. 有洋地黄中毒、低血钾时，暂不宜电复律。

【护理】

1. **术前护理**　向择期复律的病人介绍电复律的目的和必要性、可能出现的不适，取得其合作；遵医嘱做术前检查；有心房颤动的病人复律前应进行抗凝治疗；复律术前禁食6小时，排空膀胱；做好除颤器、生理盐水、导电糊、纱布垫、地西泮、心电和血压监护仪及心肺复苏所需的抢救设备和药品的准备工作。

2. **术中配合**

（1）病人平卧于绝缘的硬板床上，松开衣领，有义齿者取下，开放静脉通路，给予氧气吸入。术前做全导联心电图。

（2）清洁电击处的皮肤，连接好心电导联线，打开除颤器开关，选择一个R波高耸的导联进行示波观察。选择"同步"或"非同步"键。

（3）遵医嘱用地西泮0.3~0.5mg/kg缓慢静注，至病人睫毛反射消失。麻醉过程中严密观察病人的呼吸。

（4）充分暴露病人前胸，将两电极板上均匀涂满导电糊或包以生理盐水浸湿的纱布，分别置于胸骨右缘第2、3肋间和心尖部，两电极板之间距离不应小于10cm，与皮肤紧密接触，并有一定压力。按"充电"钮充电到所需功率，嘱任何人避免接触病人及病床，两电极板同时放电，此时病人身体和四肢会抽动一下，通过心电示波器观察病人的心律是否转为窦性心律。

3. 术后护理

（1）病人卧床休息24小时，清醒后2小时内避免进食，以免恶心、呕吐。

（2）持续心电监护24小时，注意心律、心率变化。临床上一旦心电监护发现心室扑动、心室颤动，此时病人意识已丧失，需紧急直流电非同步电除颤。

（3）密切观察病情变化，及时发现病人有无栓塞征象，有无因电击而致的各种心律失常及局部皮肤灼伤、肺水肿等并发症。

（4）遵医嘱继续服用奎尼丁、洋地黄或其他抗心律失常药物以维持窦性心律。

三、心导管检查术

心导管检查是一种非常有价值的诊断方法，是通过心导管插管术进行心脏各腔室、瓣膜与血管的构造及功能的检查。其目的是明确诊断心脏和大血管病变的部位与性质、病变是否引起了血流动力学改变及其程度，为采用介入性治疗或外科手术提供依据。

【适应证】

1. 需做血流动力学检测者，从静脉置入漂浮导管至右心和肺动脉及其分支。

2. 先天性心脏病，特别是有心内分流的先天性心脏病的诊断。

3. 心内电生理检查。

4. 室壁瘤需了解瘤体大小与位置，以决定手术指征。

5. 静脉及肺动脉造影。

6. 选择性冠状动脉造影术。

7. 心肌活检术。

【禁忌证】

1. 感染性疾病，如感染性心内膜炎、败血症、肺部感染等。

2. 严重心律失常及严重的高血压未加控制者。

3. 电解质紊乱，洋地黄中毒。

4. 有出血倾向者，现有出血性疾病或正在进行抗凝治疗。

5. 外周静脉血栓性静脉炎。

6. 严重肝、肾损害者。

【护理】

1. 术前护理

（1）向病人及家属介绍手术的方法和意义、手术的必要性和安全性，以解除思想顾虑和精神紧张，必要时手术前一晚遵医嘱给予口服镇静药，保证充足的睡眠。

（2）指导病人完成必要的实验室检查（血尿常规、血型、凝血功能、电解质、肝肾功能）、胸片、超声心动图等。

（3）根据需要行双侧腹股沟及会阴部或上肢、锁骨下静脉穿刺术区备皮及清洁皮肤。

（4）穿刺股动脉者应检查两侧足背动脉搏动情况并标记，便于术中、术后对照观察；训练病人术前进行床上排尿，术前排空膀胱。

（5）成人术前一般不需禁食。婴幼儿及不能合作儿童需进行全身麻醉，术前需禁食6小时，禁水2小时。

2. 术中配合 严密监测生命体征、心律、心率变化，准确记录压力数据，维持静脉通路通畅，准确及时给药，整个过程护士应持续给予心电监护及压力监测，出现异常及时通知医生并配合处理。

3. 术后护理

（1）卧床休息，做好生活护理。

（2）静脉穿刺者肢体制动4~6小时；动脉穿刺者压迫止血15~20分钟后进行加压包扎，以1kg沙袋加压伤口6小时，肢体制动12~24小时。观察动、静脉穿刺点有无出血与血肿，如有异常立即通知医生。检查足背动脉搏动情况，比较两侧肢端的颜色、温度、感觉与运动功能情况。

（3）监测病人的全身状态，尤其是生命体征。观察术后并发症，如心律失常、空气栓塞、出血、感染、热原反应、心脏压塞、心脏穿孔等。

四、射频消融术

射频消融术（radiofrequency ablation，RF）是利用电极导管在心腔内某一部位释放射频电流而导致局部心内膜及心内膜下心肌的凝固性坏死，达到阻断快速心律失常异常传导束和起源点的介入性技术。是治疗快速性心律失常的一种导管治疗技术。

【适应证】

1. 预激综合征合并阵发性心房颤动和快速心室率。

2. 房室折返性心动过速、房室结折返性心动过速、房性心动过速和无器质性心脏病证据的室性期前收缩和室性心动过速呈反复发作性，或合并心动过速心肌病，或血流动力学不稳定者。

3. 发作频繁和/或症状重、药物治疗不能满意控制的心肌梗死后室性心动过速。

4. 发作频繁、心室率不易控制的心房扑动。

5. 发作频繁、症状明显的心房颤动。

【禁忌证】

同"心导管检查术"。

【护理】

1. 术前护理 基本同"心导管检查术"，同时应注意以下几点。

（1）术前停用抗心律失常药物5个半衰期以上。

（2）常规12导联心电图检查，必要时进行食管调搏、动态心电图（Holter）等检查。

（3）心房颤动消融者术前服用华法林维持INR在2.0~3.0、新型口服抗凝药物（NOAC）至少3周或行食管超声检查确认心房内无血栓方可手术。华法林抗凝达标者术前无须停药。新型口服抗凝药物达比加群酯、利伐沙班、阿哌沙班用于术前抗凝，优点是不需要INR监测，不需要常规调整剂量，较少食物或药物相互作用，但费用较高，原则上不可用于严重肾功能不全病人。

2. 术中配合

（1）严密监护病人血压、呼吸、心率、心律等变化，密切观察有无心脏压塞、心脏穿孔、房室传导阻滞或其他严重心律失常等并发症，并积极协助医生进行处理。

（2）做好病人的解释工作，如药物、发放射频电能引起的不适症状，或由于术中靶点选择困难导致手术时间长等，以缓解病人紧张与不适，帮助病人顺利配合手术。

3. 术后护理 基本同"心导管检查术"，同时应注意以下几点。

（1）描记12导联心电图。

（2）观察术后并发症，如房室传导阻滞、窦性停搏、血栓与栓塞、气胸、心脏压塞等。

（3）心房颤动消融者因抗凝治疗，需适当延长卧床时间，防止出血。术后根据出血情况，在术后12~24小时重新开始抗凝，出血风险高的病人可延迟到48~72小时再重新开始抗凝治疗。至少继续2个月的华法林或新型口服抗凝药物抗凝治疗，根据病人卒中风险情况而不是消融成功与否决定导管消融后是否需要2个月以上的长期抗凝。必要时遵医嘱使用胺碘酮、美托洛尔等药物。

五、冠状动脉介入性诊断及治疗

冠状动脉介入性诊断及治疗技术包括冠状动脉造影和经皮冠状动脉介入治疗技术。冠状动脉造影（coronary arterial angiography，CAG）是用特形的心导管经股动脉、肱动脉或桡动脉送到主动脉根部，分别插入左、右冠状动脉口，注入造影剂使冠状动脉及其主要分支显影，该检查可以提供冠状动脉病变的部位、性质、范围、侧支循环状况等准确资料，有助于选择最佳治疗方案和判断预后，是临床诊断冠心病的"金标准"。评定冠状动脉再灌注血流一般用TIMI（thrombolysis in myocardial infarction）试验所提出的分级标准。经皮冠状动脉介入治疗（percutaneous coronary intervention，PCI）是用心导管技术疏通狭窄甚至闭塞的冠状动脉管腔，从而改善心肌血流灌注的方法，包括经皮腔内冠状动脉成形术（percutaneous transluminal coronary angioplasty，PTCA）、经皮冠状动脉内支架植入术（percutaneous intracoronary stent implantation）、冠状动脉内旋切术、旋磨术和激光成形术。

相关链接 | **"中国冠脉支架之父"——胡大一**

著名心脏病专家胡大一有"中国冠脉支架之父"之称。早在1989年，43岁的北京医科大学第一医院心内科医生胡大一，从美国进修回来后，邀请一名意大利籍的美国医生，在一个冠状动脉血管狭窄病人身上，尝试了第一例冠状动脉支架示范手术——这是当时国外的最新技术，也是中国第一台冠状动脉支架介入手术。胡大一在"双抗"药物问世后，成为全国推广心脏支架力度最大的医生。胡大一接受了中国之声《新闻有观点》的采访，他表示支架本身"不是坏技术"，但其应主要用于急性心肌梗死的病例。而将支架视为病情稳定病人的灵丹妙药，甚至欺瞒病人"如果做了支架，随时心肌梗死随时可以救"则是"违背常识"。

【适应证】

1. 冠状动脉造影

（1）药物治疗效果不好，估计要做血运重建的心绞痛病人；病人的心绞痛症状不严重，但其他检查提示多支血管病变、左主干病变。

（2）急性冠脉综合征。

（3）冠心病的诊断不明确，需要做冠状动脉造影明确诊断，如不典型的胸痛，无创检查的结果模棱两可。

（4）难以解释的心力衰竭或室性心律失常。

（5）拟进行其他较大手术而疑诊冠心病的病人，包括心电图异常（Q波、ST-T改变）、不典型心绞痛和年龄>65岁的病人；拟行心脏手术的病人，如年龄>50岁应常规行冠状动脉造影。

2. 经皮冠状动脉介入治疗

（1）稳定型心绞痛经药物治疗后仍有症状。

（2）不稳定型心绞痛、非ST段抬高型心肌梗死。

（3）介入治疗后心绞痛复发，血管再狭窄的病人。

（4）急性ST段抬高型心肌梗死。

【禁忌证】

1. 近期有严重出血病史，凝血功能障碍，不能耐受抗血小板和抗凝双重治疗者。

2. 造影剂过敏、严重心肺功能不全不能耐受手术、晚期肿瘤、消耗性恶病质、严重肝肾衰竭者。

【护理】

1. 术前护理 除与心导管检查术基本相同外，还应注意以下几点。

（1）术前指导：指导病人术前床上训练排大小便，避免术后因不习惯卧位导致排尿、排便困难。

（2）术前口服抗血小板药物：① 择期PCI者术前口服阿司匹林和氯吡格雷或替格瑞洛；② 对于行急诊PCI或术前6小时内给药者，遵医嘱服用负荷剂量的阿司匹林和氯吡格雷或替格瑞洛。

（3）对于已经服用华法林的病人，术前通常无须停用华法林，但需要查INR。使用新型口服抗凝药物的病人，急诊PCI无须中断。而择期PCI可考虑术前停药，停药时间取决于使用的药物和肾功能。

（4）拟行桡动脉穿刺者，术前行血管通畅试验（Allen试验）即同时按压桡、尺动脉，嘱病人连续伸屈5指至掌面苍白时松开尺侧，如10秒内掌面颜色恢复正常，提示尺动脉功能良好，可行桡动脉介入治疗。静脉套管针应避免在术侧上肢留置，标记双侧足背动脉以备穿刺股动脉时监测。

2. 术中配合 除与心导管检查术相同外，还应注意：术中有无心悸、胸闷等不适；球囊扩张时应询问病人有无胸痛等不适感觉，并做好安慰解释工作。重点监测有无再灌注心律失常的发生。

3. 术后护理 除与心导管检查术相同外，还应注意以下几点。

（1）术后应行心电、血压监护，严密观察有无心律失常、心肌缺血、心肌梗死等急性期并发症。

（2）即刻进行心电图检查，与术前对比，有症状时再复查。

（3）指导病人合理饮食，少食多餐，避免过饱。鼓励多饮水，以加速造影剂的排泄。

（4）不同穿刺部位的观察与护理

1）经桡动脉穿刺：一般术后即可拔除鞘管，对穿刺点局部压迫4~6小时后，可去除加压弹力绷带。目前国内开始使用专门的桡动脉压迫装置进行止血。经桡动脉穿刺者除急诊外，如无特殊病情变化，不强调严格卧床休息，但仍需注意病情观察。

2）经股动脉穿刺：进行冠状动脉造影后，可即刻拔除鞘管；接受PCI的病人因在术中追加肝素，需在拔除鞘管前常规监测活化部分凝血活酶时间（APTT），APTT降低到正常值的1.5~2.0倍范围内，可拔除鞘管。常规压迫穿刺点15~20分钟后，若穿刺点无活动性出血，可进行制动并加压包扎，1kg沙袋压迫6小时，穿刺侧肢体限制屈曲活动12~24小时后拆除弹力绷带自由活动。

（5）术后并发症的观察与护理

1）急性冠状动脉闭塞：多表现为血压下降、心率减慢或心率增快、心室颤动、心室停搏而死亡。应立即报告手术医生，尽快恢复冠状动脉血流。

2）穿刺血管并发症

A. 桡动脉穿刺主要并发症：① 桡动脉闭塞，术中充分抗凝、术后及时减压能有效预防桡动脉闭塞和PCI后手部缺血。② 前臂血肿，观察术侧手臂有无肿胀不适，一旦发生血肿，应标记血肿范围，再次确认有效压迫，防止血肿扩大。③ 骨筋膜室综合征，为严重的并发症，较少见。严重时可导致桡动脉、尺动脉受压，进而引发手部缺血、坏死。

B. 股动脉穿刺主要并发症：① 穿刺处出血或血肿，要采取正确压迫止血方法，观察穿刺处有无出血、渗血或血肿；必要时予以重新包扎并适当延长肢体制动时间。② 腹膜后出血或血肿，常表现为低血压、贫血貌、腹痛、腰痛、穿刺侧腹股沟区张力高和压痛等，一旦诊断应立即输血等处理，否则可导致失血性休克。③ 假性动脉瘤和动静脉瘘，前者表现为穿刺局部出现搏动性肿块和收缩期杂音，后者表现为局部连续性杂音，一旦确诊应立即局部加压包扎，如不能愈合可行外科修补术。④ 穿刺动脉血栓形成或栓塞，可引起动脉闭塞产生肢体缺血，术后应注意观察双下肢足背动脉搏动情况、皮肤颜色、温度、感觉改变，下床活动后肢体有无疼痛或跛行等，发现异常及时通知医生；静脉血栓形成或栓塞可引起致命性肺栓塞，术后应注意观察病人有无突然咳嗽、呼吸困难、咯血或胸痛，需积极配合给予抗凝或溶栓治疗。若术后动脉止血压迫和包扎过紧，可使动、静脉血流严重受阻而形成血栓。

3）低血压：多为拔除鞘管时伤口局部加压后引发血管迷走反射所致。备好利多卡因，协助医生在拔除鞘管前局部麻醉，减轻病人疼痛感。备齐阿托品、多巴胺等抢救药品，连接心电、血压监护仪，除颤仪床旁备用，密切观察心率、心律、呼吸、血压变化。一旦发生低血压应立即报告医生，并积极配合处理。

4）造影剂不良反应：少数病人注入造影剂后出现皮疹、畏寒甚至寒战，经使用地塞米松后可缓解。亦可发生急性肾损伤，严重过敏反应罕见。术后经静脉或口服补液，可起到清除造影剂、保护肾功能和补充容量的双重作用。目前推荐在术前3~12小时开始静脉使用生理盐水进行水化，观察尿量。

5）心肌梗死：由病变处急性血栓形成所致。故术后要注意观察病人有无胸闷、胸痛症状，并注意有无心肌缺血的心电图表现和心电图的动态变化情况。

6）尿潴留：多由经股动脉穿刺后病人不习惯床上排尿而引起。术前要训练床上排尿，解除床上排尿时的紧张心理，也可进行诱导排尿，如听流水声、吹口哨、温水冲洗会阴部等；以上措施均无效时可行导尿术。

（6）植入支架的病人遵医嘱口服抗血小板聚集的药物，如替格瑞洛或氯吡格雷和阿司匹林；依据病情需要给予抗凝治疗，如低分子肝素皮下注射、替罗非班静脉泵入，以预防血栓形成和栓塞而致血管闭塞和急性心肌梗死等并发症。定期监测血小板、出凝血时间的变化。严密观察有无出血倾向，如伤口渗血、牙龈出血、鼻出血、血尿、血便、呕血等。

（7）指导病人出院后继续服用药物。巩固冠状动脉介入治疗的疗效，应定期进行门诊随访。

六、主动脉内球囊反搏

主动脉内球囊反搏（intra-aortic balloon pump，IABP）工作原理是，心脏血液的灌流主要在心脏舒张期。在舒张早期，主动脉内压力开始下降时球囊迅速充盈，提高主动脉舒张压，增加冠状动脉的血流灌注，使心肌的供血量增加，并改善脑和外周血管的灌注。舒张末期球囊快速放气，主动脉舒张末期压急骤下降，使收缩期左心室射血阻力明显下降，降低左心室后负荷，减少心肌耗氧量，增加每搏输出量和射血分数。

【适应证】

1. 急性心肌梗死伴心源性休克、急性二尖瓣反流、乳头肌功能不全、室间隔穿孔。

2. 难治性不稳定型心绞痛。

3. 难以控制的心律失常。

4. 顽固性左心衰竭伴心源性休克。

5. 血流动力学不稳定的高危PCI病人（如左主干病变、严重多支病变或重度左心室功能不全等）。

6. 冠状动脉旁路手术和术后支持治疗。

7. 心脏外科术后低心排血量综合征。

8. 急性心肌梗死伴心源性休克。

9. 心脏移植的支持治疗。

【禁忌证】

1. 重度主动脉瓣关闭不全。

2. 主动脉夹层动脉瘤或主动脉瘤。

3. 不可逆的脑损害。

4. 严重的主动脉或髂动脉血管病变。

5. 慢性终末期心脏病。

6. 心脏停搏、心室颤动、严重低血压。

7. 凝血功能异常等。

【护理】

1. 术前护理

（1）根据病情向病人及家属交代IABP的必要性和重要性，介绍手术大致过程及可能出现的并发症，争取尽早实施IABP术，以免错过最佳抢救时机。

（2）检查双侧足背动脉、股动脉搏动情况并作标记。听诊股动脉区有无血管杂音。

（3）完善血常规及血型、尿常规、出凝血时间等相关检查，必要时备血。

（4）股动脉穿刺术区备皮，备皮范围是会阴部及双侧腹股沟。给予留置导尿，建立静脉通路，以备术中急用。

（5）术前常规遵医嘱给予抗血小板聚集的药物与地西泮等镇静药物。

（6）备齐术中用物、抢救物品、器械和药品。

2. 术中配合

（1）记录IABP前病人生命体征、心率、心律、心排血量、心脏指数等相关指标，以利于术后评价效果。

（2）根据病人身高选择合适规格的球囊导管。

（3）术中严密监护病人的意识、血压、心率、心律、呼吸等变化，一旦出现紧急情况，积极配合医生进行抢救。

3. 术后护理

（1）病人卧床休息，肢体制动，插管侧大腿弯曲不应超过30°，床头抬高也不应超过30°，以防导管打折或移位。协助做好生活护理和基础护理，定时协助病人翻身、拍背，减少坠积性肺炎及压力性损伤的发生。对意识不清病人还应注意做好安全护理。

（2）肝素盐水冲洗测压管道，以免血栓形成，注意严格无菌操作；每小时检查穿刺局部有无出血和血肿情况；每小时观察病人足背动脉搏动情况，注意观察皮肤的温度和病人自我感觉情况。

（3）持续心电监测并记录病人生命体征、意识状态、尿量等，观察循环辅助的效果，如出现异常及时通知医生。

（4）反搏效果观察：反搏满意的临床表现为病人神志清醒、尿量增加、中心静脉压和左心房压在正常范围内、升压药物剂量大幅度减少甚至完全撤除，反搏时见主动脉收缩波降低而舒张波明显上升是反搏辅助有效的最有力证据。

（5）遵医嘱进行血、尿等实验室检查，及时报告医生检查结果。

（6）血流动力学稳定后，根据病情逐渐减少主动脉球囊反搏比率，最后停止反搏，进行观察。每次变换频率间隔应在1小时左右，停止反搏后带管观察的时间不可超过30分钟，以免发生球囊导管血栓形成。

（7）并发症观察与处理

1）下肢缺血：可出现双下肢疼痛、麻木、苍白或水肿等缺血或坏死的表现。较轻者应使用无鞘的球囊导管或插入球囊导管后撤出血管鞘管；严重者应立即撤出球囊导管。

2）主动脉破裂：表现为突然发生的持续性撕裂样胸痛、血压和脉搏不稳定甚至休克等不同表现。一旦发生，应立即终止主动脉内球囊反搏，撤出球囊导管，配合抢救。

3）感染：表现为局部发热、红、肿、化脓，严重者出现败血症。严格无菌操作和预防性应用抗生素可控制其发生率。

4）出血、血肿：股动脉插管处出血较常见，可压迫止血后加压包扎。

5）气囊破裂而发生气栓塞：气囊破裂时，导管内出现血液，反搏波形消失，应立即停止反搏，更换气囊导管。

七、心包穿刺术

【适应证】

1. 大量心包积液出现心脏压塞症状者，穿刺抽液以解除压迫症状。

2. 抽取心包积液协助诊断，确定病因。

3. 心包腔内给药治疗。

【禁忌证】

1. 出血性疾病、严重血小板减少症及正在接受抗凝治疗者为相对禁忌证。

2. 拟穿刺部位有感染者或合并菌血症或败血症者。

3. 不能很好配合手术操作的病人。

【护理】

1. 术前护理　备齐物品，向病人说明手术的意义和必要性，进行心理护理；术前需行超声检查，以确定积液量和穿刺部位，对最佳穿刺点做好标记；询问病人是否有咳嗽，必要时给予镇咳治疗；保护病人隐私，并注意保暖；操作前开放静脉通路，备好急救药品；进行心电、血压监测。

2. 术中配合　严格无菌操作，抽液过程中随时夹闭胶管，防止空气进入心包腔；嘱病人勿剧烈咳嗽或深呼吸；抽液要缓慢，每次抽液量不超过1 000ml，以防急性右室扩张，一般第1次抽液量不宜超过200~300ml，若抽出新鲜血液，应立即停止抽吸，密切观察有无心脏压塞症状；术中密切观察病人表现，如病人出现心率加快、出冷汗、头晕等异常情况，应立即停止操作，及时协助医生处理。

3. 术后护理

（1）穿刺部位覆盖无菌纱布并固定。

（2）穿刺后2小时内继续心电、血压监测，嘱病人休息，并密切观察生命体征变化。

（3）心包引流者需做好引流管的护理，待每天心包抽液量<25ml时拔除导管。

（4）记录抽液量、颜色、性质，按要求及时送检。

（夏继凤）

第十一节 循环系统临床思维案例

【案例1】

病史：病人，男，76岁。以"活动后胸闷、气促7年，加重20余天"为主诉入院。病人7年前因劳累后出现胸闷、气短，不伴胸痛，活动时加重，休息后可缓解，偶伴夜间阵发性呼吸困难。当地医院诊断"心力衰竭"，给予治疗，具体不详。近2年来，间断发作胸闷、憋气，多于感冒后或者劳累后发生，多次入院治疗。1周前受凉感冒后出现咳嗽、咳白色黏液痰，不伴发热，有胸闷、憋气症状，活动后加重。夜间不能平卧，阵发性呼吸困难发作2~3次/夜，伴双下肢水肿。

体格检查：T 36.5℃，P 100次/min，R 24次/min，BP 138/70mmHg，SpO$_2$ 93%。双肺可闻及干湿啰音，心尖搏动位于第6肋间左锁骨中线外1cm，心界扩大，颈静脉怒张，肝大，肋下可及2cm，双下肢水肿。既往有高血压病史10年。

辅助检查：血常规结果正常；血尿素氮26mmol/L，血肌酐118μmol/L，脑钠肽289pg/ml；心电图示窦性心动过速；胸部X线示心影增大，呈靴形，肺淤血征；超声心动图示左室后壁厚度增加，EF值40%。

以"心力衰竭"为诊断收入院。

问题：

1. 该病人诊断为心力衰竭的依据是什么？根据NYHA的心功能分级标准，请判断病人的心功能等级。

2. 除案例中提及的劳累及感冒外，还可能存在哪些诱因？

> 病情进展：
>
> 入院后给予药物治疗，3天后病人自述呼吸困难症状较前缓解，但视物呈黄绿色；同时心电监护示室性期前收缩。

3. 请判断病人出现了什么问题？应如何处置？

> 病情进展：
>
> 经过综合治疗，病人症状有所好转。1小时前自行坐起换衣服后，诉憋气，进而不能平卧、大汗、喘憋明显，医护人员准确判断病情后，立即实施抢救。

4. 此时病人最可能出现了什么问题？依据是什么？请评判性地分析病人疾病的进展过程。医护人员应进行哪些配合才能对病人实施有效抢救？

5. 病人病情稳定后，应给予病人哪些健康指导？

【案例2】

病史：病人，男，50岁，出租车司机。因"剧烈疼痛2小时"急诊入院。病人既往有高血压、糖尿病病史10年，间断服用药物，血压及血糖控制不佳。此次搬动重物后突发心前区剧烈疼痛，呈压榨样，伴濒死感，大汗淋漓，恶心呕吐，呕吐物为胃内容物，自行含服硝酸甘油不能缓解。

辅助检查：心电图示Ⅱ、Ⅲ、aVF导联ST段弓背向上抬高，肌酸激酶和肌钙蛋白明显升高。

以"急性心肌梗死"为诊断收入院。

问题：

1. 该病人初步诊断为"急性心肌梗死"的依据是什么？

2. 如何缓解病人的疼痛症状？

> 病情进展：
>
> 入院后护士遵医嘱立即给予病人尿激酶静脉滴注。

3. 使用尿激酶前应评估哪些内容？使用后如何判断疗效？

> 病情进展：
>
> 在溶栓过程中，病人心电监护呈现出PR间期逐渐延长，QRS波群脱落的现象。

4. 病人可能出现了什么情况？有何依据？应给予什么处置？

> 病情进展：
>
> 病人入导管室行冠状动脉介入治疗，在右冠状动脉植入1枚支架后返回病房。

5. 有哪些证据提示病人右冠状动脉血管出现了狭窄？请结合病人的心电图、心电监护以及冠状动脉介入治疗结果进行综合分析。

6. 返回病房后应重点给予病人哪些护理措施？

7. 请结合心脏康复最新理念，为病人制定针对性的运动处方。

【案例3】

病史：病人，男，56岁，农民。"间断性头晕头痛3年，加重1周"入院。病人3年前出现间断性头晕头痛，偶伴视物模糊，无胸痛、胸闷、恶心呕吐等不适症状，血压最高达180/100mmHg，间断服用"卡托普利、硝苯地平"等降压药物，血压波动在150/90mmHg至130/80mmHg。1周前再次出现头晕头痛症状，症状较前剧烈。病人平素没有运动锻炼的习惯，喜咸菜和辣椒，嗜烟酒。父亲有高血压脑出血病史。

体格检查：神志清，自主体位，身高170cm，体重90kg，腰围102cm。T 36.2℃，P 80次/min，R 19次/min，BP 170/112mmHg。双肺呼吸音清，未闻及干湿啰音及胸膜摩擦音。心前区无隆起，心尖搏动正常，心律齐，各瓣膜区未闻及杂音。双下肢无水肿。

辅助检查：血常规无异常，空腹血糖8.0mmol/L，总胆固醇6.7mmol/L，尿蛋白（＋）。心电图示窦性心律，左心室肥厚。

以"高血压"收入院。

问题：

1. 请归纳出影响该病人心血管危险分层的因素。

> 病情进展：
>
> 入院后因费用问题，病人和家属产生争执，血压突然升高至200/130mmHg。

2. 该病人可能出现了什么问题？应给予哪些紧急处置？

> 病情进展：
>
> 血压控制平稳后，护士发现病人在病房内每顿仍吃咸菜，也不下床活动，对其进行的健康生活方式指导未起到任何作用。

3. 护士可能对病人进行了哪些健康生活方式指导？请换位思考，为病人制定针对性的干预方案以提高其依从性？

> 病情进展：
>
> 入院第4天晨起，病人从平卧位突然站立时，感觉头晕不适。

4. 此时病人可能发生了什么？如何处置？应教会病人哪些预防措施？

5. 病人即将出院，可是其尚未掌握居家血压监测的事宜，请对其进行详细讲解。

（赵振娟）

复习参考题

一、简答题

1. 简述心力衰竭的诱发因素。
2. 简述洋地黄类药物中毒时的表现。
3. 简述肥厚型心肌病病人可能的临床症状。
4. 比较房性期前收缩和室性期前收缩的心电图特征。
5. 简述二尖瓣狭窄的常见并发症。
6. 简述稳定型心绞痛病人胸痛的护理措施。
7. 心肌梗死病人溶栓成功的标志有哪些？
8. 对原发性高血压病人进行健康指导，要点有哪些？
9. 感染性心内膜炎接受抗微生物药物治疗时，护士对其指导的要点有哪些？
10. 出现哪些征象会提示急性心包炎病人出现了心脏压塞？

二、选择题

1. 扩张型心肌病病人心脏结构最基本的改变是

A. 心室容积减少

B. 室间隔肥厚

C. 左心室肥厚

D. 右室流出道梗阻

E. 单侧或双侧心腔扩大

2. 病人，男，45岁，自觉心悸就诊。心电图检查显示：心率203次/min，节律规则，QRS形态正常，P波不可见。指导病人深吸气后屏气，再用力呼气后心率逐渐下降。该病人最可能的心律失常类型为
   A. 窦性心动过速
   B. 心房扑动
   C. 心房颤动
   D. 阵发性室上性心动过速
   E. 室性心动过速

3. 病人，女，40岁，因"呼吸困难，夜间不能平卧"入院。病人有风湿热病史，体格检查：口唇发绀，二尖瓣听诊区可闻及舒张中晚期隆隆样杂音，双下肢凹陷性水肿。该病人目前最主要的护理问题是
   A. 体液过多
   B. 躯体移动障碍
   C. 清理呼吸道无效
   D. 活动无耐力

E. 气体交换障碍

4. 病人，男，58岁。高血压病史8年，间断服用抗高血压药治疗。2小时前与家人争吵后突发严重头痛、恶心、呕吐。急诊评估：急性病容，呼吸24次/min，血压240/120mmHg，心率98次/min，律齐，眼底出血，余无异常。此时病人最可能出现了
   A. 心律失常
   B. 心力衰竭
   C. 脑出血
   D. 高血压亚急症
   E. 高血压急症

5. 病人，男，42岁。因心包积液入院，查体有"Beck三联征"，Beck三联征是指
   A. 奇脉、心音低弱、颈静脉怒张
   B. 低血压、心音低弱、下肢水肿
   C. 低血压、干咳、颈静脉怒张
   D. 低血压、心音低弱、颈静脉怒张
   E. 脉压变小、心音低弱、颈静脉怒张

答案：1. E 2. D 3. E 4. E 5. D

第四章 | 消化系统疾病病人的护理

消化系统疾病病人的护理

学习目标

知识目标	
1. 掌握	常见症状、体征如恶心、呕吐、腹痛、腹泻、呕血、便血的护理；消化系统常见疾病如急慢性胃炎、消化性溃疡、炎症性肠病、肝硬化、原发性肝癌、肝性脑病、急性胰腺炎、上消化道出血的临床表现、常见护理问题、措施及健康指导要点。
2. 熟悉	消化系统疾病病人的护理评估；消化系统常见疾病的病因和治疗要点；腹腔穿刺术、肝穿刺活体组织检查术和消化内镜检查术等的术前准备及术后护理；消化系统疾病的临床思维分析方法。
3. 了解	消化系统的结构和功能；消化系统常见疾病的发病机制及辅助检查；消化系统常见诊疗技术的适应证与禁忌证。

能力目标　能应用临床思维与评判性思维对消化系统疾病病人进行病情评估，能识别上消化道出血、肝性脑病等危重情况；能正确提出护理问题，实施整体护理。

素质目标　投身护理事业，树立尚德精术、大爱无疆的专业素养，确立锲而不舍、守正创新的科学素养。

第一节　概述

消化系统疾病属常见病，主要包括食管、胃、肠、肝、胆、胰、脾等脏器的功能性或器质性疾病，病变可局限于自身，也可影响其他系统脏器功能，而其他系统或全身性疾病也可影响消化系统组织器官功能甚至引起病变。此外，心理社会因素可通过神经体液因素影响胃肠道功能，导致胃肠道功能异常。消化系统疾病种类多，多为常见病和多发病，且急重症、恶性肿瘤多见。据《2022中国卫生健康统计年鉴》，消化道疾病是我国城市居民和农村居民死亡的第7位原因，威胁我国居民的健康和生命。

一、结构与功能

消化系统由消化管和消化腺组成（图4-1）。消化管是指从口腔到肛门的管道，各部位的功能不同，形态各异，可分为口腔、咽、食管、胃、小肠（十二指肠、空肠和回肠）和大肠（盲肠、阑尾、结肠、直肠和肛管）。通常把从口腔到十二指肠的这部分管道称上消化道，空肠及以下部分称下消化道。消化腺包括口腔腺、肝、胰和消化管壁内的许多小腺体。消化系统的基本功能为摄取和消化食物、吸收营养和排泄废物。

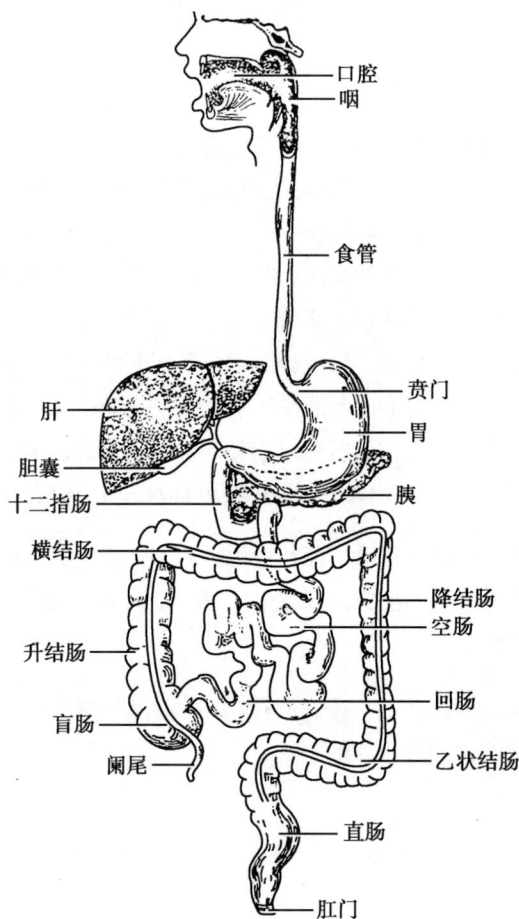

▲ 图4-1　消化系统结构示意图

【胃肠道的生理功能】

1. 食管　食管是连接咽和胃的通道，全长约25cm，是消化管各部中最狭窄的部分。食管的主要功能是将食物与唾液送至胃内。食管有3处生理性狭窄，第1处狭窄是食管起始处，第2处狭窄是食管在左主支气管的后方与其交叉处，第3处狭窄是食管通过膈的食管裂孔处。上述狭窄部是食管异物易滞留和食管癌的好发部位，在施行食管插管时应注意。食管下段有一段长3~5cm的高压区，此处的压力比胃内压高5~10mmHg。此高压带有阻止胃内容物逆流的作用，功能失调时可引起反流性食管炎和贲门失弛缓症。门静脉高压时食管下段静脉曲张，在诱因作用下易破裂发生大出血。

2. 胃　胃是消化管各部中最膨大的部分，成年人的胃容量为1~2L，具有储存和初步消化食物的功能。胃可分为贲门、胃底、胃体、幽门4部分。与食管相接处为贲门，与十二指肠相接处为幽门。胃对食物的化学性消化是通过胃黏膜中多种外分泌腺细胞分泌的胃液来实现的。胃黏膜中有三种外分泌腺，包括贲门腺、泌酸腺和幽门腺。泌酸腺分布于胃底和胃体部，是分泌胃酸、胃蛋白酶及内因子的主要腺体。

胃的主要功能为暂时贮存食物，通过胃蠕动使食物和胃液充分混合形成食糜，并通过节律性蠕动将食糜送入十二指肠，食物由胃完全排空需4~6小时。幽门部的括约肌能控制胃内容物进入十二指肠的速度，发挥阻止十二指肠内容物反流入胃的作用，功能不全时可造成十二指肠液反流，慢性胃炎和消化性溃疡的发病与此有关。

3. 小肠　包括十二指肠、空肠和回肠，是消化管中最长的一段，成人全长5~7m，是食物消化、吸收的主要场所。小肠黏膜的腺体主要有十二指肠腺和肠腺，前者分泌含黏蛋白的碱性液体，具有保护十二指肠上皮不被胃酸侵蚀的作用，后者分泌的液体是小肠液的主要部分。小肠液呈弱碱性，pH约7.6，成人每天分泌量为1~3L，大量小肠液稀释食糜，使其渗透压下降利于吸收。

小肠有巨大的吸收面积，食物在小肠停留时间较长（3~8小时）且已被消化为适于吸收的小分子，为小肠吸收创造了有利条件。胰液、胆汁和小肠液的化学性消化及小肠运动的机械性消化使食物成分消化分解，许多营养物质在小肠被吸收，未消化的食物残渣则进入大肠。先天性和后天性小肠酶缺乏、小肠黏膜炎症性病变、肠段切除过多造成的短肠综合征等均可造成消化和吸收障碍，临床出现腹泻、水样便、粪便有消化不全的食物残渣，重者出现水、电解质、酸碱平衡紊乱。慢性病变者则出现营养不良。

4. 大肠　是消化管的下段，全长1.5m，包括盲肠、阑尾、结肠、直肠和肛管。回肠末端向右突入盲肠内，形成回盲瓣，此瓣有括约肌的作用，既可防止回肠内容物过快进入大肠，从而延长食糜在小肠的停留时间，有利于食糜充分消化和吸收，也可防止大肠内容物逆流至小肠。大肠黏膜表面的柱状细胞、杯状细胞分泌富含黏液和碳酸氢盐的碱性大肠液，黏液中的黏液蛋白具有保护肠黏膜和润滑粪便的作用。

大肠的主要功能在于吸收水分和无机盐，同时还为消化吸收后的食物残渣提供暂时储存场所，并将食物残渣转变为粪便。食物残渣在大肠内停留的时间达10小时以上，经过大肠内细菌酶的发酵和腐败作用形成粪便，最后排出体外。大肠发生炎症时，肠液分泌增加，肠动力增强，肠内容物停留时间缩短，水分吸收减少，临床出现腹泻，粪便多为稀便和黏液便；肠动力减弱时，肠内容物停留时间过长，水分吸收增多，粪便则干结而出现便秘。临床上可采用直肠灌药的方式作为给药途径，此方式可使药物混合于直肠分泌液中，通过肠黏膜被吸收。直肠给药不经过胃和小肠，避免了强酸、碱和消化酶对药物的影响，既提高了药物的生物利用度，又避免了药物对胃肠道的直接刺激。

【肝胆的生理功能】

肝脏是人体内最大的消化腺，也是代谢最活跃的器官。肝脏的血液供应极为丰富，其所含血量相当于人体血液总量的14%。其血液有门静脉和肝动脉双重来源。门静脉收集来自腹腔内脏的血液，内含从消化道吸收入血的丰富的营养物质，它们在肝内被加工、储存或转运。门静脉血中的有害物质也在肝内被解毒或清除。肝血供的1/4来自肝动脉，含有丰富的氧，为肝细胞供氧的主要来源。流经肝脏的血液最后由肝静脉进入下腔静脉而回到心脏。

肝脏的主要生理功能如下。① 分泌胆汁：肝细胞能生成胆汁酸和分泌胆汁，胆汁可促进脂肪和脂溶性维生素的消化和吸收。任何原因引起的胆汁合成、转运、分泌、排泄障碍，均可引起胆汁淤积性肝病和脂溶性维生素缺乏。② 物质代谢：参与糖、蛋白质、脂肪和维生素等众多物质的代谢。肝脏还参与许多激素的灭活和降解。③ 生物转化（解毒）：肝是人体内主要的解毒器官，外来或体内代谢产生的有毒物质经肝脏的化学作用、分泌作用、蓄积作用和吞噬作用等，使毒物成为无毒的或溶解度较大的物质，随胆汁或尿液排出体外。④ 防御和免疫功能：肝脏中的单核吞噬细胞可吞噬致病性抗原，经过处理的抗原物质可刺激机体的免疫反应。⑤ 其他功能：肝脏也是多种凝血因子合成的主要场所，肝功能损伤时可因凝血因子缺乏而造成出血倾向。

胆囊有贮存、浓缩胆汁，调节胆管内压和排出胆汁的功能。肝内合成或分泌的胆汁经胆管系统排至十二指肠。当胆管系统发生炎症、结石等病变时，影响胆汁的排泄，胆汁中的胆红素反流入血，达一定浓度时便出现黄疸。

【胰腺的生理功能】

胰腺是人体内第二大消化腺，兼有外分泌腺和内分泌腺的功能。分为胰头、胰颈、胰体、胰尾4部分。胰腺的外分泌物为胰液，由胰腺的腺泡细胞和小导管管壁细胞所分泌，具有很强的消化能力。胰腺的内分泌功能主要与糖代谢调节有关。胰腺的内分泌腺即胰岛，其重要的内分泌细胞有α（A）细胞分泌胰高血糖素，促进糖原分解和糖异生，使血糖升高；β（B）细胞分泌胰岛素，加速全身各组织对葡萄糖的摄取、贮存和利用，促进糖原合成，抑制糖异生，使血糖降低；δ（D）细胞分泌生长抑素，可抑制胃酸分泌及邻近α细胞和β细胞的分泌。β细胞数量减少或功能不全时，血中胰岛素水平低下，血糖浓度升高，当超过肾糖阈时，大量糖从尿中排出，即出现糖尿病。

二、护理评估

【病史评估】

1. 患病及治疗过程

（1）患病过程：患病的起始情况和时间，有无起因或诱因，主要症状及其特点等。例如对以腹痛为主诉的病人，应询问疼痛的起始时间、部位、性质、程度、急缓，持续性、渐进性还是间歇性，症状加剧或缓解的相关因素及规律性，是否有伴随症状等。

（2）检查及治疗过程：既往检查、治疗经过及效果，是否遵从医嘱治疗。详细询问用药史，包括药物的种类、剂量和用法，是否按医师处方用药或者为自行购药使用。有无特殊的饮食医嘱及病人是否遵从。

（3）目前情况与一般状况：目前的主要不适及病情变化。一般情况如体重、营养状况、饮食方式及食欲、睡眠、排便习惯有无改变等。

（4）过敏史：详细询问病人是否有药物过敏史和食物过敏史。

2. 既往史及家族史 病人既往的健康状况和过去曾经患过的疾病、外伤手术、预防注射，特别是与目前所患疾病有密切关系的情况，还需询问双亲与兄弟姐妹及子女的健康与疾病情况，特别应询问是否与病人有同样的疾病，有无与遗传有关的疾病。

3. 心理-社会状况

（1）心理状况：病人的性格、精神状态，患病对日常生活、工作的影响。有无焦虑、抑郁、悲观等负面情绪及其程度。消化系统的常见症状如食欲不振、恶心呕吐、腹痛、腹胀等给病人带来不适和痛苦，特别是当症状反复出现或持续存在时，易使病人产生不良情绪。有些疾病如肝硬化失代偿期、消化系统肿瘤疗效不佳时，给病人带来精神压力。故应评估病人的心理状态，以便有针对性给予心理疏导和支持。

（2）行为方式：日常生活是否规律，包括工作、学习、活动、进食和休息等情况，如平日饮食习惯及食欲，每天进餐时间和次数、食物种类及数量、有无特殊饮食喜好或禁忌；生活或工作负担及承受能力，有无过度紧张、焦虑等负性情绪；睡眠质量等。

（3）社会支持系统：包括病人的家庭成员组成，家庭经济、文化、教育背景，对病人所患疾病的认识，对病人的关怀和支持程度；医疗费用的来源和支付方式；慢性病病人出院的后续就医条件，居住地的初级卫生保健设施等资源。

【身体评估】

1. 一般状态 ① 生命体征：消化道大量出血导致失血性周围循环衰竭，病人可出现脉搏加快、血压下降、呼吸急促等休克表现；② 意识状态：肝性脑病者可有精神症状、意识障碍；③ 营养状况：体重、甲床及皮肤色泽及弹性、皮下脂肪厚度、肌力等。胃癌、消化性溃疡病人失血，可出现皮肤黏膜苍白、毛发干枯、指甲薄脆易折断等缺铁性贫血表现。慢性胃炎、消化性溃疡、消化道肿瘤病人常有体重减轻或消瘦。

2. 皮肤和黏膜 有无色素沉着、黄染、出血、蜘蛛痣、肝掌、皮肤黧黑等肝胆疾病的表现；呕吐、腹泻频繁的病人应注意有无皮肤干燥、弹性差等脱水征象；肝脏疾病的病人注意有无皮肤苍白、干燥、紧张发亮等水肿征象。

3. 腹部检查 腹部外形、呼吸运动、有无蠕动波、腹壁静脉显露及其分布与血流方向；肠鸣音情况、有无振水音、血管杂音；有无移动性浊音。腹壁紧张度、有无压痛、反跳痛等腹膜刺激征；肝脾大小、硬度、表面、边缘等情况。为避免触诊引起胃肠蠕动增加导致肠鸣音变化，腹部体格检查顺序应为视、听、叩、触，而记录时仍按视、触、叩、听的顺序。

【辅助检查】

1. 实验室检查

（1）血液检查：① 肝功能：丙氨酸转氨酶（alanine transaminase，ALT）和天冬氨酸转氨酶（aspartate transaminase，AST）是反映肝细胞损伤的重要指标。血清白蛋白、凝血因子等可反映肝脏的合成功能。② 胆红素：总胆红素包括非结合胆红素和结合胆红素。血清胆红素测定有助于检出肉眼尚不能观察到的黄疸，常反映肝细胞损伤或胆汁淤积。③ 血沉：可反映炎症性肠病、肠结核或腹膜结核的病情活动性。④ 血清淀粉酶：用于急性胰腺炎的诊断。⑤ 各型肝炎病毒标志物：用于确定病毒性肝炎类型。⑥肿瘤标志物：如甲胎蛋白（AFP）、癌胚抗原（CEA）、糖类抗原19-9（CA19-9）等。

（2）尿液检查：尿液淀粉酶测定，用于急性胰腺炎的诊断。肝脏不能处理来自肠道重吸收的尿胆原时，经尿液排出的尿胆原增加，尿胆红素阳性提示血结合胆红素增高。

（3）粪便检查：包括肉眼观察以及显微镜、细菌学、寄生虫检查和隐血试验等。外观的评估包括颜色、气味、性状和量。应采集新鲜粪便，不可混入尿液。容器要洁净干燥，做细菌学检查时容器要消毒。一般检查留取少量粪便即可；集卵法查找寄生虫卵时应留取鸡蛋大小的粪便块；涂片或进行病原体培养时应留取粪便中带黏液或脓血的部分；如粪便外观无异常，应在表面、深部等多处取材，以提高检出率。

（4）腹水检查：根据腹水中蛋白质或蛋白质浓度、细胞数及分类、电解质浓度可大致判断腹水为渗出液或漏出液，对鉴别肝硬化、腹膜炎等有重要意义。

（5）幽门螺杆菌（*H. pylori*，Hp）检测：幽门螺杆菌检测对于胃癌前疾病及病变、消化性溃疡、胃肠黏膜相关淋巴瘤等疾病的诊疗有重要作用。非侵入性检测方法包括尿素呼气试验、单克隆Hp粪便抗原检测（HpSA）和血清学检测。其中，尿素呼气试验（UBT）是临床最推荐的方法，包括^{13}C或^{14}C尿素呼气试验。侵入性检测方法包括组织学检测、快速尿素酶试验（RUT）、幽门螺杆菌培养和聚合酶链式反应。后两者多用于细菌药物敏感检测。血清学抗体检测主要用于流行病学调查，不作为幽门螺杆菌现症感染的诊断方法。

2. 内镜检查 内镜检查不仅能直视黏膜病变、取活组织进行病理检查，还可根据情况进行内镜下治疗，是消化系统疾病诊治的重要检查手段。内镜检查包括胃镜、结肠镜、小肠镜、胶囊内镜、经内镜逆行胆胰管成像和超声内镜等。胃镜及结肠镜是最常用的检查手段，可检出食管和胃肠道肿瘤、溃疡、炎症和血管病变等。随着胃肠镜设备的不断更新，对病变的观察逐渐增加了色素对照、放大观察、共聚焦内镜等技术，有效提高了早期肿瘤的检出率。胶囊内镜检查时，病人吞下一个含有微型照相装置的胶囊，可不间断拍摄，能动态、清晰地显示小肠腔内病变，且具有无痛苦、安全等优点。经内镜逆行胆胰管成像对诊断胰胆管结石、肿瘤、炎症性狭窄、先天性畸形等具有重要意义。超声内镜检查可了解黏膜下病变的深度、性质、大小及周围情况。在超声内镜的引导下，可对病灶穿刺活检、肿瘤介入治疗、囊肿引流等。小肠镜发现病变后可以取活检及内镜下治疗，但小肠镜难以观察整个小肠，且小肠镜检查耗时长，病人较痛苦。

3. 影像学检查

（1）超声检查：腹部超声检查可观察肝、胆、胰、脾、胆囊等脏器，有助于发现脏器肿瘤、脓肿、结石等病变，以及腹腔内的肿块和腹水。彩色多普勒超声可显示门静脉、肝静脉和下腔静脉，协助门静脉高压的诊断。

（2）X线检查：①腹部平片可用于观察食管、胃、肝、脾等脏器的轮廓，钙化的结石或组织，肠腔内气体、液体以及腹腔内游离的气体。②胃肠钡剂造影检查用于疑有食管、胃、小肠、结肠疾病的病人，但疑有胃肠穿孔、肠梗阻或2周内有消化道大出血者不宜做钡剂造影检查。③钡剂灌肠主要适用于结肠病变的检查。④胆囊及胆道碘剂造影可显示结石、肿瘤、胆囊浓缩和排空功能障碍及其他胆囊、胆道病变。检查前应做碘过敏试验并禁食12小时，准备脂肪餐1份。⑤ 数字减影血管造影检查，如门静脉、下腔静脉造影有助于门静脉高压的诊断；选择性腹主动脉造影有助于肝、胰腺肿瘤的诊断并可进行介入治疗，该检查对明确消化道出血的原因也有重要价值。

（3）计算机断层扫描（computed tomography，CT）和磁共振成像（magnetic resonance imaging，MRI）检查：对肝、胆、胰的囊肿、脓肿、肿瘤、结石等占位性病变及脂肪肝、肝硬化、胰腺炎等弥漫性病变等，均有重要的诊断价值。增强CT对于消化系统脏器小病灶、等密度病灶、需定位定性的病变以及血管性病变的诊断有重要价值。MRI对于鉴别肝内、肝门病变组织学来源和诊断胆道、胰腺病变具有重要作用。

4. **活体组织检查和脱落细胞检查**　取活体组织进行病理学检查对疾病的诊断具有确诊价值。临床上消化系统活体组织检查取材常用方法：胃肠镜直视下取黏膜病变组织；各种经皮穿刺，包括超声、CT引导下的穿刺，对肝、胰或腹腔肿块取材；外科手术时取材。脱落细胞检查是在内镜直视下冲洗或擦刷消化管腔黏膜，收集脱落细胞做病理检查或者收集腹水查找癌细胞。

三、常见症状体征的评估与护理

【恶心与呕吐】

恶心（nausea）是一种上腹部不适、紧迫欲吐的感觉。呕吐（vomiting）指因为胃的强烈收缩迫使胃或部分小肠内容物通过食管逆流到口腔并排出体外的一个复杂的反射动作。恶心与呕吐两者可单独发生，多数人先有恶心，继而呕吐。引起恶心、呕吐的病因很多，消化系统常见病因有：① 胃肠道急性炎症或者慢性炎症急性发作；② 各种原因引起的幽门梗阻，如消化性溃疡并发幽门梗阻或胃癌；③ 肠外病变压迫或肠内病变阻塞引起的肠梗阻；④ 胃肠功能紊乱引起的心理性呕吐。呕吐可排出胃内的有害物质，但长期、频繁的呕吐可引起水、电解质、酸碱平衡紊乱及营养缺乏等；剧烈呕吐易引起食管贲门黏膜撕裂，有食管下段静脉曲张者，易诱发曲张静脉破裂引起上消化道大出血。

1. 护理评估

（1）病史：恶心与呕吐发生的时间、频率、原因或诱因，与进食的关系；呕吐的特点及呕吐物的性质、量；呕吐时的伴随症状；病人的精神状态等。

（2）身体评估：① 全身情况：生命体征、神志、营养状况，有无失水表现。② 腹部检查：腹部外形，有无膨隆或凹陷；有无胃形、肠形及蠕动波；腹壁紧张度，有无腹肌紧张、压痛、反跳痛等。

（3）辅助检查：必要时做呕吐物毒物分析或细菌培养等检查，呕吐量大者注意有无电解质、酸碱平衡紊乱。

2. 常用护理诊断/问题

（1）有体液不足的危险　与大量呕吐导致失水有关。

（2）活动耐力下降　与频繁呕吐导致失水、电解质紊乱有关。

（3）焦虑　与频繁呕吐，不能进食有关。

3. 护理目标

（1）病人生命体征在正常范围内，未发生水、电解质、酸碱平衡紊乱。

（2）呕吐减轻或停止，逐渐恢复进食。

（3）活动耐力有所改善或恢复。

（4）焦虑程度减轻。

4. 护理措施及依据

（1）有体液不足的危险

1）监测生命体征：血容量不足可引起心动过速、呼吸急促、血压下降，尤其易引起直立性低血压；持续大量呕吐致胃液丢失过多，可引起代谢性碱中毒，病人呼吸变浅变慢。

2）判断有无脱水征象：准确记录24小时出入液量及体重变化；根据失水的程度不同，病人可有口渴、软弱无力、皮肤黏膜干燥弹性差、尿量少、尿比重高等表现，严重者烦躁不安、意识障碍甚至昏迷。

3）观察呕吐的特点：记录呕吐次数，呕吐物的量、性质、颜色、气味等；遵医嘱给予止吐治疗。

4）动态观察辅助检查结果：了解水、电解质的变化情况。

5）遵医嘱补充水分和电解质：口服补液时，应少量多次饮用，以免引起恶心呕吐；剧烈呕吐不能进食或严重水、电解质失衡时，应通过静脉补液纠正。

（2）活动无耐力

1）病人呕吐时应协助其取坐位或侧卧，昏迷病人头偏向一侧，防止呕吐物误吸入气道。呕吐后让病人漱口，更换污染的衣被床单，开窗通风去除异味，以免不良刺激引发病人再次呕吐。

2）告诉病人突然起身可能出现头晕、心慌等不适，指导坐起或站立时动作要慢，以防发生直立性低血压。

3）遵医嘱应用止吐剂及其他药物治疗，使病人逐渐恢复正常饮食和体力，给病人以必要的帮助，鼓励病人日常生活尽量自理。

（3）焦虑

1）关心病人，了解其心理状态，耐心听取病人的诉说，解答疑问。

2）向病人讲解有关知识，告诉病人精神紧张不利于呕吐的缓解，特别是与精神因素有关的呕吐，情绪放松才有利于病情好转。

3）指导病人学会应对呕吐的方法，如恶心时采取转移注意力、深呼吸、放松疗法等，以减少呕吐的发生。

5. 评价

（1）病人的生命体征稳定在正常范围。无口渴、皮肤干燥、尿少、脉搏细速等体液不足的表现。实验室检查正常。

（2）呕吐减轻或消失，逐步增加进食量。

（3）活动耐力增加，活动后无头晕、心悸、气促或直立性低血压。

（4）能认识自己的焦虑状态并运用适当的应对技术。

【腹痛】

腹痛（abdominal pain）是消化系统常见症状，多因腹内组织或器官受到某种强烈刺激或损伤所致。也可由胸部疾病及全身性疾病引起。腹痛可为器质性或功能性。消化系统疾病如胃、十二指肠疾病引起的腹痛多位于上腹部，呈隐痛、钝痛、灼痛、胀痛甚至剧痛。胃肠道急性穿孔时常突发中上腹剧烈疼痛，呈刀割样痛或烧灼样痛，并可蔓延至全腹。小肠疾病引起的腹痛多位于脐部或脐周，并伴有腹泻、腹胀等。大肠疾病引起的腹痛多位于腹部一侧或双侧。急性阑尾炎早期腹痛在脐周或上腹部，以转移性右下腹痛为特点。肝脏疾病引起的疼痛多位于右上腹或中上腹，呈持续性钝痛、胀痛或刺痛。胆绞痛多位于右上腹，呈阵发性加剧，可放射至右肩胛和背部。胰腺炎引起的腹痛多位于上腹偏左，呈持续性钝痛或刀割样疼痛，阵发性加剧，严重时可放射至两侧腰背部，屈曲抱膝位可减轻疼痛。腹痛常合并其他消化道症状，如腹胀、消化不良、腹泻等。慢性腹痛可合并焦虑、抑郁、躯体化障碍等心理疾病。

1. 护理评估

（1）病史：腹痛发生的原因或诱因，起病的缓急、持续的时间，腹痛的部位、性质和程度；腹痛与进食、排便、活动、体位等因素的关系；腹痛发生时伴随的症状；有无疼痛缓解的方法；有无精神紧张、焦虑不安的表现等。

（2）身体评估：① 全身情况：生命体征、神志、营养状况，以及与疾病相关的体征，如腹痛伴黄疸提示胰腺、胆道系统疾病，腹痛伴休克可能与腹腔脏器破裂、急性胃肠穿孔等有关。② 腹部检查：腹部外形，有无膨隆或凹陷；有无胃形、肠形及蠕动波；腹壁紧张度，有无腹肌紧张、压痛、反跳痛等。

（3）辅助检查：根据不同疾病进行相应的检查，如血常规、尿常规、粪便常规和隐血、肝肾功能、甲状腺功能、CRP、肿瘤标志物、消化道内镜、超声、CT和MRI检查等。

2. 常用护理诊断 / 问题

（1）疼痛：腹痛　与腹腔脏器或腹外脏器的炎症、缺血、梗阻、溃疡、肿瘤或功能性疾病有关。

（2）焦虑　与剧烈腹痛、反复或持续腹痛不易缓解有关。

3. 护理目标

（1）病人的腹痛逐渐减轻或消失。

（2）病人的焦虑程度减轻或消失。

4. 护理措施及依据

（1）腹痛

1）疼痛监测：观察疼痛的部位、性质及程度，发作时间、频率、持续时间，伴随症状，生命体征及有关检查结果的变化。临床常用于急性腹痛疼痛评估的量表有视觉模拟评分法（visual analogue scale，VAS）、语言分级评分法（verbal rating scale，VRS）、数字分级评分法（numerical rating scale，NRS）和面部疼痛表情量表（faces pain scale-revised，FPS-R）等。一旦发现疼痛突然加剧或性质改变，经一般对症处理不能缓解时，应警惕是否出现并发症，及时报告医生并做好相应的诊治与护理。

2）疼痛护理：可采用非药物及药物治疗方法缓解病人疼痛。非药物治疗包括指导病人深呼吸或与他人交谈分散注意力、音乐疗法、生物反馈行为疗法等，有利于缓解病人紧张情绪，提高其疼痛阈值，减轻疼痛；或根据不同病因和腹痛部位，遵医嘱选择针刺疗法或用热水袋局部热敷。疼痛剧烈难以忍受者，可遵医嘱使用镇痛药，注意观察药物疗效和不良反应。急性腹痛诊断未明确时，不宜使用镇痛药，以免掩盖症状，延误病情，并向病人及家属说明。

3）休息和饮食：急性腹痛病人应卧床休息，保持环境舒适和安静；指导和协助病人取合适体位。对躁动不安者采取防护措施，以防坠床而发生意外伤害。急性腹痛病人在诊断未明确时宜暂禁食，必要时胃肠减压，遵医嘱静脉补充营养，诊断明确后，根据疾病的性质合理饮食。慢性腹痛病人可根据所患疾病采用有利于疼痛减轻和疾病恢复的饮食。注意加强病人心理疏导，指导病人放松精神并保持情绪稳定，增强机体对疼痛的耐受性。

（2）焦虑：往往有疼痛引起。疼痛是一种主观感觉，对疼痛的感受既与疾病的性质、病情有关，也与病人对疼痛的耐受性和表达有关。后者主要受到病人的年龄、性格、文化程度、情绪以及周围人群态度的影响。因此，护士应对病人和家属进行细致全面的心理评估，有针对性地进行心理疏导，减轻其紧张恐惧心理，稳定情绪，增加对疼痛的耐受性。

5. 评价

（1）病人的腹痛消失或减轻。

（2）病人的情绪稳定。

【腹泻】

腹泻（diarrhea）是指排便次数较平时增多，粪质稀薄，或带有黏液、脓血、未消化的食物。腹泻多由肠道疾病引起，也可由全身性疾病、某些药物及神经功能紊乱等引起。肠道疾病常见感染所致肠炎、克罗恩病或溃疡性结肠炎急性发作等；全身性疾病包括败血症、系统性红斑狼疮、硬皮病；某些药物如利血平等及神经功能紊乱如肠易激综合征等均可引起腹泻。腹泻的发生机制为胃肠道液体分泌增加、吸收障碍、异常渗出或肠蠕动亢进。腹泻根据病程长短分为急性与慢性腹泻两种，病程超过2个月为慢性腹泻。

1. 护理评估

（1）病史：了解腹泻发生的时间、起病急缓、可能的病因、诱因及病程长短；粪便的量、次数、性状、气味和颜色；有无腹痛及疼痛部位；有无里急后重、发热、恶心、呕吐等伴随症状；有无口渴、乏力、头晕等失水表现；病人心理状态如何，有无焦虑、紧张表现，有无睡眠和休息型态的改变。

（2）身体评估：除常规腹部体征评估外，急性腹泻还应观察生命体征、神志、尿量及皮肤弹性等，注意有无脱水及酸碱平衡紊乱；慢性腹泻病人应注意观察营养状况，有无消瘦、贫血；此外还应注意肛周皮肤有无因频繁排便及粪便刺激而糜烂、破损。

（3）辅助检查：采集新鲜粪便标本作显微镜检查，必要时可作细菌学或其他检查。严重腹泻病人作血生化检查，了解病人的水、电解质和酸碱平衡情况。

2. 常用护理诊断/问题

（1）腹泻　与肠道感染、炎症等有关。

（2）体液不足或有体液不足的危险　与大量腹泻引起体液丢失过多有关。

（3）营养失调：低于机体需要量　与长期慢性腹泻有关。

（4）有皮肤完整性受损的危险　与排便次数增多及排泄物对肛周皮肤的刺激有关。

3. 护理目标

（1）病人的腹泻及其引起的不适症状减轻或消失。

（2）生命体征、尿量、血生化指标恢复至正常范围内。

（3）能保证机体所需水分、电解质、营养物质的摄入。

（4）肛周皮肤无发红，无破溃。

4. 护理措施及依据

（1）腹泻

1）病情观察：监测生命体征，准确记录出入量，观察腹泻的次数、量、颜色、性状和气味，有无使腹泻加重或减轻的因素及伴随症状。定期测量体重，注意食物摄入情况。测定血生化指标，动态掌握病人水、电解质及酸碱平衡情况，发现异常遵医嘱及时纠正。

2）活动与休息：急性严重腹泻、全身症状明显者应卧床休息，慢性腹泻者宜增加休息时间，以减少肠蠕动，减轻腹泻症状；注意腹部保暖，可用热水袋进行腹部热敷。

3）饮食护理：腹泻轻症者可进少量流质或半流质饮食，病情好转后逐步过渡到普通饮食；严重腹泻者，遵医嘱暂禁食，静脉维持营养；慢性腹泻者，宜进营养丰富、纤维素少、低脂肪、易消化饮食，忌食生冷及刺激性食物，以免加重腹泻。

4）用药护理：应注意观察药物疗效及副作用，向病人介绍相关药物知识，如抗胆碱能药阿托品、山莨菪碱等，有解痉、镇痛、止泻作用，用药后可能出现口干、视物模糊、心率加快等副作用。轻症腹泻者可采用口服补液，补液宜少量、多次，注意液体保温，以减少对胃肠道的刺激。静脉补液适用于严重腹泻伴恶心呕吐，有明显水、电解质、酸碱平衡紊乱者。

5）皮肤护理：频繁排便、病程较长者，因粪便的刺激可造成肛周皮肤损伤，甚至糜烂和感染，应嘱病人便后用温水清洗肛周，保持局部清洁干燥，必要时涂无菌凡士林或抗生素软膏，以保护肛周皮肤或促进损伤处的愈合。

6）肠道传染病所致腹泻者，应严格进行消化道隔离。

7）心理护理：长期慢性腹泻病人常易产生焦虑情绪，应注意病人心理状况的评估和护理，鼓励病人主动配合相关检查和治疗，稳定病人情绪。

（2）有体液不足的危险

1）病情观察：急性腹泻或严重持久的腹泻时丢失大量水分和电解质，可引起脱水及电解质紊乱，严重时导致休克。严密观察病人的生命体征及神志、尿量的变化；有无皮肤弹性下降、口渴、口唇干燥等脱水表现；有无肌无力、腹胀、肠鸣音减弱、心律失常等低血钾表现。监测血生化指标的变化。

2）补充液体：遵医嘱补充液体、电解质、营养物质，以纠正水、电解质和酸碱平衡紊乱，恢复和维持血容量。准确记录24小时出入液量，以作为补液的依据。轻症病人可口服补液，严重腹泻、禁食或已有严重水电解质紊乱的病人应静脉补液，以尽快纠正体液失衡。老年人易因腹泻发生脱水，故需及时补液并注意输液速度，防止输液过多过快，引起急性肺水肿，必要时监测中心静脉压以确定输液量和速度。

5. 评价

（1）病人的腹泻及其伴随症状减轻或消失。

（2）生命体征正常，营养状态改善，无脱水、电解质紊乱的表现。

（3）机体获得足够的热量、水、电解质和各种营养物质，营养状态改善。

（4）皮肤完整无破损。

【反酸】

反酸（acid regurgitation）指酸性胃内容物反流至口咽部，口内感觉到酸性物质。常伴有烧灼感、胸骨后疼痛、吞咽痛、吞咽困难及间歇性声音嘶哑、慢性咳嗽等呼吸道症状，不伴有恶心、干呕。多由于食管括约肌功能不全或食管蠕动功能异常、胃酸分泌过多引起，常见于胃食管反流病和消化性溃疡。

【灼热感】

灼热感（heartburn）是一种胸骨后或剑突下烧灼感，由胸骨下段向上延伸，常伴有反酸，常因炎症或化学刺激作用于食管黏膜而引起。多见于胃食管反流病和消化性溃疡，也可发生于急性心肌梗死和心绞痛。

【呕血和黑便】

呕血（hematemesis）是指上消化道疾病或全身疾病所致的急性上消化道出血，血液经口腔呕出。黑便（melena）指上消化道出血时，部分血液经肠道排出，因血红蛋白在肠道内与硫化物结合成硫化亚铁，使粪便呈黑色。黑便因附有黏液而发亮，类似柏油，又称柏油样便。一般呕血常伴有黑便，而黑便不一定伴有呕血。

呕血与黑便的颜色、性质与出血部位、出血量及出血速度有关。通常幽门以上部位出血以呕血为主，并伴有黑便；幽门以下部位出血，多以黑便为主。若出血量大、出血速度快，多表现为呕血、黑便；若出血量少，出血速度慢，可仅表现为黑便而无呕血。出血位于食管、血量多，在胃内停留时间短，则血呈鲜红色或暗红色，常混有凝血块；出血量少或在胃内停留时间较长，因血红蛋白与胃酸作用形成酸化正铁血红蛋白，呕血呈棕褐色咖啡渣样。出血量大或肠蠕动快，血液在肠道内停留时间短，可形成暗红色甚至鲜红色稀薄血便，需与下消化道出血鉴别；出血量较少，在肠内停留时间长，可形成较稠厚的黑便。

【便秘】

便秘（constipation）指排便频率减少，一周内排便次数少于3次，粪便量少、干结、难以排出。根据病因可分为功能性便秘和器质性便秘，前者见于食物缺少纤维素而对结肠运动的刺激减少、肠易激综合征等，后者见于肠梗阻、肠粘连等。应了解病人每天或每周排便次数、排便量、粪便性状、排便是否费力及程度等以确定是否便秘，起病情况与病程、持续或间歇发作、加重或缓解的因素等。此外，了解饮食习惯、病史和用药史等对分析便秘病因、发展变化过程、制定诊断治疗措施有帮助。

【黄疸】

黄疸（jaundice）是指由于胆红素代谢障碍，血清中胆红素浓度增高，使皮肤、黏膜和巩膜发黄的症状和体征。正常血清胆红素最高为17.1μmol/L。胆红素在17.1~34.2μmol/L时，黄疸不易察觉，称隐性黄疸；高于34.2μmol/L时，可见较明显的黄疸，称显性黄疸。常根据病因分为溶血性黄疸、肝细胞性黄疸、胆汁淤积性黄疸及先天性非溶血性黄疸。溶血性黄疸一般为轻度黄疸，皮肤黏膜呈浅柠檬黄色，不伴皮肤瘙痒。肝细胞性黄疸皮肤、黏膜呈浅黄至深金黄色，可有皮肤瘙痒、胆红素尿。胆汁淤积性黄疸多较严重，皮肤呈暗黄色，胆道完全梗阻者可为深黄色，甚至黄绿色，伴有皮肤瘙痒。

（蒋莉）

第二节　胃炎

胃炎（gastritis）是指各种因素引起胃黏膜的炎症反应，为最常见的消化系统疾病之一。根据病理生理和临床表现，胃炎可分为急性胃炎、慢性胃炎和特殊类型胃炎。特殊类型胃炎种类很多，由不同病因所致，临床上较少见，如感染性胃炎、化学性胃炎等。急性胃炎与慢性胃炎临床最常见，本节予以重点阐述。

一、急性胃炎

案例导入

病人，男，21岁，以"上腹痛1周，加重2小时"为主诉入院。

病史评估：1周前无明显诱因出现上腹痛，因能坚持日常生活而未就诊。2小时前出现疼痛加剧，恶心、呕吐数次，呕吐物为胃内容物，无反酸，伴发热，体温38℃，无腹泻，大小便正常。

身体评估：T 38℃，P 106次/min，R 30次/min，BP 100/70mmHg，神志清，体型消瘦，步行入院。

辅助检查：粪便隐血试验（+）；胃镜检查提示糜烂性胃炎（Ⅱ级）。

初步诊断：急性胃炎。

请思考：为全面评估病人，还需要收集哪些资料？对病人进行身体评估时的重点是什么？如何对病人进行健康教育？

急性胃炎（acute gastritis）指各种病因引起的胃黏膜急性炎症，包括急性单纯性胃炎、急性糜烂出血性胃炎和吞服腐蚀物引起的急性腐蚀性胃炎与胃壁细菌感染所致的急性化脓性胃炎。其中，临床意义最大和发病率最高的是以胃黏膜糜烂、出血为主要表现的急性糜烂出血性胃炎。

【病因及发病机制】

1. 外源性因素

（1）药物：最常见的是非甾体抗炎药（nonsteroidal anti-inflammatory drug，NSAID），如阿司匹林、吲哚美辛（消炎痛）、布洛芬等，其机制除直接损伤胃黏膜外，还可以通过抑制环氧合酶的作用而抑制胃黏膜生理性前列腺素的产生，削弱胃黏膜的屏障功能。这类药物可引起黏膜糜烂和出血，病变除胃黏膜外也可累及十二指肠。其他药物如某些糖皮质激素（泼尼松、甲泼尼龙）、化疗药（氟尿嘧啶）、某些抗生素、氯化钾等也可刺激或损伤胃黏膜。

（2）乙醇：乙醇具有亲脂和溶脂性，大量酗酒可导致急性胃黏膜糜烂、出血，但炎症细胞浸润多不明显。

（3）生物因素：沙门菌、嗜盐菌和葡萄球菌等细菌或其毒素可使黏膜充血、水肿和糜烂。幽门螺杆菌感染也可引起急、慢性胃炎。

（4）其他：某些机械性损伤，如胃内异物等可损伤胃黏膜。吞服腐蚀性化学药物，如强酸、强碱等可引起腐蚀性胃炎。各种放射治疗的射线可直接损伤胃黏膜，破坏黏膜屏障功能，导致黏膜损伤。

2. 内源性因素

（1）应激：机体在各类严重创伤、危重疾病或严重心理疾病等应激状态下，可发生急性胃肠道黏膜糜烂、溃疡等，严重者可并发消化道出血、甚至穿孔。目前认为胃黏膜防御功能降低和胃黏膜损伤因子作用相对增强是应激性溃疡的主要发病机制。在应激状态下黏膜局部发生的微循环障碍可导致胃肠道黏膜缺血，危重症病人常合并胆汁及其他毒素反流，使得黏膜屏障（碳酸氢盐）及上皮屏障功能降低。在发病早期胃酸分泌增加，其他损伤因子如胃蛋白酶原等分泌增多，以及在缺血情况下可产生各类炎症介质，使胃黏膜损伤因子作用相对增强。

（2）局部血供缺乏：腹腔动脉栓塞治疗后或少数引起动脉硬化致胃动脉的血栓形成或栓塞引起的供血不足。肝硬化门静脉高压并发上消化道出血者也可导致急性胃炎。

【临床表现】

常有上腹痛、腹胀、恶心、呕吐和食欲缺乏等，重者可有呕血、黑便、脱水、酸中毒或休克。NSAID所致者多数无症状或仅在胃镜检查时发现，少数有症状者主要表现为上腹不适或隐痛。上腹部压痛为常见体征。

【辅助检查】

1. 粪便检查　如病人有消化道出血，粪便隐血试验阳性。

2. 胃镜检查　胃镜下可见胃黏膜糜烂、出血灶和浅表溃疡，表面附有黏液和炎性渗出物。一般应激所引起的胃黏膜损害以胃体、胃底为主，而NSAID或乙醇所致则以胃窦为主。

【治疗要点】

1. 基础治疗 予以解痉、止吐、补液，必要时给予禁食等对症支持治疗。待症状好转后予流质或半流质饮食。

2. 针对病因治疗 针对病因和原发疾病采取防治措施。包括去除幽门螺杆菌、去除NSAID或乙醇等诱因。对处于应激状态的严重疾病病人，应积极治疗原发病。

3. 对症处理 予以抑制胃酸分泌或胃黏膜保护剂促进胃黏膜修复。抑制胃酸分泌的药物包括H_2受体拮抗剂和质子泵抑制剂。胃黏膜保护剂有硫糖铝和米索前列醇等。有恶心、呕吐、上腹胀闷者可用莫沙必利、多潘立酮等胃肠促动力药。有痉挛性疼痛者可予以山莨菪碱等药物解痉止痛。对于已发生上消化道大出血者，按上消化道大出血治疗原则采取综合治疗。

【常用护理诊断/问题及护理措施】

1. 知识缺乏：缺乏有关本病的病因及防治知识

（1）评估病人疾病知识水平：了解病人对疾病病因、治疗及护理知识的认知水平，帮助病人寻找病因并指导去除或避免病因的正确方法；鼓励病人对疾病的治疗、护理计划提问。

（2）休息与活动：指导急性期病人卧床休息。做好病人的心理护理，缓解其精神紧张状态。

（3）饮食指导：指导病人定时、有规律进食，避免辛辣饮食，不可暴饮暴食。一般宜进易消化的饮食；剧烈腹痛、频繁呕吐或胃出血时应禁食，待腹痛、呕吐缓解可给予流质饮食，如米汤等。

（4）用药指导：向病人说明阿司匹林、吲哚美辛（消炎痛）、糖皮质激素等药物对胃黏膜的损伤，指导病人正确用药，必要时可使用抑制胃酸分泌药物、胃黏膜保护剂预防胃黏膜损伤。用药方法及护理措施见本章第三节"消化性溃疡"。

2. 潜在并发症：上消化道出血

具体护理措施参见本章第九节"上消化道出血"。

【其他护理诊断/问题】

1. 营养失调：低于机体需要量 与消化不良、少量持续出血有关。

2. 焦虑 与病情反复有关。

【健康指导】

1. 疾病知识指导 向病人及家属介绍急性胃炎的病因、预防和自我护理方法。

2. 用药指导 根据病人的具体情况进行指导，如避免使用对胃黏膜有刺激的药物，必须使用时应遵医嘱服用抑酸剂或胃黏膜保护剂；向病人及家属说明及时治疗的重要性，指导病人正确服药，预防发展为慢性胃炎。

3. 饮食指导 嗜酒者应戒酒；合理饮食，避免过冷、过热或辛辣食物；生活要有规律，保持心情愉快。

二、慢性胃炎

案例导入

病人，女，48岁，以"中上腹胀痛伴嗳气半年，加重1周"为主诉入院。

病史评估：病人半年前进食后感中上腹饱胀伴嗳气，近1周症状加重。无恶心、呕吐，大小便正常。

身体评估：T 37℃，P 76次/min，R 30次/min，BP 100/70mmHg。神志清楚，步行入院。

辅助检查：胃镜检查提示萎缩性胃炎（Ⅰ级）。

初步诊断：慢性胃炎。

请思考：为明确病因，还需要收集哪些资料？

慢性胃炎（chronic gastritis）是由多种病因引起的胃黏膜慢性炎症或萎缩性病变。由于胃黏膜上皮反复受到损害使黏膜发生改变，最终导致不可逆的胃固有腺体的萎缩，甚至消失。慢性胃炎易反复发作，可不同程度地影响病人生命质量。慢性胃炎发病率在不同国家与地区之间差异较大，其发病率与幽门螺杆菌感染的流行病学重叠。

【分类】

1. **基于病因分类** 根据是否有幽门螺杆菌感染，可将慢性胃炎分为幽门螺杆菌胃炎和非幽门螺杆菌胃炎。

2. **基于内镜和病理诊断分类** 分为萎缩性和非萎缩性两大类。

3. **基于发生部位分类** 可分为胃窦为主胃炎、胃体为主胃炎和全胃炎三大类。

4. **特殊类型胃炎** 包括化学性、放射性、淋巴细胞性、肉芽肿性、嗜酸细胞性以及其他感染性疾病所致。

【病因及发病机制】

1. **幽门螺杆菌感染** 是慢性胃炎的最主要病因。幽门螺杆菌感染与消化不良、胃炎、消化性溃疡和胃癌的发生密切相关。幽门螺杆菌利用其鞭毛，在胃内穿过黏液层直接侵袭胃黏膜。幽门螺杆菌可释放尿素酶分解尿素，产生氨气中和胃酸，保持细菌周围中性环境，有利于其定居和繁殖。幽门螺杆菌分泌空泡毒素A（VacA）等物质而引起细胞损害。细胞毒素相关基因（CagA）蛋白能引起强烈的炎症反应，幽门螺杆菌的菌体胞壁还可作为抗原诱导自身免疫反应。这些因素可导致胃黏膜的慢性炎症。

2. **十二指肠胃反流** 与各种原因引起的胃肠道动力异常、肝和胆道疾病及远端消化道梗阻有关。长期反流可影响胃黏膜屏障功能。

3. **药物和毒物** 阿司匹林或其他NSAID可通过直接损伤胃黏膜或抑制前列腺素等的合成导致胃黏膜的损伤，从而导致慢性胃炎甚至消化道出血的发生。许多毒素可引起胃黏膜损伤，甚至导致胃黏膜糜烂、出血。乙醇与NSAID两者联合作用对胃黏膜产生更强的损伤。

4. **自身免疫** 体内产生针对胃组织不同组分的自身抗体，如抗内因子抗体（致维生素B_{12}吸收障碍）、抗壁细胞抗体（破坏分泌胃酸的壁细胞），造成相应组织破坏或功能障碍，使胃酸分泌减少乃至缺失，还可影响维生素B_{12}的吸收，导致恶性贫血。北欧多见，我国少有报道。

5. 年龄、饮食和环境因素　老年人胃黏膜可出现退行性改变，加之幽门螺杆菌感染率较高，使胃黏膜修复再生能力降低，炎症慢性化，上皮增殖异常及胃腺体萎缩。饮食结构中高盐和缺乏新鲜蔬菜水果，长期饮浓茶、烈酒、咖啡，食用过冷、过热、过于粗糙的食物也可损伤胃黏膜，诱导慢性胃炎的发生。水、土中含有过多硝酸盐和亚硝酸盐、微量元素比例失调也与胃黏膜萎缩、肠化生有关。

相关链接 | **幽门螺杆菌的发现**

　　幽门螺杆菌是迄今为止，全球感染人数最多，传染能力最强，潜在致癌危害最大的细菌。1981年，Barry J. Marshall在皇家佩思医院做内科医学研究生时遇到了病理学家J. Robin Warren。他们以接受胃镜检查及活检的胃病病人为对象进行研究，发现幽门螺杆菌的存在与胃炎相关。他们提出"细菌引起胃溃疡"的说法直接挑战了当时的主流观点——"消化性溃疡是由情绪性的压力及胃酸引起，只能够以重复的制酸性药物疗程来治疗"。幽门螺杆菌假说在刚刚提出时被科学家和医生们嘲笑，他们不相信会有细菌生活在酸性很强的胃里面。由于动物实验失败且缺乏人体试验对象，为了证明自己的观点，Barry J. Marshall吞服了含有大量幽门螺杆菌的培养液，试图让自己患上胃溃疡，从而确认幽门螺杆菌是造成大多数胃溃疡和胃炎的原因，点亮了消化性溃疡治愈之路的光明。这一发现，改变了人类对这一疾病的治疗理念和治疗方法，造福了全世界数以亿计的病人。为表彰Barry J. Marshall和J. Robin Warren发现幽门螺杆菌并阐明其在胃炎和消化性溃疡中的发病机制，Barry J. Marshall和J. Robin Warren获得了2005年度诺贝尔生理学或医学奖。

【临床表现】

1. 症状　慢性胃炎无特异性临床表现，多数无明显症状。有症状者主要表现为上腹痛、腹胀、早饱感、嗳气等消化不良表现，部分还伴焦虑、抑郁等精神心理症状。心理因素往往加重病人的临床症状。自身免疫性胃炎可长时间缺乏典型临床症状，首诊症状常以贫血和维生素B_{12}缺乏引起神经系统症状为主。

2. 并发症

（1）上消化道出血：慢性胃炎伴有胃黏膜糜烂时可以出现黑便，甚至呕血。

（2）胃癌：慢性胃炎尤其是伴有幽门螺杆菌持续感染者，少数可逐渐出现萎缩、肠化生、异型增生，有一定的胃癌发生风险。胃体为主的萎缩性胃炎，尤其是程度严重者，胃癌发生风险显著增加。队列研究显示慢性萎缩性胃炎的年癌变率为0.1%。

（3）消化性溃疡：胃窦为主的胃炎，常有较高的胃酸分泌水平，易发生十二指肠溃疡；胃体为主的胃炎，胃黏膜屏障功能下降，发生胃溃疡的可能性增加。

【辅助检查】

1. 胃镜检查　胃镜检查对诊断和评估慢性胃炎的严重程度具有重要价值。慢性非萎缩性胃炎内镜下可见黏膜红斑、粗糙或出血点，可有水肿、充血、渗出等表现。慢性萎缩性胃炎内镜下表现为黏膜红白相间，白相为主，皱襞变平、血管透见、伴有颗粒或结节状。放大内镜下慢性萎缩性胃炎具有特征性改变，表现为胃小凹增宽、分布稀疏等。

2. 病理组织学检查　充分活体组织检查基础上以病理组织学诊断明确病变类型，并可检测幽门螺杆菌。

3. 幽门螺杆菌检测　幽门螺杆菌感染是慢性胃炎的最重要病因，建议慢性胃炎病人常规检测幽门螺杆菌。可通过非侵入性方法（^{13}C 或 ^{14}C 尿素呼气试验等）和侵入性方法（快速尿素酶试验和胃黏膜组织学检查等）进行检测。

4. 胃酸分泌功能测定　非萎缩性胃炎胃酸分泌正常，有时可以增高。萎缩性胃炎病变局限于胃窦时，胃酸可正常或低酸。

5. 血清胃泌素测定　慢性萎缩性胃炎以胃体为主时，胃泌素重度升高；以胃窦为主时，胃泌素正常或降低。

6. 胃蛋白酶原（PG）Ⅰ、Ⅱ以及胃泌素-17（G-17）检测　有助于慢性萎缩性胃炎的诊断。PGⅠ、PGⅠ/PGⅡ比值降低，血清 G-17 水平升高，提示胃体萎缩为主；若 PGⅠ 及 PGⅠ/PGⅡ 比值正常，血清 G-17 水平降低，提示胃窦萎缩为主；全胃萎缩者，PG 及 G-17 均降低。

7. 血清自身抗体及维生素 B_{12} 水平测定　抗壁细胞抗体、内因子抗体有助于诊断自身免疫性胃炎。最敏感的血清生物标志物是抗壁细胞抗体。血清维生素 B_{12} 测定和维生素 B_{12} 吸收试验有助于恶性贫血的判断。

【治疗要点】
治疗的目标是去除病因、缓解症状、改善胃黏膜组织学、提高生命质量、预防复发和并发症。

1. 生活方式干预　饮食习惯的改变和生活方式的调整是慢性胃炎治疗的重要部分。建议病人清淡饮食，避免刺激、粗糙食物，避免过多饮用咖啡、大量饮酒和长期吸烟。对于需要服用抗血小板药物、NSAID 的病人，是否停药应权衡获益和风险，酌情选择。

2. 药物治疗

（1）对因治疗

1）根除幽门螺杆菌：目前推荐的治疗方案为铋剂四联疗法，即质子泵抑制剂（proton pump inhibitor，PPI）+铋剂+2种抗生素，疗程为14天。由于各地抗生素耐药情况不同，抗生素及疗程的选择应视当地耐药情况而定。常用药物及方案参考本章第三节"消化性溃疡"。

2）保护胃黏膜：具有保护和增强胃黏膜防御功能或者防止胃黏膜屏障受到损害的一类药物统称为胃黏膜保护剂，包括铝碳酸镁、硫糖铝、胶体铋剂、谷氨酰胺类药物等。促进胃黏膜的修复是治疗胃黏膜损伤的重要环节之一。

3）抑制胆汁反流：可应用促动力药和/或有结合胆酸作用的胃黏膜保护剂。促动力药物如多潘立酮、莫沙必利等。铝碳酸镁可以结合胆汁酸，增强胃黏膜屏障，减轻或消除胆汁反流所致的胃黏膜损伤。熊去氧胆酸可以降低胆汁内的其他胆汁酸，缓解胆汁酸对细胞的毒性，对胃黏膜起保护作用。

4）药物相关性慢性胃炎：首先根据病人使用药物的治疗目的评估病人是否可停相关药物；对于必须长期服用的病人应进行幽门螺杆菌检测，阳性者应根除治疗，并根据病情或症状严重程度加强抑酸和胃黏膜保护治疗。PPI 是预防和治疗 NSAID 相关消化道损伤的首选药物。

（2）对症治疗：以上腹部灼热感或上腹痛为主要症状者，可根据病情或症状严重程度选用 PPI 或 H$_2$ 受体拮抗剂、抗酸剂、胃黏膜保护剂。以上腹饱胀、嗳气、早饱、恶心等为主要表现时，可选择胃肠促动力药如莫沙必利、伊托必利等。与进食相关的中上腹饱胀、纳差等可应用消化酶，如米曲菌胰酶片、复方阿嗪米特肠溶片、复方消化酶等。其他对症治疗包括解痉止痛、止吐、改善贫血等。伴焦虑、抑郁等精神心理因素及常规治疗无效和疗效差的病人可给予抗抑郁药物或抗焦虑药物。

（3）中医药及其他治疗：中成药干预是我国慢性胃炎治疗的重要组成部分，需辨证施治。温针灸配合艾灸，可有效缓解慢性胃炎脾胃虚寒证病人的症状。

【常用护理诊断/问题及护理措施】

1. 疼痛：腹痛 与胃黏膜炎性病变有关。

（1）休息与活动：急性期病人应卧床休息，病情缓解时可适当活动。可用热水袋热敷胃部，以解除胃痉挛，减轻腹痛。

（2）用药护理：遵医嘱对病人进行根除幽门螺杆菌治疗时，应注意观察药物的疗效及不良反应。

1）胶体铋剂：胶体次枸橼酸铋（colloidal bismuth subcitrate，CBS）为常用制剂，在酸性环境中起作用，宜在餐前半小时服用。CBS 可使牙齿、舌苔染成黑色，可用吸管直接吸入。部分病人服药后出现便秘或粪便变黑，停药后可自行消失。牛奶及抗酸剂对其有干扰作用，不宜同时服用。少数病人有恶心、一过性血清转氨酶升高等，极少数出现急性肾衰竭。孕妇及严重肾功能不全者忌用。

2）抗菌药物：阿莫西林为青霉素类抗生素，使用前应询问病人有无过敏史，青霉素过敏者禁用。使用过程中应注意有无迟发性过敏反应，如皮疹等。甲硝唑可引起消化道反应，如恶心、呕吐等，宜在餐后半小时服用；必要时可遵医嘱服用甲氧氯普胺、维生素 B$_{12}$ 对症治疗。

2. 营养失调：低于机体需要量 与消化不良、食欲不振有关。

（1）饮食治疗原则：向病人及家属说明摄取足够营养的重要性，以高热量、高蛋白、高维生素、易消化为饮食原则，避免过热、粗糙、辛辣刺激食物。多吃新鲜蔬菜水果，尽可能少吃或不吃烟熏、腌制食物，减少食盐摄入量。

（2）制订饮食计划：了解病人的饮食习惯，与病人共同制订合理的饮食计划，指导病人及家属合理烹饪，增加食物的色、香、味，增进病人食欲。胃酸低的病人宜进食完全煮熟的食物，以利于消化吸收，并可增加能刺激胃酸分泌的食物，如肉汤、鸡汤等；高胃酸的病人应避免进食酸性、脂肪多的食物。

（3）营养状况评估：了解病人进餐的次数、品种及进食量，评估其摄入的营养素是否满足机体需要。定期测量体重，监测血红蛋白浓度、血清白蛋白等相关营养指标。

【其他护理诊断/问题】

1. 焦虑 与病情反复、病程迁延有关。

2. 知识缺乏：缺乏有关慢性胃炎病因和预防的知识

【健康指导】

1. 疾病知识指导 向病人及家属介绍慢性胃炎的病因，指导病人避免诱发因素。合理安排作息时间，保持良好的心理状态，注意劳逸结合，积极配合治疗。

2. 疾病预防 一般人群中开展健康教育，使其建立良好的生活和饮食习惯，如避免暴饮暴食，避免辛辣刺激食物，少吃熏制、腌制、富含亚硝酸盐和硝酸盐的食物，避免长期大量饮酒、吸烟、避免浓茶、咖啡，多食用新鲜水果、蔬菜。保持积极乐观的心理状态，生活规律，保证充足的睡眠。幽门螺杆菌主要通过人与人密切接触的口－口或粪－口传播，应提倡公筷及分餐制，减少感染的机会。

3. 用药指导 告知病人应慎用或勿用致溃疡药物，如阿司匹林、泼尼松等。指导病人按医嘱正确服药，学会观察药效及不良反应，勿擅自停药，以减少复发。嘱病人定期随访，如上腹疼痛节律发生变化并加剧，或者出现呕血、黑便时，应立即就医。

4. 病情监测指导 对于存在胃癌高风险的人群，建议根除幽门螺杆菌治疗后定期随访监测幽门螺杆菌。慢性胃炎伴有中、重度萎缩和肠化生或上皮内瘤变者要定期内镜检查随诊。

（蒋莉）

第三节　消化性溃疡

案例导入

病人，男，47岁，以"反复上腹疼痛6年，再发伴呕血2天"入院。

病史评估：病人6年前反复上腹部疼痛，伴反酸、嗳气。饥饿时疼痛加剧，进食后可缓解。外院不规则治疗。2天前上腹痛加剧，呕吐咖啡色胃内容物2次，总量约600ml，感头晕，精神差。

身体评估：T 38℃，P 100次/min，R 30次/min，BP 100/70mmHg。贫血面容，体型消瘦，精神软。腹部平软，上腹部压痛，移动性浊音（－），肠鸣音活跃。

辅助检查：

血常规：白细胞计数$5.4×10^9$/L，红细胞计数$2.1×10^{12}$/L，血红蛋白45g/L，血细胞比容30%。

胃镜检查：十二指肠球部前壁有一直径1.5cm的溃疡面，并可见渗血，胃部有弥漫性片状糜烂，未见活动性出血。

初步诊断：十二指肠溃疡。

请思考：为明确病因，需重点询问哪些内容？治疗的原则是什么？病人目前的主要护理诊断/问题及依据是什么？护理的重点有哪些？

消化性溃疡（peptic ulcer，PU）是指在各种致病因子的作用下，消化道黏膜发生炎症反应与坏死、脱落，形成破损，溃疡的黏膜坏死缺损穿透黏膜肌层，严重者可达固有肌层或更深。消化性溃疡可发生于食管、胃、十二指肠，也可见于胃空肠吻合口附近或含有胃黏膜的梅克尔（Meckel）憩室内。其中十二指肠溃疡（duodenal ulcer，DU）和胃溃疡（gastric ulcer，GU）最常见。

【病因及发病机制】

胃、十二指肠黏膜具有一系列防御和修复机制。正常情况下，胃、十二指肠黏膜能抵御侵袭因素的损害，保持黏膜的完整性。消化性溃疡的发生是有损害作用的侵袭因素与黏膜自身防御/修复因素之间失去平衡的结果。GU主要是防御/修复因素减弱，DU则主要是侵袭因素增强。

1. 幽门螺杆菌感染　是消化性溃疡的重要致病原因。细菌与宿主、环境因素之间的相互作用决定了幽门螺杆菌感染的最终结果。15%~20%的幽门螺杆菌感染是GU和DU的致病因素，尽早根除幽门螺杆菌可有效预防消化性溃疡的发生。幽门螺杆菌持续感染的消化性溃疡病人易反复发生溃疡，并发出血。如已发生消化性溃疡，根除幽门螺杆菌不仅可使溃疡愈合，更有助于预防溃疡复发和再出血。

2. 药物　长期服用阿司匹林或其他NSAID是消化性溃疡的主要致病因素。NSAID引发胃部疾病与药物抑制前列腺素分泌、胃肠蠕动增强和黏膜通透性增加有关，这些因素产生中性粒细胞浸润和氧自由基，导致黏膜发生病变。此外，长期服用糖皮质激素、氯吡格雷、化疗药和西罗莫司等药物的病人也可发生溃疡。

3. 黏膜损伤和防御修复机制失衡　机体通过黏膜防御机制防止黏膜损伤，维持黏膜完整性，当损伤因素超过防御因素或黏膜防御机制本身受到损害时，就会导致黏膜破损。内源性前列腺素通过调节黏膜血流、碳酸氢盐分泌和黏液分泌等，在维持黏膜完整性方面起重要作用。

4. 其他　大量饮酒、长期吸烟、应激等是消化性溃疡的常见诱因。其他疾病及病变状态等因素也可引起溃疡，包括胃泌素瘤或系统性肥大细胞增多症等引起的酸分泌过多状态、巨细胞病毒感染（特别在器官移植后）、克罗恩病、淋巴瘤以及慢性病（肝硬化或慢性肾病）。

【临床表现】

1. 症状　消化性溃疡临床表现不一，部分病人可无症状，或以出血、穿孔为首发症状。

（1）疼痛：典型病人可表现为慢性、节律性、周期性的上腹部疼痛（表4-1）。溃疡疼痛的程度不一，可表现为饥饿样不适感、隐痛、钝痛、胀痛和烧灼痛等。腹痛可被抗酸药或抑制胃酸分泌的药物缓解。

1）疼痛部位：十二指肠溃疡疼痛多位于上腹正中或偏右，胃溃疡疼痛多位于剑突下正中或偏左。

2）节律性：与进食相关的节律性疼痛是消化性溃疡的典型症状。十二指肠溃疡病人可感到饥饿痛或夜间痛，可被进食或服用相关药物所缓解。胃溃疡病人多为餐后腹痛。

3）周期性：发作与缓解交替，上腹痛可以发作数天、数周或数月后，出现较长时间的缓解，以后又复发。溃疡一年四季均可复发，但以秋冬或冬春较常见，情绪不佳或劳累也可诱发。

（2）其他症状：其他胃肠道症状如嗳气、反酸、胸骨后烧灼感、疼痛、恶心、呕吐等。呕吐宿食频繁者提示幽门梗阻。

▼ 表4-1 胃溃疡与十二指肠溃疡的鉴别

鉴别点	胃溃疡（GU）	十二指肠溃疡（DU）
发病年龄	中老年	青壮年
发病机制	主要为防御/修复因素减弱	主要是侵袭因素增加
胃酸分泌	正常或降低	增多
常见部位	胃角或胃窦、胃小弯	十二指肠球部
疼痛特点	餐后疼痛 进餐−疼痛−缓解 夜间痛少见	两餐间空腹或进餐前 疼痛−进餐−缓解 夜间痛多见

2. 体征 消化性溃疡缺乏特异性体征，疾病活动期可有上腹部局限性轻压痛，缓解期无明显体征。幽门梗阻时病人可有振水音、胃型及胃蠕动波等。

3. 特殊类型的消化性溃疡

（1）无症状性溃疡：这类病人可无任何症状，多因其他疾病做消化系统检查时或因发生出血、穿孔等并发症时被发现。可见于任何年龄，以老年人多见。

（2）老年人消化性溃疡：GU发病率高于DU。位于胃体中部以上的高位溃疡及胃巨大溃疡较多见，需注意与胃癌鉴别。临床症状多不典型，疼痛多无规律，食欲减退、恶心、呕吐、体重减轻等症状较为突出。

（3）复合性溃疡：指胃和十二指肠同时发生的溃疡，检出率约占全部消化性溃疡的5%，多数DU发生先于GU。其胃出口梗阻的发生率较单独GU或DU高。

（4）幽门管溃疡：较少见。常缺乏典型溃疡的周期性和节律性疼痛，餐后上腹痛多见，对抗酸药反应较差，易出现幽门梗阻、穿孔、出血等并发症。

（5）球后溃疡：具有DU的临床特点，但夜间痛和背部放射痛更多见，易并发出血。

4. 并发症

（1）出血：是消化性溃疡最常见的并发症，DU较GU易发生。消化性溃疡出血是上消化道出血最常见的病因。溃疡侵蚀周围或深处血管发生不同程度的出血，可表现为呕血和/或黑便。近50%的病人可在无任何预警症状的情况下发生出血。当侵蚀动脉时可表现为呕鲜血及大量便血，并可出现循环血容量不足。

（2）穿孔：穿孔通常表现为突然发生的上腹部剧烈疼痛，症状的轻重程度取决于病人年龄和合并症，并发穿孔后病人的死亡率可达20%。

（3）幽门梗阻：急性梗阻多由DU或幽门管溃疡所致，梗阻多为暂时性，炎症消退后即可好转；慢性梗阻多由溃疡愈合后瘢痕收缩所致，呈持久性。幽门梗阻表现为餐后加重的上腹胀痛、反复呕吐宿食，呕吐后症状可缓解，重者出现失水和低氯、低钾性碱中毒。

【辅助检查】

1. 胃镜检查及胃黏膜组织活检 胃镜检查是诊断消化性溃疡最重要的方法。胃镜检查可评估溃疡的位置、大小、深度和任何出血的迹象或征兆。胃镜下溃疡的各种形态改变对病变的良恶性鉴别仅有参考价值。因此，对GU应常规做活体组织检查。

2. 幽门螺杆菌检测 可通过非侵入性方法（^{13}C或^{14}C尿素呼气试验等）和侵入性方法（快速尿素酶试验和胃黏膜组织学检查等）进行检测。其中^{13}C或^{14}C尿素呼气试验检测幽门螺杆菌感染的敏感性及特异性均较高且无需胃镜检查，常作为根除幽门螺杆菌治疗后复查的首选方法。

3. X线钡剂检查 发现龛影是溃疡的直接证据，对溃疡有确诊价值。局部痉挛、激惹现象、胃大弯侧痉挛性切迹、十二指肠球部激惹等均为间接征象，提示有溃疡的可能。适用于对胃镜检查有禁忌证或不愿意接受胃镜检查者。

4. 其他 粪便隐血试验阳性提示有活动性溃疡。

【治疗要点】

治疗目的在于消除病因、缓解症状、愈合溃疡、防止复发和防治并发症。

1. 一般治疗 在针对消化性溃疡可能病因治疗的同时，还要注意戒烟、戒酒，避免刺激性饮食、避免过度劳累等一般治疗。

2. 药物治疗

（1）抑制胃酸分泌：抑酸治疗是缓解消化性溃疡症状、促进溃疡愈合的最主要措施。质子泵抑制剂（PPI）和H_2受体拮抗剂（H_2RA）是临床常用抑酸药。H_2RA主要通过选择性竞争结合H_2受体，使壁细胞分泌胃酸减少，主要包括西咪替丁、雷尼替丁、法莫替丁等。H_2RA可以部分抑制基础和餐后胃酸分泌，促进消化性溃疡愈合。PPI可以抑制壁细胞分泌H^+的最后环节氢-钾-ATP酶，其抑酸作用比H_2RA更强，作用更持久，能达到无酸水平，因此可作为消化性溃疡治疗的首选药物，主要包括奥美拉唑、雷贝拉唑和兰索拉唑等。大多数胃溃疡在PPI治疗6~8周后可痊愈，十二指肠溃疡建议治疗4~6周。

（2）根除幽门螺杆菌：为是幽门螺杆菌阳性消化性溃疡的基本治疗方法，是促进溃疡愈合和预防复发的有效防治措施。目前推荐以质子泵抑制剂（PPI）和铋剂为基础，加上2种抗生素的四联方案，疗程14天。四联方案中各药物的标准剂量为：质子泵抑制剂如奥美拉唑20mg、艾司奥美拉唑20mg、雷贝拉唑10mg、兰索拉唑30mg、泮托拉唑240mg、艾普拉唑5mg，餐前半小时口服。铋剂如枸橼酸铋钾220mg、每天2次，餐前半小时口服。推荐的抗生素组合见表4-2。

▼ 表4-2 四联方案中推荐的抗生素组合

抗生素组合	抗生素1	抗生素2
组合1	阿莫西林1.0g、2次/d	克拉霉素500mg、2次/d
组合2	阿莫西林1.0g、2次/d	左氧氟沙星500mg、1次/d，或200mg、2次/d
组合3	四环素500mg、3~4次/d	甲硝唑400mg、3~4次/d
组合4	阿莫西林1.0g、2次/d	甲硝唑400mg、3~4次/d
组合5	阿莫西林1.0g、2次/d	四环素500mg、3~4次/d

在根除治疗后应追踪抗幽门螺杆菌的疗效，一般应在治疗后至少4周复检幽门螺杆菌。复查最好采用非侵入方法，包括尿素呼气试验和粪便幽门螺杆菌抗原试验。

（3）保护胃黏膜：黏膜保护剂可用于消化性溃疡的治疗，有助于提高黏膜愈合质量。黏膜保护剂根据药代动力学作用方式分为内源性和外源性黏膜保护剂，根据药物的结构和作用机制主要分为硫氢键类、铝镁剂、铋剂类、柱状细胞稳定剂和胃肠激素类等，如硫糖铝、枸橼酸铋钾、胶体果胶铋、替普瑞酮、前列腺素等。

3. 内镜治疗 怀疑消化性溃疡并发急性出血时，应尽可能在24小时内做急诊胃镜检查，有循环衰竭征象者，应先迅速纠正循环衰竭后再行胃镜检查。根据溃疡出血病灶的内镜下特点选择PPI结合内镜治疗，可提高溃疡活动性出血的止血成功率。消化性溃疡合并幽门变形或狭窄引起的梗阻，可首先选择内镜下治疗。

4. 手术治疗 对于大量出血经内科治疗无效、急性穿孔、瘢痕性幽门梗阻、胃溃疡疑有癌变及正规治疗无效的顽固性溃疡可选择手术治疗。

【常用护理诊断/问题及护理措施】

1. 疼痛：腹痛 与胃酸刺激溃疡面，引起化学性炎症反应有关。

（1）帮助病人认识和去除病因：了解疾病诱因或原因，向病人解释疼痛发生的机制，指导其减少或去除加重或诱发疼痛的因素。① 服用NSAID者，若病情允许应停药；若必须服用，遵医嘱换用对胃黏膜损伤较少的NSAID，如塞来昔布或罗非昔布。② 避免刺激性食物及暴饮暴食，减少对胃黏膜的损伤。③ 对嗜烟酒者应劝其戒除，但也应注意突然戒断可能引起焦虑、烦躁，进而刺激胃酸分泌，因此应耐心解释，与病人共同制订戒断计划，并督促其执行。

（2）指导缓解疼痛：详细了解并注意观察病人疼痛的规律和特点，按其疼痛特点指导缓解疼痛的方法。如DU表现为空腹痛或午夜痛，指导病人在疼痛前或疼痛时进食碱性食物（如苏打饼干）或服用制酸剂。也可采用热敷或针灸镇痛。

（3）休息与活动：溃疡活动期应卧床休息，病情缓解后可适当活动。

（4）用药护理：① 胃黏膜保护剂，宜餐前1小时服用，注意服用铝剂易引起便秘。② H_2RA，主要有西咪替丁、法莫替丁、雷尼替丁等。宜在餐中或餐后即刻服用，也可把1天剂量集中在睡前服用。如需同时服用抗酸药，两药应间隔1小时以上服用。如用于静脉给药时应注意控制速度，速度过快可引起低血压和心律失常。西咪替丁可通过血脑屏障，偶有精神异常的不良反应；与雄性激素受体结合而影响性功能；肾脏是其排泄的主要部位，应用期间应注意病人肾功能。孕妇及哺乳期妇女忌服。③ PPI，建议餐前0.5~1小时服用。每天1次的给药方案建议在早餐（每日第1次进餐）前0.5~1小时服用；每天2次给药时，分别在早餐前和晚餐前0.5~1小时服用。奥美拉唑可引起头晕，特别是用药初期，应嘱病人用药期间避免开车或做其他必须注意力高度集中的事情。

2. 营养失调：低于机体需要量 与疼痛致食欲减退及消化吸收障碍有关。

（1）进餐方式：指导病人规律进食，以维持正常消化活动节律。溃疡活动期饮食宜少食多餐，每天进餐4~5次，避免餐间零食。一旦症状得到控制，应尽快恢复正常的饮食规律。饮食不宜过饱，以免胃窦部过度扩张而增加促胃液素的分泌。进餐时注意细嚼慢咽，避免急食，咀嚼可增加唾液分泌，后者具有稀释和中和胃酸的作用。

（2）食物选择：选择营养丰富，易消化的食物。病人并发上消化道出血或症状较重时应禁食。无并发出血、症状较轻者，可进半流质或软食，可根据病人饮食习惯选择面食或米饭。脂肪到达十二指肠时虽能刺激小肠分泌抑胃液素，抑制胃酸分泌，但同时又可引起胃排空减慢，胃窦扩张，致胃酸分泌增多，故脂肪摄取应适量。应避免食用机械性和化学性刺激性强的食物。机械性刺激强的食物指生、冷、硬、粗纤维多的蔬菜、水果，如洋葱、芹菜等。化学性刺激强的食物有浓肉汤、咖啡、浓茶和辣椒、酸醋等调味品等。

【其他护理诊断/问题】

1. 焦虑　与疾病反复发作、病程迁延有关。

2. 知识缺乏：缺乏有关消化性溃疡病因及预防的知识

3. 潜在并发症：上消化道大出血、穿孔、幽门梗阻、癌变

【健康指导】

1. 疾病知识指导　向病人和家属介绍消化性溃疡的病因及加重因素，指导病人保持乐观情绪，规律生活，避免过度紧张与劳累。

2. 用药指导　告知病人应慎用或勿用致溃疡药物，如阿司匹林、泼尼松等。指导病人按医嘱正确服药，学会观察药效及不良反应，不能随意停药，以减少复发。嘱病人定期随访，如上腹疼痛节律发生变化并加剧，或者出现呕血、黑便时，应立即就医。

3. 饮食指导　指导病人养成合理的饮食习惯，戒烟戒酒，避免摄入产酸、产气、过冷、过热及刺激性食物。

（蒋莉）

第四节　炎症性肠病

炎症性肠病（inflammatory bowel disease，IBD）是一类主要累及胃肠道的慢性、非特异性、复发性、炎症性疾病，包括溃疡性结肠炎（ulcerative colitis，UC）和克罗恩病（Crohn disease，CD）。IBD多始发于青壮年，临床表现变异性大，缺乏特异性治疗手段，病程迁延不愈，并发症发生率高，给病人、家庭和社会造成沉重的经济负担。近年来，我国IBD发病率有明显升高的趋势。病因未明，与环境、遗传及肠道微生态等多因素相互作用导致肠道免疫失衡有关。

一、溃疡性结肠炎

案例导入

病人，男，48岁，以"反复排黏液血便2年余"为主诉入院。

病史评估：2年前反复排黏液血便，3~5次/d，伴腹痛，以脐周及脐部偏左明显，排便后可缓解。

身体评估：T 37℃，P 90次/min，R 20次/min，BP 110/80mmHg。神志清楚，体型消瘦，步行入院。

辅助检查：结肠镜提示肠黏膜多发性浅溃疡，弥漫分布，覆盖有黄白色渗出物；病理提示隐窝脓肿。

初步诊断：溃疡性结肠炎。

请思考：病人目前存在哪些护理问题？

溃疡性结肠炎（ulcerative colitis，UC）最常发生于青壮年期，根据我国资料统计，发病高峰年龄为20~49岁，性别差异不明显。溃疡性结肠炎病变主要限于大肠的黏膜与黏膜下层。临床表现为持续或反复发作的腹泻、黏液脓血便伴腹痛、里急后重和不同程度的全身症状。可有皮肤、黏膜、关节、眼、肝、胆等肠外表现。

【病理】

病变可累及全结肠，多始于直肠和乙状结肠，逐渐向近端呈连续性、弥漫性发展及分布。活动期内镜下可见连续性、弥漫性慢性炎症，病变部位黏膜充血、水肿、出血，呈颗粒样改变，组织学上可见黏膜层及黏膜下层大量炎症细胞浸润，形成隐窝脓肿，当数个隐窝脓肿融合破溃时，便形成糜烂及溃疡。炎症反复发作的慢性过程中，肠黏膜不断破坏和修复，导致肉芽增生和上皮再生，后期有肠壁增厚、肠腔狭窄、假息肉形成，甚至癌变。缓解期内镜下黏膜明显萎缩变薄，色苍白，黏膜皱襞减少，甚至完全消失。

【临床表现】

1. 症状

（1）消化系统表现：① 腹泻和黏液脓血便：见于绝大多数病人。腹泻主要与炎症导致大肠黏膜对水、钠吸收障碍以及结肠运动功能失常有关。黏液脓血便是本病活动期的重要表现。排便次数和便血的程度反映病情轻重，轻者排便每天2~4次，便血轻或者无；严重者每天排便可达10次以上，大量脓血，甚至呈血水样粪便。少数病人出现直肠排空功能障碍时，可有便秘，或便秘、腹泻交替。② 腹痛：多为轻度到中度疼痛，为左下腹或下腹疼痛，亦可累及全腹。疼痛后可有便意，排便后疼痛可暂时缓解，有疼痛–便意–便后缓解的规律，常伴有里急后重，可有骶部不适。若并发中毒性巨结肠或炎症波及腹膜，可有持续剧烈腹痛。③ 其他：如上腹部饱胀不适、嗳气、恶心、呕吐等。

（2）全身表现：中、重型病人活动期可有低热或中等度发热，高热多提示有并发症或急性暴发型。重症时出现全身毒血症，水、电解质平衡紊乱，贫血、低蛋白血症、体重下降等表现。

（3）肠外表现：肠外表现包括关节损伤（如外周关节炎、脊柱关节炎等）、皮肤黏膜表现（如口腔溃疡、结节性红斑和坏疽性脓皮病）、眼部病变（如虹膜炎、巩膜炎、葡萄膜炎等）、肝胆疾病（如脂肪肝、原发性硬化性胆管炎、胆石症等）、血栓栓塞性疾病等。

2. **体征** 轻、中型或缓解期病人多无阳性体征，部分病人可有左下腹轻压痛。重型可有明显腹部压痛和鼓肠。若出现腹肌紧张、压痛、反跳痛，肠鸣音减弱等，应考虑中毒性巨结肠、肠穿孔等并发症。部分病人直肠指检有触痛及指套带血。

3. 并发症　包括中毒性巨结肠、肠穿孔、下消化道大出血、上皮内瘤变及癌变等。

4. 临床分型　临床上根据本病的病程、病期和程度、范围进行综合分型。

（1）临床类型：① 初发型：无既往病史的首次发作。② 慢性复发型：指临床缓解期再次出现症状，临床上最常见。

（2）疾病活动性严重程度：根据病情可分为活动期和缓解期。根据改良 Truelove 和 Witts 疾病严重程度分型标准，活动期溃疡性结肠炎按严重程度分为轻、中、重度。① 轻度：腹泻<4次/d，便血轻或无，脉搏正常，体温正常，血红蛋白正常，血沉正常；② 重度：腹泻≥6次/d，便血重，脉搏>90次/min，体温>37.8℃，血红蛋白<75%正常值，血沉>30mm/h。③ 中度：介于轻、重度之间。

（3）病变范围：根据蒙特利尔分型，可分为直肠炎（局限于直肠，未达乙状结肠）、左半结肠炎（累及左半结肠）和广泛结肠炎（广泛病变累及脾曲以近乃至全结肠）。

【辅助检查】

1. 血液检查　中、重型病人常有贫血。白细胞计数增高、血沉加快和C反应蛋白增高是活动期的标志。重症病人可有血红蛋白下降。

2. 粪便检查　肉眼检查常见血、脓和黏液。涂片镜检可见红、白细胞。粪便病原学检查是本病诊断的重要步骤。粪便常规检查和培养应不少于3次。

3. 消化内镜检查　消化内镜检查并活检是建立诊断的关键。典型溃疡性结肠炎内镜下主要表现：病变呈弥漫、连续性，表面糜烂和浅溃疡，有合并症者溃疡形态多样。

4. X线钡剂灌肠造影　在结肠镜检查有困难时可用X线钡剂灌肠检查，但重型或暴发型病人不宜进行该项检查，以免加重病情或诱发中毒性巨结肠。X线可见黏膜粗乱或有细颗粒改变，也可呈多发性小龛影或小的充盈缺损，有时病变肠管缩短，结肠袋消失，肠壁变硬，可呈铅管状。

【治疗要点】

治疗目标是诱导并维持临床缓解以及黏膜愈合，防治并发症，改善病人生命质量。

1. 控制炎症反应

（1）氨基水杨酸制剂：是治疗轻度溃疡性结肠炎的主要药物，包括传统的柳氮磺吡啶（sulfasalazine，SASP）和其他各种不同类型的5-氨基水杨酸（5-aminosalicylic acid，5-ASA）制剂。用于轻、中度溃疡性结肠炎的诱导缓解及维持治疗。

（2）糖皮质激素：用于对氨基水杨酸制剂治疗效果不佳的中度及重度病人。特别是病变较广泛者，可改用口服激素。按泼尼松0.75~1mg/（kg·d）给药（其他类型全身作用激素的剂量按相当于上述泼尼松剂量折算）。达到症状缓解后开始逐渐缓慢减量至停药，注意快速减量会导致早期复发。

（3）免疫抑制剂：硫嘌呤类药物包括硫唑嘌呤（azathioprine）和巯嘌呤（mercaptopurine），适用于激素无效或依赖者。

（4）局部治疗：对病变局限在直肠或直肠乙状结肠者，强调局部用药（病变局限在直肠用栓剂，局限在直肠乙状结肠用灌肠剂），口服与局部用药联合应用疗效更佳。局部用药有美沙拉嗪栓剂、美沙拉嗪灌肠剂等。

2. 对症治疗　补液、补充电解质，防治水、电解质、酸碱平衡紊乱，特别是注意补钾。便血多、血红蛋白过低者适当输红细胞。病情严重者暂禁食，予胃肠外营养。注意禁用止泻剂、抗胆碱能药物、阿片类制剂、NSAID等，以避免诱发结肠扩张。对中毒症状明显者可考虑静脉使用广谱抗菌药物。

3. 外科手术治疗　大出血、穿孔、癌变及高度怀疑癌变为外科手术的绝对指征。积极内科治疗无效的重度溃疡性结肠炎、合并中毒性巨结肠内科治疗无效者、内科治疗疗效不佳和/或药物不良反应已严重影响生命质量者，可考虑外科手术。

4. 癌变监测　应遵医嘱按时行结肠镜检查，以确定当前病变的范围。必要时进行肠黏膜活检。

【常用护理诊断/问题及护理措施】

1. 腹泻　与结肠炎症导致黏膜对水钠吸收障碍及结肠运动功能失常有关。

（1）病情观察：观察粪便的颜色、性状及伴随症状。查找腹泻原因，排除食物不耐受、肠内营养制剂及药物不良反应等因素。注意观察病人有无口干、尿少、皮肤弹性差等脱水表现。

（2）用药护理：遵医嘱给予氨基水杨酸制剂、糖皮质激素、免疫抑制剂，注意观察药物疗效及不良反应。氨基水杨酸制剂的不良反应包括恶心、呕吐、腹痛、头痛、皮疹、溶血性贫血、白细胞减少等。使用柳氮磺吡啶宜餐后服用，5-氨基水杨酸肠溶制剂宜餐前1小时服用，缓释颗粒宜定时服用；定期复查血常规、肝肾功能等。慎用止泻剂、抗胆碱能药物等，以免诱发中毒性巨结肠。

（3）肛周皮肤护理：每次大便后不可用碱性洗涤剂清洗肛周皮肤，可使用接近皮肤正常pH的免洗清洁剂，清洁后使用润肤剂或皮肤保护剂；如大便失禁时，可使用大便失禁管理套件或肛门造口袋等预防失禁性皮炎。

2. 疼痛：腹痛　与肠道炎症、溃疡有关。

（1）腹痛的观察：评估疼痛程度、性质、部位、持续时间及伴随症状。如持续腹痛伴明显压痛，提示腹膜炎或腹腔脓肿形成。如呈持续性剧痛，腹部出现肠型、肠鸣音消失，需警惕并发中毒性巨结肠。突发剧烈全腹痛伴腹膜刺激征，需警惕肠穿孔诱发急性腹膜炎。如腹痛伴转氨酶升高、腰背痛等症状时，需警惕内脏静脉血栓。中重度疾病活动是炎症性肠病病人发生静脉血栓栓塞症（venous thromboembolism，VTE）的重要危险因素，应对所有病人进行VTE风险评估及D-二聚体检测，采取相应预防措施。

（2）用药护理：部分腹痛病人存在激素依赖，注意不得随意减量或停药。不可随意使用NSAID，对于腹痛伴腹胀、反酸、呃逆等可使用质子泵抑制剂；伴腹泻、里急后重等可给予奥替溴铵或匹维溴铵等药物降低肠道敏感性，并注意观察药物不良反应。

（3）其他疼痛缓解方法：可采用局部热敷（疑有肠穿孔及腹腔脓肿者禁用）、针灸镇痛或正念呼吸、冥想、音乐等行为疗法。

3. 营养失调：低于机体需要量　与长期腹泻和消化道吸收功能障碍有关。

（1）饮食护理：以清淡易消化食物为主，予以足够热量、富含优质蛋白质、富含维生素、适量脂肪、少渣、少刺激性的食物，烹调方法以炖、煮、蒸为主，避免油炸和爆炒，少量多餐。供给足够的热量，以维持机体代谢的需要。避免食用冷饮，富含纤维素的蔬菜、水果及辛辣刺激食物，忌食牛乳和乳制品。急性发作期病人，应进食流质或半流质；病情严重者应禁食，按医嘱给予静脉高营养，以改善全身状况。

（2）营养监测：定期评估病人营养状况。可通过监测临床营养相关生化指标，如血清白蛋白、血红蛋白、氮平衡等了解营养状况，也可通过营养风险指数及主观综合评估等全面评估病人营养状况。

【其他护理诊断/问题】

1. 有体液不足的危险　与肠道炎症致长期频繁腹泻有关。

2. 潜在并发症：中毒性巨结肠、直肠结肠癌变、肠出血、肠梗阻。

3. 焦虑　与病情迁延不愈、反复发作有关。

【健康指导】

1. 疾病知识指导　由于病因不明，病情反复发作，迁延不愈，常给病人带来痛苦，特别是排便次数的增加，影响病人的日常生活并造成一定的精神压力，病人易产生焦虑、恐惧心理。应鼓励病人树立信心，积极配合治疗。指导病人合理休息与活动，在急性发作期或病情严重时均应卧床休息，缓解期适当活动，注意劳逸结合。指导病人合理饮食，保证充足的营养。

2. 用药指导　嘱病人坚持治疗，不要随意更换药物或停药。教会病人识别药物的不良反应，出现异常情况如疲乏、头痛、发热、手脚发麻、排尿不畅等症状应及时就诊，以免耽误病情。

3. 病情监测指导　向病人进行疾病复发和并发症监测相关知识教育。溃疡性结肠炎相关性结直肠癌是长病程溃疡性结肠炎最严重的并发症，应进行癌变监测。识别高危人群，早期规律性内镜监测联合活检病理，对检出异型增生和癌变有重要价值。

二、克罗恩病

案例导入

病人，女，49岁，以"反复腹痛、腹泻4年余，加重半年余"为主诉入院。

病史评估： 4年前出现右下腹阵发性胀痛，伴腹泻，3~4次/d，为黏液便，无脓血，无里急后重，排便后腹痛缓解，半年前症状加重。

身体评估： T 37℃，P 90次/min，R 20次/min，BP 120/90mmHg，神志清楚，贫血面容，体型消瘦，步行入院。

辅助检查： 粪便隐血试验（+），结肠镜检查见节段性鹅卵石样改变。

初步诊断： 克罗恩病。

请思考： 病人的主要治疗措施有哪些？如何对病人进行用药指导？

克罗恩病（Crohn disease，CD）是一种病因未明的胃肠道慢性炎性肉芽肿性疾病。可发生于胃肠道的任何部位，但多见于末段回肠及邻近结肠。发病年龄多在15~30岁，但首次发作可出现在任何年龄组，男性略多于女性（男女比约为1.5∶1）。临床表现呈多样化，包括消化系统表现、全身表现、肠外表现。

【病理】

肠道病变呈节段性或跳跃性分布，病变肠段间有正常肠管。早期呈鹅口疮样溃疡，随后溃疡增大形成纵行溃疡和裂沟，呈铺路石或鹅卵石样。病变累及全层肠壁，肠壁增厚、变硬可致肠管狭窄；溃疡穿孔可引起局部脓肿，穿透至其他肠段、器官、腹壁，形成内瘘或外瘘，慢性穿孔可引起粘连。

【临床表现】

起病大多隐匿、缓慢。病程呈慢性、长短不等的活动期与缓解期交替，有终身复发倾向。少数急性起病，表现为急腹症。

1. 症状

（1）消化系统表现

1）腹痛：为最常见症状。多位于右下腹或脐周，间歇性发作，常为痉挛性、阵发性疼痛伴肠鸣音增强。常于进餐后加重，排便或肛门排气后缓解。腹痛的发生可能与肠内容物通过炎症、狭窄肠段，引起局部肠痉挛有关，也可由部分或完全性肠梗阻引起。出现持续性腹痛和明显压痛，提示炎症波及腹膜或腹腔内脓肿形成。全腹剧痛和腹肌紧张，可能系病变肠段急性穿孔所致。

2）腹泻：亦为本病常见症状之一，主要由病变肠段炎性渗出、蠕动增加及继发性吸收不良引起。腹泻先是间歇发作，病程后期可转为持续性。粪便多呈糊状，一般无脓血。病变涉及下段结肠或肛门直肠者，可有黏液血便及里急后重。

（2）全身表现：主要表现有体重下降、发热、食欲不振、疲劳、贫血等，青少年病人可见生长发育迟缓。

（3）肠外表现：本病肠外表现与溃疡性结肠炎相似，但发生率较高。

2. 并发症　常见的有瘘管形成、腹腔脓肿、肠腔狭窄、肠梗阻、肛周病变（肛周脓肿、肛周瘘管、肛裂等），较少见的有消化道出血、肠穿孔，病程长者可发生癌变。

克罗恩病与溃疡性结肠炎的临床特点及鉴别见表4-3。

▼ 表4-3　溃疡性结肠炎与克罗恩病的鉴别

项目	溃疡性结肠炎	克罗恩病
症状	脓血便多见	有腹泻但脓血便较少
病变分布	病变连续	呈节段性
直肠受累	绝大多数受累	少见
肠腔狭窄	少见，中心性	多见，偏心性
内镜表现	溃疡浅，黏膜弥漫性充血水肿、颗粒状、脆性增加	纵行溃疡、鹅卵石样外观，病变间黏膜外观正常（非弥漫性）
活体组织检查特征	固有膜全层弥漫性炎症、隐窝脓肿、隐窝结构明显异常、杯状细胞减少	裂隙状溃疡、非干酪性肉芽肿、黏膜下层淋巴细胞聚集

【辅助检查】

1. **实验室检查** 贫血常见，且与疾病严重程度平行。活动期血白细胞增高，血沉加快，C反应蛋白升高。血清白蛋白常有降低。粪便隐血试验常呈阳性。

2. **消化内镜检查** 结肠镜检查和黏膜组织活检是诊断克罗恩病的常规首选项目。结肠镜检查应达末段回肠。克罗恩病内镜下病变呈节段性（非连续性）分布，见纵行溃疡，溃疡周围黏膜正常或呈鹅卵石样，肠腔狭窄，炎性息肉，病变肠段之间黏膜外观正常。病变处活检有时可在黏膜固有层发现非干酪坏死性肉芽肿或大量淋巴细胞聚集。

3. **影像学检查** 影像学在判断克罗恩病肠道病变范围、肠腔狭窄性质以及并发症等方面具有重要作用。

（1）CT肠道成像和MR肠道成像：该检查可反映肠壁的炎症改变、病变分布的部位和范围、狭窄的存在及其可能的性质、肠腔外并发症等。

（2）钡剂灌肠及小肠钡剂造影：钡剂灌肠已被结肠镜检查所代替，但对于肠腔狭窄无法继续进镜者仍有诊断价值。X线所见为多发性、跳跃性病变，病变处见裂隙状溃疡、鹅卵石样改变、假息肉、肠腔狭窄和僵硬，可见瘘管。

【治疗要点】

治疗目标是控制病情、缓解症状、促进黏膜愈合、防治并发症，改善病人生命质量。

1. **一般治疗** 注意休息，进食易消化食物，补充营养、维生素和电解质。克罗恩病病人营养不良较常见，对重症病人可予营养支持治疗。

2. **药物治疗**

（1）氨基水杨酸制剂：氨基水杨酸制剂适用于结肠型、回肠型和回结肠型。应用美沙拉嗪时需及时评估疗效。适合轻度活动期克罗恩病的治疗。

（2）糖皮质激素：是最常用的治疗药物，适用于中、重度活动期病人或对氨基水杨酸制剂无效的轻型病人。口服或静脉给药，一般给予0.75~1mg/（kg·d）泼尼松。病情好转后逐渐减量至停药，并以氨基水杨酸制剂作维持治疗。布地奈德口服，3mg/次，3次/d。

（3）免疫抑制剂：激素无效或激素依赖时加用免疫抑制剂。硫唑嘌呤或硫嘌呤使用时应严密监测不良反应，如白细胞减少等骨髓抑制表现。

（4）生物制剂：生物制剂通过不同的靶点和机制对克罗恩病发挥治疗作用，包括抗肿瘤坏死因子–α制剂、维得利珠单抗和乌司奴单抗等。必须严格遵守生物制剂的适应证和禁忌证。

3. **肛瘘的处理** 克罗恩病肛瘘需多学科综合治疗，其治疗目标是缓解症状、瘘管愈合、改善病人生活质量以及降低直肠切除率。无症状、不影响肛管直肠功能的肛瘘无须处理。有症状的常需要药物、手术治疗。如有脓肿形成，必须先行外科充分引流，并予药物治疗。

4. **手术治疗** 手术后复发率高，故应严格掌握手术适应证。手术主要针对并发症，如肠梗阻、腹腔脓肿、瘘管形成、急性穿孔、大出血和癌变等。

【常用护理诊断/问题及护理措施】

1. **疼痛：腹痛** 与肠内容物通过炎症狭窄肠段引起肠痉挛有关。

护理措施参见本节"溃疡性结肠炎"。

2. 腹泻　与肠道炎症渗出、蠕动增加及吸收不良有关。

护理措施参见本节"溃疡性结肠炎"。

3. 营养失调：低于机体需要量　与慢性腹泻、食欲减退及慢性消耗等因素有关。

克罗恩病病人营养不良常见，注意监测病人的BMI和全身营养状况，出现铁、钙和维生素（特别是维生素D、维生素B$_{12}$）等物质缺乏时，应做相应处理。对重症病人可予营养支持治疗，首选肠内营养，必要时辅以肠外营养。

【其他护理诊断/问题】

1. 有体液不足的危险　与肠道炎症致长期频繁腹泻有关。

2. 潜在并发症：肠梗阻、腹腔内脓肿、吸收不良综合征。

3. 焦虑　与病情反复、迁延不愈有关。

【健康指导】

参见本节"溃疡性结肠炎"。

（蒋莉）

第五节　肝硬化

案例导入

病人，男，61岁。因"乏力、食欲不振1年余。症状加重伴腹胀、双下肢水肿及少尿1月余"入院。

病史评估：病人无呕血、黑便，睡眠尚可，有乙肝病史20余年，有吸烟、饮酒史，吸烟约3天1包，每天饮约150ml米酒。育有2子，配偶及孩子均体健。

身体评估： T 36.8°C，P 96次/min，R 24次/min，BP 110/70mmHg，一般情况差，神志清楚，慢性肝病面容，可见蜘蛛痣及肝掌。

辅助检查：血常规示红细胞计数3.0×10^{12}/L，血红蛋白90g/L，白细胞计数4×10^9/L，血小板计数110×10^9/L。丙氨酸转氨酶90U/L，血清白蛋白24g/L，球蛋白34g/L，总胆红素28.0μmol/L。

初步诊断：肝硬化。

请思考：入院后检查提示大量腹水，治疗的原则是什么？目前主要护理诊断及要采取的护理措施有哪些？如何对病人进行饮食指导？

肝硬化（liver cirrhosis）是各种慢性肝病进展至以肝脏弥漫性纤维化、假小叶形成、肝内外血管增殖为特征的病理阶段。临床代偿期无明显症状，失代偿期主要表现为肝功能损害和门静脉高压，晚期常出现消化道出血、肝性脑病、感染等严重并发症。

【病因及发病机制】

1. 病因

（1）病毒性肝炎：在我国最常见，主要为乙型肝炎病毒感染，经过慢性肝炎阶段发展为肝硬化，或是急性或亚急性肝炎有大量肝细胞坏死和肝纤维化时直接演变为肝硬化，故从病毒性肝炎发展到肝硬化短至数月，长达数十年。甲型和戊型病毒性肝炎一般不会发展为肝硬化。

（2）乙醇：长期大量饮酒时，乙醇及其中间代谢产物（乙醛）的毒性作用可引起肝细胞损伤，初期通常表现为单纯性脂肪肝，进而可发展成酒精性肝炎、肝纤维化和肝硬化。同样的乙醇摄入量，女性比男性更易患酒精性肝病，可能与雌激素和乙醇脱氢酶水平有关。

（3）非酒精性脂肪性肝病：非酒精性脂肪性肝病也可引起肝硬化，危险因素包括肥胖、糖尿病、高甘油三酯血症等。

（4）药物或化学毒物：对乙酰氨基酚、抗结核药物（异烟肼、利福平、吡嗪酰胺等）、抗肿瘤化疗药物、部分中草药（雷公藤、何首乌、土三七等）、抗风湿病药物、毒蕈、四氯化碳等可引起中毒性肝炎，最终演变为肝硬化。

（5）寄生虫感染：反复或长期感染血吸虫病者，虫卵及其毒性产物沉积于汇管区，刺激纤维组织增生，导致肝纤维化和门静脉高压，称之为血吸虫病性肝纤维化。华支睾吸虫寄生于肝内、外胆管内，引起胆道梗阻及炎症（肝吸虫病），可进展为肝硬化。

（6）遗传和代谢性疾病：由于遗传性或先天性酶缺陷，导致某些物质或其代谢产物沉积在肝脏，造成肝损害，逐渐发展为肝硬化，主要包括肝豆状核变性、血色病、肝淀粉样变、遗传性高胆红素血症、α_1-抗胰蛋白酶缺乏症、肝性卟啉病。

（7）循环障碍：慢性充血性心力衰竭、缩窄性心包炎、肝静脉阻塞综合征等引起肝脏长期淤血，肝细胞缺氧、坏死和纤维组织增生，最终发展为肝硬化。

（8）自身免疫性肝病：包括原发性胆汁性肝硬化、自身免疫性肝炎和原发性硬化性胆管炎等。

（9）隐源性肝硬化：发病原因不能确定的肝硬化。

2. 发病机制　不同病因引起的肝硬化，其病理变化和发展演变过程大致相同。特征为广泛的肝细胞变性坏死，正常的肝小叶结构破坏，残存肝细胞形成再生结节，纤维组织弥漫性增生，汇管区之间以及汇管区和肝小叶中央静脉之间纤维间隔相互连接，形成假小叶。假小叶逐步进展，造成肝内血管扭曲、受压、闭塞而致血管床缩小，肝内门静脉、肝静脉和肝动脉小分支之间异常吻合而形成短路，导致肝血循环紊乱。这些肝内血管网结构异常而致严重的血循环障碍，最终可形成门静脉高压，导致肝细胞缺血、缺氧加重，促使肝硬化病变的进一步发展。

【临床表现】

肝硬化病程发展缓慢，可潜伏3~5年或更长时间。临床上可分为代偿期和失代偿期肝硬化。

1. 代偿期肝硬化　早期无症状或症状较轻，以乏力、食欲减退、低热为主要表现，可伴有腹胀、恶心、上腹痛及腹泻等。病人营养状况一般或消瘦，可触及肿大的肝脏、质地偏硬，脾轻度至中度肿大，肝功能检查正常或仅有轻度异常。

2. 失代偿期肝硬化　主要表现为肝功能减退和门静脉高压所致的全身多系统症状和体征。

（1）肝功能减退的临床表现

1）全身症状和体征：一般情况较差，精神不振，乏力；营养状况较差，消瘦，皮肤干枯、黄染，面色黝暗无光泽（肝病面容），部分病人有不规则发热。

2）消化系统症状：食欲减退为最常见的症状，甚至厌食，进食后上腹不适、恶心、呕吐，稍进油腻食物可引起腹泻。上述症状的出现与胃肠道淤血水肿、消化吸收功能紊乱和肠道菌群失调等因素有关。病人出现黄疸时，提示有肝细胞进行性或广泛性坏死。

3）出血倾向和贫血：由于肝合成凝血因子减少、脾功能亢进和毛细血管脆性增加，导致凝血功能障碍，常出现鼻出血、牙龈出血、皮肤紫癜和胃肠道出血等，女性常有月经过多。由于营养不良（缺乏铁、维生素B_{12}和叶酸等）、肠道吸收障碍、脂肪代谢紊乱、胃肠道失血和脾功能亢进等原因，病人可有不同程度的贫血，出现头晕、乏力等症状。

4）内分泌紊乱症状：① 雌激素增多、雄激素和糖皮质激素减少。雌激素增高与肝脏对其灭活减少有关。升高的雌激素通过负反馈抑制促性腺激素和促肾上腺皮质激素的分泌，导致雄激素和肾上腺糖皮质激素分泌减少。由于雌激素增多和雄激素减少，男性病人常有性功能减退、毛发脱落、乳房发育等症状；女性病人可有月经失调、闭经、不孕等。部分病人面部、颈、上胸、肩背和上肢等上腔静脉引流区域可出现毛细血管扩张，称为蜘蛛痣。在手掌大小鱼际和指端腹侧部位皮肤发红称为肝掌。肾上腺皮质功能减退，可出现面部和其他暴露部位皮肤色素沉着。② 抗利尿激素分泌增多，促进病人腹水和下肢水肿。

（2）门静脉高压的临床表现：肝硬化时，由于肝纤维化和假小叶的形成，门静脉系统血流受阻和/或血流异常增多，导致门静脉系统压力持续增高、广泛侧支循环形成，由此引起一系列临床表现。正常门静脉压力为13~24cmH_2O，门静脉高压症时可达30~50cmH_2O。脾大、侧支循环的建立和开放、腹水是构成门静脉高压症的三大临床表现（图4-2）。

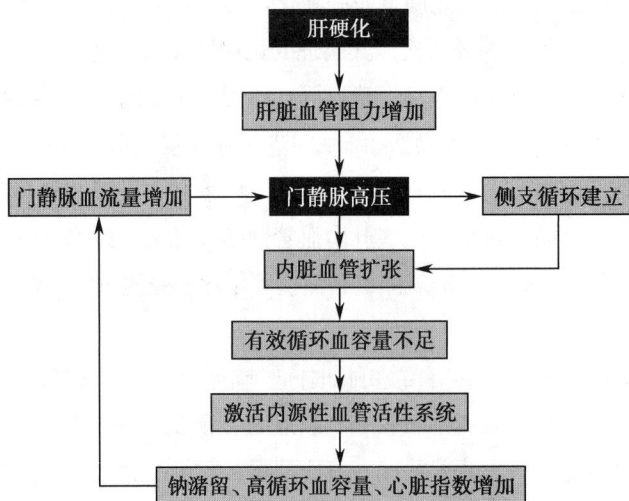

▲ 图4-2　肝硬化门静脉高压的形成机制

1）脾大：脾大是肝硬化门静脉高压较早出现的体征。门静脉高压致脾静脉压力增高，脾脏淤血而肿大，多为轻、中度，部分可呈巨脾。脾功能亢进时，外周血中白细胞、红细胞和血小板计数减少。上消化道大出血时，脾脏可暂时缩小，出血停止或补足血容量后再度增大。

2）侧支循环的建立和开放：正常情况下，门静脉系与腔静脉系之间的交通支很细小，血流量很少。当门静脉压力增高时，来自消化器官及脾脏的回心血流受阻，使门腔静脉交通支开放并扩张，血流量增加，建立侧支循环（图4-3）。临床上重要的侧支循环有：① 食管下段和胃底静脉曲张：是门静脉系的胃左静脉与腔静脉系的食管静脉、奇静脉等吻合形成；② 腹壁静脉曲张：由于脐静脉重新开放，与附脐静脉、腹壁静脉等连接，在脐周与腹壁可见迂曲的静脉，以脐为中心向上及下腹延伸；③ 痔核形成：是门静脉系的直肠上静脉与下腔静脉系的直肠中、下静脉吻合扩张形成痔核。

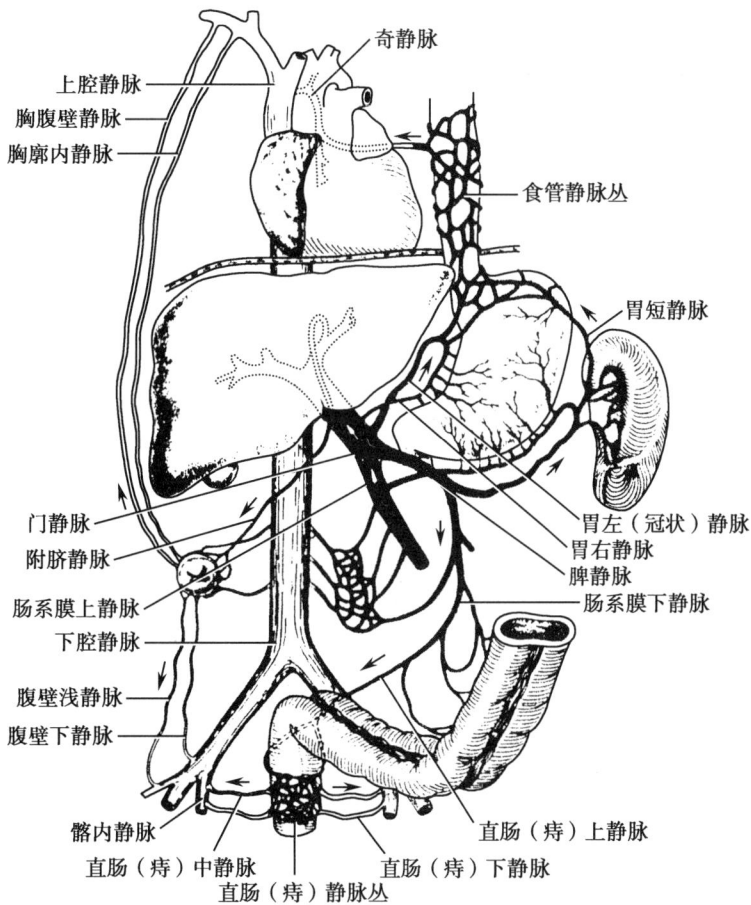

▲ 图4-3 门静脉回流受阻时，侧支循环血流方向示意图

3）腹水：腹水是肝硬化肝功能失代偿期最显著的临床表现。腹水的形成与下列因素有关：① 门静脉高压。门静脉压力增高时，毛细血管静脉端静水压增高，液体漏入腹腔。② 低蛋白血症。肝功能减退使白蛋白合成明显减少及蛋白质摄入和吸收障碍，发生低蛋白血症，血浆胶体

渗透压降低，促使液体从血浆中漏入腹腔，形成腹水。③ 淋巴回流受阻。肝硬化时肝内血管阻塞，肝淋巴液生成增多，当回流的淋巴液超过胸导管的引流能力时，可引起腹水。④ 有效循环血容量不足。血容量不足时，交感神经系统兴奋、肾素-血管紧张素-醛固酮系统激活及抗利尿激素增多，导致肾小球滤过率降低及水钠重吸收增加，发生水钠潴留。

（3）肝脏情况：早期肝脏肿大，表面光滑，质地中等硬度；晚期肝脏缩小，表面不平，质硬，一般无压痛。

（4）并发症

1）消化道出血：为本病最常见并发症。食管胃底静脉曲张破裂是引起肝硬化消化道出血的最常见原因。其他原因还包括门静脉高压性胃病和门静脉高压性肠病等。临床表现为呕血、黑便，严重者可导致失血性休克。

2）感染：病人免疫功能低下、门腔静脉侧支循环开放等因素增加了病原体的入侵繁殖机会，易并发感染。其中最常见的感染部位是腹腔，表现为自发性细菌性腹膜炎（spontaneous bacterial peritonitis，SBP）。自发性细菌性腹膜炎是在肝硬化基础上发生的腹腔感染，在没有明确腹腔内病变来源（如肠穿孔、肠脓肿）等情况下发生的腹膜炎，可出现发热、腹痛、腹胀、腹膜刺激征、大量腹水等症状。腹腔感染的病原体以革兰氏阴性杆菌最为常见。此外，还可见肺炎、胆道感染、尿路感染、革兰氏阴性杆菌败血症等。

3）肝性脑病：是晚期肝硬化的最严重并发症，也是最常见的死亡原因，临床可表现为轻重程度不同的神经精神异常综合征（详见本章第七节"肝性脑病"）。

4）原发性肝癌：在我国，约85%的原发性肝癌继发于肝硬化。当病人短期内出现病情迅速恶化、肝脏进行性增大、原因不明的持续性肝区疼痛或发热、腹水增多且为血性等表现时，应考虑并发原发性肝癌，需作进一步检查。

5）肝肾综合征：肝肾综合征又称功能性肾衰竭，是肝硬化终末期最常见的严重并发症之一。肝硬化失代偿期出现大量腹水时有效循环血容量减少、肾血管收缩和肾内血液重分布，肾皮质缺血和肾小球滤过率下降，髓质血流量增加、髓袢重吸收增加，发生肝肾综合征，表现为自发性少尿或无尿、氮质血症、稀释性低钠血症和尿钠低，但肾脏无明显器质性损害。

6）电解质和酸碱平衡紊乱：肝硬化病人常见的电解质和酸碱平衡紊乱包括：① 低钠血症。长期钠摄入不足，长期利尿或大量放腹水导致钠丢失，抗利尿激素增多致水潴留超过钠潴留而致稀释性低钠。② 低钾、低氯血症与代谢性碱中毒。进食少、呕吐、腹泻、长期使用利尿剂或高渗葡萄糖液、继发性醛固酮增多等，可引起低钾、低氯，而低钾、低氯血症可导致代谢性碱中毒，诱发肝性脑病。

7）肝肺综合征：是肺内血管扩张引起的氧合异常及一系列病理生理变化和临床表现，其主要病因为晚期肝病时门静脉高压或先天性门-体静脉分流。典型症状包括劳力性呼吸困难或静息时呼吸困难。

8）门静脉血栓：指门静脉主干及其属支和/或分支内的血栓，可分为急性和慢性。急性门静脉血栓轻者可无症状，严重者表现为急性门静脉高压综合征，可引起肠缺血和肠梗阻。

【辅助检查】

1. 实验室检查

（1）血常规：在代偿期多正常，失代偿期有不同程度的贫血。脾功能亢进时白细胞和血小板计数减少。

（2）尿常规：代偿期无变化，有黄疸时可出现胆红素、尿胆原增加。失代偿期可见蛋白尿、血尿和管型尿。

（3）肝功能试验：代偿期大多正常或仅有轻度的酶学异常，失代偿期多有异常，异常程度与肝脏的储备功能减退程度有关。① 血清酶学：转氨酶可呈轻、中度升高，肝细胞受损时以ALT升高较明显，当肝细胞严重坏死时则AST升高更明显；② 蛋白质代谢：血清白蛋白下降，球蛋白升高，血清白蛋白与球蛋白比值（A/G）倒置，血清蛋白电泳显示以γ-球蛋白增加为主；③ 凝血酶原时间：在代偿期可正常，失代偿期则有不同程度延长，经注射维生素K亦不能纠正；④ 胆红素代谢：肝储备功能明显下降时出现总胆红素、结合胆红素及非结合胆红素均升高，以结合胆红素升高为主。

（4）免疫功能检查：① 细胞免疫检查常见T淋巴细胞计数低于正常；② 体液免疫检查可见免疫球蛋白IgG、IgA增高，以IgG增高最为显著；③ 部分病人可出现非特异性自身抗体，如抗核抗体、抗平滑肌抗体、抗线粒体抗体等；④ 病因为病毒性肝炎者，乙型、丙型或乙型加丁型肝炎病毒标志物呈阳性反应。

（5）腹水检查：包括腹水的颜色、比重、蛋白定量、血清和腹水白蛋白梯度、细菌培养等。腹水一般为漏出液，并发自发性腹膜炎、结核性腹膜炎或癌变时腹水性质相应发生变化。

2. 影像学检查　腹部超声是诊断肝硬化的简便方法。超声检查可显示肝脾大小、门静脉高压、腹水。食管静脉曲张时行食管吞钡X线检查显示虫蚀样或蚯蚓状充盈缺损，纵行黏膜皱襞增宽，胃底静脉曲张时胃肠道钡剂造影可见菊花样充盈缺损。CT和MRI检查可显示肝、脾、肝内门静脉、肝静脉、侧支血管形态改变、腹水。

3. 内镜检查

（1）胃镜检查：胃镜检查可直接观察食管及胃底有无静脉曲张，了解其曲张程度和范围，并可确定有无门静脉高压性胃病。并发上消化道出血者，通过急诊胃镜检查不仅能明确出血的原因和部位，还能同时进行止血治疗。

（2）腹腔镜检查：可直接观察肝、脾情况。

4. 肝活体组织检查　B超引导下肝组织活检是诊断与评价不同病因致早期肝硬化及肝硬化炎症活动程度的"金标准"。

【治疗要点】

目前尚无特效治疗，应重视早期诊断。肝硬化诊断明确后，应尽早开始综合治疗。重视病因治疗，必要时行抗炎、抗肝纤维化治疗，积极防治并发症，动态随访评估病情。若药物治疗效果欠佳，可考虑内镜治疗、血液净化（人工肝）、介入治疗，符合指征者进行肝移植前准备。

1. 病因治疗　病因治疗是肝硬化治疗的关键，只要存在可控制的病因，均应尽快开始病因治疗。病因治疗可减轻肝纤维化，降低门静脉压力，阻止或逆转肝纤维化、肝硬化的进展。

2. 抗炎、抗肝纤维化治疗 常用的抗炎保肝药物有甘草酸制剂、双环醇、多烯磷脂酰胆碱、水飞蓟素类、腺苷蛋氨酸、还原型谷胱甘肽等。这些药物可通过抑制炎症反应、解毒、免疫调节、清除活性氧和自由基、调节能量代谢、改善肝细胞膜稳定性及完整性和流动性等途径，达到减轻肝组织损害，促进肝细胞修复和再生，减轻肝内胆汁瘀积，改善肝功能的目的。在抗肝纤维化治疗中，目前尚无抗纤维化西药经过临床有效验证，中医中药发挥了重要作用，如安络化纤丸、扶正化瘀胶囊、复方鳖甲软肝片等。

3. 腹水治疗

（1）合理限盐：限盐是指饮食中钠的摄入为80~120mmol/L（4~6g/d）。绝大多数肝硬化腹水病人不必限水，如血钠<125mmol/L时，需限制水的摄入。

（2）利尿剂：是治疗肝硬化腹水的主要方法，常用的利尿剂种类有醛固酮拮抗剂、袢利尿剂及血管加压素V_2受体拮抗剂等。① 螺内酯：是临床应用最广泛的醛固酮拮抗剂。推荐螺内酯起始剂量40~80mg/d，常规用量上限为100mg/d，最大剂量不超过400mg/d。不良反应有高钾血症、男性乳房发育胀痛、女性月经失调、行走不协调等。② 呋塞米：是最常用的袢利尿剂。呋塞米推荐起始剂量20~40mg/d，常规用量上限为80mg/d，每天最大剂量可达160mg。不良反应有直立性低血压、低钾、低钠、心律失常等。对于肝硬化腹水复发及顽固型腹水病人，袢利尿剂联合螺内酯的疗效与安全性优于单用螺内酯。③ 血管加压素V_2受体拮抗剂：常用药物包括托伐普坦、利伐普坦等。托伐普坦对肝硬化腹水和/或伴低钠血症病人、终末期肝病病人合并腹水或顽固型腹水均有较好的疗效及安全。禁忌证为低血容量低钠血症。利尿药物治疗应答反应（显效、有效及无效）包括24小时尿量、下肢水肿及腹围3个主要指标综合评估。

（3）提高血浆胶体渗透压：定期输注白蛋白或血浆、新鲜血，可通过提高胶体渗透压促进腹水消退，改善机体一般状况和肝功能。

（4）顽固型腹水的治疗：顽固型腹水是指经限钠、利尿剂治疗达最大剂量、排除其他因素对利尿剂疗效的影响或已予纠正，仍难以消退或很快复发的腹水。

1）大量放腹水加输注白蛋白：病人如无感染、上消化道出血、肝性脑病等并发症，肝代偿功能尚可，凝血功能正常时可选用此法。连续大量放腹水4~6L/d，同时补充人血白蛋白8~10g/1 000ml腹水，较单用利尿剂更有效，并发症更少。

2）经颈静脉肝内门体静脉分流术（transjugular intrahepatic portosystemic shunt，TIPS）：通过介入手段经颈静脉放置导管，建立肝静脉与肝内门静脉分支间的分流通道，以降低门静脉系统压力，减少腹水生成。

4. 并发症治疗

（1）消化道出血：治疗原则为止血、恢复血容量、降低门静脉压力、防治并发症。出血急性期应禁食禁水，合理补液。常用止血药物包括特利加压素、生长抑素类似物、质子泵抑制剂或H_2受体拮抗剂等。肝硬化食管胃底静脉曲张出血在药物治疗效果欠佳时，可考虑三腔二囊管、内镜套扎、硬化剂及组织黏合剂等治疗方法。

（2）肝性脑病：早期识别、及时治疗是改善肝性脑病预后的关键。去除发病诱因是重要的治疗措施，如感染、消化道出血及电解质紊乱，同时需注意筛查是否存在异常门体分流。促进氨的排出、减少氨的生成、清洁肠道、减少肠源性毒素吸收、纠正氨基酸失衡是主要的治疗方法，可使用乳果糖、拉克替醇、L–鸟氨酸L–门冬氨酸等。

（3）肝肾综合征：积极预防或消除肝肾综合征的诱发因素，如感染、上消化道出血、电解质紊乱、过度利尿、使用肾毒性药物等。使用静脉造影剂检查前需权衡利弊，以防止急性肾损伤发生。治疗措施包括输注白蛋白以扩充有效血容量，应用血管活性药物（特利加压素），外科治疗包括TIPS及肝移植。血液净化治疗（人工肝、肾脏替代治疗）可改善部分病人肾功能。

（4）肝肺综合征：目前缺乏有效的药物治疗，低氧血症明显时可给予氧疗，改变疾病结局主要依靠肝移植。可通过鼻导管给予低流量氧（2~4L/min），必要时可加压面罩给氧或气管插管。

（5）门静脉血栓（PVT）：急性PVT的治疗目标为开通闭塞的门静脉，避免急性血栓进展为慢性血栓，防止血栓蔓延。药物抗凝是主要的治疗措施，首选低分子肝素，也可口服华法林。慢性PVT需要开展个体化治疗。

5. 手术治疗　尽管药物、内镜和介入治疗在肝硬化门静脉高压症的治疗中已经成为首选，但仍然无法完全取代外科治疗。治疗门静脉高压症的手术方法有各种分流、断流术和脾切除术等，目的是降低门静脉系统压力和消除脾功能亢进，主要用于食管胃底静脉曲张破裂大出血各种治疗无效时，或者是曲张静脉破裂出血后预防再次出血。脾切除术是治疗脾功能亢进的有效方式，但只能短期降低门静脉压力。肝移植是各种原因引起的晚期肝硬化的最佳治疗方法。

【常用护理诊断/问题及护理措施】

1. 营养失调：低于机体需要量　与肝功能减退、门静脉高压引起食欲减退、消化和吸收障碍有关。

（1）饮食护理：营养不良是肝硬化的常见并发症，也是肝硬化病人预后不良的独立预测因素，与肝衰竭、感染、肝性脑病、腹水等有关。制订科学的饮食计划，指导病人保持良好的饮食习惯。避免长时间饥饿状态，建议少量多餐，每天4~6餐，可以促进蛋白质和能量吸收。

1）能量：肝硬化病人24小时总能量消耗约是正常成人能量消耗的1.3~1.4倍。营养不良的肝硬化病人每天能量摄入126~147kJ/kg（30~35kcal/kg），以满足代谢需要。

2）蛋白质：蛋白质摄入不足是肝硬化营养不良的重要因素。充足的蛋白质摄入可避免负氮平衡，对肝硬化病人预后有益。肝硬化病人每天摄入1.2~1.5g/kg蛋白质，以维持氮平衡。严重肝性脑病时可酌情减少或短时限制蛋白质摄入，根据病人耐受情况，逐渐增加蛋白质摄入至目标量。

3）维生素：由于肝功能损伤导致食物摄入减少、吸收不良、储备减少等原因，病人常存在维生素和微量元素缺乏。B族维生素缺乏在终末期肝病病人尤其在酒精性肝病病人中常见。脂溶性维生素缺乏常见于胆汁淤积性肝病、酒精性肝病等，可增加新鲜蔬菜和水果的摄入量。摄入丰富的膳食纤维有利于调节肠道微生态和通便，预防或减轻肝性脑病。

4）合理限盐：指导病人避免或尽量少食用高钠食物。限盐可能导致食物口味改变，导致病人能量及多种营养素摄入减少，食物中可适量添加柠檬汁、食醋等，以改善调味，增进食欲。

5）避免损伤曲张静脉：有静脉曲张者应食菜泥、肉末等软食，进餐时细嚼慢咽，避免坚硬、粗糙的食物，以防损伤曲张的静脉导致出血。

（2）营养支持：营养支持的目的是使人体获得足够营养素，保证新陈代谢正常进行，抵抗疾病侵袭进而改善临床结局。对评定营养不良的肝硬化病人应给予营养支持治疗。不宜经口进食或经口进食及口服营养补充仍不能满足需求时，可在充分评估消化道出血等风险情况下，经鼻胃管或鼻空肠管给予管饲肠内营养。经口摄入和肠内营养仍不能满足营养需求时，应给予肠外营养。

（3）营养监测：了解病人每天进食的量及种类，评估是否能够满足机体需要。定期监测有关营养指标的变化，如血红蛋白浓度、血清蛋白等。

2. 体液过多　与肝功能减退、门静脉高压引起水钠潴留有关。

（1）体位：嘱病人卧床休息，取平卧位，有利于增加肝、肾血流量，改善肝细胞的营养，提高肾小球滤过率。大量腹水者卧床时可取半卧位，使膈肌下降，有利于呼吸运动，减轻呼吸困难和心悸。

（2）避免腹压骤增：大量腹水时，应避免使腹内压突然剧增的因素，如剧烈咳嗽、打喷嚏等，保持大便通畅，避免用力排便。

（3）限制水钠摄入。

（4）用药护理：使用利尿剂时应注意维持水、电解质和酸碱平衡。

（5）病情观察：通过观察24小时尿量、下肢水肿和腹围3个主要指标来综合评估腹水的情况。腹腔穿刺放腹水时，做好术中及术后的生命体征监测，密切观察病情；术后缚紧腹带，避免腹内压骤然下降；记录抽出腹水的颜色、性质和量，标本及时送检。

【健康指导】

1. 疾病知识指导　肝硬化为慢性过程，护士应帮助病人和家属掌握本病的有关知识和自我护理方法，让病人和家属掌握如何预防并早期发现并发症。本病预后因病因、病理类型、营养状态、肝功能代偿程度、有无并发症而有所不同，病人配合治疗和护理亦很重要。蔡尔德-皮尤（Child-Pugh）评分可作为肝硬化病人预后评估较可靠的指标（表4-4）。

▼ 表4-4　Child-Pugh评分标准

临床生化指标	1分	2分	3分
肝性脑病	无	1~2级	3~4级
腹水	无	轻度	中、重度
总胆红素 / （μmmol·L⁻¹）	<34	34~51	>51
白蛋白 / （g·L⁻¹）	>35	28~35	<28
PT延长 /s	1~3	4~6	>6
肝硬化Child-Pugh分级标准： 1. A级：Child-Pugh评分5~6分 2. B级：Child-Pugh评分7~9分 3. C级：Child-Pugh评分10~15分			

2.活动与休息指导 代偿期病人无明显症状时，可适当参加工作，避免过度劳累；失代偿期病人，以卧床休息为主，视病情适量活动，活动以不加重症状为宜。

3.饮食指导 加强对肝硬化病人及家属的营养宣教，强调食物多样化、摄入充足的能量和维生素、蛋白质等多种营养素的重要性，鼓励病人根据个体饮食习惯调整饮食，以促进营养素的摄入和吸收。严禁饮酒。

4.用药指导 严格遵医嘱用药，需加用药物时应征得医生的同意，避免服药不当而加重肝脏负担和肝功能损害。向病人及家属详细介绍所用药物的名称、剂量、给药时间和方法，教会其观察药物疗效和不良反应，定期门诊随访。

5.病情监测指导 指导病人加强病情监测，定期复查血常规、肝功能、凝血功能、肿瘤标志物及肝脾B超、CT或MRI等检查。特殊病因所致的肝硬化病人加强病因学监测。

相关链接 | **《终末期肝病临床营养指南》编写背景**

终末期肝病（end-stage liver disease，ESLD）泛指各种肝脏损伤所导致的肝病晚期阶段。终末期肝病病人普遍存在营养不良，失代偿期肝硬化及肝衰竭病人营养不良发生率可高达50%~90%。营养不良与感染、腹水、肝性脑病等多种并发症的发生密切相关，是影响终末期肝病病人包括肝移植术后存活率的独立危险因素。因此，营养不良应作为和腹水、肝性脑病等同样重要的并发症进行诊治。为了规范终末期肝病病人临床营养诊疗，中华医学会肝病学分会、中华医学会消化病学分会共同组织国内有关专家编写了《终末期肝病临床营养指南》。该指南旨在帮助医护人员在对终末期肝病病人进行临床营养不良和营养风险筛查、营养评定、营养支持治疗和随访管理时作出合理决策。

（蒋莉）

第六节 原发性肝癌

案例导入

病人，女，57岁，以"乏力半年余，右上腹痛1周"为主诉入院。

病史评估： 患慢性乙肝病史30余年。半年前无明显诱因感乏力，伴呕血、黑便，于县医院就诊，行胃镜检查提示食管静脉曲张，诊断为"胃溃疡并出血，肝硬化"。

身体评估： T 36.5℃，P 62次/min，R 18次/min，BP 110/70mmHg，轻度黄疸，面部皮肤色素沉着，腹膨隆，肝肋下2cm，剑突下3cm触及，质坚硬，有压痛，腹部移动性浊音阳性。

辅助检查： 甲胎蛋白（AFP）3 698.0U/ml，血清白蛋白28.2g/L，血常规三系减少。

初步诊断： 原发性肝癌。

请思考： 为明确诊断还需进一步收集病人的哪些资料？测定甲胎蛋白有何意义？

原发性肝癌（primary carcinoma of liver）是指肝细胞或肝内胆管细胞发生的恶性肿瘤，是我国常见的恶性肿瘤之一。本病可发生于任何年龄，以40~49岁年龄组最高，男女之比约为5:1。

【病因及发病机制】

尚未完全肯定，可能与多种因素综合作用有关。

1. 病毒性肝炎 乙型肝炎病毒（HBV）感染是我国肝癌病人的主要病因，西方国家以丙型肝炎病毒（HCV）感染常见。提示HBV和HCV与肝癌发病有关。

2. 黄曲霉毒素 流行病学调查发现在粮油、食品受黄曲霉毒素污染严重的地区，肝癌发病率较高，黄曲霉的代谢产物之一黄曲霉毒素B_1（AFB_1）有强烈的致癌作用。

相关链接 | **"中国肝胆之父"——吴孟超**

吴孟超是我国肝胆外科的开拓者和主要创始人之一，师从著名医学家、"中国外科之父"裘法祖院士。他创造性地提出中国人肝脏解剖"五叶四段"的新见解，在国内首创常温下间歇肝门阻断切肝法，率先突破人体中肝叶手术禁区，建立了完整的肝脏海绵状血管瘤和小肝癌的早期诊治体系。他主持建立了肝胆外科疾病治疗及研究专科中心，先后获国家、军队和上海市科技进步奖24项，出版《腹部外科手术学图谱》《肝脏外科学》等医学专著19部，发表论文220余篇。他领导的学科规模从一个"三人研究小组"发展到目前的三级甲等专科医院和肝胆外科研究所，成为国际上规模最大的肝胆疾病诊疗中心和科研基地；设立上海吴孟超医学科技基金会，奖励为中国肝胆外科事业作出卓著贡献的杰出人才和创新性研究；培养了大批高层次专门人才。通过他和同行们的共同努力，推动了国内外肝脏外科的发展，多数肝癌外科治疗的理论和技术原创于中国，使中国在该领域的研究和诊治水平居国际领先地位。

3. 肝纤维化 在我国，病毒性肝炎、酒精性肝病及非酒精性脂肪肝后肝纤维化、肝硬化是肝癌发生的重要危险因素，原发性肝癌合并肝硬化者占50%~90%。

4. 其他高危因素 长期接触有机氯农药、亚硝胺类、苯酚等化学物质；寄生虫感染；长期饮用污染水、藻类异常繁殖的河沟水；烟草中的多环芳烃、亚硝胺和尼古丁可增加患肝癌的危险性。此外，遗传因素可能与肝癌的发生有关。

【病理】

1. 分型

（1）按大体形态分型：① 块状型，最多见，癌块直径在5cm以上，可呈单块、多块或融合块状3个亚型；② 结节型，癌块直径一般不超过5cm，可分为单结节、多结节或融合结节3个亚型；③ 弥漫型，最少见，米粒至黄豆大小的癌结节分布于整个肝脏；④ 小癌型，孤立的直径小于3cm的癌结节或相邻两个癌结节直径之和小于3cm。

（2）按组织学分型：① 肝细胞型，最多见，约占肝癌的90%，癌细胞由肝细胞发展而来，大多伴有肝硬化；② 胆管细胞型，少见，由胆管细胞发展而来；③ 混合型，上述两型同时存在。

2. 转移途径 肝癌经血行、淋巴、种植转移造成癌细胞扩散。肝内血行转移发生最早、最常见，是肝癌切除术后复发的主要原因，肝癌容易侵犯门静脉而形成癌栓，脱落后在肝内引起多发性的转移灶。肝外血行转移以肺最常见，其次为胸、肾上腺、肾及骨等部位。

【临床表现】

起病隐匿，早期缺乏典型症状。中晚期临床症状明显，其主要表现如下。

1. 症状

（1）肝区疼痛：是最常见的症状，半数以上病人有肝区疼痛，多呈持续性胀痛或钝痛。如肿瘤侵犯膈肌，疼痛可放射至右肩；当肝表面的癌结节包膜下出血或向腹腔破溃，可表现为突然发生的剧烈肝区疼痛或腹痛。

（2）消化系统表现：食欲减退、消化不良、恶心、呕吐，当出现腹水或门静脉癌栓时可导致腹胀、腹泻等。

（3）全身症状：进行性消瘦、乏力、发热、营养不良，晚期病人可呈恶病质等。肿瘤转移至肺、骨、脑、淋巴结、胸腔等处，可产生相应的症状。

（4）伴癌综合征：少数病人由于癌肿本身代谢异常，或肝癌病人机体内分泌或代谢异常而出现的一组综合征，可有自发性低血糖、红细胞增多症、高钙血症、高脂血症、类癌综合征等表现。

相关链接 | **类癌综合征**

　　类癌，又称嗜银细胞瘤，起源于胃肠道嗜银细胞。见于全身各部位，如消化道、呼吸道、肝、肾及胰等。类癌是一种低度恶性肿瘤、生长缓慢、预后较好。有分泌激素功能，部分病例临床出现类癌综合征。发生于肝时，因分泌过多5-羟色胺（5-HT）为主的生物活性物质，引起皮肤潮红、腹泻、哮喘和心瓣膜病变等表现。

---

2. 体征

（1）肝大：肝脏进行性肿大是最常见的特征性体征之一。肝质地坚硬，表面及边缘不规则，常呈结节状，有不同程度的压痛。如肝癌突出于右肋弓下或剑突下时，上腹可呈现局部隆起或饱满，如癌肿位于横膈面，则主要表现为膈肌抬高而肝下缘不下移。

（2）黄疸：一般在晚期出现，多为阻塞性黄疸，少数为肝细胞性黄疸。

（3）肝硬化征象：肝癌伴有肝硬化门静脉高压者可有脾大、腹水、侧支循环形成等表现。腹水一般为漏出液，也可出现血性腹水。

3. 并发症

（1）肝性脑病：常为肝癌终末期的最严重并发症，约1/3的病人因此死亡。

（2）上消化道出血：约占肝癌死亡原因的15%。肝癌常因伴有肝硬化或门静脉、肝静脉癌栓致门静脉高压，导致食管胃底静脉曲张破裂出血。晚期病人可因胃肠道黏膜糜烂合并凝血功能障碍引起广泛出血。

（3）肝癌结节破裂出血：约10%的肝癌病人发生肝癌结节破裂出血。癌组织坏死或液化时可自发或因外力破裂。破裂可局限于肝包膜下形成压痛性血肿，也可破入腹腔引起急性腹痛和腹膜刺激征，大量出血可致休克和死亡。

（4）继发感染：病人因长期消耗或进行放射治疗、化学治疗等，抵抗力减弱，加上长期卧床等因素，容易并发肺炎、败血症、肠道感染、压疮等。

【辅助检查】

1. 肿瘤标志物检测

（1）甲胎蛋白（AFP）测定：是诊断肝细胞癌特异性的标志物，广泛用于原发性肝癌的普查、诊断、判断治疗效果及预测复发。在排除妊娠、肝炎和生殖腺胚胎瘤的基础上，AFP检查诊断肝细胞癌的标准为：① AFP大于400μg/L持续4周以上；② AFP在200μg/L以上的中等水平持续8周以上；③ AFP由低浓度逐渐升高不降。

（2）其他标志物：血清甲胎蛋白异质体、异常凝血酶原、血浆游离微小核糖核酸等有助于AFP阴性肝癌的诊断和鉴别诊断。

2. 影像学检查

（1）超声显像：B超检查是目前肝癌筛选的首选检查方法。B超结合AFP检测是早期诊断肝癌的主要方法。

（2）CT检查：是肝癌诊断的重要手段，为临床疑诊肝癌和确诊肝癌拟行手术治疗病人的常规检查。

（3）MRI检查：能清楚显示肝细胞癌内部结构特征，应用于临床疑诊肝癌而CT检查未能发现病灶或病灶性质不能确定时。

（4）数字减影血管造影（DSA）：选择性肝动脉造影是肝癌确诊的重要补充手段。

（5）正电子发射计算机体层显像（PET/CT）、单光子发射计算机断层成像（SPECT/CT）、^{18}F-氟代脱氧葡萄糖（^{18}F-FDG）、正电子发射体层磁共振成像（PET/MRI）：可提高诊断和评判疾病进展的准确性。

3. 活体组织检查　在B超或CT引导下用特制活检针穿刺癌结节进行组织学检查，是确诊肝癌的最可靠方法。微血管侵犯（MVI）是评估肝癌复发风险和选择治疗方案的重要参考依据，应作为组织病理学常规检查指标。

【治疗要点】

早发现、早诊断、早治疗是提高肝癌总体疗效的关键，对肝癌高风险人群科学筛查和监测十分必要。对中晚期肝癌必须兼顾安全性和生活质量，强调以手术为主的综合治疗策略，可采取多种模式和高强度抗肿瘤治疗的转化治疗。

1. 手术治疗　肝癌的治疗性切除术是目前治疗肝癌的最有效方法之一。Ⅰa期、Ⅰb期、Ⅱa期肝癌是手术切除的首选适应证。由于手术切除有很高的复发率，术后应加强综合治疗与随访。

2. 消融治疗　主要包括射频消融术（RFA）、微波消融（MWA）、冷冻消融（CRA）、高强度超声聚焦消融（HIFU）、激光消融（LA）、无水乙醇注射治疗、不可逆电穿孔等。消融治疗常用的引导方式包括超声、CT和MRI，其中最常用的是超声引导。

3. 肝动脉栓塞治疗　是经肿瘤的供血动脉注入栓塞剂，阻断肿瘤供血，使其发生坏死，是目前非手术治疗中晚期肝癌的常用方法。近年来，提出了"精细化肝动脉栓塞"治疗，提倡该疗法联合消融治疗、放射治疗、外科手术、分子靶向药物、免疫治疗和抗病毒治疗等综合治疗，以进一步提高肝动脉栓塞疗效。

4. 肝移植　对于肝癌合并肝硬化病人，肝移植是治疗肝癌和肝硬化的有效手段，但若肝癌已有血管侵犯及远处转移，则不宜行肝移植手术。乙型肝炎病毒感染病人在手术、局部治疗或肝移植后均需坚持口服抗病毒药物。肝移植病人需终身使用免疫抑制剂。

5. 放射治疗　适用于肝门区肝癌的治疗，对于病灶较局限、肝功能较好的早期病例，如能耐受 40Gy（4 000rad）以上的放射剂量，疗效可显著提高。

6. 药物治疗　一线治疗药物包括索拉非尼、仑伐替尼和 FOLFOX4 化疗。药物化疗方案包括：阿替利珠单抗联合贝伐珠单抗（T＋A 方案）、信迪利单抗联合贝伐珠单抗类似物（双达方案）和多纳非尼等。肿瘤细胞表面跨膜蛋白 PD-1 及其配体 PD-L1 抑制剂联合贝伐珠单抗或抗血管靶向药物已成为当前的标准一线治疗。二线治疗药物包括瑞戈非尼、阿帕替尼、卡瑞利珠单抗和替雷利珠单抗等。此外，还包括针对肝癌基础疾病的治疗药物，如抗病毒治疗、保肝利胆和支持对症治疗等。

7. 中医治疗　根据肿瘤治疗的不同阶段，将中医药治疗分为 4 个时期，依次为：围手术期应用、术后辅助治疗应用、随访康复期应用和姑息期应用。根据不同时期的治疗目标和治疗原则，均有相应的推荐方药。

【常用护理诊断/问题及护理措施】

1. 疼痛：肝区痛　与肿瘤生长迅速、肝包膜被牵拉或肝动脉栓塞术后产生栓塞后综合征有关。

（1）病情观察：注意观察病人疼痛的部位、程度、性质、持续时间及伴随症状，及时发现和处理异常情况。

（2）指导并协助病人减轻疼痛：教会病人一些放松和转移注意力的方法和技巧，如做深呼吸、听音乐、交谈等，有利于缓解疼痛。认真倾听病人述说疼痛的感受，并做出适当的回应，以减轻病人的孤独无助感和焦虑，使其保持情绪稳定。

（3）采取镇痛措施：可根据 WHO 疼痛三阶梯镇痛法，遵医嘱用镇静、镇痛药物，并配以辅助用药，注意观察药物的疗效和不良反应。

（4）肝动脉化疗栓塞术病人的护理

1）术前护理：① 做好术前检查，如血常规、出凝血时间、肝肾功能、心电图等；② 做好术前准备，如碘过敏试验、备皮、在左上肢穿刺静脉留置针；③ 术前 4~6 小时禁食、禁水。

2）术中配合：① 准备好各种抢救物品和药物；② 注射造影剂时应密切观察病人有无恶心、心慌、胸闷、皮疹等过敏症状，并监测生命体征、血氧分压等呼吸、循环指标的变化；③ 注射化疗药物后应注意观察病人有无恶心、呕吐，一旦出现应帮助病人头偏向一侧，口边垫污物盘，指导病人做深呼吸。

3）术后护理：术后由于肝动脉血供突然减少，可产生栓塞后综合征而出现腹痛、发热、恶心、呕吐，血清白蛋白降低、肝功能异常等改变，需做好相应护理：① 密切观察病情变化，多数病人于术后4~8小时体温升高，持续1周左右，是机体对坏死肿瘤组织重吸收的反应。高热者采取降温措施，避免机体消耗。② 穿刺部位压迫止血15分钟再加压包扎，沙袋压迫6~8小时，保持穿刺侧肢体伸直24小时，并密切观察穿刺部位有无血肿及渗血；同时注意观察肢体远端动脉搏动及皮肤温度、色泽情况。③ 术后初期摄入清淡易消化饮食，少量多餐。④ 栓塞术1周后，常因肝缺血影响肝糖原储存和蛋白质的合成，根据医嘱静脉输注白蛋白，补充适量的葡萄糖液，准确记录出入量。⑤ 观察病人有无肝性脑病的前驱症状，及时处理。

2. 悲伤 与病人知道疾病预后不佳有关。

（1）建立良好的护患关系：肝癌病人一般具有共同的性格特征，即"C型行为模式"，如习惯自我克制、情绪压抑、善于忍耐，多思多虑，内向而不稳定。护士应多与病人交谈，鼓励其说出内心感受，并对其疑问给予适当客观的解释。

（2）评估病人的心理反应：肝癌病人及其家属往往经历否认期、愤怒期、协议期、忧郁期、接受期五个心理反应阶段，护士在不同阶段准确评估病人的心理反应，有助于实施适宜的心理护理措施。

（3）建立家庭支持系统：当病人极度恐惧出现绝望甚至有自杀倾向时，要加强监护，寻找其亲朋等社会支持系统，取得合作，避免意外发生。

【健康指导】

1. 疾病预防指导 积极宣传和普及肝癌的预防知识，注意饮食和饮水卫生，减少与各种有害物质的接触，是预防肿瘤的关键。应用疫苗预防病毒性肝炎。对肝癌高发区定期进行普查，以便早期诊治。

2. 疾病知识指导 指导病人建立健康的生活方式，劳逸结合，保持乐观的情绪，有条件者可参加社会性抗癌组织活动，增加心理支持。指导病人合理进食，以高蛋白、适当热量、多种维生素为宜。

3. 用药指导 指导病人按医嘱服药，了解药物主要不良反应，忌服损伤肝脏功能的药物。定期随访。

（卜秀梅）

第七节　肝性脑病

案例导入

病人，女，43岁，以"确诊肝硬化3年，突发大量呕血后出现行为改变"为主诉入院。

病史评估： 病人既往有乙肝病史30余年，肝硬化病史3年。1天前突发呕血700ml，经急诊胃镜下止血后，出现反应迟钝、言语不清、定向力障碍。

身体评估：T 36.9℃，P 90次/min，R 20次/min，BP 120/80mmHg，嗜睡，巩膜轻度黄染，可见肝掌及蜘蛛痣，腹部膨隆。

辅助检查：血氨58μmol/L，脑电图表现为每秒4~7次δ波。

初步诊断：肝硬化，肝功能失代偿期。

请思考：该病人出现意识模糊的最可能原因是什么？该病人目前的主要护理诊断/问题有哪些？

肝性脑病（hepatic encephalopathy，HE）指严重肝病或门静脉–体循环分流引起的、以代谢紊乱为基础的中枢神经系统功能失调的综合征，其主要临床表现是意识障碍、行为失常和昏迷。

【病因及发病机制】

1. 病因　各型肝硬化，特别是肝炎后肝硬化是引起肝性脑病最常见的原因。重症肝炎、暴发性肝衰竭、原发性肝癌、严重胆道感染及妊娠期急性脂肪肝等肝病可导致肝性脑病。

2. 诱因　肝性脑病最常见的诱因是感染，包括腹腔、尿道、呼吸道、消化道等感染，尤其以腹腔感染最重要。其次有上消化道出血、电解质和酸碱平衡紊乱、大量放腹水、高蛋白饮食、低血容量、利尿、腹泻、呕吐、便秘、TIPS术后，以及使用催眠镇静药和麻醉药等。

3. 发病机制　迄今未完全明确。一般认为肝性脑病产生的病理生理基础是肝功能衰竭和门腔静脉之间侧支循环的形成。由于肝功能衰竭使主要来自肠道的许多毒性代谢产物，未被肝脏解毒和清除，同时因门静脉高压使肝门静脉与腔静脉间侧支循环广泛形成，从而使大量门静脉血绕过肝脏流入体循环，透过血脑屏障至脑部，导致大脑功能紊乱。氨是促发肝性脑病最主要的神经毒素，氨代谢紊乱引起氨中毒是肝性脑病重要的发病机制。除此之外，神经递质的变化，如γ-氨基丁酸/苯二氮䓬（GABA/BZ）、假性神经递质、色氨酸、锰离子等也参与肝性脑病的发生。

【临床表现】

肝性脑病的临床表现因原有肝病的性质、肝细胞损害严重程度及诱因不同而不一致。根据起病过程急缓分为急性肝性脑病和慢性肝性脑病。前者因急性肝功能衰竭所致，无明显诱因，病人在起病数天内即进入昏迷直至死亡；后者多因门体分流性脑病所致，常见于肝硬化病人和门体分流术后病人，常有明显诱因，以慢性反复发作性木僵和昏迷为突出表现。根据意识障碍程度、神经系统体征和脑电图改变，可将肝性脑病的临床过程分为5期，具体特征见表4-5。

▼ 表4-5　肝性脑病临床分期及特点

临床分期	特点	扑翼样震颤	脑电图
0期（潜伏期）	又称轻微肝性脑病，病人仅在进行心理或智力测试时表现出轻微异常，无性格、行为异常，无神经系统病理征	−	正常
1期（前驱期）	焦虑、欣快激动、表情淡漠、睡眠倒错、健忘等轻度精神异常	±	正常
2期（昏迷前期）	嗜睡、行为异常、言语不清、书写障碍及定向力障碍；腱反射亢进、肌张力增高、踝阵挛及巴宾斯基征阳性	+	特异性异常

临床分期	特点	扑翼样震颤	脑电图
3期 （昏睡期）	以昏睡和精神错乱为主，各种神经体征持续存在或加重，肌张力增高，四肢被动运动常有抵抗力，锥体束征呈阳性	+	明显异常
4期 （昏迷期）	昏迷，不能唤醒。浅昏迷时，对疼痛等强刺激尚有反应，腱反射和肌张力仍亢进；深昏迷时，各种反射消失，肌张力降低	−	明显异常

注：扑翼样震颤，即嘱病人两臂平伸，肘关节固定，手掌向背侧伸展，手指分开时，可见手向外侧偏斜，掌指关节、腕关节甚至肘与肩关节急促而不规则地扑击样抖动。

轻微肝性脑病病人反应常降低，不宜驾车及高空作业。肝功能损害严重的肝性脑病病人有明显黄疸、出血倾向及肝臭，易并发各种感染、肝肾综合征和脑水肿等情况，临床表现更加复杂。

【辅助检查】

1. **血氨测定**　正常人空腹静脉血氨为6~35μmol/L，动脉血氨含量为静脉血的0.5~2倍。慢性肝性脑病尤其是门体分流性脑病病人多有血氨升高，急性肝性脑病病人血氨可以正常。

2. **心理智能测验**　主要用于筛查轻微肝性脑病，一般将木块图试验、数字连接试验及数字符号试验联合应用，但易受年龄、教育程度的影响。

3. **电生理检查**

（1）脑电图检查：正常脑电图呈α波，8~13次/秒。肝性脑病病人的脑电图表现为节律变慢，早期脑电图出现4~7次/秒δ波或三相波，昏迷时表现为高波幅的δ波，少于4次/秒。

（2）诱发电位：用于诊断轻微肝性脑病，是大脑皮质或皮质下层接收到各种感觉器官受刺激的信息后产生的电位。

（3）临界视觉闪烁频率：用于诊断轻微肝性脑病，测定视网膜胶质细胞情况，发现肝性脑病时大脑星形胶质细胞病变情况。

4. **影像学检查**　急性肝性脑病病人行头部CT或MRI检查时可发现脑水肿，慢性肝性脑病病人则可发现不同程度的脑萎缩。

【治疗要点】

目前尚无特效疗法，应采取综合治疗措施。治疗要点包括：去除肝性脑病发作的诱因、保护肝脏功能免受进一步损伤、治疗氨中毒及调节神经递质。

1. **识别及去除肝性脑病发作的诱因**　控制感染和上消化道出血并清除积血，避免快速和大量的排钾利尿和放腹水。纠正水、电解质和酸碱平衡失调。防治便秘，慎用麻醉、镇痛、安眠、镇静等药物。

2. **减少肠内氮源性毒物的生成与吸收**　① 灌肠或导泻：用生理盐水或弱酸性溶液灌肠，也可口服或鼻饲25%硫酸镁30~60ml导泻，禁用肥皂水灌肠。② 口服抗菌药物：通过抑制肠道产尿素酶的细菌，减少氨的生成。常用的有利福昔明、新霉素、甲硝唑等。③ 口服乳果糖或拉克替醇：均为不吸收的双糖，在小肠不会被分解，可降低肠道pH，抑制肠道有害细菌生长，减少氨的吸收，并促进血液中的氨从肠道排出。④ 益生菌制剂：可抑制有害菌群的生长，减少毒素吸收。

3. 促进体内氨的代谢　目前最常用的降氨药物为L-鸟氨酸-L-门冬氨酸，能有效促进体内鸟氨酸循环即谷氨酰胺合成，从而降低血氨。

4. 调节神经递质　GABA/BZ复合受体拮抗剂氟马西尼是BZ受体拮抗剂，通过抑制GABA/BZ复合受体发挥作用，对部分3期、4期病人具有促醒作用。

5. 营养支持治疗　① 维持正氮平衡：经口和肠内营养摄入蛋白质不足时，需要静脉补充白蛋白和氨基酸。对于肝功能受损严重者，优选支链氨基酸，即一种以亮氨酸、异亮氨酸、缬氨酸等为主的复合氨基酸。② 维生素和微量营养素：肝性脑病病人的精神症状可能与缺乏微量元素、维生素，特别是维生素B$_1$有关，低锌可导致血氨水平增高，应补充各种维生素和锌剂。

6. 人工肝　临床上常用分子吸附剂再循环系统、血液灌流、血液透析等改善肝性脑病的人工肝模式，在一定程度上清除血氨、部分炎症因子、胆红素等。

7. 肝移植　肝移植是治疗各种终末期肝病的一种有效手段，适用于严重和顽固性的肝性脑病病人。

【常用护理诊断/问题及护理措施】

1. 意识障碍　与血氨增高，干扰脑细胞能量代谢和神经传导有关。

（1）病情观察：密切观察肝性脑病的早期征象，如病人有无冷漠或欣快、行为异常、理解力和记忆力的减退，以及扑翼样震颤。观察病人有无思维及认知改变，通过刺激或定期唤醒等方法评估病人意识障碍的程度。监测并记录病人生命体征及瞳孔变化。定期复查血氨、肝肾功能、电解质。一旦发现异常及时报告医生并配合处理。

（2）去除和避免诱因：① 减少氨的吸收：清除胃肠道内的积血，可用生理盐水或弱酸性溶液灌肠，忌用肥皂水；② 维持电解质平衡：避免快速利尿和大量放腹水，防止有效循环血量减少、蛋白质大量丢失及低钾血症而加重病情；③ 避免使用催眠镇静药、麻醉药等，禁用吗啡、水合氯醛、哌替啶及速效巴比妥类药物；④ 预防及控制感染：大量腹水或静脉曲张出血者易发生感染，如发生应及时、准确使用抗生素；⑤ 减少毒物的吸收：保持大便通畅，防止便秘。

（3）安全护理：设专人护理，曾经发生过肝性脑病而目前意识清楚的病人，应加强巡视，观察病情变化。对烦躁不安或抽搐的病人，注意安全保护，可加床挡，必要时使用约束带，防止坠床及撞伤发生。

（4）用药护理：① 长期服用新霉素的病人可能出现听力或肾损害，服用新霉素不宜超过1个月，用药期间监测听力和肾功能。② 乳果糖和拉克替醇在肠内产气较多，应从小剂量开始使用，避免发生腹胀、腹部绞痛、恶心、呕吐及电解质紊乱等。③ 使用益生菌应注意储存要求，抗菌药物和益生菌制剂不宜同时使用，应间隔2~3小时。④ 输注氨基酸制剂时速度不宜过快，以免引起恶心、呕吐等症状。

（5）心理护理：因病情重、病程长、医疗费用高等原因，病人常出现焦虑、悲观等情绪，应给予耐心解释和劝导。与家属建立良好的关系，给予情感支持。制订切实可行的照顾计划，对照顾者进行讲解和示范，共同参与病人护理。

（6）昏迷病人的护理：① 病人取仰卧位，头偏向一侧以防舌后坠阻塞呼吸道；② 保持呼吸道通畅，深昏迷者可以行气管切开术，给予吸氧、吸痰。③ 做好生活护理，保持口腔清洁，避免感染，定时协助病人翻身，按摩受压部位，防止压疮。④ 尿潴留病人给予留置导尿，观察并记录尿量、颜色、气味。⑤ 帮助病人做肢体被动运动，防止静脉血栓形成及肌肉萎缩。

2. 营养失调：低于机体需要量 与肝功能减退、消化吸收障碍、限制蛋白质摄入有关。

（1）高热量饮食：保证热量供给，每天理想的能量摄入为147~167kJ/kg（35~40kcal/kg）。宜少量多餐、睡前加餐。进食早餐可提高轻微肝性脑病病人的注意力和操作能力。脂肪可延缓胃排空，尽量少用。

（2）蛋白质的摄入：为保持正氮平衡，摄入蛋白质遵循以下原则：① 1~2期肝性脑病病人开始数天应限制蛋白质，控制在20g/d，随着症状改善，每2~3天可增加10~20g蛋白质，逐渐增加至1.2~1.5g/（kg·d）；② 3~4期肝性脑病病人禁止经口进食蛋白质；③ 口服或静脉使用支链氨基酸制剂，可调整芳香族氨基酸/支链氨基酸比值；④ 植物蛋白优于动物蛋白，还可提供维生素，有利于维护结肠正常菌群和酸化肠道；⑤ 鼓励慢性肝性脑病病人少食多餐，逐渐增加蛋白总量，每天摄入植物蛋白稳定在30~40g。

【健康指导】

1. 疾病知识指导 向病人及家属讲解肝脏疾病和肝性脑病的有关知识，指导其认识肝性脑病的各种诱发因素，使其认识到疾病的严重性和自我护理保健的重要性。

2. 用药指导 指导病人按医嘱规定的药物、剂量、用法服药，了解药物的不良反应，并定期随访复诊。

3. 照顾者指导 指导家属给予病人精神支持和生活方面的照顾，鼓励病人树立战胜疾病的信心。教会病人家属识别肝性脑病的早期征象，如发现性格行为异常、睡眠异常等症状，需及时到医院就诊。

（卜秀梅）

第八节　急性胰腺炎

案例导入

病人，男，54岁，以"左上腹痛8小时"为主诉入院。

病史评估： 病人昨夜饮白酒500ml，8小时前出现持续性剧烈腹痛，呈刀割样，阵发性加剧，前倾位稍可缓解，伴腹胀及明显恶心，呕吐1次。既往有胆结石。

身体评估： T 38.2℃，P 92次/min，R 22次/min，BP 110/70mmHg，神志清楚，痛苦面容，平车入院。

辅助检查： 血清淀粉酶为530.0U/L，脂肪酶2 396U/L。B超示胰腺肿大。

初步诊断： 急性胰腺炎。

请思考： 胆结石引起急性胰腺炎的机制是什么？医嘱给予吗啡是否合理？为什么？该病人现存的主要护理问题及护理措施有哪些？

急性胰腺炎（acute pancreatitis，AP）是由于多种病因导致胰酶在胰腺内被激活引起胰腺组织自身消化、水肿、出血甚至坏死的炎症反应。从病理上急性胰腺炎分为急性水肿型和急性出血坏死型两型，前者约占急性胰腺炎的90%。临床主要表现为急性上腹痛、发热、恶心、呕吐、血和尿淀粉酶增高，重症胰腺炎常继发感染、腹膜炎和休克等多种并发症。目前，我国尚缺乏完整的急性胰腺炎流行病学资料。在世界范围内，急性胰腺炎是常见的需住院治疗的消化系统急症，其发病率存在一定地区差异，为（4.9~73.4）/10万。近年来，急性胰腺炎的发病率呈上升趋势，临床需高度重视。

【病因及发病机制】

引起急性胰腺炎的病因较多，在我国，胆石症仍是急性胰腺炎的主要病因，其次是高甘油三酯血症及过度饮酒，西方国家则以大量饮酒引起者多见。

1. 病因

（1）胆道疾病：国内胆石症、胆道感染或胆道蛔虫是急性胰腺炎发病的主要原因，占50%以上，又称胆源性胰腺炎。引起胆源性胰腺炎的因素可能为：① 胆石、感染、蛔虫等因素致Oddi括约肌水肿、痉挛，使十二指肠壶腹部出口梗阻，胆道内压力高于胰管内压力，胆汁逆流入胰管，引起急性胰腺炎；② 胆石在移行过程中损伤胆总管、壶腹部或胆道感染引起Oddi括约肌松弛，使十二指肠液反流入胰管引起急性胰腺炎；③ 胆道感染时细菌毒素、游离胆酸、非结合胆红素等，可通过胆胰间淋巴管交通支扩散到胰腺，激活胰酶，引起急性胰腺炎。

（2）酗酒和暴饮暴食：可致胰液分泌增加，并刺激Oddi括约肌痉挛，十二指肠乳头水肿，使胰液排出受阻，引起急性胰腺炎。

（3）胰管阻塞：胰管结石、胰管狭窄、肿瘤或蛔虫钻入胰管等均可引起胰管阻塞，其中以结石最为常见。当胰液分泌旺盛时胰管内压过高，使胰管小分支和胰腺腺泡破裂，胰液外溢到间质引起急性胰腺炎。

（4）其他：某些急性传染病、创伤、手术、某些药物以及任何原因引起的高钙血症和高脂血症等，都可能损伤胰腺组织引起急性胰腺炎。

2. 发病机制　急性胰腺炎发病机制尚未完全阐明。上述各种病因均使胰腺发生自身消化。正常胰腺能分泌多种酶，如胰淀粉酶、胰蛋白酶、胰脂肪酶等，这些酶通常以无活性的酶原形式存在，在上述各种致病因素作用下，胰腺自身防御中的某些环节被破坏，各种酶原被激活成有活性的酶，使胰腺发生自身消化。近年研究显示，胰腺损伤过程中产生一系列炎症介质，如氧自由基、血小板活化因子等，它们和血管活性物质既可导致胰腺血液循环障碍，又可经血管和淋巴管途径输送至周身，引起多脏器损害，导致重症胰腺炎，是致死的主要原因。

【临床表现】

1. 症状

（1）腹痛：为本病的主要表现和首发症状，常在暴饮暴食或酗酒后突然发生。疼痛剧烈而持续，呈钝痛、钻痛、绞痛或刀割样痛，持久而剧烈，可有阵发性加剧。腹痛常位于中上腹，向腰背部呈带状放射，通常难以耐受，持续24小时以上不缓解，部分病人取蜷卧体位或前倾体位时可有所缓解，一般服用胃肠解痉药无效。水肿型腹痛一般3~5天后缓解；坏死型腹部剧痛，持续时间较长，由于渗液扩散可引起全腹痛。极少数年老体弱病人腹痛极轻微或无腹痛。

（2）恶心、呕吐及腹胀：起病后多出现恶心、呕吐，频繁而持久，呕吐后腹痛不缓解，呕吐物为胃内容物，重者可混有胆汁，甚至血液。常伴有腹胀，甚至出现麻痹性肠梗阻。

（3）发热：多数病人有中度以上发热，持续3~5天。若持续发热1周以上伴有白细胞升高，应考虑有胰腺脓肿或胆道炎症等继发感染。

（4）水电解质及酸碱平衡紊乱：由于频繁呕吐，病人多有轻重不等的脱水和代谢性碱中毒。重症者可有显著脱水和代谢性酸中毒，伴血钾、血镁、血钙降低。

（5）低血压或休克：见于重症胰腺炎，极少数病人可突然出现休克，甚至发生猝死。其主要原因包括有效循环血容量不足、胰腺坏死释放心肌抑制因子致心肌收缩不良、并发感染和消化道出血等。

2. 体征

（1）轻症急性胰腺炎：腹部体征较轻，与主诉腹痛程度不十分相符，可有腹胀和肠鸣音减弱，多数上腹部有压痛，无腹肌紧张和反跳痛。

（2）重症急性胰腺炎：病人常出现急性腹膜炎体征，少数病人由于胰酶或坏死组织液沿腹膜后间隙渗到腹壁下，致两侧腰部皮肤呈暗灰蓝色，称Grey-Turner征（Gre-Turner sign），或出现脐周围皮肤青紫，称卡伦征（Cullen征）；如有胰腺脓肿或假性囊肿形成，上腹部可扪及肿块；胰头炎性水肿压迫胆总管时，可出现黄疸；低血钙时有手足搐搦。

3. 并发症

（1）局部并发症：主要与胰腺和胰周液体积聚、组织坏死有关，包括早期（发病时间≤4周）的急性胰周液体积聚、急性坏死物积聚（acute necrotic collection，ANC），以及后期（发病时间>4周）的胰腺假性囊肿（pancreatic pseudocyst）、包裹性坏死（walled-off necrosis，WON）。以上局部并发症又分为无菌性和感染性两种类型。其他并发症还包括消化道出血、腹腔出血、胆管梗阻、肠梗阻、肠瘘等。

（2）全身并发症：重症急性胰腺炎常并发不同程度的多器官功能衰竭。常在数天后出现，如急性肾衰竭、急性呼吸窘迫综合征、心力衰竭、消化道出血、胰性脑病、弥散性血管内凝血、败血症、糖尿病等，病死率极高。

【辅助检查】

1. 白细胞计数 多有白细胞增多及中性粒细胞核左移。

2. 淀粉酶测定 血清淀粉酶一般在起病后2~12小时开始升高，48小时开始下降，持续3~5天。

血清淀粉酶超过正常值3倍即可诊断本病。血清淀粉酶高低并不一定与病情程度一致，出血坏死型胰腺炎的血清淀粉酶值可正常或低于正常。尿淀粉酶升高较晚，在发病后12~14小时开始升高，下降缓慢，持续1~2周，尿淀粉酶受病人尿量和尿液浓缩、稀释的影响，结果波动度大。

3. 血清脂肪酶测定　常在起病后24~72小时开始升高，持续7~10天，对发病后就诊较晚的急性胰腺炎病人有诊断价值，并且特异性较高。

4. C反应蛋白（CRP）　是组织损伤和炎症的非特异性标志物，在胰腺坏死时CRP明显升高。

5. 其他生化检查　可有暂时性血钙降低，若低于2mmol/L则预后不良。暂时性血糖升高较常见，持久的空腹血糖高于11.2mmol/L反映胰腺坏死。此外，可有血清AST、乳酸脱氢酶（LDH）增加，血清白蛋白降低。

6. 影像学检查

（1）腹部超声：用于急性胰腺炎常规初筛检查，因受胃肠道积气影响，对胰腺形态观察常不满意，但可了解胆囊和胆管情况，是胆源性胰腺炎病因的初筛方法。当胰腺发生假性囊肿时，常用腹部超声诊断、随访及协助穿刺定位。

（2）腹部CT：是诊断急性胰腺炎的重要影像学检查方法。急性胰腺炎早期典型的影像学表现为胰腺水肿、胰周渗出、胰腺和/或胰周坏死等，但发病初期的影像学特征不能反映疾病严重程度。一般在发病72小时后进行CT检查。CT增强扫描可准确反映是否存在胰腺坏死及其范围。改良CT严重指数（MCTSI）有助于评估急性胰腺炎的严重程度。

【治疗要点】

急性胰腺炎治疗需做好两方面：一是积极寻找并去除病因，二是控制炎症。对于无感染证据的急性胰腺炎，不推荐预防性使用抗菌药物，对可疑或确诊的胰腺（胰周）或胰外感染（如胆道系统、肺部、泌尿系统、导管相关感染等）的病人，可经验性使用抗菌药物，并尽快进行体液培养，根据细菌培养和药物敏感试验结果调整抗菌药物。早期液体治疗可改善组织灌注，须在诊断急性胰腺炎后即刻进行。

1. 轻症急性胰腺炎治疗　① 禁食：有腹痛、呕吐时，短期禁食1~3天；若无恶心、呕吐，腹痛已缓解、有饥饿感者可尝试经口进食。② 静脉输液：补充血容量，维持水、电解质和酸碱平衡。③ 吸氧：给予鼻导管或面罩吸氧，维持血氧饱和度大于95%。④ 抑制胰液和胃酸分泌：给予质子泵抑制剂（PPI）或H_2受体拮抗剂，抑制胃酸分泌，从而间接抑制胰液分泌，并可防止发生应激性溃疡。⑤ 镇痛：腹痛剧烈者在严密观察下可注射镇痛药，如肌内注射盐酸哌替啶或盐酸布桂嗪，注意观察有无呼吸抑制、低血压等不良反应，禁用吗啡。⑥ 抗感染：胆源性胰腺炎合并胆道感染时可选用第三代头孢类抗生素。⑦ 胃肠减压与通便：明显腹胀者应胃肠减压，可给予甘油灌肠，或口服乳果糖促进排便。

2. 中度重症及重症急性胰腺炎治疗　中度重症急性胰腺炎早期应加强病情监测，防止发生重症急性胰腺炎，及时有效控制全身炎症反应综合征。重症急性胰腺炎必须采取综合性措施，积极抢救，除包括轻症胰腺炎治疗措施外，还应有：① 病情观察：有条件者转入重症监护室，专人看护，严密监测生命体征、意识等。② 液体复苏：积极补充液体和电解质，维持有效循环血容量。伴有休克者给予白蛋白、全血及血浆代用品。慢性心功能不全或肾衰竭者应限制输入液体总量和速度，防止发生肺水肿。③ 使用生长抑素类药物：此类药物具有抑制胰液和胰酶的分泌、抑制胰酶合成的作用。④ 营养支持：早期一般采用全胃肠外营养，如无肠梗阻，尽早过渡到肠内营养，营养支持可增强肠黏膜屏障，减少肠内细菌移位引发感染的可能。⑤ 急诊内镜治疗去除病因：对胆总管结石、急性化脓性胆管炎、胆源性败血症等胆源性急性胰腺炎，应尽早行内镜下Oddi括约肌切开术、取石术、放置引流管等，利于降低胰管内高压并可快速控制感染。⑥ 治疗并发症：并发胰腺脓肿、假性囊肿、弥漫性腹膜炎、肠穿孔、肠梗阻及肠麻痹坏死时，需实施外科手术；伴腹腔内大量渗液者，或伴急性肾衰竭者，可采用腹膜透析治疗；急性呼吸窘迫综合征者除药物治疗外，可行气管切开和应用呼吸机治疗；并发糖尿病者可使用胰岛素。

【常用护理诊断/问题及护理措施】

1. 疼痛：腹痛　与胰腺及其周围组织炎症、水肿或出血坏死有关。

（1）休息与体位：病人应绝对卧床休息，促进组织修复和体力恢复。腹痛时协助病人取弯腰屈膝侧卧位，以减轻疼痛。因剧痛辗转不安者应防止坠床。

（2）饮食护理：① 禁食和胃肠减压：目的在于减少胰液分泌，减轻腹痛。轻症病人禁食1~3天，明显腹胀者行胃肠减压，禁食期间不饮水，做好口腔护理。② 加强营养支持：病人入院后应尽快进行营养状态评估。待病人各项化验指标均恢复正常后，给予少量无脂流食。及时补充水分及电解质，保证有效血容量。重症病人早期一般采用全胃肠外营养，如无肠梗阻，宜早期行空肠插管，尽早过渡到肠内营养。③ 鼻空肠管肠内营养护理：若病人禁食、禁饮超过1周以上，考虑在内镜引导下经鼻腔置空肠营养管，给予肠内营养。置管期间检查有无脱管、扭曲，管饲时速度由低到高，25ml/h开始，每8小时应用25~50ml生理盐水冲洗管道，管饲前后用至少25ml生理盐水冲洗管道，最长应用时间42天。

（3）用药护理：疼痛剧烈者，遵医嘱给予哌替啶等镇痛药，禁用吗啡，以防引起Oddi括约肌痉挛。监测用药后病人疼痛有无减轻。若疼痛持续存在并伴有高热，考虑是否并发胰腺脓肿；如疼痛剧烈，腹肌紧张、压痛和反跳痛明显，提示并发腹膜炎，应及时报告医生处理。

（4）非药物性缓解疼痛的方法：教会病人行为疗法，如深呼吸、音乐疗法等；针灸镇痛。

2. 潜在并发症：低血容量性休克。

（1）病情观察：严密观察生命体征，定时记录病人的生命体征、意识和血氧饱和度等。观察呕吐物的量及性质，行胃肠减压者，观察和记录引流液的颜色、量及性质。观察病人皮肤黏膜色泽、弹性有无变化，判断失水程度。准确记录24小时出入量，作为补液的依据。监测各项实验室检查的结果变化。

（2）维持有效血容量：禁食病人每天的液体入量需达到3 000ml以上，以维持有效循环血容量。及时补充因呕吐、发热和禁食所丢失的液体和电解质，纠正酸碱平衡紊乱。注意根据病人脱水程度、年龄和心肺功能调节输液速度。

（3）低血容量性休克的抢救配合：如病人出现神志改变、脉搏细弱、血压下降、尿量减少、皮肤黏膜苍白、冷汗等低血容量性休克的表现，应积极配合医生进行抢救。① 迅速备好抢救用物；② 病人取仰卧中凹卧位，注意保暖，吸氧；③ 立即建立静脉通路，遵医嘱补液、血浆或全血，补充血容量。根据血压调整给药速度，必要时测中心静脉压，以决定输液量和速度；④ 如循环衰竭持续存在，按医嘱给予升压药。

【健康指导】

1. 疾病知识指导　向病人及家属介绍本病的主要诱发因素、预后及并发症的知识。教育病人积极治疗胆道疾病，避免疾病的复发。若出现腹痛、腹胀、恶心等表现时及时就诊。

2. 饮食指导　指导病人及家属掌握饮食卫生知识，养成规律进食习惯，避免暴饮暴食。腹痛缓解后，应从少量低脂、低糖饮食开始逐渐恢复正常饮食，应避免进食刺激性强、产气多、高脂肪和高蛋白食物，戒除烟酒，防止复发。

（卜秀梅）

第九节　上消化道出血

案例导入

病人，男，51 岁，以"黑便伴头晕，乏力 8 天"为主诉入院。

病史评估：病人既往有 5 年十二指肠溃疡病史。8 天前无明显诱因出现黑便，每天 1 次，为黑色稀水样便，伴乏力、多汗、头晕。

身体评估：T 37.5℃，P 110 次/min，R 20 次/min，BP 90/60mmHg，神志清楚，面色苍白，四肢皮肤湿冷。

辅助检查：红细胞计数 $2.49×10^{12}$/L，血红蛋白 78.2g/L。

初步诊断：上消化道出血。

请思考：为全面评估病人病情，还需要进一步收集哪些资料？该病人目前主要护理诊断有哪些？护士应采取哪些护理措施？

上消化道出血（upper gastrointestinal hemorrhage）指屈氏韧带以上的消化道，包括食管、胃、十二指肠、胰和胆道病变引起的出血，以及胃空肠吻合术后的空肠病变出血。上消化道大出血一般指在数小时内失血量超过 1 000ml 或循环血容量的 20%，其主要临床表现为呕血和/或黑便，常伴有血容量减少引起的急性周围循环衰竭，严重者导致失血性休克。

【病因】

上消化道出血的病因很多，其中常见的有消化性溃疡、急性胃黏膜损害、食管胃底静脉曲张破裂和胃癌，其次为食管贲门黏膜撕裂综合征，少数由胰、胆道病变引起。某些全身性疾病亦可引起出血，如白血病、血友病、尿毒症、应激性溃疡等。

【临床表现】

上消化道出血的临床表现取决于出血病变的性质、部位、出血量与速度，并与病人出血前的全身状况，如有无贫血及心、肾、肝功能有关。

1. 呕血与黑便 是上消化道出血的特征性表现，见本章第一节概述中"呕血与黑便"。

2. 失血性周围循环衰竭 上消化道大量出血时，由于循环血容量急剧减少，静脉回心血量相应不足，导致心排血量降低，常发生急性周围循环衰竭，其程度轻重因出血量大小和失血速度快慢而异。病人出现头昏、心悸、乏力、出汗、口渴、晕厥等一系列组织缺血的表现。休克早期病人脉搏细速、脉压变小；呈现休克状态时，病人表现为面色苍白、口唇发绀、呼吸急促，皮肤湿冷，呈灰白色或紫灰色花斑，施压后褪色经久不能恢复，体表静脉塌陷；精神萎靡、烦躁不安，重者反应迟钝、意识模糊；收缩压降至80mmHg以下，脉压小于25mmHg，心率加快至120次/min以上。休克时尿量减少，补足血容量后仍少尿或无尿，应考虑并发急性肾衰竭。需注意，老年人常合并基础疾病如脑动脉硬化、高血压、冠心病、COPD等，即使出血量不大也可引起多器官衰竭，增加病死率。

3. 贫血及血象变化 出血早期变化可能不明显，经3~4小时后，因组织液渗入血管内，使血液稀释，才出现失血性贫血的血象改变。贫血程度取决于失血量、出血前有无贫血、出血后液体平衡状态等因素。

出血24小时内网织红细胞增高，出血停止后逐渐降至正常，如出血不止则可持续升高。白细胞计数在出血后2~5小时升高，可达（10~20）×10^9/L，血止后2~3天恢复正常。肝硬化脾功能亢进者白细胞计数可不升高。

4. 氮质血症 可分为肠源性、肾前性和肾性氮质血症。上消化道大量出血后，肠道中血液的蛋白质代谢产物被吸收，引起血中尿素氮浓度增高，称为肠源性氮质血症。血尿素氮多在一次出血后数小时上升，24~48小时达到高峰，一般不超过14.3mmol/L（40mg/dl），3~4天降到正常。如病人血容量已经基本纠正且出血前肾功能正常，但血尿素氮持续增高，则提示有上消化道出血或再次出血。

失血导致周围循环衰竭，使肾血流量和肾小球滤过率减少，以致氮质潴留，是导致肾前性氮质血症的原因。

若无活动性出血的证据，且血容量已经基本补足而尿量减少，血尿素氮不能降至正常，则应考虑是否因严重而持久的休克导致急性肾损伤，或失血加重了原有肾病的肾脏损害而发生肾衰竭。

5. 发热 大量出血后，多数病人在24小时内出现发热，一般不超过38.5℃，可持续3~5天。发热机制可能与循环血容量减少、急性周围循环衰竭，导致体温调节中枢功能障碍有关，失血性贫血亦为影响因素之一。此外还要注意寻找有无并发肺炎或其他感染等因素。

【辅助检查】

1. 实验室检查 测定红细胞、白细胞和血小板计数，血红蛋白浓度、血细胞比容、肝肾功能、大便隐血等，有助于估计失血量及动态观察有无活动性出血，判断治疗效果及协助病因诊断。

2. 内镜检查 是上消化道出血定位、定性诊断的首选检查方法。出血后24~48小时内行急诊内镜检查，可以直接观察病灶的情况，有无活动性出血或评估再出血的危险性，明确出血部位，同时对出血灶进行止血治疗。急诊胃镜检查前应先补充血容量、纠正休克、改善贫血、在病人生命体征平稳后进行，并尽量在出血的间歇期进行。胶囊内镜对排除小肠病变引起的出血有特殊价值。

3. X线钡剂造影检查　主要适用于不宜或不愿进行内镜检查者，或胃镜检查未能发现出血原因，需排除十二指肠降段以下小肠有无出血病灶者。检查宜在出血停止且病情基本稳定数天后进行。

4. 其他选择性动脉造影　如腹腔动脉、肠系膜上动脉造影可帮助确定出血部位，适用于内镜及X线胃肠钡剂造影未能确诊而又反复出血者。需指出的是，内镜禁忌或检查阴性者可经验性治疗，并选择其他诊断方法。可根据病情选择腹部增强CT、CT血管成像（CTA）、血管造影、小肠镜、放射性核素扫描或剖腹探查以明确病因。内镜禁忌或检查阴性者仍有活动性出血，或药物及内镜治疗出血失败，或腹部CTA提示出血，可急诊介入检查治疗。

【治疗要点】

上消化道大出血为临床急症，应采取积极措施进行抢救：迅速补充血容量，纠正水、电解质失衡，预防和治疗失血性休克，给予止血治疗，同时积极进行病因诊断和治疗。

根据危险程度对急性上消化道出血病人进行分层救治（表4-6），危险性出血病人应在急诊诊治。

▼ 表4-6　急性上消化道出血危险程度分层

分层	症状体征	休克指数	处置	医疗区域
极高危	心率>120次/min，收缩压70mmHg或急性血压降低（基础收缩压降低30~60mmHg），心跳、呼吸停止或节律不稳定，通气氧合不能维持	>1.5	立即复苏	急诊抢救区
高危	心率100~120次/min，收缩压70~90mmHg，晕厥、少尿、意识模糊、四肢末梢湿冷、持续呕血或便血	1.0~1.5	立即监护生命体征，10分钟内开始积极救治	急诊抢救区
中危	血压、心率、血红蛋白基本正常，生命体征暂时稳定，高龄或伴严重基础疾病，存在潜在生命威胁	0.5~1.0	优先诊治，30分钟内接诊，候诊时间大于30分钟需再次评估	急诊普通诊疗区
低危	生命体征平稳	0.5	顺序就诊，60分钟内接诊，候诊时间大于60分钟需再次评估	急诊普通诊疗区
极低危	病情稳定，格拉斯哥-布拉奇福德评分≤1分	0.5	随访	门诊

注：在保证医疗安全的前提下，根据本地区及医院医疗环境与资源进行适当调整。休克指数=心率/收缩压；0.5为血容量正常；0.5~1.0为轻度休克，失血量20%~30%；1.0~1.5为中度休克，失血量30%~40%；1.5~2.0为重度休克，失血量40%~50%；>2.0为极重度休克，失血量>50%。

1. 补充血容量　根据估计的失血量输入平衡溶液或葡萄糖生理盐水、右旋糖酐或其他血浆代用品，尽快补充血容量，尽早输入全血，恢复和维持血容量及有效循环。输血量以保持血红蛋白达到70g/L为宜。出血未控制时采用限制性液体复苏和允许性低血压复苏策略，收缩压维持在

80~90mmHg为宜。出血已控制时应根据病人基础血压水平积极复苏；对于急性大出血病人，条件允许应行有创血流动力学监测，综合临床表现、超声及实验室检查指导血容量复苏，注意预防低体温、酸中毒、凝血病和基础疾病恶化。大量失血病人需适当输注血液制品，以保证组织氧供和维持正常的凝血功能。出现以下情况时应考虑输血：收缩压<90mmHg，心率>120次/min，血红蛋白<70g/L，血细胞比容（HCT）<25%或出现失血性休克。

2. 止血措施

（1）非曲张静脉上消化道大出血的止血措施

1）抑制胃酸分泌药：临床常用H_2受体拮抗剂或质子泵抑制剂，常用药物有西咪替丁、雷尼替丁、奥美拉唑等，急性出血期均为静脉给药。

2）内镜直视下止血：适用于有活动性出血或暴露血管的溃疡，治疗方法包括激光光凝、高频电凝、微波、热探头止血，血管夹钳夹，局部药物喷洒和局部药物注射。

3）手术治疗：对于符合手术指征的各种病因所致出血患者，可采用适宜术式治疗。

4）介入治疗：少数不能进行内镜止血或手术治疗的严重大出血病人，可经选择性肠系膜动脉造影寻找出血病灶，给予血管栓塞治疗。

（2）食管胃底静脉曲张破裂出血的止血措施：本病往往出血量大、出血速度快、再出血率和死亡率高，治疗措施上亦有其特殊性。

1）药物止血：首选药物治疗以降低门静脉压力，减少活动性出血。推荐使用生长抑素（或其类似物奥曲肽）或血管加压素（或其类似物特利加压素），最长可持续用药5天。

血管加压素及其类似物：为常用药物，能收缩内脏血管，减少门静脉血流量，降低门静脉及其侧支循环压力，控制食管胃底曲张静脉出血。用法为血管加压素0.2U/min持续静脉滴注，根据治疗反应，逐渐增加至0.4U/min。同时用硝酸甘油静脉滴注或舌下含服，可减轻大剂量用血管加压素的不良反应，并且硝酸甘油有协同降低门静脉压力的作用。

生长抑素及其类似物：此类药物能明显减少内脏血流量，尤其是奇静脉血流量明显减少，临床使用的14肽天然生长抑素，用法为首剂负荷量250μg缓慢静脉滴注，继以250μg/h持续静脉滴注。如静脉点滴中断超过5分钟，应重新静脉滴注250μg负荷量。

2）三（四）腔二囊管压迫止血：四腔管较三腔管多了一条在食管囊上方开口的管腔，用以抽吸食管内积蓄的分泌物或血液（图4-4）。用气囊压迫食管胃底曲张静脉，其止血效果肯定，但病人痛苦、并发症多、早期再出血率高，故不作为首选止血措施。

3）内镜直视下止血：在用药物治疗和气囊压迫基本控制出血，病情基本稳定后，进行急诊内镜检查和止血治疗。常用方法有：① 硬化剂注射止血术：注射硬化剂至曲张的食管静脉，可用无水乙醇、鱼肝油酸钠、乙氧硬化醇等硬化剂；② 食管曲张静脉套扎术：用橡皮圈结扎出血或曲张的静脉，使血管闭合；③ 组织黏合剂注射法：局部注射组织黏合剂，使出血的曲张静脉闭塞，主要用于胃底曲张静脉。

4）手术治疗：食管胃底静脉曲张破裂大量出血内科治疗无效时，应考虑外科手术或经颈静脉肝内门体静脉分流术（TIPS）。

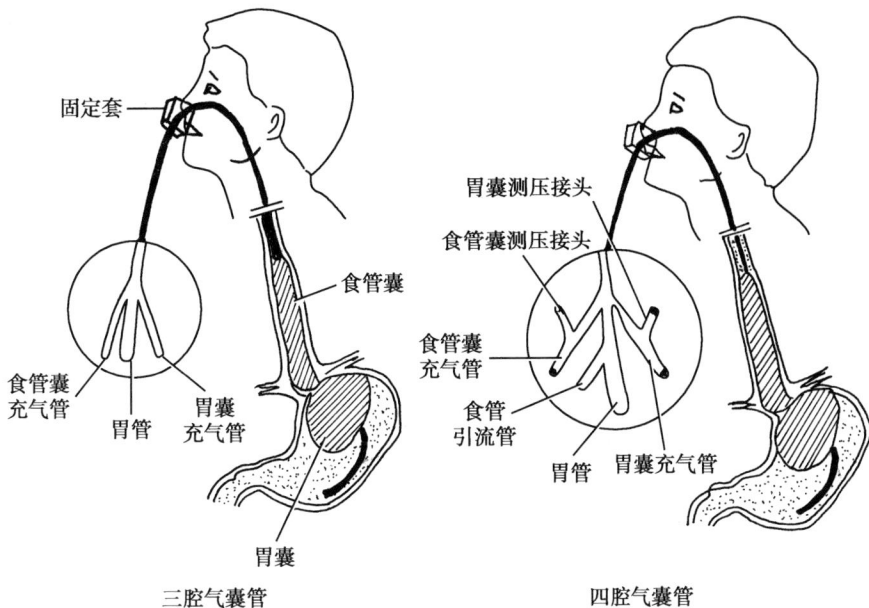

固定套
食管囊
食管囊充气管
胃管
胃囊充气管
胃囊

三腔气囊管

胃囊测压接头
食管囊测压接头
食管囊充气管
食管引流管
胃管
胃囊充气管

四腔气囊管

▲ 图4-4　三（四）腔二囊管示意图

【常用护理诊断/问题及护理措施】

1. 潜在并发症：血容量不足。

（1）病情观察：上消化道大出血在短期内出现休克症状，为临床常见的急症，应做好病情的观察。

1）紧急评估步骤及内容：在对急性上消化道出血进行初步诊断与鉴别后，立即结合格拉斯哥-布拉奇福德评分判断病情危险程度。急性上消化道出血紧急评估步骤及内容包括：① 意识评估：首先判断意识，意识障碍既提示严重失血，也是误吸的高危因素；② 气道评估：评估气道通畅性及梗阻的风险；③ 呼吸评估：评估呼吸频率、节律及血氧饱和度；④ 循环评估：监测心率、血压、尿量及末梢灌注情况。条件允许时行有创血流动力学监测。

2）周围循环状况的观察及检测指标：大出血时严密监测病人的生命体征和神志变化，进行心电监护。观察皮肤和甲床色泽、肢体温度和颈静脉充盈情况。准确记录出入量，留置导尿管，测每小时尿量，应保持尿量>30ml/h。定期监测各项实验室检查结果。如病人烦躁不安、面色苍白、四肢湿冷提示微循环血液灌注不足；而皮肤逐渐转暖、出汗停止则提示血液灌注好转。

3）出血量的估计：详细询问呕血和/或黑便发生的时间、次数、量及性状，以便估计出血量和速度。① 粪便隐血试验阳性提示每天出血量5~10ml；② 出现黑便提示每天出血量在50~100ml以上；③ 呕血提示胃内积血量达250~300ml；④ 一次出血量在400ml以下时，一般不出现全身症状；⑤ 如出血量超过400~500ml，可出现头晕、心悸、乏力等症状；⑥ 如出血量超过1 000ml，临床即出现急性周围循环衰竭的表现，严重者引起失血性休克。

4）继续或再次出血的判断：出现下列迹象，提示有活动性出血或再次出血。① 反复呕血，甚至呕吐物由咖啡色转为鲜红色；② 黑便次数增多且粪质稀薄，色泽转为暗红色，伴肠鸣音亢进；③ 周围循环衰竭的表现经补液、输血而未改善，或好转后又恶化，血压波动，中心静脉压不稳定；④ 红细胞计数、血细胞比容、血红蛋白检测值不断下降，网织红细胞计数持续增高；⑤ 在补液足够、尿量正常的情况下，血尿素氮持续或再次增高；⑥ 门静脉高压的病人原有脾大，在出血后常暂时缩小，如不见脾恢复肿大亦提示出血未止。

5）原发病的病情观察：肝硬化并发上消化道大出血的病人，应注意观察有无并发感染、黄疸加重、肝性脑病等。

（2）体位与保持呼吸道通畅：大出血时病人应绝对卧床休息，取平卧位并将下肢略抬高，以保证脑部供血。呕吐时头偏向一侧，防止窒息或误吸；必要时用负压吸引器清除气道内的分泌物、血液或呕吐物，保持呼吸道通畅，给予吸氧。

（3）用药护理：立即建立两条以上静脉通路，配合医生快速准确使用各种抢救用药。肝病病人忌用吗啡、巴比妥类药物；宜输新鲜血，因库存血含氨量高，易诱发肝性脑病。血管加压素可引起腹痛、血压升高、心律失常、心肌缺血，甚至发生心肌梗死，故滴注速度应缓慢，并严密观察不良反应，冠状动脉粥样硬化性心脏病病人忌用血管加压素。

（4）饮食护理：急性大出血伴恶心、呕血者应禁食。少量出血无呕吐者，可进温凉、清淡流质。出血停止后改为营养丰富、易消化、无刺激性半流质、软食，定时定量，逐步过渡到正常饮食。

（5）心理护理：向病人解释安静休息有利于止血，应关心、安慰病人。抢救工作应迅速而不忙乱，以减轻病人的紧张情绪。经常巡视，大出血时陪伴病人，使其有安全感。解释各项检查、治疗措施，听取并解答病人或家属的提问，以减轻他们的顾虑。

（6）三（四）腔二囊管的护理：三（四）腔二囊管仅作为处理内镜难以治疗的肝硬化、食管胃底静脉曲张破裂出血的临时过渡措施。

1）插管前：向病人解释操作的目的、过程及配合方法等，以减轻病人的恐惧心理。仔细检查并确保食管引流管、胃管、食管囊管、胃囊管通畅并分别做好标记，检查两气囊无漏气后抽尽囊内气体，备用。

2）插管中：协助医生为病人作鼻腔、咽喉部局部麻醉，经鼻或口腔插管至胃内。插管至65cm时抽取胃液，检查管端确在胃内，并抽出胃内积血。先向胃囊注气150~200ml，压力约6.7kPa（50mmHg）并封闭管口，缓缓向外牵引管道，使胃囊压迫胃底部曲张静脉。如单用胃囊压迫已止血，则食管囊不必充气。未能止血，继向食管囊注气约100ml，压力约5.3kPa（40mmHg）并封闭管口，使气囊压迫食管下段的曲张静脉。管外端以绳带连接0.5kg沙袋，经牵引架做持续牵引。将食管引流管、胃管连接负压吸引器或定时抽吸。

3）插管后：观察出血是否停止，记录引流液的性状、颜色及量；经胃管冲洗胃腔，以清除积血，减少氨在肠道的吸收，以免诱发肝性脑病。出血停止后，放松牵引，放出囊内气体，留置管道继续观察24小时，未再出血可考虑拔管，对昏迷病人亦可继续留置管道用于注入流质食物和药液。拔管前口服液体石蜡20~30ml，润滑黏膜和管、囊的外壁，抽尽囊内气体，以缓慢、轻巧的动作拔管。气囊压迫一般以3~4天为限，根据病情8~24小时放气一次，拔管时机应在止血成功24小时后，一般先放气观察24小时，若仍无出血即可拔管，继续出血者可适当延长。三（四）

腔二囊管治疗易发生再出血及一些严重并发症，如食管破裂和吸入性肺炎等。

2. 活动无耐力 与失血性周围循环衰竭有关。

（1）休息与活动：少量出血者应卧床休息。大出血者绝对卧床休息，协助病人取舒适体位并定时变换体位，注意保暖，病情稳定后，逐渐增加活动量。

（2）安全护理：轻度出血病人可起身适当活动，指导病人坐起、站起时动作缓慢；出现头晕、心慌、出汗时立即卧床休息并告知护士；必要时由护士陪同如厕或暂时改为床上排便。大出血病人应加强巡视，用床栏加以保护。

（3）生活护理：限制活动期间，协助病人完成个人日常生活活动。卧床者特别是老年人和重症病人注意预防压疮。呕吐后及时漱口。排便次数多者注意肛周皮肤清洁和保护。

【健康指导】

1. 疾病知识指导 帮助病人和家属掌握上消化道出血的病因、诱因、预防、治疗和护理知识，以减少再度出血的危险。

2. 疾病预防指导 ① 注意饮食卫生和饮食规律，进食营养丰富、易消化食物，避免过饥或暴饮暴食，避免粗糙、刺激性食物，或过冷、过热、产气多的食物、饮料等，合理饮食是避免诱发上消化道出血的重要环节。② 生活起居有规律，劳逸结合，保持乐观情绪，保证身心休息。应戒烟、戒酒。③ 在医生指导下用药，勿自行随意用药。

3. 病情监测指导 指导病人及家属学会早期识别出血征象及应急措施：出现头晕、心悸等不适，或呕血、黑便时，立即卧床休息，保持安静，呕吐时取侧卧位以免误吸，立即送医院治疗。慢性病者应定期门诊随访。

（卜秀梅）

第十节　消化系统疾病常用诊疗技术及护理

一、腹腔穿刺术

腹腔穿刺术（abdominocentesis）是为了诊断和治疗疾病，用穿刺技术抽取腹腔液体，以明确腹水的性质、降低腹腔压力或向腹腔内注射药物，进行局部治疗的方法。

【适应证】

1. 抽取腹水进行了各种实验室检查，以寻找病因，协助临床诊断。

2. 对大量腹水病人，可适当抽放腹水，以缓解胸闷、气短等症状。

3. 因诊断或治疗目的行腹膜腔内给药或腹膜透析。

4. 各种诊断或治疗性腹腔置管。

【禁忌证】

1. 有肝性脑病先兆者。

2. 确诊有粘连性结核性腹膜炎、棘球蚴病、卵巢肿瘤者。

3. 腹腔内巨大肿瘤（尤其是动脉瘤）。

4. 腹腔内病灶被内脏粘连包裹者。

5. 胃肠高度胀气者。

6. 腹壁手术瘢痕区或明显肠袢区。

7. 妊娠中后期。

8. 躁动、不能合作者。

【术前护理】

1. 术前签署知情同意书，查血常规、凝血功能，必要时查心、肝、肾功能，穿刺前1周停服抗凝药，腹腔胀气明显者服泻药或清洁灌肠。

2. 向病人解释穿刺的目的、方法及操作过程中可能会产生的不适，一旦出现立即告知术者。

3. 术前嘱病人排尿，以免穿刺时损伤膀胱。

4. 放腹水前测量腹围、脉搏、血压、体重，注意腹部体征，以观察病情变化。

【术中配合】

1. 病人取平卧位、半卧位、稍左侧卧位或坐在靠椅上，屏风遮挡。

2. 选择合适穿刺点。结合腹部叩诊浊音最明显区域和超声探查结果，一般常选择左下腹脐与髂前上棘连线中外1/3交点处；或取脐与耻骨联合中点上1cm，偏左或偏右1.5cm处；或侧卧位脐水平线与腋前线或腋中线的交点处。

3. 穿刺部位常规消毒，戴无菌手套，铺消毒洞巾，自皮肤至腹膜壁层用2%利多卡因逐层行局部浸润麻醉。

4. 诊断性穿刺可选用7号针头进行穿刺，直接用20ml或50ml无菌注射器抽取腹水。大量放液时可用针尾连接橡皮管的8号或9号针头进行穿刺，在放液过程中，用血管钳固定针头并夹持橡皮管，用输液夹子调整放液速度，将腹水引流入容器中计量或送检。

5. 腹水持续放液时，应将预先绑在腹部的多头绷带逐步收紧，以防腹压骤然降低，内脏血管扩张而发生血压下降甚至休克等现象。放液结束后拔出穿刺针，常规消毒后，穿刺部位盖上无菌纱布，并用多头绷带将腹部包扎，若遇穿刺孔继续有腹水渗漏时，可用蝶形胶布封闭。

6. 术中应密切观察病人有无头晕、恶心、心悸、气短、面色苍白等，一旦出现应立即停止操作，并对症处理、卧床休息，必要时按医嘱补充血容量。

7. 腹腔放液不宜过快过多；治疗性放液一般初次不宜超过1 000ml，以后每次放液不超过3 000~6 000ml；肝硬化病人一次放液量一般不超过3 000ml，以防诱发肝性脑病，但在输注大量白蛋白基础上可大量放液，一般每放腹水1 000ml补充白蛋白6~8g。

【术后护理】

1. 术后卧床休息8~12小时。

2. 测量腹围，观察腹水消长情况。

3. 观察病人面色、血压、脉搏等变化，如有异常及时处理。

4. 密切观察穿刺部位有无渗液、渗血，有无腹部压痛、反跳痛和腹肌紧张等腹膜炎征象。

二、肝穿刺活体组织检查术

肝穿刺活体组织检查术（liver biopsy）简称肝活检，是指通过穿刺吸取肝脏活体组织标本进行病理组织学检查或制成涂片做细胞学检查，以明确肝脏疾病诊断，或了解疾病演变过程、观察治疗效果及判断预后。

【适应证】

1. 原因不明的肝脏肿大、肝功能异常者。

2. 原因不明的黄疸者。

3. 肝脏实质性占位性疾病的鉴别诊断。

4. 代谢性肝病如脂肪肝、淀粉样变性、血色病等疾病的诊断。

5. 原因不明的发热怀疑为恶性组织细胞病者。

【禁忌证】

1. 有肝棘球蚴病、肝血管瘤者。

2. 有肝外梗阻性黄疸、肝功能严重障碍、大量腹水者。

3. 昏迷、严重贫血或其他疾病不配合者，有出血倾向者。

4. 右胸膜腔或右膈下感染、脓肿，局部皮肤感染、腹膜炎者。

【术前护理】

1. 根据医嘱测定病人肝功能，出、凝血时间，凝血酶原时间及血小板计数，若异常应根据医嘱肌内注射维生素 K_1 10mg，连用3天后复查，正常者方可穿刺。同时测定血型备用。

2. 术前行胸部X线检查，观察有无肺气肿、胸膜肥厚。

3. 向病人解释穿刺的目的、意义、方法，消除顾虑和紧张情绪，并训练其屏息呼吸方法（深吸气，呼气，憋气片刻），以利于术中配合。情绪紧张者可于术前1小时口服地西泮5mg。穿刺前测量血压、脉搏，并配合医生做超声定位，确定穿刺方向和速度。

4. 术前禁食8~12小时。

【术中配合】

1. 病人取仰卧位，身体右侧靠近床沿，并将右手置于枕后，左背垫一薄枕，保持固定的体位。

2. 穿刺点一般取右侧腋前线第8~9肋间或腋中线第9~10肋间肝实音处穿刺。

3. 常规消毒穿刺部位皮肤，铺无菌孔巾，以0.5%利多卡因由穿刺点肋骨上缘皮肤至肝被膜进行局部浸润麻醉。

4. 备好快速穿刺套针，根据穿刺目的不同，选择12号或16号穿刺针，活检时选较粗的穿刺针。取一支10~20ml注射器与穿刺针连接，吸取3~5ml无菌生理盐水，使其充满穿刺针。

5. 协助医生进行穿刺，嘱病人先深吸气，然后于深呼气后屏气，术者将穿刺针迅速刺入肝内，穿刺深度不超过6cm，吸得标本后，立即拔出。

6. 穿刺部位以无菌纱布按压5~10分钟，再以胶布固定，多头腹带紧束12小时，压上小沙袋4小时。

7. 将抽吸的肝组织标本制成玻片，或注入95%乙醇或10%甲醛固定液中送检。

【术后护理】

1. 术后病人取右侧卧位2小时，随后再仰卧1小时。在第1个小时每15分钟监测一次生命体征，随后2小时每30分钟监测1次，之后每小时1次，直到活检后4小时出院。指导病人在1周内避免提举过重物体。

2. 注意观察穿刺部位有无渗血、红肿、疼痛。若穿刺部位疼痛明显，应仔细检查原因，如果是一般组织创伤性疼痛，可遵医嘱给予镇痛剂，若气胸或胆汁性腹膜炎时，应及时处理。

3. 肝活检最常见的严重并发症是腹腔内出血，但也可发生血肿和胆道出血。如有脉搏细速、血压下降、烦躁不安、面色苍白、出冷汗等内出血征象，应立即通知医生紧急处理。其他可能出现的并发症包括右上腹痛、右肩痛、胆汁性腹膜炎或气胸。

三、上消化道内镜检查术

上消化道内镜检查包括食管、胃、十二指肠的检查，亦称胃镜检查。通过此检查可直接观察食管、胃、十二指肠的炎症、溃疡或肿瘤等病变的性质、大小、部位及范围，并可进行组织取材，行组织学或细胞学的病理学检查。

【适应证】

1. 有明显消化道症状，但不明原因者。

2. 上消化道出血需查明原因者。

3. 疑有上消化道肿瘤，但X线胃肠钡剂检查不能确诊者。

4. 需要随访观察的病变，如消化性溃疡、萎缩性胃炎、胃手术后等。

5. 需行内镜治疗者，如消化道息肉切除、取异物、急性上消化道出血内镜下止血、食管静脉曲张的内镜治疗、消化道狭窄经内镜扩张或支架置入治疗等。

【禁忌证】

1. 严重心、肺疾病，如严重心律失常、心力衰竭、严重呼吸功能不全及哮喘发作等。

2. 各种原因所致休克、昏迷等危重状态。

3. 急性消化道穿孔、肠梗阻、腐蚀性食管炎的急性期。

4. 严重咽喉部疾病、主动脉瘤及严重的颈胸段脊柱畸形等。

5. 相对禁忌证为智力障碍、神志不清、精神失常不能配合检查者。

【术前护理】

1. 向病人仔细介绍检查的目的、方法、如何配合及可能出现的不适，使病人消除紧张情绪，主动配合检查。

2. 仔细询问病史和进行体格检查，以排除检查禁忌证，如有活动性义齿检查前应取出，以免误咽误吸。

3. 检查前禁食6~8小时，胃排空延迟者应延长禁食时间。有幽门梗阻者，在检查前2~3天进食流质，必要时行经胃管负压引流术。有X线胃肠钡剂造影检查史者，3~5天内不宜做胃镜检查。

4. 如病人过分紧张，可遵医嘱给予地西泮5~10mg肌内注射或静脉注射；如为减少胃蠕动和胃液分泌，可于术前半小时遵医嘱给予山莨菪碱10mg，或阿托品0.5mg静脉注射。

【术中配合】

1. 先询问病人有无麻醉药过敏史，如有过敏史者可不用麻醉。常用的麻醉方法有两种。

（1）喷雾法：插管前5~10分钟进行，可用2%~4%的利多卡因或2%丁卡因作咽部喷雾麻醉。将喷雾器头部放在舌头根部，对准咽喉部喷射1~2次，间隔3~5分钟后再喷1次，共3次，嘱病人每次喷药后做吞咽动作，借以麻醉咽喉下部，良好的咽部麻醉可减少因咽部受刺激而引起的恶心、呕吐，便于插镜。

（2）口含法：将麻醉液5~10ml口含后，嘱病人头向后仰，5分钟后吐出药液或咽下。

2. 协助病人取左侧卧位，双腿屈曲，头垫低枕，松开领口及腰带。病人口边置弯盘，嘱病人咬紧牙垫。

3. 胃镜插入过程中，护士应密切观察病人的反应，保持病人头部位置不动，当胃镜插入15cm到达咽喉部时，嘱病人做吞咽动作，但不可将唾液咽下以免呛咳，让唾液流入弯盘或用吸管吸出。如病人出现恶心不适，护士应适时给予解释，并嘱病人深呼吸，肌肉放松，检查过程中密切观察病人面色、脉搏、呼吸等改变，出现异常时立即停止检查并作相应处理。

4. 配合医生处理插镜中可能遇到的问题：① 如将镜头送入气管，术者可看到环形气管壁，病人有明显呛咳，应立即将内镜退出，重新进镜；② 如镜头在咽喉部打弯，病人会出现明显疼痛不适，术者可看到镜身，应把角度钮放松，慢慢将内镜退出重新插入；③ 插镜困难的原因可能是未对准食管入口或食管入口处的环咽肌痉挛等，应查明原因，切不可用力，必要时在镇静药物的辅助下再次试插；④ 当镜面被黏液血迹、食物遮挡时，应注水冲洗。

【术后护理】

1. 术后因病人咽喉部麻醉作用尚未消退，嘱其不要吞咽唾液，以免呛咳。麻醉作用消失后，可先饮少量水，如无呛咳可进饮食。当天饮食以流质、半流质为宜，行活检的病人应进食温凉的饮食。全身麻醉病人按全身麻醉术后护理常规。

2. 检查后少数病人出现咽痛、咽喉部异物感，嘱病人不要用力咳嗽，以免损伤咽喉部黏膜。若病人出现腹痛、腹胀，可进行按摩，促进排气。检查后数天内应密切观察病人有无消化道穿孔、出血、感染等并发症，一旦发现及时协助医生进行对症处理。

3. 胃镜取活检病人注意观察大便的颜色及腹部情况，做好宣教，待病理结果出具后及时告知病人。

4. 对内镜及有关器械彻底清洁、消毒，妥善保管，避免交叉感染。

四、结肠镜检查术

结肠镜（colonoscopy）检查是通过肛门插入内镜，进行肠道黏膜的直视检查，不仅可以直视肠道病变，还可以进行组织取材用于病理学检查，或行内镜下治疗术，是诊断和治疗结直肠疾病安全有效的方法之一。

【适应证】

1. 原因不明的慢性腹泻、下消化道出血。

2. 原因不明的低位肠梗阻。

3. 不能排除结肠和回肠末端疾病的腹部肿块。

4. 结直肠癌术前诊断、术后随访，内镜治疗的术后随访。

5. 结肠息肉和结直肠早期癌症的内镜治疗。

6. 结直肠肿瘤的筛查。

7. 钡剂灌肠有可疑病变者需进一步明确诊断。

【禁忌证】

1. 严重心肺功能不全、休克及精神病病人或不能配合检查者。

2. 急性弥漫性腹膜炎、腹腔脏器穿孔、多次腹腔手术、腹内广泛粘连及大量腹水者。

3. 肛门、直肠严重狭窄者。

4. 急性重度结肠炎，如急性细菌性痢疾、急性重度溃疡性结肠炎及憩室炎等。

5. 妊娠期女性、月经期女性。

6. 极度虚弱，不能配合术前肠道准备者。

【术前护理】

1. 向病人详细讲解检查的目的、方法、注意事项，解除其顾虑，取得配合。

2. 病人在择期结肠镜检查前3天需要摄入无渣或少渣饮食，检查前1天进无渣流质饮食。

3. 目前多采用药物导泄方法完成肠道清洁准备。常用的容积型泻药是复方聚乙二醇电解质散，将其溶于2 000ml温水中，分次服用，直至排泄物为淡黄色清亮无渣水样物。其原理是聚乙二醇不被消化道吸收，可在消化道产生高渗透压，刺激肠蠕动引发渗透性腹泻。

4. 术前半小时遵医嘱给予山莨菪碱10mg或阿托品0.5mg肌内注射。

【术中配合】

1. 病人取左侧卧位，双下肢屈曲，先做直肠指检，后将涂以润滑油的结肠镜插入乙状结肠时（20~40cm），病人再转为仰卧位。嘱病人在检查过程中身体尽量不要摆动。

2. 检查过程中，护士密切观察病人反应，如病人出现腹胀不适，可嘱其作缓慢深呼吸；如面色、呼吸、脉搏等异常应随时停止插镜，同时建立静脉通道以备抢救及术中用药。

3. 必要时可行组织取样进行病理学检查，或行内镜下治疗。

4. 检查结束退镜时，应尽量抽气，减轻腹胀。

【术后护理】

1. 检查结束后，病人卧床休息，应留院观察15~30分钟再离去。未取活检者半小时后可正常饮食。取活检者或术后腹痛明显者，宜在2小时后进温凉流食，或在腹部症状缓解后进食。术后3天进少渣饮食。行息肉摘除、止血治疗者，应给予抗生素治疗，禁食48小时后予半流质饮食，适当休息3~4天，避免剧烈运动。

2. 注意观察病人腹胀、腹痛及排便情况。腹胀明显者，可行内镜下排气；观察粪便颜色，必要时行粪便隐血试验，腹痛明显或排血便者应留院继续观察。如发现剧烈腹痛、腹胀、面色苍白、心率增快、血压下降、大便次数增多呈黑色，提示并发肠出血、肠穿孔，应及时报告医生，协助处理。

五、内镜逆行胰胆管造影

内镜逆行胰胆管造影（endoscopic retrograde cholangiopancreatography，ERCP）是在纤维十二指肠镜直视下，通过十二指肠乳头将导管插入胆管和/或胰管内进行造影。

【适应证】

1. 胆道疾病伴黄疸。

2. 疑为胆源性胰腺炎、胆胰或壶腹部肿瘤。

3. 先天性胆胰异常。

4. 恶性胆道梗阻（如胰腺癌、肝门部胆管细胞癌）的引流。

5. 术后胆道并发症（如胆管狭窄、胆漏）。

6. 急性或慢性胰腺炎相关并发症（如胰管狭窄、胰管结石）的治疗。

7. 原发性硬化性胆管炎相关的肝外胆管狭窄。

8. 某些Oddi括约肌功能障碍病人的内镜治疗。

【禁忌证】

胰腺炎、碘过敏者、并发症风险高的病人（如急性重度胆管炎伴脓毒症和心肺功能不全）属于绝对禁忌证。

【术前护理】

1. 向病人详细讲解检查的目的、方法、注意事项，解除其顾虑，取得配合。

2. 评估病人的心肺功能、凝血酶原时间以及血小板计数；指导病人练习左侧卧位和吞咽动作。

3. 检查前6~8小时禁食；检查开始前15~20分钟肌内注射地西泮5~10mg、山莨菪碱10mg及哌替啶50mg，口服咽部局麻药。

【术中配合】

内镜操作时指导病人进行深呼吸并放松，若造影过程中出现呼吸抑制、血压下降、呛咳、呕吐等情况，及时终止操作并做相应处理。

【术后护理】

1. 注意观察病人生命体征。

2. 胰管造影者术后暂禁食，待血淀粉酶水平正常后可进低脂半流质饮食。

3. 注意观察病人的腹部体征以及有无呕血、黑便等消化道出血的症状。ERCP后最常出现的严重并发症是胰腺炎、出血、感染和穿孔。

4. 鼻胆管引流者，观察引流液的颜色、量和性状。

5. 遵医嘱预防性使用抗生素。

（卜秀梅）

第十一节　消化系统临床思维案例

【病例1】

病史：病人，男，41岁，长途货车司机。以"反复上腹痛15年，伴呕血1天"为主诉入院。病人15年前因劳累、多次未及时进餐而出现上腹中部疼痛，呈烧灼感、能忍受，无阵发性加剧，无放射痛，饥饿时疼痛加重、进餐后缓解，此后每年秋冬季均发生2次，病人未加注意、未曾规则服药及诊治。入院前5个月再发中上腹痛，性质基本同前，疼痛加重难以忍受，入院行胃镜检查提示："十二指肠球部多发溃疡"，予"奥美拉唑、铝碳酸镁"等处理，症状有所好转但反复发作。

入院前1天于劳累后中上腹疼痛加重，自觉恶心、进而呕吐咖啡色胃内容物2次，总量约600ml，呕吐后腹痛好转，伴胸闷、心悸、头晕、全身乏力。

体格检查：T 37.8℃，P 106次/min，R 18次/min，BP 90/56mmHg，神志清，营养中等，贫血面容，睑结膜苍白。腹部平坦、质地柔软，中上腹轻压痛，无反跳痛、肌紧张，肝脾未触及，移动性浊音阴性，肠鸣音8次/min。

辅助检查：血常规示血红蛋白71g/L，血细胞比容24%，粪便隐血试验阳性。

初步诊断：急性上消化道出血，消化性溃疡可能性大。

问题：

1. 请简述该病人的临床表现特点。

> 病情进展：
>
> 　入院后3小时，病人再次呕血1次，呈暗红色，含有少量胃内容物，量约300ml，伴口渴、头晕、心悸等。查体：T 37.4℃，P 118次/min，R 20次/min，BP 86/56mmHg，神志清，面色苍白，四肢末梢稍凉，外周静脉塌陷，4小时尿量100ml。急诊胃镜显示：胃窦部巨大溃疡伴有血痂覆盖。

2. 护士如何评估该病人的出血量？

3. 为明确诊断，医嘱行胃镜检查，护士应如何配合医生指导病人？

> 病情进展：
>
> 　入院后第3天，病人自诉上腹闷胀痛，头晕、心悸、出冷汗，自觉恶心、继而呕血1次，呈鲜红色，含血凝块，总量约400ml，随后排暗红色血便2次，量约600ml。查体：T 36.3℃，P 128次/min，R 22次/min，BP 82/54mmHg，神志清，面色苍白，四肢末梢湿冷，外周静脉塌陷，4小时未排尿。急查血常规：血红蛋白68g/L，血细胞比容30%。

4. 针对病人目前的病情，护士应如何配合医生紧急施救？

> 病情进展：
>
> 　病人经补液、抑酸、输悬浮红细胞、生长抑素及内镜下止血等治疗，2周后大便转黄色，生命体征平稳。血常规示：血红蛋白88g/L，血细胞比容40%；粪便隐血试验阴性。

5. 病人拟于明天出院，护士应针对哪些方面对病人进行健康指导？

【病例2】

病史：病人，男，49岁，工人。以"间断乏力、腹胀8年，双下肢水肿半年，加重7天"为主诉入院。病人16年前于当地医院诊断为乙型肝炎，未进行系统治疗。6个月前淋雨感冒后再度出现乏力、腹胀，伴皮肤、巩膜黄染及尿液颜色加深。入院前7天双下肢水肿进行性加重，腹胀明显，伴有上腹隐痛及腹泻，近年来该病人于每日晨起刷牙发现牙龈出血。

体格检查：T 37.3℃，P 92次/min，R 22次/min，BP 110/60mmHg，神志清，消瘦，面色晦暗，巩膜黄染，可见肝掌，胸前及上臂蜘蛛痣5个。腹部膨隆，未见腹壁静脉曲张，移动性浊音阳性。

辅助检查：血清总胆红素160.8μmol/L，结合胆红素110.3μmol/L，血清总蛋白50.5g/L，血清白蛋白25g/L，丙氨酸转氨酶620.0U/L，天冬氨酸转氨酶396.5U/L，碱性磷酸酶175U/L，谷氨酰转肽酶202U/L。

初步诊断：肝硬化，肝功能失代偿期。

问题：

1. 请简述该病人的临床表现特点。

> 病情进展：
>
> 入院后第5天病人因自行进食冷饮突然出现烦躁不安，恶心、继而呕血，量约400ml，排暗红色粪便2次，量约300ml，伴有头晕、心悸。

2. 为进一步明确该病人的病因，护士应指导病人进行哪些检查？

> 病情进展：
>
> 病人于出血后的第2天突然出现意识模糊，呼之不应，强烈刺激后可睁眼，不能正确回答问题，定向力、计算力均障碍。查体：T 37.0℃，P 98次/min，R 20次/min，BP 90/60mmHg；空腹静脉血氨60μmol/L。护士发现病情变化后，及时告知医生，遵医嘱及时予精氨酸葡萄糖注射液、六合氨基己酸等药物静脉滴注，食醋保留灌肠等治疗。

3. 该病人最可能出现了什么并发症？有何依据？

4. 护士使用上述药物的注意事项有哪些？

> 病情进展：
>
> 经过精心治疗和护理，病人3天后神志清楚，能正确问答任何人的提问，定向力、计算力正常。查体：巩膜黄染较前减轻，下肢水肿消失。

5. 请思考护士针对病人进行了哪些饮食指导？

（蒋莉　卜秀梅）

复习参考题

一、简答题

1. 肝硬化失代偿期的临床表现有哪些?

2. 请为消化性溃疡病人进行饮食指导。

3. 简述肝硬化腹水病人的护理。

4. 简述腹痛病人的用药护理原则。

5. 简述肝癌病人肝动脉化疗栓塞的术后护理要点。

6. 简述肝性脑病病人的用药护理要点。

7. 简述轻症胰腺炎病人的用药护理要点。

8. 上消化道大出血病人出现哪些迹象提示有活动性出血或再次出血?

二、选择题

1. 病人，男，68岁，间断上腹部隐痛8天。1年前因脑梗死，左侧偏瘫住院。1周前服用阿司匹林，上腹部疼痛，解黑便3次，其解黑便的原因可能性最大的是

   A. 胃癌

   B. 胃炎

   C. 胃溃疡

   D. 胃息肉

   E. 急性胃黏膜损伤

2. 病人，男，37岁，反复上腹部疼痛1年余，伴反酸、嗳气。疼痛多发生在空腹时，进食后可缓解。无呕血黑便。无特殊药物服用史。体重无明显变化。查体：剑突下轻压痛。为明确诊断，病人首先需要进行的检查项目为

   A. 腹部CT

   B. 腹部B超

   C. 胃镜检查

   D. 肝功能检测

   E. 腹部X线平片

3. 病人，男,55岁，有胃溃疡病史10年，突然呕血350ml，血压65/35mmHg，心率145次/min，应立即采取的措施是

   A. 禁食

   B. 胃肠减压

   C. 稳定病人情绪

   D. 立即开放静脉补充血容量

   E. 密切观察病情变化

（4~5题共用题干）

病人，女，55岁。肝硬化病史5年，因饮食不当出现呕血、黑便1天入院，呕吐暗红色液体3次，量约800ml，解黑便2次，量约500g。查体：T 37.8℃，P 120次/min，R 22次/min，BP 85/60mmHg，神志萎靡，面色苍白，四肢湿冷，医嘱：输血800ml。

4. 该病人出血最可能的原因为

   A. 胃溃疡

   B. 十二指肠球部溃疡

   C. 急性糜烂出血性胃炎

   D. 食管胃底静脉曲张破裂出血

   E. 胃癌

5. 该病人目前最主要的护理问题是

   A. 体液不足

   B. 营养失调：低于机体需要量

   C. 体温升高

   D. 焦虑

   E. 活动无耐力

   答案：1. E 2. C 3. D 4. D 5. A

泌尿系统疾病病人的护理

学习目标

知识目标	1. 掌握 泌尿系统疾病常见症状体征的护理；泌尿系统常见疾病如急性肾小球肾炎、慢性肾小球肾炎、肾病综合征、尿路感染、急性肾损伤和慢性肾衰竭的概念、临床表现、常见护理诊断/问题、护理措施及健康指导。
	2. 熟悉 泌尿系统疾病的辅助检查及治疗要点；血液透析、腹膜透析的适应证、禁忌证及护理。
	3. 了解 泌尿系统的结构和功能；急性肾小球肾炎、慢性肾小球肾炎、肾病综合征、尿路感染、急性肾损伤和慢性肾衰竭的病因及发病机制；肾活检的护理。
能力目标	能应用临床思维与评判性思维对泌尿系统疾病病人进行病情评估，提出护理诊断/问题，实施整体护理。
素质目标	具备热爱护理事业，以促进人类健康为己任的职业素养；勇于探索，求实创新的科学精神；慎独精勤、仁爱尚美、严谨求实的工作态度。

第一节　概述

泌尿系统由肾脏、输尿管、膀胱和尿道等器官组成。其中肾脏是人体重要的生命器官，主要功能是生成尿液，排泄代谢产物及调节水、电解质和酸碱平衡，以维持机体内环境的稳定。此外，肾脏还具有重要的内分泌功能。

一、结构与功能

1. 肾脏的解剖和组织学结构

（1）肾实质：分皮质和髓质两部分。皮质位于表层，主要由肾小体和肾小管曲部组成。髓质位于深部，约占肾实质的2/3，由10余个肾锥体组成，主要为髓袢和集合管。2~3个肾锥体合成一个乳头，每个肾乳头开口于肾小盏，每2~3个肾小盏再合成1个肾大盏，最后集合成肾盂。

（2）肾单位：是肾脏结构和功能的基本单位，由肾小体和肾小管组成。肾小体由肾小球毛细血管丛和周围包绕的肾小囊两部分组成；入球小动脉和出球小动脉进出肾小球。肾小管是细长迂回的小管，具有重吸收、分泌、排泄、浓缩和稀释功能，通常分为近端（走形曲直，分为曲部和直部）、细段、远端三段，近端与远端小管的直部和细段连成U形，称为髓袢，远端小管最后汇入集合管（图5-1）。

（3）肾小球

1）肾小球滤过膜：指肾小球毛细血管袢的管壁，由肾小球毛细血管的内皮细胞、基底膜和肾小囊脏层上皮细胞（足细胞）的足突构成。

2）肾小球系膜：位于肾小球毛细血管之间。系膜区域由系膜细胞和系膜基质充填，系膜基质是系膜细胞的产物，系膜有支持、吞噬、收缩、合成和分泌作用。

3）肾小球旁器：由球旁细胞、致密斑和球外系膜细胞组成。球旁细胞具有分泌肾素的功能。致密斑能调节球旁细胞分泌肾素，球外系膜细胞具有吞噬功能，可调节肾小球的滤过面积（图5-2）。

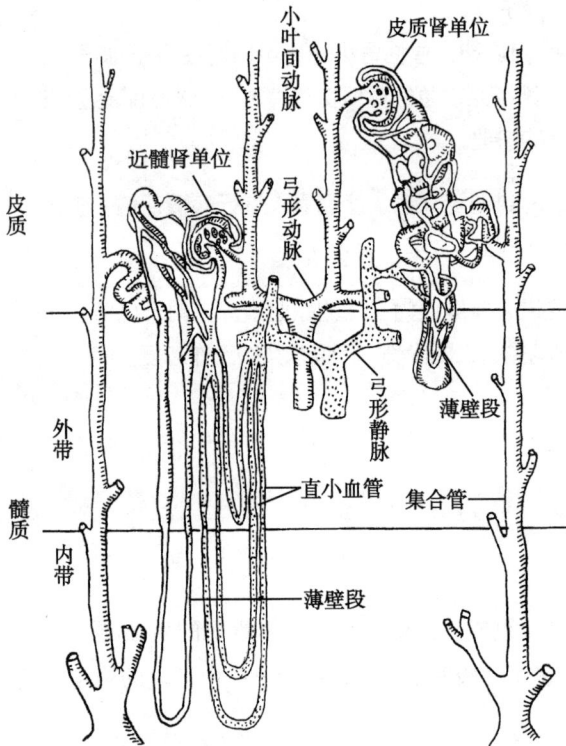

▲ 图5-1 肾单位结构示意图

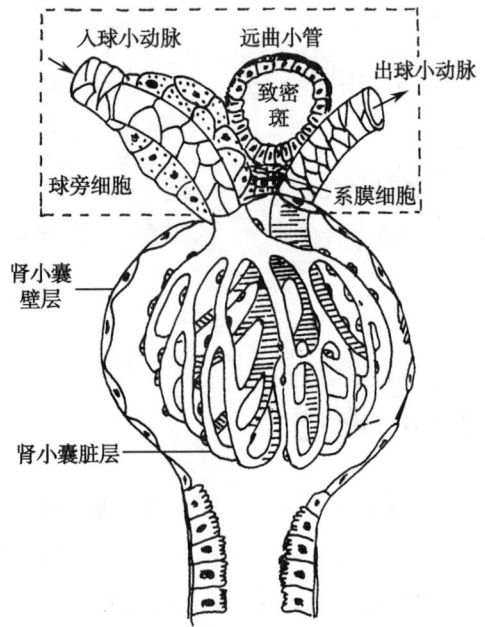

▲ 图5-2 肾小球示意图

2. 肾脏的生理功能

（1）肾小球的功能：肾脏接收的血流灌注约占全心输出量的25%。滤过功能是肾脏最重要的生理功能，也是临床最常用的评估肾功能的参数。肾小球滤过率（glomerular filtration rate，GFR）：成人静息状态下男性约为120ml/（min·1.73m^2），女性约低10%。GFR主要取决于肾小球血流量、有效滤过压、滤过膜面积和毛细血管通透性等因素。

（2）肾小管的功能

1）重吸收功能：原尿流经肾小管，绝大部分物质被近端小管重吸收进入血液循环。

2）分泌和排泄功能：肾小管上皮细胞可将自身产生的或血液内的某些物质排泄到尿中，如H^+、NH_4^+、肌酐和某些药物等，以调节机体电解质、酸碱代谢的平衡和排出废物。

3）浓缩和稀释功能：体内水过多时，肾脏稀释尿液，排水量增加；体内缺水时，肾小管对水的重吸收增加，排水量减少。肾脏的浓缩和稀释功能可反映远端肾小管和集合管对水平衡的调节能力。肾衰竭时肾脏对水代谢的调节功能障碍，可发生水潴留或脱水。

（3）肾脏的内分泌功能：肾脏具有重要的内分泌功能，能够参与合成和分泌肾素、促红细胞生成素（EPO）、1,25-二羟维生素D_3、前列腺素和激肽类物质，因此参与人体的血流动力学调节、红细胞生成、钙磷代谢及骨代谢等。

肾脏产生EPO受肾脏皮质和外髓局部组织氧含量调节，肾脏分泌EPO，经血液循环作用于骨髓的红系祖细胞，促进红细胞增生。

肾脏是产生1α-羟化酶的最重要场所，25-羟维生素D_3在1a-羟化酶作用下形成1,25-二羟维生素D_3，是生物活性最强的维生素D。1,25-二羟维生素D_3能通过调节胃肠道钙磷的吸收、尿排泄、骨转运、甲状旁腺激素分泌等维持血钙磷平衡，保持骨骼正常的矿物化。

二、护理评估

【病史评估】

1. 患病及治疗经过

（1）患病经过：应详细询问起病时间、起病急缓、有无明显诱因、有无相关的疾病病史和家族史、患病后的主要症状及其特点。

1）询问诱因与病因时应注意：不同类型疾病的侧重点不一。如急性肾小球肾炎应重点了解有无反复咽炎、扁桃体炎等上呼吸道感染和皮肤脓疱疮等化脓性感染史；遗传性肾炎、多囊肾等应了解家族中有无同样或类似疾病的病人；肾功能受损者除询问有无肾脏疾病史外，还应注意询问有无高血压、糖尿病、过敏性紫癜、系统性红斑狼疮等疾病史，有无长期服用对肾有损害的药物。

2）在询问症状时注意：着重了解有无肉眼血尿、尿量改变、排尿异常，有无水肿，有无腰痛、夜尿增加以及尿毒症的症状。了解症状演变发展的过程，是否出现并发症。

（2）检查及治疗经过：了解病人曾做过的检查项目及其结果。了解其治疗的经过、效果以及是否遵医嘱治疗。了解目前用药情况包括药物种类、剂量、用法，是按医嘱用药还是自行购买使用，有无明确的药物过敏史。由于泌尿系统疾病病人常需调整水、钠、钾、蛋白质等的摄入，评估时详细了解病人有无特殊的饮食治疗要求及依从情况。

（3）目前的主要不适及病情变化：询问目前最突出的症状及其变化，了解病人食欲、睡眠、体重等方面有无改变。

2. 心理-社会资料

（1）心理状态：了解病人的情绪和精神状态，有无紧张、焦虑、抑郁、绝望等负性情绪及其程度。由于肾脏疾病大多时轻时重、迁延不愈，治疗上较为困难，病人常会出现各种不利于其疾病治疗的负性情绪，尤其是病情未控制、反复发作、预后差的病人，因此需注意评估病人的心理状态，以便及时干预。

（2）患病对日常生活、学习或工作的影响：泌尿系统疾病的康复常需要病人卧床休息，减少体力活动，故需详细评估病人患病后的日常活动、社会活动有无改变及其程度。

（3）社会支持：了解病人的家庭成员组成、家庭经济状况、家属对病人所患疾病的认知以及家属对病人的关心和支持程度；了解病人的工作单位所能提供的支持，有无医疗保障；评估病人出院后的就医条件，能否得到及时有效的社区保健服务。

【身体评估】

1. 一般状态 病人的精神、意识、营养状况、体重以及有无高血压和体温升高。

2. 皮肤黏膜 皮肤黏膜有无苍白、尿素结晶、抓痕和色素沉着，有无水肿，如有则需评估水肿特点，包括水肿的出现时间、部位、是否为凹陷性等。

3. 胸部评估 有无胸腔积液，肺底部有无湿啰音，心界是否扩大。

4. 腹部评估 有无移动性浊音，有无肾区叩击痛及输尿管点压痛。

【辅助检查】

1. 尿液检查 ① 一般性状检查：包括尿量、颜色、性状、气味、酸碱度及比重等；② 生化检查：包括酸碱度、蛋白质、葡萄糖、酮体等；③ 尿沉渣检查：包括红细胞、白细胞、上皮细胞、管型等；④ 尿细菌学检查。

尿液检查可用任何时间段的新鲜尿液，尿沉渣检查原则上留取清晨第一次中段尿，因晨尿在膀胱内存留时间长，各种成分浓缩，有利于尿液有形成分的检出，且又无食物因素的干扰。尿液一般检查标本通常不加防腐剂。采集后应1小时内送检。如不能及时送检，可在2~8℃冷藏，但也必须在6小时内完成检验。蛋白定量试验应留取24小时尿标本，并加甲苯防腐。收集标本的容器应清洁干燥，女性病人应避开月经期，防止阴道分泌物或经血混入。

2. 肾功能检查

（1）血肌酐（serum creatinine，Scr）：血清肌酐浓度检测是临床评估肾小球滤过功能的常用方法，检测快速简便，但敏感性较低，不能反映早期肾损害，常于肾小球滤过功能损害50%时才开始升高。同时，血清肌酐浓度还受性别、年龄、肌肉量、蛋白质摄入量、某些药物（如西咪替丁等）的影响。

（2）估算的肾小球滤过率（eGFR）：是目前间接评价肾小球滤过率最广泛的指标，即将病人的血肌酐等指标值代入公式，如Cockcroft-Cault公式、MDRD公式、简化MDRD公式和CKD-EPI公式，计算eGFR。

（3）内生肌酐清除率（endogenous creatinine clearance rate，Ccr）：根据血肌酐浓度和24小时尿肌酐排泄量计算。由于尿肌酐尚有部分来自肾小管排泌，故内生肌酐清除率高于GFR，但在血液透析和腹膜透析等接受肾脏替代治疗的病人，残余肾功能的检测仍然需要测定内生肌酐清除率。

（4）血尿素氮（blood urea nitrogen，BUN）：只有当肾脏GFR下降到正常的50%以下，血尿素氮才会明显上升。所以，血尿素氮对判断早期有无肾功能损伤不敏感。但大量食用高蛋白饮食和消化道出血、烧伤、严重感染、使用糖皮质激素等可影响血尿素氮含量。一般不单独用血尿素氮来判断GFR。

3. 免疫学检查 许多原发性肾脏疾病与免疫炎症反应有关，故免疫学检查有助于疾病类型及病因的判断。常用的检查项目包括血清补体成分测定（血清总补体、C3等）、血清抗链球菌溶血素"O"的测定。血清抗链球菌溶血素"O"滴度增高对肾小球肾炎的诊断有重要价值。

4. 肾穿刺活体组织检查 有助于确定肾脏病的病理类型，对协助肾实质疾病的诊断、指导治疗及判断预后有重要意义，目前最常用的穿刺方法是经皮肾穿刺活检（图5-3）。肾穿刺活体组织检查为创伤性检查，最常见的并发症是镜下血尿、肉眼血尿、肾周血肿及周围器官损伤等，故应做好术前和术后护理。

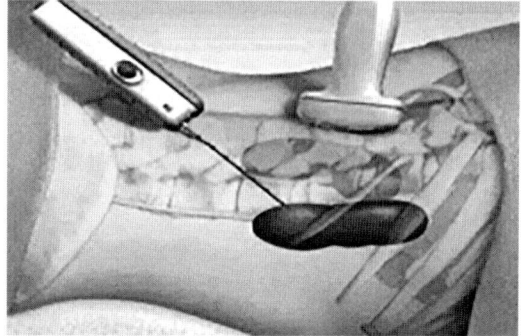

▲ 图5-3　肾穿刺活体组织检查示意图

（1）术前护理：① 术前向病人解释检查的目的和意义，消除其恐惧心理；② 训练病人俯卧位呼吸末屏气（大于15秒），并练习卧床排尿、排便；③ 了解病人血压，术前血压应控制在不超过140/90mmHg；④ 女性病人需了解月经周期，避开月经期；⑤ 检查血常规、出血与凝血功能及肾功能，以了解有无贫血、出血倾向及肾功能；⑥ 了解病人的用药情况，遵医嘱停用抗凝药物。

（2）术后护理：① 穿刺点加压3~5分钟，必要时腹带加压包扎。② 平车送病人回病房，并小心平移至病床上。③ 术后卧床24小时；前4~6小时必须仰卧，腰部严格制动，四肢可缓慢小幅度活动，严禁翻身和扭转腰部。④ 术后6小时内密切监测血压、脉搏，观察尿色、有无腹痛和腰痛等。⑤ 若病情允许，嘱病人多饮水，以免血块阻塞尿路。⑥ 避免或及时处理便秘、腹泻和剧烈咳嗽。⑦ 术后3周内禁止剧烈运动或重体力劳动。⑧ 必要时使用止血药及抗生素，以防止出血和感染。

5. 影像学检查 了解泌尿系统器官的形态、位置、功能及有无占位性病变。常用的检查项目包括泌尿系统X线平片，静脉肾盂造影（intravenous pyelography，IVP）及逆行肾盂造影、肾血管造影、膀胱镜检查、B超、CT、MRI等。尿路器械操作注意无菌操作，避免引起尿路感染。

三、常见症状体征的评估与护理

【肾性水肿】

肾性水肿（renal edema）是由肾脏疾病引起过多的液体积聚在人体组织间隙所致的组织肿胀，是肾小球疾病最常见的临床表现。

肾性水肿分为两大类。① 肾炎性水肿：主要是由于肾小球滤过率下降，而肾小管的重吸收功能正常造成"球-管失衡"和肾小球滤过分数（肾小球滤过率/肾血浆流量）下降，引起水、钠潴留而产生。同时，毛细血管通透性增高可进一步加重水肿。肾炎性水肿多从眼睑、颜面部开始，重者可波及全身，指压凹陷不明显。② 肾病性水肿：主要是由于大量蛋白尿造成血浆蛋白过低所致。此外，部分病人因有效血容量减少，激活了肾素-血管紧张素-醛固酮系统，抗利尿激素分泌增多，进一步加重水肿。肾病性水肿一般较严重，多从下肢开始，常为全身性、体位性和凹陷性，可无高血压及循环淤血表现。

1. 护理评估

（1）病史

1）原因或诱因：询问病人有无水肿；水肿发生的诱因及原因、时间、部位；水肿的特点、程度，以及随时间的进展情况。

2）症状：询问病人有无尿量减少、头晕、乏力、呼吸困难、心跳加快、腹胀等。

（2）身体评估：观察病人的精神状况、生命体征、尿量、体重的改变。有无眼睑和面部水肿、下肢水肿、外阴水肿等；有无肺部啰音、胸腔积液征、心包摩擦音；有无腹部膨隆、移动性浊音等。

（3）心理-社会资料：水肿反复出现会加重病人的心理负担，注意观察有无精神紧张、焦虑、抑郁的表现，其程度如何。

（4）辅助检查：尿常规检查，尿蛋白定性和定量；血清电解质有无异常；肾功能的指标，如Ccr、BUN、Scr、浓缩与稀释试验有无异常。

2. 常用护理诊断/问题

（1）体液过多　与肾小球滤过率下降致水钠潴留、大量蛋白尿致血清白蛋白浓度下降有关。

（2）有皮肤完整性受损的危险　与皮肤水肿、营养不良有关。

3. 护理目标

（1）病人的水肿减轻或完全消退。

（2）病人无皮肤破损或感染发生。

4. 护理措施

（1）体液过多

1）休息：严重水肿的病人应卧床休息，以增加肾血流量和尿量，缓解水钠潴留。下肢明显水肿者，卧床休息时可抬高下肢，以增加静脉回流，减轻水肿。阴囊水肿者可用吊带托起。水肿减轻后，病人可起床活动，但应避免劳累。

2）饮食护理：① 钠盐：限制钠的摄入，予以少盐饮食，每天2~3g为宜。② 液体：液体入量视水肿程度和尿量而定。若每天尿量小于500ml或有严重水肿者需限制水的摄入，每天液体入量不应超过前一天24小时尿量加上500ml。液体入量包括饮食、饮水、服药、输液等各种形式或途径进入人体内的水分。③ 蛋白质：肾功能正常者给予正常量蛋白质0.8~1.0g/（kg·d），以优质蛋白为主。优质蛋白质指富含必需氨基酸的动物蛋白如牛奶、鸡蛋、鱼肉等，但不宜给予高蛋白饮食，因为高蛋白饮食可致尿蛋白增多而加重病情。有氮质血症者应限制蛋白质摄入，为

0.6~0.8g/（kg·d），慢性肾衰竭病人需根据GFR来调节蛋白质摄入量。④ 热量：补充足够的热量以免引起负氮平衡，尤其低蛋白饮食的病人，每天摄入热量不应低于126kJ/（kg·d），即30kcal/（kg·d）。⑤ 其他：补充各种维生素。

3）病情观察：记录24小时液体出入量，监测尿量的变化；定期测量病人的体重；观察水肿消长情况，有无胸腔、腹腔、心包积液的表现；有无急性左心衰竭的表现；有无高血压脑病的表现；同时密切监测尿常规、肾小球滤过率、血尿素氮、血肌酐、血浆蛋白、血清电解质等的变化。

4）用药护理：遵医嘱使用利尿剂、糖皮质激素或细胞毒药物，观察药物的疗效及可能的不良反应。

① 利尿剂：长期使用可出现电解质紊乱如低钾、低钠、低氯性碱中毒。呋塞米等强效利尿剂具有耳毒性，可引起耳鸣、眩晕、听力丧失，避免与链霉素等氨基糖苷类抗生素同时使用。

② 糖皮质激素：使用激素时告知病人及家属不可擅自加量、减量及停药。不良反应包括诱发或加重感染、消化性溃疡、水钠潴留、高血压、精神症状、医源性皮质醇增多症、类固醇性糖尿病、骨质疏松、股骨头无菌性坏死等。在治疗过程中应注意对其不良反应的观察。

③ 细胞毒药物：不良反应包括骨髓抑制、肝损害、出血性膀胱炎、胃肠道反应、感染、脱发及性腺损害等。用环磷酰胺（CTX）当天多饮水、适当水化以及尽量上午用药，可减少出血性膀胱炎的发生。常规在用药前及用药后1、3、7、14天监测血常规和肝功能，有助于及时发现和预防骨髓抑制及肝损害。

5）健康指导：告知病人及家属出现水肿的原因，如何观察水肿的变化，以及如何保护水肿部位的皮肤，解释限制水钠对水肿消退的重要性，与病人一起讨论制订既符合病人治疗要求，又能为病人接受的饮食计划。

（2）有皮肤完整性受损的危险

1）皮肤护理：① 水肿较严重的病人应避免着紧身的衣服。② 卧床休息时宜抬高下肢，增加静脉回流，以减轻水肿，嘱病人经常变换体位，对年老体弱者可协助翻身，用软垫支撑受压部位。③ 对阴囊水肿者，可用吊带托起。④ 协助病人做好全身皮肤黏膜的清洁，嘱病人注意保护好水肿的皮肤，如清洗时勿过分用力，避免损伤皮肤，避免撞伤、跌伤等。⑤ 气温低需使用热水袋时，嘱病人应特别小心，避免烫伤皮肤。⑥ 严重水肿者应避免肌内注射，可采用静脉途径保证药物准确及时的输入。静脉穿刺拔针后，用无菌干棉球按压穿刺部位，防止液体从针口渗漏，严格无菌操作。

2）病情观察：观察皮肤有无红肿、破损、化脓等情况发生。体温有无异常。

5. 评价

（1）病人的水肿减轻或消退。

（2）病人皮肤无损伤或未发生感染。

【尿路刺激征】

尿路刺激征（urinary irritation symptoms）是指膀胱颈和膀胱三角区受到炎症或机械刺激而引

起的尿频、尿急、尿痛，可伴有排尿不尽感及下腹坠痛。若排尿次数增多，而每次尿量不多，且每日尿量正常，称为尿频。若一有尿意即要排尿，并常伴有尿失禁则称为尿急。若排尿时膀胱区和尿道有疼痛或灼热感称为尿痛。尿路刺激征常由尿路感染所致，也可见于泌尿系结石、结核、肿瘤和前列腺炎等。

1. 护理评估

（1）病史

1）原因或诱因：询问病人既往有无泌尿系统畸形、泌尿系结石、结核、肿瘤、前列腺炎、妇科炎症等病史，有无留置导尿管、进行尿路器械检查。用过哪些抗生素，药物的剂量、用法、疗程及疗效如何，有无不良反应。

2）症状：询问病人的排尿情况，即每天小便的次数、排尿时是否伴有膀胱区或尿道疼痛，是否一有尿意即要排尿，并有排尿不尽的感觉，而每次的尿量是否较少等。有无伴有其他不适，如发热、腰痛等。

（2）身体评估：观察病人的精神、营养状况，体温有无升高。肾区有无压痛、叩击痛，输尿管行程有无压痛点，尿道口有无红肿等。

（3）心理－社会资料：由于尿路刺激征反复发作带来的不适，加之部分病人可能出现肾损害，因此病人可出现紧张、焦虑等心理反应，应注意评估病人的心理状态、家庭状况及社会支持等。

（4）辅助检查：通过尿常规检查，了解有无出现白细胞尿（脓尿）、血尿等；通过尿细菌镜检和定量培养结果，了解是否为有意义的细菌尿。

2. 常用护理诊断/问题　排尿障碍：尿频、尿急、尿痛　与尿路感染所致的膀胱激惹有关。

3. 护理目标　病人的尿路刺激征减轻或消失。

4. 护理措施

（1）休息：环境清洁、安静、光线柔和，维持合适的温度和湿度，使病人能充分休息。嘱病人于急性发作期间注意休息。指导病人从事一些感兴趣的活动，如听轻音乐、欣赏小说、看电视或聊天等，以分散病人的注意力，减轻焦虑，缓解尿路刺激征。

（2）增加水分的摄入：无禁忌证的情形下，嘱病人尽量多饮水、勤排尿，以达到不断冲洗尿路的目的，减少细菌在尿路停留的时间。

（3）保持皮肤黏膜的清洁：指导病人做好个人卫生，增加会阴清洗次数，减少肠道细菌对尿路的感染机会。女性病人月经期间尤应注意会阴部的清洁。

（4）疼痛护理：指导病人进行膀胱区热敷或按摩，以缓解疼痛。对高热、头痛及腰痛者给予退热镇痛剂。

（5）用药护理：遵医嘱使用抗生素，注意观察药物的治疗反应及有无出现副作用，嘱病人按时、按量、按疗程服药，勿随意停药以达到彻底治疗的目的。口服碳酸氢钠可碱化尿液，减轻尿路刺激征。此外，尿路刺激征明显者可予以阿托品、溴丙胺太林（普鲁本辛）等抗胆碱能药物对症治疗。

5. 评价　病人的尿频、尿急、尿痛减轻或消失。

【肾性高血压】

肾脏疾病常伴有高血压，称肾性高血压。肾性高血压按病因可分为肾实质性高血压和肾血管性高血压。前者是肾性高血压的常见原因，主要由急性或慢性肾小球肾炎、慢性肾盂肾炎、慢性肾衰竭等肾实质性疾病引起。后者占5%~15%，主要由肾动脉狭窄或堵塞引起，高血压程度较重，易进展为急进性高血压。

肾性高血压按发生机制又可分为容量依赖型高血压和肾素依赖型高血压两类。前者是因水钠潴留引起，用利尿剂或限制水钠摄入可明显降低血压；后者是由于肾素－血管紧张素－醛固酮系统被激活引起，过度利尿常使血压更加升高，而应用血管紧张素转化酶抑制剂、血管紧张素Ⅱ受体阻滞剂和钙通道阻滞剂可使血压下降。肾实质性高血压中，80%以上为容量依赖型，仅10%左右为肾素依赖型，尚有部分病例同时存在两种因素。

【尿异常】

1. 尿量异常 正常人每天平均尿量约1 500ml，尿量的多少取决于肾小球滤过率和肾小管重吸收量。

（1）少尿和无尿：少尿指每天尿量少于400ml，若每天尿量少于100ml称为无尿。少尿可因肾前性（如心排血量减少、血容量不足等）、肾性（如急性肾损伤、慢性肾衰竭）及肾后性（如尿路梗阻等）因素引起。

（2）多尿：指每天尿量大于2 500ml。多尿分为肾性和非肾性两类。肾性多尿见于各种原因所致的肾小管功能不全；非肾性多尿见于糖尿病、尿崩症和溶质性利尿等。

（3）夜尿增多：指夜间尿量超过白天尿量或夜间尿量超过750ml。持续的夜尿增多，且尿比重低而固定，提示肾小管浓缩功能减退。

2. 尿成分异常

（1）蛋白尿：24小时尿蛋白定量超过150mg或随机尿白蛋白／肌酐比值≥30mg/g，尿蛋白质定性试验呈阳性反应，称为蛋白尿。蛋白尿按发生机制分为6类。

1）肾小球性蛋白尿：最常见，由于肾小球滤过膜通透性增加或所带负电荷改变，导致原尿中蛋白量超过肾小管重吸收能力所致。若病变仅为基底膜电荷屏障破坏时，尿中出现以白蛋白为主的中小分子量蛋白质，称为选择性蛋白尿。若病变重，肾小球基底膜机械屏障受到破坏时，除中小分子量蛋白质外，尿中还排泄大分子量蛋白质，称为非选择性蛋白尿。此种蛋白尿以分子量较小的白蛋白为主，一般>2g/d。

2）肾小管性蛋白尿：正常肾小球可以滤过一些较白蛋白分子量小的蛋白质，几乎被肾小管完全吸收。当肾小管重吸收功能下降时，β_2微球蛋白、溶菌酶等小分子蛋白质随尿排出增多，但一般<2g/d，常见于肾小管病变，以及其他引起肾间质损害的病变。

3）混合性蛋白尿：肾脏病变同时累及肾小球及肾小管而产生的蛋白尿，尿中所含的蛋白成分具有上述两种蛋白尿的特点。见于各种肾小球疾病的后期，肾小球和肾小管均受损而引起。

4）溢出性蛋白尿：某些肾外疾病引起的血中异常蛋白质如血红蛋白、免疫球蛋白轻链等增加，经肾小球滤过后不能被肾小管全部重吸收，见于多发性骨髓瘤、巨球蛋白血症、血管内溶血等。

5）组织性蛋白尿：尿中肾脏或尿道分泌的蛋白增多，多见于肾和尿路肿瘤、感染及结石。

6）功能性蛋白尿：一过性蛋白尿，常因剧烈运动、高热、急性疾病、充血性心力衰竭或直立性体位所致，蛋白尿程度较轻，一般<1g/d。

（2）血尿：尿液中红细胞≥3个/HP，离心尿红细胞>5个/HP，或12小时尿Addis计数>50万个。血尿可由各种泌尿系统疾病引起，如肾小球肾炎、泌尿系结石、结核、肿瘤、血管病变、先天畸形等。临床上常将血尿按病因分为肾小球源性血尿和非肾小球源性血尿。通过新鲜尿沉渣相差显微镜检查，肾小球源性血尿尿中红细胞大小形态不一，出现畸形红细胞，常伴有红细胞管型、蛋白尿等。非肾小球源性血尿系来自肾小球以外的病变，如尿路感染、结石、肿瘤、畸形等，红细胞大小形态均一。

（3）白细胞尿、脓尿和菌尿：新鲜离心尿液每个高倍镜视野白细胞超过5个或1小时新鲜尿液白细胞数超过40万或12小时尿超过100万，称为白细胞尿。因蜕变的白细胞称脓细胞，故亦称脓尿。尿中白细胞明显增多常见于泌尿系统感染。肾小球肾炎等疾病也可出现轻度白细胞尿。菌尿是指中段尿涂片镜检，每个高倍镜视野均可见细菌，或培养菌落计数超过10^5个/ml，可作出泌尿系统感染的诊断。

（4）管型尿：尿中管型是由蛋白质、细胞或其碎片在肾小管内形成，分为细胞管型、颗粒管型、透明管型、蜡样管型等。正常人尿中偶见透明及颗粒管型。若12小时尿沉渣计数管型超过5 000个，或镜检出现其他类型管型时，称为管型尿。白细胞管型是诊断肾盂肾炎或间质性肾炎的重要依据，上皮细胞管型可见于急性肾小管坏死，红细胞管型提示急性肾小球肾炎。

【肾区痛】

肾盂、输尿管内张力增高或包膜受牵拉时，可发生肾区痛，表现为肾区胀痛或隐痛。体检时表现为肾区压痛和叩击痛。肾区痛多见于肾脏或附近组织的炎症，或肾肿瘤、积液等引起肾体积增大，牵拉肾包膜。

肾绞痛是一种特殊的肾区痛，主要由输尿管内结石、血块等移行所致，疼痛常突然发作，可向下腹外阴及大腿内侧部位放射。

（李健芝）

第二节　肾小球疾病

一、概述

肾小球疾病是一组临床表现相似（如水肿、血尿、蛋白尿、高血压），但病因、发病机制、病理改变、病程和预后不尽相同，且主要侵犯双侧肾小球的疾病，分为原发性、继发性和遗传性。原发性肾小球疾病是指病因不明者；继发性肾小球疾病是指继发于全身性疾病（如系统性红斑狼疮、糖尿病等）的肾损害；遗传性肾小球疾病为遗传变异基因所致的肾小球疾病，如奥尔波特综合征（Alport syndrome）等。原发性肾小球疾病占肾小球疾病的绝大多数，是引起慢性肾衰竭的主要病因。本节主要介绍原发性肾小球疾病。

【发病机制】

多数肾小球病是免疫介导性炎症疾病。免疫机制是肾小球疾病的始发机制，在疾病进展过程中也有非免疫非炎症机制参与。

1. 免疫反应

（1）循环免疫复合物沉积：某些外源性（如致肾炎链球菌的某些成分）或内源性抗原能刺激机体产生相应的抗体，在血循环中形成免疫复合物，沉积于肾小球系膜区和基底膜内皮细胞下而导致肾小球损伤。多数原发性肾小球疾病由此机制引起。

（2）原位免疫复合物的形成：肾小球中的某些固有抗原（如肾小球基膜）或种植抗原（如系统性红斑狼疮病人机体的DNA）等能引起机体免疫反应产生相应的抗体，血循环中的抗体与肾小球中的固有抗原或种植抗原结合，在肾脏局部形成免疫复合物而致病。

2. 炎症反应　始发的免疫反应需引起炎症反应才能导致肾小球损伤及其临床症状。炎症反应有炎症细胞（如中性粒细胞、单核细胞、血小板等）和多种炎症介质（补体激活物质、凝血及纤溶因子、生物活性肽、各种中性蛋白酶等）的共同参与，它们之间相互作用导致肾小球的损伤。

3. 非免疫非炎症损伤　免疫介导性炎症在肾小球疾病致病中起主要作用和/或起始作用，在慢性进展过程中存在着非免疫机制参与，主要包括：① 剩余的健存肾单位肾小球毛细血管内高压、高灌注及高滤过，可促进肾小球硬化；② 高脂血症具有"肾毒性"，可加重肾小球的损伤；③ 大量蛋白尿可作为一个独立的致病因素参与肾脏的病变过程。

【原发性肾小球疾病的分类】

1. 原发性肾小球疾病的临床分型

（1）急性肾小球肾炎。

（2）急进性肾小球肾炎。

（3）慢性肾小球肾炎。

（4）无症状性血尿和/或蛋白尿，又称为隐匿型肾小球肾炎。

（5）肾病综合征。

肾炎综合征以肾小球源性血尿为主要表现，常伴有蛋白尿，但也可以为单纯血尿，可有水肿和高血压。肾病综合征以大量蛋白尿和低白蛋白血症为主要表现，常伴有水肿和高脂血症。

2. 原发性肾小球疾病的病理分型

（1）肾小球轻微病变（包括微小病变）。

（2）局灶性/节段性肾小球病变（包括局灶性肾小球肾炎和局灶节段性肾小球硬化）。

（3）弥漫性肾小球肾炎：① 膜性肾病；② 增生性肾炎，包括系膜增生性肾小球肾炎、毛细血管内增生性肾小球肾炎、系膜毛细血管性肾小球肾炎、新月体性肾小球肾炎；③ 硬化性肾小球肾炎。

（4）未分类的肾小球肾炎。

肾小球疾病的临床分型与病理类型存在着一定的联系，但并无肯定的对应关系，即一种病理类型可呈多种临床表现，而一种临床表现又可来自多种病理类型。肾活体组织检查是确定肾小球疾病病理类型和病变程度的必要手段，而正确的病理诊断又必须和临床紧密结合。

二、急性肾小球肾炎

案例导入

病人，男，10岁，以"眼睑水肿、尿少4天"入院。

病史评估：病人4天前无明显诱因出现眼睑水肿，尿量减少，每天约600ml，伴有血尿，无气促、胸闷等。2周前曾患脓疱疮。

身体评估：T 37.5℃，P 86次/min，R 18次/min，BP 150/70mmHg，神志清楚，眼睑及下肢水肿，呈非凹陷性，两肺无啰音。

辅助检查：

尿常规：尿蛋白（++），红细胞5个/高倍镜视野，白细胞3~5个/高倍镜视野。

血液检查：红细胞计数和血红蛋白正常，抗链球菌溶血素"O"抗体500IU/ml、总补体（CH50）及补体C3降低。

初步诊断：急性肾小球肾炎。

入院后予以利尿、降压、控制感染等治疗，病人病情好转出院，急于上学。

请思考：① 该病人眼睑水肿的原因是什么？② 该病人目前主要的护理诊断有哪些？应采取哪些护理措施？③ 如何对病人进行出院指导？

急性肾小球肾炎（acute glomerulonephritis，AGN），简称急性肾炎，是一组起病急，以血尿、蛋白尿、水肿和高血压为主要表现，可伴有一过性肾功能损害的肾脏疾病。多见于链球菌感染后，其他细菌、病毒和寄生虫感染后也可引起。本节主要介绍链球菌感染后急性肾炎。

【病因及发病机制】

本病常发生于乙型溶血性链球菌"致肾炎菌株"引起的上呼吸道感染（如急性扁桃体炎、咽炎）、猩红热、皮肤感染（脓疱疮）后，感染导致机体产生免疫反应而引起双侧肾脏弥漫性的炎症反应。现多认为链球菌的致病抗原是胞浆或分泌蛋白的某些成分，引起免疫反应后可通过循环免疫复合物沉积于肾小球而致病，亦可形成原位免疫复合物种植于肾小球，引起机体的炎症反应而损伤肾脏。

病理类型为毛细血管内增生性肾小球肾炎。病变呈弥漫性，以肾小球内皮细胞及系膜细胞增生为主，肾小管病变不明显。

【临床表现】

本病好发于儿童，男性居多。发病前常有前驱感染，潜伏期1~3周（平均10天左右），相当于机体产生初次免疫应答所需的时间。呼吸道感染的潜伏期较皮肤感染短。本病起病较急，病情轻重不一，轻者仅尿常规及血清补体C3异常，重者可出现急性肾损伤。本病大多预后良好，常在数月内临床自愈。典型者呈急性肾炎综合征表现。

1. 尿异常　尿量减少，大部分病人起病时尿量常降至400~700ml/d，1~2周后逐渐增多。几乎所有病人均有肾小球源性血尿，约30%出现肉眼血尿，且常为首发症状和病人就诊原因。可伴有轻、中度蛋白尿，少数（<20%）为大量蛋白尿，达到肾病综合征水平。

2. 水肿　常为首发症状，见于90%以上的病人。多表现为晨起眼睑水肿，面部肿胀感，呈"肾炎面容"，可伴有双下肢轻度凹陷性水肿，严重者出现全身性水肿、胸腔积液和腹水。

3. 高血压　约80%病人出现一过性轻、中度高血压，常与其水钠潴留有关，利尿后血压可恢复正常。少数出现严重高血压，甚至高血压脑病。

4. 肾功能减退　部分病人起病早期可因尿量减少，出现一过性肾功能损害，常于1~2周后，随尿量增加而恢复正常，极少数病人出现急性肾损伤。

5. 并发症

（1）心力衰竭：以老年病人多见。起病后1~2周内发生，但也可为首发症状，其发生与水钠潴留、循环血量过多有关。

（2）高血压脑病：以儿童多见，多发生于疾病早期。

（3）急性肾损伤：极少见，为急性肾炎死亡的主要原因，但多数可逆。

【辅助检查】

1. 尿液检查　均有镜下血尿，呈多形性红细胞，尿沉渣中还可有红细胞管型、颗粒管型及少量上皮细胞及白细胞。尿蛋白多为（+）~（++），20%左右可有大量蛋白尿。

2. 免疫学检查　血清补体C3及总补体发病初期均下降，于8周内恢复正常，对本病诊断意义很大。血清抗链球菌溶血素"O"抗体（ASO）滴度明显增高，提示近期有链球菌感染。

3. 肾功能检查　可有轻度肾小球滤过率降低，一过性血肌酐升高。

4. B超检查　肾脏正常或轻度增大。

【治疗要点】

治疗以卧床休息、对症处理为主，积极预防并发症和保护肾功能，急性肾损伤病人应予短期透析。

1. 一般治疗　急性期应卧床休息2~3周，待肉眼血尿消失、水肿消退、血压恢复正常后逐渐增加活动量。限制水钠摄入，根据病情予以特殊的饮食治疗。

2. 对症治疗　利尿治疗可消除水肿，降低血压，通常利尿治疗有效。利尿后高血压控制不满意时，可加用其他降压药物（如血管紧张素转化酶抑制剂、钙通道阻滞剂）。

3. 控制感染灶　急性肾炎发作时感染灶多数已经得到控制，如无现症感染证据，不需要使用抗生素。反复发作慢性扁桃体炎，病情稳定后可考虑扁桃体切除。

4. 透析治疗　发生急性肾损伤且有透析指征者，及时给予短期透析，以度过危险期。本病有自愈倾向，一般无须长期透析。

【常用护理诊断/问题及护理措施】

1. 体液过多　与肾小球滤过率下降导致水钠潴留有关。

（1）饮食护理：急性期应严格限制钠的摄入，以减轻水肿和心脏负担。一般每天盐的摄入量应低于3g。病情好转，水肿消退、血压下降后，可由低盐饮食逐渐转为正常饮食。尿量明显减少者，还应注意控制水和钾的摄入。另外，应根据肾功能调整蛋白质的摄入量，肾功能不全时应适当减少蛋白质的摄入。

（2）休息和活动：急性期病人应绝对卧床休息2~3周，以增加肾血流量和尿量，改善肾功能，减少血尿、蛋白尿。对症状比较明显者，嘱其卧床休息4~6周，待水肿消退、肉眼血尿消失、血压平稳、尿常规及其他检查基本正常后，方可逐步增加活动量。病情稳定后可做一些轻体力活动，避免劳累和剧烈活动，坚持1~2年，待完全康复后才能恢复正常的体力劳动。

（3）病情观察：参见本章第一节中"肾性水肿"的护理。

（4）用药护理：遵医嘱给予利尿剂、降压药及抗生素治疗，并观察药物疗效。少尿时慎用保钾利尿剂和血管紧张素转化酶抑制剂，以防诱发高钾血症。

2. 有皮肤完整性受损的危险　与皮肤水肿、机体抵抗力降低有关。

具体护理措施参见本章第一节中"肾性水肿"的护理。

【健康指导】

1. 疾病预防指导　避免劳累和受凉，尽量不去公共场所，防止呼吸道感染。

2. 疾病知识指导　向病人讲解疾病的过程及预后，耐心解答病人的疑问，解除病人思想顾虑。向病人讲解利尿剂、降压药物及抗生素的作用和不良反应，并注意观察疗效。急性肾炎的完全康复可能需要1~2年，当临床症状消失后，蛋白尿、血尿等可能仍然存在，故应定期随访，监测病情。

三、慢性肾小球肾炎

案例导入

病人，男，30岁，未婚，以"间断颜面及下肢水肿1年，加重1周"入院。

病史评估：病人1年前无诱因出现颜面部水肿，以晨起明显，伴双下肢轻度水肿、尿少、乏力、食欲不振。曾到医院检查，发现血压高（150/95mmHg），化验尿蛋白（＋）~（＋＋），间断服用中药，病情时好时差。1周前感冒后咽痛，水肿加重，尿少，尿色较红，无尿频、尿急和尿痛。

身体评估：T 36.8℃，P 80次/min，R 18次/min，BP 160/100mmHg，双眼睑水肿，咽稍充血，心肺正常，腹平软，肝脾肋下未触及，移动性浊音阴性，下肢轻度凹陷性水肿。

辅助检查：外周血常规示白细胞计数8.8×10^9/L，中性粒细胞百分比72%，淋巴细胞百分比28%，血红蛋白112g/L，血小板计数240×10^9/L；尿蛋白（＋＋），白细胞0~1个/高倍镜视野，红细胞10~20个/高倍镜视野，颗粒管型0~1个/高倍镜视野，24小时尿蛋白定量2.0g；血尿素氮8.3mmol/L，血肌酐156μmol/L，血清白蛋白36g/L。

初步诊断：慢性肾炎。

病人在住院过程中，了解到该病预后欠佳，出现焦虑、悲观等负性情绪，整日以泪洗面。

请思考：① 分析该病例的临床特点；② 该病人主要的护理诊断/问题有哪些？③ 如何对病人实施心理护理？

慢性肾小球肾炎（chronic glomerulonephritis，CGN），简称慢性肾炎，以蛋白尿、血尿、高血压和水肿为基本临床表现，起病方式各有不同，病情迁延并呈缓慢进展，可有不同程度的肾功能损害，部分病人最终将发展至终末期肾衰竭。

【病因及发病机制】

仅少数病人由急性肾炎发展而来，绝大多数病人的病因不明，起病即属慢性肾炎，与急性肾炎无关。

本病的病理类型不同，病因及发病机制也不尽相同。一般认为本病的起始因素为免疫介导性炎症，但随疾病的进展，也有非免疫非炎症性因素参与，如肾小球内高压力、高灌注、高滤过等，这些因素可促进肾小球硬化。另外，疾病过程中出现的高脂血症、蛋白尿等也会加重肾脏的损伤。慢性肾炎的常见病理类型有系膜增生性肾炎（IgA和非IgA）、系膜毛细血管性肾炎、膜性肾病及局灶性节段性肾小球硬化等。上述所有类型到晚期均进展成硬化性肾小球肾炎，临床上进入尿毒症阶段。

【临床表现】

本病多数起病缓慢、隐匿，以青中年男性居多，临床表现多样。早期病人可无特殊症状，病人可有乏力、疲倦、腰部疼痛和食欲缺乏。

1. 蛋白尿　是本病必有的表现，尿蛋白定量每日常在1~3g。长期尿中丢失蛋白，可导致低蛋白血症和机体抵抗力下降，容易并发感染，尤其以泌尿道和呼吸道感染多见。

2. 血尿　多为镜下血尿，也可见肉眼血尿。

3. 水肿　早期水肿时有时无，且多为眼睑和/或下肢轻中度水肿，晚期持续存在。

4. 高血压　肾功能不全时可出现高血压，肾衰竭时绝大多数病人有高血压。长期高血压可引起心脏扩大、心律失常等，严重者出现心力衰竭和高血压脑病。

5. 肾功能损害　呈慢性进行性损害。随病情的发展可逐渐出现夜尿增多，肾功能减退，最后发展为慢性肾功能衰竭。进展的速度主要与病理类型有关。当在应激状态（如感染、劳累、妊娠、肾毒性药物的应用等）时，肾功能可急剧恶化，如能及时去除这些因素，肾功能仍可在一定程度上恢复。

【辅助检查】

1. 尿液检查　尿蛋白（＋）~（＋＋＋），定量1~3g/24h。尿中可有多形性红细胞（＋）~（＋＋），颗粒管型等。肾浓缩功能异常时可出现尿比重偏低。

2. 血液检查　肾功能不全的病人可有GFR下降，BUN、Scr增高。红细胞数量及血红蛋白含量下降，部分病人可有血脂升高，血浆蛋白降低。另外，血清补体C3始终正常，或持续降低8周以上。

> ◢ 问题与思考
> 如何区别急性肾炎和慢性肾炎?

3. B超检查　晚期双肾缩小，皮质变薄。

4. 肾活体组织检查　可确定病理类型。

【治疗要点】

慢性肾炎的治疗原则为防止或延缓肾功能进行性恶化、改善临床症状以及防止严重并发症。

1. 积极控制高血压和减少尿蛋白　高血压和蛋白尿是加速肾小球硬化，促进肾功能恶化的重要因素，积极控制高血压和减少尿蛋白是两个重要环节。① 高血压的治疗目标：尿蛋白≥1g/d，血压控制在125/75mmHg以下；尿蛋白<1g/d，血压可放宽到130/80mmHg以下。尿蛋白的治疗目标则争取减少至<1g/d。② 主要的降压措施：包括低盐饮食和使用降压药物，首选药为血管紧张素转化酶抑制剂（ACEI）和血管紧张素Ⅱ受体阻滞剂（ARB）。此两种药物不仅具有降压作用，还可降低肾小球毛细血管内压，缓解肾小球高灌注、高滤过状态，减少尿蛋白，保护肾功能。常用的ACEI类药物有卡托普利、贝那普利等，ARB类药物有氯沙坦等。其他降压药如钙通道阻滞剂（如氨氯地平）、β受体阻滞剂、血管扩张药和利尿剂也可选用。

2. 限制食物中蛋白质及磷的摄入量　氮质血症的病人应予优质低蛋白、低磷饮食，并辅以α-酮酸和必需氨基酸来治疗。低蛋白及低磷饮食可减轻肾小球内高压力、高灌注及高滤过状态，延缓肾小球的硬化。

3. 糖皮质激素和细胞毒药物　一般不主张积极应用，但是如果病人肾功能正常或仅轻度受损，病理类型较轻（如轻度系膜增生性肾炎、早期膜性肾病等），而且尿蛋白较多，无禁忌证者可试用，但无效者则应及时逐步撤去。

4. 避免加重肾损害的因素　感染、劳累、妊娠及肾毒性药物（如氨基糖苷类抗生素、含马兜铃酸的中药如关木通和广防己等）均可能损伤肾脏，导致肾功能恶化，应予以避免。

【常用护理诊断/问题及护理措施】

1. 体液过多　与肾小球滤过率下降导致水钠潴留等因素有关。

具体措施参见本章第一节中"肾性水肿"的护理。

2. 营养失调：低于机体需要量　与低蛋白饮食、长期蛋白尿致蛋白丢失过多有关。

（1）饮食护理：慢性肾炎病人肾功能减退时，予以优质低蛋白饮食，0.6~0.8g/（kg·d），适当增加碳水化合物的摄入。控制磷的摄入，同时注意补充多种维生素及锌元素。

（2）静脉补充营养素：遵医嘱静脉补充必需氨基酸。

（3）营养监测：观察并记录进食情况；定期监测体重和上臂肌围；监测血红蛋白浓度和血清白蛋白浓度。

【健康指导】

1. 饮食指导　饮食摄入优质低蛋白，如牛奶、鸡蛋、鱼类等。勿食过咸的食物。保证热量充足和富含多种维生素。

2. 用药指导　勿使用对肾功能有害的药物，如氨基糖苷类抗生素、抗真菌药等。

3. 疾病知识指导　教会病人与疾病有关的家庭护理知识，如如何控制饮水量、自我监测血压等。避免受凉、潮湿，注意休息。避免剧烈运动和过重的体力劳动，防治呼吸道感染。注意个人卫生，预防泌尿道感染，如出现尿路刺激征时，应及时治疗。

4. 定期门诊随访 讲明定期复查的必要性。让病人了解病情变化的特点，如出现水肿或水肿加重、血压增高、血尿等应及时就医。

相关链接 | IgA 肾病

　　IgA 肾病是指肾小球系膜区以 IgA 或 IgA 沉积为主的肾小球疾病，是我国最常见的肾小球疾病，也是终末期肾病的重要病因。IgA 肾病可发生于任何年龄，但以 20~30 岁男性为多见。其病因和发病机制未明，病变程度轻重不一，IgA 肾病的主要病理特点是肾小球系膜细胞增生和基质增多，病理变化多样，可涉及慢性肾炎几乎所有的病理类型。免疫荧光可见系膜区 IgA 为主的颗粒样或团块样沉积，伴或不伴毛细血管袢分布，常伴 C3 的沉积，但 C1q 少见。

　　IgA 肾病起病隐匿，常表现为无症状性血尿，伴或不伴蛋白尿，往往体检时发现。有些病人起病前数小时或数日内（1~3 天）有上呼吸道或消化道感染等前驱症状，主要表现为发作性的肉眼血尿，可持续数小时或数日，肉眼血尿常为无痛性，可伴蛋白尿。20%~50% 病人有高血压，少数病人可发生恶性高血压。部分病人表现为肾病综合征及不同程度的肾功能损害。临床表现、病理改变和预后差异较大，治疗需根据不同的临床表现、病理类型等综合制订合理的治疗方案，预后也具有很大的异质性。

四、肾病综合征

案例导入

病人，女，30 岁，以"全身水肿 1 周"入院。

病史评估： 病人 1 周前无明显诱因出现颜面部及双下肢水肿，呈凹陷性，无尿频、尿急、尿痛及肉眼血尿，门诊以"肾病综合征"收住院。

身体评估： 眼睑高度水肿，心肺部查体无异常，腹软，无压痛及反跳痛，移动性浊音阳性，双下肢中度水肿。

辅助检查： 血压 130/80mmHg，尿蛋白（+++），血清白蛋白 25g/L，总蛋白 52g/L；总胆固醇 6.5mmol/L，甘油三酯 1.82mmol/L，低密度脂蛋白 3.96mmol/L，高密度脂蛋白 0.87mmol/L；尿蛋白 8.7g/24h；泌尿系 B 超未见异常。

初步诊断： 肾病综合征。

入院后，激素治疗后水肿消退，但出现满月脸等不良反应，要求停用激素。

请思考： ① 该病人的病情特点是什么？② 该病人主要的护理诊断/问题有哪些？③ 如何对该病人进行健康指导？

　　肾病综合征（nephrotic syndrome，NS）诊断标准：① 大量蛋白尿（尿蛋白 > 3.5g/d）；② 低蛋白血症（血清白蛋白 < 30g/L）；③ 水肿；④ 高脂血症。其中 ①② 两项为诊断所必需的。

相关链接 | **大量蛋白尿**

《慢性肾脏病早期筛查、诊断及防治指南（2022年版）》建议尿白蛋白/肌酐比值（UACR）在30~300mg/g之间称为微量白蛋白尿，>300mg/g称为大量白蛋白尿，等同于24小时尿蛋白定量>3.5g。UACR的优势在于可以采用任意时间的尿液标本，便于病人采集；其次采用新鲜尿，避免了因为24小时尿液在气温、pH变化以及混匀取样时产生的误差；UACR更能反映肾小球的病变，避免了因肾小管性蛋白尿、溢出性蛋白尿导致的误判。

【病因及发病机制】

肾病综合征根据病因不同，可分为原发性和继发性。原发性肾病综合征表现为不同类型的病理改变，常见的有：微小病变型肾病、局灶节段性肾小球硬化、非IgA型系膜增生性肾小球肾炎、IgA肾病、膜性肾病、膜增生性肾小球肾炎。本节仅讨论原发性肾病综合征。肾病综合征的分类和常见病因见表5-1。

▼ 表5-1 肾病综合征的分类和常见病因

分类	儿童	青少年	中老年
原发性	微小病变型肾病	系膜增生性肾小球肾炎 膜性肾病 微小病变型肾病 局灶节段性肾小球硬化 系膜毛细血管性肾小球肾炎	膜性肾病
继发性	过敏性紫癜肾炎 乙型肝炎病毒相关性肾炎 狼疮性肾炎	狼疮性肾炎 过敏性紫癜肾炎 乙型肝炎病毒相关性肾炎	糖尿病肾病 肾淀粉样变性 骨髓瘤性肾病 淋巴瘤或实体肿瘤性肾病

【临床表现】

1. **大量蛋白尿**　典型病例可有大量选择性蛋白尿。其发生机制为肾小球滤过膜的屏障受损，尤其是电荷屏障受损，肾小球滤过膜对血浆蛋白（多以白蛋白为主）的通透性增高，致使原尿中蛋白含量增多，当超过肾小管的重吸收量时，形成大量蛋白尿。在此基础上，各类增加肾小球内压力和导致高灌注、高滤过的因素均可加重尿蛋白的排出，如高血压、高蛋白饮食或大量输注血浆蛋白等。

2. **低蛋白血症**　主要为大量白蛋白从尿中丢失所致。肝脏代偿性合成白蛋白不足、胃肠黏膜水肿致蛋白质吸收减少等因素可进一步加重低蛋白血症。除血浆白蛋白降低外，血中免疫球蛋白和补体成分、抗凝及纤溶因子、金属结合蛋白等其他蛋白成分也可减少。尤其是肾小球病理损伤严重，大量蛋白尿和非选择性蛋白尿时更为显著。

3. **水肿**　水肿是肾病综合征最突出的体征，其发生与低蛋白血症所致血浆胶体渗透压明显下降有关。严重水肿者可出现胸腔、腹腔和心包积液。

4. **高脂血症**　肾病综合征常伴有高脂血症。其中以高胆固醇血症最为常见；甘油三酯、低密度脂蛋白（LDL）、极低密度脂蛋白（VLDL）和脂蛋白（α）也常可增加。其发生与低蛋白血症刺激肝脏代偿性增加脂蛋白合成以及脂蛋白分解减少有关。

5. 并发症

（1）感染：为常见的并发症，也是导致本病复发和疗效不佳的主要原因，应予以高度重视。其发生与蛋白质营养不良、免疫功能紊乱及应用肾上腺糖皮质激素治疗有关。常见感染部位为呼吸道、泌尿道、皮肤等。

（2）血栓、栓塞：由于有效血容量减少，血液浓缩及高脂血症使血液黏稠度增加。此外，因某些蛋白质自尿中丢失，以及肝脏代偿性合成蛋白质增加，引起机体凝血、抗凝和纤溶系统失衡；加之强效利尿剂和糖皮质激素的应用均进一步加重高凝状态。因此肾病综合征易发生血栓、栓塞并发症，其中肾静脉血栓最为多见。血栓和栓塞并发症是直接影响肾病综合征治疗效果和预后的重要原因。

（3）急性肾损伤：因水肿导致有效循环血容量减少，肾血流量下降，可诱发肾前性氮质血症，经扩容、利尿治疗后多可恢复。少数可发展为肾实质性急性肾损伤，表现为无明显诱因出现少尿、无尿，经扩容、利尿无效，其发生机制可能是肾间质高度水肿压迫肾小管及大量蛋白管型阻塞肾小管，导致肾小管高压，肾小球滤过率骤减所致。

（4）其他：长期高脂血症易引起动脉硬化、冠心病等心血管并发症；长期大量蛋白尿导致严重的蛋白质营养不良，儿童生长发育迟缓；免疫球蛋白减少致机体抵抗力下降，易致感染；金属结合蛋白及维生素D结合蛋白丢失可致体内铁、锌、铜缺乏，以及钙、磷代谢障碍。

【辅助检查】

1. 尿液检查　尿蛋白定性一般为（+++）~（++++），尿蛋白定量超过3.5g。可有红细胞、颗粒管型等。

2. 血液检查　血清白蛋白低于30g/L，血中总胆固醇、甘油三酯、低密度脂蛋白及极低密度脂蛋白均可增高，血IgG可降低。

3. 肾功能检查　内生肌酐清除率正常或降低，血肌酐、尿素氮可正常或升高。

4. 肾B超检查　双肾正常或缩小。

5. 肾活体组织病理检查　可明确肾小球病变的病理类型，指导治疗及判断预后。

【治疗要点】

1. 一般治疗　卧床休息至水肿消退，但长期卧床会增加血栓形成机会，故应保持适当的床上及床旁活动。肾病综合征缓解后，可逐步增加活动量。给予高热量、低脂、高维生素、低盐及富含可溶性纤维的饮食。肾功能良好者给予正常量的优质蛋白，肾功能减退者给予优质低蛋白。

2. 对症治疗

（1）利尿消肿：肾病综合征病人利尿原则是不宜过快过猛，以免血容量不足，加重血液高黏滞倾向，诱发血栓、栓塞并发症，一般以每天体重下降0.5~1.0kg为宜。

多数病人经使用糖皮质激素和限水、限钠后可达到利尿消肿的目的。经上述治疗水肿不能消退者可用利尿剂。① 噻嗪类利尿剂：常用氢氯噻嗪25mg，每天3次。② 保钾利尿剂：常用氨苯蝶啶50mg或螺内酯20mg，每天3次，与噻嗪类利尿剂合用可提高利尿效果，减少钾代谢紊乱。③ 袢利尿剂：常用呋塞米，20~120mg/d。④ 渗透性利尿剂：常用不含钠的低分子右旋糖酐静脉滴注，随后加用袢利尿剂可增强利尿效果。少尿者应慎用渗透性利尿剂，因其易与蛋白一起形成管型，阻塞肾小管。⑤ 提高血浆胶体渗透压：静脉输注白蛋白，提高胶体渗透压，继而加用袢利尿剂常有良好的利尿效果。多用于低血容量或利尿剂抵抗、严重低蛋白血症的病人。由于输入的白蛋白可引起肾小球高滤过及肾小管高代谢造成肾小球脏层及肾小管上皮细胞损伤，现多数学者认为，非必要时不宜多使用。

（2）减少尿蛋白：持续大量蛋白尿可致肾小球高滤过，加重损伤，促进肾小球硬化，而减少尿蛋白可有效延缓肾功能恶化。应用血管紧张素转化酶抑制剂或血管紧张素Ⅱ受体阻滞剂，除可有效控制高血压外，均可通过降低肾小球内压和直接影响肾小球基底膜对大分子的通透性而达到减少尿蛋白的作用。

3. 免疫抑制治疗

（1）糖皮质激素：为治疗肾病综合征的主要药物，通过抑制免疫炎症反应，抑制醛固酮和抗利尿激素分泌，影响肾小球基底膜通透性等综合作用而发挥其利尿、消除尿蛋白的疗效。使用原则为：

1）起始足量：常用药物为泼尼松1mg/（kg·d），口服8周，必要时可延长至12周。

2）缓慢减量：足量治疗后每2~3周减原用量的10%，当减至20mg/d时病情易复发，应更加缓慢减量。

3）长期维持：以最小有效剂量（10mg/d）再维持半年左右。激素可采取全日量顿服，维持用药期间两日量隔日一次顿服，以减轻激素的副作用。根据病人对糖皮质激素的治疗反应，可将其分为"激素敏感型"（用药8~12周内肾病综合征缓解）、"激素依赖型"（激素减药到一定程度即复发）和"激素抵抗型"（常规激素治疗无效）3类。

（2）细胞毒药物：用于"激素依赖型"或"激素抵抗型"肾病综合征，常与激素合用。环磷酰胺为最常用的药物，每天100~200mg，分次口服或隔天静注，总量达到6~8g后停药。

（3）环孢素：用于激素抵抗和细胞毒药物无效的难治性肾病综合征。环孢素可通过选择性抑制T辅助细胞及T细胞毒效应细胞而起作用。常用剂量为3~5mg/（kg·d），分2次空腹口服，服药期间需监测并维持其血药浓度谷值为100~200ng/ml。服药2~3个月后缓慢减量，疗程至少1年。

（4）霉酚酸酯：对部分难治性肾病综合征有效。霉酚酸酯在体内代谢为霉酚酸，后者可选择性阻止T细胞和B细胞增殖和抗体形成而起效。常用剂量为1.5~2g/d，分2次口服，服药3~6个月后逐步减量，疗程1年。

（5）来氟米特：是一种新型的具有抗增生活性的异噁唑类免疫抑制剂。与糖皮质激素联合应用治疗难治性肾病综合征，起始剂量为20~30mg/d，疗程至少6个月。

4. 中医中药治疗　如雷公藤总苷，具有抑制免疫、抑制系膜细胞增生、改善滤过膜通透性的作用，可与激素及细胞毒药物联合应用。

5. 并发症的防治　肾病综合征的并发症是影响病人长期预后的重要因素，应积极防治。

（1）感染：一般不主张常规使用抗生素，但一旦发生感染，应选择敏感、强效及无肾毒性的抗生素进行治疗。

（2）血栓与栓塞：当血清白蛋白低于20g/L时，提示存在高凝状态，应给予预防性抗凝治疗，如应用肝素。抗凝同时可辅以抗血小板药，如双嘧达莫。一旦出现血栓及栓塞，及早溶栓治疗。

（3）急性肾损伤：给予利尿剂及碱化尿液，必要时透析。

【常用护理诊断/问题及护理措施】

1. 体液过多 与低蛋白血症致血浆胶体渗透压下降等有关。

具体护理措施参见本章第一节中"肾性水肿"的护理。

2. 营养失调：低于机体需要量 与大量蛋白尿、摄入减少及吸收障碍有关。

（1）饮食护理：具体护理措施参见本章第一节中的"肾性水肿"。

（2）营养监测：记录进食情况，评估饮食结构是否合理，热量是否充足。定期监测血清白蛋白、血红蛋白等指标，评估机体的营养状态。

3. 有感染的危险 与机体抵抗力下降、应用激素和/或免疫抑制剂有关。

（1）预防感染

1）保持环境清洁：保持病房环境清洁，定时开门窗通风换气，定期进行空气消毒，并用消毒药水拖地、擦桌椅，保持室内温度和湿度合适。尽量减少病区的探访人次，限制上呼吸道感染者探访。

2）预防感染指导：告知病人预防感染的重要性；协助病人加强全身皮肤、口腔黏膜和会阴部护理，防止皮肤和黏膜损伤；指导其加强营养和休息，增强机体抵抗力；遇寒冷季节，注意保暖。

（2）病情观察：监测生命体征，注意体温有无升高；观察有无咳嗽、咳痰、肺部干湿啰音、尿路刺激征、皮肤红肿等感染征象。

4. 有皮肤黏膜完整性受损的危险 与水肿、营养不良有关。

具体护理措施参见本章第一节中"肾性水肿"的护理。

5. 潜在并发症：血栓及栓塞。

（1）病情观察：每天监测双下肢的周径（测量髌骨下缘以下10cm处，双侧下肢周径差＞1cm有临床意义），观察病人有无一侧肢体突然肿胀，触摸肢体相关动脉搏动情况。观察病人血、尿各项检查结果，有无深静脉、肾静脉血栓及肺栓塞的表现。如尿蛋白突然升高，应怀疑是否有肾静脉血栓的可能。

（2）预防血栓和栓塞：指导病人做床上足踝运动，增加下肢血液循环。病人水肿症状减轻时，指导病人适当下床活动，促进静脉回流。根据病情进行双下肢血液循环驱动泵的治疗，以促进血液循环。已存在下肢血栓的病人禁用。

（3）用药护理：定期检查病人凝血时间、凝血酶原及血小板计数，注意观察有无出血倾向；观察病人有无皮肤瘀斑、黑便、血尿等出血的表现；备用鱼精蛋白等拮抗药，以对抗肝素引起的出血情况。

【健康指导】

1. 休息与活动 应适度进行床上及床旁活动。病情缓解后可逐步增加活动量，如活动后尿蛋白增加应酌情减少活动。

2. 用药指导 讲解常用药物的作用、不良反应及服药方法，如激素以清晨顿服为好，环磷酰胺则不宜在下午6时后使用，以免其代谢产物存留在膀胱时间过长，引起出血性膀胱炎。

3. 出院指导 出院后应坚持按时按量服药，尤其是糖皮质激素，勿擅自减量或停药。定期复查血常规、尿常规、肾功能，出现异常及时就诊。学会测量血压，随时监测血压变化。做好尿量记录。育龄妇女坚持避孕。

（李健芝）

第三节 尿路感染

案例导入

病人，女，40岁，以"反复尿频、尿急、尿痛3个月"入院。

病史评估： 病人3个月前无明显诱因出现尿频、尿急、尿痛，伴耻骨弓上不适，无发热、腰痛、肉眼血尿，于当地医院就诊，化验尿白细胞高、镜下血尿，诊断为"尿路感染"，服用抗生素（氧氟沙星，0.4g/d）后上述症状好转，但反复发作。

身体评估： T 37.5℃，P 80次/min，P 80次/min，BP 130/80mmHg，眼睑无水肿。咽部无红肿。双肺呼吸音清，肾区无叩击痛，脊肋角及输尿管点无压痛，双下肢无水肿。

辅助检查： 尿蛋白（±），尿潜血（−），白细胞30~40个/高倍镜视野；血常规及便常规正常。

初步诊断： 尿路感染。

请思考： ① 该病例有哪些临床特点？② 为明确诊断应做哪些辅助检查？③ 采集尿细菌定量培养标本有哪些要求？

尿路感染（urinary tract infection，UTI）简称尿感，指病原体在尿路中生长、繁殖而引起的感染性疾病。病原体可包括细菌、真菌、支原体、衣原体、病毒等。多见于育龄女性、老年人、免疫力低下及尿路畸形者。根据感染发生的部位，分为上尿路感染和下尿路感染，前者指肾盂肾炎，后者主要指膀胱炎。根据有无尿路结构或功能异常，又分为复杂性和非复杂性尿路感染。复杂性尿路感染指伴有尿路引流不畅、结石、畸形、膀胱输尿管反流等结构或功能异常，或在慢性肾实质性疾病的基础上发生的尿路感染；不伴有上述情况者称为非复杂性尿路感染。

【病因及发病机制】

1. 病因 革兰氏阴性杆菌为尿路感染最常见致病菌，其中以大肠埃希菌最常见，占非复杂尿路感染的75%~90%；其次为克雷伯菌、变形杆菌等。5%~15%的尿路感染由革兰氏阳性细菌引起，主要是肠球菌和凝固酶阴性的葡萄球菌。大肠埃希菌最常见于无症状性菌尿、非复杂性尿路感染或首次发生的尿路感染。医院内感染、复杂性或复发性尿路感染或尿路器械检查后发生的尿路感染多为肠球菌、变形杆菌、克雷伯菌和铜绿假单胞菌所致。其中变形杆菌常见于伴有尿路结石者，铜绿假单胞菌多见于尿路器械检查后，金黄色葡萄球菌则常见于血源性感染。此外，偶见厌氧菌、真菌、病毒和原虫感染所致的尿路感染。

2. 发病机制

（1）感染途径：① 上行感染，是指病原菌经尿道上行至膀胱，甚至输尿管、肾盂引起的感染，约占尿路感染的95%。正常情况下前尿道和尿道口周围定居着少量细菌，如链球菌、乳酸菌、葡萄球菌等，并不致病。某些因素如性生活、尿路梗阻、医源性操作、生殖器感染等可导致上行感染的发生。② 血行感染，是指致病菌可从机体任何部位感染灶侵入血流，到达肾脏和尿路其他部位引起的感染，这种情况很少见。多发生于患有慢性疾病或接受免疫抑制剂治疗的病人，金黄色葡萄球菌为主要致病菌。

（2）机体的防御能力：细菌进入泌尿系统后是否引起感染与机体的防御功能和细菌的数量、毒力有关。机体的防御机制主要包括：① 尿液的冲刷作用可清除绝大部分入侵的细菌；② 尿路黏膜及其所分泌的IgA和IgG等可抵御细菌入侵；③ 尿液中高浓度尿素和酸性环境不利于细菌生长；④ 前列腺分泌物可抑制细菌生长。

（3）易感因素

1）尿路梗阻：是尿路感染最重要的易感因素。尿路梗阻时，上行的细菌不能被及时地冲刷出尿道，易在局部停留、生长和繁殖而发生感染。最常见于尿路结石、膀胱癌、前列腺增生等各种原因所致的尿路梗阻。

2）膀胱输尿管反流：输尿管壁内段及膀胱开口处的黏膜形成阻止尿液从膀胱输尿管口反流至输尿管的屏障，当其功能或结构异常时，可引起膀胱内的含菌尿液进入肾盂而引起感染。

3）机体免疫力低下：见于长期使用免疫抑制剂、糖尿病、长期卧床、严重的慢性病和艾滋病等病人。

4）神经源性膀胱：支配膀胱的神经功能障碍，如脊髓损伤、糖尿病、多发性硬化等疾病，因长时间的尿液潴留和/或应用导尿管引流尿液导致感染。

5）妊娠：孕期输尿管蠕动功能减弱、暂时性膀胱输尿管活瓣关闭不全及妊娠后期子宫增大致尿液引流不畅。

6）性别和性活动：女性因尿道短而直，尿道口离肛门近而易被细菌污染。尤其在经期、妊娠期和绝经期易发生感染。性生活时可将尿道口周围的细菌挤压入膀胱引起尿路感染。

7）医源性因素：见于导尿或留置导尿管、膀胱镜或输尿管镜检查、逆行尿路造影等致尿道黏膜损伤时。

8）泌尿系统结构异常：如肾发育不良、肾盂及输尿管畸形、移植肾、多囊肾等。

【临床表现】

1. 膀胱炎 占尿路感染的60%以上。主要表现为尿频、尿急、尿痛，伴有耻骨弓上不适。尿液常混浊，并有异味，约30%可出现血尿。一般无全身感染症状。

2. 急性肾盂肾炎 临床表现因炎症程度不同而差异较大，多数起病急骤，表现如下。

（1）全身症状：发热、寒战、头痛、全身酸痛、无力、食欲减退等，体温多在38℃以上。

（2）泌尿系统症状：尿频、尿急、尿痛、排尿困难等，部分病人泌尿系统症状不典型或缺如。

（3）腰痛：腰痛程度不一，多为钝痛或酸痛。体检时可发现肋脊角或输尿管点压痛和/或肾区叩击痛。

（4）并发症：较少，但伴有糖尿病和/或存在复杂因素且未及时合理治疗时可发生肾乳头坏死和肾周脓肿。前者主要表现为高热、剧烈腰痛和血尿，可有坏死组织脱落随尿排出，发生肾绞痛；后者除原有肾盂肾炎症状加重外，常出现明显单侧腰痛，向健侧弯腰时疼痛加剧。

3. 无症状性菌尿 指病人有真性菌尿，但无尿路感染的症状。多见于老年人和孕妇，60岁以上老年人发生率为10%，孕妇为7%。致病菌多为大肠埃希菌。

【辅助检查】

1. 尿常规 尿液常混浊，可有异味。尿沉渣镜检白细胞＞5个/高倍镜视野（白细胞尿），出现白细胞管型提示肾盂肾炎；红细胞也增加，少数可有肉眼血尿；尿蛋白常为阴性或微量。

2. 血液检查

（1）血常规：急性肾盂肾炎血白细胞计数增多，中性粒细胞增多，核左移。

（2）肾功能：慢性肾盂肾炎肾功能受损时可出现肾小球滤过率下降，血肌酐升高等。

3. 尿细菌学检查

（1）涂片细菌检查：尿涂片镜检细菌是一种快速诊断有意义细菌尿的方法。可采用未经沉淀的清洁中段尿1滴，涂片作革兰氏染色，用油镜找细菌，如平均每个视野≥1个细菌，提示尿路感染。本法设备简单、操作方便，检出率达80%~90%，可初步确定是杆菌或球菌、是革兰氏阴性菌还是革兰氏阳性菌，对及时选择抗生素有重要参考价值。

（2）细菌培养：尿细菌培养对诊断尿路感染有重要价值。可采用清洁中段尿、导尿及膀胱穿刺尿做细菌培养。细菌培养菌落计数≥10^5CFU/ml（菌落形成单位/ml），为有意义菌尿。如临床上无尿路感染症状，则要求2次中段尿培养，细菌菌落计数均≥10^5CFU/ml，且为同一菌种，可诊断为尿路感染；在有典型膀胱炎症状的妇女，中段尿培养大肠埃希菌、原生葡萄球菌≥10^2CFU/ml，也支持尿路感染的诊断。此外，耻骨上膀胱穿刺尿细菌定性培养有细菌生长，即为真性菌尿。

4. 影像学检查 尿路感染急性期不宜做IVP，可进行B超检查以确定有无结石、梗阻、先天性畸形等。对于反复发作的尿路感染或急性尿路感染治疗7~10天无效的女性应行IVP，男性首次尿路感染亦应行IVP。IVP的目的是寻找能用外科手术纠正的易感因素。

> 📎 **问题与思考**
> 如何区别上尿路感染和下尿路感染？

【治疗要点】

1. 一般治疗 急性期注意休息，多饮水，勤排尿。膀胱刺激征和血尿明显者，可口服碳酸氢钠或者枸橼酸钾，以碱化尿液、缓解膀胱痉挛症状、抑制细菌生长和避免血凝块形成。反复发作者，应积极寻找病因，及时去除诱发因素。

2. 抗感染治疗

（1）急性膀胱炎：对女性非复杂性膀胱炎，磺胺甲噁唑和甲氧苄啶（800mg/160mg，每天2次，疗程3天）、呋喃妥因（50mg，每8小时1次，疗程5~7天）、磷霉素（3g单剂）被推荐为一线药物。其他药物，如阿莫西林、头孢菌素类、喹诺酮类也可以选用，疗程一般3~7天。

停用抗生素7天后，需进行尿细菌定量培养。如结果阴性表示急性细菌性膀胱炎已治愈；如仍有真性细菌尿，应继续给予2周抗生素治疗。

（2）急性肾盂肾炎

1）病情较轻者：口服药物治疗，疗程10~14天。常用药物有喹诺酮类（如氧氟沙星0.2g，每天2次；环丙沙星0.25g，每天2次；或左氧氟沙星0.2g，每天2次）、半合成青霉素类（如阿莫西林0.5g，每天3次）、头孢菌素类（如头孢呋辛0.25g，每天2次）等。治疗14天后，通常90%可治愈。如尿菌仍阳性，应参考药敏试验选用有效抗生素继续治疗4~6周。

2）严重感染全身中毒症状明显者：静脉给药。常用药物，如氨苄西林1.0~2.0g，每4小时1次；头孢噻肟钠2.0g，每8小时1次；头孢曲松钠1.0~2.0g，每12小时1次；左氧氟沙星0.2g，每12小时1次。必要时联合用药。氨基糖苷类抗生素肾毒性大，慎用。经过上述治疗若好转，可于热退后继续用药3天再改为口服抗生素，完成2周疗程。治疗72小时无好转，应按药敏试验结果更换抗生素，疗程不少于2周。经此治疗仍有持续发热者，应注意肾盂肾炎并发症，如肾盂积脓、肾周脓肿等。

（3）反复发作尿路感染：包括重新感染和复发。

1）重新感染：治疗后症状消失，尿菌阴性，但在停药6周后再次出现真性细菌尿，菌株与上次不同，称为重新感染。重新感染提示病人的防御能力差，目前多用长程低剂量抑菌疗法，即每晚临睡前排尿后服用小剂量抗生素1次，如复方磺胺甲噁唑1~2片或呋喃妥因50~100mg或氧氟沙星200mg，每7~10天更换药物一次，疗程半年。

2）复发：治疗后症状消失，尿菌阴转后在6周内再次出现菌尿，菌株与上次相同，称为复发。对于复发性尿路感染，应积极寻找并去除易感因素如尿路梗阻等，按药敏结果选择强有力的杀菌性抗生素，疗程不少于6周。

（4）无症状细菌尿：是否治疗目前有争议，一般认为有下述情况应予以治疗：① 妊娠期无症状性菌尿；② 学龄前儿童；③ 出现有症状感染者；④ 肾移植、尿路梗阻及其他尿路有复杂情况者。根据药敏结果选用有效抗生素，主张短疗程用药。

3. 疗效评价

1）治愈：症状消失，尿菌阴性，疗程结束后2、6周复查尿菌均为阴性。

2）治疗失败：治疗后尿菌仍阳性；或治疗后尿菌阴性，但2周或6周复查尿菌阳性，且为同一菌株。

【常用护理诊断/问题及护理措施】

1. 排尿障碍：尿频、尿急、尿痛 与泌尿道感染有关。

具体护理措施参见本章第一节中"尿路刺激征"的护理。

2. 体温过高 与急性肾盂肾炎有关。

（1）饮食护理：给予清淡、营养丰富、易消化食物。高热者注意补充水分，同时做好口腔护理。

（2）休息：增加休息与睡眠，为病人提供一个安静、舒适的休息环境，加强生活护理。

（3）密切观察病情：监测体温的变化并做好记录，如高热持续不退或体温进一步升高，且出现腰痛加剧等，应考虑是否出现肾周脓肿、肾乳头坏死等并发症，应及时通知医生处理。

（4）物理降温：高热病人可采用冰敷、乙醇擦浴等物理降温的措施，并注意观察和记录降温的效果。

（5）用药指导：按医嘱使用抗生素，向病人解释药物的作用、用法、疗程、注意事项。口服复方磺胺甲噁唑期间要注意多饮水和同时服用碳酸氢钠，以增强疗效、减少磺胺结晶的形成。

（6）尿细菌学检查的护理：向病人解释检查的意义和方法。进行尿细菌定量培养时，最好用清晨第1次（尿液停留膀胱6~8小时以上）的清洁、新鲜中段尿液送检。

尿标本采集注意事项：① 在应用抗菌药物之前或停用抗菌药物7天之后留取尿标本；② 留取尿液时严格无菌操作，先充分清洁外阴、包皮，消毒尿道口，再留取中段尿液，并在1小时内进行细菌培养，否则需冷藏保存；③ 尿标本中勿混入消毒药液，女性病人留尿时注意勿混入白带。

【健康指导】

1. 疾病预防指导　① 多饮水，勤排尿，是最有效的预防措施；② 注意会阴部清洁；③ 与性生活有关的尿路感染，应在性交后立即排尿，并口服一次常用量的抗生素；④ 尽量避免尿路器械的使用，必须使用时，严格无菌操作；⑤ 膀胱输尿管反流者，要"二次排尿"，即每次排尿后数分钟，再排尿一次。

2. 用药指导　向病人详细说明正规应用抗菌药物是治疗成功的关键，不可擅自换药、减量或过早停药。注意观察药物的不良反应，发现异常及时报告医护人员。

（李健芝）

第四节　急性肾损伤

案例导入

病人，男，28岁，以"少尿2天"入院。

病史评估： 病人1周前因车祸后出现全身多处损伤，左锁骨、左肋骨骨折，在当地医院接受急诊手术治疗；2天前，病人突然出现尿量明显减少,24小时尿量250~300ml，伴有呼吸困难、心悸、恶心、呕吐、口鼻出血等症状。

身体评估： T 36.5℃，P 78次/min，R 24次/min，BP 169/100mmHg，神志清楚、急性面容、精神差、双眼睑和双下肢轻度水肿、鼻出血；左肩可见手术伤口、左上肢肿胀，右上肢、足背可见多处皮肤瘀斑，左侧胸部轻压痛。

辅助检查： 尿蛋白（＋＋），血钾6.3mmol/L，血尿素氮30.6mmol/L，血肌酐870μmol/L，凝血

酶原时间18.4秒，凝血酶时间26.1秒，血红蛋白100g/L，血pH 7.20，血HCO_3^- 15.6mmol/L。

初步诊断： 急性肾损伤。

请思考： ① 病人目前存在哪些护理诊断？② 针对病人目前存在的护理问题，应采取哪些护理措施？③ 针对病人现在的情况，如何开展健康教育？

急性肾损伤（acute kidney injury，AKI）以往称为急性肾衰竭（acute renal failure，ARF），是指由多种病因引起的肾功能快速下降而出现的临床综合征。可以发生于以往无肾脏病病人，也可以发生在原有慢性肾脏病病人的基础上。急性肾损伤的提出更强调对这一综合征早期诊断、早期治疗的重要性。约5%的住院病人可发生急性肾损伤，在重症监护室病人中发生率为30%，尽管肾病学界对急性肾损伤日趋重视，但目前仍无特殊治疗，死亡率高，是肾脏病中的危急重症。

【病因及发病机制】

1. 病因　急性肾损伤病因多种，根据病因发生的解剖位置不同分为三大类：肾前性、肾性、肾后性。

肾前性急性肾损伤的常见病因包括血容量减少（如各种原因引起的液体丢失和出血）、有效动脉血容量减少和肾内血流动力学改变等。肾后性急性肾损伤源于急性尿路梗阻，从肾盂到尿道任一水平尿路上的梗阻。肾性急性肾损伤有肾实质损伤，包括肾小管、肾间质、肾血管和肾小球性疾病导致的损伤。肾小管性急性肾损伤的常见病因肾缺血或肾毒性物质（包括外源性毒素，如生物毒素、化学毒素、抗生素、对比剂等；内源性毒素，如血红蛋白、肌红蛋白等）损伤肾小管上皮细胞，可引起急性肾小管坏死（acute tubular necrosis，ATN）。

2. 发病机制

（1）肾前性急性肾损伤：最常见，由肾脏血流灌注不足所致，见于细胞外液容量减少，或虽然细胞外液容量正常，但有效循环容量下降的某些疾病，或某些药物引起的肾小球毛细血管灌注压降低。常见病因包括有效血容量不足、心排量降低、全身血管扩张、肾动脉收缩、肾自主调节反应受损。

肾前性急性肾损伤早期，肾脏血液自我调节机制通过调节肾小球出球和入球小动脉的血管张力，即入球小动脉扩张和出球小动脉收缩，以维持肾小球滤过率（GFR）和肾血流量，可使肾功能维持正常。当血压过低，超过自我调节能力即可导致GFR降低，但短期内并无明显的肾实质损伤。如果肾灌注量减少在6小时内得到纠正，则血流动力学损害可以逆转，肾功能也可迅速恢复。若低灌注持续，可发生肾小管上皮细胞明显损伤，继而发展为ATN。

（2）肾性急性肾损伤：根据损伤位置，肾性急性肾损伤可分为小管性、间质性、血管性和小球性。其中以ATN最常见。本节主要介绍ATN。

不同病因、不同程度的ATN，可以有不同的始动因素和持续发展因素。其发病机制仍未完全阐明，目前认为主要涉及小管、血管和炎症因子等方面。

1）肾小管因素：缺血/再灌注、肾毒性物质可引起近端肾小管损伤，包括亚致死性可逆性功能紊乱、小管上皮细胞凋亡或死亡，并导致小管对钠重吸收减少，管–球反馈增强，小管管型形成导致小管梗阻，管内压增加，GFR下降。小管严重受损会导致肾小球滤过液的反渗，通过受损的上皮或小管的基底膜漏出，致肾间质水肿和肾实质进一步损伤。

2）血管因素：肾缺血既可通过血管作用使入球小动脉细胞内钙离子增加，从而对血管收缩刺激和肾自主神经刺激敏感性增加，导致肾自主调节功能损害、血管舒缩功能紊乱和内皮损伤，也可产生炎症反应。血管内皮损伤和炎症反应均可引起血管收缩因子（如内皮素、肾内肾素–血管紧张素系统、血栓素A_2等）产生过多；而血管舒张因子，主要为一氧化碳（NO）、前列腺素（PGI_2、PGE_2）合成减少。这些变化可进一步引起血流动力学异常，导致肾血流量下降、肾内血流重新分布、肾皮质血流量减少、肾髓质充血等，引起GFR下降。

3）炎症因子的参与：缺血性急性肾损伤实际是一种炎症性疾病，肾缺血可通过炎症反应直接使血管内皮细胞受损，也可通过小管细胞产生炎症介质（IL-6、IL-18、TNF-α、TGF-β、MCP-1、RANTES等）使内皮细胞受损，受损的内皮细胞表达上调细胞间黏附分子1（ICAM-1）和P选择素，使白细胞黏附及移行增加，炎症反应导致肾组织的进一步损伤，GFR下降。

（3）肾后性急性肾损伤：双侧尿路梗阻或孤立肾病人单侧尿路出现梗阻时可发生肾后性急性肾损伤。尿路梗阻时，尿路内反向压力首先传导至肾小球囊腔，由于肾小球入球小动脉扩张，早期GFR尚能暂时维持正常。如果梗阻持续无法解除，肾皮质大量区域出现无灌注或低灌注状态，GFR逐渐降低。

【临床表现】

典型ATN临床病程可分为三期。

1. 起始期　受低血压、缺血、脓毒血症和肾毒素等因素影响，尚未发现明显的肾实质损害，此阶段急性肾损伤是可预防的。随着肾小管上皮细胞发生明显损伤，GFR下降，则进入维持期。

2. 维持期　又称少尿期。一般持续7~14天，也可短至几天或长至4~6周。GFR维持在低水平，病人常出现少尿或无尿。少数病人尿量在400ml/d以上，称为非少尿型急性肾损伤，其病情大多较轻，预后较好。无论尿量是否减少，随着肾功能减退，可出现一系列临床表现。

（1）全身表现

1）消化系统：食欲减退、恶心、呕吐、腹胀、腹泻等，严重者可出现消化道出血。

2）呼吸系统：因容量负荷过多导致的急性肺水肿与感染，出现呼吸困难、咳嗽、憋气等症状。

3）循环系统：多因尿少和未控制饮水，以致体液过多，出现高血压、心力衰竭表现；因毒素潴留、电解质紊乱、贫血及酸中毒，可引起各种心律失常及心肌病变。

4）神经系统：出现意识障碍、躁动、谵妄、抽搐、昏迷等尿毒症脑病症状。

5）血液系统：可有出血倾向及轻度贫血现象。

6）感染：是急性肾损伤常见且严重的并发症。在急性肾损伤同时或疾病发展过程中还可合并多个器官衰竭，死亡率很高。

（2）水、电解质和酸碱平衡失调

1）水过多：见于水摄入量未严格控制、大量输液时，表现为稀释性低钠血症、高血压、心力衰竭、急性肺水肿和脑水肿等。

2）代谢性酸中毒：因肾排酸能力降低，且合并高分解代谢状态，使酸性代谢产物明显增多。

3）高钾血症：因肾脏排钾减少、酸中毒、组织分解过快导致高钾血症。严重创伤、烧伤的所致横纹肌溶解引起的急性肾损伤。

4）低钠血症：主要是由于水潴留引起稀释性低钠血症。

5）其他：可有低钙、高磷血症等，但远不如慢性肾衰竭明显。

3. 恢复期 从肾小管细胞再生、修复，至肾小管完整性恢复称为恢复期。GFR逐渐恢复至正常或接近正常范围。少尿型病人可有多尿，尿量可达 3 000~5 000ml/d 或更多。通常维持 1~3 周，继而逐渐恢复正常。与 GFR 相比，肾小管上皮细胞功能的恢复相对延迟，常需数月后恢复正常。部分病人最终遗留不同程度的肾脏结构和功能损伤。

【辅助检查】

1. 血液检查 可有轻度贫血、血肌酐和尿素氮进行性升高，血清钾浓度升高，血 pH 和碳酸氢根离子浓度降低。血钠正常或偏低，血钙浓度降低，血磷浓度升高。

2. 尿液检查 尿蛋白多为（±）~（+），以小分子蛋白质为主。尿沉渣可见肾小管上皮细胞、上皮细胞管型、颗粒管型及少量红、白细胞等；尿比重降低且固定，多在 1.015 以下；尿渗透浓度低于 350mmol/L，尿与血渗透浓度之比低于 1.1；尿钠增高，多在 20~60mmol/L。

3. 影像学检查 首选尿路超声检查，以排除尿路梗阻。腹部 X 线平片有助于发现肾、输尿管和膀胱结石。血管造影 CT 和磁共振血管造影可明确有无肾血管病变。

4. 肾活体组织检查 重要的诊断手段。在排除肾前性及肾后性原因后，对于没有明确致病原因（肾缺血或肾毒性）的肾性急性肾损伤，如无禁忌证，应尽早行肾活体组织检查。

【诊断要点】

根据原发病因，肾小球滤过功能急性进行性减退，结合相应临床表现，实验室及影像学检查，不难作出诊断。

符合以下情况之一者即可临床诊断急性肾损伤：① 48 小时内 Scr 升高 ≥26.5μmol/L（0.3mg/dl）；② 7 天内 Scr 较基础值升高 ≥50%；③ 尿量减少 [<0.5ml/（kg·h），持续 >6 小时]。急性肾损伤根据血肌酐和尿量进一步分为 3 期（表 5-2）。单独采用尿量为诊断和分期标准时，必须考虑其他影响尿量的因素，如尿路梗阻、血容量状态、利尿剂的使用等。

▼ 表 5-2 急性肾损伤（AKI）的分期

分期	血肌酐	尿量
1期	升高达基础值的 1.5~1.9 倍； 或升高 ≥26.5μmol/L（0.3mg/dl）	<0.5ml/（kg·h），持续 ≥6 小时，但 <12 小时
2期	升高达基础值的 2.0~2.9 倍	<0.5ml/（kg·h），持续 ≥12 小时
3期	升高达基础值的 ≥3.0 倍； 或升高 ≥353.6μmol/L（≥4.0mg/dl）； 或开始肾脏替代治疗； 或年龄 <18 岁，eGFR<35ml/（min·1.73m²）	<0.3ml/（kg·h），持续 ≥24 小时；或无尿 ≥12 小时

【治疗要点】

治疗的原则：早期识别，及时干预，以避免肾脏进一步损伤，维持水、电解质和酸碱平衡，适当营养支持，积极防治并发症并适时肾脏替代治疗。

1. 尽早纠正可逆病因　首先纠正可逆的病因，例如各种严重外伤、心力衰竭、急性失血等，应积极扩容、纠正血容量不足、休克和感染等。停用影响肾灌注或有肾毒性的药物。继发于肾小球肾炎、小血管炎的急性肾损伤予糖皮质激素和/或免疫抑制剂治疗。尿路梗阻引起的肾后性急性肾损伤应及时解除梗阻。

2. 维持体液平衡　每天补液量为显性失液量加上非显性失液量减去内生水量。每天大致的入液量可按前一天尿量加500ml计算。发热病人只要体重不增加，可适当增加入液量。透析治疗者入液量可适当放宽。

3. 饮食和营养　补充营养以维持机体的营养状况和正常代谢，有助于损伤细胞的修复和再生，提高存活率。急性肾损伤病人每日所需能量主要由碳水化合物和脂肪提供；蛋白质摄入量限制为0.8g/（kg·d），高分解代谢或营养不良以及接受透析的病人蛋白质摄入量可适当增加。尽量减少钠、钾、氯的摄入量。

4. 高钾血症的处理　密切监测血钾的浓度，当血钾超过6mmol/L或心电图有高钾相关异常表现时，应紧急处理。① 立即停用含钾药物和含钾食物。② 拮抗钾离子对心肌的毒性作用：10%葡萄糖酸钙10~20ml稀释后缓慢静脉注射（不少于5分钟）。③ 转移钾：50%葡萄糖50~100ml或10%葡萄糖250~500ml，加普通胰岛素6~12U缓慢静脉滴注，促进糖原合成，使钾离子向细胞内转移；合并代谢性酸中毒者予5%碳酸氢钠补碱，纠正酸中毒，促使钾离子向细胞内转移。④ 清除钾：紧急透析，以血液透析最为有效；利尿剂缓慢静脉注射，以增加尿量，促进钾离子排出；口服降钾药物，如离子交换树脂（聚磺苯乙烯磺酸钠、聚苯乙烯磺酸钙、离子交换聚合物Patiromer）或新型钾离子结合剂环硅酸锆钠；口服降钾药物起效慢，不作为高钾血症的急救措施。

5. 纠正代谢性酸中毒　及时处理，如HCO_3^-<15mmol/L，予以5%碳酸氢钠125~250ml静滴，严重酸中毒者立即透析。

6. 控制感染　感染是常见并发症，也是死亡的主要原因之一。尽早使用抗生素。根据细菌培养和药物敏感试验选用对肾无毒或毒性低的药物，并按内生肌酐清除率调整用药剂量。

7. 急性左心衰竭的处理　利尿剂和洋地黄对急性肾损伤并发心力衰竭的疗效较差，且易发生洋地黄中毒。药物治疗以扩血管、减轻后负荷的药物为主。尽早透析对容量负荷过重的心力衰竭最为有效。

8. 透析治疗　是急性肾损伤治疗的重要组成部分，常选择间歇性血液透析或连续性肾脏替代治疗。紧急透析指征包括：严重高钾血症（K^+>6.5mmol/L或已出现严重心律失常）、严重代谢性酸中毒（动脉血pH<7.2）、利尿剂治疗无效的严重肺水肿、出现严重尿毒症症状（如脑病、心包炎、癫痫发作等）。重症病人宜早期开始透析，治疗目的是尽早清除体内过多的水分、尿毒症毒素，稳定机体内环境，有助于液体、热量、蛋白质及其他营养物质的补充，以利于肾损伤细胞的修复和再生。透析治疗详见本章第六节"泌尿系统疾病常用诊疗技术及护理"。

9. 恢复期治疗 急性肾损伤恢复早期肾小球滤过功能尚未完全恢复，肾小管浓缩功能仍较差，尿量较多，治疗重点仍为维持水、电解质和酸碱平衡，控制氮质血症，治疗原发病和防治并发症。已进行透析者应维持透析，直至血肌酐和尿素氮降至接近正常。后期肾功能恢复，尿量正常，一般无须特殊处理，定期随访肾功能，避免使用肾毒性的药物。

【常用护理诊断/问题及护理措施】

1. 体液过多 与GFR下降致水钠潴留、水摄入控制不严引起的容量过多有关。

（1）休息与体位：绝对卧床休息以减轻肾脏负担。下肢水肿者抬高下肢促进血液回流。昏迷者按昏迷病人护理常规护理。

（2）维持与监测水平衡：坚持"量出为入"的原则。严格记录24小时出入液量，同时将出入量的记录方法、内容告知病人及家属，以便得到充分配合。每日监测体重。具体详见本章第一节中"肾性水肿"的护理。严密观察病人有无皮肤和黏膜水肿、体重每天增加>0.5kg、无失盐基础上血钠浓度偏低、中心静脉压>12cmH$_2$O（1.17kPa）、胸部X线显示肺充血征象等体液过多的表现。

2. 潜在并发症：电解质、酸碱平衡失调。

（1）监测并及时处理电解质、酸碱平衡失调：① 监测血钾、钠、钙等电解质的变化，如发现异常及时通知医生处理。② 密切观察有无高钾血症的征象，如脉律不齐、肌无力、感觉异常、恶心、腹泻、心电图改变（T波高尖、ST段压低、PR间期延长、房室传导阻滞、QRS波宽大畸形、心室颤动甚至心脏骤停）等。预防高钾血症的措施还包括积极预防和控制感染、及时纠正代谢性酸中毒、禁止输入库存血、避免使用可能引起高钾血症的药物，如非甾体类药物、中药制剂等。③ 密切观察有无低钙血症的征象，如指（趾）、口唇麻木，肌肉痉挛、抽搐，心电图改变（QT间期延长、ST段延长）等。

（2）观察治疗效果：密切观察病人临床症状、尿量、血清肌酐和尿素氮，如病人临床症状改善、尿量增加、血清肌酐和尿素氮逐渐下降，提示治疗有效。

3. 营养失调：低于机体需要量 与病人食欲减退、恶心、呕吐、限制蛋白质摄入、透析和原发疾病等因素有关。

（1）饮食护理：给予充足热量、优质蛋白饮食，控制水、钠、钾的摄入量。每天供给84~126kJ/kg（20~30kcal/kg）热量，其中2/3由碳水化合物提供，1/3由脂类提供，以减少机体蛋白质分解；蛋白质的摄入量应限制为0.8~1.0g/（kg·d），适量补充必需氨基酸和非必需氨基酸，高分解代谢、营养不良并接受透析的病人，蛋白质摄入量可放宽至1.0~1.5g/（kg·d）。优先经胃肠道提供营养支持，告知病人及家属保证营养摄入的重要性，少量多餐，以清淡流质或半流质食物为主，不能经口进食者予管饲或肠外营养，血钾高者应限制钾的摄入，少用或忌用富含钾的食物，如紫菜、菠菜、薯类、山药、坚果、香蕉、香菇、榨菜等。

（2）营养监测：监测反映机体营养状态的指标是否改善，如血清白蛋白等。

4. 有感染的危险 与机体抵抗力降低及透析等侵入性操作有关。

护理措施参见本章第五节"慢性肾衰竭"。

【健康指导】

1. 心理指导 急性肾损伤病人治愈后还有一定的心理负担，应做好病人的心理疏导，告知病人治愈后一般无遗留后遗症，在治愈后1~2年避免使用肾毒性药物。

2. 生活指导 严格执行饮食计划，并注意加强营养；增强体质，适当锻炼；注意个人清洁卫生，注意保暖，防止受凉；避免妊娠、手术、外伤。

3. 预防指导 慎用氨基糖苷类等肾毒性抗生素。尽早避免需用大剂量造影剂的影像学检查，尤其是老年病人及肾血流灌注不良者（如脱水、失血、休克）。加强劳动防护，避免接触重金属、工业毒物等。误服或误食毒物时，应立即进行洗胃或导泻，并采用有效解毒剂。

4. 出院指导 叮嘱病人定期随访，强调监测肾功能、尿量的重要性，并教会其测量和记录尿量的方法。一般出院后3个月、半年、1年各检查1次，若有异常，应及时就医治疗。

（蔡金辉）

第五节　慢性肾衰竭

案例导入

病人，男，55岁，以"慢性肾炎10年，伴双下肢水肿加重10天"入院。

病史评估： 10年前因双下肢水肿，在当地医院就诊，间断服用利尿、降压及护肾等药物。近10天无明显诱因出现双下肢水肿加重。

身体评估： T 36.7℃，R 20次/min，P 88次/min，BP 170/100mmHg，双眼睑、双下肢中度水肿。贫血貌，心肺（-），腹软，无压痛及反跳痛，移动性浊音阴性。

辅助检查：

尿检：尿蛋白（+++），潜血（+）。

血液检查：血肌酐660μmol/L，尿素氮27mmol/L，血尿酸598mmol/L，内生肌酐清除率15ml/min，血红蛋白76g/L，血钾5.94mmol/L。

影像学检查：B超示双肾缩小、双肾皮质变薄、集合系统回声紊乱等。

初步诊断： 慢性肾衰竭。

请思考： ① 该病人明显水肿的原因是什么？② 该病人目前存在哪些护理诊断？应采取哪些护理措施？

慢性肾脏病（chronic kidney disease，CKD）是指各种原因引起的慢性肾脏结构和功能障碍（肾脏损伤病史≥3个月），包括GFR正常和不正常的病理损伤、血液或尿液成分异常，以及影像学检查异常；或不明原因的GFR下降 [<60ml/（min·1.73m^2）] 超过3个月。而广义的慢性肾衰竭（chronic renal failure，CRF）则是指慢性肾脏病引起的肾小球滤过率下降及与此相关的代谢紊乱和临床症状组成的综合征，简称慢性肾衰。

目前国际公认的慢性肾脏病分期依据美国肾脏病基金会制定的指南分为5期，见表5-3。

▼ 表5-3 慢性肾脏病分期及建议

分期	特征	GFR/［ml/（min·1.73m²）］	治疗计划
1	GFR正常或升高	≥90	慢性肾脏病诊治；缓解症状；保护肾功能；减少心血管患病危险因素
2	GFR轻度降低	60~89	评估、延缓慢性肾脏病进展
3a	GFR轻到中度降低	45~59	评估、预防和诊断并发症
3b	GFR中到重度降低	30~44	治疗并发症
4	GFR重度降低	15~29	准备肾脏替代治疗
5	终末期肾病	<15或透析	肾脏替代治疗

GFR. 肾小球滤过率。

【病因及发病机制】

慢性肾衰竭的病因主要有：糖尿病肾病、高血压肾小动脉硬化、原发性与继发性肾小球肾炎、肾小管间质性病变（慢性肾盂肾炎、慢性尿酸性肾病、梗阻性肾病、药物性肾病等）、肾血管病变、遗传性肾病（多囊肾、遗传性肾炎）等。在发达国家，糖尿病肾病、高血压肾小动脉硬化已成为慢性肾衰竭的主要病因；在发展中国家，这两种疾病在慢性肾衰竭各种病因中仍位居原发性肾小球肾炎之后，但近年有明显增高趋势。

本病的发病机制尚未完全明了，主要有以下学说。

1. 肾小球高滤过学说　各种原因引起肾单位被破坏，健存肾单位的代谢废物排泄负荷增加，因而代偿性发生肾小球毛细血管的高灌注、高压力和高滤过（肾小球内"三高"）。肾小球内"三高"会引起肾小球硬化、肾小球通透性增加，使肾功能进一步恶化。

2. 矫枉失衡学说　慢性肾衰竭时，肾小球滤过率下降引起某些物质代谢失衡，机体在矫正适应这一过程中，又发生新的不平衡，对机体反而造成进一步损害，称为矫枉失衡。典型例子即磷的代谢：慢性肾衰竭时GFR下降，尿磷排出减少，引起高磷血症。由于血钙磷浓度乘积保持恒定，高磷引起低血钙，刺激甲状旁腺激素（PTH）分泌，通过影响肾小管上皮细胞，减少对磷的重吸收，试图纠正高磷血症。但这种继发甲状旁腺功能亢进，可通过溶骨活性增强，引起肾性骨营养不良、皮肤瘙痒等，进一步损伤肾脏。

3. 肾小管高代谢学说　残余肾单位肾小管的高代谢状态，可致氧自由基产生增多，加重细胞和组织损伤，引起肾小管萎缩、小管间质炎症、纤维化和肾单位功能丧失。

【临床表现】

1. 水、电解质和酸碱平衡失调　水肿或脱水、高钠或低钠血症、高钾或低钾血症、低钙血症、高磷血症、代谢性酸中毒等。

2. 蛋白质、糖类和脂肪代谢障碍　表现为蛋白质代谢产物蓄积（如氮质血症）、血清白蛋白水平降低、糖耐量减低、高甘油三酯血症和高胆固醇血症。

3. 各系统表现

（1）心血管系统

1）高血压和左心室肥厚：大部分病人存在不同程度的高血压，多是由于水钠潴留、肾素-血管紧张素增高及某些舒张血管因子不足所致。高血压可引起动脉硬化、左心室肥厚和心力衰竭。

2）心力衰竭：是尿毒症病人最常见的死亡原因。其原因大多与水钠潴留及高血压有关，部分病人亦与尿毒症性心肌病有关。

3）心包炎：主要与尿毒症毒素、水电解质紊乱、感染、出血等因素有关。可分为尿毒症性心包炎或透析相关性心包炎；前者已较少见，后者的临床表现与一般心包炎相似，唯心包积液多为血性。

4）动脉粥样硬化：与高血压、脂质代谢紊乱、钙磷代谢紊乱引起血管钙化等因素有关。动脉粥样硬化常发展迅速，引起冠状动脉、脑动脉和全身周围动脉粥样硬化，也是主要的致死因素。

（2）呼吸系统表现：常表现为气促；若发生酸中毒，可表现为深而长的呼吸。循环负荷过重、心功能不全时可发生肺水肿，部分病人发生尿毒症性胸膜炎或胸腔积液。

（3）消化系统表现：食欲不振是最常见和最早期表现；还可表现为恶心、呕吐、腹胀、腹泻；晚期病人呼出气体中有尿味；口腔炎、口腔黏膜溃疡、消化道黏膜糜烂或溃疡、上消化道出血也很常见。

（4）血液系统表现

1）贫血：几乎所有病人均有轻至中度贫血，且多为正细胞、正色素性贫血。导致贫血的主要原因是由于肾脏促红细胞生成素生成减少所致，故称为肾性贫血。引起贫血的其他原因包括铁摄入不足、叶酸缺乏、营养不良、红细胞寿命缩短、慢性失血、感染等。

2）出血倾向：常表现为皮下出血、鼻出血、月经过多等。出血倾向与血小板功能障碍以及凝血因子减少等有关。

3）白细胞异常：本病病人中性粒细胞趋化、吞噬和杀菌的能力减弱，因而容易发生感染。部分病人白细胞减少。

（5）神经、肌肉系统表现：神经系统异常包括中枢和周围神经病变。中枢神经系统异常称为尿毒症脑病，早期常有疲乏、失眠、注意力不集中等，其后会出现性格改变、抑郁、记忆力下降、判断力降低。晚期病人常有周围神经病变，病人可出现肢体麻木、疼痛，深反射消失、肌无力等。

（6）皮肤表现：常见皮肤瘙痒。病人面色较深而萎黄，呈"尿毒症"面容，与贫血、尿素霜的沉积等有关。

（7）骨骼病变：肾性骨营养不良症，简称肾性骨病，包括纤维囊性骨炎、骨生成不良、骨软化症和骨质疏松症。骨病有症状者少见，早期诊断主要靠骨活体组织检查。肾性骨病的发生与活性维生素D_3不足、继发性甲状旁腺功能亢进有关。

（8）内分泌失调：本病病人的血浆活性维生素D_3、EPO降低。性激素紊乱可有雌激素、雄激素水平下降，催乳素、黄体生成素水平升高。女性可出现闭经、不孕，男性病人可表现阳痿、不育等。

（9）感染：为主要死因之一，与机体免疫功能低下、白细胞功能异常等有关。以肺部和尿路感染常见，血液透析病人易发生动静脉瘘感染、肝炎病毒感染等。

【辅助检查】

1. 血常规　红细胞计数下降，血红蛋白浓度降低，白细胞计数可升高或降低。

2. 尿液检查　尿渗透压下降，尿沉渣中有红细胞、白细胞、颗粒管型、蜡样管型等。

3. 肾功能检查　内生肌酐清除率降低，血肌酐增高。

4. 血生化检查　血清白蛋白降低，血钙降低、血磷升高、血PTH升高，血钠和血钾增高或降低，可有代谢性酸中毒。

5. 影像学检查　B超或X线平片示双肾缩小。

【治疗要点】

1. 治疗原发疾病和纠正加重肾衰竭的因素　积极治疗引起慢性肾衰竭的原发疾病，如高血压、糖尿病肾病、狼疮性肾炎等。纠正某些可逆因素，如循环血容量不足、使用肾毒性药物、尿路梗阻、感染、心力衰竭及水、电解质和酸碱平衡紊乱等，以延缓或防止肾功能减退，保护残存肾功能。

2. 营养治疗　见本节饮食护理。

3. 药物治疗

（1）纠正水、电解质和酸碱平衡失调

1）水钠平衡失调：一般失水可通过口服补充，重度失水者静脉滴注5%葡萄糖液。水过多严格限制入水量，有条件时最好透析治疗。低钠时补充钠盐。钠过多常伴有水肿，限制水、钠的摄入，使用利尿剂等。

2）高血钾：尿毒症病人易发生高钾血症，定期监测血钾，高钾血症的防治同急性肾损伤。

3）钙、磷失调：若血磷高、血钙低时，除限制磷摄入外，应用磷结合剂口服，以碳酸钙较好。口服碳酸钙2g，每天3次，既可供给机体钙，又可减少肠道内磷的吸收，同时还有利于纠正酸中毒。若血磷正常、血钙低、继发甲状旁腺功能亢进时，给予活性维生素D_3（骨化三醇）0.25~0.5μg/d口服。

4）代谢性酸中毒：一般口服碳酸氢钠，严重者静脉补碱。若经过积极补碱仍不能纠正，应及时透析治疗。

（2）高血压：ACEI、ARB、钙通道阻滞剂、袢利尿剂、β受体阻滞剂、血管扩张剂等均可应用，以ACEI、ARB、钙通道阻滞剂的应用较为广泛。透析前慢性肾衰竭病人的血压应<130/80mmHg，但维持性透析病人血压一般不超过140/90mmHg。

（3）贫血：肾性贫血给予重组人红细胞生成素（rHuEPO）2 000~3 000U，每周2~3次，皮下注射，治疗靶目标为血红蛋白达110~120g/L。治疗期间，同时静脉补充铁剂，如硫酸亚铁、蔗糖铁，补充叶酸、B族维生素。严重贫血者予输血。

（4）控制感染：抗生素的选择和应用，与一般感染相同，疗效相近的情况下，选用肾毒性最小的药物。

（5）高脂血症：治疗原则与一般高血脂者相同，使用他汀类或贝特类药物。

4.肾脏替代治疗

（1）透析疗法：代替肾的排泄功能，但无法代替其内分泌和代谢功能。尿毒症病人经药物治疗无效时，应接受透析治疗，如血液透析和腹膜透析。

（2）肾移植：成功的肾移植可使肾功能（包括内分泌和代谢功能）得以恢复，但排斥反应可导致肾移植失败，故应选择血型配型和HLA配型合适的供肾者，并在肾移植后长期使免疫抑制剂。

【常用护理诊断/问题及护理措施】

1.营养失调：低于机体需要量　与肾脏长期排出蛋白质及限制蛋白质摄入有关。

（1）饮食护理

1）蛋白质的质和量：慢性肾衰竭病人应限制蛋白质的摄入，饮食中50%以上应为优质蛋白，如鸡蛋、牛奶、瘦肉、鱼等；慢性肾脏病1~2期无论是否有糖尿病，推荐蛋白质摄入量为0.8~1.0g/（kg·d）；慢性肾脏病3~5期非透析病人，蛋白质摄入量为0.6~0.8g/（kg·d）。透析病人的蛋白质摄入见本章第六节"泌尿系统疾病常用诊疗技术及护理"。

2）热量：热量充足，以减少体内蛋白质的消耗。一般每日供应的热量为105~147kJ/kg（25~35kcal/kg），70%由碳水化合物供给。可选用热量高、蛋白质含量低的食物，如麦淀粉、藕粉、薯类、粉丝等。已透析的病人改为透析饮食，具体详见本章第六节"泌尿系统疾病常用诊疗技术及护理"。

3）脂肪：脂肪摄入不超过总热量的30%，不饱和脂肪酸和饱和脂肪酸摄入比例为2:1，胆固醇摄入量<300mg/d。

4）钠：一般每天钠摄入量不超过2g，水肿、高血压、少尿者需进一步限制食盐摄入量。

5）钾：GFR<10ml/（min·1.73m^2）、每天尿量<1 000ml或血钾>5.0mmol/L时，需限制饮食中钾的摄入，禁用含钾高的低钠盐、平衡盐等特殊食盐，少用酱油等调味品，慎食含钾高的食物，如蘑菇、海带、豆类、桂圆、莲子、卷心菜、榨菜、香蕉、橘子等，含钾高的蔬菜在烹饪前浸泡、过沸水可有效减少钾的含量。

6）磷：低磷饮食，每天磷摄入量800~1 000mg。避免含磷高的食物，如全麦面包、动物内脏、干豆类、坚果类、奶粉、乳酪、蛋黄、巧克力等。选择磷/蛋白比值低的食物摄入，如鸡蛋白、海参等；减少磷/蛋白比值高的食物摄入，如蘑菇、酸奶等。限制含磷添加剂较高的食物和饮料摄入。

7）补充水溶性维生素和矿物质，如维生素C、维生素B$_6$、叶酸、铁等。

（2）改善病人食欲：适当增加活动量，尽量使食物色、香、味俱全，有良好的感官性状，进食前最好能休息片刻，提供整洁、舒适的进食环境，少量多餐。慢性肾衰竭病人胃肠道症状较明显，口中常有尿味，应加强口腔护理，以增进食欲。

（3）用药护理：病人蛋白质摄入低于0.6g/（kg·d），应补充必需氨基酸或α-酮酸。以8种必需氨基酸配合低蛋白高热量的饮食治疗尿毒症，可使病人达到正氮平衡，并改善症状。必需氨基酸有口服制剂和静滴制剂，成人用量为每天0.1~0.2g/kg，能口服者以口服为宜。静脉输入时注意输液速度，如有恶心、呕吐，及时减慢输液速度，同时可给予止吐药。切勿在氨基酸溶液内加入其他药物，以免引起不良反应。α-酮酸用量为0.075~0.12g/（kg·d），口服。高钙血症者慎用，需定期监测血钙浓度。

（4）肾功能和营养状况的监测：定期监测血尿素氮、血肌酐、血清白蛋白、血红蛋白等的变化。

2. 潜在并发症：水、电解质、酸碱平衡失调。

具体护理措施参见本章第四节"急性肾损伤"。

3. 有皮肤完整性受损的危险 与皮肤水肿、瘙痒、凝血机制异常、机体抵抗力下降有关。

（1）评估皮肤：评估皮肤的颜色、弹性、湿度及有无水肿、瘙痒，检查受压部位有无发红、水疱、感染、脱屑等。

（2）皮肤的一般护理：避免皮肤过于干燥，以中性肥皂和沐浴液进行皮肤清洁，洗后涂上润肤剂，以免皮肤瘙痒。必要时，按医嘱给予抗组胺类药物和止痒剂，如炉甘石洗剂。

（3）水肿的护理：如病人有水肿，具体护理措施参见本章第一节的"肾性水肿"。

4. 活动耐力下降 与并发心力衰竭、贫血、电解质和酸碱平衡紊乱等有关。

（1）评估活动的耐受程度：定期评估病人活动时有无疲劳、胸痛、呼吸困难、头晕等，掌握病人对活动的耐受情况，及时指导病人控制适当的活动量。

（2）休息与活动：① 病情较重或有心力衰竭者，应绝对卧床休息，并提供安静的休息环境，协助病人做好各项生活护理。② 能起床活动的病人，则应鼓励其适当活动，如室内活动、完成力所能及的生活自理活动等；活动时有人陪伴，以无心慌、气喘、疲乏为宜。③ 贫血严重者应卧床休息，并告知病人坐起、下床时动作宜缓慢；有出血倾向者活动时应注意安全，避免皮肤黏膜受损。④ 长期卧床病人应指导或协助其进行主动或被动运动，如屈曲肢体、按摩四肢肌肉等，避免发生静脉血栓形成或肌肉萎缩。

（3）用药护理：积极纠正病人的贫血，如遵医嘱用促红细胞生成素，观察用药后反应，如头痛、高血压、癫痫发作等，定期查血红蛋白和血细胞比容等。遵医嘱用降压药、强心药等。

5. 有感染的危险 与机体免疫功能低下有关。

（1）观察感染征象：如有无体温升高、寒战、疲乏无力、食欲下降、咳嗽、咳脓性痰、尿路刺激征、白细胞增高等。准确留取各种标本如痰液、尿液、血液等送检。

（2）预防感染：病室定期通风并作空气消毒，改善病人的营养状况，严格无菌操作，加强生活护理，尤其是口腔及会阴部皮肤的卫生。教导病人尽量避免去公共场所。皮肤瘙痒时可遵医嘱用止痒剂，避免用力搔抓。卧床病人应定期翻身，指导有效的咳痰技巧。

【健康指导】

1. 疾病知识指导 向病人及家属讲解慢性肾衰竭的基本知识，使其了解本病虽然预后较差，但只要坚持治疗，消除和避免加重病情的各种因素，可以延缓病情进展，提高生存质量。指导家属关心、照料病人，给病人以情感支持，使病人保持稳定积极的心态。

2. 疾病预防指导 早期发现和积极治疗各种可能导致肾损害的疾病，如高血压、糖尿病等。

已有肾脏基础疾病者，注意避免加速肾功能减退的各种因素，如避免使用肾毒性药物、防止血容量不足等。

3. 饮食指导　向病人介绍饮食治疗的意义，让病人和家属懂得合理的饮食方案，是治疗慢性肾衰竭的重要措施。指导病人和家属选用优质低蛋白、低磷、高热量的食品。

4. 预防感染　讲解防寒保暖、避免过劳的重要性，增强病人自我保健意识，预防感染。注意个人卫生。

5. 透析指导　慢性肾衰竭病人应注意保护和有计划地使用血管，尽量保留前臂、肘等部位的大静脉，以备用于血液透析。已行血液透析治疗的病人，应注意保护好动-静脉瘘管；腹膜透析者保护好腹膜透析管道。

（蔡金辉）

第六节　泌尿系统疾病常用诊疗技术及护理

一、血液透析

血液透析（hemodialysis，HD）简称血透，是将病人的血液与透析液分别引入透析器内半透膜（透析膜）两侧，利用膜平衡原理，经弥散、对流等作用，达到清除代谢产物及毒性物质，纠正水、电解质及酸碱平衡紊乱的一种治疗方法。溶质的清除主要依靠弥散，即依靠半透膜两侧溶液浓度差，从浓度高的一侧向浓度低的一侧移动。溶质清除的另一种方式是对流，即依据膜两侧压力梯度，水分和小于膜截留分子量的溶质从压力高侧向压力低侧移动。在普通血透中弥散起主要作用。透析装置主要包括透析器、透析液、透析机与供水系统等（图5-4）。

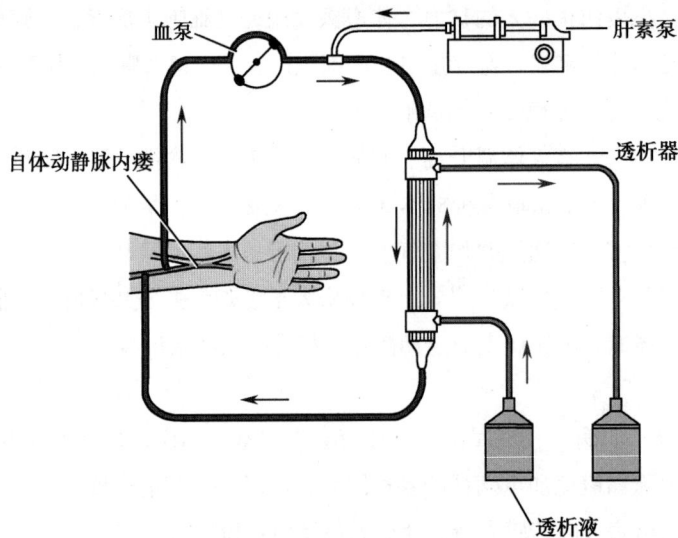

▲ 图5-4　血液透析示意图

【适应证】

1. 终末期肾病　透析指征包括非糖尿病肾病 eGFR < 10ml/(min·1.73m^2)、糖尿病肾病 eGFR < 15ml/(min·1.73m^2)。有以下情况时，酌情提前开始透析，如容量过多（包括急性心力衰竭、急性肺水肿迹象、顽固性高血压）、高钾血症（如血钾达 6.0mmol/L 以上或心电图疑有高血钾图形）、代谢性酸中毒、高磷血症等严重并发症，经药物治疗不能有效控制者。

2. 急性肾损伤　透析指征详见本章第四节"急性肾损伤"。

3. 其他疾病　如严重的水、电解质和酸解平衡紊乱，常规治疗难以纠正者。

【禁忌证】

无绝对禁忌证。相对禁忌证：① 颅内出血或颅内压增高；② 药物难以纠正的严重休克；③ 严重心肌病变并有难治性心力衰竭；④ 活动性出血；⑤ 精神障碍不合作者。

【术前护理】

1. 透析装置的准备　透析装备包括血液透析机、透析器、透析管路、透析液、透析供水系统。血液透析机可控制透析液流量及温度、脱水量、血液流量等，并具有体外循环的各种监护系统。护士熟练掌握透析机的操作，开机后各项指标达到稳定后开始透析。透析器是物质交换的场所，最常用的是中空纤维型透析器。中空纤维是由人工合成的半透膜，空芯腔内供血液通过，外为透析液。

2. 透析药品、物品的准备　透析药品包括透析用药（生理盐水、肝素、5% 碳酸氢钠）、急救用药（高渗葡萄糖注射液、10% 葡萄糖酸钙、地塞米松、肾上腺素等）。透析物品包括穿刺针、无菌治疗巾、碘伏和棉签等消毒物品、止血带、一次性手套等。

3. 病人的准备　主要是血管通路的准备，临时或短期血液透析病人选用临时中心静脉置管血管通路。需较长期血液透析病人应选用长期血管通路，如自体动静脉内瘘。使用动静脉内瘘时，需熟悉内瘘的穿刺和保护方法。如果病人肢体血管条件差，无法建立自体动静脉内瘘，可以建立移植血管通路，包括自体移植血管通路、同种异体移植血管通路、异种移植血管通路、人造移植血管通路等。设置病人干体重，干体重是指血液透析后病人体内过多的液体全部或绝大部分被清除时的体重。术前需测量病人的体重；一般情况下透析间期病人体重增长不超过5%或每日体重增长不超过1kg。病人术前测量体重与干体重之差即为当次血液透析清除病人体内的液体量。

4. 心理护理　由于尿毒症病人及家属对血液透析疗法很陌生，容易产生恐惧，心理压力大，因此应向病人及家属介绍和解释血液透析的必要性、方法及注意事项，透析前应尽量消除病人的恐惧和紧张心理。

【术中配合】

1. 开机自检　① 检查透析机电源线连接是否正常；② 打开机器电源总开关；③ 按照要求进行机器自检。

2. 血液透析器和管路的安装　① 检查血液透析器及透析管路有无破损，外包装是否完好；② 查看有效日期及型号；③ 安装管路时遵守无菌原则。安装顺序按照体外循环的血流方向依次安装。

3. 密闭式预冲 ① 启动透析机血泵80~100ml/min，用生理盐水排净透析管路和透析器（膜内）气体。生理盐水流向为动脉端→透析器→静脉端。② 将泵速调至200~300ml/min，连接透析液接头与透析器旁路，排净透析器（膜外）气体。

4. 建立体外循环（操作流程如图5-5） 动静脉内瘘穿刺是维持性血液透析病人建立血管通路的常用方法。

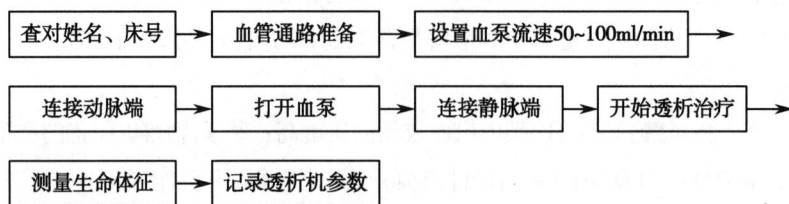

▲ 图5-5　体外循环操作流程

（1）检查血管通路：有无红肿、渗血、硬结，摸清血管走向和搏动强弱。

（2）选择穿刺点后，用碘伏消毒穿刺部位。

（3）根据血管的粗细和血流量要求等选择穿刺针大小。

（4）采用阶梯式或纽扣式等方法，以动脉端穿刺点距离动静脉内瘘口3cm以上、动静脉穿刺点的距离5cm以上为宜，固定穿刺针。根据医嘱推注首剂量抗凝剂。

（5）透析管路连接病人动静脉端；逐渐调节血泵速度至200~250ml/min。

5. 回血下机 推荐密闭式回血下机。

（1）调整血泵速度至50~100ml/min。

（2）打开动脉端预冲侧管，用生理盐水将动脉侧管内的血液回流至动脉壶。

（3）关闭血泵，靠重力将动脉侧管近心端的血液回输至病人体内。

（4）夹闭动脉管路和动脉穿刺处管路。

（5）打开血泵，用生理盐水全程回血。

（6）夹闭静脉管路和静脉穿刺处管路。

（7）拔针，首先拔出动脉内瘘针，再拔出静脉内瘘针，拔针后压迫穿刺处2~3分钟。用弹力绷带或胶布加压包扎动、静脉内瘘穿刺部位10~20分钟，压迫力度以触摸到动静脉内瘘有震颤为度。检查动、静脉内瘘穿刺部位无出血或渗血后松开包扎带。

（8）测量病人生命体征，并记录、签名。

（9）血液透析治疗结束后嘱病人平卧10~20分钟。

（10）听诊内瘘杂音良好。指导病人注意事项，送病人离开血液净化中心。

6. 血液透析常见并发症及处理

（1）低血压：指透析过程中收缩压下降>20mmHg，平均动脉压下降10mmHg以上，伴有低血压症状，如恶心、呕吐、胸闷、面色苍白、出冷汗、头晕、心悸，甚至一过性意识丧失等，是血液透析常见并发症之一。主要原因是超滤速度过快 [>0.35ml/（kg·min）或>1 000ml/h]、干体重过低、透析液钠浓度偏低等；也见于血液透析前服用降压药物、中重度贫血、自主神经功能障碍（如糖尿病神经病变病人）、心脏舒张功能障碍、心律失常等。

紧急处理措施：① 立即减慢血流速度，停止超滤，协助病人平躺，抬高床尾，并给予吸氧；② 在血管通路输注生理盐水、高渗葡萄糖溶液或白蛋白溶液等；③ 监测血压变化，必要时遵医嘱使用升压药，若血压仍不回升，停止透析。

（2）失衡综合征：指透析中或透析结束后不久出现的以神经精神症状为主的临床综合征。多发生于严重高尿素氮血症的病人接受透析治疗之初。轻者表现为头痛、恶心、呕吐、躁动；重者表现为抽搐、昏迷等。主要是由于血液透析使血液中的毒素浓度迅速下降，血浆渗透压降低，而脑脊液中的毒素因血脑屏障下降较慢，以致脑脊液的渗透压高于血液的渗透压，水分由血液进入脑脊液形成脑水肿，导致颅内压升高。处理措施：轻者减慢血流速度、吸氧，静脉输注高渗葡萄糖溶液、高渗盐水；严重者立即终止透析，静脉滴注甘露醇并进行相应抢救。血液透析失衡综合征引起的昏迷一般可于24小时内好转。

（3）肌肉痉挛：多出现在透析中后期。主要表现为足部肌肉、腓肠肌痉挛性疼痛。常见原因有：低血压、低血容量及电解质紊乱（低钙血症、低镁血症、低钾血症等）、超滤速度过快、应用低钠透析液等。紧急处理措施：轻者暂停超滤即可缓解；重者需输注高渗葡萄糖液或高渗盐水。超滤设置要适量、正确，并将透析液钠浓度调至145mmol/L或更高。对痉挛肌肉进行外力挤压按摩也有一定效果。

（4）透析器反应：因使用新透析器产生的一组症状，又称为首次使用综合征。表现为透析开始1小时内出现的皮肤瘙痒、荨麻疹、流涕、腹痛、胸痛、背痛等症状；重者可发生呼吸困难，甚至休克、死亡。主要与透析器生物相容性差引起的Ⅰ型或Ⅱ型变态反应有关。透析时应采用生物相容性好的透析器。处理措施：一般给予吸氧、抗组胺药物、止痛药物等对症处理后可缓解；如果明确为Ⅰ型变态反应，需立即停止透析，舍弃透析器和管路中的血液，并使用异丙嗪、糖皮质激素、肾上腺素等控制症状。

（5）其他：如心律失常、栓塞（如空气栓塞、血栓栓塞）、溶血、出血、透析器破膜、体外循环凝血等。

【术后护理】

1. 透析后注意穿刺点及内瘘的护理，防止感染及堵塞。

2. 测量体重，与病人预约下次血液透析的时间。

3. 饮食指导　血液透析病人的营养问题极为重要，营养状态直接影响病人的长期存活及生存质量的改善，因此要加强饮食指导，使病人合理调配饮食。如单纯饮食指导不能达到推荐日常摄入量，需给予口服低磷、低钾、高能量密度的肾病专用配方营养补充剂；若经口补充受限或仍无法达到足够热量，则给予管饲或肠外营养。

（1）热量：能量供给一般为126~147kJ/（kg·d）[30~35kcal/（kg·d）]，其中碳水化合物占60%~65%，以多糖为主；脂肪占25%~35%，可适当提高n−3多不饱和脂肪酸和单不饱和脂肪酸的摄入。

（2）蛋白质：摄入量以1.0~1.2g/（kg·d）为宜，合并高分解状态的急性疾病时可增加至1.5g/（kg·d），其中50%以上为优质蛋白，必要时补充复方α-酮酸0.12g/（kg·d）。

（3）控制液体摄入：两次透析之间，体重增加不超过5%或每天体重增加不超过1kg。

（4）限制钠、钾、磷的摄入：给予低盐饮食，钠摄入＜2g/d（相当于膳食钠盐＜5g/d），严重高血压、水肿或水钠潴留、无尿时应严格限制钠摄入。避免摄入高钾食物。磷的摄入量一般600~800mg/d，高磷血症者应更严格限制。

（5）维生素和矿物质：透析时水溶性维生素严重丢失，适量补充维生素C、维生素B$_6$、叶酸等。透析病人膳食和药物中的钙摄入总量不超过1 500mg/d，合并维生素D不足者予补充维生素D。

二、连续性肾脏替代治疗

连续性肾脏替代治疗（continuous renal replacement therapy，CRRT）是指一组体外血液净化的治疗技术，是所有连续、缓慢清除水分和溶质治疗方式的总称。CRRT的治疗目的不仅仅局限于替代功能受损的肾脏，更扩展到常见危重疾病的急救，成为各种危急重症病救治中最重要的支持措施之一。目前主要包括以下技术：① 缓慢连续超滤；② 连续性动脉–静脉血液透析；③ 连续性静脉–静脉血液透析；④ 连续性动脉–静脉血液滤过；⑤ 连续性静脉–静脉血液滤过；⑥ 连续性动脉–静脉血液透析滤过；⑦ 连续性静脉–静脉血液透析滤过；⑧ 连续性高通量透析；⑨ 连续性高容量血液滤过；⑩ 连续性血浆滤过吸附。

【适应证】

1. 急性肾损伤合并严重电解质紊乱、酸碱代谢失衡、心力衰竭、肺水肿、脑水肿、急性呼吸窘迫综合征、外科术后、严重感染等。

2. 慢性肾衰竭合并急性肺水肿、尿毒症脑病、心力衰竭、血流动力学不稳定等。

3. 多器官功能障碍综合征、脓毒血症或败血症性休克、急性呼吸窘迫综合征、挤压综合征、乳酸酸中毒、急性重症胰腺炎、心肺体外循环手术、慢性心力衰竭、肝性脑病、严重液体潴留、需要大量补液、严重电解质和酸碱代谢紊乱等。

【禁忌证】

CRRT无绝对禁忌证，但存在以下情况需要慎用：① 无法建立合适的血管通路；② 严重凝血功能障碍；③ 严重活动性出血，特别是颅内出血者。

【术前护理】

以连续性静脉–静脉血液透析滤过模式及肝素抗凝为例。

1. 准备置换液、生理盐水、肝素溶液、注射器、消毒液、无菌纱布、棉签及胶布等物品。

2. 操作者按要求着装，洗手、戴帽子、戴口罩、戴手套。

3. 检查并连接电源，打开CRRT机电源开关。

4. 根据CRRT机显示屏提示步骤，逐步安装CRRT管路及血滤器，安放置换液袋，连接置换液、生理盐水预冲液、抗凝用肝素液及废液袋，打开各管路夹。进行管路预冲及机器自检。

5. CRRT机自检通过后，夹闭动脉夹和静脉夹。

【术中配合】

以连续性静脉–静脉血液透析滤过模式及肝素抗凝为例。

1. 设置血流量、置换液流速、透析液流速、超滤液流速及肝素输注速度等参数，此时血流量在100ml/min以下为宜。

2. 打开病人留置导管帽，消毒导管口，抽出导管内封管液，注入生理盐水，确认导管通畅后从静脉端注入符合剂量肝素。

3. 将管路动脉端与导管动脉端连接，打开管路动脉夹及静脉夹，按治疗键，CRRT机开始运转，放出适量管路预冲液后按停血泵，夹闭管路静脉夹，将管路静脉端与导管静脉端连接后，打开管路和导管的夹子，开启血泵继续治疗。固定好管路，治疗巾遮盖留置导管连接处。

4. 回血下机

（1）按结束治疗键，停止血泵，夹闭管路及留置导管动脉端，分离管路动脉端与留置导管动脉端，将管路动脉端与生理盐水连接，将血泵流速调节至100ml/min以下，开启血泵回血。

（2）回血完毕，按停血泵。夹闭管路及留置导管静脉端，分离管路静脉端与留置导管静脉端。

（3）消毒留置导管管口，用生理盐水冲洗留置导管管腔，封管、包扎、固定。

5. 治疗过程中的监护

（1）检查管路是否连接紧密。

（2）机器是否处于正常状态：绿灯亮，显示屏显示治疗量。

（3）核对病人治疗参数设定是否正确。正确执行医嘱。

（4）专人床边监测，观察病人状况及管路是否凝血，记录各项生命体征监测参数，每小时记录1次治疗参数和治疗量，核实是否与医嘱一致。

（5）根据机器提示，及时补充肝素溶液、更换废液袋、更换管路及血滤器。

（6）根据机器提示，逐步卸下过滤器、管路及各液体袋。关闭电源。

【术后护理】

1. 密切观察病人生命体征变化，特别注意病人有无低血压症状。

2. 注意病人电解质紊乱及酸碱平衡失调，如低钾血症或高钾血症、低钙血症、酸碱失衡等。

3. CRRT治疗时间长，抗凝剂使用总量较大，需注意观察病人有无发生出血或出血倾向等症状。

三、腹膜透析

腹膜透析（peritoneal dialysis，PD），简称腹透，是慢性肾衰竭病人最常用的替代疗法之一，指利用病人自身腹膜的半透膜特性，通过弥散和对流的原理，规律、定期地向腹腔内灌入透析液并将废液排出体外，以清除体内潴留的代谢产物，纠正电解质和酸碱失衡、超滤过多水分的肾脏替代治疗方法。常见的腹膜透析方式包括：持续不卧床腹膜透析（continuous ambulatory peritoneal dialysis，CAPD）、间歇性腹膜透析（intermittent peritoneal dialysis，IPD）、持续循环腹膜透析（continuous cycle peritoneal dialysis，CCPD）、夜间间歇性腹膜透析（nocturnal intermittent peritoneal dialysis，

NIPD)、潮式腹膜透析（tidal peritoneal dialysis，TPD）和自动腹膜透析（automated peritoneal dialysis，APD）等。目前以持续不卧床腹膜透析在临床应用最为广泛（图5-6）。

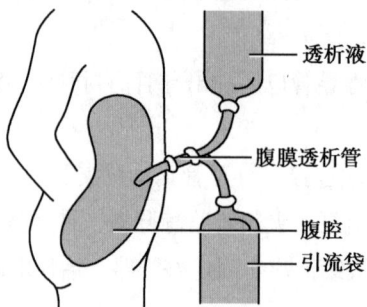

透析液

腹膜透析管

腹腔

引流袋

▲ 图5-6 腹膜透析示意图

相关链接 | **中国腹膜透析第一人——钱家麒教授**

钱家麒教授首次将腹膜透析技术引入中国，并将该领域的"中国标准"带给世界。腹膜透析是尿毒症病人一体化治疗方案中重要的组成部分。20世纪80年代，钱家麒教授率先规范腹膜透析工作，并在全国推广。20世纪90年代引入腹膜透析技术时，国际标准建议一次腹膜透析用8~10L透析液，尿素清除指数要达到2.0才认为毒素清除充分。钱家麒教授根据临床实践发现，我国病人起始治疗只需6L透析液，就能得到很好的治疗效果。腹膜透析液使用的减少，不仅降低治疗费用，而且保护腹膜功能，让病人腹膜透析治疗时间得以延长。钱家麒教授通过研究证明的低剂量起始腹膜透析的"中国方案"，以及尿素清除指数达到1.7提示毒素清除充分的"中国标准"，被广泛认同，最终被国际指南采纳，成为腹膜透析充分性的国际标准。通过运用"中国方案""中国标准"，拯救了国内外千千万万的尿毒症病人，诠释着医者大爱无疆与大医精神。

【适应证】

腹膜透析适用于多种原因导致的慢性肾衰竭的治疗。下列情况优先考虑腹膜透析治疗：老年人、婴幼儿、儿童；原有心、脑血管疾病或心血管系统功能不稳定；血管条件差或反复血管造瘘失败；凝血功能障碍以及有明显出血倾向者；尚存较好残肾功能；偏好居家治疗，或需要日间工作、上学的病人；交通不便的农村偏远地区病人。

【禁忌证】

1. 绝对禁忌证 ① 腹膜广泛粘连或纤维化；② 腹壁广泛感染或严重烧伤或其他皮肤病；③ 腹膜有严重缺损者。

2. 相对禁忌证 ① 腹腔内有新鲜植入物者，或存在腹腔内脏外伤，或腹部大手术早期，或结肠造瘘或粪瘘；② 腹膜瘘；③ 腹腔内恶性肿瘤；④ 有进展性肺部疾病或复发性气胸，或严重肺部病变伴肺功能不全者；⑤ 合并炎症性肠病或缺血性肠病，或反复发作的憩室炎病人；⑥ 腹部皮肤有感染灶者；⑦ 腹部存在机械缺陷者：如外科无法修补的腹部疝等；⑧ 妊娠；⑨ 严重的腰骶椎间盘疾病者。

【术前护理】

1. **物品准备** 碘伏帽、夹子、腹膜透析液、消毒液、胶布、弯盆、磅秤、输液架及治疗车。

2. **操作者着装规范、洗手、戴口罩。环境清洁、舒适，光线充足，适合无菌操作，关闭门窗、风扇、空调。避免人员走动。**

3. **病人评估** ① 病人病情、治疗目的、意识状态、生命体征及体位；② 病人对腹膜透析治疗的认知程度，对腹膜透析治疗的重要性及注意事项的了解程度；③ 病人的心理状态及需求；④ 病人的沟通、理解及合作能力；⑤ 病人腹膜透析管道及管道出口情况。

4. **向病人做好解释** ① 腹膜透析换液的目的和配合方法；② 换液前、中、后的注意事项；③ 病人取卧位或坐位，以配合操作。

【术中配合】

1. **检查** 核对医嘱、病人姓名、住院号、透析单、腹膜透析方式，遵医嘱在透析液中添加药物，检查腹膜透析双联系统管路，核对透析液类别、温度、性质、有效期、浓度、用法及剂量等。

2. **核对** 床旁核对病人信息；检查并取出腹膜透析双联系统管路。

3. **查看** 协助病人合适体位，取出并检查病人身上的导管情况，包括外接短管与钛接头的连接处是否紧密、短管是否处于夹闭状态、碘伏帽是否密合等。

4. **连接** 五部接管法。一"抓"，拇指与示指抓住短管，管口略向下倾斜，手放平后固定不动；二"夹"，将双联系统管路接口处夹在小指与环指之间，双联系统管路置于短管下方；三"拉"，将示指伸入接口拉环内用力向外拉开，注意避免污染；四"拧"，将短管上的碘伏帽拧开并弃去，保持管口无菌状态；五"接"，另一手从下方抓住双联系统管路接口处，将双联系统管路接口与短管连接，连接时注意短管口稍向下，拧紧双联系统管路与短管。

5. **引流** 夹闭入液管道，将透析液袋口的绿色出口塞折断，悬挂透析液袋于输液架上，将引流袋放在低位，置于地面清洁盆内，打开短管旋钮开关，开始引流，引流完毕后关闭短管开关。引流过程中注意观察引流液颜色、量、透明度及病人的反应等。

6. **冲洗** 松开入液管道夹子，充分预冲，观察透析液流入引流袋5秒后再夹闭出液管路。

7. **灌注** 打开短管旋钮开关，开始灌注，注意灌注的速度及病人反应，灌注结束后关闭短管开关，夹闭入液管路。

8. **分离** 撕开碘伏帽的外包装，将短管与双联系统管路分离，将碘伏帽与短管口拧紧。将拉环套在双联系统管路上，卸下夹子。

9. **测量引流量、记录** 测量废液重量，测得重量减去双联系统管路及袋子的重量，得出的数值记录在腹膜透析记录单上。

10. **垃圾分类处理。**

【术后护理】

1. **腹膜透析管道护理** 注意透析管道皮肤出口处的清洁卫生，防止感染。勿使腹膜透析管受压、扭曲，防止纤维蛋白堵塞管道等。

2. 饮食护理 给予高热量、高生物效价优质蛋白、高维生素、低钠饮食。由于腹膜透析可致体内大量蛋白质及其他营养成分丢失，故应通过饮食补充。病人蛋白质的摄入量为1.2~1.3g/（kg·d），其中50%以上为优质蛋白；热量摄入为147kJ/（kg·d），即35kcal/（kg·d）；水的摄入应根据每天出量而定，每天水分摄入量=500ml+前一天尿量+前一天腹膜透析超滤量，水肿者应严格限水。

3. 腹膜透析技能指导 教会病人保持室内环境清洁，正确的洗手技术，操作时戴口罩，检查透析液有效期、葡萄糖含量、有无渗漏和杂质。教会病人夹闭管道或打开透析液时要无菌操作，使病人出院后能顺利进行自我家庭透析。

4. 常见并发症的观察和护理

（1）腹膜透析相关性腹膜炎：是腹膜透析的主要并发症，是导致腹膜透析失败和拔管的首要原因，影响腹膜超滤功能和透析效能。腹膜透析伤口感染、手术操作及透析液污染是引起腹膜透析相关性腹膜炎的主要原因。为了预防和及时处理腹膜炎，需要做好以下护理。

1）术前护理：向病人讲解腹膜透析的原理、适应证、禁忌证、"临床技能教学的简单5步法"，术前按外科手术常规备皮及肠道准备。

2）术后护理：术后当天卧床休息，鼓励病人术后早期（术后第2天）下床活动。病人进食易消化食物，保持大便通畅，妥善固定腹膜透析管，防止牵拉、扭曲管道，保持导管出口处敷料干洁、定期换药，观察导管出口及切口处疼痛情况，术后遵医嘱给予1.5%低钙腹膜透析液冲洗腹腔，观察切口处有无出血、渗液等。

3）腹膜透析病人的考核、随访：腹膜透析病人的考核包括操作考核和理论知识考核，操作考核包括腹膜透析双联系统换液法（图5-7）、自动腹膜透析机的使用、更换腹膜透析外接短管法、腹膜透析相关性腹膜炎的应急处理护理技术、腹膜透析出口处护理等；理论知识考核包括并发腹膜透析相关性腹膜炎的处理。随访包括门诊随访（出院后2~4周完成首次门诊随访，病情稳定病人每1~3个月随访1次）、电话随访（出院后1~2周完成首次电话随访，每3个月进行1次电话随访）、家庭随访（根据中心人员配置情况安排）、住院随访（病情需要时住院随访）、网络随访等。随访内容包括测量病人生命体征；查看每日透析记录；检查腹膜透析导管出口处情况，局部有无红肿、疼痛、结痂、分泌物，腹膜透析导管是否完整；留取血、尿和腹膜透析液标本进行透析充分性（Kt/V、Ccr）和腹膜平衡试验（PET）检查；营养评估，包括饮食变化、皮下脂肪厚度、肌肉消耗情况，进行主观全面评定（SGA）评分；心理健康评估；常规6个月更换外接短管；腹膜透析相关操作、相关知识的指导及再培训。

（2）引流不畅：常见并发症。原因为透析管的移位、受压、扭曲、纤维蛋白堵塞、大网膜的粘连、肠腔或腹腔内气体过多等。

护理方法：轻压腹部、稍移动导管方向；改变病人体位；肝素或尿激酶注入透析管内，溶解纤维块；排空膀胱；服用导泻剂或灌肠，促使肠排气；以上处理无效时重新手术置管。

（3）腹痛、腹胀：常见原因为腹膜透析液的温度过高或过低、渗透压过高、腹膜透析液流入

```
┌──────────┐    ┌──────────────────────────────────────────────────┐
│ 换液前评估 │───▶│1.病人病情、年龄、体位、出口情况及意识状态、认知程│
└──────────┘    │  度、心理反应等;                                  │
      │         │2.评估病人对腹膜透析治疗的目的、重要性及注意事项的了│
      │         │  解程度。                                          │
      ▼         └──────────────────────────────────────────────────┘
┌──────────┐    ┌──────────────────────────────────────────────────┐
│ 换液前准备 │───▶│1.环境清洁、舒适、光线好、紫外线消毒关闭门窗、关空调;│
└──────────┘    │2.物品准备:加温腹膜透析液、蓝夹子2个、输液架、碘伏│
      │         │  帽2个、管道固定夹;                               │
      │         │3.操作者洗手、戴口罩。                               │
      ▼         └──────────────────────────────────────────────────┘
┌──────────┐    ┌──────────────────────────────────────────────────┐
│ 核对信息  │───▶│1.核查医嘱和病人相关信息;                           │
└──────────┘    │2.核对并检查双联透析液及双联系统。                   │
      │         └──────────────────────────────────────────────────┘
      ▼         ┌──────────────────────────────────────────────────┐
┌──────────┐    │一"抓":用一手的拇指和示指抓握短管;                 │
│  连接    │───▶│二"夹":将双联系统Y形管夹在小指与环指之间,握紧;    │
└──────────┘    │三"拉":用另一手拇指和示指将双联系统Y形管接口上的   │
      │         │  拉环拉开;                                         │
      │         │四"拧":拧开短管上的碘伏帽并弃去;                   │
      │         │五"接":将双联系统和短管相连。                       │
      ▼         └──────────────────────────────────────────────────┘
┌──────────┐    ┌──────────────────────────────────────────────────┐
│  排气    │───▶│折断透析液袋中易折阀门,使透析液充满双联系统管路,  │
└──────────┘    │蓝夹子夹闭入液管路。                                 │
      │         └──────────────────────────────────────────────────┘
      ▼         ┌──────────────────────────────────────────────────┐
┌──────────┐    │打开短管开关,引出透析液,观察引流液的性质、颜色及  │
│  引流    │───▶│引流量,引流完毕后夹闭出液管路。                     │
└──────────┘    └──────────────────────────────────────────────────┘
      │         ┌──────────────────────────────────────────────────┐
      ▼         │打开入液管路的蓝夹子,开始将新鲜腹膜透析液灌入腹    │
┌──────────┐    │腔,观察入液速度。                                   │
│  灌入    │───▶└──────────────────────────────────────────────────┘
└──────────┘    ┌──────────────────────────────────────────────────┐
      │         │关闭短管总开关,夹闭出、入液管路,检查并撕开碘伏帽  │
      ▼         │外包装,将短管与双联系统分离,用碘伏帽封管。         │
┌──────────┐    └──────────────────────────────────────────────────┘
│  分离    │───▶
└──────────┘    ┌──────────────────────────────────────────────────┐
      │         │称重并记录。                                        │
      ▼         └──────────────────────────────────────────────────┘
┌──────────┐
│  记录    │───▶
└──────────┘
      │
      ▼
┌──────────┐
│垃圾分类处理│
└──────────┘
```

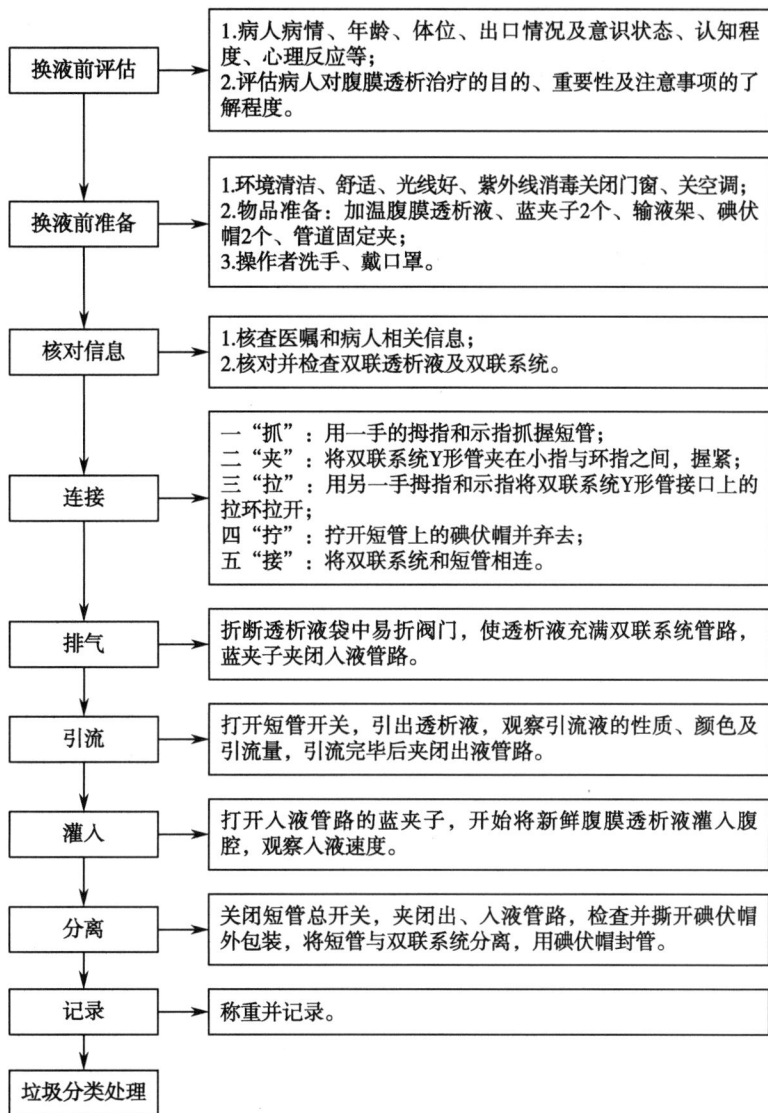

▲ 图5-7　腹膜透析双联系统换液法流程图

或流出的速度过快、腹膜透析管置入位置过深、腹膜炎。护理时应注意调节适宜的腹膜透析液温度、渗透压,控制腹膜透析液进出的速度,腹膜透析管置入位置过深时应由置管医生对腹膜透析管进行适当调整,积极治疗腹膜炎。

（4）导管出口处感染和隧道感染:常见原因为腹膜透析管出口处未保持清洁、干燥,腹膜透析管腹外段反复、过度牵拉引起局部组织损伤。表现为导管出口周围发红、肿胀、疼痛,甚至伴有脓性分泌物,沿隧道移行处压痛。

处理方法:① 指导病人正确进行出口处护理,每周更换敷料2次,用无刺激性溶液清洗。保证导管妥善固定,防止牵拉导管导致出口处摩擦。② 定期评估出口处皮肤及周围组织的变化,注意是否出现红肿或压痛。③ 若仅出口处红肿、压痛,可在出口处涂抹莫匹罗星软膏,同时增加更换敷料的次数，每2天1次。④ 若出口处有结痂，用生理盐水进行软化，不可用力去除结痂。

5. 定期复诊　嘱病人定期化验血生化、检查肾功能，发现异常及时到医院就诊。

（蔡金辉）

第七节　泌尿系统临床思维案例

病史：病人，男，43岁，务农，因头痛、头晕、乏力半年，加重伴恶心、呕吐5天入院。病人于半年前无明显诱因出现头痛、头晕、乏力，夜尿量增多。无尿频、尿急、尿痛，无肉眼血尿及少尿，无恶心、呕吐。在当地医院测血压170/100mmHg，间断服用氨氯地平，未监测血压，未化验尿常规及肾功能。5天前病人上述症状加重并出现恶心、呕吐，为非喷射性呕吐，呕吐物为胃内容物，就诊于当地医院，化验结果为：尿蛋白（++），镜检白细胞7个/高倍镜视野；血红蛋白78g/L；血尿素氮22.4mmol/L，血肌酐932μmol/L。为进一步诊治遂来我院，门诊以"慢性肾衰竭，慢性肾脏病5期"收住院。10年前曾诊断慢性肾小球肾炎，当时尿蛋白（+），曾用中药治疗，后未复查。否认糖尿病史及肝炎病史。

体格检查：T 37℃，P 75次/min，R 20次/min，BP 170/90mmHg，贫血貌，双侧扁桃体无肿大，甲状腺不大。双肺呼吸音清，未闻及干湿啰音。心率75次/min，律齐，无杂音。腹平软，无压痛及反跳痛，肝脾肋下未及，肝区及双肾区无叩击痛。肠鸣音正常。双下肢无水肿。

辅助检查：血常规：血红蛋白70g/L。尿常规：尿蛋白（+++），尿隐血（++），红细胞5~6个/高倍镜视野。生化检查：血钠135mmol/L，血钾5.1mmol/L，血钙1.91mmol/L，血磷2.36mmol/L，肌酐978μmol/L，肾小球滤过率10ml/（min·1.73m^2）。尿蛋白定量2.5g/24h。胸片正常。B超：肝胆脾未见明显异常，双肾体积缩小、皮质变薄。

诊断：慢性肾衰竭（慢性肾脏病5期），肾性高血压，肾性贫血，慢性肾小球肾炎。

问题：

1. 请归纳出该病的诊断依据，并作出解释。

> 病情及诊疗进展：
> 　　住院后第2天，开始给病人行血液透析治疗，在透析过程中，病人突然出现恶心、呕吐、胸闷、面色苍白、出冷汗、头晕、心悸，收缩压较前下降20mmHg。

2. 该病人最可能出现什么并发症？如何处理？

> 病情及诊疗进展：
> 　　住院后第7天，病人行左前臂自体动静脉内瘘手术。

3. 如何给病人进行术前、术后护理？

病情及诊疗进展：

病人行规律的血液透析1年后，由于经济负担和心理压力，生活上自暴自弃，在透析间期，大量饮水，突然出现呼吸困难、口唇发绀、频繁咳嗽、咳浆液性泡沫样痰、心率增快、面色苍白、出冷汗、皮肤湿冷，急诊入院。

4.该病人最可能出现什么并发症？如何紧急处理？针对病人患病后的经济负担和心理压力，如何帮助病人走出困境？

（李健芝）

复习参考题

一、简答题

1. 简述原发性肾小球疾病的临床分型。
2. 简述慢性肾脏病病人体液过多的护理措施。
3. 简述原发性肾病综合征的临床表现。
4. 简述原发性肾病综合征病人的饮食护理。
5. 简述急性肾盂肾炎的临床表现。
6. 简述急性肾损伤高钾血症的紧急处理措施。
7. 简述慢性肾脏病的分期及治疗计划。
8. 简述慢性肾衰竭病人常见的护理诊断/问题。
9. 简述血液透析并发低血压的处理措施。
10. 简述腹膜透析病人的饮食护理。

二、选择题

1. 病人，男，35岁，诊断为慢性肾炎。该病人的病变部位主要累及
   A. 单侧肾脏的肾小球
   B. 双侧肾脏的肾小球
   C. 单侧肾脏的肾小球和肾小管
   D. 双侧肾脏的肾小球和肾小管
   E. 双侧肾间质

2. 病人，女，35岁。患慢性肾炎5年，现查肾小球滤过率50ml/（min·1.73m²），判断其肾脏病的分期为
   A. CKD 1期
   B. CKD 2期
   C. CKD 3期
   D. CKD 4期
   E. CKD 5期

3. 病人，男，50岁。患慢性肾小球肾炎5年，目前每日总尿量为1 400ml，夜间尿量为800ml。该病人的尿量属于
   A. 正常尿量
   B. 少尿
   C. 无尿
   D. 夜尿增多
   E. 多尿

4. 病人，女，35岁。因全身水肿、尿少1天入院，24小时尿蛋白定量3.7g，血清白蛋白25g/L，血压、肾功能、血清补体和肾脏B超检查均无异常发现，诊断为肾病综合征。该病人的治疗措施，正确的是
   A. 病人水肿厉害、尿少，加大利尿剂的剂量

B. 细胞毒药物可作为首选或单独治疗用药

C. 激素治疗起始足量、缓慢减量、长期维持

D. 给予高蛋白饮食

E. 水肿消退后，停用激素

5. 病人，男，45岁，以"慢性肾衰竭，慢性肾脏病5期"收入院。住院后予以急诊行血液透析治疗，透析开始1小时内出现的皮肤瘙痒、荨麻疹、流涕、腹痛、胸痛、背痛等症状。该病人最可能发生了

A. 低血压

B. 失衡综合征

C. 肌肉痉挛

D. 透析器反应

E. 栓塞

答案：1. B 2. C 3. D 4. C 5. D

第六章　血液系统疾病病人的护理

学习目标

知识目标	1. 掌握 常见症状体征如贫血、出血、感染与发热的护理；血液系统常见疾病如缺铁性贫血、再生障碍性贫血、溶血性贫血、特发性血小板减少性紫癜（ITP）、血友病、弥散性血管内凝血（DIC）、白血病、淋巴瘤及多发性骨髓瘤的临床表现、常见常用护理诊断/问题及护理措施、健康指导要点；经外周静脉穿刺的中心静脉导管（PICC）、输液港的应用与维护技能。
	2. 熟悉 血液及造血系统疾病病人护理评估；血液系统常见疾病病因、分类或分型、治疗要点；骨髓穿刺术的术前准备及术后护理；血液系统疾病的临床思维分析方法。
	3. 了解 血液及造血系统的结构和功能；血液系统常见疾病的发病机制及辅助检查；骨髓穿刺术的适应证与禁忌证。
能力目标	能应用临床思维与评判性思维对血液系统疾病病人进行病情评估，识别颅内出血、DIC等危重症；正确提出护理问题，实施整体护理。
素质目标	具备爱国、人民至上、大健康观的政治素养，大医精诚、同理共情、甘于奉献的职业素养，锲而不舍的科学素养。

第一节　概述

　　血液系统疾病系指原发或主要累及血液和造血器官的疾病，简称血液病。血液病的种类较多，包括红细胞疾病、白细胞疾病、造血干细胞疾病、脾功能亢进、出血性及血栓性疾病。其共同的特点多表现为外周血中的细胞和血浆成分的病理性改变，机体免疫功能低下以及出、凝血机制的功能紊乱，还可以出现骨髓、脾、淋巴结等造血组织和器官结构及功能异常。

一、结构与功能

【造血器官及血细胞的生成】

造血器官和组织包括骨髓、胸腺、肝、脾、淋巴结以及分布在全身各处的淋巴组织和单核吞

295

噬细胞系统。

1. 肝、脾及骨髓 肝、脾为人体胚胎早期的主要造血器官；骨髓为胚胎后期及出生后最主要的造血器官。在疾病或骨髓代偿功能不足时，肝、脾、淋巴结可恢复胚胎时期的造血功能称为髓外造血（extramedullary hematopoiesis）。

2. 淋巴系统 由中枢淋巴器官和周围淋巴器官组成。中枢淋巴器官包括胸腺和骨髓，周围淋巴器官包括淋巴结、脾、扁桃体以及沿消化道和呼吸道分布的淋巴组织。

3. 单核吞噬细胞系统 单核吞噬细胞来源于骨髓粒、单系祖细胞，血中为单核细胞，游走至组织即成为吞噬细胞，又称组织细胞。单核吞噬细胞系统又称单核巨噬细胞系统，包括骨髓内原始和幼稚单核细胞、血液中单核细胞、淋巴结、脾和结缔组织中固定和游走的吞噬细胞、肺泡内吞噬细胞、肝脏的Kupffer细胞以及神经系统的小神经胶质细胞等。

4. 造血干细胞（hematopoietic stem cell，HSC） HSC是各种血细胞的起始细胞，具有不断自我更新、多向分化与增殖的能力，又称多能或全能干细胞。在一定条件和某些因素的调节下，造血干细胞能增殖、分化为各类血细胞的祖细胞。造血干细胞分化及增殖详见图6-1。

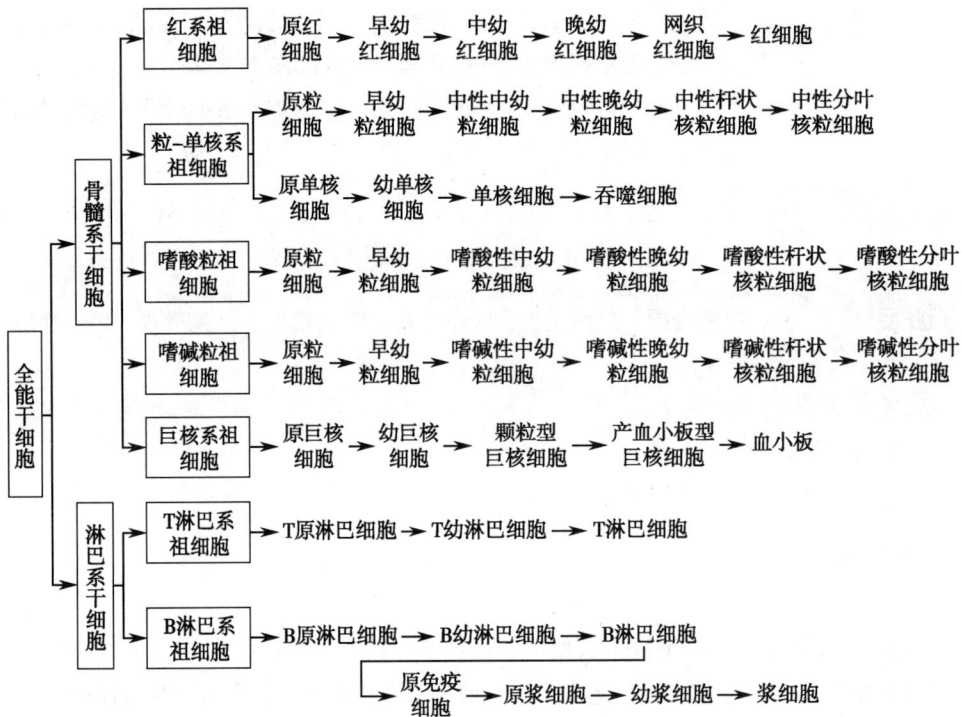

▲ 图6-1 造血干细胞分化及增殖示意图

【血细胞的生理功能】

血液由血细胞和血浆组成，血细胞成分包括红细胞、白细胞和血小板，约占血液容积的45%；血浆占血液容积的55%，含有多种蛋白质、凝血与抗凝血因子、补体、抗体、酶、电解质、各种激素及营养物质。

1. 红细胞（red blood cell，RBC） 成熟红细胞呈双凹圆盘形，内无细胞核和细胞器；血红蛋白（hemoglobin，Hb）是红细胞内负责结合与运载O_2和CO_2的一种蛋白质。网织红细胞（reticulocyte，RET）是指存在于外周血液中的尚未完全成熟的红细胞；网织红细胞计数是反映骨髓造血功能的重要指标，对贫血等血液病的诊断和预后判断有一定的临床意义。若红细胞数目明显减少，可导致机体重要器官和组织缺氧及功能障碍。

2. 白细胞（white blood cell，WBC） 种类多、形态和功能各异，具有趋化、变形、游走与吞噬等生理特性，是机体防御系统的重要组成部分。① 中性粒细胞：在白细胞分类中占比最大，能吞噬异物尤其是细菌，是机体抵御入侵细菌的第一道防线。② 嗜酸性粒细胞：有抗过敏、抗寄生虫作用。③ 嗜碱性粒细胞：能释放组胺及肝素。④ 单核细胞：单核细胞也是一种吞噬细胞，其功能是清除死亡或不健康的细胞以及这些细胞破坏后的产物、微生物及其产物，是机体抵御入侵细菌的第二道防线。⑤ 淋巴细胞：T淋巴细胞参与细胞免疫，B淋巴细胞可分化为浆细胞，产生抗体参与体液免疫。

3. 血小板（platelet，PLT） 主要参与机体的止血与凝血过程，若血小板减少或功能障碍均可导致出血。

二、护理评估

在全面收集病人主、客观资料的基础上，血液系统疾病病人的护理评估重点内容归纳如下。

【病史评估】

1. 患病及治疗过程

（1）患病过程：了解病人的患病情况及治疗经过，有利于做出疾病缓急、病情轻重及预后的初步判断。首先了解病人的起病方式、发病时间，有无明确的病因与诱因、主要症状、体征及其特点。如急性白血病多为急性起病，主要表现为发热、出血、贫血与骨关节痛；慢性白血病多隐匿起病，主要表现为程度不等的贫血、乏力与腹部不适等。

（2）检查及治疗过程：了解相关辅助检查及其结果，特别是血常规和骨髓象检查。还需了解治疗的主要方法、疗效及药物的不良反应、病人对治疗与护理的依从性（尤其是化疗等特殊治疗）。

（3）目前情况与一般状况：患病后病人的体重、食欲、睡眠、排便习惯等的变化及营养支持状况等。

2. 既往病史、家族史及个人史 主要了解与血液病相关的疾病史以及可能影响病人康复和治疗效果的相关疾病史，如肝脏疾病、系统性红斑狼疮、慢性肾脏疾病与胃肠道疾病等。同时还需了解家族中有无类似疾病或相关疾病史，如血友病有明显的家族遗传倾向。个人史方面，重点了解病人的工作与居住环境、工作性质，了解病人的饮食习惯，是否有挑食、偏食或素食习惯。不良的饮食习惯是导致各类营养性贫血的主要原因之一，特别是缺铁性贫血与巨幼细胞贫血。女性病人的月经史和妊娠分娩史对贫血原因的诊断也有帮助。

3. 心理–行为–社会支持状况

（1）心理–行为状况：多数血液病治疗周期长，病情易复发，常需反复多次住院治疗，且不少病人治疗效果欠佳，加上化疗等药物所带来的不良反应，病人及家属易产生焦虑、抑郁、悲观甚至绝望等各种负性情绪。了解病人的性格特征（外向或内向）、对疾病治疗与康复的态度（乐观或悲观）及其行为倾向。了解病人工作或学习情况以及患病对病人日常工作与生活的影响，是否存在角色适应不良和应对无效。

（2）社会支持状况：了解病人的家庭成员组成、经济状况、相互关系，家庭成员对病人所患疾病的认知程度以及对病人的关心和支持程度，病人及家属有哪些支持性照护需求。此外，还需了解病人的工作单位或现有条件所能提供的帮助和支持，有无基本医疗保障；了解病人出院后继续就医的条件，居住地的初级卫生保健或社区保健设施等资源。

【身体评估】

1. 一般状态

（1）生命体征：观察病人有无发热、发热程度和热型特点。

（2）意识状态：重症病人，特别是大出血或颅内出血的病人，会出现不同程度的意识障碍。

（3）面容与外貌：如贫血面容、地中海贫血病人的特殊面容变化，溶血性贫血导致黄疸，糖皮质激素不良反应所致的脱发、满月脸、女性病人男性化等。

（4）营养状态：评价指标包括皮下脂肪厚度、身高与体重指数（BMI）等。较为严重的缺铁性贫血或营养不良性贫血病人多伴有消瘦、发育迟缓等营养不良的表现；恶性血液病的病人可出现恶病质。

（5）体位：重症贫血的病人，可因并发贫血性心脏病、心力衰竭而被迫采取半卧位；慢性粒细胞白血病病人因脾肿大或出现脾栓塞，而被迫采取半卧位、屈膝仰卧位或左侧卧位。

2. 皮肤黏膜　观察病人皮肤是否苍白、黄染，有无瘀点、瘀斑、血肿、斑丘疹、局部发红或溃烂、水肿等。对于观察与判断贫血与出血病人的病情、发现肿瘤细胞局部浸润和皮肤感染灶等极为重要。

3. 浅表淋巴结　浅表淋巴结肿大是多种恶性血液病的常见体征。注意检查其出现的部位、数目、大小、表面情况、质地、活动度，以及有无压痛等。

4. 五官　睑结膜有无苍白，球结膜有无充血或出血；双侧瞳孔是否等大、等圆及对光反射情况。鼻腔有无出血；口腔黏膜有无溃疡、白斑、出血点或血疱形成，牙龈有无出血、渗血、溢脓或增生；咽后壁有无充血，双侧扁桃体有无肿大及其表面有无脓性分泌物。

5. 胸部　胸骨中下段压痛及叩击痛，是白血病的重要体征之一；肺部听诊出现啰音常提示并发肺部感染；心尖搏动位置、心率快慢、心律是否规则、有无心脏杂音等，均有助于贫血性心脏病或心力衰竭的临床判断。

6. 腹部　腹部外形的变化、有无包块、肝脾大小等。腹部包块常见于白血病、淋巴瘤；白血病、多发性骨髓瘤与慢性溶血等可有不同程度的肝脾肿大；巨脾则是慢性粒细胞白血病的典型特征。

7. 其他　有无局部肌肉、骨及关节压痛或触痛，肢体或关节有无变形或活动障碍等。神经系统有无感觉异常、神经反射异常及脑膜刺激征等表现。

【辅助检查】

1. 血常规检查 主要包括血细胞计数、血红蛋白测定、网织红细胞计数以及血涂片进行血细胞的形态学检查。外周血细胞质和量的改变可反映骨髓造血的病理变化，是血液病诊断和病情观察不可或缺的实验手段。

（1）红细胞计数和血红蛋白测定：用于评估病人有无贫血及其严重程度。正常人红细胞计数，男性为（4.0~5.5）×10^{12}/L，女性为（3.5~5.0）×10^{12}/L；血红蛋白男性为120~160g/L，女性为110~150g/L。正常成人的网织红细胞在外周血中占0.5%~1.5%。

（2）白细胞计数及分类：用于有无感染及其原因的判断，有助于某些血液病的诊断。正常成人白细胞计数为（4~10）×10^9/L，白细胞计数＞10×10^9/L称白细胞增多，常见于急性感染、白血病等。白细胞计数＜4×10^9/L称白细胞减少，其中以中性粒细胞减少为主。当中性粒细胞绝对值＜1.5×10^9/L时称粒细胞减少症，＜0.5×10^9/L时称粒细胞缺乏症，常见于病毒感染、再生障碍性贫血、粒细胞减少症等。正常外周血白细胞分类中无或偶见少许幼稚细胞，若出现大量幼稚细胞，则应警惕白血病或类白血病反应。

（3）血小板计数：出血性疾病首要的筛查项目之一。正常值（100~300）×10^9/L，血小板计数＜100×10^9/L称血小板减少，通常在＜50×10^9/L时病人即有出血症状，见于再生障碍性贫血、急性白血病、特发性血小板减少性紫癜等；血小板＞400×10^9/L为血小板增多，可见于原发性血小板增多症、慢性粒细胞白血病早期、贫血导致血小板反应性增生等。

🔔 问题与思考
查阅资料，哪些疾病可导致外周血中全血细胞减少？

2. 骨髓细胞学检查 包括骨髓涂片（骨髓象）及血细胞化学染色，用于了解骨髓造血细胞生成的质与量的变化，对多数血液病的诊断和鉴别起决定性作用。骨髓的增生程度，按骨髓中有核细胞数量，分为增生极度活跃、明显活跃、活跃、减低和明显减低5个等级。

3. 其他 ① 血液病相关实验室检查：包括止、凝血功能检查，溶血性贫血的相关检查，血清铁蛋白及血清铁检测，血液免疫学检查等。② 影像学检查：主要包括B超、CT、MRI、正电子发射体层成像（PET）、放射性核素等。通过针对肝、脾、淋巴系统和骨骼系统的各种显像扫描，以利于对不同血液病的临床病情进行判断。

三、常见症状体征的评估与护理

（一）出血或出血倾向

血小板数目减少及其功能异常、毛细血管脆性或通透性增加、血浆中凝血因子缺乏以及循环血液中抗凝物质的增加，均可导致出血或出血倾向。常见于：① 血液系统疾病，如特发性血小板减少性紫癜、急性白血病、再生障碍性贫血、过敏性紫癜与血友病等；② 非血液系统疾病或某些传染病，如重症肝病、尿毒症、流行性脑膜炎、钩端螺旋体病、登革热及肾病综合征出血热等；③ 其他：毒蛇咬伤、水蛭咬伤、溶栓药物过量等。病人多表现为自发性出血或轻度受伤后出血不止。

1. 护理评估

（1）病史评估：① 原因或诱因，询问病人有无外伤；家族成员中有无类似出血症状或血液病家族史；既往疾病及用药史。② 症状，询问病人出血发生的时间、部位、范围，有无呕血、便血、血尿、月经过多等内脏出血表现及其严重程度。

（2）身体评估：观察病人有无皮肤黏膜瘀点、瘀斑，其数目、大小及分布情况；有无鼻腔黏膜与牙龈出血；有无伤口渗血；关节有无肿胀、压痛、畸形及其功能障碍等。有内脏出血的病人要监测生命体征与意识状态，对于主诉头痛的病人，要注意检查瞳孔和脑膜刺激征。

（3）辅助检查：有无血小板计数下降、出、凝血时间延长、束臂试验阳性、凝血因子缺乏等改变。

2. 常用护理诊断/问题　有出血的危险　与血小板减少、凝血因子缺乏或血管壁异常有关。

3. 护理目标　病人不发生出血或出血能被及时发现并处理。

4. 护理措施及依据

（1）病情观察：观察病人出血的发生部位、发展或消退情况；及时发现新的出血、重症出血及其先兆，结合病人的情况正确评估判断。

（2）皮肤出血的预防与护理：避免人为的损伤而导致或加重出血。被褥衣裤宜柔软，避免穿紧身胸衣；避免肢体的碰撞或外伤；沐浴时避免水温过高和用力擦洗皮肤；勤剪指甲，以免抓伤皮肤。各项护理操作动作轻柔；尽可能减少注射次数；静脉穿刺时，避免用力拍打及揉擦，结扎压脉带不宜过紧和时间过长；注射或穿刺部位拔针后适当延长按压时间，必要时局部加压包扎；有出血倾向的高热病人禁用乙醇或热水拭浴，以防血管扩张而加重出血。

（3）鼻出血的预防与护理：① 防止鼻黏膜干燥而出血，保持室内相对湿度在50%~60%，可局部使用液体石蜡或金霉素软膏等保湿。② 避免人为诱发出血，告知病人勿用力擤鼻，以防止鼻腔压力过大而导致毛细血管破裂出血或渗血；避免用手抠鼻痂和外力撞击鼻部。③ 出血时处理：取坐位低头前倾，可用拇指与示指捏住鼻翼两侧，在额头或鼻根部冷敷；量少可用棉球、明胶海绵、0.1%肾上腺素棉球、凝血酶棉球填塞；出血严重时，尽快将病人送到医院，可用凡士林纱条行后鼻腔填塞术。

理论与实践　　　　　　　　　　后鼻腔填塞术后护理

填塞术由专科医生实施。术后护士做好病情及止血效果观察；无菌液体石蜡滴入4~6次/d，以保持黏膜湿润；避免用力咳嗽、打喷嚏、用力排便，以防鼻腔压力过大而使填塞物松动；由于后鼻腔填塞术后病人常被迫张口呼吸，应加强口腔护理，保持口腔湿润，增加病人舒适感，避免局部感染，并做好病人的心理支持，避免情绪紧张而加重出血。3天后可轻轻取出油纱条，若仍出血，需更换油纱条再予以重复填塞，抽出鼻腔填塞物后2小时内宜卧床休息。

（4）口腔、牙龈出血的预防与护理：为防止牙龈和口腔黏膜损伤而导致或加重局部出血，指导病人用软毛刷刷牙，忌用牙签剔牙；尽量避免食用油炸、带刺或坚硬的食物、带壳的坚果类食

品以及质硬的水果等；进食时要细嚼慢咽，避免口腔黏膜损伤。牙龈渗血时，可用凝血酶或0.1%肾上腺素棉球、明胶海绵贴敷牙龈或局部压迫出血。

（5）关节腔出血或深部组织血肿的预防与护理：减少活动量，避免过度负重和易致创伤的运动。一旦发生出血，应立即停止活动，卧床休息；关节腔出血者宜抬高患肢并保持功能位，深部组织出血者注意测量血肿范围，局部可用冰袋冷敷。当出血停止后，改为热敷，促进淤血消散。

（6）消化道出血的预防及护理：见第四章第九节"上消化道出血"。

（7）眼底出血的预防与护理：避免长时间低头及屏气用力，注意休息，勿用眼过度。若突发视野缺损或视力下降，常提示眼底出血。尽量让病人卧床休息，减少活动，避免揉擦眼睛，以免加重出血。

（8）颅内出血的预防与护理：颅内出血是血液病病人死亡的主要原因之一。保证充足的睡眠，避免情绪激动、剧烈咳嗽和用力排便等；伴有高血压者需测量血压。若病人血小板$<20\times10^9$/L，有出血倾向，主诉头痛时，要高度警惕是否有发生颅内出血，应及时通知医生；当进一步出现视物模糊、喷射性呕吐甚至昏迷，双侧瞳孔不等大、光反射迟钝或消失，则提示颅内出血。

抢救配合：① 立即去枕平卧，头偏向一侧；② 保持呼吸道通畅；③ 吸氧；④ 迅速建立两条静脉通道，遵医嘱快速静注甘露醇、地塞米松、呋塞米等，降低颅内压；⑤ 留置尿管；⑥ 观察并记录病人的生命体征、意识状态以及瞳孔、尿量的变化，做好重症病人交接班。

5. 护理评价 病人无出血或出血逐渐得到控制。

（二）发热

发热是血液病病人的常见症状之一，主要原因是由于白细胞减少和/或功能缺陷、免疫抑制剂的应用以及贫血或营养不良等，导致机体抵抗力下降从而继发各种感染的结果。此外，白血病、淋巴瘤、多发性骨髓瘤等血液恶性肿瘤还可出现肿瘤热（与肿瘤细胞所产生的内源性致热因子有关），主要表现为持续低至中度发热，可有高热；抗生素治疗无效，化疗药物可使病人体温下降。

1. 护理评估

（1）病史：询问病人有无感染的诱因，如过度疲劳、受凉、与感染性疾病病人的接触史、皮肤黏膜损伤、肛裂、各种治疗与护理管道的安置等；有无相关感染灶的临床表现，如咽痛或咽部不适、牙龈疼痛，咳嗽、咳痰及痰液的性质，胸痛、呼吸困难、膀胱刺激征，腹痛、腹泻，肛周疼痛，女性病人外阴瘙痒及分泌物异常等；有无畏冷、寒战等伴随症状。

（2）身体评估：观察病人的生命体征，尤其是体温及其变化规律；皮肤、口腔黏膜及牙龈有无红肿、破溃、脓性分泌物；咽部及扁桃体有无充血、肿大；肺部有无湿啰音；肛周有无红肿、化脓；腹部及输尿管行经区域的压痛点有无压痛，肾区有无叩痛等。

（3）辅助检查：血常规、尿常规及X线或CT肺部检查有无异常，血培养加药敏试验的结果，不同感染部位分泌物、渗出物或排泄物的细菌涂片或培养加药敏试验的结果等。

2. 常用护理诊断/问题 体温过高 与继发感染或肿瘤细胞产生内源性致热原有关。

3. 护理目标 病人体温能得到有效的控制，逐渐降至正常范围。

4. 护理措施及依据 ① 休息与营养：高热病人应卧床休息，多补充营养及水分。② 降温：首选物理降温，出血倾向者禁用乙醇或热水拭浴，降温后多汗应及时更换衣物。③ 监测病情：观察体温变化、热型及伴随症状，感染灶的表现。④ 诊治配合：协助医生做好各种检验标本的采集及送检工作；遵医嘱正确配制和输注抗生素等药物，注意疗效与不良反应的观察和预防。

5. 护理评价 病人体温逐渐降至正常范围。

（三）贫血

见本章第二节"贫血"。

（四）骨、关节疼痛

常见于恶性血液病，如白血病、多发性骨髓瘤和淋巴瘤等。可表现为局部或全身关节疼痛及压痛或叩击痛；发生骨折者，局部还可以出现畸形等临床表现。多发性骨髓瘤的病人多以骨痛为首发症状。

（胡荣）

第二节　贫血

案例导入

病人，男，64岁，以"乏力头晕1年余，加重半个月"为主诉入院。

病史评估：近1年来出现乏力、头晕、精神差，近半个月加重。

身体评估：T 37.2℃，P 86次/min，R 22次/min，BP 100/70mmHg，神志清楚，精神差；双肺呼吸音清，心律齐，心尖部可闻及Ⅱ级收缩期杂音；面色苍白，皮肤黏膜无瘀斑及出血；指甲薄而无光泽；肝、脾、淋巴结未触及。

辅助检查：红细胞计数$3.0×10^{12}$/L，血红蛋白56g/L，白细胞计数$4.49×10^9$/L，血小板计数$54×10^9$/L。

初步诊断：贫血待查。

请思考：导致该病人贫血的可能原因是什么？如何评价该病人贫血的严重程度？还需要评估病人的哪些资料？对该病人的饮食指导有哪些？为进一步明确诊断，该病人还需要做哪些特殊检查？

一、贫血概述

贫血（anemia）是指单位容积外周血液中血红蛋白（Hb）浓度、红细胞（RBC）计数和/或血细胞比容（HCT）低于相同年龄、性别和地区正常值低限的一种常见的临床症状。其中血红蛋白浓度最为重要。贫血本身并不是一种独立的疾病，各系统疾病均可引起贫血，是临床上最为常见的症状之一。我国海平面地区成年人贫血标准：男性Hb＜120g/L、女性（非妊娠）Hb＜110g/L、孕妇Hb＜100g/L。WHO制定的海平面地区成年人贫血标准：男性Hb＜130g/L、女性（非妊娠）Hb＜120g/L、孕妇Hb＜110g/L。

【分类】

1. 按贫血的病因与发病机制分类 ① 红细胞生成减少性贫血：由造血干/祖细胞异常、造血微环境受损、造血原料不足或利用障碍等所致。② 红细胞破坏过多性贫血：可见于各种原因引起的溶血。③ 失血性贫血：常见于各种原因引起的急性和慢性失血。

2. 按血红蛋白浓度分类 根据血红蛋白浓度将贫血严重程度划分为轻度（低于正常值，但>90g/L）、中度（60~90g/L）、重度（30~59g/L）、极重度（<30g/L）。

3. 按红细胞形态特点分类 根据平均红细胞体积（MCV）、平均红细胞血红蛋白浓度（MCHC）可将贫血分为大细胞性贫血（巨幼细胞贫血等）、正常细胞性贫血（再生障碍性贫血、急性失血性贫血、溶血性贫血等）及小细胞低色素性贫血（缺铁性贫血、铁粒幼细胞性贫血、地中海贫血等）。

4. 按骨髓红系增生情况分类 分为增生性贫血（如缺铁性贫血、巨幼细胞贫血、溶血性贫血等）和增生低下性贫血（如再生障碍性贫血）。

【护理评估】

1. 病史评估

（1）病因及诱因：询问病人的饮食习惯及膳食结构；有无慢性腹泻、消化性溃疡及痔疮出血、月经量过多、胃肠道手术史、血液病家族史；有无特殊药物使用史或理化物质接触史。

（2）症状：询问病人有无头晕、头痛、萎靡、耳鸣、眼花、失眠、多梦、记忆力下降、注意力不集中，甚至晕厥等神经系统表现；有无呼吸频率增快及不同程度呼吸困难等呼吸系统表现；有无心悸、气促，活动后明显加重，甚至心律失常、心功能不全等循环系统的表现；有无食欲下降、消化不良、腹胀、恶心、呕吐、大便规律及性状改变等消化系统表现；有无多尿、低比重尿、蛋白尿等泌尿系统表现；有无月经不调、性欲减低、不孕等生殖系统表现。

2. 身体评估 皮肤黏膜苍白是贫血最突出的体征，重点评估病人的口唇、甲床、眼睑黏膜是否苍白；心率与心律的变化，有无心脏杂音及心力衰竭的表现等；有无不同类型贫血的特殊体征和原发病的体征，如缺铁性贫血的反甲、营养性巨幼细胞贫血的末梢神经炎、溶血性贫血的黄疸、再生障碍性贫血的出血与感染，以及恶性血液病的肝、脾、淋巴结肿大等。

3. 辅助检查

（1）血常规检查：红细胞和血红蛋白下降的程度，是否伴有白细胞、网织红细胞、血小板数目的改变，有无幼稚细胞及其比例。

（2）尿液分析：有无蛋白尿以及尿胆原和尿胆素含量升高。

（3）粪便检查：有无隐血试验阳性，有无寄生虫卵。

（4）肝肾功能检查：有无肝功能异常，有无血清胆红素，血肌酐水平升高等。

（5）骨髓检查：骨髓增生状况及相关细胞学或化学检查的结果。

（6）其他检查：胃肠钡剂、钡剂灌肠、纤维胃镜和肠镜检查是否提示胃肠道慢性疾病和肿瘤，妇科B超检查有无子宫肌瘤等。

【常用护理诊断/问题及护理措施】

活动无耐力　与贫血导致机体组织缺氧有关。

【护理目标】

病人的缺氧症状得以减轻或消失,活动耐力逐渐恢复正常。

【护理措施】

1. 休息与活动　指导病人合理休息与活动,减少机体的耗氧量。应根据贫血的程度、发生发展的速度及基础疾病等,与病人一起制定休息与活动计划,逐步提高病人的活动耐力水平。

2. 氧疗护理　严重贫血病人氧气吸入,以改善组织缺氧。

【护理评价】

病人的活动耐力逐渐恢复正常。

二、缺铁性贫血

缺铁性贫血(iron deficiency anemia,IDA)是指当机体对铁的需要与供给失衡,导致体内贮存铁耗尽,继之细胞内铁缺乏,红细胞合成减少而引起的一种小细胞低色素性贫血。缺铁性贫血是各类贫血中最常见的一种,以生长发育期儿童和育龄妇女的发病率较高。

【铁的代谢】

1. 铁的分布　血红蛋白铁约占67%,贮存铁占29%,余下的4%为组织铁,存在于肌红蛋白、转铁蛋白及细胞内某些酶类中。

2. 铁的来源和吸收　正常成人每天用于造血的需铁量为20~25mg,主要来自衰老红细胞破坏后释放的铁,但每天需从食物中摄取1~2mg。十二指肠及空肠上段是铁的主要吸收部位。动物食品铁吸收率高于植物铁,二价铁制品易吸收。

3. 铁的转运和利用　吸收入血的二价铁经铜蓝蛋白氧化为三价铁,与转铁蛋白结合后转运到组织或通过幼红细胞膜转铁蛋白受体胞饮入细胞内,再与转铁蛋白分离并还原成二价铁,参与形成血红蛋白。

4. 铁的贮存及排泄　以铁蛋白和含铁血黄素的形式贮存于肝、脾和骨髓等器官的单核吞噬细胞系统中。正常情况下,人体每天铁的排泄总量不超过1mg,主要通过粪便,少量通过汗液、尿液排出,哺乳期妇女还可经乳汁排出。

【病因及发病机制】

1. 病因

(1)铁摄入量不足:多见于婴幼儿、青少年、妊娠和哺乳期的妇女需铁量增加,挑食或偏食,饮食结构不合理等。

(2)铁吸收障碍:常见于胃大部分切除及胃空肠吻合术后;慢性萎缩性胃炎、长期原因不明的腹泻、慢性肠炎、服用制酸剂以及H_2受体拮抗剂等。

(3)铁丢失过多:慢性失血是成人缺铁性贫血最常见和最重要的病因。

2. 发病机制　铁代谢异常、缺铁对造血系统的影响、缺铁对组织细胞代谢的影响。

【临床表现】

1. 一般表现 面色苍白、头晕、乏力、易倦、心悸、气促、耳鸣等。轻度贫血症状轻微；中度贫血病人活动后感心悸、气促；重度贫血病人静息状态下仍感心悸、气促；极重度贫血病人常并发贫血性心脏病。

2. 缺铁性贫血的特殊表现

（1）组织缺铁表现：如皮肤干燥、角化、萎缩、无光泽，毛发干枯易脱落，指（趾）甲扁平、不光整、脆薄易裂甚至出现反甲或匙状甲；黏膜损害多表现为口角炎、舌炎、舌乳头萎缩，可有食欲不振，严重者可发生吞咽困难（Plummer–Vinson综合征）。

（2）神经、精神系统异常：儿童较为明显，表现为过度兴奋、易激惹、好动、注意力不集中、发育迟缓等。少数病人会出现异食癖，如喜吃生米、泥土、石子等。约1/3的病人可发生末梢神经炎或神经痛，严重者可出现智能发育障碍等。

【辅助检查】

1. 血常规检查 典型的表现呈小细胞低色素性贫血。血红蛋白减少较红细胞减少更为明显。网织红细胞计数正常或轻度增高。白细胞及血小板计数正常或减低。

2. 骨髓象检查 增生活跃或明显活跃。以红系增生为主（中、晚幼红细胞增生为主）。粒系、巨核系无明显异常。

3. 铁代谢 血清铁蛋白（SF）及血清铁（ST）减少。血清铁蛋白 < 14μg/L 是早期诊断贮存铁缺乏的一个常用指标；转铁蛋白饱和度（TS）下降，小于15%；血清铁（ST）低于8.95μmol/L；总铁结合力（TIBC）升高，大于64.44μmol/L。骨髓铁染色反映单核吞噬细胞系统中的贮存铁，可作为诊断缺铁的金标准。

4. 其他检查 包括红细胞内卟啉代谢检测、血清转铁蛋白受体测定以及缺铁性贫血的原因或发病诊断的相关检查。

【治疗要点】

1. 病因治疗 根治缺铁性贫血的关键措施。

2. 补铁治疗 治疗性铁剂分有机铁（右旋糖酐铁、富马酸亚铁、多糖铁复合物等）和无机铁（硫酸亚铁等）两类，无机铁不良反应较为明显。铁剂有口服、注射两种剂型。

（1）口服铁剂：一般为首选，临床常用多糖铁复合物、琥珀酸亚铁、富马酸亚铁和硫酸亚铁等。治疗剂量以铁剂口服片总的元素铁含量进行计算，成人铁元素需要量150~200mg/d。治疗有效者用药1周左右网织红细胞开始升高，10天左右达高峰；2周左右血红蛋白开始上升，1~2个月恢复正常。为进一步补足体内贮存铁，血红蛋白恢复正常后仍需继续服用铁剂3~6个月，或血清铁蛋白超过正常值后停药。

（2）注射铁剂：适用于口服铁剂后胃肠道反应严重而不能耐受、吸收障碍或病情需要迅速纠正贫血（如急性大出血、妊娠后期）的病人。常用的注射铁剂有右旋糖酐铁、蔗糖铁及葡萄糖酸亚铁等。肌内注射易引起局部硬结、色素沉着等，目前临床多采用静脉滴注。

2017年国务院颁布《国民营养计划》，明确2020年5岁以下儿童贫血率控制在12%以下，孕妇贫血率下降至15%以下，老年人群贫血率下降至10%以下，贫困地区人群贫血率控制在10%以下。到2030年，进一步降低重点人群贫血率，5岁以下儿童贫血率和孕妇贫血率控制在10%以下。由于缺铁性贫血占贫血比例较高，控制缺铁性贫血是达成贫血控制目标的关键。

【常用护理诊断/问题及护理措施】

营养失调低于机体需要量 与铁摄入不足、吸收不良、需要量增加或丢失过多有关。

（1）饮食护理：① 纠正不良的饮食习惯，避免偏食或挑食。② 增加含铁丰富食物的摄取，如动物瘦肉、肝脏、血、蛋黄、海带、菠菜、黑木耳等。③ 补充维生素C，促进食物铁的吸收。④ 减少摄入抑制铁吸收的食物，如牛奶、浓茶、咖啡；牛奶会改变胃内的酸性环境，浓茶与咖啡中的鞣酸可与食物铁结合而妨碍食物中铁的吸收。

（2）口服铁剂的用药指导：① 餐中或餐后服用，预防或减轻消化道不良反应；② 避免与硫酸镁等抗酸药及H_2受体拮抗剂、牛奶、茶、咖啡同服，可服用维生素C、乳酸等酸性药物或食物；③ 口服液体铁剂时为避免牙齿染黑须使用吸管；④ 服铁剂后，铁与肠内硫化氢作用而生成黑色的硫化铁，粪便会变成黑色，做好病人沟通解释，消除其顾虑；⑤ 强调按剂量、按疗程服药和定期行实验室相关检查的重要性，以保证治疗有效和避免药物过量。

（3）注射铁剂的护理：首次给药前须做过敏试验，同时备好肾上腺素，观察有无过敏反应如脸色潮红、头痛、肌肉关节痛和荨麻疹，严重者可出现过敏性休克。

肌内注射时为了避免药液溢出引起皮肤染色，可采取以下措施：① 不在皮肤暴露部位注射；② 抽取药液后，更换注射针头；③ 采用Z形注射法或留空气注射法。铁剂如蔗糖铁复合物等采用静脉滴注时，其渗透性高对血管壁有较强的刺激性，同时铁剂易导致铁超负荷，造成血管氧化损伤，易发生静脉炎，应做好静脉炎的预防和护理。

【健康指导】

1. 高危人群缺铁性贫血的预防 ① 婴幼儿要及时添加辅食，包括蛋黄、肝泥、肉末等；② 生长发育期的青少年和月经期/妊娠期/哺乳期的女性，多食含铁丰富或铁强化食物，避免挑食或偏食，必要时预防性补充铁剂；③ 患有慢性胃炎、消化性溃疡、肠道寄生虫感染、长期腹泻、痔疮出血、月经过多及胃大部切除术后的病人应警惕缺铁性贫血的发生，积极治疗原发病。

2. 病情监测指导 教会病人观察贫血的一般表现及缺铁性贫血的特殊表现有无缓解或加重；若出现活动后心慌、气促，不能平卧、下肢水肿或尿量减少，多提示病情加重或并发贫血性心脏病，应及时就医。

3. 随访与复查 铁剂治疗开始满1周、2周、1个月及之

> **问题与思考**
> 缺铁性贫血病人加大每日铁剂用药量，是否可以缩短铁剂用药疗程？病人何时可以停药？

后的每个月定期复查血常规至停药，必要时复查铁代谢相关指标。

三、再生障碍性贫血

再生障碍性贫血（aplastic anemia，AA）简称再障，是一种获得性骨髓造血功能衰竭症，临床主要表现为骨髓造血功能低下、贫血、出血、感染及全血细胞减少。可发生于各年龄段，老年人发病率有增高的趋势。

【病因及发病机制】

1. 病因 目前有50%以上的再障病人无法找到明确的发病原因，大量临床观察与调查结果发现，再障的发生与下列因素有关。

（1）药物及化学物质：再障最常见的致病因素。已知具有高度危险性的药物有抗癌药、抗癫痫药、磺胺药等。化学物质以苯及其衍生物（如油漆、塑料、染料、杀虫剂及皮革制品黏合剂等）最常见。

（2）电离辐射：长期接触X线、放射性元素等。

（3）病毒感染：各型肝炎病毒、EB病毒、巨细胞病毒、登革热病毒等。其中以病毒性肝炎与再障的关系较明确。

2. 发病机制 多数学者认为再障的主要发病机制是免疫异常（虫子学说）、造血干/祖细胞缺陷（种子学说）、造血微环境异常（土壤学说）。

【临床表现】

1. 重型再障（SAA） 起病急，进展快，病情重，以进行性加重贫血、出血、感染为主要表现。出血部位广泛，除皮肤黏膜外，常有内脏出血，颅内出血可危及病人生命。感染不易控制，以呼吸道感染最常见。预后不良，1年内死亡率高。

2. 非重型再障（NSAA） 此型多见，起病缓，进展慢，以贫血为主要表现，出血较轻，主要见于皮肤及黏膜，除女性有子宫出血外，很少有内脏出血，少数可进展演变为重型再障，预后变差。SAA与NSAA的鉴别见表6-1。

▼ 表6-1 重型再障（SAA）与（非重型再障）NSAA的鉴别

判断标准	重型再障	非重型再障
首发症状	感染、出血	贫血为主，偶有出血
起病与病情进展	起病急，进展快，病情重	起病缓，进展慢，病情较轻
血常规变化及标准		
中性粒细胞绝对值	$<0.5 \times 10^9$/L	$>0.5 \times 10^9$/L
血小板计数	$<20 \times 10^9$/L	$>20 \times 10^9$/L
网织红细胞绝对值	$<15 \times 10^9$/L	$>15 \times 10^9$/L
骨髓象	多部位增生极度减低	增生减低或有局部增生灶

【辅助检查】

1. **血常规检查** 红细胞、白细胞、血小板及网织红细胞均减少。

2. **骨髓象检查** 重型再障：骨髓增生低下或极度低下，粒、红细胞显著减少，常无巨核细胞。非重型再障：骨髓增生减低或呈灶性增生，三系细胞均有不同程度减少；增生部位红系和粒系减少不明显，但巨核细胞明显减少。

3. **发病机制相关性检查** 外周血和骨髓细胞生物学及免疫学相关检查有助于再障发病机制的临床判断，指导选择治疗方案及判断预后。

【治疗要点】

1. **支持疗法** 加强保护措施；纠正贫血，控制感染及出血。

2. **免疫抑制疗法** 抗胸腺细胞球蛋白（ATG）/抗淋巴细胞球蛋白（ALG）联合环孢素（CsA）的治疗方案已成为目前再障治疗的标准疗法之一。CsA适用于各种类型的再障，与ATG/ALG联用可提高疗效。

3. **促进造血** 雄激素可刺激红细胞生成，是非重型再障的首选治疗药物。造血生长因子适用于各种类型的再障，尤其是重型再障。造血生长因子多作为一种辅助药物，单用无效，可促进骨髓功能恢复。常用药物包括粒细胞集落刺激因子（G-CSF）、粒细胞-巨噬细胞集落刺激因子（GM-CSF）、促红细胞生成素（EPO）和白细胞介素-3（IL-3）。

> **问题与思考**
> 再障病人可以行自体造血干细胞移植吗？为什么？

4. **造血干细胞移植** 包括骨髓移植、脐血输注及胎肝细胞输注等，主要用于重型再障。最佳移植对象是年龄40岁以下。

【常用护理诊断/问题及护理措施】

1. **有感染的危险** 与粒细胞减少有关。

（1）病情监测：密切观察病人体温变化及是否出现咽痛、咳嗽、咳痰、口腔溃疡、肛周疼痛等局部感染表现；注意血液、尿液、粪便与痰液的细菌培养及药敏试验结果。

（2）预防感染：① 粒细胞绝对值<$0.5×10^9$/L时，应予保护性隔离。② 呼吸道感染的预防：开窗通风，每天定时消毒房间和物品，限制探视人数，外来人员需戴口罩，避免与上呼吸道感染病人接触，发热后出汗及时更衣。③ 口腔感染的预防：加强口腔护理，指导病人养成进餐前后、睡前、晨起用生理盐水或其他含漱液漱口的习惯。④ 皮肤感染的预防：保持皮肤清洁、干燥，勤沐浴、更衣和更换床上用品；保持会阴清洁，每日用清水清洗会阴，必要时行会阴护理。⑤ 肛周感染的预防：睡前、便后清洗肛周，用1:5 000高锰酸钾溶液坐浴，每次15~20分钟。⑥ 血源性感染的预防：无菌技术严格无菌操作；中心静脉置管应严格按照置管流程操作，并做好维护。

（3）加强营养支持：鼓励病人进食高蛋白、高维生素的清淡饮食，必要时遵医嘱静脉补充营养，提高病人的抵抗力。

2. **有出血的危险** 与血小板减少有关。护理措施见本章第一节"概述"。

3. **潜在并发症**：药物不良反应。

（1）ATG和ALG：为异种蛋白，使用过程中可出现超敏反应、出血加重及继发感染等。用药前做好皮肤过敏实验，用药后密切观察是否出现过敏反应。

（2）CsA：用药期间需配合医生监测病人血药浓度、骨髓象、血常规、T细胞免疫学改变及药物不良反应（肝肾功能、牙龈增生及消化道反应）等，利于指导用药剂量及疗程调整。

（3）雄激素：丙酸睾酮为油剂，不易吸收，局部注射可形成硬块，甚至发生无菌性坏死。需深部缓慢分层注射，注射部位轮换；检查局部是否形成硬结并及时处理。长期应用雄激素类药物可对肝脏造成损害，用药期间定期检查肝功能。

4. 身体意象紊乱 与女性病人应用雄激素引起痤疮、男性化表征等相关。

女性病人应用雄激素治疗，易引起内分泌失调，常出现面部痤疮、体毛增多、声音变粗、闭经、乳房缩小、性欲增加等，导致心理上难以接受，甚至拒绝治疗。向病人解释雄激素类药物的应用目的，说明病情缓解、药物剂量减少，不良反应会逐渐消失。帮助病人认识不良心理状态对身体康复不利。如病情允许，鼓励病人适当进行户外活动；鼓励病人多与亲人、病友交谈，争取社会支持系统的帮助，减少孤独感，增强其康复的信心，积极配合治疗。

【健康教育】

1. 高危人群的预防 针对危险品的职业性接触者，如油漆工、从事橡胶与制鞋者、室内装修工等，应加强卫生宣教，提高对工作环境危害的认识，严格遵守操作规程，做好个人防护，定期体检，检查血常规。自身加强锻炼，增强体质，预防病毒感染。

2. 疾病知识介绍 疾病相关知识，增强病人及家属的信心，以积极配合治疗及护理。饮食方面注意加强营养和食物清洁卫生。避免服用对造血系统有害的药物，如氯霉素、磺胺药、保泰松、安乃近、阿司匹林等。

3. 休息与活动 指导劳逸结合，适当参加户外活动，不聚集；血小板低于$20 \times 10^9/L$应卧床休息；注意保暖，避免受凉感冒；注意安全，防止外伤。

4. 病情自我监测 指导病人对贫血、出血、感染的症状、体征及药物不良反应进行自我监测。若出现咽痛、咳嗽、尿路刺激征、肛周疼痛等常见感染灶的症状或内脏出血（黑便、呕血、血尿、阴道出血等）应及时就医。

5. 用药指导及随访 向病人及其家属详细介绍药物的名称、剂量、用法及其不良反应，遵医嘱按时、按量、按疗程用药；遵医嘱定期复查，及时了解病情变化及其疗效。

四、溶血性贫血

溶血性贫血（hemolytic anemia，HA）是指红细胞遭到破坏、寿命缩短，超过骨髓造血代偿能力时发生的一组贫血。骨髓有正常造血能力6~8倍的代偿潜力。当红细胞破坏增加而骨髓造血功能足以代偿时，可以不出现贫血，称为溶血状态。

【病因、发病机制及临床分类】

溶血性贫血按红细胞被破坏的原因可分为遗传性和获得性两大类；按溶血发生的场所可分为血管外溶血和血管内溶血；按临床表现可分为急性溶血和慢性溶血。临床上较常按病因及发病机制的分类体系进行分类。

1. 红细胞内结构异常或缺陷所致的溶血性贫血

（1）红细胞膜异常：① 遗传性红细胞膜结构与功能缺陷，如遗传性球形细胞增多症、遗传性椭圆形红细胞增多症、遗传性棘红细胞增多症、遗传性口形红细胞增多症。② 获得性血细胞膜糖化肌醇磷脂（GPI）锚连膜蛋白异常，如阵发性睡眠性血红蛋白尿（PNH）。

（2）遗传性红细胞内酶缺乏：G-6-PD缺乏、丙酮酸激酶缺乏。

（3）遗传性珠蛋白生成障碍：珠蛋白肽链数量异常如地中海贫血，珠蛋白肽链结构异常如血红蛋白病S、D、E等。

（4）血红素异常：先天性红细胞卟啉代谢异常如红细胞生成性血卟啉病、铅中毒。

2. 红细胞外环境异常所致的溶血性贫血

（1）免疫因素：① 同种免疫，如新生儿溶血性贫血、血型不合输血后溶血；② 自身免疫，如温抗体或冷抗体型、系统性红斑狼疮。

（2）其他：① 理化因素，如大面积烧伤，人血浆渗透压改变化学因素如苯、磺胺、砷化物、亚硝酸盐等中毒。② 生物因素，如蛇毒、毒蕈中毒、疟疾、细菌、病毒等。③ 微血管病灶，如弥散性血管内凝血及败血症等。

【临床表现】

主要与溶血过程持续的时间和溶血的严重程度有关。

1. 急性溶血　多为血管内溶血。起病急骤，突发寒战，随后出现高热、腰背及四肢酸痛，伴头痛、呕吐、酱油色尿（血红蛋白尿）、黄疸等。严重者还可发生周围循环衰竭、急性肾衰竭，因短期内红细胞大量破坏，其分解产物对机体的毒性作用所致。可见于血型不合输血后溶血、G-6-PD缺乏所致的溶血等。

2. 慢性溶血　多为血管外溶血。起病缓慢，症状较轻，以贫血、黄疸、脾大为特征。由于长期高胆红素血症，可并发胆石症和肝功能损害。

【辅助检查】

1. 血常规检查　红细胞计数和血红蛋白浓度有不同程度的下降，网织红细胞比例明显增加，甚至可见有核红细胞。

2. 尿液检查　溶血性贫血时尿胆原强阳性而尿胆素阴性；血管内溶血时尿血红蛋白阳性、尿含铁血黄素阳性、尿隐血试验阳性，但无镜下或肉眼血尿。

> 🔔 **问题与思考**
>
> 为什么溶血性贫血时尿胆原强阳性而尿胆素阴性？

理论与实践　WHO推荐采血顺序：① 血培养瓶；② 无添加剂的采血管；③ 血凝管；④ 促凝管；⑤ 血清分离胶管（SST）；⑥ 血浆管；⑦ 血浆分离胶管（PST）；⑧ 血常规（EDTA）管；⑨ 血液试管；⑩ 血糖管。血常规检查采血量为2ml，采血后立即颠倒混匀8次，试验前再混匀标本。

3. 血清胆红素测定　总胆红素水平增高；游离胆红素含量增高，结合胆红素/总胆红素<20%。

4. 骨髓象　红细胞系显著增生，可见大量幼稚红细胞，以中幼和晚幼细胞为主，形态多正常。

5. 血浆游离血红蛋白测定　有助于血管内与血管外溶血的鉴别。前者血浆游离血红蛋白含量明显增高，后者多正常。

6. 血清结合珠蛋白检测　血管内溶血时，结合珠蛋白与游离血红蛋白结合，使血清中结合珠蛋白降低。

7. 红细胞寿命测定　用放射性核素^{51}Cr标记红细胞来检测其半衰期（溶血时缩短），但临床较少应用。

8. 红细胞脆性试验　是检测红细胞膜缺陷的常用指标。

9. 抗球蛋白试验（Coombs试验）　主要用于自身免疫性溶血性贫血的诊断与鉴别诊断。阳性可考虑为自身免疫性溶血性贫血、系统性红斑狼疮等。

10. 酸溶血试验（Ham试验）　有血红蛋白尿者均应作此项检查，阳性主要见于阵发性睡眠性血红蛋白尿（PNH）。

11. 血红蛋白电泳　是珠蛋白生成异常的主要检测指标。常用于地中海贫血的诊断与鉴别诊断。

12. 高铁血红蛋白还原试验　主要用于G-6-PD缺乏症的筛查或普查。

13. G-6-PD活性测定　是诊断G-6-PD缺乏症最为可靠的诊断指标。

【治疗要点】

1. 病因治疗　去除诱因及病因，积极治疗原发病。

2. 免疫治疗　自身免疫性溶血性贫血可使用糖皮质激素、利妥昔单抗（免疫靶向治疗抗CD20的单克隆抗体）及免疫抑制剂环磷酰胺、硫唑嘌呤等。

3. 脾切除　适用于血管外溶血。

4. 成分输血　输血可暂时改善病人的一般情况，是起效最快的缓解症状的治疗方法。

5. 其他　纠正水、电解质酸碱失衡，预防和治疗肾功能不全，血栓抗凝治疗，补充铁、叶酸、蛋白质等造血物质以满足机体造血功能代偿能力增强的需求，如阵发性睡眠性血红蛋白尿、地中海贫血可行造血干细胞移植。

【常用护理诊断/问题及护理措施】

潜在并发症　急性肾衰竭。

（1）病情观察：密切观察病人的生命体征、神志、自觉症状的变化；注意贫血、黄疸有无加重，尿量、尿色有无改变，记录24小时出入量。及时了解实验室检查的结果，如血红蛋白浓度、网织红细胞计数、血清胆红素浓度等。一旦出现少尿甚至无尿，要及时报告医师，并做好相应的救治准备与配合。

（2）饮食指导：避免进食一切可能加重溶血的食物或药物，鼓励病人多饮水、勤排尿，以促进溶血后产生的毒性物质排泄，同时也有助于减轻药物引起的不良反应。

（3）用药护理：遵医嘱正确用药，注意药物不良反应与预防。

【健康指导】

1. 疾病预防 ① 有遗传性溶血性贫血家族史或发病倾向者，在婚前、婚后应进行遗产学相关的婚育咨询，避免或减少死胎及溶血性疾病患儿的出生。② 加强输血管理，预防异型输血后溶血。③ 蚕豆病高发区应广泛开展健康宣教，做好预防工作。

2. 预防溶血 ① 如已明确为化学毒物或药物引起的溶血，应避免再次接触或服用；② 阵发性睡眠性血红蛋白尿病人忌食酸性食物和药物，如维生素C、阿司匹林、苯巴比妥、磺胺等，还应避免精神紧张、感染、过劳、妊娠、输血及外科手术等诱发因素；③ G-6-PD缺乏者禁食蚕豆及其制品。

3. 休息与活动 溶血发作期应卧床休息，减少活动；病情缓解后增加体育锻炼，但活动量以不感疲劳为度，保证充足的休息和睡眠。

4. 病人自我病情监测 当出现贫血、溶血及其相关症状或体征和药物不良反应时应及时到医院就诊。

（贾平）

第三节　出血性疾病

案例导入

病人，女，28岁，以"反复皮肤黏膜出血半年，加重1个月"为主诉入院。

病史评估： 半年来下肢反复出现瘀斑，因无任何不适未加注意，近1个月常有鼻出血及刷牙时口腔出血。

身体评估： 中度贫血貌，口腔右颊部可见2处出血点，T 37.1℃，P 106次/min，R 18次/min，BP 102/63mmHg；心律齐，心尖部可闻及Ⅱ级收缩期杂音；脾轻度肿大，质地中等，下肢皮肤可见散在瘀斑。

辅助检查： 外周血常规示红细胞计数$2.6×10^{12}$/L，血红蛋白80g/L，白细胞计数$5.2×10^9$/L，血小板计数$22×10^9$/L，网织红细胞在外周血中占比3%；骨髓检查示有核细胞增生明显活跃，以中晚幼红细胞增生为主，巨核细胞成熟受阻。

请思考： 分析该病人皮肤黏膜出血的原因？需补充收集病人的哪些资料？病人目前最大的危险是什么？

一、概述

出血性疾病是指由于正常止血机制发生障碍，造成以自发性出血或轻微损伤后出血不止为主要表现的一组疾病。

【正常止血、凝血、抗凝及纤维蛋白溶解机制】

1. 止血机制 正常人体局部小血管受损后引起出血，几分钟内可自然停止的现象，称为生理性止血（physiological hemostasis）。生理性止血是机体重要的保护机制，其过程可分为血管收缩、血小板黏附及血栓形成、血液凝固三个环节，其中以血小板的作用最为重要。

2. 凝血机制　血液凝固指血液由流动的液体状态转变成不流动的凝胶状态，是一个系列性且具有明显放大效应的酶促反应过程，各种无活性的凝血因子（酶原）按一定顺序相继被激活而生成凝血酶，最终使纤维蛋白原转变为纤维蛋白。凝血过程可分为三个阶段：① 第一阶段为凝血活酶形成，包括外源性及内源性两条凝血途径。外源性凝血途径是血管损伤时内皮细胞表达组织因子并释放入血启动凝血过程。参与该凝血途径的凝血因子主要包括：Ⅲ、Ⅴ、Ⅶ。内源性凝血途径是血管损伤时，血管内皮下胶原暴露，凝血因子Ⅶ与带负荷的胶原接触而启动的凝血过程。参与该凝血途径的凝血因子主要包括：Ⅷ、Ⅸ、Ⅺ、Ⅻ。② 第二阶段为凝血酶的形成，血浆中无活性的凝血酶原在凝血活酶的作用下，转变为凝血酶。③ 第三阶段为纤维蛋白形成，在凝血酶的作用下，纤维蛋白原裂解形成纤维蛋白单体，单体自动聚合，形成稳定性交联纤维蛋白。

3. 抗凝与纤维蛋白溶解机制　正常情况下人体凝血系统与抗凝、纤维蛋白形成与溶解系统维持动态平衡，保持血流通畅。

（1）抗凝系统：体内凝血启动和凝血因子活化的同时引起抗凝抑制物的干预。体内抗凝系统分为细胞抗凝和体液抗凝两个方面。细胞抗凝主要是单核吞噬细胞系统对激活的凝血因子、凝血活酶和纤维蛋白单体的吞噬作用。体液抗凝的抗凝物质主要有抗凝血酶（AT）、肝素、蛋白C系统及组织因子途径抑制物（TFPI）。

（2）纤维蛋白溶解系统（纤溶系统）：主要为纤维蛋白溶酶原（PLG）被激活为纤溶酶，纤溶酶将纤维蛋白或纤维蛋白原分解为纤维蛋白降解产物（FDP）。

【出血机制及分类】

1. 血管壁异常　① 遗传性：如遗传性出血性毛细血管扩张症、家族性单纯性紫癜、先天性结缔组织病等；② 获得性：如重症感染（如脓毒血症）、化学物质与药物作用（如药物性紫癜）、营养缺乏（如维生素C、维生素P缺乏症）与内分泌代谢障碍（如糖尿病、Cushing病）、过敏性紫癜、动脉硬化、结缔组织病、机械性紫癜和体位性紫癜等。

2. 血小板异常　① 血小板减少：血小板生成减少如再生障碍性贫血、白血病等；血小板破坏过多如特发性血小板减少性紫癜；血小板消耗过多如血栓性血小板减少性紫癜、弥散性血管内凝血。② 血小板增多：原发性如原发性出血性血小板增多症，继发性如慢性粒细胞白血病、感染、创伤及脾切除术后。③ 功能异常：遗传性如血小板无力症、巨大血小板综合征、血小板病；继发性如由抗血小板药物、感染、尿毒症、肝病、异常球蛋白血症等引起。

3. 凝血异常　遗传性如各型血友病、遗传性凝血酶原缺乏症、遗传性纤维蛋白原缺乏症等；获得性如严重肝病（肝病性凝血障碍）、尿毒症（尿毒症性凝血异常）、维生素K缺乏症等。

4. 抗凝及纤维蛋白溶解异常　主要为获得性疾病，如抗因子Ⅷ、Ⅸ抗体形成，肝素及香豆素类药物过量，敌鼠钠中毒，蛇咬伤，水蛭咬伤，溶栓药物过量等。

5. 复合性止血机制异常　遗传性如血管性血友病；获得性如弥散性血管内凝血。

【临床表现】

根据出血性疾病的临床表现及相关实验室检查，大致可将出血性疾病分为血管性疾病、血小板性疾病与凝血障碍性疾病，见表6-2。

▼ 表6-2　不同类型出血性疾病的临床特征

临床特征	血管性疾病	血小板性疾病	凝血障碍性疾病
性别	多见于女性	多见于女性	多见于男性
阳性家族史	少见	罕见	常见
出生后脐带出血	罕见	罕见	常见
出血的部位	以皮肤黏膜为主，偶有内脏出血	以皮肤黏膜为主，重症常有内脏出血	以深部组织内脏出血为主
出血的表现			
皮肤黏膜	皮肤瘀点紫癜	牙龈出血、皮肤瘀点紫癜，常见大片瘀斑	罕有瘀斑紫癜，可见大片瘀斑
血肿	罕见	可见	常见
关节腔出血	罕见	罕见	常见
内脏出血	偶见	常见	常见
眼底出血	罕见	常见	少见
月经过多	少见	多见	少见
手术或外伤后出血不止	少见	可见	多见
病程与预后	短暂，预后较好	迁延，预后一般	常为终身性，预后不定

【辅助检查】

实验室检查是出血性疾病诊断与鉴别诊断的重要手段及依据，检查应按筛选、确诊及特殊实验的顺序进行。

1. 筛选试验　出血过筛试验简单易行，可大体估计止血障碍的部位和机制。

（1）血管或血小板异常：束臂试验、出血时间（BT）、血小板计数等。

（2）凝血异常：凝血时间（CT）、活化部分凝血活酶时间（APTT）、凝血酶原时间（PT）、凝血酶时间（TT）等。

2. 确诊试验　在筛选试验异常且临床上怀疑有出血性疾病时，应进行骨髓病理检查，并进一步选择特殊的实验检查以确定诊断。一些常用的出、凝血试验在出血性疾病诊断中的意义见表6-3。

▼ 表6-3　不同类型出血性疾病的实验室检查

项目	血管性疾病	血小板疾病	凝血异常性疾病		
			凝血异常	纤溶亢进	抗凝物增多
血小板计数	−	±	−	−	−
BT	±	±	±	−	−
PT	−	−	±	−	±
APTT	−	−	+	+	+
TT	−	−	±	+	+
纤维蛋白原	−	−	±	+	−
FDP	−	−	−	+	−

注：BT. 出血时间；PT. 凝血酶原时间；APTT. 活化部分凝血活酶时间；TT. 凝血酶时间；FDP.纤维蛋白降解产物。"−"代表正常，"±"代表可能正常也可能异常，"+"代表异常。

二、特发性血小板减少性紫癜

特发性血小板减少性紫癜（idiopathic thrombocytopenic purpura，ITP），又称自身免疫性血小板减少性紫癜，是一种复杂的多种机制共同参与的获得性自身免疫性疾病，为临床最常见的血小板减少性疾病。由于病人对自身血小板抗原的免疫失耐受，导致血小板受到免疫性的破坏和生成抑制，以致出现程度不等的血小板减少。临床以自发性的皮肤、黏膜及内脏出血，血小板计数减少，骨髓巨核细胞发育、成熟障碍等为特征。可分为急性和慢性两型。急性型多见于儿童，慢性型多见于40岁以下的女性。

【病因及发病机制】

病因未明，可能与感染、免疫因素、脾脏因素及其他因素有关。发病机制与自身免疫功能紊乱有关，半数以上的ITP病人体内出现了特异性自身抗体，自身抗体致敏的血小板被单核吞噬细胞系统过度破坏，导致血小板减少；自身抗体损伤巨核细胞或抑制巨核细胞释放血小板，导致血小板生成不足，而出现一系列临床表现。

【临床表现】

1. **急性型**　多见于儿童，80%以上的病人起病前1~2周有呼吸道感染史，尤其是病毒感染史。起病急，常有畏寒、发热，全身皮肤可有瘀点、瘀斑、紫癜甚至血肿，亦可见鼻腔、牙龈及口腔黏膜出血。当血小板低于$20×10^9/L$时可有内脏出血，如呕血、便血、咯血、血尿、阴道出血等，颅内出血可危及生命。急性型病程多为自限性，常在数周内恢复。

2. **慢性型**　多见于40岁以下女性。起病隐匿，多数出血较轻而局限，表现为反复发生的皮肤及黏膜瘀点瘀斑，鼻出血、牙龈出血、外伤后不易止血等，女性病人月经量过多较为常见。每次发作常持续数周或数月，可迁延多年。反复发作或病程较长者可有贫血和轻度脾大。

【辅助检查】

1. 血常规检查　血小板计数减少、血小板平均体积偏大。出血多者可有红细胞和血红蛋白减少，白细胞计数多正常。

2. 骨髓象检查　巨核细胞数量增加或正常，细胞体积变小，胞质内颗粒减少，幼稚巨核细胞增多；有血小板形成的巨核细胞显著减少（<30%）。

3. 其他　束臂试验阳性、出血时间延长，血块收缩不良，抗血小板自身抗体阳性等。

【治疗要点】

血小板计数≥30×10⁹/L无明显出血倾向ITP病人，无症状或皮肤、黏膜仅有少量出血的成人病人，以临床观察和随访为主，一般无需治疗。血小板计数<30×10⁹/L者可采取以下治疗。

1. 一般治疗　血小板计数明显减少（<20×10⁹/L）、出血严重者应卧床休息，防止外伤。避免使用易致血小板数量降低、血小板功能抑制及引起出血或出血加重的药物。

2. 糖皮质激素　为首选药物，近期有效率约80%。其作用机制为：减少血小板自身抗体生成及减轻抗原抗体反应；抑制单核吞噬细胞破坏血小板；降低毛细血管通透性；刺激骨髓造血及促进血小板向外周的释放。提倡短程冲击疗法，常用泼尼松1mg/（kg·d）口服，血小板升至正常或接近正常后，1个月内尽快减至最小维持量（≤15mg/d）。无效者4周后停药。

3. 二线治疗　对病程3~12个月的糖皮质激素依赖或无效的成年ITP病人，可选择二线治疗。方法有药物治疗和脾切除。目前临床多采用非肽类口服血小板生成素受体激动药（TPO-RA）或利妥昔单抗治疗。当药物治疗失败时，根据病人年龄和全身情况，可考虑脾切除治疗。

4. 急症处理　适用于消化系统、泌尿生殖系统、神经系统或其他部位有活动性出血，需要急诊手术的重症ITP病人。主要的治疗措施有输注血小板、静脉输注丙种球蛋白和大剂量甲泼尼龙。

【常用护理诊断/问题及护理措施】

1. 有出血的危险　与血小板减少有关。护理措施见本章第一节"概述"。

2. 有感染的危险　与糖皮质激素及免疫抑制剂治疗有关。糖皮质激素的不良反应护理措施见第五章第一节中"肾性水肿"部分。

【健康指导】

1. 疾病知识指导　向病人及其家属讲解疾病的发病机制、主要临床表现、治疗方法等，让病人主动配合治疗与护理。告知病人加强自我保护，避免人为损伤而诱发或加重出血；指导病人及家属学会压迫止血的方法。

2. 用药指导 服用糖皮质激素者，遵医嘱按时、按剂量、按疗程饭后用药，不可自行减量或停药，同时注意观察与预防不良反应的发生。预防感染；定期复查血常规，了解血小板数目变化，指导疗效判断和治疗方案的调整。

3. 病情监测指导 指导病人及家属能识别出血征象，一旦发现皮肤黏膜出血加重如鼻出血不易止，月经量明显增多、呕血或便血、咯血、血尿、头痛、视力改变等内脏出血的表现时，应及时就诊。

> 🔔 **问题与思考**
> 服用糖皮质激素治疗的病人容易出现哪些并发症？应该如何观察和预防？

三、血友病

血友病（hemophilia）是因遗传性凝血因子缺乏而引起的一组出血性疾病。分为血友病A和血友病B。血友病发病率为（5~10）/10万。

【病因及发病机制】

血友病A和血友病B均为性染色体（X染色体）连锁隐性遗传性疾病。

【临床表现】

血友病的临床表现取决于其类型及相应的凝血因子缺乏的严重程度，主要表现为出血和局部血肿形成所致的压迫症状与体征。

1. 出血 是血友病病人最主要的临床表现，血友病A病人出血较重。出血特征：① 与生俱来并伴随终身；② 常表现为软组织或深部肌肉内血肿；③ 负重关节（如膝关节）反复出血，最终形成血友病关节，表现为关节肿胀、僵硬、畸形，可伴有骨质疏松、关节骨化及相应的肌肉萎缩。

2. 血肿压迫的表现 血肿形成造成周围神经受压，可出现局部肿痛、麻木及肌肉萎缩；血管受压可造成相应部位组织的淤血、水肿或缺血、坏死；颈部、咽喉部软组织出血及血肿形成，压迫或阻塞气道，可引起呼吸困难甚至窒息。

【辅助检查】

1. 筛查试验 血小板计数、功能正常；BT、PT、APTT延长，但无法鉴别血友病的类型。

2. 确诊试验 凝血因子Ⅷ活性测定辅以凝血因子Ⅷ抗原测定和凝血因子Ⅸ活性测定辅以凝血因子Ⅸ抗原测定可分别确诊血友病A和血友病B，同时可根据结果对血友病进行临床分型。

3. 基因诊断试验 主要用于携带者和产前诊断。产前诊断的时间是妊娠第10周左右做绒毛膜活检，妊娠第16周左右做羊水穿刺检查。

【治疗要点】

治疗原则是以替代治疗为主的综合治疗。

1. 一般治疗 包括加强自我防护，预防损伤性出血，及早有效地处理出血，避免并发症的发生，出血严重的病人提倡预防治疗。

2. 替代疗法　即补充缺失的凝血因子，为防治血友病病人出血最重要的措施。

3. 其他药物治疗

（1）去氨加压素（DDAVP）：为半合成的抗利尿激素，可促进内皮细胞释放储存的凝血因子Ⅷ和血管性血友病因子（vWF）。可用于轻症血友病A病人，对血友病B病人无效。

（2）抗纤溶药物：保护已形成的血凝块不溶解而发挥止血作用。常用的药物有氨基己酸、氨甲环酸等。

4. 其他治疗　如家庭治疗、外科治疗、基因治疗等。

【常用护理诊断/问题及护理措施】

1. 有出血的危险　与凝血因子缺乏有关。

（1）预防出血：限制病人的活动范围和强度，禁止从事危险作业及重体力活动；避免外伤，告知病人不要过度负重或进行剧烈运动（打拳击、踢足球、打篮球），不要穿硬底鞋或赤脚走路。避免医源性损伤：尽量避免手术治疗，必须手术时，术前应根据手术规模大小常规补充足够量的凝血因子；尽量避免或减少各种不必要的穿刺或注射，必须时，拔针后局部按压5分钟以上，直至出血停止；禁止使用静脉留置针，以免针刺点渗血难止。

（2）局部出血处理的配合：遵医嘱实施或配合止血处理。

（3）用药护理：① 避免使用阿司匹林等抑制凝血的药物。② 正确输注各种凝血因子制品：凝血因子取回后，应立即输注，并以病人可耐受的速度快速输入。输注过程中密切观察有无输血反应。③ 快速静注去氨加压素可出现头痛、心率加快、颜面潮红、血压升高及少尿等不良反应，要注意观察，必要时遵医嘱对症处理。

（4）病情观察：观察内容包括病人的自觉症状、各部位出血的量和临床表现等。

2. 有废用综合征的危险　与反复多次关节腔出血有关。

（1）评估关节腔出血与病变：经常评估关节外形、局部有无压痛、关节活动能力有无异常等，以判断关节病变处于急性出血期、慢性炎症期还是已经发生纤维强直。

（2）关节康复训练：针对病变关节进行科学合理的康复训练，是预防血友病病人发生关节失用的重要措施。应告知病人及其家属康复训练的目的、意义、主要方法、注意事项及配合要求等。

相关链接 ｜　　　　　让生命不再"易碎"（世界血友病日）

每年的4月17日是"世界血友病日"，党和国家高度重视人民健康，将血友病的治疗药物纳入医疗保险目录中，同时也将血友病纳入门诊特种病当中，减轻了病人的经济负担，造福于人民大众。

【健康指导】

1. 疾病预防指导　本病目前尚无根治方法，重在预防。建立遗传咨询、严格婚前检查和产前诊断，是减少血友病发病率的重要措施。血友病病人及女性携带者不宜婚配，已婚者避免生育。

女性携带者均应进行产前诊断，于妊娠第16周左右进行羊水穿刺，确定胎儿性别及基因表型，若明确胎儿为血友病，应及时终止妊娠。

2. 疾病知识指导　向病人及其家属介绍疾病的原因、遗传特点、主要表现、诊断与治疗等。说明本病为遗传性疾病，需终身治疗。

3. 出血的应急处理指导　指导病人及家属常见出血部位的止血方法。有条件者，可教会病人及家属注射凝血因子，以在紧急情况下应急处理严重出血。告诉病人若需外出或远行，应携带写明血友病的病历卡，以备发生意外时能得到及时的处理。

4. 病情监测指导　指导病人自我监测出血症状与体征，如碰撞后出现关节腔出血表现、外伤后伤口的渗血情况等。一旦发生出血，常规处理效果不好或出现严重出血（关节腔出血）应及时就医。

四、弥散性血管内凝血

弥散性血管内凝血（disseminated intravascular coagulation，DIC）是由多种致病因素激活机体的凝血和纤溶系统，导致全身微血管血栓形成、凝血因子大量消耗并继发纤溶亢进，引起全身性出血、微循环衰竭的临床综合征。本病多起病急，进展快，死亡率高，是临床急重症之一。早期诊断及有效治疗是挽救病人生命的重要前提和保障。

【病因及发病机制】

1. 病因　严重感染、恶性肿瘤、手术及创伤、病理产科、严重中毒或免疫反应等均可导致DIC发生，以严重感染最多见。DIC常见病因及诱发DIC的基础性疾病见表6-4。

▼ 表6-4　弥散性血管内凝血（DIC）常见病因及诱发DIC的基础性疾病

病因	诱发DIC的基础性疾病
严重感染	包括细菌感染，如脑膜炎双球菌、铜绿假单胞菌、大肠埃希菌等革兰氏阴性菌感染或金黄色葡萄球菌等革兰氏阳性菌感染；病毒感染，如重症病毒性肝炎、肾综合征出血热等；克次体感染，如斑疹伤寒、恙虫病等；其他病原体的感染，如钩端螺旋体病、组织胞浆菌病和脑型疟疾等
恶性肿瘤	常见于造血系统肿瘤如急性白血病（尤其是急性早幼粒性白血病）、慢性白血病、淋巴瘤，其他实体瘤如胰腺癌、前列腺癌、肝癌、肺癌等
手术及创伤	富含组织因子的器官如脑、胰腺、前列腺、子宫及胎盘等，可因手术及创伤等使大量组织因子释放而诱发DIC。大面积烧伤、骨折、严重挤压伤也易致DIC
病理产科	常见于羊水栓塞、感染性流产、前置胎盘、胎盘早剥、重症妊娠高血压综合征、死胎滞留和子宫破裂等
严重中毒或免疫反应	常见输血反应、毒蛇咬伤和移植排斥等
其他	如恶性高血压、急性胰腺炎、溶血性贫血、巨大血管瘤、糖尿病酮症酸中毒、系统性红斑狼疮、急进性肾炎、中暑等

2. 发病机制　DIC的本质是凝血与抗凝血功能的失衡，见图6-2。

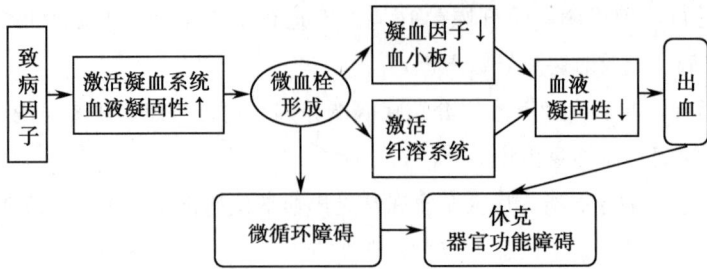

▲ 图6-2 弥散性血管内凝血（DIC）的发病机制

【临床表现】

DIC临床表现可因原发病、DIC类型和病期不同而有较大差异。除原发病的表现外，DIC还常见以下表现。

1. 出血倾向 具有自发性和多发性的特点。部位可遍及全身，多见于皮肤、黏膜和伤口等。其次为内脏出血，严重者可发生颅内出血。

2. 低血压、休克或微循环障碍 表现为一过性或持续性血压下降。休克早期即可出现肾、肺及大脑单个或多个重要器官功能不全，出现四肢皮肤湿冷、发绀、少尿或无尿、呼吸困难及不同程度的意识障碍等。休克的严重程度与出血量常不成比例，且常规处理效果不佳。顽固性休克是DIC病情严重及预后不良的先兆。

3. 微血管栓塞 临床上较常出现因深部器官微血管栓塞而导致器官衰竭的表现，如顽固的休克、肾衰竭、呼吸衰竭、颅内高压等。也可发生浅层的微血管栓塞，如在皮肤、消化道黏膜等，但一般不出现局部坏死和溃疡。

4. 微血管病性溶血 DIC时微血管管腔变窄，当红细胞通过腔内的纤维蛋白条索时，可引起机械性损伤和碎裂，而产生溶血。表现为进行性贫血，贫血程度与出血量不成比例，皮肤、巩膜黄染少见。

【诊断标准及实验室指标】

1. 诊断标准 存在易引起DIC的基础疾病；并出现下列2项以上的临床表现：① 严重或多发性的出血倾向；② 不易用原发病解释的微循环衰竭或休克；③ 多发性微血管栓塞症状、体征。

2. 实验室检查指标 同时具备下列各项指标中3项以上的异常：① 血小板 $< 100 \times 10^9/L$ 或进行性下降；② 血浆纤维蛋白原含量 $<1.5g/L$ 或进行性下降，或 $>4.0g/L$；③ 血浆鱼精蛋白副凝试验（3P试验）阳性或纤维蛋白降解产物（FDP）$>20mg/L$，D-二聚体水平升高或阳性；④ 凝血酶原时间（PT）缩短或延长3秒以上，或活化部分凝血活酶时间（APTT）缩短或延长10秒以上。

【治疗要点】

1. 去除诱因、治疗原发病 是终止DIC病理过程最关键和根本的治疗措施。

2. 抗凝疗法 是终止DIC、减轻器官损伤、重建凝血-抗凝血功能平衡的重要措施。抗凝治疗应在有效治疗基础疾病的前提下，与补充凝血因子的治疗同时进行。

（1）肝素是DIC首选的抗凝疗法，但下列情况应慎用：① DIC后期，病人有多种凝血因子缺乏及明显纤溶亢进；② 蛇毒所致DIC（因蛇毒的促凝作用一般不能被普通肝素所拮抗）；③ 近期有肺结核大咯血或消化性溃疡活动性大出血；④ 手术后或损伤创面未经良好止血者。

（2）肝素的主要不良反应是出血。在治疗过程中，注意观察病人的出血状况，监测各项实验室指标，如凝血时间（试管法）、凝血酶原时间或活化部分凝血活酶时间。若肝素过量而致出血，可采用鱼精蛋白静注，鱼精蛋白1mg可中和肝素100U。

3. 替代疗法 适用于凝血因子及血小板明显减少，且已进行病因及抗凝治疗，但DIC仍未能有效控制，有明显出血表现的病人。

（1）血小板悬液：存在活动性出血且血小板计数<50×10⁹/L，或未出血而血小板计数<20×10⁹/L，应紧急输注血小板悬液。

（2）新鲜冷冻血浆等血液制品：每次10~15ml/kg。

（3）纤维蛋白原：首次2~4g静脉滴注，24小时内8~12g，使血浆纤维蛋白原上升到1.0g/L。一般每3天用药1次。

4. 纤溶抑制药物 常用药有氨基己酸、氨甲苯酸等。

5. 其他 溶栓疗法原则上不使用。糖皮质激素不做常规应用，在基础疾病需糖皮质激素治疗、并发肾上腺皮质功能不全等病人可考虑使用。

【常用护理诊断/问题及护理措施】

1. 有出血的危险 与DIC所致的凝血因子被消耗、继发性纤溶亢进、肝素应用等有关。

（1）出血观察：注意观察出血的部位、范围及严重度，以帮助病情轻重及治疗效果的判断。

（2）实验室检查指标的监测：应及时、正确地采集和送检各类标本，动态监测血小板计数、D-二聚体、PT及APTT、纤维蛋白原等指标的变化，以了解疾病进展及变化。

（3）抢救配合与护理：迅速建立两条静脉通道并维持其通畅，遵医嘱正确配制和应用有关药物等。

2. 潜在并发症：休克、多发性微血管栓塞。

（1）严密观察病情变化：① 休克表现的观察：定时监测病人的生命体征、神志和尿量，记录24小时出入量；观察皮肤的颜色、温度与湿度。② 栓塞表现的观察：有无皮肤黏膜和重要器官栓塞的症状和体征，如肺栓塞表现为突然胸痛、呼吸困难、咯血；脑栓塞引起头痛、抽搐、昏迷等；肾栓塞可引起腰痛、血尿、少尿或无尿，甚至发生急性肾衰竭；胃肠黏膜栓塞坏死可引起消化道出血；皮肤栓塞可出现手指、足趾、鼻、颈、耳部发绀，甚至引起皮肤干性坏疽等。

（2）休克抢救配合与护理：见第四章第九节"上消化道出血"。

【健康指导】

向病人及家属解释疾病发生的原因、主要表现、临床诊断和治疗配合、预后等。特别要解释反复实验室检查的重要性、必要性，以及特殊治疗的目的、意义和不良反应。指导家属支持和关怀病人，以缓解病人的不良情绪，提高战胜疾病的信心，主动配合治疗。保证病人充足的休息和睡眠；根

> **问题与思考**
> DIC相关的实验室检查项目有哪些？如何鉴别DIC与其他有临床出血、凝血指标异常和血小板减少的疾病？

据病人的饮食习惯，提供可口、易消化、易吸收、富含营养的食物，少量多餐；应循序渐进地增加运动量，促进身体的康复。

（贾平　胡荣）

第四节　白血病

案例导入

病人，女，20岁，以"面色苍白、头晕乏力1个月，反复鼻出血1周"为主诉入院。

病史评估： 1个月前无明显诱因出现面色苍白、头晕乏力，因能坚持日常生活而未就诊。1周前出现鼻出血，量中等，经压迫能止血。

身体评估： T 39℃，P 106次/min，R 30次/min，BP 100/70mmHg，神志清楚，面色苍白，体型消瘦。

辅助检查： 血常规示白细胞计数$3×10^9$/L，分类幼稚细胞30%，分叶细胞30%，淋巴细胞35%，单核细胞5%，血红蛋白60g/L，血小板计数$10×10^9$/L。

初步诊断： 急性白血病。

入院后，因化疗后脱发、呕吐而拒绝接受治疗。

请思考： 病史评估还需要补充哪些资料？为该病人进行身体评估的重点是什么？如何帮助该病人走出心理困境？

白血病（leukemia）是一类造血干细胞的恶性克隆性疾病。其克隆中白血病细胞增殖失控、分化障碍、凋亡受阻，而停滞在细胞发育的不同阶段。在骨髓和其他造血组织中，白血病细胞大量增生累积，并浸润其他器官和组织，而正常造血功能受抑制，以外周血中出现形态各异、为数不等的幼稚细胞为特征。以急性白血病多见，各年龄组均可发病。我国癌症中心最新统计数据显示，白血病发病率为6.21/10万，粗死亡率为4.03/10万，在恶性肿瘤所致的死亡率居第9位；但在儿童及35岁以下成人中则居第1位。

【分类】

1. 按病程和白血病细胞的成熟度分类

（1）急性白血病（acute leukemia，AL）：起病急，进展快，病程短，仅为数月。细胞分化停滞在较早阶段，骨髓和外周血中以原始和早期幼稚细胞为主。

（2）慢性白血病（chronic leukemia，CL）：起病缓，进展慢，病程长，可达数年。细胞分化停滞在较晚阶段，骨髓和外周血中多为较成熟的幼稚细胞和成熟细胞。临床常见类型有慢性粒细胞白血病及慢性淋巴细胞白血病。

2. 按白细胞计数分类　多数病人白细胞计数增高，超过$10×10^9$/L，称为白细胞增多性白血病；若超过$100×10^9$/L，称为高白细胞性白血病；部分病人白细胞计数在正常水平或减少，称为白细胞不增多性白血病。

【病因及发病机制】

白血病的病因迄今尚未明确，据国内外研究报道，白血病的发病与下列因素有关。

1. **生物因素** 主要包括病毒感染及自身免疫功能异常。目前已经证实，成人T细胞白血病是由C型逆转录病毒人类嗜T淋巴细胞病毒-1（human T-cell lymphotropic virus type-1，HTLV-1）引起的，此病毒在某些理化因素的诱发下可直接致病，且具有传染性，可通过哺乳、性生活及输血而传播。

2. **化学因素** 包括苯及其衍生物和某些药物。长期接触苯及含有苯的有机溶剂的人群白血病发生率高于一般人群。某些抗肿瘤的细胞毒药物如氮芥、环磷酰胺、丙卡巴肼、依托泊苷等，都公认有致白血病的作用。

3. **放射因素** 包括X射线、γ射线及电离辐射等，其致白血病与否主要取决于人体吸收辐射的剂量。全身或部分躯体受到中等或大剂量辐射后都可诱发白血病，小剂量的辐射能否引起白血病，仍不确定。

4. **遗传因素** 家族性白血病约占白血病的7/1 000。当家庭中有一个成员发生白血病时，其近亲发生白血病的概率比一般人高4倍。有染色体畸变的人群白血病的发病率高于正常人。

5. **其他** 某些血液病如骨髓增生异常综合征、淋巴瘤、多发性骨髓瘤等，最终均可能发展为白血病。

白血病的发病机制较复杂。上述各种因素均可促发遗传基因的突变或染色体的畸变，而使白血病细胞株形成，联合人体免疫功能的缺陷，使已形成的肿瘤细胞不断增殖，最终导致白血病的发生。

一、急性白血病

急性白血病是造血干细胞的恶性克隆性疾病，发病时骨髓中异常的原始细胞及幼稚细胞（白血病细胞）大量增殖并广泛浸润肝、脾、淋巴结等脏器，抑制正常造血。临床上以进行性贫血、持续发热或反复感染、出血和组织器官的浸润等为主要表现，以骨髓和外周血中出现大量原始和/或早期幼稚细胞为特征。

【分类】

根据细胞形态学和细胞化学分类，目前国际普遍采用的是FAB（法、美、英白血病协作组）分类法，将急性白血病分为急性淋巴细胞白血病（acute lymphoblastic leukemia，ALL，简称急淋）和急性非淋巴细胞白血病（acute non-lymphocytic leukemia，ANLL，简称急非淋）或急性髓细胞性白血病（acute myelogenous leukemia，AML）。急非淋又分为8个亚型：急性髓细胞白血病微分化型（M_0）；急性粒细胞白血病未分化型（M_1）；急性粒细胞白血病部分分化型（M_2）；急性早幼粒细胞白血病（APL，M_3）；急性粒-单核细胞白血病（M_4）；急性单核细胞白血病（M_5）；急性红白血病（M_6）；急性巨核细胞白血病（M_7）。FAB分类法存在一定的局限性，因此在此基础上医学界又提出了MICM分型（即WHO分型）。综合应用了形态学（morphology）、细胞化学、免疫学（immunology）、细胞遗传学（cytogenetics）及分子生物学（molecular biology）检查。

【临床表现】

起病急缓不一，表现各异。急性起病者常表现为持续高热或严重出血，缓慢起病者则多表现为日趋明显的面色苍白、疲乏或轻度出血。部分病人因月经过多或拔牙后出血不止而就医被发现。

1. 贫血　常为首发症状，呈进行性加重，半数病人就诊时已为重度贫血。贫血的原因主要是由于骨髓中白血病细胞极度增生与干扰，造成正常红细胞生成减少。此外无效红细胞生成、溶血及出血也可导致贫血。

2. 发热　持续发热是急性白血病最常见的症状和就诊的主要原因之一，50%以上的病人以发热起病。

（1）继发感染：主要表现为持续低热或高热，甚至超高热，可伴畏寒或寒战及出汗等，可并发感染性休克，是导致急性白血病病人死亡最常见的原因之一。感染主要与下列因素有关：① 正常粒细胞缺乏或功能缺陷；② 化疗药物及激素的应用，促使机体的免疫功能进一步下降；③ 白血病细胞的浸润及化疗药物的应用，易造成消化道与呼吸道黏膜屏障受损；④ 各种穿刺或插管留置时间长。感染可以发生于机体的任何部位，但以口腔黏膜、牙龈、咽峡最常见，其次是呼吸道及肛周皮肤等。局部表现为炎症、溃疡、坏死或脓肿形成，严重者可致败血症或脓毒血症。最常见的致病菌是革兰氏阴性杆菌，如肺炎克雷伯菌、铜绿假单胞菌、大肠埃希菌和产气杆菌等；近年来革兰氏阳性球菌感染的发生率有所上升，包括金黄色葡萄球菌、表皮葡萄球菌和粪链球菌等；随着长期化疗、激素和广谱抗生素的应用，可出现真菌感染。部分病人还会发生病毒（如带状疱疹）及原虫（如肺孢子）等感染。

（2）肿瘤性发热：白血病本身也能引起发热，与白血病细胞的高代谢状态及其内源性致热原类物质的产生等有关；主要表现为持续低至中度发热，可有高热；常规抗生素治疗无效，但化疗药物可使病人体温下降。

3. 出血　几乎所有的病人在整个病程中都有不同程度的出血。明显的出血倾向也是导致病人就医的主要原因之一。最主要原因为血小板减少，与血小板功能异常、凝血因子减少，以及白血病细胞的浸润和感染细菌毒素对血管的损伤等也有关系。出血可发生于全身任何部位，以皮肤瘀点、紫癜、瘀斑、鼻出血、牙龈出血、女性病人月经过多或持续阴道出血较常见。眼底出血可致视力障碍，严重时发生颅内出血而导致死亡。急性早幼粒细胞白血病易并发DIC而出现全身广泛性出血，是急性白血病亚型中出血倾向最明显的一种。

4. 器官和组织浸润的表现

（1）肝、脾和淋巴结：急性白血病可有轻中度肝、脾肿大，但并非普遍存在。主要与白血病细胞的浸润及新陈代谢增高有关。约50%的病人在就诊时伴有淋巴结肿大（包括浅表淋巴结和纵隔、腹膜后等深部淋巴结），多见于急淋。

（2）骨骼和关节：骨骼、关节疼痛是白血病常见的症状，胸骨中下段局部压痛对白血病诊断有一定价值。急性粒细胞白血病病人由于骨膜受累，还可在眼眶、肋骨及其他扁平骨的骨面形成粒细胞肉瘤（又名绿色瘤），其中以眼眶部位最常见，可引起眼球突出、复视或失明。

（3）口腔和皮肤：可有牙龈增生、肿胀；皮肤出现蓝灰色斑丘疹（局部皮肤隆起、变硬、呈紫蓝色结节状）、皮下结节、多形红斑、结节性红斑等，多见于急非淋M_4和M_5。

（4）中枢神经系统白血病（central nervous system leukemia，CNSL）：多数化疗药物难以通过血脑屏障，隐藏在中枢神经系统的白血病细胞不能被有效杀灭，因而引起CNSL，成为白血病髓外复发的主要根源。CNSL可发生在疾病的各个时期，但常发生在缓解期，以急淋最常见，儿童病人尤甚，其次为急非淋M_4、M_5和M_2。轻者表现为头痛、头晕，重者可有呕吐、视盘水肿、视物模糊、颈项强直、抽搐、昏迷等。

（5）睾丸：睾丸出现无痛性肿大，多为一侧性，另一侧虽无肿大，但在活检时往往也发现有白血病细胞浸润；睾丸白血病多见于急淋化疗缓解后的幼儿和青年，是仅次于CNSL髓外复发的根源。

🔔 问题与思考
急性白血病与急性再生障碍性贫血的临床表现有哪些异同点？

（6）其他：白血病还可浸润其他组织器官，如肺、心、消化道、泌尿生殖系统等。

【辅助检查】

1. 血常规检查　白细胞计数多在（10~50）$\times 10^9$/L，少部分低于4×10^9/L或高于100×10^9/L，白细胞过高或过低者预后较差。血涂片分类检查可见数量不等的原始和幼稚细胞，但白细胞不增多型病人的外周血很难找到原始细胞。病人常有不同程度的正细胞性贫血，可见红细胞大小不等，可找到幼红细胞。约50%的病人血小板低于60×10^9/L，晚期血小板往往极度减少。

2. 骨髓象检查　骨髓穿刺检查是急性白血病的必查项目和确诊的主要依据，对临床分型、指导治疗和疗效判断、预后评估等意义重大。多数病人的骨髓象呈增生明显活跃或极度活跃，以有关系列的原始细胞、幼稚细胞为主，原始细胞占全部骨髓有核细胞的30%以上（FAB分型）或20%以上（WHO分型）作为急性白血病的诊断标准；少数病人的骨髓呈增生低下，诊断可结合基因检测。奥氏小体（Auer rod）仅见于急非淋，有独立诊断的意义。

3. 细胞化学检查　主要用于急性白血病分型诊断与鉴别诊断。常用方法有过氧化物酶染色、糖原染色、非特异性酯酶及中性粒细胞碱性磷酸酶测定等。

4. 免疫学检查　通过针对白血病细胞表达的特异性抗原检测，分析细胞所属系列、分化程度和功能状态，以区分急淋与急非淋，以及其各自的亚型。

5. 染色体和基因检查　急性白血病常伴有特异的染色体和基因异常改变，并与疾病的发生、发展、诊断、治疗及预后关系密切。99%的APL有t（15;17）（q22;q12），即15号染色体上的*PML*（早幼粒白血病基因）与17号染色体上的*RARA*（视黄酸受体基因）形成*PML-RARA*融合基因，此基因是APL发病及使用维A酸治疗有效的分子学基础。AML常见染色体和分子学异常及相应预后见表6-5。

6. 其他　血清尿酸浓度增高，主要与大量细胞被破坏有关，尤其在化疗期间，甚至可形成尿酸结晶而影响肾功能。病人并发DIC时可出现凝血异常。血清和尿溶菌酶活性增高是M_4和M_5的特殊表现之一。CNSL病人脑脊液压力升高，脑脊液检查可见白细胞计数增加，蛋白质增多，而糖定量减少，涂片可找到白血病细胞。

▼ 表6-5 AML常见的染色体和分子学异常的预后意义

预后	染色体	分子学异常
良好	t（15;17）（q22;q12） t（8;21）（q22;q22） inv（16）（p13q22）/t（16;16）（p13;q22）	正常核型： 伴有孤立的NPM1突变 伴孤立的CEBPA双等位基因突变
中等	正常核型 孤立的＋8 t（9;11）（p22;q23） 其他异常	t（8;21）或inv（16）伴有C-KIT突变
不良	复杂核型（≥3种异常）， 单体核型 del（5q）、−5、del（7q）、−7 11q23异常，除外t（9;11） inv（3）（q21.3;q26.2）、t（3;3）（q21;q26.2） t（6;9）（p23;q34） t（9;22）（q34;q11）	正常核型： 伴FLT3-ITD突变 伴TP53突变

【治疗要点】

根据病人的MICM分型结果及临床特点进行预后危险分层，综合病人的经济能力与意愿，选择并设计最佳治疗方案。

1. 对症支持治疗　① 高白细胞血症的紧急处理：高白细胞血症（＞100×10⁹/L）不仅会增加病人的早期死亡率，也会增加髓外白血病的发病率和复发率。当循环血液中白细胞极度增高（＞200×10⁹/L）时还可发生白细胞淤滞症（leukostasis），表现为呼吸困难、低氧血症、头晕、言语不清、反应迟钝、颅内出血及阴茎异常勃起等。一旦出现可使用血细胞分离机，单采清除过高的白细胞，同时给予水化和化疗前短期预处理、碱化尿液等，预防大量白血病细胞溶解所诱发的高尿酸血症、酸中毒、电解质紊乱和凝血异常等并发症。② 防治感染：是保证急性白血病病人有效化疗或骨髓移植，降低死亡率的关键措施之一。病人如出现发热，应及时查明感染部位，做细菌培养和药敏试验，使用有效抗生素。酌情使用细胞因子如粒细胞集落刺激因子（G-CSF）和粒细胞-巨噬细胞集落刺激因子（GM-CSF）可促进造血细胞增殖，减轻化疗所致粒细胞缺乏，缩短粒细胞恢复时间，提高病人对化疗的耐受性。③ 改善贫血：严重贫血可吸氧，输注浓缩红细胞，但出现白细胞淤滞症时则不宜立即输注红细胞，以免进一步加重血液黏稠度。④ 防治出血：血小板低者可输单采血小板悬液，保持血小板＞20×10⁹/L。并发DIC时，则应做出相应处理。⑤ 防治高尿酸血症肾病（hyperuricemic nephropathy）：由于白血病细胞的大量破坏，尤其是化疗期间，可使血清及尿液中尿酸水平明显升高，尿酸结晶的析出可积聚于肾小管，导致少尿甚至急性肾损伤。嘱病人多饮水或给予24小时持续静脉补液，保证每小时尿量在150ml/m²以上；充分碱化尿液；口服别嘌醇。⑥ 营养支持：白血病是严重消耗性疾病，尤其是化疗、放疗加重了消化道黏膜炎症及功能紊乱，病人易出现营养不良，严重者导致恶病质。应注意补充营养，监测及维持水、电解质平衡，多摄入高蛋白、高热量、易消化食物，必要时经静脉补充营养。

2. 抗白血病治疗

（1）诱导缓解治疗：是急性白血病治疗的第一阶段。主要通过联合化疗，迅速、大量地杀灭白血病细胞，恢复机体正常造血，使病人尽可能在较短的时间内获得完全缓解（complete response，CR），即白血病的症状和体征消失，外周血中性粒细胞绝对值$\geq 1.5 \times 10^9$/L，血小板$\geq 100 \times 10^9$/L，白细胞分类中无白血病细胞；骨髓三系造血恢复，原始细胞<5%；无髓外白血病。理想的完全缓解为初诊时免疫学、细胞遗传学和分子生物学异常标志均消失。常用抗白血病药物见表6-6，急性白血病常用诱导联合化疗方案见表6-7。

▼ 表6-6　常用抗白血病药物

种类	药名	缩写	主要不良反应
抗代谢药	甲氨蝶呤	MTX	骨髓抑制，口腔及胃肠道黏膜炎症，肝损害
	巯嘌呤	6-MP	骨髓抑制，消化道反应，肝损害
	阿糖胞苷	Ara-C	骨髓抑制，消化道反应，肝损害，巨幼变，高尿酸血症
	安西他滨（环胞苷）	Cy	与阿糖胞苷相似但较轻
	氟达拉滨	FLU	骨髓抑制，神经毒性，自身免疫现象
	羟基脲	HU	骨髓抑制，消化道反应
烷化剂	环磷酰胺	CTX	骨髓抑制，消化道反应，出血性膀胱炎
	苯丁酸氮芥	CLB	骨髓抑制，免疫抑制
	白消安	BUS	骨髓抑制，皮肤色素沉着，精液缺乏，停经
植物类	长春新碱	VCR	末梢神经炎，共济失调
	高三尖杉酯碱	HHT	骨髓抑制，心脏损害，消化道反应，低血压
	依托泊苷	VP-16	骨髓抑制，消化道反应，脱发，过敏反应
	替尼泊苷	VM-26	骨髓抑制，消化道反应，肝损害
蒽环类抗生素	柔红霉素	DNR	骨髓抑制，心脏损害，消化道反应
	去甲氧柔红霉素	IDA	骨髓抑制，心脏损害，消化道反应
	阿霉素	ADM	骨髓抑制，心脏损害，消化道反应
	阿克拉霉素	ACLA	骨髓抑制，心脏损害，消化道反应
酶类	左旋门冬酰胺酶	L-ASP	肝损害，过敏反应，高尿酸血症，高血糖，胰腺炎，凝血因子及白蛋白合成减少
	培门冬酶	PEG-Asp	肝损害，过敏反应，高尿酸血症，高血糖，胰腺炎，凝血因子及白蛋白合成减少
激素类	泼尼松	P	类库欣综合征，高血压，糖尿病
细胞分化诱导剂	维A酸	ATRA	皮肤黏膜干燥，口角破裂，消化道反应，头晕，关节痛，肝损害
	三氧化二砷	ATO	疲劳，肝脏转氨酶异常，可逆性高血糖
酪氨酸激酶抑制剂	伊马替尼	IM	骨髓抑制，消化道反应，肌痉挛，肌肉骨骼痛，水肿，头痛，头晕
	尼洛替尼		骨髓抑制，一过性血非结合胆红素升高症和皮疹
	达沙替尼		体液潴留（包括胸腔积液），消化道反应，头痛，皮疹，呼吸困难，出血，疲劳，肌肉骨骼疼痛，感染，咳嗽，腹痛和发热

▼ 表6-7 急性白血病常用诱导联合化疗方案

类型	诱导联合化疗方案
ALL	DVLP方案：柔红霉素＋长春新碱＋左旋门冬酰胺酶＋泼尼松
	VDCLP方案：长春新碱＋柔红霉素＋环磷酰胺＋左旋门冬酰胺酶＋泼尼松
AML（非APL）	DA/IA（"标准"方案）：柔红霉素＋阿糖胞苷或去甲氧柔红霉素＋阿糖胞苷
	HA方案：高三尖杉酯碱＋阿糖胞苷
	HAD方案：高三尖杉酯碱＋阿糖胞苷＋柔红霉素
	HAA方案：高三尖杉酯碱＋阿糖胞苷＋阿克拉霉素
	DAE方案：柔红霉素＋阿糖胞苷＋依托泊苷
APL	双诱导方案：全反式维A酸＋三氧化二砷
	全反式维A酸＋三氧化二砷＋蒽环类

相关链接 | **"最美医生"王振义院士与全反式维A酸**

王振义院士在国际上首先创导应用全反式维A酸诱导分化治疗急性早幼粒细胞白血病（APL），并不断优化治疗方案，发现联合应用全反式维A酸和氧化砷治疗APL，可使5年生存率上升至95%，从而使APL成为第一个可治愈的成人白血病。然而他为让病人都吃得起这种药，放弃了专利申请，因他的科学精神及放弃专利的大爱善举，拯救了全球万千APL病人，彰显了医者大爱无疆与大医精诚。

（2）缓解后治疗：是完全缓解后病人治疗的第二阶段，主要方法为化疗和造血干细胞移植（详见本章第七节中的"造血干细胞移植"）。由于急性白血病病人达到完全缓解后，体内尚有$10^8 \sim 10^9$/L的白血病细胞，这些残留的白血病细胞称为微小残留病（minimal residual disease，MRD），是白血病复发的根源。必须进一步降低MRD，以防止复发、争取长期无病生存（disease free survival，DFS），甚至治愈（DFS持续10年以上）。

1）ALL：目前化疗多数采用间歇重复原诱导方案，定期给予其他强化方案的治疗。强化治疗时化疗药物剂量宜大，不同种类的药物要交替轮换使用，以避免药物毒性的蓄积，如高剂量甲氨蝶呤（HD MTX）、Ara-C、巯嘌呤（6-MP）和L-ASP。对于ALL（除成熟B-ALL外），即使经过强烈诱导和巩固治疗，仍必须给予维持治疗。口服6-MP和MTX的同时间断给予VP（长春新碱＋泼尼松）方案的联合化疗，是目前普遍采用且有效的维持治疗方案。如未行异基因造血干细胞移植，ALL在缓解后的巩固维持治疗一般需持续2~3年，需定期检测MRD并根据ALL亚型决定巩固和维持治疗的强度和时间。另外，Ph⁺ ALL在化疗时可以联用酪氨酸激酶抑制剂（TKI，如伊马替尼或达沙替尼）进行靶向治疗。

2）AML：年龄小于60岁的AML病人，临床依据相关染色体及分子学检测结果对预后进行危险度分组及选择相应的缓解后治疗方案。APL病人在获得分子学缓解后可采用化疗、维A酸及砷剂等药物交替维持治疗2年。非APL缓解后治疗方案主要包括大剂量Ara-C为基础的化疗，异体或自体造血干细胞移植。因年龄、并发症等原因无法采用上述治疗者，也可用常规剂量的不同化疗方案轮换巩固维持，但长期生存率低。

（3）CNSL的防治：ALL病人需要预防CNSL的发生。目前防治措施多采用早期强化全身治疗和鞘内注射化疗药（如MTX、Ara-C、糖皮质激素）和/或高剂量的全身化疗药（如HD MTX、Ara-C），CNSL发生时可进行颅脊椎照射。

（4）老年急性白血病的治疗：60岁以上的急性白血病病人常由骨髓增生异常综合征转化而来或继发于某些理化因素，合并症多，耐药、并发重要脏器功能不全、不良核型者较多见，更应强调个体化治疗。多数病人化疗需减量用药，以降低治疗相关死亡率，少数体质好又有较好支持条件的老年病人，可采用中年病人的化疗方案进行治疗。

【常用护理诊断/问题及护理措施】

1. 有出血的危险　与血小板减少、白血病细胞浸润等有关。

护理措施见本章第一节中"出血或出血倾向"的护理。

2. 有感染的危险　与正常粒细胞减少、化疗等有关。

（1）保护性隔离：对于粒细胞缺乏（成熟粒细胞绝对值≤0.5×10^9/L）的病人，应采取保护性隔离，条件允许宜住空气层流洁净病房或消毒隔离病房。尽量减少探视以避免交叉感染。加强口腔、皮肤、肛门及外阴的清洁卫生。若病人出现感染征象，应协助医生做好血液、咽部、尿液、粪便或伤口分泌物的细菌培养及药物敏感试验，遵医嘱应用抗生素。

（2）其他护理措施：见本章第二节中的"再生障碍性贫血"。

3. 潜在并发症：化疗药物的不良反应。

（1）化学性静脉炎及组织坏死的防护：化学性静脉炎（chemical phlebitis）是由于长期大剂量输入化疗性药物或反复静脉穿刺等机械、物理、化学等因素造成的静脉血管壁纤维组织增生、内皮细胞破坏、血管壁不同程度的炎性改变，可分为0~4级。药物的pH、渗透压及药液本身理化特性等因素影响静脉炎的发生。腐蚀性药物尤其是发疱性化疗药物外渗后可引起局部组织坏死。发疱性化疗药物指浸润到皮下可导致组织严重糜烂和坏死的化疗药物，如烷化剂（氮芥、苯达莫司汀等），抗生素类（柔红霉素、多柔比星、表柔比星、丝裂霉素、放线菌素D等），植物碱类（长春碱、长春新碱、长春地辛、长春瑞滨等），紫杉烷类（多西他赛、紫杉醇、白蛋白结合型紫杉醇等）。

1）化疗时应注意：① 合理使用静脉。首选中心静脉置管，如经外周静脉穿刺的中心静脉导管（PICC）、植入式静脉输液港（PORT）。如果应用外周浅表静脉，尽量选择粗直的静脉。② 输入刺激性药物前后，要用生理盐水冲管，以减轻药物对局部血管的刺激。③ 输入刺激性药物前，一定要证实针头在血管内（液体低置看回血）。④ 联合化疗时，先输注对血管刺激性小的药物，再输注刺激性大、发疱性药物。

2）发疱性化疗药物外渗的紧急处理：① 停止：立即停止药物注入。② 回抽：使用注射器回抽静脉通路中的残余药液后，拔除无损伤针。③X线：中心静脉化疗药物发生深部组织外渗时，应遵医嘱行X线检查确定导管尖端位置。④ 评估：评估肿胀范围及外渗液体量，确认外渗的边界并标记；观察外渗区域的皮肤颜色、温度、感觉、关节活动和外渗远端组织的血运情况。⑤ 解毒：遵医嘱可使用相应的解毒剂和治疗药物，常用解毒剂有右丙亚胺、50%~100%二甲亚砜、1/6mmol/L硫代硫酸钠、150U/ml透明质酸。⑥ 封闭：遵医嘱应用利多卡因加地塞米松等进行局部封闭。⑦ 冷敷或热敷：化疗药物外渗发生24~48小时内，宜给予干冷敷或冰敷，每次15~20分钟，每天≥4次；植物碱类化疗药物外渗可给予干热敷，成人温度不宜超过50~60℃，患儿温度不宜超过42℃。⑧ 抬高：应抬高患肢，避免局部受压，局部肿胀明显，可给予50%硫酸镁、如意金黄散等湿敷。⑨ 记录：应记录症状和体征，外渗发生时间、部位、范围、局部皮肤情况、输液工具、外渗药物名称、浓度和剂量、处理措施。

3）静脉炎的处理：发生静脉炎的局部血管禁止静脉注射，患处勿受压，尽量避免患侧卧位。使用多磺酸黏多糖乳膏等药物外敷，鼓励病人患肢多活动，或红外线仪理疗以促进血液循环。

理论与实践 局部封闭疗法：50mg（2.5ml）利多卡因加2.5mg（0.5ml）地塞米松，用生理盐水（3ml）稀释，封闭剂量应根据外渗量和外渗范围而定。消毒皮肤后，在距离外渗范围外缘2~3cm处，用7号针头行环形封闭，每个穿刺点应更换针头，以药液外渗范围为中心，在外渗区域的一侧，以不同角度向其边缘和基底部进针，边退边注射封闭液，再在对侧以同样方式封闭，范围较大还需要在侧边进针封闭，封闭过程中尽可能减少注射针眼。48小时内可间断局部封闭注射2~3次。

（2）骨髓抑制的防护：骨髓抑制是多种化疗药物共有的不良反应，主要表现为全血细胞减少。对于急性白血病的治疗具有双重效应，首先有助于彻底杀灭白血病细胞，但严重的骨髓抑制又可增加病人重症贫血、感染和出血的风险而危及生命。多数化疗药物骨髓抑制作用最强的时间为化疗后第7~14天，恢复时间多为之后的5~10天，存在个体差异。因此，化疗期间及疗程结束要遵医嘱定期复查血常规，以了解化疗效果和有无骨髓抑制及其严重程度。此外，化疗期间病人应避免应用其他抑制骨髓的药物，一旦出现骨髓抑制，需加强贫血、感染和出血的预防、观察和护理。

（3）胃肠道反应的防护：化疗相关的胃肠道反应主要表现为恶心、呕吐、纳差等，其出现的时间及反应程度除与化疗药物的种类有关外，常有较大的个体差异。病人一般在第1次用药时反应较强烈，以后逐渐减轻；症状多出现在用药后的1~3小时，持续数小时到24小时不等，体弱者症状出现较早且较重。故化疗期间应注意：① 营造安静、舒适的休息与进餐环境，避免不良刺激。② 选择合适的进餐时间，避免在治疗前后2小时内进食，减轻胃肠道反应。③ 当病人出现恶心、呕吐时，应暂缓或停止进食，及时清除呕吐物，保持口腔清洁。④ 必要时遵医嘱在治疗前1~2小时给予止吐药物，如5-羟色胺受体拮抗剂格拉司琼、托烷司琼、盐酸甲氧氯普胺、阿瑞匹坦等，并根据药物作用的半衰期，每6~8小时重复给药1次，维持24小时有效血药浓度，减轻胃肠道反应，同时做好药物不良反应的观察。⑤ 饮食上指导病人选择高热量、高蛋白质与维生素、适量纤维素、清淡、易消化饮食，以半流质为主，少量多餐；避免进食高糖、高脂、产气过多和辛辣的食物，并尽可能满足病人的饮食习惯或对食物的要求，以增加食欲。进食后可依据病情适当活动，休息时取坐位和半卧位，避免饭后立即平卧。⑥ 其他：如中医穴位按摩；减慢化疗药物的滴速；若胃肠道症状较严重，无法正常进食，应尽早遵医嘱给予静脉补充营养；此外，心理行为技术如催眠疗法、转移注意力、放松训练、音乐疗法等可起到一定的缓解效果。

（4）口腔溃疡的护理：白血病细胞易浸润口腔黏膜，若应用甲氨蝶呤化疗的病人更易出现口腔溃疡，应加强口腔护理，减少溃疡面感染的概率，促进溃疡愈合。指导病人正确含漱漱口液及掌握局部溃疡用药方法。① 漱口液的选择与含漱方法：一般情况下可选用生理盐水、西吡氯铵含漱液漱口；若疑为厌氧菌感染可选用1%~3%过氧化氢溶液；口腔真菌感染预防与治疗可选用1%~4%的碳酸氢钠溶液、1%制霉菌素溶液。每次含漱时间为15~20分钟，至少每天3次，建议三餐前后以及睡前含漱；溃疡疼痛严重者可在漱口液内加入2%利多卡因止痛。② 促进溃疡面愈合的用药：三餐后及睡前用漱口液含漱后，可选用外用重组人表皮生长因子喷在患处，或赛霉安散涂在患处。为保证药物疗效的正常发挥，涂药后2~3小时方可进食或饮水。此外，生理盐水500ml加注射用亚叶酸钙0.3g溶解后含漱，对大剂量甲氨蝶呤化疗引起的口腔溃疡效果显著。

（5）心脏毒性的预防与护理：柔红霉素、阿霉素、高三尖杉酯碱类药物可引起心肌及心脏传导损害，用药前、中、后应监测病人心率、心律及血压；用药时缓慢静脉滴注，<40滴/min；注意观察病人面色和心率。一旦出现胸闷、心悸、心动过速或心动过缓等表现，应立即报告医生并配合处理。

（6）肝功能损害的预防与护理：巯嘌呤、甲氨蝶呤、门冬酰胺酶对肝功能有损害作用，用药期间应注意观察病人有无黄疸，定期监测肝功能。

（7）尿酸性肾病的预防与护理：见本节中"慢性髓细胞性白血病"的护理。

（8）鞘内注射化疗药物的护理：协助病人采取头低抱膝侧卧位，协助医生做好穿刺点的定位和局部消毒与麻醉；推注药物速度宜慢；拔针后局部予消毒纱布覆盖、固定。嘱病人去枕平卧4~6小时，注意观察有无头痛、呕吐、发热等化学性脑膜炎（chemical meningitis）及其他神经系统的损害症状。

（9）脱发的护理：向病人说明化疗的必要性及可能导致脱发现象，绝大多数病人在化疗结束后，头发会再生，使病人有充分的心理准备，坦然面对。出现脱发后的心理护理：① 评估病人对化疗所致落发、秃发的感受和认识，并鼓励其表达内心的感受如失落、挫折、愤怒。② 指导病人使用假发或戴帽子，以降低病人因形象改变产生的心理困扰。③ 协助病人重视自身的能力和优点，并给予正向回馈。④ 鼓励亲友共同支持病人。⑤ 邀请有类似经验的病人进行同伴教育。⑥ 鼓励病人参与正常的社交活动。

（10）其他不良反应的预防与护理：长春新碱可引起末梢神经炎、手足麻木感，停药后可逐渐消失。左旋门冬酰胺酶可引起过敏反应，用药前应皮试。急性早幼粒细胞白血病应用维A酸治疗可引起维甲酸综合征等，治疗期间要密切观察病情，以便及时发现、有效处理。

维甲酸综合征（retinoic acid syndrome, RAS），又称分化综合征，是采用维A酸治疗急性早幼粒细胞白血病过程中最严重的不良反应，好发于治疗前后白细胞总数较高或明显增高的病人。机制未明，可能与维A酸诱导大量白血病细胞分化或细胞因子的大量释放和黏附分子表达增加有关。多于首次治疗后2~21天发病，中位发病时间为7天。主要临床表现有发热、体重增加、身体下垂部位皮肤水肿、间质性肺炎、胸腔积液、呼吸窘迫、肾功能损害，偶见低血压、心包积液或心力衰竭，严重时需辅助机械通气。主要死因是弥漫性肺间质性炎症引起的呼吸衰竭。

处理措施：① 及时应用大剂量糖皮质激素：地塞米松10mg静注，每天2次，连用3天；② 暂时停服维A酸，症状消失后可继续使用，一般不会再出现RAS；③ 对症或辅助治疗：吸氧、利尿、白细胞单采清除和联合化疗等。

【健康指导】

1. 疾病预防指导 避免接触对造血系统有损害的各种理化因素，如电离辐射，亚硝胺类物质，染发剂、油漆等含苯物质，保泰松及其衍生物、氯霉素等药物。如应用某些细胞毒药物如氮芥、环磷酰胺、丙卡巴肼、依托泊苷等，应定期检查血常规及骨髓象。

2. 疾病知识指导 指导病人宜进富含高蛋白、高热量、高维生素的饮食，清淡、易消化少渣软食，避免辛辣刺激，防止口腔黏膜损伤。多饮水，多食蔬菜、水果，以保持大便通畅。保证充足的休息和睡眠，适当加强健身活动，如散步、打太极拳、练剑等，以提高机体的抵抗力。避免损伤皮肤，沐浴时水温以37~40℃为宜，以防水温过高促进血管扩张，加重皮肤出血。

3. 用药指导 向病人说明急性白血病缓解后仍应坚持定期巩固强化治疗，以延长疾病的缓解期和生存期。

4. 预防感染和出血指导 注意保暖，避免受凉；讲究个人卫生，少去人群拥挤的地方；经常检查口腔、咽部有无感染，学会自测体温。勿用牙签剔牙，刷牙用软毛牙刷；勿用手挖鼻孔，天气干燥可涂金霉素眼膏或用薄荷油滴鼻；避免创伤。定期门诊复查血常规，一旦出现新发出血、发热及骨、关节疼痛应及时就医。

5. 心理指导 向病人及其家属说明白血病是造血系统肿瘤性疾病，虽然难治，但近年来白血病治疗已取得较大进展，疗效明显提高，应树立信心。家属应为病人创造一个安全、安静、舒适和愉悦宽松的环境，使病人保持良好的情绪状态，有利于疾病的康复。化疗间歇期，病人可做力所能及的家务，以增强自信心。

二、慢性髓细胞性白血病

慢性白血病按细胞类型分为慢性髓细胞性白血病（chronic myelogenous leukemia, CML）、慢性淋巴细胞白血病（chronic lymphocytic leukemia, CLL）及少见类型的白血病，如慢性单核细胞白血病及毛细胞白血病等。

慢性髓细胞性白血病又称慢性粒细胞白血病，简称慢粒，其特点为病程发展缓慢，外周血粒细胞显著增多且不成熟，脾脏明显肿大。95%以上的病例出现Ph染色体和/或BCR-ABL融合基因。自然病程可经历慢性期、加速期和急变期，多因急性变而死亡。本病各年龄组均可发病，以中年最多见。

【临床表现】

1. **慢性期** 起病缓，早期常无自觉症状，随病情的发展可出现乏力、低热、多汗或盗汗、体重减轻等代谢亢进的表现。巨脾为最突出的体征，可达脐平面，甚至可到达盆腔，质地坚实、平滑，无压痛。如发生脾梗死，则压痛明显。部分病人可有胸骨中下段压痛。半数病人肝脏中度肿大，浅表淋巴结多无肿大。慢性期可持续1~4年。

2. **加速期** 起病后1~4年间，70% CML病人进入加速期。主要表现为原因不明的高热、虚弱、体重下降，脾脏迅速肿大，骨、关节痛以及逐渐出现贫血、出血。白血病细胞对原来有效的药物发生耐药。

3. **急变期** 加速期从几个月到1~2年即进入急变期。临床表现与急性白血病类似，多数为急粒变，20%~30%为急淋变。

【辅助检查】

1. **慢性期**

（1）血常规检查：初诊时以外周血白细胞计数增高为主，常高于20×10^9/L，约一半病人超过100×10^9/L，可见各阶段幼稚粒细胞。嗜酸和嗜碱性粒细胞常增高。约50%的病人有血小板计数增高，在病程中血小板>$1\,000 \times 10^9$/L者并非少见。

（2）骨髓象检查：骨髓增生明显或极度活跃。以粒细胞为主，粒红比例明显增高，其中中性中幼、晚幼和杆状核细胞明显增多；原粒细胞<10%；嗜酸、嗜碱性粒细胞增多；红系细胞相对减少；巨核细胞正常或增多，晚期减少。

（3）染色体检查：95%以上CML病人血细胞中出现Ph染色体，t（9;22）（q34;q11），即9号染色体长臂上C-ABL原癌基因易位至22号染色体长臂的断裂点集中区（BCR）形成BCR-ABL融合基因。

（4）中性粒细胞碱性磷酸酶（neutrophil alkaline phosphatase，NAP）：活性减低或呈阴性反应。治疗有效时NAP活性可以恢复，疾病复发时又下降，合并细菌性感染时可略增高。

（5）血液生化：血清及尿中尿酸浓度增高，与化疗后大量白细胞被破坏有关。此外，血清维生素B_{12}浓度及维生素B_{12}结合力显著增加，增高的幅度与白细胞增多程度成正比；原因为大量正常及异常粒细胞产生了过多运输维生素B_{12}的转钴蛋白。

2. **加速期** 外周血或骨髓原粒细胞≥10%，外周血嗜碱性粒细胞>20%，不明原因的血小板进行性减少或增加，除Ph染色体以外又出现其他染色体异常。

3. **急性变** 外周血或骨髓中原始细胞>20%或出现髓外浸润。多数为急粒变，少数为急淋变或急单变。

【治疗要点】

CML的治疗应着重于慢性期早期，避免疾病转化，力争细胞遗传学和分子生物学水平的缓解，一旦进入加速期或急变期（统称进展期）则预后不良。

1. 靶向治疗　酪氨酸激酶抑制剂（tyrosine kinase inhibitor，TKI）已成为CML的首选治疗药物。2011年第一代TKI（代表药物伊马替尼）因能特异性阻断ATP在ABL激酶上的结合位置，使酪氨酸残基不能磷酸化，从而抑制BCR-ABL阳性细胞的增殖而获得批准用于CML，但随意停药容易产生 *BCR-ABL* 激酶区的突变，发生继发性耐药。第二代TKI如尼洛替尼或达沙替尼治疗CML能获得更快、更深的分子学反应，逐渐成为CML一线治疗方案可选药物。CML治疗反应定义见表6-8。治疗期间应定期检测血液学、细胞遗传学、分子生物学反应，据此调整治疗方案。服药的依从性及治疗期间的严密监测是获得此药最佳疗效的重要前提与保障。

▼ 表6-8　慢性髓细胞性白血病（CML）慢性期的治疗反应

血液学缓解（HR）	完全血液学反应（CHR）	外周血计数和分类恢复正常，血小板计数<450×10⁹/L，CML所有症状和体征（包括脾大在内）消失
	部分血液学反应（PHR）	类似于完全缓解，但仍然存在少数幼稚细胞（原始细胞、早幼粒细胞、中幼粒细胞），或仍然存在脾大，但较基线比，缩小50%以上，存在轻度血小板增多
细胞遗传学缓解（CyR）	完全细胞遗传学反应（CCyR）	至少检查20个有丝分裂中期象，见不到Ph染色体
	部分细胞遗传学反应（PCyR）	分裂象中Ph阳性细胞占1%~35%
	微小细胞遗传学反应（minor CyR）	分裂象中Ph阳性细胞占35%以上
分子学缓解（MR）	完全分子学反应（CMR）	无法检测到BCR-ABL转录物
	主要分子学反应（MMR）	BCR-ABL的mRNA转录物较基线下降3个数量级或以上

2. 干扰素α（IFN-α）　不适合TKI和异基因造血干细胞移植（allo-HSCT）治疗的病人可选用IFN-α。推荐联合应用小剂量阿糖胞苷，可提高生存率。

3. 化疗药物　羟基脲起效快，但持续时间短，用药后2~3天白细胞数下降，停药后很快回升。目前，独立服用羟基脲者仅限于高龄、具有并发症、TKI和IFN-α均不耐受的病人以及用于白细胞淤滞症病人的降白细胞处理。其他药物如白消安（马利兰）、高三尖杉酯碱、阿糖胞苷、巯嘌呤、环磷酰胺、砷剂及其他联合化疗亦有一定疗效。

4. 异基因造血干细胞移植（allo-HSCT）　是目前CML的根治性标准治疗，但仅用于移植风险低且对TKI耐药或不耐受以及进展期的CML病人。

5. 其他　出现白细胞淤滞症者可于化疗前使用血细胞分离机，单采清除过高的白细胞，同时给予羟基脲化疗和水化、碱化尿液，保证足够尿量，并口服别嘌醇，以预防高尿酸血症肾病。脾放射适用于脾大明显、有胀痛而化疗效果不佳的病人。

【常用护理诊断/问题及护理措施】

1. 疼痛：腹痛　与脾大、脾梗死及脾破裂有关。

（1）缓解脾胀痛：置病人于安静、舒适的环境中；减少活动，多卧床休息，取左侧卧位，以减轻局部不适感；指导病人进食宜少量多餐，以减轻腹胀；尽量避免弯腰和碰撞腹部，避免造成脾破裂。

（2）病情观察：每天测量病人脾脏的大小、质地并做好记录。注意脾区有无压痛，观察有无脾栓塞或脾破裂的表现。脾栓塞时，病人突感脾区疼痛，脾区拒按，有明显触痛，进行性肿大，脾区可闻及摩擦音；脾破裂时可致血性腹膜炎，腹壁紧张，压痛、反跳痛，严重者出现出血性休克。

2. 潜在并发症：高尿酸血症肾病。

（1）病情观察：化疗期间定期检查白细胞计数、血尿酸及尿液分析等。记录24小时出入量，注意观察有无少尿、血尿或腰痛发生。一旦出现上述症状，应及时通知医生，同时检查肾功能。

（2）预防与用药护理：① 鼓励病人多饮水，化疗期间每天饮水量宜达3 000ml以上，保证足够多的尿量以利于尿酸和化疗药降解产物的稀释和排泄，减少对泌尿系统的化学刺激。必要时予以静脉补充。② 遵医嘱口服别嘌醇，以抑制尿酸的形成。③ 化疗给药前后遵医嘱给予利尿剂，及时稀释并排泄降解的药物。一般情况下于注射化疗药后，嘱病人尽可能每半小时排尿1次，持续5小时，就寝前排尿1次。

【健康指导】

1. 疾病知识指导 慢性期病情稳定后可工作和学习，适当锻炼，但不可过劳。生活要有规律，保证充足的休息和睡眠。由于病人体内白血病细胞数量多，基础代谢增加，应给病人提供高热量、高蛋白、高维生素、易消化吸收的饮食。

2. 用药指导 伊马替尼应终身服用，随意减、停药物容易产生BCR-ABL激酶区的突变，发生继发性耐药。嘱病人应坚持治疗，不要随意减、停药。同时要向病人说明伊马替尼的不良反应，包括白细胞、血小板减少和贫血的血液学毒性，以及水肿、肌肉痉挛、腹泻、恶心、肌肉骨骼痛、皮疹、腹痛、肝酶升高、疲劳、关节痛和头痛等非血液学毒性；餐中服药可减少胃肠道的反应；补钙可减少肌肉痉挛的发生；应定期到医院复查血常规及随访，及时调整治疗方案。长期应用干扰素α治疗可出现畏寒、发热、疲劳、恶心、头痛、肌肉及骨骼疼痛，肝、肾功能异常，骨髓抑制等，故应定期检查肝肾功能及血常规。

3. 病情监测指导 出现贫血加重、发热、腹部剧烈疼痛，尤其是腹部受撞击而疑为脾破裂时，应立即到医院检查。感染与出血的预防与监测见急性白血病。

三、慢性淋巴细胞白血病

慢性淋巴细胞白血病（chronic lymphocytic leukemia，CLL），简称慢淋，是一种进展缓慢的B淋巴细胞增殖性肿瘤，以外周血、骨髓、脾脏和淋巴结等淋巴组织中出现大量克隆性B淋巴细胞为特征。这类细胞形态上类似成熟淋巴细胞，但是一种免疫学不成熟的、功能异常的细胞。中位发病年龄在65~70岁，起病缓慢隐袭。本病在我国发生率较低，在欧美国家较常见。

【临床表现】

起病缓慢，多无自觉症状。早期可出现疲乏、无力，随后出现食欲减退、消瘦、低热和盗汗等；晚期免疫功能减退，易发生贫血、出血、感染，尤其是呼吸道感染。淋巴结肿大常为就诊的首发症状，以颈部、腋下、腹股沟淋巴结为主。肿大的淋巴结无压痛、质中、可移动，随着病情的进展可逐渐增大或融合。偶有纵隔淋巴结及腹膜后、肠系膜淋巴结肿大而引起相应部位（如气管、上腔静脉、胆道或输尿管）受压的症状。50%~70%病人有肝、脾轻至中度肿大。由于免疫功能失调，常并发自身免疫性疾病，如自身免疫性溶血性贫血、免疫性血小板减少性紫癜等。部分病人可转化为幼淋巴细胞白血病、Richter综合征等，或继发第二肿瘤。

【辅助检查】

1. 血常规检查　淋巴细胞持续性增多，淋巴细胞占50%以上，晚期可达90%，以小淋巴细胞为主。晚期血红蛋白、血小板减少，发生溶血时贫血明显加重。

2. 骨髓象检查　骨髓有核细胞增生明显活跃。红系、粒系及巨核细胞均减少，淋巴细胞比例≥40%，以成熟淋巴细胞为主，可见幼稚淋巴细胞或不典型淋巴细胞，发生溶血时幼红细胞增多。

3. 免疫学检查　有助于临床诊断与分型。绝大多数病例的淋巴细胞源于B淋巴细胞，具有单克隆性及相应的免疫表型；20%病人抗人球蛋白试验阳性（提示自身免疫性溶血性贫血），晚期T细胞功能障碍。

4. 细胞遗传学检查　有助于疗效及预后的临床判断。主要包括染色体及基因检查。50%~80%病人出现染色体异常，部分病人出现基因突变或缺失。

【临床分期】

分期的目的在于帮助选择治疗方案及估计预后。常用分期标准包括Rai和Binet分期（表6-9）。

▼ 表6-9　慢性淋巴细胞白血病（CLL）的Rai和Binet分期及预后评估

危险分组	Rai分期	Binet分期	生存期
低危	0期：仅有外周血和骨髓中淋巴细胞增多	A期：外周血和骨髓中淋巴细胞增多，<3个区域淋巴结肿大	14~17年
中危	Ⅰ期：0+淋巴结肿大 Ⅱ期：Ⅰ+肝和/或脾大	B期：外周血和骨髓中淋巴细胞增多，≥3个区域淋巴结肿大	5~7年
高危	Ⅲ期：Ⅱ+贫血（Hb<110g/L） Ⅳ期：Ⅲ+血小板减少	C期：除与B期相同外，尚有贫血（Hb<100g/L），或血小板减少（血小板计数<100×10⁹/L）	2~3年

【治疗要点】

CLL早期（Rai 0~Ⅱ期或Binet A期）病人无须治疗，定期复查即可。但出现下列情况之一提示疾病处于活动，建议开始治疗：① 6个月内无其他原因出现体重减少≥10%、极度疲劳、发热（38℃）>2周、盗汗；② 巨脾或进行性脾大及脾区疼痛；③ 淋巴结进行性肿大或直径>10cm；④ 进行性外周血淋巴细胞增多，2个月内增加>50%，或倍增时间<6个月；⑤ 出现自身免疫性血细胞减少，糖皮质激素治疗无效；⑥ 骨髓进行性衰竭，贫血和/或血小板减少进行性加重。

1. 化学治疗　包括烷化剂（苯达莫司汀、苯丁酸氮芥和环磷酰胺）、嘌呤类似物（氟达拉滨、喷司他丁和克拉屈滨）和糖皮质激素。氟达拉滨完全缓解（CR）率20%~30%，总反应率60%~80%。氟达拉滨联合环磷酰胺（FC方案）的疗效优于单用氟达拉滨。苯达莫司汀作为一种新型烷化剂，兼具抗代谢及烷化剂的作用，无论是初治还是复发难治性病人，单药治疗均显示较高的完全缓解率和治疗反应率。

2. 免疫与靶向治疗 利妥昔单抗是人鼠嵌合型抗CD20单克隆抗体，对于表达CD20的CLL可联合氟达拉滨及环磷酰胺，形成了三种药物的联合疗法——FCR疗法，这是目前初治CLL反应最佳的方法。靶向治疗药物BTK抑制剂联合免疫化疗能够提升病人的无进展生存（PFS）和总生存期（OS）。

3. 其他 积极治疗感染等并发症，自身免疫性溶血性贫血或血小板减少可用较大剂量糖皮质激素；疗效不佳且脾大明显时，可行脾切除或放疗。此外，预后较差的年轻病人可在缓解期行自体干细胞移植，效果优于传统化疗，但易复发；异基因造血干细胞移植可使部分病人长期存活甚至治愈。

【常用护理诊断/问题及护理措施】

有感染的危险 与低免疫球蛋白血症、正常粒细胞缺乏有关。

护理措施见本章第一节中"发热"的护理。

【健康指导】

1. 疾病知识指导 见本节"慢性髓细胞性白血病"。

2. 用药指导与病情监测 向病人说明遵医嘱坚持治疗的重要性，定期复查血常规，出现出血、发热或其他感染迹象应及时就诊。预防感染和出血措施见本节中"急性白血病"的相关内容。

（胡荣）

第五节 淋巴瘤

案例导入

病人，男，28岁，以"左颈无痛性淋巴结肿大3个月，迅速增大2周"为主诉入院。

病史评估： 病人于3个月前无意中触及左颈一花生米大小肿物，疑为淋巴结炎，未就诊，自服抗生素治疗；近2周来迅速增大，伴不规则发热。

身体评估： T 37.9℃，P 95次/min，R 23次/min，BP 125/80mmHg。贫血外观，体型消瘦，巩膜轻度黄染，结膜稍苍白，左颈部扪及花生米大小淋巴结1枚，质韧如橡皮，活动，无压痛，余浅表淋巴结未扪及，胸骨无压痛，腹软，肝肋下未触及，脾肋下2cm，质硬，无压痛，腹水征（－），下肢无水肿。

辅助检查： 血常规示红细胞计数$3.2×10^{12}$/L，血红蛋白95g/L，白细胞计数$3.2×10^9$/L，血小板计数$102×10^9$/L；白细胞分类示中性粒细胞41%，淋巴细胞50%，网织红细胞8%。胸部CT示纵隔肿块；腹腔CT示脾肿大，腹膜后可见2枚2.0cm×1.5cm大小淋巴结。

请思考： 左颈部淋巴结肿大有哪些常见原因？该病人病情有哪些特点？最需要做哪项辅助检查以明确病情？该病人目前的主要护理诊断及护理措施有哪些？

淋巴瘤（lymphoma）为起源于淋巴结和淋巴组织的恶性肿瘤。其发生大多与免疫应答过程中淋巴细胞增殖分化产生的某种免疫细胞恶变有关。可发生于身体任何部位的淋巴结或结外的淋巴组织，且通常以实体瘤形式生长于淋巴组织丰富的组织器官中，其中以淋巴结、扁桃体、脾及骨髓等部位最易受累。临床上以进行性、无痛性淋巴结肿大和/或局部肿块为特征，同时可有相应器官受压迫或浸润受损症状。组织病理学上将淋巴瘤分为霍奇金淋巴瘤（Hodgkin lymphoma，HL）和非霍奇金淋巴瘤（non-Hodgkin lymphoma，NHL）两大类，两者虽均发生于淋巴组织，但它们在流行病学、病理特点和临床表现方面有明显的不同，我国以NHL多发。2023年我国癌症中心发布的统计数据显示，淋巴瘤粗发病率为6.50/10万，粗死亡率3.73/10万，居全国恶性肿瘤死亡原因第10位。

【病因及发病机制】

淋巴瘤的病因与发病机制尚不清楚，可能与病毒感染及免疫缺陷等因素有关。80%以上Burkitt淋巴瘤病人血中EB病毒抗体滴度明显增高；逆转录病毒人类嗜T淋巴细胞病毒-1（HTLV-1）已被证明是成人T细胞白血病或淋巴瘤的病因；HTLV-2近来也被认为与T细胞皮肤淋巴瘤（蕈样肉芽肿）的发病有关；Kaposi肉瘤病毒也被认为是原发于体腔的淋巴瘤的病因。此外，宿主的免疫功能也与淋巴瘤的发病有关；幽门螺杆菌可能与胃黏膜淋巴瘤有关。

【病理和分型】

淋巴瘤的典型淋巴结病理学特征为正常滤泡性结构、被膜周围组织、被膜及被膜下窦被大量异常淋巴细胞或组织细胞破坏。

1. HL　目前采用2016年WHO的淋巴造血系统肿瘤分类，分为结节性淋巴细胞为主型HL和经典HL两大类。结节性淋巴细胞为主型占HL的5%，经典型占95%。我国经典型HL中混合细胞型（MCHL）最为常见，其次为结节硬化型（NSHL）、富于淋巴细胞型（LRHL）和淋巴细胞削减型（LDHL）。除结节硬化型较固定外，其他各型可以相互转化。绝大多数HL细胞来源于B细胞，仅极少数来源于T细胞。

2. NHL　大部分NHL为B细胞性，是一组具有不同组织学特点和起病部位的淋巴瘤，易发生早期远处扩散，有的病例在临床确诊时已播散至全身。2008年WHO新分类将每一种淋巴瘤类型确定为独立疾病，提出了淋巴组织肿瘤分型新方案，该方案既考虑了形态学特点，也反映了应用单克隆抗体、细胞遗传学和分子生物学等新技术对淋巴瘤的新认识和确定的新病种，该方案包含了各种淋巴瘤和急性淋巴细胞白血病。2016年版分类中增加了一些新类型及部分命名更新。NHL依据免疫学还分为惰性和侵袭性。惰性NHL如源于B细胞的小淋巴细胞淋巴瘤、淋巴浆细胞淋巴瘤、边缘区淋巴瘤及滤泡淋巴瘤和源于T细胞的蕈样肉芽肿/Sézary综合征。侵袭性NHL如源于弥漫大B细胞淋巴瘤（NHL中最常见的一种类型）、B细胞的套细胞淋巴瘤、Burkitt淋巴瘤等和源于T细胞的T-原淋巴细胞淋巴瘤、血管免疫母细胞性T细胞淋巴瘤、间变性大细胞淋巴瘤等。

【临床表现】

HL多见于青年，儿童少见。NHL可见于各年龄组，随年龄的增长而发病增多，男性多于女性。进行性、无痛性的淋巴结肿大或局部肿块是淋巴瘤共同的临床表现。临床表现因病理类型、分期及侵犯部位不同而错综复杂。

1. **淋巴结肿大**　以进行性、无痛性的颈部或锁骨上淋巴结肿大为首发症状，其次是腋下、腹股沟等处的淋巴结肿大，且以HL多见。肿大的淋巴结可以活动，也可相互粘连，融合团块，触诊有软骨样的感觉。咽淋巴环病变可有吞咽困难、鼻塞、鼻出血及颌下淋巴结肿大。深部淋巴结肿大可引起局部的压迫症状，如纵隔淋巴结肿大可致咳嗽、胸闷、气促、肺不张及上腔静脉压迫综合征等；腹膜后淋巴结肿大可压迫输尿管，引起肾盂积水等，此以NHL较为多见。

2. **发热**　热型多不规则，可呈持续高热，也可间歇低热，30%~40%的HL病人以原因不明的持续发热为首发症状，少数HL病人出现周期热。但NHL一般在病变较广泛时才发热，且多为高热。热退时大汗淋漓可为本病特征之一。

3. **皮肤瘙痒**　为HL较特异的表现，也可为HL唯一的全身症状。局灶性瘙痒发生于病变部淋巴引流的区域，全身瘙痒大多发生于纵隔或腹部有病变的病人。多见于年轻病人，特别是女性。

4. **酒精疼痛**　17%~20%的HL病人，在饮酒后20分钟，病变局部发生疼痛即称为"酒精疼痛"。其症状可早于其他症状及X线表现，具有一定的诊断意义。当病变缓解后，酒精疼痛即可消失，复发时又重现。酒精疼痛的机制不明。

5. **组织器官受累**　NHL较HL易发生早期远处扩散，有的病例在临床确诊时已播散至全身。胸部以肺及纵隔受累最多，肺浸润或纵隔淋巴结肿大可致咳嗽、胸闷、气促、肺不张及上腔静脉压迫综合征等；肝脏受累可引起肝大和肝区疼痛，少数可发生黄疸；胃肠道损害以回肠居多，其次是胃，可出现食欲减退、腹痛、腹泻、腹部包块、肠梗阻和出血；肾损害表现为肾肿大、高血压、肾功能不全及肾病综合征；骨骼损害以胸椎及腰椎最常见，主要表现为局部骨痛、压痛及脊髓压迫症等。中枢神经系统病变多出现于疾病进展期，以累及脑膜及脊髓为主。部分NHL病人晚期会发展为急性淋巴细胞白血病。

【辅助检查】

1. **病理学检查**　淋巴结活检做病理形态学、组织病理学、免疫组化检查是淋巴瘤确诊和分型的主要依据。

2. **血常规及骨髓象检查**　HL病人血常规变化较早，常有轻或中度贫血，少数有白细胞计数轻度或明显增加，中性粒细胞增多，约20%病人嗜酸性粒细胞升高。骨髓浸润广泛或有脾功能亢进时，全血细胞减少。骨髓象多为非特异性，若能找到R-S细胞则是HL脊髓浸润的依据，活检可提高阳性率；NHL病人白细胞多正常，伴淋巴细胞绝对或相对增多。

3. **影像学检查**　胸部X线、腹部超声、胸（腹）部CT或PET/CT等有助于确定病变的部位及其范围，其中腹部检查以CT为首选，PET/CT现已作为评价淋巴瘤疗效的重要指标。

4. **其他检查**　疾病活动期有血沉增快、血清乳酸脱氢酶活性增加，其中乳酸脱氢酶增加提示预后不良；骨骼受累时血清碱性磷酸酶活力或血钙增加。NHL可并发免疫性溶血性贫血，出现抗人球蛋白试验阳性。中枢神经系统受累时脑脊液中蛋白含量增加。

【分期】

目前采用1971年霍奇金淋巴瘤工作组在美国Ann Arbor制定的临床分期方案。

Ⅰ期：侵及1个淋巴结区（Ⅰ），或侵及1个单一的结外器官或部位（ⅠE）。

Ⅱ期：在横膈的一侧，侵及2个或更多的淋巴结区（Ⅱ）或外加局限侵犯1个结外器官或部位（ⅡE）。

Ⅲ期：受侵犯的淋巴结区在横膈的两侧（Ⅲ）或外加局限侵犯1个结外器官或部位（ⅢE）或脾（Ⅲs）或二者（ⅢES）。

Ⅳ期：弥漫性或播散性侵犯1个或更多的结外器官，同时伴有或不伴有淋巴结侵犯。

各期又按有无全身症状分为A组或B组（有以下症状之一）：

A组：无全身症状；

B组：有"B"症状，即发热（体温>38℃），或盗汗，或6个月内不明原因的体重下降>10%。

此外，累及的部位可采用下列记录符号：E，结外；X，直径10cm以上的巨块；M，骨髓；S，脾；H，肝；O，骨骼；D，皮肤；P，胸膜；L，肺。

【治疗要点】

以化疗为主、化疗与放疗相结合，联合应用相关生物制剂的综合治疗，是目前淋巴瘤治疗的基本策略。

1. 以化疗为主，联合放疗的综合治疗　HL常用联合化疗方案有MOPP/COPP（氮芥/环磷酰胺、长春新碱、丙卡巴肼、泼尼松）和ABVD，其中以ABVD（阿霉素、博来霉素、长春新碱、达卡巴嗪）方案为首选。NHL多中心发生且跳跃性播散倾向，使其临床分期的价值不如HL，故其治疗以化疗为主；惰性NHL发展缓慢，化疗及放疗均有效，但不易缓解；侵袭性NHL均应以化疗为主。CHOP（环磷酰胺、阿霉素、长春新碱、泼尼松）方案是治疗侵袭性NHL的基本方案，ESHAP（依托泊苷、甲泼尼龙、阿糖胞苷、顺铂）方案用于复发性淋巴瘤。

2. 生物治疗　凡CD20阳性的B细胞淋巴瘤均可用利妥昔单抗（CD20单抗）治疗，CD20单抗联合CHOP组成R-CHOP方案治疗惰性和侵袭性B细胞淋巴瘤，可提高完全缓解率和延长无病生存期；但合并严重活动性感染或免疫应答严重损害（如低免疫球蛋白血症，CD4或CD8细胞计数严重下降）、严重心力衰竭、类风湿关节炎的病人不应使用利妥昔单抗治疗。干扰素对蕈样肉芽肿和滤泡性小裂细胞型有抑制作用，可延长缓解期。胃MALT淋巴瘤经抗幽门螺杆菌治疗后部分病人症状改善，淋巴瘤消失。CAR-T细胞（chimeric antigen receptor T-cell）免疫治疗即嵌合抗原受体T细胞免疫疗法，对复发及难治性B细胞淋巴瘤有一定疗效。

3. 造血干细胞移植　对55岁以下、重要脏器功能正常的病人，如缓解期短、难治易复发的侵袭性淋巴瘤，经过4个疗程CHOP方案使淋巴结缩小超过3/4者，可考虑全淋巴结放疗及大剂量联合化疗后进行自体或异体造血干细胞移植，以期获得长期缓解和无病生存。

4. 手术治疗　包括剖腹探查及脾切除，后者主要针对有脾功能亢进者有脾切除指征，可行脾切除以提高血常规，为化疗创造有利条件。

【常用护理诊断/问题及护理措施】

1. 体温过高　与HL疾病本身或感染有关。

护理措施见本章第一节中"发热"的护理。

2. 有皮肤完整性受损的危险 与放疗引起局部皮肤烧伤有关。

（1）病情观察：评估病人放疗后的局部皮肤反应，有无发红、瘙痒、灼热感以及渗液、水疱形成等放射性皮炎的表现。

（2）局部皮肤护理：照射区的皮肤在辐射作用下一般都有轻度损伤，对刺激的耐受性非常低，易发生二次皮肤损伤。避免局部皮肤受到强热/冷刺激，尽量不用热水袋、冰袋，沐浴水温以37~40℃为宜；外出时避免阳光直接照射；不要用有刺激性的化学物品，如肥皂、乙醇、胶布等。放疗期间应穿着宽松、质软的纯棉或丝绸内衣，洗浴毛巾要柔软，擦洗放射区皮肤时动作轻柔，减少摩擦，并保持局部皮肤的清洁干燥，防止皮肤破损。

（3）放射损伤皮肤的护理：按急性放射反应评分标准（RTOG）将放射性皮肤损伤分为5级，0级无变化，出现Ⅰ~Ⅳ级皮肤反应处理见表6-10。

▼ 表6-10 放射性皮肤损伤的RTOG分级及处理

分级	皮肤反应表现	处理
Ⅰ级（干性脱皮）	滤泡样暗色红斑、脱发、干性脱皮、出汗减少	有痒感时，不能挠抓或撕脱局部皮肤，可用温水软毛巾轻轻擦洗局部皮肤，清除脱落的毛发，可轻拍局部，分散其注意力；严密观察局部皮肤反应情况；遵医嘱使用重组人表皮生长因子喷剂或三乙醇乳膏等涂抹轻按摩
Ⅱ级（湿性脱皮）	触痛性或鲜色红斑，片状湿性脱皮、中度水肿	清创后的Ⅱ级急性放射性皮肤损伤创面予中流量氧气（4~6L/min）治疗，每次5~10分钟，再用重组人表皮生长因子均匀喷涂在创面上
Ⅲ级	融合性湿性皮炎、凹陷性水肿	清洗创面后用水胶体敷料密闭覆盖创面或涂抹透明质酸类凝胶后用纱布覆盖
Ⅳ级	坏死、溃疡、出血	可改用亲水性纤维含银敷料或泡沫敷料密闭覆盖创面，有感染者需要抗感染治疗

3. 潜在并发症：化疗药物不良反应 护理措施见本章第四节中"急性白血病"的护理。

【健康指导】

参见本章第四节中"急性白血病"的相关内容。

相关链接 | **NHL 的国际预后指数评分**

1993年Shipp等提出了NHL的国际预后指数（international prognostic index，IPI）评分，将预后分为低危、低中危、高中危和高危4类。提示预后不良的5个IPI（计分时每个1分）为：① 年龄大于60岁；② 需要卧床或生活需要别人照顾；③ 血清LDH升高；④ 临床分期为Ⅲ或Ⅳ期；⑤ 结外病变≥2个。其中低危病人IPI为0~1分，完全缓解率达87%，5年生存率73%；低中危病人IPI为2分；高中危病人IPI为3分；高危病人IPI为4~5分，完全缓解率仅为44%，5年生存率26%。

（胡荣）

第六节 多发性骨髓瘤

案例导入

病人，女，55岁，以"腰痛1个月，乏力伴头晕1周"为主诉入院。

病史评估：缘于1个月前无明显诱因出现腰痛，位于下腰部，呈持续性闷痛，因能坚持日常生活而未予重视诊疗；近1周来，疼痛进行性加剧，并出现面色苍白、头晕、乏力，自觉活动后心悸、气促、胸闷，无畏冷、寒战、发热，无尿频、尿急、尿痛、血尿，无皮肤青紫、牙龈出血。

身体评估：T 36.5℃，P 88次/min，R 20次/min，BP 125/70mmHg。神志清楚，体型正常，贫血面容。皮肤色泽稍苍白，未见黄染、发绀、皮下出血。全身浅表淋巴结未触及肿大。肝脾未触及肿大。

辅助检查：血常规示白细胞计数3.9×10^9/L，红细胞计数3.39×10^{12}/L，血红蛋白78g/L，血小板计数117×10^9/L；血清免疫球蛋白M 0.18g/L，免疫球蛋白A 0.24g/L，免疫球蛋白G 42.70g/L。血液生化：血钙明显增高；尿液检查尿蛋白阳性；骨髓中浆细胞比例为35%。PET/CT示：颅骨、双侧肩胛骨、胸骨、双侧肋骨、腰椎、骨盆多发骨质破坏，双侧肱骨、股骨骨髓腔密度增浓影。

初步诊断：多发性骨髓瘤。

请思考：该病人出现了哪些多发性骨髓瘤的临床表现？出现这些表现的机制是什么？还需要做哪些辅助检查以明确诊断？写出两个最主要的护理诊断及相应的护理措施。

多发性骨髓瘤（multiple myeloma，MM）是浆细胞恶性增殖性疾病。骨髓中有大量的异常浆细胞（或称骨髓瘤细胞）克隆性增生，引起广泛溶骨性骨骼破坏、骨质疏松，血清中出现单克隆免疫球蛋白（M蛋白），正常的多克隆免疫球蛋白合成受抑制，尿中出现本周蛋白（Bence Jones protein），从而引起不同程度的相关脏器与组织的损伤。常出现骨痛、贫血、肾功能不全、感染和高钙血症等临床表现。本病多见于中老年病人，中位年龄约为65岁，其发病率占恶性肿瘤的1%，占血液系统恶性肿瘤的10%~15%，已成为第二大常见的血液系统恶性肿瘤。近年来，随着人口的老龄化，多发性骨髓瘤的发病率呈逐年上升趋势。

【病因及发病机制】

迄今尚未明确，可能与病毒感染（人类疱疹病毒8型）、电离辐射、接触工业或农业毒物、慢性抗原刺激及遗传因素等众多因素有关。进展性骨髓瘤病人骨髓中细胞因子白细胞介素-6（IL-6）异常升高，提示以IL-6为中心的细胞因子网络失调可引起骨髓瘤细胞增生。现认为IL-6作为多发性骨髓瘤细胞极为重要的生长因子，与骨髓瘤疾病的形成与恶化密切相关。

【临床表现】

根据免疫球蛋白分型可分为IgG型（最常见）、IgA型、IgD型、IgM型、轻链型、IgE型、非分泌型。此外，依据轻链类型可分为κ型和λ型。多发性骨髓瘤起病缓慢，早期可数月至数年无症状，常见的症状可归纳为"CRAB"症状，即血钙增高（calcium elevation）、肾功能不全（renal insufficiency）、贫血（anemia）、骨病（bone disease）以及继发性淀粉样变性等相关表现。

1. **骨骼损害** 表现为骨痛、病理性骨折及高钙血症。骨髓瘤细胞在骨髓腔内大量增生的同时，由基质细胞衍变而来的成骨细胞过度表达IL-6，激活破骨细胞，使骨质溶解、破坏。骨痛是最常见的早期症状，疼痛部位多在腰骶部，其次是胸廓和肢体。若活动或扭伤后出现剧烈疼痛，可能为病理性骨折；骨髓瘤细胞浸润骨骼时可引起局部肿块，发生率高达90%，好发于肋骨、锁骨、胸骨及颅骨，胸骨、肋骨、锁骨连接处出现串珠样结节者为本病的特征。少数病例仅有单个骨骼损害，称为孤立性骨髓瘤。高钙血症可表现为疲乏、恶心、呕吐、多尿、脱水、头痛、嗜睡、意识模糊，严重可致心律失常、昏迷等。

2. **肾损害** 本病的重要表现之一，与骨髓瘤细胞直接浸润、M蛋白轻链沉积于肾小管及继发性高钙血症、高尿酸血症等有关。主要表现为程度不等的蛋白尿、管型尿和急、慢性肾衰竭。其中肾衰竭是本病仅次于感染的致死原因。脱水、感染和静脉肾盂造影等是并发急性肾衰竭的常见诱因。

3. **感染** 是多发性骨髓瘤病人首位致死原因。主要为正常多克隆免疫球蛋白及中性粒细胞的减少，免疫力下降，病人易继发各种感染。其中以细菌性肺炎及尿路感染较常见，严重者可发生败血症而导致病人死亡。亦可见真菌、病毒感染。病毒感染以带状疱疹多见。

4. **贫血与出血倾向** 90%以上病人会出现程度不同的贫血，并随着病情的进展而日趋严重；主要与骨髓瘤细胞浸润，正常的造血功能受抑制及并发肾衰竭等有关。出血以程度不同的鼻出血、牙龈出血和皮肤紫癜多见；出血的机制主要与血小板减少及M蛋白包在血小板表面，影响血小板的功能，凝血障碍及高免疫球蛋白血症和淀粉样变性损伤血管壁等有关。

5. **高黏滞综合征** 与血清中M蛋白增多，尤以IgA易聚合成多聚体，使血液黏滞性过高、血流缓慢，从而致使机体组织不同程度的淤血和缺氧有关。表现为头昏、眩晕、眼花、耳鸣、手指麻木、冠状动脉供血不足、慢性心力衰竭、不同程度的意识障碍甚至昏迷，其中以对视网膜、中枢神经系统和心血管系统的影响尤为显著。

6. **淀粉样变性和雷诺现象** 少数病人，尤其是IgD型，可发生淀粉样变性。表现为舌、腮腺肿大，心脏扩大，腹泻或便秘，皮肤苔藓样变，外周神经病变以及肝、肾功能损害等。若M蛋白为冷球蛋白，则可引起雷诺现象。

相关链接 | **雷诺现象**

雷诺现象是指在寒冷刺激、情绪激动以及疾病影响下，诱发的血管神经功能紊乱，导致肢端动脉阵发性痉挛、血流暂时减少或中断，随后扩张充血的特征性病变，伴疼痛和感觉异常为特征。呈现四肢末端皮肤颜色间歇性苍白、发绀和潮红的变化。

---

7. **神经损害** 因胸、腰椎破坏压迫脊髓所致截瘫较常见，其次为神经根受累，脑神经瘫痪较少见。周围神经病变可能是过量M蛋白沉积所致，表现为双侧对称性远端皮肤感觉异常（如麻木、烧灼样疼痛、触觉过敏、针刺样疼痛、足冷）、运动障碍（肌肉无力）及自主神经失调（如

口干、便秘）等。若同时有多发性神经病变、器官肿大、内分泌疾病、单株免疫球蛋白血症和皮肤改变者，称为POEMS综合征（骨硬化性骨髓瘤）。

8. 其他 ① 髓外浆细胞瘤，部分病人仅在软组织出现孤立病变，如口腔及呼吸道等软组织中。② 浆细胞白血病：系骨髓瘤细胞浸润外周血所致，浆细胞超过$2.0 \times 10^9/L$时即可诊断，大多属IgA型，其症状和治疗同其他急性白血病。③ 淋巴结、肝和脾肿大：因骨髓瘤细胞浸润所致，可见肝脾轻中度肿大，颈部淋巴结肿大。

【辅助检查】

1. 血常规与骨髓象检查 多为正常细胞正色素性贫血，外周血可出现少量幼粒、幼红细胞，晚期有全血细胞减少，血中出现大量骨髓瘤细胞。骨髓象主要为浆细胞系异常增生，并伴有质的改变。骨髓瘤细胞大小形态不一，成堆出现，免疫表型为$CD38^+$、$CD56^+$。

2. 血清M蛋白鉴定 M蛋白是骨髓瘤细胞产生的异常抗体，但无正常抗体功能。血清蛋白免疫固定电泳出现M蛋白是本病的特点，正常免疫球蛋白减少。可进一步进行M蛋白免疫电分型。

3. 血液生化检查 绝大多数病人血液总蛋白超过正常，球蛋白增多，白蛋白减少；骨质广泛破坏出现高钙血症（>2.75mmol/L），晚期肾功能减退，血磷可增高；活动期血沉显著增快，C反应蛋白（CRP）增高，可反映疾病的严重程度。血清β_2微球蛋白（β_2-MG）与全身瘤细胞总数有显著相关性。血清乳酸脱氢酶（LDH）与肿瘤细胞活动有关，可反映肿瘤负荷。肾功能减退时血清尿素氮增高，血肌酐增高（>177μmol/L）或肌酐清除率下降（<40ml/min），β_2-MG增高更明显。

4. 血IL-6检查 血清IL-6和血清可溶性IL-6抗体可反映疾病的严重程度。

5. 尿液检查 尿常规可出现蛋白尿、管型尿、血尿。约半数病人尿中出现本周蛋白，即从肾脏排出的蛋白轻链。

6. 其他检查 影像学检查可出现骨骼的病理改变；细胞遗传学检查可出现染色体的异常。

【治疗要点】

无症状或无进展的多发性骨髓瘤病人可以观察，每3个月复查1次。有症状的多发性骨髓瘤病人应积极治疗。

1. 对症治疗 双膦酸盐有抑制破骨细胞的作用，但应警惕唑来膦酸和帕米膦酸二钠可引起下颌骨坏死，如需进行口腔侵袭性操作，需在操作前后停用双膦酸盐3个月，并加强抗感染治疗。高钙血症者应增加补液量，使每天尿量>1 500ml，应用糖皮质激素和/或降钙素促进钙排泄。肾功能不全的治疗：① 水化、利尿，减少尿酸形成和促进尿酸排泄，高尿酸血症者还需口服别嘌醇；② 有肾衰竭者，尤其是急性肾衰竭，应积极透析治疗；③ 慎用非甾体抗炎药；④ 避免使用静脉造影剂。控制感染与纠正贫血；高黏滞血症可采用血浆置换术。

2. 化学治疗 有症状多发性骨髓瘤的初治为诱导化疗，常用的化疗方案见表6-11。沙利度胺为第一代免疫调节剂，具有抗血管新生作用；来那度胺是沙利度胺类似物，为第二代免疫调节剂，具有免疫调节和肿瘤杀伤双重作用，口服用药，不良反应少，与地塞米松联合用于治疗复发或难治性多发性骨髓瘤。硼替佐米为第一代蛋白酶体抑制剂，还有卡非佐米、伊沙佐米（目前唯一口服制剂），通过降解受调控的促生长细胞周期蛋白来诱导肿瘤细胞的凋亡；对硼替佐米、来那度胺均耐药的病人，可考虑使用含达雷妥尤单抗（CD38单抗）的联合化疗。抗骨髓瘤化疗的疗效标准为：M蛋白减少75%以上，或尿中本周蛋白排出量减少90%以上（24小时尿本周蛋白排出量小于0.2g），即可认为治疗显著有效。

▼ 表6-11　骨髓瘤常用联合治疗方案

	方案	药物
适合干细胞移植病人的诱导治疗	VD	硼替佐米+地塞米松
	RD	来那度胺+地塞米松
	RVD	来那度胺+硼替佐米+地塞米松
	PAD	硼替佐米+阿霉素+地塞米松
	VCD	硼替佐米+环磷酰胺+地塞米松
	VTD	硼替佐米+沙利度胺+地塞米松
	TD	沙利度胺+地塞米松
	TAD	沙利度胺+阿霉素+地塞米松
	TCD	沙利度胺+环磷酰胺+地塞米松
	RCD	来那度胺+环磷酰胺+地塞米松
不适合干细胞移植病人的诱导治疗，除以上方案外尚可选用以下方案	VMP	硼替佐米+美法仑+醋酸泼尼松
	MPT	美法仑+醋酸泼尼松+沙利度胺
	MPR	美法仑+醋酸泼尼松+来那度胺
	Rd	来那度胺+低剂量地塞米松

3. 造血干细胞移植　自体干细胞移植可提高缓解率，改善病人总生存期和无事件生存率，是适合移植病人的标准治疗。化疗诱导缓解后移植，效果较好。疗效与年龄、性别无关，与常规化疗敏感性、肿瘤负荷大小和血清 β_2 微球蛋白水平有关。

【常用护理诊断/问题及护理措施】

1. 疼痛：骨骼疼痛　与肿瘤细胞浸润骨骼和骨髓，或发生病理性骨折有关。

（1）疼痛评估：从病人的主观描述及客观表现中评估疼痛的程度、性质及病人对疼痛的体验与反应。

（2）心理-社会支持：关心、体贴、安慰病人，对病人提出的疑虑给予耐心解答。鼓励病人与家属、同事和病友沟通交流，使病人获得情感支持和配合治疗的经验。护士和家属还可与病人就疼痛时的感受和需求交换意见，使病人得到理解和支持。

（3）缓解疼痛：协助病人采取舒适的体位，可适当按摩病变部位，以降低肌肉张力，增加舒适，但避免用力过度，以防病理性骨折。指导病人采用放松、音乐疗法等，转移对疼痛的注意力；指导病人遵医嘱用镇痛药，并密切观察镇痛效果。

2. 躯体活动障碍　与骨痛、病理性骨折或胸腰椎破坏压缩，压迫脊髓导致瘫痪等有关。

（1）活动与生活护理：睡硬垫床，保持床铺干燥平整；协助病人定时变换体位；保持适度的床上活动，避免长久卧床而加重骨骼脱钙。截瘫病人应保持肢体功能位，定时按摩肢体，防止下肢萎缩。鼓励病人咳嗽和深呼吸。协助病人洗漱、进食、大小便及个人卫生等，每天用温水擦洗全身皮肤，保持皮肤清洁干燥。严密观察皮肤情况，受压处皮肤应给予温热毛巾按摩或理疗，预防压疮发生。

（2）饮食护理：进食高热量、高蛋白、富含维生素易消化食品，增强机体的抵抗力。每天应饮水 2 000~3 000ml，多摄取粗纤维食物，保持排便通畅，预防便秘。

3. 潜在并发症：化疗药物不良反应。

护理措施参见本章第四节中"急性白血病"的护理。

【健康指导】

1. 疾病知识指导　由于病人极易发生病理性骨折，注意卧床休息，使用硬板床或硬床垫；适度活动可促进肢体血液循环和血钙在骨骼的沉积，减轻骨骼的脱钙。注意劳逸结合，尤其是中老年病人，避免过度劳累、做剧烈运动和快速转体等动作。饮食指导见本病的护理措施。

2. 用药指导　遵医嘱用药，有肾损害者避免应用损伤肾功能的药物；沙利度胺（反应停）有抑制新生血管生长的作用，但可致畸胎，妊娠妇女禁用。硼替佐米的主要毒性反应有周围神经病变、骨髓抑制（血小板减少、贫血、中性粒细胞减少）、胃肠道反应及带状疱疹，应注意观察。

3. 病情监测　病情缓解后仍需定期复查与治疗。若活动后出现剧烈疼痛，可能为病理性骨折，应立即就医。注意预防各种感染，一旦出现发热等症状，应及时就医。

（胡荣）

第七节　血液系统疾病常用诊疗技术及护理

一、经外周静脉穿刺的中心静脉导管穿刺技术

经外周静脉穿刺的中心静脉导管（peripherally inserted central venous catheter，PICC）穿刺技术是经外周静脉（上肢的贵要静脉、肘正中静脉、头静脉、肱静脉；新生儿和儿童还可通过下肢大隐静脉、头部颞静脉、耳后静脉、颈外静脉等）穿刺将导管置入中心静脉的一种技术，导管尖端位于上 / 下腔静脉。

【适应证】

1. 需要输注高渗或高浓度药液（如甘露醇、脂肪乳、氨基酸等）、细胞毒性药物、刺激性药物（如化疗药物）的病人。

2. 缺乏外周静脉通路及需要长期静脉输液（连续输液7天以上）、反复输血或血制品或反复采血的病人。

3. 家庭病床的病人需要营养和呼吸支持治疗的早产儿。

【禁忌证】

1. 绝对禁忌证

（1）有未缓解的深静脉血栓史或有置入上腔静脉滤器病史病人。

（2）出血时间延长的血管移植（如动静脉瘘）病人。

（3）近期患侧乳腺切除术后上臂肿胀、乳腺癌根治术及淋巴结清扫病人。

（4）预置管部位有骨折史及血管梗阻、血管畸形病人。

2. 相对禁忌证

（1）需要保留静脉的终末期肾病病人。

（2）上肢水肿、活动受限病人，有严重出血及全身感染的病人（如败血症、菌血症）。

（3）预置管部位皮肤有感染、烧伤或放疗辐射损伤病人。

【留置PICC的维护及护理】

1. 评估 评估穿刺部位皮肤完整性，穿刺肢体有无红、肿、热、痛等炎症表现，臂围有无变化（判断是否有感染、血栓、外渗等并发症）。评估导管功能，是否移位、脱出、打折等。

2. 冲管

（1）冲洗注射器：冲管应使用10ml及以上注射器或专用冲洗装置。

（2）冲管液及量：冲管溶液的最小量相当于导管系统内部容积的2倍。

（3）冲管时机及要求：治疗期间输入化疗药物、氨基酸、脂肪乳等高渗、强刺激性药物或输血前后，应及时冲管；治疗间歇期每7天到医院冲管一次。

（4）冲管方法：使用脉冲式冲管技术，应用短暂间隔的脉冲式冲管方法，分10次，每次推注1ml，使盐水产生湍流以冲净管壁。如果遇到阻力或者抽吸无回血，应进一步确定导管的通畅性，不应强行冲洗导管。

3. 封管

（1）封管液：为生理盐水或0~10U/ml肝素盐水。

（2）封管液量：应为导管及附加装置管腔容积的2倍。

（3）封管方式：以正压式方法封管。双腔及多腔导管宜单手同时冲封管。

4. 注药后封管顺序 应严格遵循SASH的顺序，即生理盐水（S）、药物注射（A）、生理盐水（S）、肝素盐水（H）。

5. 接头更换 至少每7天更换一次导管接头；若肝素帽或无针接头内有血液残留、完整性受损或取下后，应立即更换。

6. 敷料的更换 无菌透明敷料每7天更换一次，纱布敷料至少2天更换一次；若穿刺部位发生渗液、渗血应及时更换；穿刺部位的敷料发生松动、污染、卷边等应立即更换。

7. 常见并发症的观察及护理

（1）穿刺部位渗血：多发生在穿刺后24小时内。置管后病人可行前臂内旋和外旋活动，避免上肢用力和/或进行肘关节的伸屈活动。

（2）导管堵塞：是非计划拔管的主要原因之一。导管堵塞的常见原因如下。

1）血栓性堵塞：最常见，主要由于封管方法不正确；冲管不及时或不彻底；病人血液黏滞性高；穿刺侧肢体活动过度或冲管压力过大，造成局部血管内膜损伤，以致管腔内形成血凝块或血栓。化疗病人在两个疗程之间的停药期间，定期、规范冲洗导管，以防导管内血栓形成。血栓性堵塞若能及时使用尿激酶等溶栓剂，可取得较好的复通效果。

2）非血栓性堵塞：主要原因为导管打折、扭曲，药物结晶沉积或异物颗粒堵塞等。

（3）静脉炎：是非计划拔管的主要原因之一，包括机械性损伤性静脉炎和感染性静脉炎两种。前者主要与穿刺插管时的损伤有关。后者常与各种原因导致穿刺点感染而向上蔓延有关，可能导致脓毒血症。若按静脉炎常规处理2~3天后症状不缓解或加重，尤其疑为感染性静脉炎者，应立即拔管。

（4）静脉血栓：在静脉炎病理基础上易形成静脉血栓，病人若出现置管侧臂、肩、颈肿胀及疼痛，应提高警惕；指导病人抬高患肢并制动，不应热敷、按摩、压迫，应立即通知医师对症处理并记录肿胀、疼痛、皮肤温度及颜色、出血倾向及功能活动情况。一旦彩超确诊应在溶栓治疗后拔除导管，以防血栓脱落形成栓塞。

（5）导管异位：异位于颈内静脉最常见。主要与病人体位不当、经头静脉穿刺、血管变异等有关。为减少导管异位，头静脉穿刺置管，当导管到达肩部时，病人头转向穿刺侧手臂，下颌靠近肩部，以便导管顺利进入上腔静脉。

（6）导管相关血流感染：病人出现全身感染症状而无其他明显感染来源；外周血培养及导管半定量和定量培养分离出相同的病原体，遵医嘱及时拔除导管并抗感染治疗。

（7）导管非计划拔管：若导管不慎不完全脱出，严禁将脱出体外部分再次插入；若脱出部分超过5cm时，该导管只能短期使用（<2周），考虑拔管。

8. 健康教育　适度抬高置管侧肢体；穿刺部位保持干燥；避免置管侧肢体过度负重（≤3kg）、过度外展、屈伸、旋转运动；输液或卧床时避免压迫置管侧肢体；当置管侧肢体出现酸胀、疼痛等不适时，应立即就诊。若发生导管折断，应立即按住血管内导管残端，尽快就近就诊。

9. 其他　行CT或MRI检查时，禁止使用高压注射泵推注造影剂，压力过高可致导管破裂。

二、输液港技术

植入式静脉输液港（implantable venous access port，PORT）又称植入式中心静脉导管系统（implantable central venous port access system，ICVPAS），是一种可以完全植入体内的闭合静脉输液系统，包括尖端位于上腔静脉的导管部分及埋植于皮下的注射座。输液港经手术安置于皮下，只需使用无损伤针穿刺输液港底座，即可建立起输液通道，减少反复静脉穿刺的痛苦和难度；同时，输液港可将各种药物通过导管直接输送到中心静脉，依靠局部大流量、高流速的血液迅速稀释和输送药物，防止刺激性药物对静脉的损伤。因此，输液港可长期留置，术后不影响病人的日常生活，并发症较PICC少。

【适应证】

同PICC技术。

【禁忌证】

1. 植入部位近期有感染。

2. 已知或怀疑有菌血症或脓毒血症。

3. 对输液港材料过敏。

4. 病人体型不适宜任意规格植入式输液港的尺寸。

5. 预定的植入部位曾经放射治疗或行外科手术。

6. 患有严重肺部阻塞性疾病。

7. 有严重出血倾向。

【输液港的应用与维护】

1. 输液港植入术后的护理

（1）了解术中病人情况，遵医嘱按需应用药物。

（2）加强病情观察：病人自觉症状、生命体征、伤口局部情况等。

（3）伤口护理：术后第3天更换伤口敷料，如有伤口渗血、渗液多或有感染，应及时更换敷料。

2. 输液港的穿刺操作 ① 暴露穿刺部位，评估及清洁皮肤，操作者洗手。② 打开护理包，戴无菌手套，两个注射器分别抽吸生理盐水10~20ml（必要时抽肝素盐水备用），连接、冲洗蝶翼针和肝素帽。③ 消毒皮肤：以输液港港体为中心先用75%乙醇再用碘伏（有效碘浓度不低于0.5%）或2%的碘酊溶液或2%葡萄糖醋酸氯己定乙醇溶液由内向外消毒皮肤至少2遍（每次至少30秒），消毒范围10cm×12cm以上（大于敷料范围）。④ 更换无菌手套，铺洞巾。⑤ 定位：左手（非主力手）触诊，找到输液港注射座，确认注射座边缘；拇指、示指、中指固定注射座，将注射座拱起。⑥ 穿刺：右手持蝶翼针，垂直刺入穿刺隔，经皮肤和硅胶隔膜，直达储液槽基座底部。⑦ 抽回血，用10~20ml生理盐水脉冲式冲管。⑧ 固定：可在无损伤针下方垫适宜厚度的小方纱，用10cm×12cm的无菌透明敷料固定好穿刺针，用胶布固定好延长管。

3. 输液港冲洗及封管 ① 冲管时机：抽血或输注高黏滞性液体（输血、成分血、TPN、脂肪乳剂等）后，应立即冲管，再接其他输液；输注两种有配伍禁忌的液体之间需冲管；输液期间每6~8小时用20ml生理盐水常规冲管1次。治疗间歇期每4周需冲管1次。② 封管：脉冲式冲管后，用100U/ml肝素盐水正压封管。

4. 输液港敷料的更换 输液期间，敷料每7天更换一次，如果纱布覆盖蝶翼针，需要每天更换一次，蝶翼针每7天更换一次。① 去除敷料，75%乙醇、0.5%碘伏各消毒皮肤3次；75%乙醇擦拭露出皮肤的针头、延长管。② 洗手、戴无菌手套。③ 无菌透明敷料覆盖，胶布妥善固定延长管及静脉输液管道。④ 注明敷料更换日期、时间，操作者姓名。

5. 输液港无损伤针头的更换 输液期间每7天更换一次输液港无损伤针头。① 去除敷料，消毒皮肤，移去静脉输液管道；② 用乙醇擦拭接口后，用20ml生理盐水冲管，正压封管；③ 用无菌纱布按压穿刺部位同时拔出针头，检查针头完整性；④ 止血后消毒皮肤，覆盖无菌敷料，用胶布固定24小时。

6. 病人及家属的指导

（1）日常活动指导：待伤口痊愈，病人可洗澡，日常生活可如常；避免撞击穿刺部位；避免术侧肢体过度外展、上举或负重，如引体向上、托举哑铃、打球、游泳等活动度较大的体育锻炼。

（2）定期冲管及复查：治疗间歇期每4周维护一次。

（3）自我监测：放置导管部位可能会出现瘀斑，1~2周后会自行消失。若输液港处皮肤出现红、肿、热、痛，则表明皮下有感染或渗漏；肩部、颈部及同侧上肢出现水肿、疼痛时，可能为栓塞表现，应立即回医院就诊。

理论与实践　　　中心静脉通路装置（central venous access devices，CVAD）包括CVC、PICC、完全植入式静脉输液港，经中心静脉通路装置采集血培养标本可能增加假阳性的风险，从而延长病人住院时间、增加治疗费用或导致不必要的抗生素使用，故不建议常规经CVAD采集血培养标本。诊断导管相关血流感染（CABSI），需要经CVAD采集血培养标本。为提高检测结果的准确性，需注意从多管腔CVAD中采集多个标本、不丢弃采血初始阶段的血标本、采血前注意取下并丢弃导管尾端的无针接头等事项。

三、骨髓穿刺术

骨髓穿刺术（bone marrow puncture）是采集骨髓液的一种常用诊断技术。临床上骨髓穿刺液常用于血细胞形态学检查，也可用于造血干细胞培养、细胞遗传分析及病原生物学检查等，以协助临床诊断、观察疗效和判断预后等。

【适应证】

外周血细胞形态及成分异常、不明原因发热及肝、脾、淋巴结肿大；骨痛、骨质破坏、肾功能异常、黄疸、紫癜、血沉明显增加、血浆蛋白异常、免疫球蛋白定量及构成异常等；化疗后的疗效观察；需要骨髓做标本的检查等。

【禁忌证】

血友病等出血性疾病。

【护理】

1. 穿刺术前准备

（1）解释：向病人家属解释穿刺的目的、意义及操作过程，取得病人的配合。

（2）查阅报告单：注意血小板计数及出凝血时间。

（3）用物准备：骨髓穿刺包、棉签、2%利多卡因、无菌手套、玻片、胶布，需做骨髓培养时另备培养基等。穿刺针和注射器务必干燥，防止发生溶血。

（4）体位：采用髂前上棘和胸骨穿刺时，病人取仰卧位；采用髂后上棘穿刺时取侧卧位；采用腰椎棘突穿刺时取坐位或侧卧位。以髂后上棘穿刺点最为常见。

2. 穿刺后护理

（1）向病人说明穿刺后疼痛是暂时的，不会对身体有影响。

（2）观察穿刺处有无出血，如果有渗血，立即更换无菌纱块，压迫伤口直至无渗血为止。对出凝血异常病人要密切观察穿刺处出血情况，做好压迫止血。

（3）指导病人48~72小时内保持穿刺处皮肤干燥，避免淋浴或盆浴；卧床休息，避免剧烈活动，防止伤口感染。

四、造血干细胞移植

造血干细胞移植（hematopoietic stem cell transplantation，HSCT）是指对病人进行全身照射、化疗和免疫抑制预处理后，将正常供体或自体的造血细胞经血管输注给病人，使其重建正常的造血和免疫功能。造血细胞包括造血干/祖细胞。造血干细胞具有增殖、多向分化及自我更新能力，维持终身持续造血。

【分类】

1. 按造血干细胞取自健康供体还是病人本身分类 HSCT可分为异体HSCT和自体HSCT（auto-HSCT）。异体HSCT又分为异基因造血干细胞移植（allo-HSCT）和同基因造血干细胞移植。后者指遗传基因完全相同的同卵孪生间的移植，供受者间不存在移植物被排斥和发生移植物抗宿主病（graft versus host disease，GVHD）等免疫学问题。

2. 按造血干细胞采集部位的不同分类 可分为骨髓移植（bone marrow transplantation，BMT）、外周血干细胞移植（peripheral blood stem cell transplantation，PBSCT）和脐血移植（cord blood transplantation，CBT）。其中PBSCT以采集造血干细胞较简便、供体无须住院且痛苦少，受者造血干细胞植入率高、造血重建快、住院时间短等特点，为目前临床上最常用的方法之一，逐步取代了骨髓移植。

3. 其他分类 按供受者有无血缘关系分为有血缘移植和无血缘移植；按人类白细胞抗原（human leukocyte antigen，HLA）配型相合的程度，分为HLA相合、部分相合和单倍型相合移植。

【适应证】

病人具体移植时机和类型的选择需参照治疗指南和实际病情权衡。

1. 恶性疾病 血液系统恶性肿瘤如急性髓细胞性白血病（AML）、急性淋巴细胞白血病（ALL）、骨髓增生异常综合征、慢性粒细胞白血病、淋巴瘤及多发性骨髓瘤等。

2. 非恶性疾病 再生障碍性贫血、重症放射病、重型地中海贫血等。

【方法】

1. 供体的选择

（1）auto-HSCT：供体是病人自己，应能承受大剂量放化疗，能动员采集到不被肿瘤细胞污染的足量的造血干细胞。

（2）allo-HSCT：供体选择是allo-HSCT的首要步骤。原则是以健康供者与受者（病人）的人类白细胞抗原（HLA）配型相合为前提，首选具有血缘关系的同胞或兄弟姐妹，无血缘关系的供者（可从骨髓库中获取）为候选。如有多个HLA相合者，宜选择年轻、男性、ABO血型相合和巨细胞病毒阴性者。脐血移植除了配型，还应确定新生儿无遗传性疾病。

2. 供者的准备

（1）身体评估：供者需在捐献造血干细胞移植前1个月内完成身体全面评估，是否有血液系统、心脏、肝脏、肺脏和肾脏等方面的疾病，是否可以耐受麻醉、干细胞采集、粒细胞集落刺激因子（G-CSF）动员，孕妇及哺乳期女性不宜捐献干细胞。女性育龄期供者在捐献干细胞前，需做妊娠检查，确认没有妊娠。

（2）身体准备：根据造血干细胞采集方法及其需要量的不同，可安排供者短期留观或住院，无血缘关系供者采集过程需住院7天。若需采集外周血造血干细胞者，为扩增外周血中造血干细胞的数量，常需给予造血生长因子，如G-CSF或其他动员剂。

（3）心理准备：① 心理反应：主要心理反应有紧张、恐惧和矛盾等。② 心理疏导：崇尚捐献造血干细胞以拯救他人生命的人道主义行为；向供者说明造血干细胞捐献过程安全，无严重不良事件报告，不会降低供者的抵抗力，不影响供者健康。不仅要介绍造血干细胞的采集过程，还需针对每个步骤的操作方法、目的意义、注意事项与配合要求、可能出现的并发症及其预防和处理的方法等给予必要的解释和指导；可介绍医院现有的医疗设备和安全措施、医务人员的素质水平等，以提高异体供者的安全感和信任感，减轻顾虑。让供者完全自愿地签署知情同意书。

相关链接 | **中华骨髓库**

中华骨髓库即中国造血干细胞捐献者资料库（China Marrow Donor Program，CMDP）。其前身是1992年经卫生部批准建立的"中国非血缘关系骨髓移植供者资料检索库"。2001年，在政府有关部门的支持下，中国红十字会重新启动建设资料库的工作。同年12月，中央编办批准成立中国造血干细胞捐献者资料库管理中心，统一管理和规范开展造血干细胞志愿捐献者的宣传、组织、动员，HLA（人类白细胞抗原）分型，为重症血液病病人检索配型相合的造血干细胞捐献者并提供移植相关服务等。干细胞捐献弘扬了人道主义精神，传递了友善与大爱。

---

3. 造血细胞的采集

（1）外周血造血干细胞的采集：外周血造血干细胞是通过血细胞分离机多次采集而获得。采集过程中要注意低血压、枸橼酸盐反应、低钙综合征等并发症的预防、观察与处理。对于自体移植者，采集的外周血造血干细胞需低温或冷冻保存，最常用的冷冻保护剂为二甲基亚砜；而异基因造血干细胞移植则在采集完后立即回输。

（2）骨髓的采集：在无菌条件下，先予供者行硬膜外麻醉，再依所需骨髓量的不同，自其髂前上棘和髂后上棘等1个或多个部位抽取骨髓。采集量以受者的体重为依据，骨髓采集一次性完成。

（3）脐带血造血干细胞的采集：脐带血干细胞由特定的脐血库负责采集和保存；采集前需确定新生儿无遗传性疾病等。血中的造血干细胞和免疫细胞均相对不成熟，脐血移植后GVHD相对少，但因细胞总数少，造血重建速度较慢，对大体重儿童和成人进行脐血移植尚有问题。

4. 病人预处理 主要包括全身照射、应用细胞毒药物和免疫抑制剂。预处理的目的是为了最大限度地清除基础疾病及抑制受体的免疫功能，避免排斥移植物。

5. 造血干细胞输注　经静脉将造血干细胞输注入病人体内。具体操作及注意事项见护理部分的相关内容。

【护理】

需对HSCT病人进行全环境保护，居住在百级层流病房、进无菌饮食、肠道消毒及皮肤消毒。

1. 病人入无菌层流病房前护理

（1）心理准备：应做好病人的心理准备与身体准备。病人于无菌层流病房内极易产生各种负性情绪，如焦虑、恐惧、孤独、失望甚至绝望等，应提前帮助病人做好治疗前的心理准备。

（2）身体准备：① 相关检查：心、肝、肾功能及人类巨细胞病毒检查；异体移植病人还需做组织配型、ABO血型配型等。② 清除潜在感染灶：请口腔科、眼科、耳鼻喉科和外科（肛肠专科）会诊，彻底治疗或清除已有的感染灶，如龋齿、疖肿、痔疮等；行胸片检查排除肺部感染、结核。③ 肠道及皮肤准备：入室前1天开始服用肠道抗生素；入室前使用皮肤清洁剂全身药浴并做好五官清洁。

2. 病人入层流病房后护理　除了加强无菌环境的保持及物品的常规消毒外，要做好病人细致全面的护理，如食物消毒、病人全身消毒等生活护理，成分输血的护理，中心静脉导管的维护，用药护理及其疗效与不良反应的观察及心理护理。

3. 造血干细胞输注的护理

（1）外周血造血干细胞输注的护理：异体外周血造血干细胞输注当日采集立即回输，采集过程中不用肝素抗凝。自体外周血造血干细胞的回输要准备超净台，电热恒温水箱，并做好消毒，输注前备好氧气装置。输注过程中密切观察是否出现干细胞冷冻保护剂的毒副作用，如恶心、呕吐、头痛、血压急剧升高、心率缓慢、呼吸困难等。

（2）骨髓输注的护理：在病人进行预处理后再采集供者或自体骨髓。采集后如果供受者ABO血型相合时，即可输入；如果ABO血型不合，要待处理后（如清除骨髓中的红细胞）方可输注。输注前悬挂30分钟；应用抗过敏药物。建立两条静脉通路，一路输骨髓血，最后的少量（约5ml）骨髓弃去，以防发生脂肪栓塞；经另一静脉通道同步输入生理盐水及适量鱼精蛋白，以中和骨髓液内的肝素。在输注骨髓过程中，应做好持续心电监护，密切观察病人的生命体征和各种反应，并记录。

4. 移植后并发症的观察与护理

（1）感染：感染是HSCT最常见的并发症之一，也是移植成败的关键。感染可发生于任何部位，病原体可包括各种细菌、真菌与病毒。

（2）出血：预处理后血小板极度减少是出血的主要原因，且移植后血小板的恢复较慢。每天监测血小板计数，观察有无出血倾向；此外移植后出血性膀胱炎发生率较高，评估排尿的量、次数、颜色和性状；了解排尿的时间间隔；评估出入量是否平衡；评估每日饮水量和输液量；嘱病人多饮水（2 000~3 000ml/d），以加强代谢物或毒素的排出，并遵医嘱给予碱化尿液，保护膀胱黏膜。

（3）GVHD：GVHD是异基因HSCT后最严重的并发症，由供者T淋巴细胞攻击受者同种异型抗原所致。急性 GVHD 发生在移植后 100 天内，尤其是移植后第 1~2 周，又称超急性 GVHD。主要表现为突发广泛性斑丘疹（最早出现在手掌、足掌、耳后、面部与颈部）、持续性厌食、腹泻（每天数次甚至数十次的水样便，严重者可出现血水样便）、发热、皮肤脱屑、水肿、黄疸与肝功能异常等。100 天后出现的则为慢性 GVHD，临床表现类似自身免疫性表现，如局限性或全身性硬皮病、皮肌炎、面部皮疹、干燥综合征、关节炎、闭塞性支气管炎、胆管变性和胆汁淤积等。发生 GVHD 后治疗常较困难，死亡率甚高。单独或联合应用免疫抑制剂（MTX、CsA、免疫球蛋白、ALG 等）和清除 T 淋巴细胞是目前预防 GVHD 最常用的两种方法。

（4）神经系统并发症：HSCT 后中枢神经系统并发症及周围神经系统并发症均较常见。前者包括中枢神经系统感染、脑血管病、癫痫发作、代谢性脑病及药物介导的中枢神经系统不良反应等。周围神经系统并发症最常见吉兰-巴雷综合征。应密切观察病人的神志，有无意识障碍、头痛、抽搐等表现。

（5）化疗药物不良反应的预防与护理：详见本章第四节"白血病"。

【预后】

HSCT 的成功开展使很多病人长期存活，部分病人移植后复发，自体 HSCT 的复发率较高，多发生在移植后 3 年内，复发者治疗较困难，预后也较差。大多数存活者身心健康状况良好，能恢复正常的工作、学习和生活。有 10%~15% 的存活者存在不同程度的心理社会问题，慢性 GVHD 是影响生存质量的主要因素。

（胡荣　贾平）

第八节　血液系统临床思维案例

病史：病人，男，18 岁，高三学生。以"皮肤瘀斑伴面色苍白 20 天，鼻出血 3 天"为主诉入院。病人于入院前 20 天无意间发现四肢皮肤出现瘀斑，伴面色苍白、乏力、活动后气促。3 天前无明显诱因出现鼻出血，量中等，不易止。

体格检查：中度贫血貌，上下肢皮肤散在瘀点，不高出皮肤表面，压之不褪色，颈部、腋下可扪及多个蚕豆大小淋巴结，质地中等，活动、无压痛，牙龈渗血，颊部有小溃疡，胸骨下端有压痛，心率 76 次 /min，律齐，无杂音，肺部（-），腹软，肝肋下 2cm，脾肋下 3cm，质地中等，无压痛。

辅助检查：外周血常规示红细胞计数 24×10^{12}/L，血红蛋白 70g/L，白细胞计数 52×10^9/L，血小板计数 32×10^9/L；白细胞分类示中性粒细胞百分比 10%，淋巴细胞百分比 54%，原始 + 幼稚细胞百分比 36%。

拟诊"急性白血病"收住入院。

问题：

1. 请归纳出该病例的临床特点，并做出解释。

病情进展：

入院后第3天，口腔护理时发现病人颊部口腔溃疡面出现白斑。

2. 该病人宜选用何种漱口液？如何指导病人含漱？宜选何种药物？如何用药？

诊疗进展：

住院后骨髓穿刺涂片，有核细胞增生明显活跃，片中见原始+幼稚细胞占80%，此类细胞大小不等，以大细胞为主，细胞化学染色POX（－），PAS（＋＋），呈粗颗粒状，NSE（－）。诊断为急性淋巴细胞白血病，采用VDLP化疗方案。经1个疗程化疗后病人达到完全缓解，医生建议行造血干细胞移植，病人及家属犹豫不决。

3. 了解中国造血干细胞捐献者资料库及造血干细胞捐献流程；向病人及家属介绍造血干细胞移植相关知识，分析其犹豫不决的原因，帮助寻求社会资源。

病情进展：

巩固治疗3个疗程后，病人在家里突然出现头痛、恶心、呕吐、手足抽搐，急诊入院。

4. 该病人最可能出现了什么并发症？有何依据？此时宜首选什么辅助检查以判断病情？

病情进展：

入院后化疗第8天病人突然出现头痛，喷射状呕吐，烦躁。查体：T 37℃，P 82次/min，R 18次/min，BP 135/85mmHg；瞳孔等大等圆，对光反射正常。急查血常规：白细胞计数 1×10^9/L，血红蛋白65g/L；血小板计数 10×10^9/L。

5. 该病人最可能出现了什么并发症？有何依据？此时首选什么辅助检查以进一步明确病情？

（胡荣）

**复习
参考题**

一、简答题

1. 根据血红蛋白浓度将贫血严重程度进行分类？

2. 按红细胞形态特点对贫血进行分类，说明分类标准、具体分类情况及每一类的代表性疾病？

3. 缺铁性贫血的特殊表现有哪些？并举例说明。

4. 简述口服铁剂的用药指导。

5. 简述急性白血病易感染的主要原因及感染常见部位。

6. 急性淋巴细胞白血病住院病人诉头痛，可能有几种原因？该如何着手分析病情？

7. 简述化疗药阿霉素外周静脉用药发生外渗的紧急处理措施。

8. 简述预防或减轻放疗皮肤的损伤的措施。

9. 简述多发性骨髓瘤病人的主要健康指导要点。

二、选择题

1. 病人，男，52岁，诊断为急性单核细胞白血病。化疗后第4天出现高热，T 39.2℃，无咳嗽、咳痰，无尿频、尿急、尿痛。血常规：白细胞计数 0.8×10^9/L，血红蛋白58g/L，血小板计数 15×10^9/L。护士在进行身体评估时，应特别注意检查的部位是
   A. 肛周
   B. 骨骼关节
   C. 心脏
   D. 腹部
   E. 肺部

2. 病人，女，39岁，确诊为急性早幼粒细胞白血病。住院期间出现皮肤多处片状瘀斑、血尿。血常规示：血红蛋白80g/L，白细胞计数 2.0×10^9/L，血小板计数 50×10^9/L，血浆纤维蛋白原0.8g/L，3P（+）。该病人并发了
   A. 中枢神经系统白血病
   B. 感染性休克
   C. DIC
   D. 急性肾损伤
   E. 缺铁性贫血

3. 病人，男，28岁，诊断为慢性粒细胞白血病入院。住院期间病人突感腹部疼痛加剧，面色苍白，大汗，T 38.5℃，BP 85/50mmHg。此病人最有可能发生了
   A. 白细胞淤滞症
   B. 胃肠道穿孔
   C. 脾破裂出血
   D. 肝破裂出血
   E. 尿酸性肾病

4. 病人，女，59岁，以急性白血病收住入院。化疗后疲乏明显，血常规示：血红蛋白67g/L，白细胞计数 1.0×10^9/L，血小板计数 10×10^9/L。此病人目前最为合适的休息与活动方式是
   A. 绝对卧床休息
   B. 劳逸结合，适当室外运动
   C. 限制在室内活动
   D. 加强运动提高耐力
   E. 不限制活动

5. 病人，男，62岁，高中文化。病人确诊为多发性骨髓瘤，治疗期间病人询问护士来那度胺是什么药，护士正确的解释是
   A. 第一代免疫调节剂，具有抗血管新生作用
   B. 第二代免疫调节剂，具有抗血管新生作用
   C. 第一代蛋白酶体抑制剂，具有抗血管新生作用
   D. 第一代蛋白酶体抑制剂，具有诱导肿瘤细胞凋亡作用
   E. 第二代免疫调节剂，具有免疫调节和肿瘤杀伤双重作用

   答案：1. A 2. C 3. C 4. A 5. E

第七章

内分泌与代谢性疾病病人的护理

学习目标

知识目标	1. 掌握	常见症状体征如身体外形的改变、生殖发育及性功能异常的护理;内分泌与代谢性疾病,如甲状腺功能亢进症、糖尿病、痛风的临床表现、常见护理问题及措施、健康指导要点。
	2. 熟悉	内分泌与代谢性疾病病人的护理评估;常见内分泌与代谢性疾病的病因、分类或分型、治疗要点;常见的内分泌与代谢性疾病的临床思维分析方法。
	3. 了解	内分泌与代谢系统的结构和功能;常见内分泌与代谢性疾病如甲状腺功能亢进症、糖尿病、痛风的发病机制及辅助检查。
能力目标		能应用临床思维与评判性思维对内分泌与代谢性疾病病人进行病情评估,能及时识别甲状腺功能亢进症和糖尿病等疾病的严重并发症;能提出准确的护理问题,实施整体护理。
素质目标		培养同理共情的职业修养,关注健康、重视健康,提升人民健康素养,树立严谨求实的工作态度。

第一节　概述

人体为了适应不断改变的外界环境,通过神经、内分泌和免疫系统的相互配合和调控,使各器官系统共同来完成机体的新陈代谢、生长、发育、生殖和衰老等生命活动。内分泌与代谢疾病主要包括内分泌系统疾病、代谢疾病和营养疾病。内分泌系统疾病包括下丘脑、垂体、甲状腺、肾上腺等疾病,激素药物的不规范使用及其他系统疾病也可能引起内分泌疾病。代谢疾病是机体新陈代谢过程中某一环节障碍引起的相关疾病,如糖尿病等。营养疾病是营养物质不足、过剩或比例失调引起的相关疾病,如肥胖症。近年来,随着社会和医学科学的发展,不仅提出了代谢综合征等新的疾病概念及预防措施,同时甲状腺功能亢进症、肾上腺疾病、糖尿病等疾病出现了越来越多的多学科联合治疗趋势。

一、结构与功能

内分泌系统是由内分泌腺和分布于人体各组织的激素分泌细胞（或细胞团）以及它们所分泌的激素组成。

【激素的结构和功能】

激素（hormone）是由细胞分泌的有机化学物质，通过各种方式到达靶器官或组织，实现相应的信息传递或功能调控。根据其化学特性可分为四类：肽类激素（如胰岛素）、氨基酸类激素（如甲状腺素）、胺类激素（如肾上腺素）、类固醇类激素（如糖皮质激素）。

（1）激素分泌方式：包括内分泌、旁分泌、自分泌、胞内分泌、神经分泌、并邻分泌、腔分泌、双重分泌等方式。

（2）激素的降解与转换：激素通过血液、淋巴液和细胞外液转运到靶细胞发挥作用，并经肝、肾和靶细胞代谢降解而灭活。激素水平是否能够保持动态平衡，决定于激素的分泌、在血液中与蛋白的结合及最终降解，而主要决定因素是激素的生成和分泌。

（3）激素的作用机制：激素要发挥作用，首先必须转变为具有活性的激素，如甲状腺素（T_4）转变为三碘甲状腺原氨酸（T_3），以便与其特异性受体结合。根据激素受体所在部位不同，有肽类激素、胺类激素、细胞因子、前列腺素等作用于细胞膜受体与类固醇激素、甲状腺激素、维生素D、视黄醇（维生素A酸）等作用于细胞核内受体的两种不同的机制。

【内分泌腺和激素分泌细胞】

1. 内分泌腺　人体的内分泌腺主要包括：① 下丘脑和神经垂体；② 松果体；③ 腺垂体；④ 甲状腺；⑤ 甲状旁腺；⑥ 胰岛和胰岛外的激素分泌细胞；⑦ 肾上腺；⑧ 性腺。激素分泌细胞主要分布在心血管、胃肠、肾上腺髓质、脂肪组织、脑等部位，它们分泌的激素辅助神经系统将信息物质传递到全身各靶器官，发挥其对细胞的生物作用。人体主要内分泌腺（组织）、激素及靶器官见表7-1。

▼ 表7-1　人体主要内分泌腺（组织）、激素、靶器官（组织）及生理作用

内分泌腺（组织）	激素	靶器官（组织）	生理作用
下丘脑	促甲状腺激素释放激素（TRH）	垂体	促进促甲状腺激素的释放
	促性腺激素释放激素（GnRH）	垂体	刺激性腺激素的分泌
	促肾上腺皮质激素释放激素（CRH）	垂体	刺激促肾上腺皮质激素合成与释放
	生长激素释放激素	垂体	刺激生长激素分泌
	生长抑素	多种内分泌腺及人体组织	抑制生长激素、促甲状腺激素、促肾上腺皮质激素和催乳素等的释放；抑制胰岛素、胰高血糖素、肾素、甲状旁腺激素以及降钙素等的分泌；抑制胃肠道运动和激素的分泌
	催乳素释放因子	垂体	促进垂体释放催乳素
	催乳素抑制因子	垂体	抑制垂体释放催乳素

内分泌腺（组织）	激素	靶器官（组织）	生理作用
	抗利尿激素（ADH）	肾脏	提高远曲小管和集合管对水的通透性，促进水的吸收，是尿液浓缩和稀释的关键性调节激素
	催产素	子宫	间接刺激子宫平滑肌收缩，模拟正常分娩的子宫收缩作用，导致子宫颈扩张；刺激乳腺的平滑肌收缩，有助于乳汁自乳房排出，但并不增加乳腺的乳汁分泌量
	促黑素释放因子	垂体	促进促黑素释放
	促黑素释放抑制因子	垂体	抑制促黑素释放
垂体	促甲状腺激素（TSH）	甲状腺	促进甲状腺的生长及甲状腺激素的合成与释放
	促肾上腺皮质激素（ACTH）	肾上腺皮质束状带	促进肾上腺皮质组织增生及糖皮质激素的合成与释放
	黄体生成素（LH）	成熟卵泡	引起排卵并生成黄体
	卵泡刺激素（FSH）	卵泡	促进卵泡发育成熟，促进雌激素分泌
	生长激素（GH）	人体各组织	促进除神经组织以外的所有其他组织生长，促进机体蛋白质合成代谢，刺激骨关节软骨和骨骺软骨生长等
	催乳素（PRL）	乳腺、卵泡等	促进乳腺发育生长，刺激并维持泌乳，刺激黄体生成素合成
	促黑素（MSH）	黑色素细胞	促进黑色素合成
甲状腺	甲状腺素（T_4）、三碘甲状腺原氨酸（T_3）	人体各组织	促进机体能量、物质代谢和生长发育
	降钙素	人体各组织	降低血钙、血磷的水平
甲状旁腺	甲状旁腺激素（PTH）	人体各组织	调节体内钙磷代谢，维持血钙平衡
肾上腺	皮质醇	人体各组织	抑制蛋白质合成，促进其分解及脂肪重新分布，抑制免疫功能，抗炎、抗过敏、抗病毒、抗休克等
	醛固酮（ALD）	肾脏	促进远曲小管和集合管重吸收水钠，排出钾
	肾上腺素（AD，E）	人体各组织α和β受体	使皮肤、黏膜、肾脏的血管收缩，骨骼肌动脉、冠状动脉扩张，改善心肌供血，提高心肌兴奋性，扩张支气管平滑肌
	去甲肾上腺素（NA，E）	人体各组织α受体	收缩血管，正性肌力，升高血压
性腺	雄激素	生殖器官	刺激男性性器官的发育和第二性征出现，促进蛋白质合成、骨骼生长、红细胞生成，促进精子生成
	雌激素	生殖器官	刺激女性性器官的发育和第二性征出现
	孕激素	生殖器官	抑制排卵，促使子宫内膜增生，抗醛固酮作用等
胰岛	胰岛素	人体各组织	促进葡萄糖利用和蛋白质合成，抑制脂肪、糖原及蛋白质分解
	胰高血糖素	人体各组织	促进肝糖原分解和糖异生，拮抗胰岛素

2. 弥散性神经-内分泌细胞系统 除神经组织以外各组织的神经内分泌细胞，主要分布于胃肠、肾脏、脂肪组织、脑和胰，合成和分泌肽类与胺类激素。

3. 组织的激素分泌细胞 非内分泌组织的部分细胞也具有激素和/或细胞因子的合成和分泌功能，如脂肪细胞、成纤维细胞等。

【内分泌系统的调节】

1. 神经系统与内分泌系统的相互调节 下丘脑是联系神经系统和内分泌系统的枢纽，与垂体之间构成下丘脑-垂体-靶腺轴。内分泌系统直接由下丘脑调控周围内分泌腺和靶组织；而下丘脑、垂体与靶腺之间又存在反馈调节，反馈控制是内分泌系统的主要调节机制，使相距较远的腺体之间相互联系、彼此配合，保持机体内环境的稳定，维持正常的生理状态。

2. 免疫系统和神经内分泌系统的相互影响 内分泌、免疫和神经三个系统之间可通过相同的肽类激素和共有的受体相互作用，形成一个完整的调节环路。一方面，神经-内分泌系统通过其递质或激素与淋巴细胞膜表面受体结合，介导免疫系统的调节；另一方面，神经-内分泌系统细胞膜上有免疫反应产物的受体，免疫系统可通过细胞因子对其功能产生影响。

【内分泌系统疾病】

内分泌系统疾病是指各种原因引起的内分泌系统病理或生理改变，出现功能亢进、功能减退或功能异常。

1. 功能亢进 常见原因包括：

（1）内分泌腺肿瘤：如垂体肿瘤、甲状腺腺瘤、甲状旁腺腺瘤、醛固酮瘤等。

（2）多内分泌腺肿瘤病：多个内分泌腺肿瘤或者增生，可分为良性或者恶性。

（3）激素代谢异常：如严重肝病病人血中雌激素水平增加，雌二醇增多。

（4）外源性激素过量摄入：如过量糖皮质激素摄入所致的医源性皮质醇增多症，过量甲状腺素摄入所致的甲状腺毒症等。

（5）自身抗体产生：如促甲状腺激素受体刺激性抗体（TSAb）刺激甲状腺细胞表面的TSH受体，引起甲状腺功能亢进。

2. 功能减退 常见原因包括：

（1）内分泌腺破坏：因自身免疫疾病、肿瘤压迫、出血、梗死、炎症、坏死、放射损伤、手术切除等引起。

（2）内分泌腺激素合成缺陷：如内分泌腺基因突变、细胞受体突变等。

（3）激素缺乏：发生在激素、激素受体、转录因子、酶及离子通路的基因突变。

（4）内分泌腺以外的疾病：如肾实质破坏性疾病。

3. 激素在靶组织抵抗 激素受体突变或者受体后信号转导系统障碍，使激素在靶组织不能发挥正常作用。临床上大多表现为功能减退或正常，但血中激素水平异常升高，如2型糖尿病的胰岛素抵抗。

【营养和代谢性疾病】

营养物质不足、过多或比例不当都能引起营养性疾病。而营养物质进入人体后在体内合成和分解代谢过程中的某一环节出现障碍，则可引起代谢性疾病。营养性疾病和代谢性疾病关系密切，往往并存，彼此影响。

1. 营养物质的供应和摄取　人类通过摄取食物以维持生存和健康，保证生长发育和各种活动。人体所需营养物质少数在体内合成，主要来自食物。这些来自外界以食物形式摄入的物质就是营养素。《中国居民膳食营养素参考摄入量（2023版）》营养素分类如下：① 蛋白质、碳水化合物、脂肪等宏量营养素；② 维生素；③ 矿物质；④ 水和膳食纤维等。食物营养价值是指食物中所含营养素和能量能否满足人体需要。每日所需能量为基础能量消耗、特殊功能活动和体力活动等所消耗能量的总和。而摄取这些营养物质的行为受神经、内分泌等控制，还受文化、家庭、宗教信仰、市场、经济等因素和条件的影响。

2. 营养物质的消化、吸收、代谢和排泄　食物在胃肠道经消化液、酶、激素等作用转变为氨基酸、单糖、脂肪酸、甘油，与水、盐、维生素等一起被吸收入血或经淋巴入血，到达肝和周围组织被利用，以合成物质或提供能量，称为合成代谢。机体自身的物质也随时被分解提供能量或合成新的物质，称为分解代谢。营养物质进入机体后在体内合成和分解代谢过程中的一系列化学反应被称为中间代谢，它受基因控制，在酶、激素和神经内分泌水平进行调节，同时也受代谢底物的质和量、辅助因子、体液组成、离子浓度等反应环境，以及中间和最终产物的质和量等因素的调节。中间代谢所产生的物质，除被机体储存或重新利用外，最后以水、二氧化碳、含氮物质或其他代谢产物的形式，经肺、肾、肠、皮肤、黏膜等排出体外。

3. 营养性疾病和代谢性疾病

（1）营养性疾病：机体对各种营养物质均有一定的需要量、允许量和耐受量。因一种或多种营养物质不足、过多或比例不当而引起的疾病称为营养性疾病。根据发病的原因可分为原发性和继发性两大类。

1）原发性营养失调：由于摄取营养物质不足、过多或比例不当引起。如摄取能量超过机体消耗可引起单纯性肥胖症。

2）继发性营养失调：由于器质性或功能性疾病所致的营养失调。常见原因有进食障碍、消化吸收障碍、物质合成障碍、机体对营养需求的改变、排泄异常等。

（2）代谢性疾病：指中间代谢某个环节障碍所致的疾病。按发病机制可分为遗传性代谢病（先天性代谢缺陷）和获得性代谢病两大类。

1）遗传性代谢病：基因突变引起蛋白质结构和功能紊乱，特异酶催化反应消失、降低或升高，导致细胞和器官功能异常。

2）获得性代谢病：因环境因素或遗传因素与环境因素相互作用所致。肥胖症和糖尿病即遗传因素与环境因素共同作用的结果。

二、护理评估

【病史评估】

1. 患病及治疗经过

（1）患病经过：详细了解病人患病的起始时间、有无诱因、发病的缓急、主要症状及其特点。评估病人有无进食或营养异常，有无排泄功能异常和体力减退等。如糖尿病病人多有烦渴多饮、多尿、易饥多食、便秘或腹泻、体力减退等；甲状腺功能亢进症病人可出现食欲亢进、体重减轻、怕热多汗、排便次数增多等；腰背部疼痛多见于骨质疏松症病人；关节红肿热痛见于痛风急性期病人。此外，还要评估病人有无失眠、嗜睡、记忆力下降、注意力不集中、畏寒、手足抽搐、四肢感觉异常或麻痹等。

（2）既往检查、治疗经过及效果：评估病人是否遵从医嘱治疗，用药及治疗效果，目前使用药物的种类、剂量、用法、疗程，有无冠心病、高血压等相关疾病。

2. 生活史及家族史

（1）生活史：了解病人的出生地及生活环境，如单纯性甲状腺肿常与居住地缺碘有关。评估婚姻状况及生育情况，了解病人是否有性功能异常等问题。日常生活是否规律，有无烟酒嗜好、特殊的饮食喜好或禁忌，每天进食情况。

（2）家族史：许多内分泌与代谢性疾病有家族倾向性，如甲状腺疾病、糖尿病、肥胖症等，应询问病人家族中有无类似疾病的发生。

3. 心理-社会状况 糖尿病和甲状腺功能亢进症病人常伴有精神兴奋、情绪不稳定、易激怒或情绪淡漠、抑郁、失眠等，而慢性病程和长期治疗又常引起焦虑、性格改变、应对能力下降、社交障碍、体像紊乱等心理社会功能失调。护士注意评估病人患病后的精神、心理变化，患病对日常生活、学习或工作、家庭的影响，是否适应病人角色转变。病人对疾病的性质、发展过程、预后及防治知识的认知程度。社会支持系统，如家庭成员、经济状况、文化和教育情况，对疾病的认识和对病人的照顾情况，病人的医疗费用来源和支付方式，社区卫生保健系统是否健全，能否满足病人出院后的医疗护理需求等，以便有针对性地给予心理疏导和支持。

【身体评估】

病人的典型临床表现和病理性特征对于诊断内分泌与代谢性疾病有重要参考价值。

1. 一般状况 甲状腺功能亢进症病人常有烦躁、易激动、脉搏增快；甲状腺功能减退症病人常有精神淡漠、脉搏减慢。血压增高见于皮质醇增多症、糖尿病；血压降低见于肾上腺皮质功能减退、垂体危象等。糖尿病酮症酸中毒、高渗高血糖综合征和低血糖常有意识改变。肢端肥大症有明显外貌变化，可表现为鼻唇肥厚、眉弓及颧骨高突等；皮质醇增多症病人可出现向心性肥胖；生长激素缺乏性矮小症病人不能随年龄增加而正常长高。

2. 皮肤、黏膜 肾上腺疾病病人可表现为皮肤、黏膜色素沉着。腺垂体功能减退症病人可出现皮肤干燥粗糙、毛发脱落，重者出现黏液性水肿。肢端肥大症病人可出现皮肤及软组织增生肥大，皮肤变厚变粗。皮质醇增多症病人可出现痤疮、多毛、腹部皮肤紫纹。

3. 头颈部 肢端肥大症表现为头颅、耳鼻增大，眉弓隆起。甲状腺功能亢进症可有突眼、眼球运动障碍、甲状腺肿大。垂体瘤可出现头痛伴视力减退或视野缺损等。

4. 四肢、脊柱、骨关节 骨质疏松症可导致脊柱、骨关节变形，甚至驼背。

5. 生殖器 腺垂体疾病可导致外生殖器发育异常。垂体瘤病人常有闭经、溢乳。

【辅助检查】

1. 实验室检查

（1）血液和尿生化测定：某些激素与血清中某些电解质之间有相互调节作用，如血清钠、钾与醛固酮和糖皮质激素，钙、镁、磷与甲状旁腺激素，血糖与胰岛素和胰高血糖素等，因此，测定基础状态下血糖、血脂、血电解质等，可间接了解相关激素的分泌功能。

（2）激素测定：血液中的激素浓度是诊断内分泌腺功能的直接证据。一般采用空腹静脉血液标本来测定。部分激素呈脉冲性分泌，需要限定特殊的采血时间，如测定血浆皮质醇生理波动需采集 8:00、16:00 和 24:00 的血液标本。尿液中的激素代谢产物也可以反映激素的水平，如测定 24 小时尿 17-羟皮质类固醇可间接反映全天肾上腺分泌皮质醇的情况。

同时，激素水平的测定对某些内分泌疾病的定位诊断也有帮助。如血浆 ACTH 和皮质醇均升高则提示病变在垂体或异位 ACTH 综合征；如 ACTH 降低、皮质醇升高则提示病变在肾上腺皮质；如血 TSH 和 T_3、T_4 均升高，则可能为垂体 TSH 瘤或 TSH 不敏感综合征；如 TSH 明显降低而 T_3、T_4 升高则为甲状腺病变所致的甲状腺功能亢进症；如血清 FSH 和 LH 均升高，提示病变在性腺，减低则提示病变在垂体或下丘脑。

（3）激素分泌动态试验：可进一步探讨内分泌腺功能状态及病变的性质。

1）兴奋试验：多适用于分泌功能减退的情况，可评估激素的贮备功能。如 TRH 刺激试验、胰岛素低血糖兴奋试验等。

2）抑制试验：多适用于分泌功能亢进的情况，观察其正常反馈调节是否消失，有无自主性激素分泌过多，是否有肿瘤存在等。如地塞米松抑制试验。

判断激素水平时，应考虑年龄、性别、营养状况、有无用药或是否处于应激状态以及取血时间等，并应结合临床状况。常用内分泌与代谢性疾病实验室检查方法及注意事项见表 7-2。

2. 定位诊断

（1）影像学检查：X 线、CT、MRI、B 超、骨密度检查等可鉴定下丘脑-垂体、甲状腺、性腺疾病以及肾上腺、胰岛肿瘤、骨质疏松等。^{18}F-脱氧葡萄糖正电子发射断层扫描（^{18}F-FDG-PET）可以发现原位肿瘤及全身转移情况。

（2）放射性核素检查：通过内分泌肿瘤细胞摄取放射性核素标记的特定物质，可以定位肿瘤的存在。例如甲状腺核素扫描可以发现甲状腺肿瘤和甲状腺转移癌（肺转移、骨转移等）。

（3）细胞学检查：细胞穿刺获得肿瘤或结节的组织标本，可以评价其良恶性性质。例如甲状腺细针穿刺细胞病理活检可判断甲状腺包块性质。

（4）静脉导管采血：静脉导管插入内分泌腺静脉采血，测定激素浓度，明确该腺体是否有过量激素产生。如岩下窦静脉采血（IPSS）测定垂体激素以诊断库欣病；双侧肾上腺静脉采血（AVS）明确是否是醛固酮瘤等。

（5）选择性动脉造影：病灶直径较小、不能用 CT 和 MRI 等方法作出定位者，可采用此方法。

3. 病因诊断

（1）自身抗体检测：抗体测定有助于明确内分泌系统疾病的性质以及自身免疫疾病的发病机

▼ 表7-2 常用内分泌与代谢性疾病实验室检查方法及注意事项

名称	检查目的	方法及注意事项
TRH兴奋试验	原发性与中枢性甲状腺功能减退的鉴别	试验前先抽血2ml置于血清管中，测得TSH为基础值。然后将TRH 200~500μg溶于生理盐水2~4ml中快速静脉注射，于注射后15、30、60、120分钟各抽血2ml置于血清管中送检。本试验无须空腹，试验前停用甲状腺激素、抗甲状腺激素、雌激素、糖皮质激素、左旋多巴等药物。注射TRH可引起暂时性心悸、头昏、恶心、面部潮红及尿意感，一般不需处理，10~15分钟后可缓解
血清甲状腺激素测定	判断甲状腺功能	清晨空腹抽取静脉血2~3ml置于血清管静置，留取血清待测。试验前停用避孕药、雌激素、糖皮质激素、苯妥英钠等药物
甲状腺摄^{131}I率	评价甲状腺功能的传统方法，目前用于甲状腺毒症病因的鉴别	试验前10小时开始禁食。试验当天空腹口服74MBq的Na^{131}I，在服药后第2、4和24小时分别作甲状腺部位放射性计数。做本试验前3个月不作碘油X线造影，2个月内不食含碘药物及食物，1个月内停用抗结核药、激素类及抗甲状腺药物，心脏病病人、妊娠、哺乳妇女不宜做本试验
血浆ACTH测定	垂体-肾上腺疾病鉴别诊断	抽取静脉血2~3ml置于4℃冰槽或冰水中即刻送检，观察ACTH分泌节律，可于当天晨8时、下午4时及夜间12时准时抽血
尿17-羟皮质类固醇测定	测定肾上腺皮质功能	留24小时尿液加浓盐酸5ml防腐，混匀后计尿总量，取30ml送检。试验前3~7天停用肾上腺皮质激素，嘱病人禁食咖啡、浓茶、青菜及中药等有色食物，禁用B族维生素、氯丙嗪、利血平、奎宁、磺胺类、解热镇痛类等药物
口服地塞米松抑制试验	诊断皮质醇增多症和病因鉴别	小剂量法：试验当天晨8时抽血测血浆皮质醇，午夜12时准时给病人口服地塞米松1mg，次晨8时再抽血测血浆皮质醇 大剂量法：小剂量不能抑制，进一步行大剂量法。方法是每6小时口服地塞米松2mg，连服2天，于服药第2天留24小时尿查尿游离皮质醇，服药第3天晨8时抽血测定ACTH和皮质醇
尿儿茶酚胺及其代谢产物香草基扁桃酸（VMA）测定	诊断嗜铬细胞瘤	棕色瓶留24小时尿加浓盐酸5ml防腐，混匀后取适量送检。嘱病人试验前3天禁食咖啡、浓茶、柠檬汁、巧克力及茄子、西红柿、香蕉，停用水杨酸、核黄素、胰岛素等药物，降压药应停1周以上
口服葡萄糖耐量试验（OGTT）	糖尿病可疑者明确诊断	试验当天晨，空腹将75g无水葡萄糖（儿童为1.75g/kg，总量不超过75g）溶于300ml水中，协助病人于5分钟内服下，从服糖第一口开始计时，于服糖前和服糖后2小时分别在前臂采血测血糖。嘱病人试验前禁食8~10小时。试验过程中禁烟、酒、咖啡和茶，不做剧烈运动，无须绝对卧床。试验前3~7天停服利尿剂、避孕药等药物，且前3天每天饮食需含碳水化合物至少150g，试验当天晨禁止注射胰岛素

制，甚至可作为早期诊断和长期随访的依据。例如检测促甲状腺激素受体抗体明确甲状腺毒症的病因；谷氨酸脱羧酶抗体、胰岛细胞抗体、胰岛素抗体，有利于糖尿病分型。

（2）染色体检查：主要诊断性分化异常疾病。

（3）基因检查：人类白细胞抗原（HLA）鉴定、基因突变位点筛查等。

三、常见症状体征的评估与护理

【身体外形的改变】

1. 常见改变　身体外形的改变多与垂体、甲状腺、肾上腺疾病或部分代谢性疾病有关。常见身体外形改变如下。

（1）身材过高或矮小：身材过高见于肢端肥大症、巨人症；身材矮小见于生长激素缺乏性侏儒症。

（2）肥胖与体重过低

1）肥胖：体重指数（body mass index，BMI）≥28kg/m²。分为单纯性肥胖和继发性肥胖。前者常与遗传、环境、不良生活方式、脂肪代谢等有关，后者多见于皮质醇增多症、2型糖尿病、甲状腺功能减退症、代谢综合征等。

2）体重过低：体重指数<18.5kg/m²。常见于甲状腺功能亢进症、肾上腺皮质功能减退症、内分泌腺的恶性肿瘤、1型与2型糖尿病等。

（3）毛发改变：全身性多毛见于先天性肾上腺皮质增生、皮质醇增多症等，而睾丸功能减退、肾上腺皮质和卵巢功能减退、甲状腺功能减退症等均可引起毛发脱落。

（4）面容变化：甲状腺功能亢进症病人可表现为眼球突出、颈部增粗。皮质醇增多症病人常有满月脸和多血质貌。肢端肥大症病人可表现为鼻唇肥厚、眉弓及颧骨高突、齿间隙增宽伴咬合困难等。

（5）皮肤变化

1）皮肤黏膜色素沉着：多见于肾上腺皮质疾病病人，尤以摩擦处、掌纹、乳晕、瘢痕处明显。伴全身性色素沉着的内分泌疾病有原发性肾上腺皮质功能减退症、先天性肾上腺皮质增生症。

2）皮肤紫纹和病理性痤疮：常见于皮质醇增多症。

2. 护理评估

（1）病史评估：评估引起病人身体外形改变的原因，发生改变的时间，有无焦虑、自卑、抑郁等心理变化，是否影响人际交往和社交活动，是否用药治疗等。

（2）身体评估：有无体型、毛发的改变，有无满月脸、皮肤紫纹、痤疮和色素沉着，有无突眼，甲状腺是否肿大等。

（3）辅助检查：评估垂体、甲状腺、甲状旁腺和肾上腺皮质功能有无异常，胰岛素水平是否变化等。

3. 常用护理诊断/问题 体像紊乱 与疾病引起身体外形改变等有关。

4. 护理目标

（1）病人能建立有效的调适机制和良好的人际关系。

（2）身体外形变化逐渐恢复或恢复到正常。

5. 护理措施 体像紊乱 与疾病引起身体外形改变等有关。

（1）提供心理支持：多与病人接触和交流，鼓励病人表达其感受，耐心倾听。讲解疾病有关知识，给病人提供有关疾病的资料，向病人说明身体外形的改变是疾病发生、发展过程的表现，只要积极配合检查和治疗，部分改变可恢复正常，消除其焦虑情绪，树立自信心。也可安排患有相同疾病并已治疗成功的病友进行交流。注意病人的心理状态和行为，预防自杀。必要时还可安排心理医生给予心理疏导。

（2）恰当修饰：指导病人改善自身形象。如甲状腺功能亢进症突眼的病人外出可戴深色眼镜；肥胖、侏儒和巨人症病人可指导其选择合身的衣服；毛发稀疏的病人外出可戴帽子等。恰当的修饰可以增加心理舒适和美感。

（3）建立良好的家庭互动关系：鼓励家属主动与病人沟通并参与对病人的护理，促进病人与家人之间的互动关系，以减轻病人内心的抑郁感。

（4）促进病人社会交往：鼓励病人尽可能加入各种社交活动；教育周围人群勿歧视病人，避免伤害其自尊。

6. 护理评价

（1）病人能接受身体外形改变的事实，积极配合治疗。

（2）身体外形变化得到改善。

【生殖发育及性功能异常】

生殖发育及性功能异常包括生殖器官发育迟缓或过早，性欲亢进、减退或丧失，女性月经紊乱、溢乳、闭经或不孕，男性勃起功能障碍或乳房发育。如下丘脑综合征病人可出现性欲减退或亢进、女性月经失调、男性阳痿不育。自儿童期起的腺垂体生长激素缺乏或性激素分泌不足可导致病人青春期性器官仍不发育，第二性征缺如；青春期前开始的性激素或促性腺激素分泌过早、过多则为性早熟。

1. 护理评估 提供一个隐蔽舒适的环境和恰当的时间，鼓励病人描述目前的生殖发育、性功能与性生活型态，使病人以开放的态度讨论问题。

（1）病史评估：评估病人生殖发育及性功能异常的发生原因、主要症状、性欲改变情况，女性病人的月经、生育史，男性病人有无勃起功能障碍，有无焦虑、抑郁、自卑等。

（2）身体评估：有无皮肤、毛发改变，女性有无闭经溢乳、男性有无乳房发育，外生殖器的发育是否正常。

（3）辅助检查：测定性激素水平有无异常。

2. 常用护理诊断 / 问题 性功能障碍 与内分泌功能紊乱有关。

3. 护理目标

（1）病人对生殖发育及性功能等问题有正确的认识。

（2）达到病人希望的生殖发育和性功能状态。

4. 护理措施 性功能障碍 与内分泌功能紊乱有关。

（1）询问病人有关生殖发育及性功能方面的问题，接受病人讨论生殖发育及性功能问题时所呈现的焦虑，对病人表示尊重、支持。

（2）给病人讲解所患疾病相关知识及用药治疗，使病人积极配合。

（3）提供可能的信息咨询服务，如专业医师、心理咨询师、性咨询门诊等。

5. 护理评价

（1）病人知晓其生殖发育及性功能障碍与疾病本身有关，能正确对待生殖发育及性功能问题。

（2）达到病人希望的生殖发育和性功能状态。

【进食或营养异常】

多种内分泌与代谢性疾病病人可有进食或营养异常，表现为食欲亢进或减退、营养不良、消瘦或肥胖。如糖尿病病人常有烦渴多饮、易饥多食，多数新发病人体重减轻；甲状腺功能亢进症病人常有食欲亢进、体重减轻；神经性厌食的病人对进食有恐惧感，之后出现食欲减退、饱胀感，最后导致极低体重。

【高血压】

高血压为内分泌与代谢性疾病常见伴随症状，多见于皮质醇增多症及部分糖尿病病人等。可通过询问病人有无出现高血压相关症状，并结合病人心血管系统检查来评估病人的病情。

【疲乏】

疲乏是内分泌与代谢性疾病常见伴随症状，多见于甲状腺功能亢进症和减退症、皮质醇增多症等。可通过询问病人从事日常活动的能力有无改变、是否感觉疲乏无力或睡眠时间延长等来评估病人的体力水平。

【排泄功能异常】

内分泌系统功能改变常可影响排泄型态。如多尿是糖尿病的典型症状之一；多汗、排便次数增多、排稀软便可见于甲状腺功能亢进症；便秘则多见于甲状腺功能减退症病人。

【骨痛与自发性骨折】

骨痛为骨质疏松症的常见症状，严重者常发生自发性骨折，或轻微外伤即引起骨折。糖尿病、甲状腺功能亢进症、性腺功能减退症、皮质醇增多症、甲状旁腺功能亢进症和催乳素瘤常伴有骨质疏松症。

（李红梅）

第二节　甲状腺功能亢进症

案例导入

病人，男，25岁，以"怕热多汗、多食易饥1年，双下肢无力2小时"为主诉入院。

病史评估：病人1年前开始出现怕热多汗、多食易饥、消瘦，医院诊断为"甲状腺功能亢进症"，4小时前因双下肢无力急诊收入院。

身体评估：T 36.4℃，P 90次/min，R 20次/min，BP 110/70mmHg，意识清楚，平车送入病房。

辅助检查：血清游离三碘甲状腺原氨酸5.11pmol/L，血清游离甲状腺素12.14pmol/L，促甲状腺激素1.45mIU/L；血钾1.8mmol/L。

初步诊断：甲状腺功能亢进症、低钾麻痹。

请思考：病人的主要护理问题是什么？护理措施有哪些？

甲状腺毒症（thyrotoxicosis）是指血液循环中甲状腺激素（TH）过多，引起以神经、循环、消化等系统兴奋性增高和代谢亢进为主要表现的一组临床综合征。引起甲状腺毒症的病因包括甲状腺功能亢进致合成分泌甲状腺激素增多和甲状腺破坏致甲状腺激素释放入血两种情况。根据甲状腺的功能状态，甲状腺毒症可分为甲状腺功能亢进型和非甲状腺功能亢进型，常见原因见表7-3。

▼ 表7-3　甲状腺毒症分类及常见原因

甲状腺功能亢进症	非甲状腺功能亢进类型
1. 弥漫性毒性甲状腺肿（Graves病）	1. 亚急性甲状腺炎
2. 结节性毒性甲状腺肿	2. 无痛性甲状腺炎（painless thyroiditis）
3. 甲状腺自主高功能腺瘤（Plummer disease）	3. 桥本甲状腺炎
4. 碘致甲状腺功能亢进症（碘甲亢，IIH）	4. 产后甲状腺炎（postpartum thyroiditis，PPT）
5. 桥本甲状腺毒症（Hashitoxicosis）	5. 外源甲状腺激素替代
6. 新生儿甲状腺功能亢进症	6. 异位甲状腺激素产生（卵巢甲状腺肿等）
7. 垂体TSH腺瘤	

甲状腺功能亢进症（hyperthyroidism），简称甲亢，是甲状腺本身产生过多甲状腺激素所致的甲状腺毒症，病因包括弥漫性毒性甲状腺肿、结节性毒性甲状腺肿和甲状腺自主高功能腺瘤等。根据甲状腺功能亢进的程度，分为临床甲亢和亚临床甲亢。我国临床甲亢的患病率为0.8%，其中80%以上是由弥漫性毒性甲状腺肿引起的。本节重点阐述弥漫性毒性甲状腺肿。弥漫性毒性甲状腺肿又称Graves病（Graves disease，GD）、Parry病或Basedow病。本病女性高发，男女比例为1:（4~6），高发年龄为20~50岁。

【病因及发病机制】

Graves病的发病机制未明，目前公认是遗传因素和环境因素共同作用的自身免疫性甲状腺疾病。

1. 遗传因素　Graves病有显著的遗传倾向，部分病人有家族史。目前发现与 *HLA*、*CTLA4*、*PTPN22*、*CD40*、*IL-2R*、*FCRL3*、*Tg* 和 *TSHR* 等基因多态性有关。

2. 免疫因素　本病以遗传易感性为背景，在感染、精神创伤等因素作用下诱发体内免疫功能紊乱。主要特征是病人血清中存在甲状腺细胞TSH受体的特异性自身抗体，称为促甲状腺激素受体抗体（thyroid stimulating hormone receptor antibody，TRAb），TRAb有两种类型，分别是促甲状腺激素受体刺激性抗体（thyroid stimulating hormone receptor- stimulating antibody，TSAb）和促甲状腺激素刺激阻断性抗体（thyroid stimulation hormone-stimulation blocking antibody，TSBAb），TSAb与TSH竞争性地结合于TSH受体，产生过量的甲状腺激素，TSBAb能阻断TSH与TSH受体的结合，引起甲状腺功能减退症。Graves病两个抗体的滴度可以不同，占优势的抗体决定其甲状腺的功能。Graves病可以自发性发展为甲减，TSBAb占优势是原因之一。此外，50%~90%的Graves病病人还存在过氧化物酶抗体、甲状腺球蛋白抗体等甲状腺的其他自身抗体。

3. 环境因素　感染、碘摄入量、环境毒素、应激和精神因素等，对本病的发生和发展有影响。Graves眼病（Graves' ophthalmopathy，GO）的发病危险因素还包括吸烟、药物（如干扰素、锂剂）、^{131}I和局部创伤等。

因此，Graves病是在遗传易感性的基础上，感染、应激、药物等因素作用下，引起体内的免疫功能紊乱，导致甲状腺功能异常。

【临床表现】

多数起病缓慢，少数在感染或精神创伤等应激后急性起病。典型表现有甲状腺激素分泌过多所致的高代谢综合征、甲状腺肿及眼征。老年和小儿病人表现多不典型。

1. 甲状腺毒症表现

（1）高代谢综合征：疲乏无力、多汗、怕热、低热（危象时可有高热），糖耐量异常或糖尿病加重，负氮平衡，体重下降，尿钙、磷等排出量增高等。

（2）精神神经系统：多言好动、紧张失眠、焦虑烦躁、易激动、易怒、注意力不集中、记忆力减退、腱反射活跃等，伸舌或双手向前平举时有细微震颤。

（3）心血管系统：心悸、胸闷、气短，严重者可发生甲亢性心脏病。常见体征有心动过速，心尖部第一心音亢进，Ⅰ~Ⅱ级收缩期杂音；心律失常；心脏增大，心脏负荷增加时易发生心力衰竭；收缩压增高，舒张压降低致脉压差增大，可出现周围血管征。

（4）消化系统：多出现食欲亢进、肠蠕动加快、腹泻、排便次数增多。可出现肝大、肝功能异常、转氨酶升高，偶伴黄疸。

（5）肌肉与骨骼系统：主要表现为甲状腺毒症性周期性瘫痪（thyrotoxic periodic paralysis，TPP），多见于亚洲青年男性，病变主要累及下肢，可伴发重症肌无力。部分病人有甲亢性肌病、肌无力及肌萎缩。甲亢也可影响骨骼脱钙而发生骨质疏松。

（6）生殖系统：女性常有月经稀少，周期延长，甚至闭经。男性可出现阳痿，偶见乳腺发育。

（7）造血系统：外周血淋巴细胞比例增加，单核细胞增加，白细胞总数减少，血小板寿命缩短，可伴发血小板减少性紫癜。

（8）皮肤、毛发及肢端表现：皮肤温暖湿润，颜面潮红。部分病人色素减退，出现毛发脱落、白癜风或斑秃。少数伴杵状指、软组织肿胀，指（趾）甲和甲床分离。

相关链接 | **胫前黏液性水肿**

胫前黏液性水肿（pretibial myxedema）为Graves病的特异性皮肤损害，与浸润性突眼同属自身免疫性病变，约见于5%的病人，白种人多见。水肿常见于胫骨前下1/3处，也可见于足背、踝关节、肩部、手背或手术瘢痕处，偶见于面部。皮损多为对称性，初起时呈暗紫红色，继而出现皮肤粗厚，呈片状或结节状叠起，最后呈树皮状，下肢粗大似象皮腿（图7-1）。

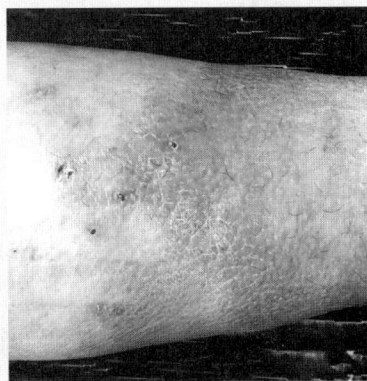

▲ 图7-1 胫前黏液性水肿

（9）甲状腺危象（thyroid crisis）：也称甲亢危象，是甲状腺毒症急性加重的一个综合征，发生原因可能与短时间内大量甲状腺激素释放入血有关。

常见诱因包括：① 应激状态，如感染、手术、精神刺激、过度劳累、急性创伤等；② 严重躯体疾病，如心力衰竭、低血糖症、脑卒中、急腹症等；③ 口服过量甲状腺激素制剂；④ 甲状腺手术准备不充分或术中过度挤压甲状腺等。

临床表现：原有甲亢症状加重、高热（常在39℃以上）、大汗、心动过速（140次/min以上）、恶心呕吐、腹痛腹泻、烦躁不安、谵妄，严重病人可有心力衰竭、休克及昏迷等。死亡率在20%以上，死亡原因多为高热虚脱、心力衰竭、肺水肿、水电解质代谢紊乱等。

2. 甲状腺肿 多数病人有不同程度的甲状腺肿大（图7-2），常为弥漫性、对称性肿大，质地中等、无压痛，随吞咽上下移动。肿大程度与甲亢病情轻重无明显关系。甲状腺血流增多，可触及震颤、闻及血管杂音，为Graves病的特异性体征。

3. 眼部表现 单纯性突眼和浸润性突眼两类。

（1）单纯性突眼：与甲状腺毒症所致的交感神经兴奋性增高有关。① 眼球向前突出，突眼度一般不超过18mm；② 瞬目减少；③ 上眼睑挛缩，睑裂增宽；④ 双眼向下看时，上眼睑不能随眼球下落；⑤ 向上看时，前额皮肤不能皱起；⑥ 两眼看近物时，眼球辐辏不良。

（2）浸润性突眼：即Graves眼病（图7-3），约占5%，多发生于成年病人，单眼受累的病人占10%~20%。

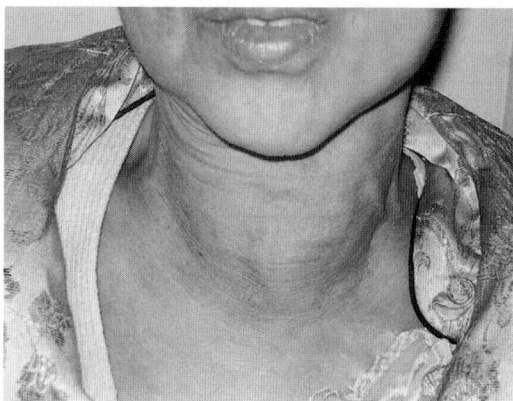

▲ 图7-2 Graves病病人甲状腺肿大

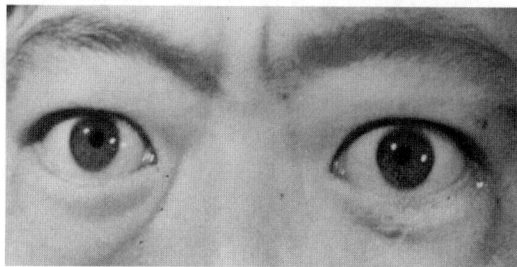

▲ 图7-3 Graves眼征

常见临床表现有：眼内异物感、胀痛、畏光、流泪、复视、斜视、视力下降，眼球显著突出，突眼度超过正常值上限4mm，眼睑肿胀，结膜充血水肿，眼球活动受限，严重者眼球固定，眼睑闭合不全、角膜外露而形成角膜溃疡、全眼炎，甚至失明。

美国甲状腺学会（ATA）/美国内分泌医师学会（AACE）提出Graves眼病严重度的分级标准，见表7-4。

分级	眼睑挛缩/mm	软组织受累	突眼*/mm	复视	角膜暴露	视神经
轻度	<2	轻度	<3	无或一过性	无	正常
中度	≥2	中度	≥3	非持续性	轻度	正常
重度	≥2	重度	≥3	持续性	轻度	正常
威胁视力	≥2	重度	≥3	持续性	严重	压迫

注：*指超过相同种群和性别参考值的突度。中国人群眼球突出度参考值：女性16mm；男性18.6mm。

4. 特殊类型Graves病

（1）T_3型甲状腺毒症（T_3 thyrotoxicosis）：由于甲状腺功能亢进时，T_3和T_4比例失调，T_3显著多于T_4所致。多见于碘缺乏地区和老年人，Graves病、毒性结节性甲状腺肿和自主高功能腺瘤都可以发生T_3型甲亢。

（2）淡漠型甲状腺功能亢进症（apathetic hyperthyroidism）：简称淡漠型甲亢，多见于老年人，发病隐匿，高代谢综合征不典型，眼征和甲状腺肿均不明显。全身症状较重，明显消瘦、心悸、乏力、腹泻、厌食、淡漠，有时神志模糊，甚至昏迷，可伴有心房颤动、肌肉震颤等体征。70%的病人无甲状腺肿大。

（3）亚临床甲状腺功能亢进症（subclinical hyperthyroidism）：简称亚临床甲亢，特点是血清T_3、T_4正常，TSH降低，不伴或伴有轻微的甲亢症状。本病可能发生于Graves病早期、Graves病经手术或放射性碘治疗后、各种甲状腺炎恢复期，少数可进展为临床甲亢。

（4）妊娠期甲状腺功能亢进症：简称妊娠甲亢，主要有以下几种情况。① 妊娠合并甲亢：由于妊娠引起甲状腺激素结合球蛋白增高，从而导致血清TT_4和TT_3增高；② 妊娠一过性甲状腺毒症：人绒毛膜促性腺激素（HCG）与TSH具有相同的亚单位，过量的HCG能够刺激TSH受体产生妊娠一过性甲状腺毒症；③ 新生儿甲亢：母体的TRAb可以透过胎盘刺激胎儿的甲状腺引起新生儿甲亢；④ 产后Graves病：产后由于免疫抑制的解除，容易发生Graves病。

【辅助检查】

1. 促甲状腺激素（TSH）的测定　　血清TSH浓度的变化是反映甲状腺功能最敏感的指标。目前敏感TSH即sTSH测定成为筛查甲亢的第一线指标，使得诊断亚临床甲亢成为可能。

2. 血清甲状腺激素的测定

（1）血清总甲状腺素（TT_4）：稳定、重复性好，是诊断甲亢的主要指标之一。受TBG等结合蛋白量和结合力变化的影响。

（2）血清总三碘甲状腺原氨酸（TT_3）：受TBG的影响。为早期Graves病、治疗中疗效观察及停药后复发的敏感指标，也是诊断T_3型甲亢的特异指标。老年淡漠型甲亢或久病者TT_3可不高。

（3）血清游离甲状腺激素：包括游离甲状腺素（FT_4）与游离三碘甲状腺原氨酸（FT_3）。FT_3、FT_4不受血甲状腺结合球蛋白（TBG）影响，直接反映甲状腺的功能状态。

3. 甲状腺^{131}I摄取率　　可鉴别不同病因的甲亢，还可用于计算^{131}I治疗甲亢时需要的活度，但不能反映病情严重程度与治疗中的病情变化（图7-4）。

4. 促甲状腺激素受体抗体（**TRAb**）的检测　鉴别甲亢病因、诊断Graves病的重要指标之一。新诊断的Graves病病人血中TRAb阳性检出率可达75%~96%，有早期诊断意义，可作为判断病情、复发以及停药的指标。

5. 促甲状腺激素受体刺激性抗体（**TSAb**）的检测　鉴别甲亢病因、诊断Graves病的重要指标之一，未经治疗的Graves病病人血中TSAb阳性检出率可达85%~100%。

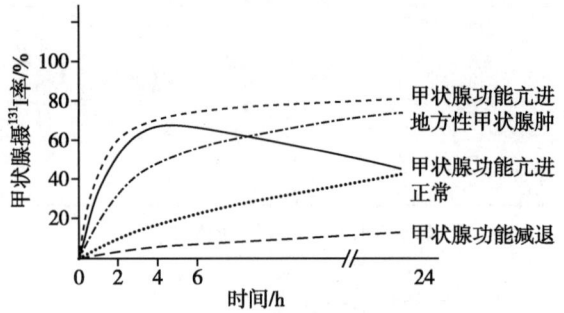

▲ 图7-4　甲状腺^{131}I功能曲线

6. 其他　彩色多普勒超声、放射性核素扫描、CT、MRI等有助于甲状腺、异位甲状腺肿和球后病变性质的诊断，可根据需要选用。

【治疗要点】

目前尚无法针对Graves病进行病因治疗。主要采用的治疗方法有抗甲状腺药物（antithyroid drug，ATD）、放射碘及手术治疗三种，各有优缺点。

1. 甲亢的治疗

（1）抗甲状腺药物

1）适应证：① 轻、中度病情病人；② 甲状腺轻、中度肿大；③ 孕妇、高龄或由于其他严重疾病不宜手术者；④ 手术前或^{131}I治疗前的准备；⑤ 手术后复发且不宜行^{131}I治疗者；⑥ 中至重度活动的Graves眼病病人。

2）常用药物、剂量与疗程：包括硫脲类和咪唑类两类。硫脲类有甲硫氧嘧啶（methylthiouracil，MTU）及丙硫氧嘧啶（propylthiouracil，PTU）等；咪唑类有甲巯咪唑（methimazole，MMI）（他巴唑，赛治）和卡比马唑（carbimazole，CMZ）（甲亢平）等。我国普遍使用PTU和MMI。疗程分为初治期、减量期及维持期。疗程中除非有较严重反应，一般不宜中断，并定期随访疗效。常用药物剂量与疗程见表7-5。

▼ 表7-5　常用药物、剂量与疗程

常用药物		作用机制	剂量与疗程		
			初治期	减量期	维持期
硫脲类	甲硫氧嘧啶（MTU）	抑制甲状腺内过氧化酶系，抑制碘离子转化为新生态碘或活性碘，从而抑制甲状腺激素的合成	300~450mg/d，2~3次口服	2~4周减量一次，每次减50~100mg	50~100mg/d，维持1.5~2年
	丙硫氧嘧啶（PTU）				
咪唑类	甲巯咪唑（MMI）		30~40mg/d，2~3次口服	2~4周减量一次，每次减5~10mg	5~10mg/d，维持1.5~2年
	卡比马唑（CMZ）				

（2）其他药物治疗

1）复方碘口服溶液：仅用于术前准备和甲状腺危象。

2）β受体阻滞剂：作为ATD初治期的辅助治疗，能较快控制甲亢的临床症状。用于^{131}I治疗前后及甲状腺危象，也可与碘剂合用于术前准备。

（3）^{131}I治疗：利用甲状腺摄取^{131}I后释放β射线，破坏甲状腺滤泡上皮而减少甲状腺激素的分泌。β射线在组织内的射程只有2mm，不会累及毗邻组织，此法简单、经济，治疗有效率达95%，临床治愈率达85%以上，复发率小于1%，现已是欧美国家治疗成人甲亢的首选疗法。^{131}I治疗甲亢后的主要并发症是甲状腺功能减退。

（4）手术治疗：甲状腺次全切除术的治愈率达70%以上，复发率8%。术后可引起多种并发症，主要为甲状旁腺功能减退和喉返神经损伤，发生率为2%~10%。

2. 甲状腺危象的防治　避免和去除诱因，积极治疗甲亢是预防甲状腺危象的关键，尤其是防治感染和做好充分的术前准备工作。一旦发生需积极抢救。

（1）抑制甲状腺激素的合成：首选PTU，首次剂量600mg，口服或胃管注入。

（2）抑制甲状腺激素的释放：服PTU后1小时再加用复方碘口服溶液5滴，以后每6小时1次，或碘化钠0.5~1.0g加入5%葡萄糖液中静脉滴注12~24小时，以后视病情变化逐渐减量，一般使用3~7天停药。

（3）β受体阻滞剂：普萘洛尔20~40mg，每6~8小时口服一次，或1mg经稀释后缓慢静注。普萘洛尔抑制外周组织T_4转化为T_3。

（4）糖皮质激素：氢化可的松50~100mg加入5%~10%葡萄糖液中静脉滴注，每6~8小时一次。

（5）降低和清除血浆甲状腺激素：上述治疗效果不满意时，可选用血液透析、腹膜透析或血浆置换等降低血甲状腺激素浓度。

（6）针对诱因和对症支持治疗：监护心、脑、肾功能；纠正水、电解质和酸碱平衡紊乱；降温、给氧、防治感染；积极治疗各种并发症。

3. Graves眼病的治疗　治疗方法视病情程度而异，有效控制甲亢是治疗Graves眼病的关键。① 轻度活动性Graves眼病：病程一般呈自限性，以控制甲亢和一般治疗为主。控制甲亢是基础性治疗，可选择ATD、^{131}I和手术三种治疗方法中的任何一种方法；其他治疗措施还包括戒烟、低盐饮食、眼部保护如戴有色眼镜、人工泪液、睡眠时使用盐水纱布或眼罩、高枕卧位等。② 中度和重度活动性Graves眼病：在上述治疗基础上进行强化治疗，可选择MMI或手术治疗。

4. 妊娠期甲状腺功能亢进症的治疗　① ATD治疗：首选PTU，因该药不易通过胎盘。需要密切监测孕妇的甲状腺激素水平，血清TT_4、FT_4应当维持在妊娠期正常范围的上限水平。② 手术治疗：发生在妊娠初期的甲亢，经PTU治疗控制症状后，宜在妊娠中期施行甲状腺次全切除术。③ 禁用^{131}I治疗。④ 禁用普萘洛尔，因普萘洛尔可使子宫持续收缩而引起胎儿发育不良等。

5. 甲状腺毒症心脏病的治疗　① ATD治疗：立即给予足量ATD，控制甲状腺功能至正常。② ^{131}I治疗：经ATD治疗控制甲状腺毒症症状后，尽早行^{131}I治疗。③ β受体阻滞剂：普萘洛尔有减慢心率、缩小脉压、减少心排血量的作用，可用于心房颤动和心动过速导致的心力衰竭。为克服普萘洛尔引起心肌收缩力降低等不良反应，可同时使用洋地黄制剂，强心苷的用量宜低。

【常用护理诊断/问题及护理措施】

1. 营养失调：低于机体需要量

（1）监测体重：经常测量体重，根据病人体重变化调整饮食计划。

（2）饮食护理：病人处于高代谢状况，能量消耗大，给予高热量、高蛋白、高维生素及矿物质丰富的饮食。主食应足量，可以增加奶类、蛋类、瘦肉类等优质蛋白以纠正体内的负氮平衡，多摄取新鲜蔬菜和水果。鼓励病人多饮水，每天饮水 2 000~3 000ml 以补充出汗、腹泻、呼吸加快等所丢失的水分，但对并发心脏疾病者避免大量饮水，以防止因血容量增加而加重心力衰竭和水肿。禁止摄入刺激性的食物及饮料，如浓茶、咖啡等，以免引起病人精神兴奋。减少食物中粗纤维的摄入，以减少排便次数。避免进食含碘丰富的食物，食用无碘盐，忌食海带、海鱼、紫菜等，慎食卷心菜等易致甲状腺肿的食物。

（3）用药护理：护士指导病人正确用药，不可自行减量或停药，并密切观察药物的不良反应，及时处理。抗甲状腺药物的常见不良反应及处理措施：

1）粒细胞减少：监测白细胞，外周血白细胞低于 $3 \times 10^9/L$ 或中性粒细胞低于 $1.5 \times 10^9/L$ 时停药，并遵医嘱给予促进白细胞生成的药物。

2）药疹：较常见，遵医嘱使用抗组胺药控制或更换 ATD。

3）其他：若发生中毒性肝炎、肝坏死、精神病、胆汁淤滞综合征、狼疮样综合征、味觉丧失等，应立即停药。支气管哮喘或喘息型支气管炎病人禁用 β 受体阻滞剂。

2. 活动耐力下降

（1）休息与活动：根据病人目前的活动量及日常生活习惯，与病人及家属共同制订个体化活动计划，活动不宜疲劳。适当增加休息时间，维持充足睡眠，防止病情加重。有严重心力衰竭或感染者应卧床休息。

（2）环境：保持环境安静，避免噪声和强光刺激，相对集中时间进行治疗、护理。甲亢病人因怕热多汗，安排通风良好的环境，室温维持20℃左右。

（3）生活护理：指导和协助病人完成日常的生活，如洗漱、进餐、如厕等。大量出汗的病人加强皮肤护理，及时更换衣服及床单。

3. 应对无效

（1）心理护理：护士向病人及家属解释病情，提高他们对疾病的认知水平，让病人及其亲属了解其情绪、性格的改变是暂时的，可因治疗而得到改善。鼓励病人表达内心感受，理解和同情病人，建立互信关系。

（2）家庭和社会支持：提供有利于改善情绪的环境，如保持居室安静和轻松的气氛；避免提供兴奋、刺激的消息，以减轻病人激动、易怒的精神症状。鼓励病人参加团体活动，以免因社交障碍产生焦虑。

（3）病情观察：观察病人精神状态和手指震颤情况，注意有无焦虑、烦躁、心悸等甲亢加重的表现，必要时使用镇静药。

4. 组织完整性受损

（1）眼部护理：预防眼睛受到刺激和伤害。外出戴深色眼镜，减少光线、灰尘和异物的侵害。以眼药水湿润眼睛，避免干燥；睡前涂抗生素眼膏，眼睑不能闭合者用无菌纱布或眼罩覆盖双眼。指导病人当眼睛有异物感、刺痛或流泪时，勿用手直接揉眼睛。睡眠或休息时抬高头部，以减轻球后水肿和眼睛胀痛。

（2）用药护理：遵医嘱适量使用利尿剂，以减轻组织充血、水肿。

（3）病情观察：定期行角膜检查以防角膜溃疡造成失明。

5. 潜在并发症：甲状腺危象

（1）避免诱因：指导病人进行自我心理调节，避免感染、严重精神刺激、创伤等诱发因素。

（2）病情监测：观察生命体征和神志变化。若原有甲亢症状加重，并出现发热（体温>39℃）、严重乏力、烦躁、多汗、心悸、心率>140次/min、食欲减退、恶心、呕吐、腹泻、脱水等，应警惕甲状腺危象发生，立即报告医师并协助处理。

（3）急救护理：① 绝对卧床休息，呼吸困难时取半卧位，立即给氧。② 及时准确按医嘱使用PTU和碘剂，注意碘剂过敏反应，如出现口腔黏膜发炎、腹泻、恶心、呕吐、鼻出血等症状，应立即停药，通知医师处理。③ 密切观察生命体征和病情变化，准确记录24小时出入量。④ 对症护理：体温过高者给予冰敷或乙醇擦浴以降低体温；躁动不安者使用床栏保护病人安全；昏迷者加强皮肤、口腔护理，定时翻身，防止压疮、肺炎的发生。

案例思考　　　　　　　　　　**如何应对甲亢病人的情绪问题？**

病人，女，33岁，因多食、多汗、怕热2个月，双侧眼球突出1周来某三甲医院内分泌科门诊就诊，因夏季天气炎热，而且就诊病人较多，等待时间较长，病人出现焦躁不安，最后大发雷霆。作为门诊护士，首先应该知道，甲亢病人由于交感神经兴奋性增加，遇事容易情绪激动，难以自控，是疾病所致，因此要具有同理心；其次耐心倾听并做好安抚和解释工作（比如上前问候、递一杯水、安排就座、陪伴等），充分体现护士的专业素养和人文关怀。

【健康指导】

1. 疾病知识指导　告知病人有关甲亢的知识和保护眼睛的方法，教会其自我护理。指导病人注意加强自我保护，上衣领宜宽松，避免压迫甲状腺，严禁用手挤压甲状腺以免甲状腺激素分泌过多加重病情。鼓励病人保持身心愉快，避免精神刺激或过度劳累。

2. 用药指导与病情监测　指导病人坚持遵医嘱、按剂量、按疗程服药，不可随意减量和停药。服用抗甲状腺药物的最初3个月，每周查血象1次，每隔1~2个月做甲状腺功能测定，每天清晨起床前自测脉搏，定期测量体重。脉搏减慢、体重增加是治疗有效的标志。若出现高热、恶心、呕吐、不明原因腹泻、突眼加重等，警惕甲状腺危象的可能，应及时就诊。

3. 生育指导　有生育需要的女性病人，告知其妊娠可加重甲亢，宜治愈后再妊娠。妊娠期甲亢病人指导其避免各种可能对母亲及胎儿造成影响的因素，选用抗甲状腺药物治疗，禁用^{131}I治疗，慎用普萘洛尔，加强胎儿监测。产后如需继续服药，应在哺乳后服用，服药后3小时再行哺乳。

4. 社区-家庭支持　指导病人出院后到所属社区卫生服务中心建档，充分利用社区卫生资源，接受社区延续性护理服务。社区护士定期家访，评估病人的日常生活方式、病情、服药依从性、情绪状态、人际关系等，给予相应的健康指导。鼓励家属主动关心并理解病人的情绪变化，促进病人与家属之间的良性互动，促进病人的康复。

（李红梅）

第三节　甲状腺功能减退症

案例导入

病人，女，46岁，因"畏寒、乏力、纳差、便秘1年，双下肢水肿1个月"收治入院。

病史评估： 1年前出现畏寒、乏力、纳差、便秘，诊断为"甲状腺功能减退症"，近1个月出现双下肢水肿，为进一步诊治收入院。

身体评估： T 36.2℃，P 70次/min，R 18次/min，BP 142/80mmHg，意识清楚，表情淡漠，步入病房。

辅助检查： 血清游离三碘甲状腺原氨酸4.11pmol/L，血清游离甲状腺素7.14pmol/L，促甲状腺激素69.45mIU/L。

初步诊断： 甲状腺功能减退症。

请思考： 还需要进一步收集哪些资料？病人的主要护理问题是什么？护理措施有哪些？

甲状腺功能减退症（hypothyroidism）简称甲减，指各种原因导致的低甲状腺激素血症或甲状腺激素抵抗而引起的全身性低代谢综合征，其病理特征是黏多糖在组织和皮肤堆积，表现为黏液性水肿（myxedema）。甲减的病因中，原发性甲减占95%以上。起病于成人者称成年型甲减，女性较男性多见。本节主要介绍成年型甲减。

【分类】

1. **根据病变发生的部位分类**　① 原发性甲减：最常见，由甲状腺腺体本身病变引起，如自身免疫、甲状腺手术和甲亢^{131}I治疗；② 中枢性甲减：少见，常因下丘脑和垂体肿瘤、手术、放疗、产后垂体出血坏死引起；③ 甲状腺激素抵抗综合征：由于甲状腺激素在外周组织实现生物效应障碍引起的综合征。

2. **根据病变的原因分类**　自身免疫性甲减、药物性甲减、甲状腺手术后甲减、^{131}I治疗后甲减、特发性甲减、垂体或下丘脑肿瘤手术后甲减等。

3. **根据甲状腺功能减退的程度分类**　临床甲减和亚临床甲减。

【病因及发病机制】

甲减的病因复杂，以原发性多见，自身免疫损伤是最常见的原因，其次为甲状腺破坏，包括手术、^{131}I治疗等；继发性甲减少见。甲减发病机制因病因不同而异。

1. 自身免疫损伤 最常见的是自身免疫性甲状腺炎引起的甲状腺激素合成和分泌减少。

2. 甲状腺破坏 包括甲状腺次全切除、^{131}I治疗等导致甲状腺功能减退。

3. 下丘脑和垂体病变 垂体外照射、垂体大腺瘤、颅咽管瘤及产后大出血引起的促甲状腺激素释放激素（TRH）和TSH产生和分泌减少所致。

4. 碘过量 碘过量可引起具有潜在性甲状腺疾病者发生甲减，也可诱发和加重自身免疫性甲状腺炎。

5. 抗甲状腺药物的使用 如锂盐、硫脲类、咪唑类等可抑制甲状腺激素合成。

【临床表现】

成年型甲减常隐匿发病，早期症状多变且缺乏特异性，进展缓慢，典型症状常在几个月甚至几年后才显现出来。

1. 低代谢症候群 表现为易疲劳、畏寒、体重增加、行动迟缓。因血液循环差和热能生成减少，体温可低于正常。

2. 精神-神经系统 轻者有记忆力、注意力、理解力、计算力减退，嗜睡症状突出，反应迟钝。重者表现为痴呆、智力低下、幻想、昏睡或惊厥。

3. 皮肤改变 皮肤黏液性水肿为非凹陷性，常见于眼周、手和脚的背部以及锁骨上窝。典型者呈黏液性水肿面容（表情淡漠，面色苍白，皮肤干燥发凉、粗糙脱屑，颜面、眼睑和手部皮肤水肿，声音嘶哑，毛发稀疏、眉毛外1/3脱落），手足皮肤呈姜黄色。

4. 肌肉与关节 肌肉乏力，可有肌萎缩。部分病人可伴有关节病变，偶有关节腔积液。

5. 心血管系统 心动过缓、心排血量下降。久病者由于血胆固醇增高，易并发冠心病，10%的病人伴发高血压。

6. 血液系统 主要表现为贫血。

7. 消化系统 常有畏食、腹胀、便秘等，严重者可出现麻痹性肠梗阻或黏液水肿性巨结肠。

8. 内分泌生殖系统 长期甲减可引起高催乳素血症和溢乳。儿童甲减可致生长发育迟缓。成年女性重度甲减可伴性欲减退、排卵障碍、月经周期紊乱和经血增多。男性病人可有性欲减退、阳痿和精子减少。

9. 黏液性水肿昏迷 多见于老年人或长期未获治疗者，于寒冷时发病。常见诱因包括寒冷、感染、手术、严重躯体疾病、中断甲状腺激素替代治疗和使用麻醉、镇静剂等。表现为嗜睡，低体温（体温<35℃），呼吸减慢，心动过缓，血压下降，四肢肌肉松弛，反射减弱或消失，甚至昏迷、休克，心肾功能不全而危及生命。

【辅助检查】

1. 血细胞及生化检查 血红蛋白及红细胞减少，多为轻、中度正细胞正色素性贫血。血清胆固醇、甘油三酯、低密度脂蛋白常增高，高密度脂蛋白降低。

2. 甲状腺功能检查　血清TSH增高、TT_4或FT_4降低是诊断本病的必备指标。亚临床甲减仅有血清TSH升高，血清T_4或T_3正常。

3. **TRH兴奋试验**　主要用于原发性甲减与中枢性甲减的鉴别，有助于异位甲状腺、下丘脑－垂体病变的确定。

4. 甲状腺过氧化物酶自身抗体（**TPOAb**）、甲状腺球蛋白抗体（**TgAb**）　甲状腺抗体是确定原发性甲减病因和诊断自身免疫性甲状腺炎的主要指标。

5. 心功能检查　心肌收缩力下降，射血分数减少等。

【治疗要点】

1. **替代治疗**　治疗的目标是用最小剂量药物纠正甲减而不产生明显不良反应，使血TSH和甲状腺激素水平保持在正常范围内。甲减需要甲状腺激素终身替代治疗。首选左甲状腺素（$L-T_4$）单药口服。

2. **对症治疗**　有贫血者补充铁剂、维生素B_{12}、叶酸等。胃酸低者补充稀盐酸，与$L-T_4$合用才能取得疗效。

3. **亚临床甲减的处理**　目前认为只要病人有高胆固醇血症、血清TSH > 10mIU/L，就需要$L-T_4$治疗。

4. **黏液性水肿昏迷的治疗**　① 立即静脉补充甲状腺激素（$L-T_3$或$L-T_4$），清醒后改口服维持治疗。② 保暖，给氧，保持呼吸道通畅，必要时行气管切开、机械通气等。③ 氢化可的松200~300mg/d持续静脉滴注，待病人清醒后逐渐减量。根据需要补液，但补液量不宜过多。④ 控制感染，治疗原发病。

【常用护理诊断/问题及护理措施】

1. **便秘**　与代谢率降低及体力活动减少引起的肠蠕动减慢有关。

（1）饮食护理：给予高蛋白、高维生素、低钠、低脂肪饮食，细嚼慢咽，少量多餐。进食富含纤维素的食物，如蔬菜、水果或全麦食品，促进胃肠蠕动。桥本甲状腺炎所致甲状腺功能减退症者应避免摄取含碘食物和药物，以免诱发严重黏液性水肿。

（2）建立正常的排便型态：指导病人每天定时排便，养成规律排便的习惯，并为卧床病人创造良好的排便环境。教会病人促进便意的技巧，如适当按摩腹部、肛周按摩。鼓励病人每天进行适度的运动，如散步、快走等。

（3）用药护理：必要时根据医嘱给予轻泻药，并观察大便的次数、性质和量，观察有无腹胀、腹痛等麻痹性肠梗阻的表现。

2. **体温过低**　与机体基础代谢率降低有关。

（1）加强保暖：调节室温在22~23℃，注意告知病人保暖防寒。

（2）病情观察：监测生命体征，观察病人有无寒战、皮肤苍白等体温过低表现及心动过缓等现象，并及时处理。

3. **潜在并发症：黏液性水肿昏迷。**

（1）避免诱因：避免寒冷、感染、手术、使用麻醉镇静药等诱发因素。

（2）病情监测：观察意识、生命体征的变化及全身黏液性水肿情况。病人若出现体温<35℃、呼吸浅慢、心动过缓、血压降低、嗜睡等表现，立即通知医师并配合抢救处理。

（3）黏液性水肿昏迷的护理：① 建立静脉通道，遵医嘱给予急救药物；② 保持呼吸道通畅，吸氧，必要时配合医生行气管插管或气管切开；③ 监测生命体征和动脉血气分析的变化，记录24小时出入量；④ 注意保暖。

【健康指导】

1. 疾病知识指导　告知病人发病原因及注意事项，如碘过量或者药物引起甲减者应调整剂量或停药。注意个人卫生，预防感染和创伤。冬季注意保暖。慎用催眠、镇静、止痛、麻醉等药物。

2. 用药指导　需终身甲状腺激素替代治疗者，向其解释终身坚持服药的必要性。不可随意停药或变更剂量。告知病人替代治疗过程中如出现脉搏>100次/min、心律失常、发热、大汗、情绪激动等情况时应减量或暂停服用，及时就诊。告知病人替代治疗效果最佳的指标为血TSH保持在正常范围内，长期替代者宜每6~12个月检测1次。服用利尿剂时，指导病人记录24小时出入量。

3. 病情监测指导　给病人讲解黏液性水肿昏迷发生的原因及表现，指导病人学会自我观察。若出现嗜睡、体温<35℃、呼吸减慢、低血压、心动过缓等，应及时就医。指导病人定期复查心、肝、肾功能，甲状腺功能和血细胞等。

相关链接 | 甲减可以妊娠吗？

妊娠期间母体甲状腺激素对于保证母体及其后代的健康非常重要。母体临床甲减、亚临床甲减、孤立的低T_4血症和甲状腺自身抗体阳性均对母体、妊娠过程以及胎儿发育带来不良后果。① 对妊娠的影响：妊娠期临床甲减可导致生育能力降低，可发生妊娠高血压、胎盘剥离、自发性流产、胎儿窘迫等。② 对胎儿的影响：妊娠中期胎儿甲状腺功能才能完全建立。已明确母体临床甲减与后代的神经精神发育障碍有关。甲状腺激素减少，可造成胎儿发育期大脑皮质中主管语言、听觉和智力的部分不能得到完全分化和发育。

（李红梅）

第四节　皮质醇增多症

案例导入

病人，女，36岁，以"发现肥胖，血压增高2年，发热、双下肢水肿4天"为主诉入院。

病史评估：病人2年前无诱因出现腹部逐渐肥胖，伴四肢变细，血压增高，近4天出现发热、双下肢水肿，食欲减退，为进一步诊治收入院。

身体评估: T 37.8℃, P 110次/min, R 18次/min, BP 150/90mmHg, 意识清楚, 精神差, 下颌有小须, 步入病房。

辅助检查: 促肾上腺皮质激素720pmol/L, 24小时尿皮质醇100.05nmol/L。MRI示垂体微腺瘤。CT示双侧肾上腺增生。

初步诊断: 皮质醇增多症。

请思考: 还需要进一步收集哪些资料? 病人的主要护理问题是什么? 护理措施有哪些?

皮质醇增多症(hypercortisolism)又名库欣综合征(Cushing syndrome),是由各种病因造成肾上腺皮质分泌过量糖皮质激素(主要是皮质醇)所致的一组症候群。本病多见于女性,男女之比为1:(2~3),以20~40岁居多。

相关链接 | **库欣综合征的发现者——哈维·库欣**

哈维·库欣一生致力于神经外科领域,被称为"现代神经外科之父"。在脑肿瘤方面贡献巨大,脑垂体是库欣最主要的兴趣之一。库欣医生发现一位女性病人"脸如满月、背似水牛、向心性肥胖、四肢纤细、多血质外貌……",他极具洞见地认为可能与脑垂体的微小腺瘤有关,通过尸检得到证实,将其命名为库欣综合征。他一生倡导严格、谨慎的临床工作作风,正是因为严谨求知的工作态度才取得如此大的成就。

【病因及发病机制】

1. ACTH依赖性皮质醇增多症 ① 库欣病:最常见,占皮质醇增多症的65%~75%,由垂体ACTH分泌过多引起,伴肾上腺皮质增生。② 异位ACTH综合征:垂体以外肿瘤分泌大量ACTH,刺激肾上腺皮质增生,分泌过量的皮质醇而引起一系列症状,约占皮质醇增多症的15%。③ 异位促肾上腺皮质激素释放激素(CRH)综合征:肿瘤异位分泌CRH刺激垂体ACTH细胞增生,ACTH分泌增加。

2. ACTH非依赖性皮质醇增多症 ① 肾上腺皮质腺瘤:约占皮质醇增多症的10%,多见于成人,男性相对更多。② 肾上腺皮质癌:占皮质醇增多症的6%,病情重,进展快。③ 不依赖ACTH的双侧肾上腺小结节性增生。④ 不依赖ACTH的双侧肾上腺大结节性增生。

3. 其他类型皮质醇增多症 医源性皮质醇增多症,是因为长期服用较大剂量外源性糖皮质激素所致。其他还包括儿童皮质醇增多症、应激性皮质醇增多症和糖皮质激素受体病等。

【临床表现】

皮质醇增多症有多种表现。① 典型表现:向心性肥胖、满月脸、多血质、紫纹等,多见于垂体性库欣病、肾上腺腺瘤、异位ACTH综合征中的缓进型;② 早期表现:以高血压为主,肥胖,向心性不显著,尿游离皮质醇明显增高;③ 重型:体重减轻、高血压、低血钾性碱中毒;④ 以并发症为主者:如心力衰竭、脑卒中、病理性骨折、精神症状或肺部感染等,皮质醇增多症容易被忽略。典型表现如下。

1. 向心性肥胖、满月脸、多血质外貌 向心性肥胖指头面部、颈背部、锁骨上窝及腹部脂肪沉积增多，但四肢（包括臀部）正常或消瘦。满月脸指脸圆而呈暗红色。多血质外貌与皮肤菲薄、微血管易透见与皮质醇刺激骨髓造血使红细胞、血红蛋白增多有关。

2. 皮肤表现 皮肤菲薄，皮下毛细血管清晰可见，血管脆性增加，轻微损伤可引起瘀斑。常见病人下腹部两侧、大腿外侧、臀部等处，出现紫红色条纹。手、脚、指（趾）甲、肛周常出现真菌感染。异位ACTH综合征及较重库欣病病人多有明显的皮肤色素沉着。

3. 代谢障碍 大量皮质醇促进肝糖原异生，减少外周组织对葡萄糖的利用，拮抗胰岛素，使血糖升高，葡萄糖耐量减低引起类固醇性糖尿病。大量皮质醇有潴钠、排钾作用，明显的低血钾碱中毒主要见于肾上腺皮质癌和异位ACTH综合征。部分病人因钠潴留而出现轻度水肿。由于皮质醇有排钙作用，病程长者可出现骨质疏松，脊椎压缩畸形，身材变矮，有时呈佝偻、骨折。儿童病人的生长发育受抑制。

4. 心血管表现 约80%的皮质醇增多症病人有高血压，轻度水肿。同时，病人常伴有动脉硬化。病人由于凝血功能异常、脂肪代谢紊乱，易发生动静脉血栓，导致心血管并发症发生率增加。

5. 感染 以肺部感染多见，长期皮质醇分泌增多使免疫功能减弱，病人容易发生各种感染，化脓性细菌感染不容易局限，可发展成蜂窝织炎、菌血症、败血症。

6. 性功能障碍 肾上腺雄激素产生过多以及皮质醇对垂体促性腺激素的抑制，可引起女性痤疮、多毛、月经稀少或不规则、闭经等。如出现明显男性化表现（乳房萎缩、生须、喉结增大、阴蒂肥大等），要警惕肾上腺皮质癌。男性可有阳痿、性欲减退、阴茎缩小、睾丸变软等。

7. 全身及神经系统 四肢肌肉可有萎缩，常表现为肌无力，下蹲后起立困难。病人可有精神状态的改变，轻者表现为失眠、情绪不稳定、注意力不集中，少数病人表现为抑郁与狂躁交替发生。

【辅助检查】

1. 皮质醇测定 血浆皮质醇水平增高且昼夜节律消失，即病人早晨血浆皮质醇水平高于正常，而下午4时或晚上12时不明显低于早晨值。午夜血皮质醇大于207nmol/L，诊断皮质醇增多症的敏感性和特异性大于96%。24小时尿17-羟皮质类固醇大多明显高于正常。

2. 地塞米松抑制试验 ① 小剂量地塞米松抑制试验：尿17-羟皮质类固醇不能降至对照值的50%以下，或尿游离皮质醇不能降至55nmol/24h以下者，表示不能被抑制。② 大剂量地塞米松抑制试验：尿17-羟皮质类固醇或尿游离皮质类固醇能降到对照值的50%以下者，表示被抑制，病变大多为垂体性；不能被抑制者可能为原发性肾上腺皮质肿瘤或异位ACTH综合征。

相关链接 | **地塞米松抑制试验**

小剂量地塞米松抑制试验是皮质醇增多症的定性诊断试验，临床主要用于单纯性肥胖者与皮质醇增多症病人的鉴别诊断。试验方法：每6小时口服地塞米松0.5mg或每8小时服0.75mg连续2天，第2天测尿17-羟皮质类固醇。

大剂量地塞米松抑制试验属于定位试验，即对已确诊的皮质醇增多症病人，进一步明确究竟是由垂体瘤所致，还是由肾上腺肿瘤以及异位肿瘤所致。试验方法：每6小时口服地塞米松2mg，连续2天，第2天测尿17-羟皮质类固醇。

3. **ACTH兴奋试验**　垂体性库欣病和异位ACTH综合征者常有反应，原发性肾上腺皮质肿瘤者多数无反应。

4. **影像学检查**　肾上腺B超检查可发现肾上腺增生或肿瘤。肾上腺CT检查较为敏感，垂体MRI检查为佳。

【治疗要点】

皮质醇增多症治疗取决于病因，在病因治疗前，对病情严重的病人，宜先对症治疗。

1. **库欣病**　主要有手术、放疗和药物3种方法。首选经蝶窦行腺瘤切除术，其治愈率为50%~90%。术后可能出现垂体功能减退症。腺瘤摘除后可治愈，仅少数病人术后复发。如经蝶窦手术未发现或未摘除垂体微腺瘤，或某种原因不宜做垂体手术，且病情严重者，宜行一侧肾上腺全切，另一侧肾上腺大部分或全切除术，术后行激素替代治疗和垂体放疗。对于垂体大腺瘤病人需行开颅手术，尽可能切除肿瘤。病情较轻或儿童病例，可行垂体放疗。

2. **肾上腺腺瘤**　手术切除可根治，经腹腔镜切除更有利于术后的恢复。术后需较长时间使用氢化可的松或可的松作替代治疗，大多数病人于6个月至1年可逐渐停用替代治疗。肾上腺皮质癌应尽可能早期手术治疗，未能根治或已有转移者用肾上腺皮质激素合成阻滞药物治疗。

3. **不依赖ACTH小结节性或大结节性双侧肾上腺增生**　行双侧肾上腺切除术，术后行激素替代治疗。

4. **异位ACTH综合征**　切除原发肿瘤，必要时行双侧肾上腺切除以缓解症状，或使用肾上腺皮质激素合成阻滞药，如米托坦、酮康唑等。

【常用护理诊断/问题及护理措施】

1. **体像紊乱**　与皮质醇增多症引起身体外观改变有关。

护理措施参见本章第一节中的"常见症状体征的评估与护理"。

2. **体液过多**　与皮质醇增多引起水钠潴留有关。

（1）休息与体位：合理的休息可避免水肿加重。平卧时可适当抬高双下肢，有利于静脉回流。

（2）饮食护理：进食低钠、高钾、高蛋白、低碳水化合物、低热量的食物，预防和控制水肿。鼓励病人多食柑橘类、枇杷、香蕉、南瓜等含钾高的食物。

（3）用药护理：水肿严重时，遵医嘱给予利尿剂，观察水肿消退情况及不良反应，如出现心律失常、恶心、呕吐、腹胀等低钾症状和体征时，及时处理。

（4）病情监测：监测病人水肿情况，每天测量体重的变化，记录24小时液体出入量，监测电解质浓度和心电图变化。

3. **有感染的危险**　与皮质醇增多导致机体免疫力下降有关。

（1）病情监测：密切观察体温变化，定期检查血常规。注意有无感染征象，尤其是呼吸系统。

（2）预防感染：① 保持病室环境清洁，室内温度、湿度适宜。② 严格执行无菌操作，尽量减少侵入性治疗以降低感染及交叉感染的危险。③ 教导病人和家属预防感染的知识，如保暖、避免或减少到公共场所、预防上呼吸道感染。

（3）皮肤与口腔护理：协助病人做好个人卫生，避免皮肤擦伤和感染。长期卧床者应定期翻身，注意保护骨突处，预防压疮发生。病重者做好口腔护理。

4. 潜在并发症：骨折。

（1）减少安全隐患：提供安全、舒适的环境，移除环境中不必要的家具或摆设，浴室应铺上防滑脚垫。避免剧烈运动，防止因跌倒或碰撞引起骨折。

（2）饮食护理：鼓励病人摄取富含钙及维生素D的食物，如牛奶、紫菜、虾皮、坚果等以预防骨质疏松。

（3）病情观察：观察病人有无关节痛或腰背痛等骨痛，及时报告医师，必要时使用助行器辅助行动。

【健康指导】

1. 疾病知识指导　指导病人预防感染，保持皮肤清洁，防止外伤、骨折等各种可能导致病情加重或诱发并发症的因素，定期门诊复查。

2. 用药指导与病情监测　指导病人正确用药，不可随意停药或减量，告知病人药物不良反应，让病人了解激素替代治疗的注意事项，尤其是识别激素过量或不足的症状和体征，并告知病人随意停用激素会诱发肾上腺危象。

3. 心理指导　鼓励病人说出身体外形改变的感受，对病人进行心理指导以减轻疾病带来的焦虑等不良情绪。教会病人自我护理措施，适当从事力所能及的活动，以增强病人的自信心和自尊感。

（李红梅）

第五节　糖尿病

案例导入

病人，男，40岁，因"多饮、多食、多尿、体重减轻2个月"收治入院。

病史评估：2个月前无诱因出现口渴、多饮、多食、多尿、体重减轻，1周前体检发现血糖升高，为进一步诊治收入院。

身体评估：T 36.8℃，P 82次/min，R 18次/min，BP 138/85mmHg，意识清楚，步入病房。

辅助检查：空腹血糖10.6mmol/L，餐后2小时血糖22.6mmol/L，糖化血红蛋白11.8%，尿酮体（++）。

初步诊断：2型糖尿病。

入院后，病人喜欢进食油炸食品，治疗2天后血糖控制不佳。

请思考： 还需要进一步评估哪些资料？病人的主要护理问题是什么？护理措施有哪些？

糖尿病（diabetes mellitus，DM）是由遗传和环境因素相互作用而引起的一组以慢性高血糖为特征的代谢异常综合征。因胰岛素分泌和/或作用缺陷，引起碳水化合物、蛋白质、脂肪、水和电解质等代谢紊乱。随着病程延长可出现眼、肾、神经、心脏、血管等多系统损害。重症或应激时可发生酮症酸中毒、高渗高血糖综合征。根据国际糖尿病联盟（IDF）最新报告，2021年全球约5.37亿成年人（20~79岁）患有糖尿病，预计到2030年，该数字将上升到6.43亿，到2045年将上升到7.83亿。随着我国人口老龄化、生活方式的变化，糖尿病病人呈快速增长趋势，2019年我国成人糖尿病病人数量为1.16亿，居世界首位，因糖尿病而导致死亡的人数为82.4万。此外，儿童和青少年2型糖尿病的患病率也显著增加，目前已成为超重和肥胖儿童的关键健康问题。

【糖尿病分型】

目前国际上通用WHO糖尿病专家委员会提出的分型标准（1999年），将糖尿病分为4种类型。

1. 1型糖尿病（diabetes mellitus type 1，T1DM） 胰岛β细胞破坏，导致胰岛素绝对缺乏。又分为免疫介导性（1A）和特发性（1B，无自身免疫证据）。

2. 2型糖尿病（diabetes mellitus type 2，T2DM） 从以胰岛素抵抗为主伴胰岛素进行性分泌不足，到以胰岛素进行性分泌不足为主伴胰岛素抵抗。临床最多见，占90%~95%。

3. 其他特殊类型糖尿病 病因学相对明确，包括胰岛β细胞功能的基因缺陷、胰岛素作用的基因缺陷、胰腺外分泌疾病、内分泌疾病、药物或化学品所致的糖尿病、感染、不常见的免疫介导性糖尿病、其他与糖尿病相关的遗传综合征等。

4. 妊娠糖尿病（gestational diabetes mellitus，GDM） 妊娠期间发生的不同程度的糖代谢异常。不包括孕前已诊断或已患糖尿病的病人（称为糖尿病合并妊娠）。

【病因及发病机制】

糖尿病的病因和发病机制至今未完全阐明。概括而言，引起糖尿病的病因可归纳为遗传因素及环境因素两大类。

1. 1型糖尿病 绝大多数是自身免疫性疾病，遗传因素和环境因素共同参与其发病过程。发病机制是某些外界因素作用于有遗传易感性的个体，激活T淋巴细胞介导的一系列自身免疫反应，引起选择性胰岛β细胞破坏和功能衰竭，体内胰岛素分泌不足进行性加重，导致糖尿病。一般来说，1型糖尿病的发生发展常经历以下几个阶段。

（1）遗传易感期：个体具有遗传易感性，临床无任何异常。

（2）启动自身免疫反应：在遗传易感性的基础上，某些触发事件引起少量β细胞破坏并启动自身免疫过程，此过程呈持续性或间歇性，其间伴随β细胞的再生。常见的触发因素包括病毒感染、化学毒物和饮食因素等。

（3）免疫异常：包括体液免疫和细胞免疫，此时可出现各种针对β细胞的抗体。

（4）β细胞数目减少：β细胞数量减少，胰岛分泌功能下降，血糖逐渐升高，但仍能维持糖耐量正常。

（5）临床糖尿病：β细胞减少达到一定程度时（儿童青少年起病者只残存10%~20%的β细胞，成年起病者残存40%），胰岛素分泌不足，出现糖耐量减低或临床糖尿病，需用外源性胰岛素治疗。随着病情的发展，β细胞几乎完全消失，需依赖外源性胰岛素维持生命。

2. 2型糖尿病　由遗传因素及环境因素共同作用而引起的多基因遗传性复杂病，是一组异质性疾病，目前对2型糖尿病的病因和发病机制仍然认识不足。常见的环境因素包括年龄增长、不良生活方式、营养过剩、体力活动不足、化学毒物、子宫内环境等。遗传因素和环境因素共同作用下引起的肥胖，尤其是向心性肥胖，与胰岛素抵抗和2型糖尿病的发生密切相关。2型糖尿病的自然病程包括以下几个阶段。

（1）胰岛素抵抗和β细胞功能缺陷：外周组织的胰岛素抵抗和β细胞功能缺陷导致的不同程度胰岛素缺乏是2型糖尿病发病的两个主要环节，并与动脉粥样硬化性心血管疾病、高血压、血脂异常、向心性肥胖等有关，是代谢综合征（metabolic syndrome，MS）的重要表现之一。胰岛素抵抗（insulin resistance，IR）是指胰岛素作用的靶器官（主要是肝脏、肌肉和脂肪组织）对胰岛素作用的敏感性降低，是2型糖尿病的特性，也是多数2型糖尿病发病的始发因素，发病机制至今尚未阐明。β细胞功能缺陷包括胰岛素分泌量和质的缺陷，以及胰岛素分泌模式异常等，发病机制不明确，可能主要由基因决定。

相关链接 | **胰岛素分泌时相**

静脉快速注射葡萄糖使血糖迅速升高，可激发胰岛素快速释放，使胰岛素水平急剧升高，持续5~7分钟（第一时相），此后因高血糖的持续存在，胰岛素持续分泌（第二时相）。进餐也能诱发胰岛素的双相分泌，即第一时相（0~30分钟）和第二时相（正常1~2小时），此双相分泌对维持餐时正常糖耐量非常重要。2型糖尿病病人早期因胰岛素分泌反应缺陷，表现为第一分泌时相延迟或缺失。

（2）糖调节受损（impaired glucose regulation，IGR）：病情进一步发展，β细胞功能缺陷加重，对胰岛素抵抗无法代偿时，则血糖不能恢复至正常水平，进展为空腹血糖受损（IFG）和糖耐量减低（IGT）。IFG和IGT统称为糖调节受损，也称糖尿病前期。IGR代表正常葡萄糖稳态和糖尿病高血糖之间的中间代谢状态，是糖尿病的危险因素，也是发生心血管疾病的危险标志。

（3）临床糖尿病：β细胞分泌胰岛素功能进行性下降，血糖增高达到糖尿病诊断标准。可无任何症状或逐渐出现代谢紊乱或糖尿病症状。胰岛中α细胞分泌胰高血糖素，在保持血糖稳态中起重要作用。正常情况下，进餐后血糖升高刺激胰岛素第一时相分泌和胰高血糖素样肽–1（GLP–1）分泌，抑制α细胞分泌胰高血糖素，从而使肝糖输出减少，防止出现餐后高血糖。2型糖尿病由于胰岛β细胞数量明显减少，α/β细胞比例显著增加，而α细胞对葡萄糖敏感性下降，从而导致胰高血糖素水平升高，肝糖输出增加。GLP-1由肠道L细胞分泌，主要作用包括刺激β细胞葡萄糖介导的胰岛素合成和分泌，抑制胰高血糖素分泌，促进β细胞增殖和减少凋亡，延缓胃内容物排空，通过中枢抑制食欲来减少进食量，显著降低体重和改善甘油三酯、血压，改善血管内皮功能和保护心脏功能等。同时，2型糖尿病病人糖负荷后GLP-1分泌和作用明显减弱。胰岛α细胞功能异常和GLP-1分泌缺陷在2型糖尿病发病中也起重要作用。

【临床表现】

1. 代谢紊乱症状群

（1）多尿、多饮、多食和体重减轻：血糖升高后因渗透性利尿导致尿量增多，多尿导致失水，继而口渴而多饮；外周组织对葡萄糖利用障碍，且蛋白质和脂肪消耗增加，引起消瘦、疲乏、体重减轻，儿童生长发育受阻。

（2）其他症状：皮肤瘙痒尤其外阴瘙痒、四肢麻木、腰痛、性欲减退、阳痿、月经失调、便秘、视物模糊等。

2. 并发症

（1）急性并发症

1）糖尿病酮症酸中毒（diabetic ketoacidosis，DKA）：最常见。DKA是由于胰岛素不足和拮抗胰岛素激素过多共同作用所致的严重代谢紊乱综合征，临床以高血糖、酮症和酸中毒为主要表现。

诱因：感染（最常见）、胰岛素不适当减量或突然中断治疗、各种应激、酗酒以及某些药物（如糖皮质激素、拟交感药物）等。1型糖尿病病人有自发DKA倾向，2型糖尿病病人在一定诱因作用下也可发生DKA。

临床表现：早期"三多一少"症状加重。酸中毒失代偿后出现疲乏、食欲减退、恶心、呕吐，多尿、口干、头痛、嗜睡、烦躁、呼吸深快有烂苹果味（丙酮）。随着病情进一步发展，出现严重失水，尿量减少、皮肤弹性差、眼球下陷、脉细速、血压下降、四肢厥冷。晚期不同程度意识障碍，昏迷。少数病人表现为腹痛，酷似急腹症，易误诊。血糖多为16.7~33.3mmol/L。

2）高渗高血糖综合征（hyperosmolar hyperglycemic syndrome，HHS）：以严重高血糖、高血浆渗透压、脱水为特点，无明显酮症，常有不同程度的意识障碍和昏迷。多见于老年2型糖尿病病人，起病比较隐匿，超过2/3的病人无糖尿病病史。

诱因：急性感染、外伤、手术、脑血管意外等应激状态，使用糖皮质激素、利尿剂、甘露醇等药物，水摄入不足或失水，透析治疗，静脉高营养等。少数病人因病程早期误诊而输入大量葡萄糖液或因口渴大量饮用含糖饮料而诱发或使病情恶化。

临床表现：起病缓慢，最初表现为多尿、多饮，但多食不明显或反而食欲减退。随病程进展逐渐出现严重脱水和神经精神症状，表现为反应迟钝、烦躁或淡漠、嗜睡、定向力障碍、偏瘫等，易被误诊为卒中。晚期逐渐陷入昏迷、抽搐、尿少甚至尿闭，无酸中毒样深大呼吸。与DKA相比，失水更为严重，神经精神症状更为突出。血糖一般为33.3~66.8mmol/L。

（2）感染：泌尿系统感染最常见，如肾盂肾炎和膀胱炎，尤其女性病人，常反复发作，可转变为慢性肾盂肾炎，严重者可发生肾及肾周脓肿、肾乳头坏死。疖、痈等皮肤感染多见，可致败血症或脓毒血症。足癣、甲癣、体癣等皮肤真菌感染也较常见，女性病人常并发真菌性阴道炎。肺结核发病率高，进展快，易形成空洞。牙周炎的发生率也增加。

（3）慢性并发症：糖尿病的慢性并发症可遍及全身各重要器官。

1）糖尿病大血管病变：糖尿病最严重和突出的并发症，患病率比非糖尿病人群高，发病年龄较轻，病情进展快。主要表现为动脉粥样硬化，主要侵犯主动脉、冠状动脉、大脑动脉、肾动脉和肢体外周动脉等大、中动脉，引起冠心病、缺血性或出血性脑血管病、肾动脉硬化、肢体外周动脉硬化等。

2）糖尿病微血管病变：微血管是指微小动脉和微小静脉之间，直径在100μm以下的毛细血管及微血管网。微血管病变是糖尿病的特异性并发症。发病机制复杂，微循环障碍和微血管基膜增厚是其典型改变。主要危险因素包括糖尿病病程长、血糖控制不良、高血压、血脂异常、吸烟、胰岛素抵抗、遗传等。病变可累及全身各组织器官，主要表现在视网膜、肾脏。

糖尿病肾病（DN）：多见于糖尿病病史超过10年者，也是1型糖尿病病人的主要死亡原因。其病理改变包括结节性肾小球硬化型（有高度特异性）、弥漫性肾小球硬化型（最常见）、渗出性病变（特异性不高）3种类型。1型糖尿病导致的肾损害的发生、发展可分为5期，2型糖尿病所致的肾损害也参考该分期。① Ⅰ期：糖尿病初期，最突出的特征是肾小球高滤过，肾脏体积增大，肾小球入球小动脉扩张，肾小球内压增加，肾小球滤过率（GFR）明显升高；② Ⅱ期：肾小球毛细血管基底膜（GBM）增厚及系膜基质轻度增宽，尿白蛋白排泄率（UAER）多数正常，可间歇性增高（如运动后、应激状态），GFR轻度增高；③ Ⅲ期：早期糖尿病肾病期，GBM增厚及系膜基质增宽明显，小动脉壁出现玻璃样变，以持续性微量蛋白尿为标志，UAER持续在20~200μg/min（正常<10μg/min），GFR仍高于正常或正常；④ Ⅳ期：临床糖尿病肾病期，显性白蛋白尿，部分肾小球硬化，灶状肾小管萎缩及间质纤维化，UAER＞200μg/min，GFR下降，可伴有水肿和高血压，肾功能逐渐减退，部分可表现为肾病综合征；⑤ Ⅴ期：肾衰竭期，出现明显的尿毒症症状，多数肾单位闭锁，UAER降低，血肌酐升高，血压升高。

糖尿病视网膜病变（DR）：糖尿病高度特异性的微血管并发症。多见于糖尿病病程超过10年者，是糖尿病病人失明的主要原因之一。2002年国际临床分级标准依据散瞳后眼底检查，将糖尿病视网膜改变分为两大类六期。① Ⅰ期：微血管瘤、小出血点；② Ⅱ期：硬性渗出；③ Ⅲ期：棉絮状软性渗出；④ Ⅳ期：新生血管形成、玻璃体积血；⑤ Ⅴ期：纤维血管增殖、玻璃体机化；⑥ Ⅵ期：牵拉性视网膜脱离、失明。以上Ⅰ~Ⅲ期为非增殖期视网膜病变（NPDR），Ⅳ~Ⅵ期为增殖期视网膜病变（PDR）。出现PDR时，常伴有糖尿病肾病及神经病变。

糖尿病心肌病：糖尿病心脏微血管病变和心肌代谢紊乱可引起心肌广泛坏死等，称糖尿病心肌病，可诱发心力衰竭、心律失常、心源性休克和猝死。

3）糖尿病神经病变：病变可累及神经系统任何一部分，以周围神经病变最常见。糖尿病周围神经病变（DPN）最常见的类型是远端对称性多发性神经病变，典型表现呈手套或袜套式对称分布，下肢较上肢严重。病人常先出现肢端感觉异常（麻木、烧灼、针刺感或踩棉花感），有时伴痛觉过敏；随后有肢体疼痛，呈隐痛、刺痛，夜间及寒冷季节加重；后期感觉丧失，累及运动神经，可有手足小肌群萎缩，出现感觉性共济失调及神经性关节病（Charcot关节）。腱反射早期亢进，后期减弱或消失，音叉震动感减弱或消失。糖尿病自主神经病变也较常见，多累及心血管、消化、呼吸、泌尿生殖等系统。临床表现为直立性低血压、晕厥、无痛性心肌梗死、心脏骤停或猝死，吞咽困难、呃逆、上腹饱胀、尿潴留、尿失禁等。

4）糖尿病足（diabetic foot，DF）：糖尿病最严重和治疗费用最高的慢性并发症之一，也是糖尿病非外伤性截肢的最主要原因。轻者表现为足部畸形、皮肤干燥和发凉、胼胝（高危足），重者可出现足部溃疡与坏疽。临床通常采用Wagner分级法对DF的严重程度分级（表7-6）。

▼ 表7-6　糖尿病足Wagner分级法

分级	临床表现
0级	有发生足溃疡的危险因素，目前无溃疡
1级	表面溃疡，临床上无感染
2级	较深的溃疡，常有软组织炎，无脓肿或骨的感染
3级	深度感染，伴有骨组织病变或脓肿
4级	局限性坏疽
5级	全足坏疽

3. 低血糖症　非糖尿病病人低血糖的诊断标准为血糖≤2.8mmol/L，而糖尿病病人诊断标准为血糖≤3.9mmol/L。

（1）诱因

1）药物：胰岛素或胰岛素促泌剂。

2）相关疾病：重症疾病（肝衰竭、肾衰竭、心力衰竭、脓毒血症、营养不足等）。

3）未按时进食或进食过少；运动量增加；乙醇摄入，尤其是空腹饮酒等。

（2）临床表现：常呈发作性，发作时间、频率随病因不同而异，与血糖水平以及血糖下降速度有关；具体可分为两类。① 交感神经兴奋症状：饥饿感、流汗、焦虑不安、感觉异常、心悸、震颤、面色苍白、心率加快、脉压增宽、腿软、周身乏力等。老年糖尿病病人由于常有自主神经功能紊乱而掩盖交感神经兴奋表现，导致症状不明显。② 中枢神经症状：初期为注意力不集中、思维和语言迟钝、头晕、嗜睡、视物不清、步态不稳，后可有幻觉、躁动、易怒、性格改变、认知障碍，严重时发生抽搐、昏迷。少数病人屡发低血糖后，表现为无先兆症状的低血糖昏迷。持续6小时以上的严重低血糖常导致永久性脑损伤。

【辅助检查】

1. 尿糖测定　尿糖阳性是诊断糖尿病的重要线索，但不能作为诊断依据。尿糖阴性不能排除糖尿病。

2. 血糖测定　血糖测定的方法包括静脉血葡萄糖测定、毛细血管血葡萄糖测定和24小时动态血糖测定三种。前者用于诊断糖尿病，后两种仅用于监测糖尿病病情变化和治疗效果。

3. 葡萄糖耐量试验　血糖值高于正常范围而又未达到诊断糖尿病标准时，需进行葡萄糖耐量试验。方法包括：① 口服葡萄糖耐量试验（oral glucose tolerance test，OGTT），详见表7-2；② 静脉葡萄糖耐量试验（intravenous glucose tolerance test，IVGTT），多用于临床研究。

4. 糖化血红蛋白A1（GHbA1，HbA1）和糖化血浆白蛋白（GA）测定 HbA1是葡萄糖与血红蛋白的氨基发生非酶催化反应的产物，是不可逆反应，其浓度与平均血糖呈正相关。HbA1有a、b、c三种，以HbA1c最为主要，可反映取血前8~12周血糖的平均水平，而一般血糖测定只反映瞬时的血糖值，因此，HbA1成为糖尿病病情控制的监测指标之一。正常人HbA1占血红蛋白总量的4%~6%，不同实验室之间其参考值有一定的差异。但其不能反映血糖波动情况，也不能确定是否发生过低血糖。血浆蛋白也可以与葡萄糖发生非酶催化的糖化反应而形成果糖胺，其形成的量与血糖浓度和持续时间相关。GA能反映糖尿病病人检测前2~3周的平均血糖水平，是评价短期糖代谢情况的良好指标，其正常参考值为11%~17%。

5. 胰岛β细胞功能检查 主要包括胰岛素释放试验和C肽释放试验。用于评价基础和葡萄糖介导的胰岛素释放功能。正常人空腹基础血浆胰岛素为35~145pmol/L，口服75g无水葡萄糖（或100g标准面粉制作的馒头）后，血浆胰岛素在30~60分钟上升至高峰，峰值为基础值的5~10倍，3~4小时恢复到基础水平。正常人空腹C肽基础值不小于400pmol/L，峰值为基础值的5~6倍。其中C肽不受血清中胰岛素抗体和外源性胰岛素的影响。其他方法包括静脉注射葡萄糖-胰岛素释放试验和葡萄糖钳夹试验，可了解胰岛素释放第一时相；胰高血糖素-C肽刺激试验和精氨酸刺激试验可了解非葡萄糖介导的胰岛素分泌功能等。

【诊断标准】

依据静脉血浆葡萄糖而不是毛细血管血糖测定结果诊断糖尿病。若无特殊提示，本章所提到的血糖均为静脉血浆葡萄糖值。糖代谢状态分类标准和糖尿病诊断标准见表7-7和表7-8。

▼ 表7-7　糖代谢状态分类

糖代谢分类	静脉血浆葡萄糖水平 / （mmol · L^{-1}）	
	空腹血糖（FPG）	糖负荷后2小时血糖（2hPPG）
正常血糖（NGR）	<6.1	<7.8
空腹血糖受损（IFG）	≥6.1且<7.0	<7.8
糖耐量减低（IGT）	<7.0	≥7.8且<11.1
糖尿病（DM）	≥7.0	≥11.1

▼ 表7-8　糖尿病诊断标准

诊断标准	静脉血浆葡萄糖或HbA1C血浆
典型糖尿病症状加上随机血糖检测	≥11.1mmol/L
或加上空腹血糖检测	≥7.0mmol/L
或加上葡萄糖负荷后两小时血糖检测	≥11.1mmol/L
或加上 HbA1c	≥6.5%
无糖尿病症状者，需改日复查确认	

注：HbA1c为糖化血红蛋白。"空腹"的定义是至少8小时没有热量的摄入。"随机血糖"是指一天当中任意时间的血糖，而不考虑上次进餐的时间，不能用于诊断IFG或IGT。

急性感染、创伤或其他应激情况下可出现暂时性血糖升高，不能以此时的血糖值诊断糖尿病，须在应激消除后复查再确定糖代谢状态，在上述情况下检测HbA1c有助于鉴别应激性高血糖和糖尿病。儿童糖尿病诊断标准与成人相同，但妊娠糖尿病的诊断标准不同。

【治疗要点】

糖尿病治疗强调早期、长期、综合治疗及治疗方法个体化的原则。综合治疗包括两个含义：糖尿病健康教育、医学营养治疗、运动治疗、病情监测、药物治疗和心理治疗等方面，以及降糖、降压、调脂和改变不良生活习惯等措施。糖尿病的近期目标是控制高血糖和相关代谢紊乱以消除糖尿病症状和防止急性严重代谢紊乱；远期目标是预防和/或延缓糖尿病慢性并发症的发生和发展，维持良好的健康和学习、劳动能力，保障儿童生长发育，提高病人的生活质量，降低病死率和延长寿命。

> **相关链接** | **联合国糖尿病日**
>
> 联合国糖尿病日前身是世界糖尿病日（World Diabetes' Day, WDD），由世界卫生组织和国际糖尿病联盟于1991年共同发起的，其宗旨是引起全球对糖尿病的警觉和醒悟。
>
> 2006年底联合国通过决议，从2007年起，将"世界糖尿病日"正式更名为"联合国糖尿病日"，将专家、学术行为上升为各国的政府行为，促使各国政府和社会各界加强对糖尿病的控制，减少糖尿病的危害。

1. 健康教育 健康教育是糖尿病重要的基础管理措施，包括病人及其家属和民众的卫生保健教育，糖尿病防治专业人员的培训，医务人员的继续医学教育等，是决定糖尿病管理成败的关键。良好的健康教育能让糖尿病病人认识、了解糖尿病及其危害，积极配合治疗，防止各种并发症的发生和发展，提高糖尿病病人自我管理效能。

2. 医学营养治疗 为糖尿病基础管理措施，是综合管理的重要组成部分。医学营养治疗的原则是确定合理的总能量摄入，合理、均衡地分配各种营养物质，恢复并维持理想体重。主要目标是帮助病人制订营养计划和形成良好的饮食习惯、纠正代谢紊乱、达到良好的代谢控制、减少动脉粥样硬化性心血管疾病（ASCVD）的危险因素、提供最佳营养以改善病人健康状况、增加胰岛素敏感性和减缓β细胞功能障碍的进展。

3. 运动疗法 糖尿病的管理中占重要地位。适当的运动有利于减轻体重，提高胰岛素敏感性，改善血糖和脂代谢紊乱，还可减轻病人的压力和紧张情绪。运动治疗的原则是循序渐进、持之以恒。根据病人年龄、性别、生活习惯、病情及有无并发症等安排适量的活动。

4. 病情监测 包括血糖监测、其他脑血管疾病危险因素和并发症的监测。血糖监测包括空腹血糖、餐后血糖和HbA1c。指导病人应用便携式血糖仪进行自我血糖监测，是日常管理的重要和基础手段。持续血糖监测（CGM）可提供连续、全面、可靠的全天血糖信息，发现不易被传统监测方法所探测的隐匿性高血糖或低血糖，成为传统血糖监测方法的一种有效补充。HbA1c用于评价长期血糖控制情况，也是临床指导调整治疗方案的重要依据之一，病人初诊时都应常规检查，开始治疗时每3个月检查1次，血糖达标后每年也应至少监测2次。病人每次就诊时均应测量血压，每年至少1次检查血脂以及心、肾、神经、眼底和足部等。

5.药物治疗

（1）口服降糖药物：主要包括促胰岛素分泌剂［磺酰脲类、非磺酰脲类：格列奈类和二肽基肽酶-4抑制剂（DPP-4抑制剂）］、增加胰岛素敏感性药物（双胍类和噻唑烷二酮类）、α-糖苷酶抑制剂和钠-葡萄糖共运转蛋白2（SGLT-2）抑制剂。

1）促胰岛素分泌剂

磺酰脲类（SUs）：刺激胰岛β细胞分泌胰岛素，促进胰岛素释放，适用于机体尚保存一定数量有功能的β细胞。SUs可以使HbA1c降低1.0%~2.0%。常用的有格列本脲、格列吡嗪、格列吡嗪控释片、格列齐特缓释片、格列喹酮、格列美脲等。从小剂量开始，根据血糖水平逐渐调整剂量。磺酰脲类作为单药治疗主要应用于新诊断的2型糖尿病非肥胖病人、饮食和运动控制血糖不理想者。1型糖尿病、处于某些应激状态或有严重并发症、β细胞功能很差的2型糖尿病、儿童糖尿病、孕妇及哺乳期妇女等不宜选择。不宜同时使用2种SUs，也不宜与其他胰岛素促泌剂合用。主要的不良反应是低血糖，常发生于老年人、肝肾功能不全或营养不良者，作用时间长的药物（如格列本脲和格列美脲）较易发生，且持续时间长、停药后可反复发生，还可导致体重增加、皮疹、胃肠道反应，偶见肝功能损害、胆汁淤积性黄疸等。

非磺酰脲类：主要是格列奈类。常用的有瑞格列奈、那格列奈和米格列奈。作用机制直接刺激胰岛β细胞分泌胰岛素，改善胰岛素第一时相分泌，降糖作用快而短，主要用于控制餐后高血糖，降低HbA1c 0.3%~1.5%。较适合于2型糖尿病早期餐后高血糖阶段或以餐后高血糖为主的老年人。禁忌证同磺酰脲类。可单独使用或与其他降糖药联合应用（胰岛素促泌剂除外）。常见的不良反应是低血糖和体重增加，但低血糖的风险和程度较SUs轻，可在肾功能不全的病人中使用。

DPP-4抑制剂：内源性GLP-1迅速被DPP-4降解而失活，因此可通过抑制DPP-4活性而减少GLP-1的失活，提高内源性GLP-1水平，可降低HbA1c 0.5%~1.0%。常见有西格列汀、沙格列汀、维格列汀、利格列汀和阿格列汀。禁用于1型糖尿病或DKA病人以及对药物任一成分过敏者，慎用于孕妇、儿童和胰腺炎病史的病人。肾功能不全的病人使用时，除了利格列汀，应注意按照药物说明书减量。常见不良反应为头痛、肝酶升高、上呼吸道感染、关节痛等，多可耐受，整体心血管安全性良好。

2）增加胰岛素敏感性药物

双胍类：2型糖尿病病人控制高血糖的一线药物和药物联合中的基本用药，通过减少肝脏葡萄糖的输出和改善外周胰岛素抵抗而降低血糖，有助于延缓或改善糖尿病血管并发症，可降低HbA1c 1.0%~2.0%，不增加体重。单独使用时不导致低血糖，但与胰岛素或胰岛素促泌剂合用时可增加低血糖发生的风险。目前临床上最常使用的是二甲双胍，常见不良反应有腹部不适、口中金属味、恶心、畏食、腹泻、皮肤过敏等。禁用于肝肾功能不全、严重感染、缺氧、高热、外伤或大手术病人；1型糖尿病不宜单独使用；80岁以上病人慎用；酗酒者、慢性胃肠疾病和营养不良病人不宜使用。长期使用可能导致维生素B$_{12}$缺乏，应定期监测，必要时补充。准备做静脉注射碘造影剂检查的病人，使用造影剂前后应暂停服用。

噻唑烷二酮类（TZD）：主要作用是增强靶组织对胰岛素的敏感性，减轻胰岛素抵抗，可降低HbA1c 1.0%~1.5%。可单独或与其他降糖药物合用治疗2型糖尿病病人，尤其是肥胖、胰岛素抵抗明显者。目前临床不作为2型糖尿病的一线用药。禁用于有心力衰竭、肝病、严重骨质疏松和骨折病史病人，1型糖尿病、孕妇、哺乳期妇女和儿童慎用。常见有罗格列酮和吡格列酮两种。主要不良反应为水肿、体重增加等，与胰岛素合用时更加明显。

3）α-葡萄糖苷酶抑制剂（AGI）：食物中淀粉、糊精和蔗糖等的吸收需要小肠黏膜上皮细胞表面的α-葡萄糖苷酶。α-葡萄糖苷酶抑制剂通过抑制这类酶从而延缓碳水化合物的吸收，降低餐后高血糖，可降低HbA1c 0.5%~0.8%，不增加体重。适用于以碳水化合物为主要食物成分和餐后血糖升高的病人。可作为2型糖尿病的一线药物，尤其适用于空腹血糖正常（或偏高）而餐后血糖明显升高者。可单独或与SUs、双胍类合用。1型糖尿病病人若使用的胰岛素剂量较大而餐后血糖控制不佳，也可联合使用。肝肾功能不全者慎用，不宜用于胃肠功能紊乱者、孕妇、哺乳期妇女和儿童。从小剂量开始，逐渐加量可减少胃肠道不良反应。单独服用不发生低血糖。常用药物有阿卡波糖、伏格列波糖和米格列醇。AGI应在进食第一口食物后立即服用。服用后常有腹胀、排气增多等不良反应。

4）SGLT-2抑制剂：通过抑制近端肾小管管腔侧细胞膜上的钠-葡萄糖共转运蛋白2（SGLT-2）的作用，抑制葡萄糖重吸收，降低肾糖阈，促进尿葡萄糖排泄，从而达到降低血糖水平的目的。可降低HbA1c 0.5%~1.0%，还能减轻体重和降低血压。单独使用，或与其他口服降糖药物及胰岛素联合使用治疗2型糖尿病病人。禁用于1型糖尿病病人。中度肾功能不全的病人减量，重度肾功能不全者慎用。常见药物有达格列净、卡格列净、恩格列净。从小剂量开始，根据血糖控制需求和是否耐受调整至最大剂量。常见不良反应为低血压、酮症酸中毒、急性肾损伤和肾功能损害、尿脓毒症和肾盂肾炎，与胰岛素和胰岛素促泌剂合用可引起低血糖、生殖与泌尿道感染、低密度脂蛋白胆固醇（LDL-C）升高、膀胱癌。

（2）胰岛素治疗

1）适应证：① 1型糖尿病；② 各种严重的糖尿病急性或慢性并发症；③ 手术、妊娠和分娩；④ 新发病且与1型糖尿病鉴别困难的消瘦病人；⑤ 新诊断的2型糖尿病伴有明显高血糖，或在糖尿病病程中无明显诱因出现体重显著下降者；⑥ 2型糖尿病β细胞功能明显减退者；⑦ 某些特殊类型糖尿病。

2）制剂类型：胰岛素制剂一般为皮下或静脉注射。根据来源和化学结构的不同可分为动物胰岛素（猪、牛）、人胰岛素和胰岛素类似物。按作用起效快慢和维持时间长短，胰岛素可分为短效、中效、长效和预混胰岛素；胰岛素类似物分为速效、长效和预混胰岛素类似物。几类制剂的特点见表7-7。

3）使用原则：在综合治疗基础上进行。胰岛素剂量取决于血糖水平、β细胞功能缺陷程度、胰岛素抵抗程度、饮食和运动状况等。一般从小剂量开始，根据血糖水平逐渐调整，力求模拟生理性胰岛素分泌模式。

胰岛素制剂	起效时间	峰值时间	作用持续时间
胰岛素			
短效胰岛素（RI）	15~60min	2~4h	5~8h
中效胰岛素（NPH）	2.5~3h	5~7h	13~16h
长效胰岛素（PZI）	3~4h	8~10h	长达20h
预混胰岛素（HI 30R，HI 70/30）	0.5h	2~12h	14~24h
预混胰岛素（50R）	0.5h	2~3h	10~24h
胰岛素类似物			
速效胰岛素类似物（门冬胰岛素）	10~15min	1~2h	4~6h
速效胰岛素类似物（赖脯胰岛素）	10~15min	1~1.5h	4~5h
速效胰岛素类似物（谷赖胰岛素）	10~15min	1~1.5h	3~5h
长效速效胰岛素类似物（甘精胰岛素）	2~3h	无峰	长达30h
长效速效胰岛素类似物（地特胰岛素）	3~4h	3~14h	长达24h
长效速效胰岛素类似物（德谷胰岛素）	1h	无峰	长达42h
预混胰岛素类似物（预混门冬胰岛素30）	10~20min	1~4h	14~24h
预混胰岛素类似物（预混门冬胰岛素50）	10~20min	1~4h	14~24h
预混胰岛素类似物（预混赖脯胰岛素25）	15min	30~70min	16~24h
预混胰岛素类似物（预混赖脯胰岛素50）	15min	30~70min	16~24h

注：因受胰岛素剂量、吸收、降解等多种因素的影响，且个体差异大，作用时间仅供参考。

4）使用方法

① 基础胰岛素治疗：继续原有口服降糖药治疗，不必停用胰岛素促泌剂，联合中效或长效胰岛素睡前注射。

② 短期胰岛素强化治疗：HbA1c≥9.0%或空腹血糖≥11.1mmol/L伴明显高血糖症状的新诊断2型糖尿病病人可实施短期胰岛素强化治疗，治疗时间在2周至3个月为宜，治疗目标为空腹血糖4.4~7.0mmol/L，非空腹血糖<10.0mmol/L。短期胰岛素强化治疗方案可以采用多次皮下注射胰岛素、每天2~3次预混胰岛素或持续皮下胰岛素输注（continuous subcutaneous insulin infusion，CSII）。

每天多次注射胰岛素：餐时＋基础胰岛素（2~4次/d）。

预混胰岛素：每天2~3次预混胰岛素（预混人胰岛素每天2次，预混胰岛素类似物每天2~3次）。

持续皮下胰岛素输注（CSII）：也称胰岛素泵，是一种更为完善的强化胰岛素治疗方式，以基础量和餐前追加量的形式，模拟生理胰岛素的分泌，保持体内胰岛素维持在一个基本水平，保证病人正常的生理需要。主要适用于1型糖尿病病人、需要胰岛素泵治疗的2型糖尿病病人及其他类型糖尿病病人。

5）注意事项：① 部分1型糖尿病病人在胰岛素治疗一段时间胰岛β细胞功能得到部分恢复，胰岛素剂量可减少或完全停用，称为"蜜月期"，持续数周或数月，此期密切关注血糖。② 动物胰岛素改为人胰岛素或胰岛素类似物时，发生低血糖的危险性增加，应密切观察。③ 胰岛素制剂类型、种类、注射技术和部位、病人反应差异性、胰岛素抗体形成等均可影响胰岛素起效时间、作用强度和维持时间。④ 采用强化治疗方案后，可能出现早晨空腹血糖高，其原因可能是"黎明现象"或"苏木杰（Somogyi）反应"。"黎明现象"指夜间血糖控制良好，仅黎明短时间内出现高血糖，可能由于清晨皮质醇、生长激素等胰岛素拮抗激素增多所致，出现"黎明现象"的病人应该增加睡前胰岛素的用量。"Somogyi反应"指夜间低血糖未发现，导致体内胰岛素拮抗激素分泌增加，进而出现反跳性高血糖；减少睡前胰岛素的用量或改变剂型，睡前适量加餐。夜间多次（0、2、4、6、8时）血糖测定有助于鉴别早晨高血糖的原因。⑤ 胰岛素的主要不良反应是低血糖，与剂量过大和/或饮食失调有关；治疗初期因钠潴留而发生轻度水肿，可自行缓解；部分病人出现视物模糊，常于数周内恢复；胰岛素过敏反应通常表现为注射部位瘙痒或荨麻疹样皮疹，罕见严重过敏反应，及早识别和处理。

（3）GLP-1受体激动剂：通过激动GLP-1受体，以葡萄糖浓度依赖的方式增加胰岛素分泌、抑制胰高血糖素分泌，并能延缓胃排空，通过中枢性的食欲抑制来减少进食量。可降低HbA1c 1.0%~1.5%，且有显著降低体重的作用。临床常用艾塞那肽、利拉鲁肽、利司那肽和贝那鲁肽，给药方式为皮下注射。可单独使用或与其他口服降糖药合用，尤其是肥胖、胰岛素抵抗明显者。常见不良反应为胃肠道症状（如恶心、呕吐等），主要见于初始治疗时，随治疗时间延长逐渐减轻。慎用于1型糖尿病或DKA病人，有胰腺炎病史者禁用。

6. 减重手术治疗 2009年美国糖尿病学会正式将减重手术列为治疗肥胖伴2型糖尿病的措施之一。2016年，国际糖尿病组织将减重手术纳入2型糖尿病的临床治疗路径。目前手术治疗的适应证、禁忌证及具体术式尚未完全统一。我国规定的手术适应证：① 年龄在18~60岁，一般状况较好，手术风险较低，经生活方式干预和各种药物治疗难以控制的2型糖尿病；② HbA1c>7.0%，BMI≥32.5kg/m^2，有或无合并症的2型糖尿病。手术禁忌证包括：① 1型糖尿病；② 胰岛β细胞功能明显衰竭的2型糖尿病；③ BMI<25kg/m^{2}等。目前，手术治疗肥胖伴2型糖尿病在我国人群中的有效性和安全性尚有待评估。

7. 胰腺和胰岛细胞移植 可解除对胰岛素的依赖，改善生活质量。适合1型糖尿病病人。目前尚局限于伴终末期肾病者，或经胰岛素强化治疗仍难达到控制目标且反复发生严重代谢紊乱者。但供体的来源、免疫抑制剂的长期应用、移植后的效果等使该治疗方法受到限制，且移植后胰岛细胞的存活无法长期维持。近年来发现采用造血干细胞等对治疗糖尿病具有潜在的应用价值，处于临床前研究阶段。

8. 糖尿病急性并发症的治疗

（1）糖尿病酮症酸中毒：早期酮症病人，给予足量短效胰岛素及口服液体，严密观察病情，定期复查血糖、血酮，调节胰岛素剂量。酸中毒甚至昏迷病人立即抢救。抢救原则：尽快补液以恢复血容量、纠正失水状态，降低血糖，纠正电解质及酸碱平衡失调，同时积极寻找和消除诱因，防治并发症，降低死亡率。具体措施如下。

1）补液：治疗的关键环节。只有在组织灌注得到改善后，胰岛素的生物效应才能充分发挥。补液基本原则为"先快后慢，先盐后糖"。通常先使用生理盐水，补液量和速度视失水程度而定。如病人无心力衰竭，开始时补液速度应快，在1~2小时内输入生理盐水1 000~2 000ml，前4小时输入所计算失水量1/3的液体，以后根据血压、心率、每小时尿量、末梢循环、中心静脉压、有无发热呕吐等决定输液量和速度。24小时输液总量应包括已失水量和部分继续失水量。如治疗前已有低血压或休克，输入胶体溶液并进行抗休克处理。鼓励病人喝水，昏迷病人分次少量鼻饲温开水或生理盐水。

2）小剂量胰岛素治疗：0.1U/（kg·h）的短效胰岛素加入生理盐水中持续静脉滴入或泵入，以达到血糖快速、稳定下降而又不易发生低血糖的效果，同时抑制脂肪分解和酮体产生。每1~2小时复查血糖，根据血糖情况调节胰岛素剂量。血糖降至13.9mmol/L时，改输5%葡萄糖液（或葡萄糖生理盐水）并加入短效胰岛素（按每2~4g葡萄糖加1U胰岛素计算），此时仍需4~6小时复查血糖1次，调节液体中胰岛素比例。尿酮体消失后，根据病人尿糖、血糖及进食情况调节胰岛素剂量或改为每4~6小时皮下注射短效胰岛素1次，待病情稳定后再恢复常规治疗。

3）纠正电解质及酸碱平衡失调：① 治疗前已有严重低钾血症应立即补钾，血钾升至3.5mmol/L时再开始胰岛素治疗；开始治疗后，病人每小时尿量在40ml以上，血钾低于5.2mmol/L即可静脉补钾，定时监测血钾水平，并结合心电图、尿量调整补钾量和速度。病情恢复后，仍需继续口服补钾数天。② 轻、中度酸中毒经充分静脉补液及胰岛素治疗后可纠正，无须补碱。pH≤6.9的严重酸中毒者应采用等渗碳酸氢钠（1.25%~1.4%）溶液静脉输入，一般仅给1~2次，且不宜过快，以免诱发或加重脑水肿。同时，补碱后需监测动脉血气情况。

4）防治诱因和处理并发症：包括休克、严重感染、心力衰竭、心律失常、肾衰竭、脑水肿、急性胃扩张等。

（2）高渗高血糖综合征的治疗：治疗基本同DKA。严重失水时，24小时补液量可达到6 000~10 000ml。治疗开始时用生理盐水，当血糖降至16.7mmol/L时，改用5%葡萄糖溶液加入短效胰岛素控制血糖。补钾要更及时，一般不补碱。根据病情可考虑同时给予胃肠道补液。休克病人应另予血浆或全血。密切观察病人神志，及早发现和处理脑水肿，积极消除诱因和治疗各种并发症。病情稳定后根据病人血糖、尿糖及进食情况给予皮下注射胰岛素，然后转为常规治疗。

9. 低血糖的治疗 一是解除神经供糖不足的症状，二是纠正导致低血糖症的潜在原因。轻度到中度的低血糖，口服15~20g糖类食品如糖水、含糖饮料或进食糖果、饼干、面包等。药物相关性低血糖，及时停用相关药物。重症和疑似低血糖昏迷的病人，及时测定血糖，甚至无须等待血糖结果，立即给予50%葡萄糖60~100ml静脉注射，继予5%~10%葡萄糖静脉滴注，必要时加用氢化可的松100mg和/或胰高血糖素0.5~1mg肌内注射或静脉注射。神志不清者切忌喂食，以避免呼吸道窒息。使用胰岛素或促胰岛素分泌剂联合α-葡萄糖苷酶抑制剂的病人，使用纯葡萄糖来治疗有症状的低血糖。因为α-葡萄糖苷酶抑制剂减慢了其他碳水化合物的消化，碳水化合物的其他形式如淀粉食物、蔗糖不能及时纠正含有α-葡萄糖苷酶抑制剂联合治疗引起的低血糖。

10. 糖尿病慢性并发症的治疗

（1）糖尿病足的治疗：在全身治疗的基础上，进行彻底清创、引流等创面处理。

1）全身治疗：严格控制血糖、血压，调节血脂，改善全身营养状况和纠正水肿等。

2）神经性溃疡的治疗：关键是制动减压，特别要注意病人的鞋袜是否合适。

3）缺血性溃疡的治疗：关键是解决下肢动脉病变。轻度、中度缺血或没有手术指征者，采取内科保守治疗。有下肢动脉病变者，小剂量阿司匹林治疗，同时指导病人运动康复锻炼；出现间歇性跛行的病人，使用血管扩张药物和改善血液循环的药物。如有严重的下肢血管病变，内科保守治疗无效时，尽可能行血管重建手术。病人出现不能耐受的疼痛、肢体坏死或感染播散才考虑截肢。

4）感染的治疗：骨髓炎和深部脓肿必须早期切开排脓减压，彻底引流，清除坏死组织、不良肉芽、死骨等。清创到一定程度后，可选择溃疡局部负压吸引治疗，促进肉芽生长和足溃疡的愈合。根据创面的性质和渗出物的多少，选用合适的敷料。同时，选择有效的抗生素治疗。

（2）其他糖尿病慢性并发症的治疗：防治策略是全面控制危险因素，包括积极控制血糖、血压，调节血脂，抗血小板治疗，调整生活方式，控制体重和戒烟等。

1）高血压、血脂紊乱和大血管病变：血压控制在130/80mmHg以下。有明确心血管疾病的，低密度脂蛋白胆固醇应<1.8mmol/L；无心血管疾病，低密度脂蛋白胆固醇应<2.6mmol/L。首选他汀类药物并长期使用。同时，常规小剂量阿司匹林作为心血管疾病的预防措施，不适用者，可用氯吡格雷。

2）糖尿病肾病：严格的血糖控制可预防或延缓1型糖尿病和2型糖尿病蛋白尿的发生和发展。早期筛查微量蛋白尿及评估GFR。尽早应用血管紧张素转化酶抑制剂（ACEI）或血管紧张素Ⅱ受体阻滞剂（ARB）。临床肾病期病人以优质蛋白为主，必要时可补充复方α-酮酸制剂。同时应尽早给予促红细胞生成素（EPO）纠正贫血。需要透析治疗者，应尽早治疗，以保存残余肾功能。

3）糖尿病视网膜病变：定期检查，必要时使用激光光凝治疗和玻璃体切割手术等。还可使用抗血管内皮生长因子和非洛贝特等治疗。

4）糖尿病神经病变：积极严格地控制高血糖并保持血糖稳定是预防和治疗糖尿病神经病变最重要的措施。可采用神经修复、抗氧化、改善微循环等对症治疗。常用药如甲钴胺、硫辛酸、前列腺素E_1等。痛性神经病变可使用抗惊厥药（普瑞巴林、卡马西平）、抗抑郁药物（度洛西汀、阿米替林）、阿片类药物（曲马多）等止痛治疗。

11. 妊娠糖尿病的治疗　妊娠对糖尿病、糖尿病对孕妇和胎儿均会相互影响。如妊娠早期呕吐易导致低血糖；妊娠中晚期，胰岛素拮抗激素如催乳素分泌增多易导致DKA；分娩后，多种胰岛素拮抗因素消失易导致低血糖。胎儿则容易出现畸形、流产、巨大儿或生长迟缓、新生儿低血糖等。因此，妊娠糖尿病病情控制至关重要。

多数妊娠糖尿病病人经严格的饮食及运动治疗，可使血糖得到满意控制。孕期血糖控制标准为空腹血糖≤5.3mmol/L、餐后1小时血糖≤7.8mmol/L、餐后2小时血糖≤6.7mmol/L。单纯饮食、运动控制不佳者，可采用胰岛素治疗，忌用口服降糖药物。饮食治疗原则同非妊娠者，尽可能选择低血糖指数（glycemic index，GI）碳水化合物，少量多餐。整个妊娠期间均应监测血糖、血压、肾功能和眼底情况、胎儿的生长发育及成熟情况。根据胎儿和母亲的具体情况，选择分娩时间和方式。产后要注意新生儿低血糖症的预防和处理，以及产妇胰岛素用量的调整。病人产后4~12周重新评估糖代谢情况，并终身随访。

12. 糖尿病病人围手术期管理　择期手术病人在围手术期空腹血糖水平应控制在7.8mmol/L以下，餐后血糖控制在10.0mmol/L以下。口服降糖药治疗的病人，如为小手术，术前当晚及手术当天停用口服降糖药；如大中型手术，术前3天停用口服降糖药，改为胰岛素治疗。急诊手术应及时纠正酸碱、水、电解质平衡紊乱。术中、术后密切监测血糖。

【常用护理诊断/问题及护理措施】

1. 营养失调：低于或高于机体需要量

（1）饮食护理

1）制订总热量：控制总热量的前提下，饮食要求多样化，以保证均衡饮食。根据病人理想体重、工作强度计算每天所需总热量。成年人休息状态下每天每千克理想体重给予25~30kcal（1kcal＝4.184kJ），轻体力劳动30~35kcal，中度体力劳动35~40kcal，中度体力劳动40kcal以上。孕妇、乳母、营养不良和消瘦、伴有消耗性疾病者每天每千克体重酌情增加5kcal。理想体重＝身高－105，体重指数（BMI）＝体重（kg）/身高^2（m^2），BMI正常范围是18.5~23.9kg/m^2，体重过轻指BMI＜18.5kg/m^2，超重指24.0~27.9kg/m^2，肥胖BMI≥28.0kg/m^2。

2）食物组成和分配：主要包括碳水化合物、脂肪、蛋白质。① 碳水化合物占饮食总热量的50%~65%，成年病人每天主食摄入量为250~400g，肥胖者酌情可控制在200~250g；② 脂肪占饮食总热量的20%~30%，饱和脂肪酸摄入量不应超过饮食总能量的7%，单不饱和脂肪酸供能比宜达到10%~20%，且多不饱和脂肪酸不超过10%，适当增加富含n–3脂肪酸的摄入比例；③ 肾功能正常的糖尿病病人蛋白质占15%~20%，其中优质蛋白比例超过三分之一。有显性蛋白尿的病人蛋白质摄入量应限制在每天每千克理想体重0.8g，已开始透析的病人蛋白质摄入量可适当增加。胆固醇摄入量应在每天300mg以下。多食富含膳食纤维的食物，每天饮食中膳食纤维含量以10~14g/1 000kcal为宜。主食的分配：定时定量，根据病人饮食习惯，按每天3餐1/5、2/5、2/5或1/3、1/3、1/3分配。

3）血糖指数和血糖负荷：血糖指数（glycemic index，GI）用于比较不同碳水化合物对人体餐后血糖的影响，定义为进食恒量的某种碳水化合物类食物后（通常为1份50g碳水化合物的食物），2~3小时内的血糖曲线下面积相比空腹时的增幅除以进食某种标准食物（通常为葡萄糖）后的相应增幅。GI≤55%为低GI食物，56%~69%为中GI食物，GI≥70%为高GI食物。糖尿病病人提倡低GI食物，包括燕麦、大麦、大豆、小扁豆、裸麦面包、苹果、柑橘、牛奶、酸奶等。血糖负荷（glycemic load，GL）是GI值乘以碳水化合物的量。低GI食物有利于血糖控制，但同时考虑碳水化合物的量，才能控制血糖负荷。

4）其他注意事项：① 肥胖者忌吃油炸、油煎食物，炒菜宜用植物油，少食动物内脏、蟹黄、虾子、鱼子等含胆固醇高的食物。糖尿病病人限制饮酒，每天食盐＜6g。② 戒烟限酒。严格限制各种甜食，包括各种糖、糖果、甜点心、饼干、水果及各种含糖饮料等。血糖控制接近正常范围者，可在两餐间进食水果如苹果、橙子、梨等，每天只能加一次。③ 每周定期测量体重1次，根据营养评估结果适量补充维生素和微量营养素（铬、锌、硒、镁、铁、锰等）。

（2）运动护理

1）运动锻炼的方式：以有氧运动为主，如散步、慢跑、骑自行车、做广播操、打太极拳、进行球类活动等。最佳运动时间是餐后1小时（以进食开始计时）。

2）运动量的选择：合适的运动强度为活动时病人的心率达到个体60%的最大耗氧量，简易计算法为心率=170-年龄。活动时间为每周至少150分钟，每次至少30~40分钟，包括运动前做准备活动和运动结束时的整理运动时间，可根据病人具体情况逐渐延长，每天1次，肥胖病人可适当增加活动次数。若有心、脑血管疾病或严重微血管病变者，应按具体情况选择运动方式。合并糖尿病急性并发症和糖尿病足的病人不适合运动。

3）注意事项：① 运动前评估糖尿病的控制情况，根据病人年龄、病情及身体承受能力等决定运动方式、时间以及运动量。② 运动中需注意补充水分。③ 运动中若出现胸闷、胸痛、视物模糊等应立即停止运动，并及时处理。④ 运动后应做好运动日记，以便观察疗效和不良反应。⑤ 运动前后要加强血糖监测。运动不宜在空腹时进行，防止低血糖发生。⑥ 运动禁忌证：空腹血糖>16.7mmol/L、反复低血糖或血糖波动大、发生DKA等急性并发症、合并急性感染、增生型视网膜病变、严重肾病、严重心脑血管疾病等。待病情控制稳定后方可逐步恢复运动。

（3）口服降糖药物的护理：护士在了解各类药物的作用、剂量、用法、不良反应和注意事项，指导病人正确服用。

1）磺酰脲类：协助病人于早餐前半小时服用，缓释片、控释片和格列美脲应早餐前立即服用。严密观察药物引起的低血糖反应。此外，注意水杨酸类、磺胺类、保泰松、利血平、β受体阻滞剂等可增强磺酰脲类降糖药作用；而噻嗪类利尿剂、糖皮质激素等可降低磺酰脲类降血糖的作用。

2）非磺酰脲类：瑞格列奈餐前15分钟服用，那格列奈餐前10分钟服用，米格列奈临餐前5分钟内服用，每天3次。

3）双胍类（格列奈类）：不良反应有腹部不适、口中金属味、恶心、畏食、腹泻等，严重时发生乳酸血症（服用苯乙双胍常见）。餐后服药或从小剂量开始可减轻不适症状。

4）噻唑烷二酮类：密切观察有无水肿、体重增加等不良反应发生，缺血性心血管疾病的风险增高，一旦出现应立即停药。

5）α-葡萄糖苷酶抑制剂类：与第一口饭嚼服，服用后常有腹部胀气、排气增多或腹泻等症状。如与胰岛素促泌剂或胰岛素合用可能出现低血糖，其处理应直接给予葡萄糖口服或静脉注射，进食淀粉类食物无效。

（4）使用胰岛素的护理

1）胰岛素的注射途径：包括静脉注射和皮下注射两种。注射工具有胰岛素专用注射器（图7-5）、胰岛素笔（图7-6）。

▲ 图7-5　胰岛素专用注射器

▲ 图7-6　胰岛素笔

2）使用胰岛素的注意事项

① 准确用药：熟悉各种胰岛素的名称、剂型及作用时间；准确执行医嘱，按时注射。每毫升40U和100U两种规格的胰岛素，使用时应注意注射器与胰岛素浓度的匹配。

② 吸药顺序：长、短效或中、短效胰岛素混合使用时，应先抽吸短效胰岛素，再抽吸长效胰岛素混匀。

③ 胰岛素的保存：未开封的胰岛素放于冰箱2~8℃冷藏保存，正在使用的胰岛素在常温下（不超过28℃）可使用28~30天，无须放入冰箱，避免过冷、过热、太阳直晒，剧烈晃动等，否则可因蛋白质凝固变性而失效。

④ 注射部位的选择与更换：胰岛素注射部位有上臂三角肌、臀大肌、大腿外侧、腹部。腹部吸收最快，其次分别为上臂、大腿和臀部。运动前不要选择在大腿、臀部注射，防止发生低血糖。注射胰岛素时应选择无硬结红肿的部位，使用一次性胰岛素注射针头，防止发生感染。长期注射同一部位可能导致局部皮下脂肪萎缩或增生、局部硬结。注射部位应轮换，两次注射部位相距1cm以上。

⑤ 监测血糖：注射胰岛素病人常规监测血糖2~4次/d，如发现血糖波动过大或持续高血糖，应及时通知医生。

3）使用胰岛素泵的注意事项

① 准确用药：适用的胰岛素为速效胰岛素类似物或短效人胰岛素，常规使用每毫升100U规格。

② 植入部位的选择与轮换：胰岛素泵系统包括泵主体、一次性储药器、一次性输注管路以及相关配件。植入前，应评估植入部位，选择部位依次为腹部、上臂、大腿外侧、后腰、臀部，避开腹中线、瘢痕、皮下硬结、腰带位置、妊娠纹和脐周5cm以内。目前常用的输注部位轮换方法有"M/W法"与"钟面法"。新的植入部位至少离最近的一次植入部位2~3cm以上。对于同时

使用实时动态血糖监测的病人，管路植入部位距离7.5cm以上。使用胰岛素泵时应2~3天更换输注管路和注射部位，以避免感染及针头堵塞。

③ 常见问题处理：当胰岛素泵出现特殊情况时，仪器出现蜂鸣或震动的报警，应立即查找原因并处理。仪器报警主要包括电池相关问题、低剩余液量、无输注报警、静电等。胰岛素泵切勿暴露在强辐射和强磁场（X线、CT、MRI、伽马刀等）、高压环境和极端温度（气温>42℃或<1℃）。

问题与思考

一位2型糖尿病病人遵医嘱使用胰岛素，严格控制饮食。某天餐前将胰岛素注射到大腿，餐后和朋友一起去爬山，途中出现乏力、心悸、大汗、腿软的情况，自测血糖3.2mmol/L，进食2块巧克力及含糖饼干5块，约30分钟后症状缓解。

1. 病人出现低血糖的主要原因是什么？

2. 如何指导病人预防发生低血糖？

4）胰岛素不良反应的观察及处理

① 低血糖反应（详见本节低血糖的治疗和护理）。

② 过敏反应：表现为注射部位瘙痒，继而出现荨麻疹样皮疹，全身性荨麻疹少见。

③ 注射部位皮下脂肪萎缩或增生：采用多点、多部位皮下注射和及时更换针头可预防其发生。若发生则停止该部位注射后可缓慢自然恢复。

④ 水肿：胰岛素治疗初期可因水钠潴留而发生轻度水肿，可自行缓解。

⑤ 视物模糊：部分病人出现，多为晶状体屈光改变，常于数周内自然恢复。

2. 有感染的危险

（1）病情监测：注意观察病人体温、脉搏等变化。

（2）预防上呼吸道感染：注意保暖，避免与肺炎、上呼吸道感染、肺结核等呼吸道感染者接触。

（3）泌尿道的护理：每天清洗会阴部。因自主神经功能紊乱造成的尿潴留，可采用膀胱区热敷、按摩和人工诱导排尿等方法排尿。若需导尿时，严格执行无菌技术。

（4）皮肤护理：保持皮肤清洁，勤洗澡更衣，洗澡时水温不可过热，香皂选用中性为宜，内衣以棉质、宽松、透气为好。皮肤瘙痒的病人嘱其不要搔抓皮肤。

3. 潜在并发症：糖尿病足

（1）评估病人有无足溃疡的危险因素：① 既往有足溃疡史；② 有神经病变的症状或体征（如足部麻木，触觉、痛觉减退或消失，足发热，皮肤不出汗，肌肉萎缩、鹰爪样趾，压力点的皮肤增厚或胼胝形成）和/或缺血性血管病变的体征（如运动引起的腓肠肌疼痛或足发凉、皮肤发亮变薄、足背动脉搏动减弱或消失和皮下组织萎缩）；③ 严重的足畸形；④ 其他危险因素，如视力下降，膝、髋或脊柱关节炎，鞋袜不合适等。

（2）足部观察与检查：每天检查双足1次，了解足部有无感觉减退、麻木、刺痛感；观察足部皮肤有无颜色、温度改变及足背动脉搏动情况；注意检查趾甲、趾间、足底部皮肤有无胼胝、鸡眼、甲沟炎、甲癣，是否发生红肿、青紫、水疱、溃疡、坏死等损伤。定期做足部保护性感觉的测试，常用尼龙单丝（SWM）测试法，及时了解足部感觉功能，主要测试关节位置觉、振动觉、痛觉、温度觉、触觉和压力觉。

相关链接 | **尼龙单丝测试法**

尼龙单丝测试是最常用的压力觉测试方法。5.07cm的单丝垂直于受试点皮肤用力压1~2秒，力量刚好使尼龙丝弯曲，可产生一个10g的力量。尼龙单丝一头接触于病人的蹈趾、足跟和前足底内外侧，用手按尼龙丝另一头轻轻施压，正好使尼龙丝弯曲，病人能感到足底尼龙丝则为正常。这是评价神经病变最简单的方法，发现率达40%以上，并能发现早期病变。

（3）保持足部清洁：指导病人勤换鞋袜，每天清洗足部；水温<37℃，可用手肘或请家人代试水温；洗完后用柔软的浅色毛巾擦干脚及趾间。皮肤干燥者可涂润肤霜，避开趾间及皮损处。

（4）预防外伤：指导病人不要赤脚走路，以防刺伤；外出时不可穿拖鞋及露趾凉鞋，以免踢伤。选择透气性好、圆头、软底有带或鞋袢的鞋子，鞋底要平、厚。选择下午买鞋，需穿袜子试穿，新鞋第一次穿20~30分钟，之后再逐渐增加穿鞋时间。穿鞋前应检查鞋子，清除异物和保持里衬的平整。袜子选择以浅色、弹性好、吸汗、透气及散热性好的棉毛质地为佳，大小适中、不粗糙，无破洞。帮助视力不好的病人修剪趾甲，趾甲修剪与脚趾平齐，并挫圆边缘尖锐部分。不能使用热水袋、电热毯或烤灯保暖，谨防烫伤，冬天注意预防冻伤。

（5）促进肢体血液循环：指导和协助病人采用多种方法促进肢体血液循环，如步行和腿部运动。避免盘腿坐或跷"二郎腿"。

（6）戒烟：足溃疡的发生发展均与血糖密切相关，足溃疡的预防教育应从早期指导病人控制和监测血糖开始。同时说服病人戒烟，防止因吸烟导致局部血管收缩而进一步促进足溃疡的发生。

4.潜在并发症：低血糖

（1）加强预防：护士充分了解病人使用的降糖药物，并告知病人和家属不能随意更改降糖药物及其剂量；活动量增加时，要减少胰岛素的用量并及时加餐。容易在后半夜及清晨发生低血糖的病人，睡前适当增加主食或含蛋白质较高的食物。速效或短效胰岛素注射后应及时进餐；病情较重者，可先进餐再注射胰岛素。

（2）病情观察和血糖监测：观察病人有无低血糖的表现，尤其是服用胰岛素促泌剂和注射胰岛素的病人。老年病人常有自主神经功能紊乱而导致低血糖症状不明显，除应加强血糖监测外，对病人血糖不宜控制过严。强化治疗应做好血糖监测及记录，以便及时调整胰岛素或降糖药用量。

（3）急救护理：一旦发生低血糖，尽快给予糖分补充，解除脑细胞缺糖症状。

5. 潜在并发症：酮症酸中毒、高渗高血糖综合征

（1）预防措施：定期监测血糖，应激状况时每天监测血糖。合理用药，不要随意减量或停用药物。保证充足的水分摄入，特别是发生呕吐、腹泻、严重感染时。

（2）病情监测：严密观察和记录病人的生命体征、意识、24小时出入量等。遵医嘱定时监测血糖、血钠和渗透压的变化。

（3）急救配合与护理：① 立即开放两条静脉通路，准确执行医嘱，确保液体和胰岛素的输入。② 绝对卧床休息，注意保暖，给予持续低流量吸氧。③ 加强生活护理，特别注意皮肤、口腔护理。④ 昏迷者按昏迷常规护理。

【健康指导】

1. 疾病预防指导　指导开展糖尿病社区预防，关键在于筛查出IGT人群，并进行干预性健康指导。

2. 疾病知识指导　指导采取多种方法，如口头讲解、纸质材料、视频材料、公众号等，让病人和家属了解糖尿病的病因、临床表现、诊断与治疗方法，提高病人对治疗的依从性。教导病人外出时随身携带识别卡，以便发生紧急情况时及时处理。

3. 病情监测指导　指导病人每3~6个月复查1次HbA1c。血脂异常者每1~2个月监测1次，如无异常每6~12个月监测1次。体重每1~3个月测1次。每年全面体检1~2次，以尽早防治慢性并发症。指导病人学习和掌握监测血糖、血压、体重指数的方法，了解糖尿病的控制目标，见表7-8。

▼ 表7-8　中国2型糖尿病的控制目标

指标	目标值
毛细血管糖	
空腹	4.4~7.0mmol/L
非空腹	<10.0mmol/L
糖化血红蛋白	<7.0%
血压	<130/80mmHg
总胆固醇	<4.5mmol/L
高密度脂蛋白胆固醇	
男性	>1.0mmol/L
女性	>1.3mmol/L
甘油三酯	<1.7mmol/L
低密度脂蛋白胆固醇	
未合并动脉粥样硬化性心血管疾病	<2.6mmol/L
体重指数	<24.0kg/m^2

资料来源：中华医学会糖尿病学分会，《中国2型糖尿病防治指南（2020年版）》。

4. 用药与自我护理指导　① 指导病人口服降糖药及胰岛素的名称、剂量、给药时间和方法，教会其观察药物疗效和不良反应。使用胰岛素的病人，教会病人或其家属掌握正确的注射方法。

② 指导病人掌握饮食、运动治疗具体实施及调整的原则和方法；教会病人生活规律、戒烟酒、注意个人卫生。③ 指导病人正确处理疾病所致的生活压力，树立起与糖尿病做长期斗争及战胜疾病的信心。④ 指导病人及家属掌握糖尿病常见急性并发症的主要临床表现、观察方法及紧急处理措施。⑤ 指导病人掌握糖尿病足的预防和护理知识。

（朱小平）

第六节　高尿酸血症和痛风

案例导入

病人，男，33岁，以"左侧第一跖趾关节红肿疼痛2个月，再发1周"为主诉入院。

病史评估：2个月前饮大量啤酒后出现左侧第一跖趾关节红肿，伴疼痛，1周前因同学聚餐饮酒再次出现上述症状，疼痛剧烈不能忍受。为进一步诊治收入院。

身体评估：T 36.3℃，P 80次/min，R 18次/min，BP 128/80mmHg，意识清楚，痛苦面容，步入病房。

辅助检查：尿酸481.2μmol/L；血常规示白细胞计数5.33×10^9/L，中性粒细胞百分比65.7%。

初步诊断：痛风。

请思考：还需要进一步评估的资料有哪些？病人的主要护理问题是什么？护理措施有哪些？

高尿酸血症（hyperuricemia，HUA）是一种常见的生化异常，是尿酸盐生成过量和/或肾脏尿酸排泄减少，或两者共同存在而引起。临床上分为原发性和继发性两大类。少数病人可以发展为痛风（gout）。痛风是嘌呤代谢紊乱和/或尿酸排泄障碍所致的一组异质性疾病，其临床特征为高尿酸血症、反复发作的痛风性关节炎、痛风石、间质性肾炎、关节畸形、尿酸性尿路结石等。

【病因及发病机制】

病因和发病机制不清。原发性痛风属遗传性疾病，由先天性腺嘌呤代谢异常所致，大多数有阳性家族史，属多基因遗传缺陷，但其确切原因未明。继发性痛风可由肾病、血液病、药物及高嘌呤食物等多种原因引起。

1. 高尿酸血症的形成　尿酸是嘌呤代谢的最终产物，主要由细胞代谢分解的核酸和其他嘌呤类化合物以及食物中的嘌呤经酶的作用分解而来。人体尿酸的80%来源于内源性嘌呤代谢，20%来源于富含嘌呤或核酸蛋白食物。因此，高尿酸血症的发生，内源性嘌呤代谢紊乱较外源性更重要。导致高尿酸血症的原因主要为：

（1）尿酸生成过多：嘌呤代谢过程中，各环节都有酶的参与调控。当嘌呤核苷酸代谢酶缺陷、功能异常时，则引起嘌呤合成增加而导致尿酸水平升高。

（2）肾对尿酸排泄减少：包括肾小球尿酸滤过减少，肾小管对尿酸的分泌下降、重吸收增加，以及尿酸盐结晶在泌尿系统沉积。80%~90%的原发性痛风病人有尿酸排泄障碍，其上述因素不同程度存在，但以肾小管尿酸的分泌减少最为重要，而尿酸生成大多正常。

2. 痛风的发生　仅有5%~15%高尿酸血症者发展为痛风。当血尿酸浓度过高或在酸性环境下，尿酸可析出结晶，沉积在骨关节、肾脏和皮下组织等，造成组织病理学改变，导致痛风性关节炎、痛风肾和痛风石等。急性关节炎是由于尿酸盐结晶沉积引起的急性炎症反应。长期尿酸盐结晶沉积形成的异物结节即痛风石。痛风性肾病也是痛风特征性病理变化之一。

【临床表现】

临床多见于40岁以上的男性，女性多在更年期后出现。近年发病有年轻化趋势。常有家族遗传史。

1. 无症状期　仅有波动性或持续性高尿酸血症。从血尿酸增高至症状出现的时间可长达数年至数十年，有些可终身不出现症状。但随着年龄增长，痛风的患病率增加，并与高尿酸血症的水平和持续时间有关。

2. 急性关节炎期及间歇期　中青年男性多见。① 多在午夜或清晨突然起病，关节剧痛；数小时内受累关节出现红、肿、热、痛和功能障碍；② 单侧第一跖趾关节最常见；③ 发作呈自限性，多于2周内自行缓解；④ 可伴高尿酸血症，但部分急性发作时血尿酸水平正常；⑤ 关节液或痛风石中发现尿酸盐结晶；⑥ 秋水仙碱可迅速缓解症状；⑦ 可伴有发热等。间歇期是指两次痛风发作之间的无症状期。

3. 痛风石及慢性关节炎期　痛风石是痛风的特征性临床表现，典型部位在耳廓，也常见于关节周围以及鹰嘴、跟腱、髌骨滑囊等处。外观为大小不一的、隆起的黄白色赘生物，表面菲薄，破溃后排出白色粉状或糊状物。慢性关节炎多见于未规范治疗的病人，受累关节非对称性不规则肿胀、疼痛，关节内大量沉积的痛风石可造成关节骨质破坏。

4. 肾脏病变

（1）痛风性肾病：起病隐匿，临床表现为尿浓缩功能下降，出现夜尿增多、低比重尿、低分子蛋白尿、白细胞尿、轻度血尿及管型等。晚期可出现肾功能不全及高血压、水肿、贫血等。

（2）尿酸性肾石病：可从无明显症状至肾绞痛、血尿、排尿困难、肾积水、肾盂肾炎或肾周围炎等表现不等。纯尿酸结石能被X线透过而不显影。

（3）急性肾衰竭：大量尿酸盐结晶堵塞肾小管、肾盂甚至输尿管，病人突然出现少尿甚至无尿，可发展为急性肾衰竭。

5. 眼部病变　肥胖痛风病人常反复发生睑缘炎，在眼睑皮下组织中发生痛风石。部分病人可出现反复发作性结膜炎、角膜炎与巩膜炎。

【辅助检查】

1. 血尿酸测定　正常男性血尿酸为210~420μmol/L（3.5~7.0mg/dl）；正常女性为150~360μmol/L（2.5~6.0mg/dl），绝经期后接近男性。血尿酸存在反复波动，应反复监测。血尿酸浓度超过约416μmol/L（7.0mg/dl）定义为高尿酸血症。

2. 尿尿酸测定　限制嘌呤饮食5天后，每天小便中尿酸排出量>3.57mmol（600mg），则提示尿酸生成增多。

3. 滑囊液或痛风石检查 偏振光显微镜下可见针形尿酸盐结晶。

4. 其他检查 X线检查、超声检查、CT检查、关节镜等有助于发现骨、关节的相关病变或尿路结石影。

【诊断要点】

男性或绝经后妇女血尿酸>420μmol/L（7.0mg/dl），绝经前女性>350μmol/L（5.8mg/dl）则可确定为高尿酸血症。中老年男性如出现特征性关节炎表现、尿路结石或肾绞痛发作，伴有高尿酸血症应考虑痛风，关节液穿刺或痛风石活检证实为尿酸盐结晶可作出诊断。急性关节炎期诊断有困难者，秋水仙碱诊断性治疗有诊断意义。

【治疗要点】

原发性高尿酸血症和痛风的防治目的：① 控制高尿酸血症，预防尿酸盐沉积；② 迅速控制急性关节炎发作，防止复发；③ 防止尿酸结石形成和肾功能损害。

1. 一般治疗 高尿酸血症控制饮食总热量；限制高嘌呤食物摄入，保持理想体重，每天饮水2 000ml以上以增加尿酸的排泄；避免使用抑制尿酸排泄的药物，避免各种诱发因素并积极治疗相关疾病等。痛风病人应遵循下述原则：① 限酒禁烟；② 减少高嘌呤食物摄入；③ 防止剧烈运动或突然受凉；④ 减少富含果糖饮料摄入；⑤ 控制体重；⑥ 增加新鲜蔬菜摄入；⑦ 规律饮食和作息；⑧ 规律运动。

2. 高尿酸血症的治疗 治疗目的为保持血尿酸维持在正常水平。① 排尿酸药：抑制近端肾小管对尿酸盐的重吸收，从而增加尿酸的排泄，降低尿酸水平，适合肾功能良好者。常用药物苯溴马隆。② 抑制尿酸生成药物：抑制黄嘌呤氧化酶，使尿酸的生成减少，适用于尿酸生成过多或不适合使用排尿酸药物者。常用药物是别嘌醇。③ 碱性药物：碱化尿液，使尿酸不易在酸性的尿液中积聚形成结晶，常用药物碳酸氢钠。④ 新型降尿酸药物。

3. 急性痛风性关节炎期的治疗 秋水仙碱、非甾体抗炎药（NSAID）和糖皮质激素是急性痛风性关节炎治疗的一线药物，应尽早使用。急性发作期不进行降尿酸治疗，但已服用降尿酸药物者不需停用，以免引起血尿酸波动，导致发作时间延长或再次发作。① 秋水仙碱：小剂量秋水仙碱（1.5mg/d）有效，且不良反应少，在48小时内使用效果更好。② NSAID：可有效缓解急性痛风关节炎症状。常用药物包括吲哚美辛、双氯芬酸、依托考昔等。③ 糖皮质激素：秋水仙碱、NSAID治疗无效或禁忌、肾功能不全者可用糖皮质激素治疗。

4. 发作间歇期和慢性期的处理 急性痛风关节炎频繁发作（>2次/年），慢性痛风关节炎或痛风石的病人，应行降尿酸治疗。治疗目标是血尿酸<358μmol/L（6mg/dl）并终身保持。对于有痛风石、慢性关节炎痛风频繁发作者，治疗目标是血尿酸<300μmol/L（5mg/dl），但不应低于179μmol/L（3mg/dl）。

5. 继发性痛风的治疗 除治疗原发病外，对痛风的治疗原则同前。

【常用护理诊断/问题及护理措施】

疼痛：关节痛 与尿酸盐结晶沉积在关节引起炎症反应有关。

1. **卧床休息** 急性关节炎期，病人关节出现红肿热痛和功能障碍，还伴有发热，应卧床休息，在病床上安放支架支托盖被，抬高患肢，避免受累关节负重，也可减少患部受压。待关节肿痛缓解72小时后，方可下床活动。

2. **局部护理** 手、腕或肘关节受累时，用夹板固定制动，也可给予冰敷或25%硫酸镁湿敷受累关节，减轻关节肿痛。痛风石严重时，可能导致局部皮肤溃疡发生，做好皮肤护理，避免发生感染。

3. **饮食护理** 每天进食总热量限制在1 200~1 500kcal。蛋白质控制在1g/（kg·d）。避免进食高嘌呤食物，如动物内脏、鱼虾类、蛤蟹、肉类、菠菜、蘑菇、豌豆、浓茶等。饮食宜清淡、易消化，忌辛辣和刺激性食物，严禁饮酒，尤其是啤酒和白酒。多进食碱性食物，如牛奶、鸡蛋、马铃薯、各类蔬菜、柑橘类水果，使尿液的pH在7.0或以上，减少尿酸盐结晶的沉积。

4. **病情观察** ① 观察疼痛的部位、性质、间隔时间，有无午夜因剧痛而醒等。② 受累关节有无红肿和功能障碍。③ 有无过度疲劳、寒冷、潮湿、紧张、饮酒、饱餐、脚扭伤等诱发因素。④ 有无痛风石的体征，了解结石的部位及有无症状。⑤ 观察病人的体温变化，有无发热等。⑥ 监测尿酸的变化。

5. **心理护理** 病人由于疼痛影响进食和睡眠，疾病反复发作导致关节畸形和肾功能损害，思想负担重，表现出情绪低落、忧虑，护士应向其讲解痛风的有关知识、饮食与疾病的关系，并给予精神上的安慰和鼓励。

6. **用药护理** 指导病人正确用药，观察药物疗效，及时处理不良反应。① 秋水仙碱一般口服，但常有胃肠道反应。若病人一开始口服即出现恶心、呕吐、水样腹泻等严重胃肠道反应，应立即停药。② 苯溴马隆等，可有皮疹、发热、胃肠道反应等不良反应。使用期间，嘱病人多饮水、口服碳酸氢钠等碱性药物。③ 应用NSAID时，注意观察有无活动性消化性溃疡或消化道出血发生。④ 别嘌醇除有皮疹、发热、胃肠道反应外，还有肝损害、骨髓抑制等不良反应；肾功能不全者，宜减半量应用。⑤ 糖皮质激素应观察其疗效，密切注意有无症状的"反跳"现象。

【其他护理诊断/问题】

1. **躯体活动障碍** 与关节受累、关节畸形有关。

2. **知识缺乏**：缺乏与高尿酸血症和痛风有关的饮食知识

【健康指导】

1. **疾病知识指导** 向病人和家属讲解高尿酸血症和痛风是终身性疾病，但经积极有效的治疗，病人可正常生活和工作。应保持心情愉快，避免情绪紧张；生活要有规律；肥胖者应减轻体重；防止受凉、劳累、感染、外伤等诱发因素。指导病人严格控制饮食，避免进食高蛋白和高嘌呤的食物，禁饮酒，每天饮水2 000ml以上，在服用排尿酸药时更应注意多饮水，有助于尿酸随尿液排出。

2. **保护关节指导** 指导痛风病人日常生活中应注意：① 尽量使用大肌群，如能用肩部负重者不用手提，能用手臂者不要用手指；② 避免长时间持续进行重体力劳动；③ 经常改变姿势，保持受累关节舒适；④ 若有关节局部温热和肿胀，尽可能避免其活动；⑤ 如运动后疼痛超过1~2

小时，应暂时停止此项运动。

3. 病情监测指导　平时用手触摸耳轮及手足关节处，检查是否产生痛风石。定期复查血尿酸，门诊随访。

【预后】

高尿酸血症和痛风是终身性疾病。痛风无肾功能损害及关节畸形者，经有效治疗可正常生活和工作。急性关节炎和关节畸形会严重影响病人的生活质量，伴发高血压、糖尿病或其他肾病者，肾功能不全的风险增加，可危及生命。

（朱小平）

第七节　内分泌与代谢性疾病病人常用诊疗技术及护理

一、糖耐量试验

糖耐量试验包括口服葡萄糖耐量试验（OGTT）和静脉葡萄糖耐量试验（IVGTT），75g葡萄糖的OGTT是诊断糖尿病的标准试验，是本节阐述的重点。

【适应证】

糖尿病可疑者明确诊断。

【禁忌证】

1. 不能口服葡萄糖的病人。

2. 口服葡萄糖肠道吸收明显异常者。

【方法】

1. 试验当天空腹抽取静脉血测空腹静脉血浆葡萄糖。

2. 将75g无水葡萄糖（儿童为1.75g/kg，总量不超过75g）溶于300ml水中，协助病人于5分钟内服下。

3. 从服糖第一口计时，其后0.5小时、1小时、2小时、3小时分别抽静脉血测静脉血浆葡萄糖。

【注意事项】

1. 试验前3天每日摄取碳水化合物不低于150g。

2. 试验前3~7天停服利尿剂、避孕药等可能影响OGTT的药物。

3. 试验前禁食8~10小时。

4. 试验过程中禁烟、酒、咖啡和茶。

5. 试验过程中无需绝对卧床，不做剧烈运动。

二、胰岛素泵使用及护理

胰岛素泵治疗是采用人工智能控制的胰岛素输注装置，以程序设定的速率持续皮下输注胰岛素，最大限度地模拟人体胰岛素的生理性分泌模式，从而达到更好地控制血糖的一种治疗方法。

【适应证】

1. 短期胰岛素泵治疗的适应证

（1）所有需要胰岛素强化治疗的糖尿病病人的住院期间。

（2）需要短期胰岛素强化治疗的新诊断或已诊断的2型糖尿病病人。

（3）2型糖尿病病人伴应激状态。

（4）妊娠糖尿病、糖尿病合并妊娠、糖尿病病人孕前准备。

（5）糖尿病病人的围手术期血糖控制。

2. 长期胰岛素泵治疗的适应证

（1）1型糖尿病病人。

（2）需要长期多次胰岛素注射治疗的2型糖尿病病人，特别是：血糖波动大，虽采用多次胰岛素皮下注射方案，血糖仍无法得到平稳控制者；黎明现象严重导致血糖总体控制不佳者；频发低血糖，尤其是夜间低血糖、无感知低血糖和严重低血糖者；作息时间不规律，不能按时就餐者；不愿接受胰岛素每日多次注射，要求提高生活质量者；胃轻瘫或进食时间长的病人。

（3）需要长期胰岛素替代治疗的其他类型糖尿病（如胰腺切除术后等）。

【不适合胰岛素泵治疗的人群及禁忌证】

1. 不需要胰岛素治疗的糖尿病病人。

2. 糖尿病酮症酸中毒急性期、高渗性昏迷急性期。

3. 伴有严重循环障碍的高血糖病人。

4. 对皮下输液管或胶布过敏的糖尿病病人。

5. 不愿长期皮下埋置输液管或长期佩戴泵，心理上不接受胰岛素泵治疗的病人。

6. 病人及其家属缺乏相关知识，接受培训后仍无法正确掌握使用者。

7. 有严重的心理障碍或精神异常的糖尿病病人。

8. 生活无法自理，且无监护人的年幼或年长的糖尿病病人。

9. 没有自我血糖监测条件或不接受家庭自我血糖监测的糖尿病病人。

【方法】

1. 用物准备　治疗盘、胰岛素泵、乙醇、干棉签、胰岛素、专用导管、储药器。

2. 胰岛素泵使用前的准备与调试　① 检查胰岛素泵仪器设置及仪器状态。② 检查药物（有效期、剂型、有无破裂）。③ 将胰岛素抽吸到储药器中，与导管连接。④ 将储药器安装于胰岛素泵内。⑤ 将导管内气体排尽。⑥ 按医嘱设置基础率及餐前量。

3. 胰岛素泵安装　① 75% 乙醇消毒皮肤2遍。② 根据不同胰岛素泵耗材型号采取45° 或者90° 角度进针。③ 固定导管针头，将胰岛素泵放于病人安全、方便位置。④ 做好相关知识宣教。

【注意事项】

1. 检查输注部位是否红肿、出血、脱出、水疱、硬结，是否有对贴膜过敏等现象及剩余药量，如发现异常立即更换输注部位和装置，更换时严格执行无菌操作技术。

2. 交代病人当输注部位感觉不适、胰岛素泵出现报警时，及时通知医护人员。

3. 交代病人不要随意动泵的按键，避免错误输注。

4. 嘱患者勿带泵沐浴，沐浴前请护士分离装置，完毕后重新连接。

5. 每天监测血糖至少4次（空腹+三餐后2小时）。必要时根据医嘱增加监测次数。

6. 带泵期间，不能进行CT、MRI检查。

7. 带泵期间，不宜进行高强度运动。

8. 指导患者随身携带水果糖，以防低血糖发生并及时处理。

（李红梅）

第八节　内分泌与代谢性疾病临床思维案例

病史：病人，男，35岁，商人。糖尿病病史3年，胰岛素治疗2年，1周前因出差自行停用胰岛素，2天前病人感极度疲乏、恶心呕吐，继而出现呼吸深大、意识不清，被家人送至医院就诊。

体格检查：浅昏迷状，双侧瞳孔等大等圆，直径3mm。T 37℃，P 100次/min，R 22次/min，BP 100/60mmHg。心脏听诊区无病理性杂音。腹部平软，肝脾未及。双下肢无水肿。

辅助检查：静脉血糖29.6mmol/L，血酮4.6mmol/L，pH 7.02，碳酸氢根5mmol/L，血电解质K^+ 3.82mmol/L，Na^+ 126mmol/L。血常规示白细胞计数10.0×10^9/L，中性粒细胞百分比72%。尿常规示葡萄糖（++++），酮体（+++）。

初步诊断：糖尿病酮症酸中毒。

问题：

1. 请问该病人发生意识障碍的原因是什么？并分析其依据。

2. 如何做好急救护理配合？

> 病情进展：
>
> 入院后给予胰岛素治疗，第3天下午无明显诱因出现心慌、出冷汗、饥饿感。测手指血糖为2.2mmol/L。

3. 思考该病人出现了什么不良情况，可提供哪些护理措施？

> 病情进展：
>
> 住院治疗7天病情稳定，准备出院。病人担心出院后再次出现糖尿病酮症酸中毒。

4. 依据病人目前的情况，如何对病人进行病情监测？

（李红梅　朱小平）

复习参考题

一、简答题

1. 简述发生甲状腺危象的紧急处理措施。
2. 简述甲状腺功能亢进症合并突眼的护理。
3. 简述皮质醇增多症的典型临床表现。
4. 临床工作中遇到一个黏液性水肿昏迷的病人，该如何处理?
5. 简述糖尿病的诊断标准。
6. 简述糖尿病酮症酸中毒的临床表现。
7. 简述糖尿病的足部护理措施。
8. 简述痛风病人急性关节炎期的关节表现。
9. 简述痛风病人的饮食护理。

二、选择题

1. 病人，女，40岁。近2个月怕热、多汗、情绪激动，且经常腹泻、心悸而门诊检查。体格检查:甲状腺肿大，两手微抖，眼球稍突;实验室检查:血清游离三碘甲状腺原氨酸6.2mmol/L，血清游离甲状腺素254mmol/L。诊断为甲状腺功能亢进收入院。对上述病人采取的护理措施中，下列选项**不妥**的是
   A. 立即置于光线较暗的抢救室
   B. 物理降温、止吐，做好皮肤护理
   C. 迅速建立静脉通路
   D. 严密观察病情变化，并准确记录
   E. 大量喝开水与浓茶

2. 某甲状腺功能亢进症病人，突然出现烦躁不安、闷热、呕吐、大汗、心率加快。你认为可能发生了
   A. 甲状腺危象
   B. 甲状腺功能亢进性心脏病
   C. 淡漠型甲状腺功能亢进症
   D. 黏液性水肿
   E. T_3型甲状腺功能亢进

3. 病人，女，40岁，患哮喘10年，甲亢1年。2天前受凉感冒，出现体温升高达39.3℃，恶心、呕吐、腹泻、心悸，心率120次/min，继而出现昏迷，诊断甲亢危象。治疗中禁用的药物是
   A. 异丙嗪
   B. 普萘洛尔
   C. 抗生素
   D. 丙硫氧嘧啶
   E. 生理盐水

4. 病人，男，65岁，因声音嘶哑、反应迟缓、水肿入院，诊断为甲减，有黏液性水肿、心包积液。早期确诊甲状腺功能减退症的实验室检查是
   A. 血细胞检查
   B. TRH兴奋实验
   C. 血清T_3、T_4、TSH测定
   D. 甲状腺扫描
   E. 骨龄测定

5. 病人，女，18岁，因血压升高，血糖升高，向心性肥胖，脸部皮肤薄、红住院。血压180/100mmHg，月经量少、不规则。CT结果为垂体生长肿物，X线显示骨质疏松。该病人可能患的是
   A. 皮质醇增多症
   B. 糖尿病
   C. 高血压
   D. 妇科疾病
   E. 肿瘤

   答案: 1. E 2. A 3. B 4. C 5. A

第八章　风湿性疾病病人的护理

学习目标

知识目标	1. 掌握　风湿性疾病病人关节肿痛、关节僵硬和活动受限及皮肤受损的护理措施；常见风湿性疾病如系统性红斑狼疮、类风湿关节炎病人的临床表现、常见护理问题及护理措施、健康指导要点。 2. 熟悉　风湿性疾病病人的护理评估；常见风湿性疾病如系统性红斑狼疮、类风湿关节炎的治疗要点；风湿性疾病的临床思维分析方法。 3. 了解　风湿性疾病的分类及病程特点；常见风湿性疾病的主要病因及辅助检查。
能力目标	能够应用临床思维与评判性思维对风湿性疾病病人进行评估，识别系统性红斑狼疮、类风湿关节炎病人病情变化；能正确提出护理问题，实施整体护理。
素质目标	1. 具有爱伤意识，有爱心、热心，对风湿性疾病病人提供有温度的照护。 2. 具有锐意进取，笃行致远的精神。

第一节　概述

风湿性疾病（rheumatic disease）简称风湿病，是一组累及骨、关节及其周围软组织（如肌肉、肌腱、滑膜等）、其他相关组织与器官的慢性疾病。其病因复杂，发病机制也不甚明了，但多数与自身免疫反应、感染、环境、遗传等因素有关。疾病特点呈发作和缓解交替的慢性病程。其分类主要有弥漫性结缔组织病、脊柱关节病、骨关节炎、骨和软骨疾病、感染性关节炎、伴风湿性疾病表现的代谢和内分泌疾病等。弥漫性结缔组织病（diffuse connective tissue disease，DCTD），简称结缔组织病，是风湿病中的一大类，是以血管和结缔组织的慢性炎症为病理基础，可引起多器官多系统的损害，包括类风湿关节炎（rheumatoid arthritis，RA）、系统性红斑狼疮（systemic lupus erythematosus，SLE）、多发性肌炎和皮肌炎（PM/DM）、原发性干燥综合征等。其治疗具有较大的个体差异，治疗方式包括药物、物理治疗、矫形、锻炼、手术等。目前主要治疗药物以改善症状为主，包括非甾体抗炎药、糖皮质激素、抗风湿药等。

一、结构与功能

结缔组织是由细胞和大量细胞间质构成。细胞包括巨噬细胞、成纤维细胞、浆细胞、肥大细胞等。细胞间质包括基质、细丝状的纤维和不断循环更新的组织液，纤维包括胶原纤维、弹性纤维和网状纤维，主要有联系各组织和器官的作用；基质是略带胶黏性的液质，填充于细胞和纤维之间，为物质代谢交换的媒介。结缔组织具有很强的再生能力，创伤愈合多通过它的增生而完成。结缔组织分布较广泛，形态多样，包括液状的血液、淋巴，松软纤维性的肌腱、韧带、筋膜；固体状的软骨和骨组织等。在机体内，结缔组织主要起支持、连接、营养、保护等多种功能。

二、护理评估

【病史评估】

1. 患病过程及治疗经过

（1）患病过程：详细询问病人发病的时间，起病急缓，有无明显诱因，主要症状及其特点。如关节损害的起病方式、受累部位、数目，疼痛的性质、程度、持续时间、诱因、与活动的关系及伴随症状，同时了解关节以外的脏器和组织受累情况。

（2）检查及治疗经过：进行过何种检查项目，结果如何；是否治疗过，有无药物治疗，使用的药物情况如何，药物的种类、剂量及用法，有无药物的不良反应。

（3）目前病情与一般状况：目前病情变化如何，具体有哪些表现；一般情况如精神、饮食、营养状况、睡眠、大小便等有无异常。

2. 过敏史　有无药物过敏及过敏原。

3. 既往史及家族史　既往身体情况，是否患有其他疾病；病人亲属中有无类似疾病发生。

4. 心理-行为-社会状况

（1）心理状况：病人对疾病的治疗是否有信心，病人对疾病、残疾接受程度，有无孤僻、退缩、自卑、敏感、担忧、焦虑、恐惧等心理情绪反应及程度。

（2）社会支持系统：病人的家庭结构、经济状况、教育文化背景；家属是否了解疾病情况及对病人的态度，是否关心病人及支持情况；病人是否享受相关的医疗服务情况。

【身体评估】

1. 全身状况　精神状态、营养状况如何，有无发热等。

2. 皮肤黏膜、肌肉、关节及脊柱改变情况　有无皮肤损害，如皮肤有无红斑、破损，有无黏膜溃疡，观察皮肤、黏膜损害的部位、面积大小及形状；观察病人有无肌肉、关节改变，如肌肉萎缩和肌力减退，关节肿痛、畸形、活动受限、功能受损等，肌肉、关节受损的部位、特点（单侧性还是双侧对称性）；脊柱是否变形及活动受限。

3. 其他　有无伴随症状，有无其他内脏器官的损害，心率和心律是否正常，有无眼部疾患及发音困难，有无肝脾肿大等。

【辅助检查】

1. 自身抗体检测　血清中出现自身抗体是风湿病的一大特点，即体内产生了针对自身组织、器官、细胞及细胞成分的抗体。自身抗体检测对风湿病的诊断和鉴别诊断尤其是弥漫性结缔组织病的早期诊断极有价值，但抗体检测存在敏感性和特异性的差异，且可能出现假阳性或假阴性结果。① 抗核抗体（ANA）：目前最佳的系统性红斑狼疮筛选指标，对系统性红斑狼疮具有一定诊断意义，但特异性受一定局限。② 类风湿因子（RF）：阳性主要见于类风湿关节炎，类风湿关节炎阳性率在80%左右，且其滴度与类风湿关节炎的活动性和严重性成正比，但其特异性较差；还可见于干燥综合征、系统性红斑狼疮、系统性硬化等。

2. 关节液检查　穿刺关节腔抽取关节液，关节液的白细胞计数有助于鉴别炎症性、非炎症性和化脓性关节炎。

3. 影像学检查　有助于骨、关节、脊柱受累疾病的判断、识别、评估药物疗效、病情变化等，还可用于评估肌肉、骨骼系统以外脏器的受累，是风湿病重要的辅助检测手段。

三、常见症状体征的评估与护理

【关节肿痛】

关节肿痛是受累关节的常见首发症状。几乎所有的风湿性疾病均可引起不同程度的关节肿痛。不同疾病关节炎的特点见表8-1。

▼ 表8-1　常见关节炎的特点

项目	类风湿关节炎	强直性脊柱炎	骨关节炎	痛风	系统性红斑狼疮
周围关节炎	有	有	有	有	有
起病方式	缓	缓	缓	急骤	不定
首发部位	PIP、MCP、腕	膝、髋、踝	膝、腰、DIP	第一跖趾关节	手关节或其他部位
疼痛特点	持续、休息后加重	休息后加重	活动后加重	剧烈，夜间重	不定
肿胀特点	软组织为主	软组织为主	骨性肥大	红、肿、热	软组织为主
畸形	常见	外周关节少见，中轴关节常见	小部分	少见	多无
受累关节分布	对称性多关节炎	不对称下肢大关节炎	负重关节如膝、髋、脊柱等关节多见	第一跖趾关节最易受累，其次为趾、踝、膝、腕、指等关节	指、腕、膝关节常见

注：PIP，近端指间关节；MCP，掌指关节；DIP，远端指间关节；多关节炎指累及4个以上的关节。

1. 护理评估

（1）病史评估：① 肿痛的发生有无诱发因素，有无缓解方法；② 肿痛的起始时间、起病特点、年龄、发病的急缓、游走性还是固定部位；③ 肿痛的程度，发作性还是持续性；④ 肿痛是否在休息时或运动时均存在，有无因运动而加重；⑤ 受累部位在大关节还是小关节，是多关节还是单关节或中轴脊柱；⑥ 关节肿胀有无压痛、触痛、局部发热及关节活动受限等；⑦ 有无关节畸形和功能障碍；⑧ 有无晨僵、晨僵持续时间、缓解方式等；⑨ 有无乏力、纳差、低热、皮肤日光过敏、皮疹、蛋白尿、少尿、血尿、心血管或呼吸系统等伴随症状。

（2）身体评估：观察病人关节疼痛及肿胀的程度、发生部位和性质等，受累关节有无压痛、触痛、活动受限及畸形等。

（3）辅助检查：有无自身抗体测定异常及关节X线检查异常等情况。

2. 常用护理诊断/问题

（1）疼痛：慢性关节疼痛　与关节的炎性反应有关。

（2）焦虑　与疼痛反复发作、病情迁延不愈有关。

3. 护理目标

（1）病人学会减轻、缓解疼痛方法，关节疼痛减轻或消失。

（2）焦虑程度减轻或消失。

4. 护理措施

（1）休息与体位：根据病人的全身情况和受累关节的病变性质、部位、数量及范围，选择不同的休息方式与体位。急性期伴发热、倦怠等症状时，应卧床休息；帮助病人采取舒适体位，保持关节的功能位，必要时给予石膏托、小夹板固定，避免疼痛部位受压。

（2）减轻关节疼痛：① 创造舒适的环境，避免嘈杂、吵闹或过于寂静，以免因感觉超负荷或感觉剥夺而加重疼痛感。② 合理应用非药物性止痛措施：如松弛术、皮肤刺激疗法（冷敷、热敷、加压、震动等）、分散注意力；根据病情选择蜡疗、水疗、磁疗、超短波、红外线等物理治疗方法缓解疼痛。③ 遵医嘱应用药物止痛：常用的非甾体抗炎药有美洛昔康、塞来昔布等。

（3）心理护理：关心和体贴病人，鼓励病人表达感受，鼓励家属疏导、理解、支持和关心病人，鼓励病人树立战胜疾病的信心，不断增进病人自我照顾的信心及能力。

5. 护理评价

（1）病人能正确运用减轻疼痛的方法，疼痛已减轻或消失。

（2）病人主诉焦虑减轻，提高了舒适感。

【关节僵硬和活动受限】

关节僵硬（或晨僵）指病人晨起或静止或休息没有活动的一段时间后，当试图活动时出现的一种关节局部的不适、不灵便感，或关节僵直感。晨僵是判断滑膜关节炎症活动性的客观指标，其持续时间与炎症的严重程度相一致，晨僵持续1小时以上者意义较大。

1. 护理评估

（1）病史评估：① 询问病人关节僵硬和活动受限的发生时间、持续时间、部位、缓解方式；关节僵硬与活动的关系，活动受限是急性突发或慢性渐进的，曾用以减轻僵硬的措施及其效果。② 评估病人生活自理能力、活动能力及活动的安全性，病人及家属对疾病相关知识的了解程度；有无因不能活动或活动受限而产生不良的心理反应，如紧张、恐惧等。

（2）身体评估：① 评估病人的全身状态。② 僵硬关节的范围，关节活动受限的程度，有无发生关节功能障碍及关节畸形；僵硬关节的分布，活动受限的程度，有无关节畸形和功能障碍。

③ 病人是否伴有肌萎缩，皮肤有无发红及破损，有无局部缺血等。

（3）辅助检查：评估关节X线检查、关节镜检查、自身抗体测定等结果有无异常。

2. 常用护理诊断/问题　躯体活动障碍　与关节疼痛、僵硬及关节、肌肉功能障碍等有关。

3. 护理目标　病人关节僵硬程度减轻并缓解，活动受限程度减轻。

4. 护理措施

（1）生活护理：① 依据病人的活动受限情况，协助病人生活护理，如洗漱、进食、大小便及个人卫生等，尽可能帮助或协助病人恢复自我照顾的能力，如指导和帮助病人合理安排自己的生活，将经常使用的东西放在病人容易触及的地方，鼓励病人使用健侧手臂从事力所能及的活动。② 指导病人合理调整饮食，给予高蛋白、富含维生素的食物，及时补充机体所需，以促进疾病康复。

（2）休息和活动：① 急性期关节肿痛时，限制活动，保持肢体功能位；缓解期鼓励病人定时被动性和主动性的全关节活动，恢复关节功能、增强肌力与耐力，但活动程度以病人能够忍受为度，如关节活动后出现疼痛或不适持续2小时以上，可适当减少活动量。② 病人睡眠时注意病变关节保暖，预防晨僵。

（3）病情观察及预防并发症：① 评估病人的营养状态，注意有无热量摄入不足或负氮平衡。② 严密观察患肢的病情，定期做肢体按摩，防止肌肉萎缩；同时注意要保持肢体功能位，如用枕头、沙袋或夹板保持足背屈曲，防止足下垂。③ 协助病人翻身、适当使用保护性措施，预防压疮。④ 预防便秘，保证充足的液体摄入量、摄入多纤维食物；鼓励适当活动；必要时使用缓泻剂等。

（4）心理护理：帮助病人接受活动受限的事实，重视发挥自身残存的活动能力。鼓励病人表达自己的感受，理解、支持、关心病人。

5. 护理评价

（1）病人掌握缓解关节僵硬等方法，关节僵硬程度减轻，关节活动受限程度得到改善及缓解。

（2）病人独自完成最大限度的日常生活，如穿衣、进食、如厕等力所能及的日常生活活动及工作。

【皮肤受损】

风湿性疾病的皮肤损害包括皮疹、红斑、水肿、溃疡及皮下结节等，多由血管炎性反应引起。其中系统性红斑狼疮病人最具特征性的皮肤损害为面部蝶形红斑，伴口腔、鼻黏膜溃疡或糜烂；类风湿关节炎病人可有皮下结节。

1. 护理评估

（1）病史评估：了解病人皮肤受损的起始时间、演变特点，病人对皮肤受损和皮肤受压的感知情况及程度，受损皮肤有无采取相应措施及其效果等。

（2）身体评估：评估病人皮损的部位、面积大小、形状、表面情况等；手、足的颜色和温度，皮肤有无苍白、发绀等；有无甲床瘀点或瘀斑。

（3）辅助检查：皮肤狼疮带试验、肾活检、肌肉活检等有无异常。

2. 常用护理诊断/问题　皮肤完整性受损　与血管炎性反应及应用免疫抑制剂等因素有关。

3. 护理目标　病人能够学会皮肤防护的日常方法，皮肤受损面积逐渐缩小或完全修复。

4. 护理措施

（1）饮食护理：给予足量的蛋白质、维生素和水分，维持正氮平衡、满足组织修复需要。

（2）皮肤护理：① 保持皮肤清洁、干燥。每天用温水擦洗，忌用碱性洗涤剂。② 皮疹、红斑或光敏感者，指导病人外出时采取遮阳措施，避免阳光直接照射皮肤，忌日光浴；皮疹或红斑处避免涂用各种化妆品或护肤品，可遵医嘱局部涂用药物性软膏。③ 若局部溃疡合并感染者，遵医嘱使用抗生素治疗的同时，做好局部清创换药处理。④ 避免皮肤接触刺激性物品，如染发或烫发剂、定型发胶、某些外用药等。

（3）病情观察：观察受损皮肤的变化情况，皮肤有无苍白、发绀等；观察雷诺现象发生的频率、持续时间及诱发因素等。

（4）用药护理

1）非甾体抗炎药：具有抗炎、解热、镇痛作用，能迅速减轻炎症引起的症状，但不能控制原发病的病情进展。其种类较多，如洛索洛芬、塞来昔布、艾瑞昔布、美洛昔康等，胃肠不适的不良反应多见，可累及心血管，出现高血压等，还可出现头痛、头晕，肝、肾损伤，血细胞减少，水肿及过敏反应等少见。宜饭后服药，同时服用胃黏膜保护剂、H_2 受体拮抗剂等，以减轻对胃黏膜的损伤。

2）肾上腺糖皮质激素：具有抗炎和免疫抑制作用，能迅速缓解症状。长期服用糖皮质激素可引起血压升高、血糖升高、电解质紊乱、加重或引起消化性溃疡、骨质疏松等不良反应；遵医嘱服药，密切观察血压、血糖、尿糖的变化，不能自行停药或减量过快，以免引起"反跳"现象。

3）缓解病情抗风湿药（DMARD）：通过不同途径改善病情和延缓病情进展，可以防止和延缓特别是类风湿关节炎的关节骨结构破坏，起效慢。主要不良反应是白细胞减少，也可引起胃肠道反应、黏膜损伤、皮疹、肝肾功能损害、脱发、出血性膀胱炎、畸胎等。服药期间嘱病人多饮水，注意观察尿液的颜色。

4）生物制剂：利用抗体靶向性特异性阻断发病中的某个重要环节而发挥作用，是近20年来风湿免疫领域最大进展之一，目前应用于类风湿关节炎、脊柱关节炎、系统性红斑狼疮等疾病的治疗。

5. 护理评价　病人说出皮肤防护的方法；皮损情况有所好转或者逐渐愈合，没有出现新的皮损。

（魏秀红）

第二节 系统性红斑狼疮

案例导入

病人，女，25岁，已婚，未生育子女。以"关节疼痛及面部红斑3个月"入院。

病史评估：3个月前无明显诱因出现手指、腕等多关节疼痛和面部红斑，日晒后红斑明显。

身体评估：T 36.5℃, P 79次/min, R 20次/min, BP 120/80mmHg, 神志清楚，面部蝶形红斑，心肺无异常，腹软，手指、腕等多关节肿胀。

辅助检查：血常规示红细胞计数 $4.5×10^{12}$/L，血红蛋白100g/L，白细胞计数 $4.0×10^9$/L，血沉55mm/h；抗核抗体阳性。

初步诊断：系统性红斑狼疮。

入院后，给予非甾体抗炎药止痛，关节疼痛有所减轻。

请思考：如何进行皮肤护理？病人应用非甾体抗炎药，其相应的用药指导有哪些？

系统性红斑狼疮（systemic lupus erythematosus，SLE）是一种慢性系统性自身免疫性结缔组织疾病，可造成全身多系统、多器官的损害，血清中存在以抗核抗体为主的多种自身抗体。本病病情反复发作，呈慢性病情缓解和急性发作相交替，病程迁延，若有内脏（尤其是肾、中枢神经）损害者，其预后较差。

SLE的患病率因人群而不同，全球平均患病率（12~39）/10万，北欧约为40/10万，黑人约100/10万，我国患病率为（30~70）/10万。本病好发于育龄期女性，20~40岁多见。

【病因及发病机制】

SLE的病因与发病机制尚不明确，目前认为是在各种致病因子（如遗传、性激素、感染、药物等）作用下，激发机体免疫功能或免疫调节导致其紊乱或障碍，而出现的一种自身免疫性疾病。

1. 遗传因素 家系调查资料显示SLE发病有家族聚集倾向，同卵孪生者患病率高于异卵孪生者5~10倍，但是，大部分病例不显示有遗传性。多年研究已证明SLE是多基因相关疾病。

2. 雌激素 女性患病率明显高于男性，女性患病年龄以20~40岁最多见，不同年龄组男女患病率不同，在更年期前阶段男女比约为1:9，儿童及老年男女比约为1:3，妊娠可诱发本病或加重病情，特别是在妊娠早期和产后6周。

3. 环境因素 日光、感染、食物、药物等外界因素与SLE有关，同时也是SLE的诱发因素。① 日光：40%的SLE病人对日光过敏；② 感染：SLE病人出现发热、乏力及肌痛等临床症状均与微生物病原体感染有关；③ 食物：某些含补骨脂素的食物（如芹菜、无花果等）可能增强SLE病人对紫外线的敏感性；④ 药物：某些病人使用普鲁卡因胺、异烟肼、氯丙嗪、甲基多巴等药物后出现狼疮样症状，停药后多消失。

【病理】

SLE的病理形态因累及部位不同而异。基本病理变化为炎症反应和血管异常。受损器官的特征性改变有：① 苏木紫小体，即细胞核受抗体作用变性为嗜酸性团块；② "洋葱皮样"病变，即小动脉周围有显著向心性纤维组织增生，尤以脾中央动脉明显，心瓣膜的结缔组织反复发生纤维蛋白样变性而形成赘生物；③ 狼疮性肾炎（lupus nephritis，LN），典型的肾小球免疫病理表现为 IgG、IgA、IgM、C3、C4、Clq 均阳性，称为"满堂亮"（full house）。

【临床表现】

临床表现复杂，病人之间差异较大。病程多呈发作与缓解交替过程。

1. 全身症状 是 SLE 病人起病的主要表现之一，亦是稳定期 SLE 病人出现疾病活动的警示。SLE 病人的全身症状包括发热、乏力、体重减轻及淋巴结肿大等。发热通常为 SLE 疾病活动的标志，但需与感染相鉴别。疲乏是 SLE 病人最常见的主诉之一，由多种因素导致。

2. 皮肤与黏膜 皮肤黏膜损害见于大部分 SLE 病人。① 蝶形红斑为 SLE 最具特征性皮肤改变，蝶形红斑多见于日晒部位，好发生在颧颊，经鼻梁融合成蝶翼状，为不规则的水肿性红斑，色鲜红或紫红，边缘清楚或模糊，稍高出皮面，表面光滑，有时可见鳞屑，有瘙痒和疼痛感；病情缓解时，红斑消退，留有棕黑色素沉着。② 盘状红斑、指掌部和甲周红斑、指端缺血、面部及躯干皮疹等，晚期甚至可出现皮肤萎缩。③ 40% 病人呈现皮肤光过敏现象，如病人受日光或其他来源的紫外线照射后出现面部红斑。④ 40% 病人有头发和身体其他部位的毛发脱落现象。⑤ 30% 病人可出现口腔溃疡。⑥ 部分病人可出现网状青斑及雷诺现象等。

3. 骨关节与肌肉 关节痛是常见的症状之一，受累的部位多分布在近端指间关节、腕、膝和掌指关节，呈对称性分布，肩、肘、踝及髋关节则较少累及。部分病人伴有关节炎，但一般不出现关节畸形。约 40% 的病人有肌痛，5%~10% 的病人有时出现肌炎。

4. 肾脏 27.9%~70% 的 SLE 病人在病程进展过程中会出现肾脏受累，我国 SLE 病人中以肾脏受累为首发表现的仅为 25.8%，肾活检显示肾脏受累几乎为 100%，其中以狼疮性肾炎较常见，免疫复合物形成和沉积是狼疮性肾炎的主要机制，狼疮性肾炎可表现为无症状性蛋白尿和/或血尿、高血压、肾病综合征、急性肾炎综合征甚至肾衰竭等。慢性肾衰竭是 SLE 病人死亡的常见原因。

5. 循环系统 心包炎最常见。10% 的病人有心肌炎，可出现气促、心前区不适、心律失常等，严重者因心力衰竭而死亡。

6. 呼吸系统 最常见的症状为胸膜炎，急性狼疮性肺炎可表现为咳嗽、胸痛、发热、呼吸困难和低氧血症，影像学检查可见双侧或单侧的肺部浸润影，需和肺部感染相鉴别。引起的肺间质性病变主要为急性、亚急性期的磨玻璃样改变和慢性期的纤维化，主要表现为活动后气促、干咳、低氧血症，肺功能检查常显示弥散功能下降。弥漫性肺泡内出血少见，但病死率高，通常发生在疾病高度活动的 SLE 病人，表现为咯血和呼吸困难。

7. 消化系统 病人可出现食欲缺乏、腹痛、呕吐、腹泻、腹水等，少数发生急腹症，如急性腹膜炎、胰腺炎、胃肠炎等。

8. 神经、精神系统 神经精神狼疮（neuropsychiatric lupus，NP-SLE）又称为狼疮脑病，中枢神经系统和外周神经系统均可受累。① 中枢神经系统病变包括癫痫、狼疮性头痛、脑血管病变、无菌性脑膜炎、脱髓鞘综合征、运动障碍、脊髓病等，最常见的弥漫性中枢神经系统狼疮，表现为认知功能障碍、头痛和癫痫；② 常见精神症状包括抑郁呆滞、兴奋狂躁、幻觉、猜疑、强迫观念等；③ 外周神经系统病变包括吉兰-巴雷综合征、自主神经病、单神经病、重症肌无力、脑神经病变及多发性神经病等。

9. 血液系统 活动性SLE病人常有血红蛋白下降、白细胞和/或血小板减少，其中约10%属于抗球蛋白试验（Coombs试验）阳性的溶血性贫血。部分病人有无痛性轻、中度淋巴结肿大，以颈部和腋窝多见。

【辅助检查】

1. 一般检查 血、尿常规异常，血沉增快，肝功能和肾功能均有不同程度异常。

2. 免疫学检查

（1）抗核抗体谱：抗核抗体（ANA）、抗双链DNA（dsDNA）抗体、抗可提取核抗原（ENA）抗体等在SLE病人中出现。

1）ANA：几乎所有的SLE病人可见，是目前SLE首选的筛查项目。对SLE的诊断敏感度为95%；特异度相对较低，为65%。由于特异性低，阳性结果并不能作为SLE与其他结缔组织病的鉴别指标。

2）抗dsDNA抗体：见于60%~80%的SLE病人，是诊断SLE的特异性抗体，为SLE的标记抗体，对SLE诊断的特异度为95%，敏感度为70%。多出现在SLE的活动期，抗体的滴度与疾病活动性密切相关。

3）抗ENA抗体谱：一组临床意义不同的抗体。抗Sm抗体是诊断SLE的标记抗体，特异度99%，但敏感度仅为25%，且与病情活动性无关，主要用于早期或不典型病人的诊断或回顾性诊断；抗RNP抗体，阳性率40%，特异度不高，与SLE的雷诺现象和肺动脉高压相关。

（2）其他自身抗体：① 抗磷脂抗体，与继发性抗磷脂综合征（APS）有关。② 抗组织细胞抗体，如抗红细胞膜抗体，以抗人球蛋白试验测得；抗血小板抗体导致血小板减少。

3. 其他 X线、超声心动图检查及CT均有利于早期发现肺部浸润病变、心血管病变及出血性脑病等。

相关链接 | 系统性红斑狼疮分类标准见表8-2。

▼ 表8-2 美国风湿病学会（ACR）/欧洲风湿病防治联合会（EULAR）系统性红斑狼疮分类标准（2019）

项目	标准	权重
临床领域		
1. 全身系统	发热≥38.3℃	2
2. 皮肤黏膜	非瘢痕性脱发	2
	口腔溃疡	2
	亚急性皮肤或盘状狼疮	4
	急性皮肤型红斑狼疮	6
3. 关节炎	≥2个关节滑膜炎或≥2个压痛关节+≥30分钟的晨僵	6

项目	标准	权重
4. 神经系统	谵妄	2
	精神症状	3
	癫痫	5
5. 浆膜炎	胸腔积液或心包积液	5
	急性心包炎	6
6. 血液系统	白细胞减少（$<4 \times 10^9$/L）	3
	血小板减少（$<100 \times 10^9$/L）	4
	免疫性溶血	4
7. 肾脏	蛋白尿 > 0.5g/24h	4
	肾穿病理Ⅱ或Ⅴ型狼疮性肾炎	8
	肾穿病理Ⅲ或Ⅳ型狼疮性肾炎	10
免疫学领域		
1. 抗磷脂抗体	抗心磷脂抗体中或高低度或抗β_2糖蛋白Ⅰ抗体阳性或狼疮抗凝物阳性	2
2. 补体	低C3/低C4	3
	低C3 + 低C4	4
3. 高度特异性抗体	抗dsDNA阳性	6
	抗Sm抗体阳性	6

注：1. 纳入标准ANA≥1:80。
2. SLE分类标准要求至少包括1条临床分类标准以及总分≥10分。
3. 在每个记分项，只计算最高分。
4. 所有的标准，不需要同时发生，若有其他可解释的病因则不纳入计分。
最新的队列研究显示，此分类标准敏感度为96%，特异度为93%。

【治疗要点】

目前无根治方法，采取合理治疗方案可以控制病情活动及维持临床缓解，故主张早期诊断，早期治疗。治疗原则：在防治病因及一般治疗基础上，根据病情及严重程度结合循证医学证据制订个体化方案。

1. 糖皮质激素 是目前治疗SLE的基础药物，适用于急性暴发性狼疮，脏器受损如心、肺、肾及中枢神经系统等，以及急性溶血性贫血、血小板减少性紫癜等。常用药物有泼尼松等，多数病人需长期小剂量服用以维持病情稳定。对于病情突然恶化的狼疮性肾炎和严重中枢神经系统病变者，则可采用大剂量短期冲击疗法，但应严密观察药物不良反应。

2. 非甾体抗炎药 主要用于发热、关节肌肉疼痛、关节炎、浆膜炎，且无明显内脏或血液病变的轻症病人；常用药物有阿司匹林、吲哚美辛、布洛芬、萘普生等。

3. 免疫抑制剂 免疫抑制剂有利于更好地控制SLE活动，保护脏器功能，提高临床缓解率，降低激素的累积使用量和不良反应，预防疾病复发，常用药物如环磷酰胺、硫唑嘌呤等。

4. 其他药物治疗 根据中医辨证治疗均有一定疗效，如雷公藤用于狼疮性肾炎，但不良反应较大；目前用于临床和临床试验治疗SLE的生物制剂有抗CD20单抗（利妥昔单抗）等。

【常用护理诊断/问题及护理措施】

1. 皮肤完整性受损 与疾病所致的血管炎性反应等因素有关。

具体护理措施见本章第一节概述中"皮肤受损"的护理。

2. 疼痛：慢性关节疼痛 与自身免疫反应有关。

具体护理措施见本章第一节概述中"关节肿痛"的护理。

3. 潜在并发症：慢性肾衰竭。

（1）休息与活动：急性活动期卧床休息，适当减少机体的消耗，保护脏器功能，预防加重病情；缓解期逐步增加活动，以不加重病情为度。

（2）饮食：给予低盐、优质低蛋白饮食，限制水及钠盐的摄入；意识障碍者，鼻饲流质饮食；必要时遵医嘱静脉补充足够的营养。

（3）病情观察：定时测量生命体征、体重及腹围，严密观察水肿的程度、尿量、尿色、尿液检查结果的变化，监测血清电解质、血肌酐和血尿素氮等变化情况。

4. 焦虑 与病情久治不愈、容貌改变、生活工作受挫有关。

心理护理：了解病人的心理状况，分析其目前病情的治疗情况，鼓励积极治疗，与家属充分沟通，帮助病人及家属树立战胜疾病的信心。

【健康指导】

1. 疾病知识指导 嘱家属给予病人精神支持和生活照顾；注意劳逸结合，避免过度劳累；避免一切可能诱发或加重病情的因素，如日晒、妊娠、分娩、口服避孕药及手术等。

2. 用药指导 严格遵医嘱用药，了解所用药物的名称、剂量、给药时间和方法等，不得擅自改变药物剂量或突然停药，同时教会病人观察药物疗效和不良反应，定期复诊，遵医嘱调整药量。

3. 生育指导 无中枢神经系统、肾脏或其他脏器严重损害，病情处于缓解期达半年而且已经停药半年以上者，多能安全妊娠，妊娠前3个月至妊娠期应用大多数免疫抑制剂可影响胎儿的生长发育；产后避免哺乳。非缓解期的SLE病人应避孕，因容易出现流产、早产和死胎。

（魏秀红）

第三节 类风湿关节炎

案例导入

病人，女，35岁，以"两侧近端指间关节及足关节痛2年，加重伴低热1个月"入院。

病史评估：2年前无明显诱因出现双侧指间关节疼痛，继而出现足关节酸痛，每当寒冷季节疼痛加剧。1个月前患处疼痛加重伴发热。

身体评估： T 37.8℃，P 83次/min，R 18次/min，BP 120/80mmHg，神志清楚，心肺未见异常，肝肋下未及，两侧近端指间关节梭形肿胀，肘关节鹰嘴处可触及一米粒大小结节，坚硬如橡皮。

辅助检查： 血常规示血红蛋白90g/L，白细胞计数$8.1×10^9$/L；抗核抗体阴性，类风湿因子阳性；X线检查示关节周围软组织肿胀，关节腔变窄。

初步诊断： 类风湿关节炎。

请思考： 本病的关节病变有什么特点？为避免或减轻病人的关节疼痛，如何进行关节护理？

类风湿关节炎（rheumatoid arthritis，RA）是以慢性对称性关节炎为主要临床表现的异质性、系统性、自身免疫性疾病。RA呈全球性分布，临床表现特点为受累关节疼痛、肿胀、畸形和功能障碍，是造成人类丧失劳动力和致残的主要原因之一。RA遍布于世界各地，各个国家和地区的患病率不同，我国患病率为0.32%~0.36%，任何年龄均可发病，其中以35~50岁为发病高峰，RA女性患病率是男性的3~4倍。

【病因及发病机制】

RA的病因尚不清楚，目前认为RA是一种自身免疫性疾病，其发生可能与下列多种因素有关。

1. 环境因素 虽然目前尚未证实导致本病的直接感染因子，但临床及实验研究资料均表明，某些细菌、支原体和病毒等感染可能通过激活T、B等淋巴细胞，分泌致炎因子，产生自身抗体，感染因子某些成分也可通过分子模拟导致自身免疫性反应。吸烟能显著增加RA发病，并且与抗环瓜氨酸肽抗体（ACPA）阳性的RA更相关。

2. 遗传因素 RA具有一定遗传倾向，家系调查显示RA病人一级亲属患RA的概率为11%；对孪生子的调查结果显示，单卵双生子同患RA的概率为12%~30%，而双卵双生子同患RA的概率仅为4%。

【病理】

滑膜炎和血管炎是RA的基本病理改变，滑膜炎是关节表现的基础，血管炎是关节外表现的基础，其中血管炎是RA预后不良的因素之一。

【临床表现】

多数RA病人起病缓慢，出现明显的关节症状前均有乏力、全身不适、发热、纳差等症状。少数病人起病较急剧，在数天内出现多部位关节症状。

1. 关节表现 典型关节特点为对称性关节炎，且随着病情的进展，受累关节逐渐增多；主要侵犯小关节，其中主要是手指关节，如腕、掌指和近端指间关节，其次是趾、膝、踝、肘、肩等关节，部分病人也累及颌关节和颈椎。其表现有：

（1）晨僵：95%以上的病人可出现晨僵，持续时间超过1小时者意义较大，晨僵持续时间与关节炎症程度成正比，是观察RA活动的重要指标之一。

（2）疼痛：关节痛是最早出现的症状，多呈双侧对称性，具有持续性疼痛特点，同时伴有压痛，但病情时轻时重。

（3）肿胀：受累的关节均有肿胀，多因关节腔内积液或关节周围软组织炎症引起，多呈对称性。关节炎性肿大而附近肌肉萎缩，关节呈梭形，也称梭状指（图8-1）。

（4）畸形：多出现在疾病晚期，由于软骨、骨质结构破坏，造成关节纤维性或骨性强直，加之关节周围的肌腱、韧带损害致使关节不能完全保持在正常位置，继而出现手指关节半脱位，如手指的尺侧偏斜及天鹅颈样畸形（图8-2）等；关节周围肌肉的萎缩、痉挛可加重关节畸形。

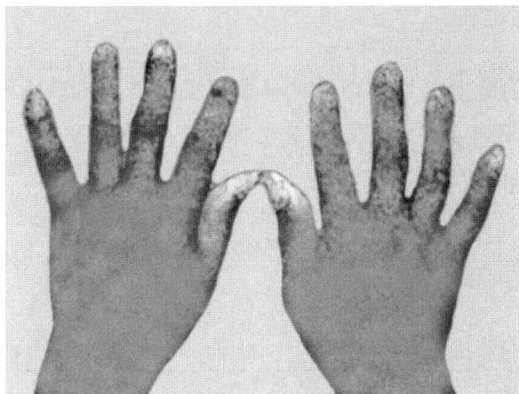

▲ 图8-1　梭状指

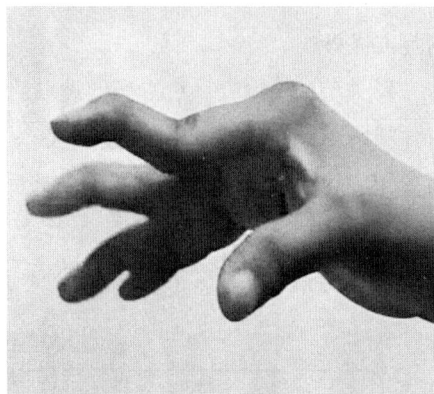

▲ 图8-2　天鹅颈样畸形

（5）功能障碍：关节肿痛、关节结构的破坏均会引起关节功能的活动障碍。美国风湿病学会根据关节功能活动障碍影响生活的程度分为四级。

Ⅰ级：关节能自由活动，能完成平常的任务而无妨碍。

Ⅱ级：关节活动中度限制，一个或几个关节疼痛不适，但能料理日常生活。

Ⅲ级：关节活动显著限制，不能胜任工作，料理生活也有困难。

Ⅳ级：大部分或完全失去活动能力，病人长期卧床或依赖轮椅，生活不能自理。

2. 关节外表现

（1）类风湿结节：在20%~30%的病人中可出现，是RA特异的皮肤表现，常提示病情活动。结节多位于肘关节鹰嘴附近、枕部、足跟腱鞘等部位的皮下，结节质硬无压痛，大小不一，直径数毫米至数厘米不等，呈对称分布；深部结节可出现在心包、胸膜、脑，若结节影响脏器功能时，均可出现该脏器的受损症状。

（2）类风湿血管炎：是关节外损害的病理基础，可累及皮肤、肌肉、眼、肺、心、肾、神经等任何器官组织。常表现为甲床或指端小血管炎，少数发生局部缺血性坏死，可侵犯肺部而出现胸膜炎、肺间质性病变；侵犯心脏则常出现心包炎；冠状动脉炎可引起心肌梗死；神经系统受损可出现脊髓受压、周围神经炎等表现。

（3）其他表现：① 干燥综合征，如口干、眼干的症状等；② 费尔蒂（Felty）综合征，如RA伴有脾大、中性粒细胞减少，甚至贫血和血小板减少者；③ Caplan综合征，最先见于煤矿工人或石棉工人，尘肺病人患RA时更易出现多发肺结节，同时伴有关节症状加重；④ 小细胞性贫血，因病变本身或因服用非甾体抗炎药而造成胃肠道长期少量出血所致。

【辅助检查】

1. 血液检查 轻度及中度贫血。

2. 类风湿因子（RF）检查 70%的RA病人血清中有IgM型RF，其数量与本病的活动性和严重性成正比。但RF也可出现在除本病外的多种疾病中，甚至5%的正常人也出现RF，因此RF对RA的诊断不具特异性。

3. 关节滑液检查 关节腔内滑液量超过3.5ml，滑液中均呈现白细胞明显增多，其中中性粒细胞占优势。

4. 关节X线检查 对本病的诊断、关节病变的分期等均有帮助；早期可见关节周围软组织的肿胀阴影、关节端骨质疏松（Ⅰ期）；进而关节间隙变窄（Ⅱ期）；关节面出现虫蚀样改变（Ⅲ期）；晚期可见关节半脱位和关节破坏后的纤维性和骨性强直（Ⅳ期）。

相关链接 | ACR/EULAR的RA分类标准见表8-3。

▼ 表8-3 2010年ACR/EULAR的RA分类标准

项目	表现	分值
受累关节	1个大关节	0
	2~10个大关节	1
	1~3个小关节	2
	4~10个小关节	3
	>10个关节（至少1个小关节）	5
血清学	RF及ACPA均阴性	0
	RF或ACPA至少有1项是低滴度阳性	2
	RF或ACPA至少有1项是高滴度阳性	3
急性时相反应物	CRP和ESR均正常	0
	CRP或ESR异常	1
症状持续时间	<6周	0
	≥6周	1

注：1. 目标人群为至少1个关节有明确的滑膜炎症状，或其他原因无法解释的滑膜炎病人。病人总得分≥6分可诊断为类风湿关节炎。

2. 大关节包括肩、肘、髋、膝、踝关节；小关节包括掌指关节、近端指间关节、拇指间关节、跖趾关节、腕关节；RF：类风湿因子；ACPA：抗环瓜氨酸肽抗体；低滴度升高：≤3倍正常值高限；高滴度升高：>3倍正常值高限；CRP：C反应蛋白；ESR：血沉。

【治疗要点】

目前尚不能根治。治疗目标是达到没有明显的炎症活动症状和体征的临床缓解或疾病低活动度。按照早期、达标、个体化方案的治疗原则，密切监测病情，减少致残。治疗措施包括一般性治疗、药物治疗、手术治疗，其中以药物治疗最重要。

1. 非甾体抗炎药　具有镇痛抗炎作用，是改善关节炎症状的常用药，能达到控制关节肿痛等目的。常用药物有塞来昔布、美洛昔康等。

2. 抗风湿药　起效慢，能控制病情进展，同时具有抗炎作用。临床上多采用与非甾体抗炎药联合用药方案。常用药物有甲氨蝶呤、雷公藤、金合剂、青霉胺、环磷酰胺、环孢素等。

3. 糖皮质激素　具有较强的抗炎作用，能快速缓解症状，但不能控制疾病发展，停药后易复发。长期用药可造成药物的依赖性，更易出现不良反应。故仅限于活动期有关节外症状者、关节炎明显而又不能为非甾体抗炎药所控制的病人和抗风湿药尚未起效的病人。

【常用护理诊断/问题及护理措施】

1. 疼痛：关节痛　与关节炎性反应有关。

具体护理措施见本章第一节"关节肿痛"的护理。

2. 有废用综合征的危险　与关节炎反复发作、疼痛和关节骨质破坏有关。

（1）休息与活动：急性活动期卧位休息，以减少体力消耗，限制关节活动并保护关节功能位，避免脏器受损。缓解期需适当进行计划性的康复活动，但避免劳累。

（2）饮食护理：宜清淡、易消化，忌辛辣、刺激性食物，给予足量的蛋白质、高维生素和营养丰富的饮食，贫血者应增加含铁丰富的食物。

（3）晨僵的护理：早晨起床后行温水浴或用热水浸泡僵硬的关节；夜间睡眠时患病关节戴弹力手套保暖，减轻晨僵程度。其他具体护理措施见第一节概述中"关节僵硬和活动受限"的护理。

（4）保持关节功能：① 急性期保持受累关节功能位，防止关节畸形和肌肉萎缩，如膝下放平枕，使膝关节保持伸直位，足下放置足踏板，避免垂足；② 症状控制后，鼓励病人及早下床活动，不宜绝对卧床，避免长时间不活动，必要时提供辅助用具；③ 关节主动和被动运动，肢体运动应从被动运动向主动运动渐进，做肢体屈伸、散步、手部抓握、提举等活动，活动强度逐步加强，但以病人能承受为限。同时可配合理疗、按摩等治疗方法，以增加局部血液循环，松弛肌肉，活络关节，达到缓解关节症状的目的。

（5）病情观察：观察病人关节疼痛的部位、范围，关节肿胀和活动受限的程度，有无畸形，晨僵的程度及变化情况，以此判断病情及疗效；观察病人有无关节外症状，如胸闷、心前区疼痛、腹痛、消化道出血、头痛、发热、咳嗽、呼吸困难等，如出现上述症状均提示病情严重，尽早给予适当积极处理。

3. 预感性悲哀　与疾病久治不愈、关节可能致残、影响生活质量有关。

采取心理疏导、解释、安慰、鼓励等方法，提供合适的环境让病人表达悲哀；嘱家属、亲友等给病人精神鼓励和物质支持，稳定病人不良的情绪，帮助病人增强战胜疾病的信心，鼓励病人参与集体活动或娱乐活动、最大限度生活自理或参加力所能及的工作。

【健康指导】

1. 疾病知识指导 指导病人明确休息和治疗性锻炼的重要性，养成良好的生活方式和习惯，保护关节功能，防止关节肌肉废用。避免各种诱因，如感染、寒冷、潮湿、过劳等，注意保暖。

2. 用药指导 遵医嘱服药，指导病人用药的方法并告知注意事项，不要随便停药、换药和增减药量，坚持治疗、减少复发。

（魏秀红）

第四节 风湿性疾病临床思维案例

【案例1】

病史：病人，女，33岁。以"颜面部红斑2年，颜面部水肿1周"入院。2年前无明显诱因出现颜面部红斑，在外院诊断为"系统性红斑狼疮"，遵医嘱使用泼尼松，自觉症状好转。1周前早晨起床颜面部水肿，继而双下肢水肿，双手指间关节疼痛入院。自发病以来，精神状态一般，食欲欠佳，大便正常，睡眠尚可。

体格检查：T 36.8℃，P 78次/min，R 19次/min，BP 145/80mmHg，面部蝶形红斑，颜面部轻度水肿，心肺听诊无异常，腹软，全腹无压痛及反跳痛，肝脾未触及，双手指间关节有触痛，双下肢轻度凹陷性水肿。

辅助检查：血常规示红细胞计数 2.5×10^{12}/L，血红蛋白85g/L，白细胞计数 3.0×10^9/L，血小板计数 65×10^9/L；尿常规示尿蛋白（+++），红细胞（++）；生化示血清白蛋白26g/L，肌酐152μmol/L；抗核抗体（+），补体C3、C4均低。B超提示腹腔少量积液、心包少量积液、双肾弥漫性回声改变。胸片提示两肺支气管病变。肾穿刺提示轻度系膜增生性改变。

初步诊断：系统性红斑狼疮，狼疮性肾炎。

问题：

1. 请归纳该病例"狼疮性肾炎"的临床特点。

> 病情进展：
> 入院第1天，病人鼻出血。

2. 分析病人发生鼻出血的原因，如何处理?

> 病情进展：
> 经过住院治疗，病人病情好转出院。出院后病人恢复了正常工作，但其工作特别累，出院后第4周出现食欲不振伴恶心再次入院。精神欠佳，眼睑明显水肿，病人口腔黏膜和舌出现溃疡，口气中有尿臭味。

3. 该病人最可能发生了什么病情变化? 请分析。

【案例2】

病史：病人，女，45岁。以"关节疼痛10年，全身水肿伴尿量明显减少3周"入院。10年前无明显诱因出现关节痛，以双肘关节、膝关节明显，行走较困难，继而出现双下肢稍肿，当时未给予重视，自行敷用活络药膏，疗效不佳。3周前无明显诱因开始出现全身水肿伴尿量明显减少。5年前因病不能胜任工作而辞职，生活尚可自理，有一儿子正读高三，家庭经济拮据，常因家庭负担，不能持家而感内疚焦虑。

体格检查：T 36.2℃，P 86次/min，R 20次/min，BP 135/100mmHg。神志清楚，双手掌、足底见斑片状红斑，眼睑稍水肿，双下肢重度凹陷性水肿。

辅助检查：24小时尿蛋白定量12g；尿常规示蛋白（+++）~（++++）、红细胞（+++）；血清总蛋白40g/L；肾功能检查示尿素氮17.7mmol/L；抗核抗体阳性。

初步诊断：系统性红斑狼疮。

问题：

1. 该病人的临床特点符合哪种疾病病情变化，并做出解释。

病情进展：

入院第1天，病人不安心住院治疗，总是要求出院治疗，情绪一直不稳定。

2. 针对该病人目前的情绪状况，如何进行护理？

病情进展：

入院一直睡眠不佳，第5天，病人突然自诉头痛剧烈，精神状态不佳。

3. 考虑此时病人最可能发生何种病情变化？

（魏秀红）

复习参考题

一、简答题

1. 简述关节疼痛、僵硬等引起躯体活动障碍的护理措施。
2. 简述类风湿关节炎病人的关节损害表现。
3. 简述SLE病人皮肤损害的表现及皮肤护理。
4. 简述SLE常累及损害的脏器及最主要死因。
5. 简述类风湿关节炎病人关节受损的护理措施。

二、选择题

1. 病人，女，35岁。双手关节呈梭状肿胀、疼痛、"晨僵"明显1个月，诊断为"类风湿关节炎"。为缓解关节僵硬、疼痛，**不宜**采用的方法是

A. 局部热敷

B. 按摩

C. 局部制动

D. 热水浸泡

E. 保暖

2. 病人，女，45岁。低热、乏力、不适，伴双手腕、掌指关节和近端指间关节疼痛1个月。为确定是否为类风湿关节炎，最有帮助的询问或检查是

A. 有无关节红肿

B. 有无晨起后手指关节僵硬

C. 血沉试验

D. 双手X线检查

E. 有无尿液的改变

3. 病人，女，22岁。患"系统性红斑狼疮"2年，鼻梁及面颊两侧呈蝶形水肿红斑。不正确的护理措施是

A. 病人床位安置在没有阳光直射的地方

B. 外出穿长袖衣裤，打伞遮阳

C. 适当使用化妆品掩饰红斑

D. 忌用碱性肥皂清洗面部

E. 皮肤受损处遵医嘱使用糖皮质激素软膏

4. SLE与类风湿关节炎，关节受累共有的特征是

A. 关节肿胀

B. 关节疼痛

C. 关节皮肤发红

D. 关节僵硬

E. 畸形

5. 病人，女，38岁，疑患系统性红斑狼疮。近半个月病人反复进行免疫学检查，SLE在发病过程中可产生多种抗体，请问哪种抗体的出现对疾病判断起重要作用

A. 抗核抗体

B. 抗SSA抗体

C. 抗胶原抗体

D. 抗SSB抗体

E. 抗磷脂抗体

答案：1. C 2. B 3. C 4. B 5. A

第九章

神经系统疾病病人的护理

学习目标

知识目标	
	1. **掌握** 神经系统常见症状体征如头痛、意识障碍、感觉障碍、运动障碍的评估与护理，神经系统常见疾病如急性炎性脱髓鞘性多发性神经病、急性脊髓炎、脑血管疾病、帕金森病、癫痫、重症肌无力的临床表现、常用护理诊断/问题及措施、健康指导。
	2. **熟悉** 神经系统疾病的护理评估；神经系统常见疾病的辅助检查及治疗要点；神经系统常用诊疗技术如腰椎穿刺、数字减影脑血管造影、脑血管内介入治疗的护理措施；神经系统疾病的临床护理思维方法。
	3. **了解** 神经系统的结构与功能，神经系统常见疾病的病因及发病机制；神经系统常用诊疗技术的目的、原理、适应证及禁忌证。
能力目标	能应用临床护理思维与评判性思维对神经系统疾病病人进行病情评估，能识别脑疝、重症肌无力危象、癫痫持续状态等危重情况；能正确提出护理问题，实施整体护理。
素质目标	以人民健康为己任，树立大健康观；关心病人，领悟白衣天使的职业情怀；勤于思考，内化锲而不舍的科学素养。

第一节 概述

神经系统是人体最精细、结构和功能最复杂的系统，按解剖结构分为中枢神经系统和周围神经系统两部分，前者主管综合分析内外环境传来的信息并使机体做出适当反应，后者主管传导神经冲动；按其功能又分为调整人体适应外界变化的躯体神经系统和稳定内环境的自主神经系统。神经系统疾病是指神经系统与骨骼肌由于血管病变、感染、变性、肿瘤、遗传、中毒、免疫障碍、先天发育异常、营养缺陷和代谢障碍等所致的疾病。神经系统疾病的主要临床表现为运动、感觉、反射、自主神经及高级神经功能障碍。神经系统疾病具有起病急、病情重、症状广泛而复杂等特点，是导致人类死亡和残障的主要原因之一。

一、结构与功能

1. 中枢神经系统 中枢神经系统由脑和脊髓所组成。脑又分为大脑、间脑、脑干和小脑。

（1）大脑：由大脑半球、基底核和侧脑室组成。大脑表面为大脑皮质所覆盖，皮质表面有脑沟和脑回，大脑半球分为额叶、颞叶、顶叶、枕叶、岛叶和边缘系统。大脑半球的各脑叶的功能各不相同且双侧不对称，如额叶与躯体运动、语言及高级思维活动有关；颞叶与听觉、语言和记忆有关；顶叶与躯体感觉、味觉、语言等有关；枕叶与视觉信息的整合有关；岛叶与内脏感觉有关；边缘系统与情绪、行为和内脏活动有关。言语中枢大多在左侧半球，而习惯左利手者则位于右侧。近代神经生理学家还认为左侧大脑半球在语言、逻辑思维、分析能力及计算能力等方面起决定作用；右侧大脑半球主要在音乐、美术、空间和形状的识别、综合能力、短暂的视觉记忆等方面起决定作用。但大脑的整体功能非常重要，大脑皮质各部分是在整体功能的基础上各有其独特的生理作用。

（2）间脑：间脑位于大脑半球与中脑之间，是脑干与大脑半球的连接站。间脑可分为丘脑、上丘脑、下丘脑和底丘脑。丘脑的破坏性病灶可出现对侧偏身各种感觉消失或减退，刺激性病灶引起偏身疼痛，称为丘脑性疼痛。下丘脑对体重、体温、代谢、饮食、内分泌生殖、睡眠和觉醒的生理调节起着重要作用，同时也与人的行为和情绪有关。

（3）脑干：由中脑、脑桥和延髓组成。中脑向上与间脑相接，延髓下端与脊髓相连，脑桥介于中间，由脑桥臂与背侧的小脑半球相连接。脑干是生命中枢，脑干网状结构能保持正常睡眠与觉醒。脑干病变大多涉及某些脑神经和传导束，从而出现交叉性瘫痪、意识障碍、去大脑僵直及某些定位体征，多见于脑血管病、肿瘤和多发性硬化等。

（4）小脑：位于后颅窝，由小脑半球和小脑蚓部组成。其功能为调节肌张力、维持身体平衡，控制姿势步态和协调随意运动。小脑病变可引起共济失调、平衡障碍和构音障碍，见于肿瘤、脑血管病、遗传性疾病等。

（5）脊髓：脊髓呈椭圆形条索状，位于椎管内。其上端于枕骨大孔水平与脑干相连接，下端以圆锥终止于腰1椎体下缘，并以终丝固定在骶管盲端。脊髓是中枢神经的低级部分，为四肢和躯干的初级反射中枢。脊髓和脑的各级中枢之间存在广泛的联系，脊髓的正常活动总是在大脑控制下进行的。脊髓的主要功能为：① 传导功能。传导从周围到脑的神经冲动，一方面把大脑皮质的运动兴奋性经脊髓、脊神经传达到效应器官，另一方面把肌肉、关节和皮肤的痛觉、温度觉、触觉等感觉经脊神经、脊髓、脑干传达到大脑半球。② 反射功能。当脊髓失去大脑控制后，仍能自主完成较为简单的骨骼肌反射和躯体内脏反射活动，如牵张反射、屈曲反射、浅反射以及膀胱、直肠反射等。

2. 周围神经系统

（1）脑神经：脑神经共有12对，采用罗马数字命名。除第Ⅰ、Ⅱ对脑神经进入大脑外，其他10对脑神经均与脑干互相联系（图9-1）。脑神经有运动纤维和感觉纤维，主要支配头面部。其中第Ⅲ、Ⅳ、Ⅵ、Ⅺ、Ⅻ对脑神经为运动神经；第Ⅰ、Ⅱ、Ⅷ对脑神经为感觉神经；第Ⅴ、Ⅶ、Ⅸ、Ⅹ对脑神经为混合神经。所有脑神经运动核仅有第Ⅻ和第Ⅶ对脑神经核的下部为对侧大脑半球支配，其他均接受双侧大脑半球的支配。脑神经的主要解剖及生理功能见表9-1。

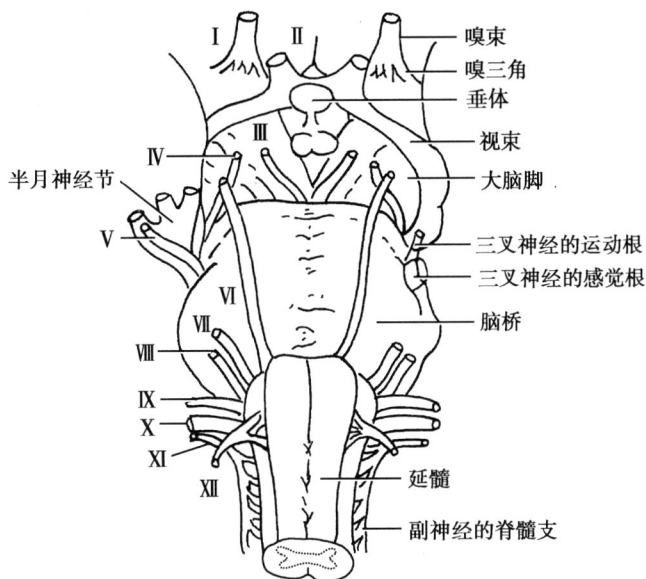

▲ 图9-1　脑底各脑神经的穿出部位

▼ 表9-1　脑神经的主要解剖及生理功能

脑神经	性质	进出颅部位	连接脑部位	功能
嗅神经（Ⅰ）	感受性	筛孔	端脑	传导嗅觉
视神经（Ⅱ）	感受性	视神经孔	间脑	传导视觉
动眼神经（Ⅲ）	运动性	眶上裂	中脑	支配提上睑肌、上直肌、下直肌等眼肌，瞳孔括约肌及睫状肌
滑车神经（Ⅳ）	运动性	眶上裂	中脑	支配上斜肌
三叉神经（Ⅴ）	混合性	眶上裂（眼支） 圆孔（上颌支） 卵圆孔（下颌支）	脑桥	传导面部、鼻腔及口腔黏膜感觉 支配咀嚼肌 支配咀嚼肌和鼓膜张肌
展神经（Ⅵ）	运动性	眶上裂	脑桥	支配外直肌
面神经（Ⅶ）	混合性	内耳门茎乳孔	脑桥	支配面部表情肌、泪腺、唾液腺，传导舌前2/3的味觉及外耳道感觉
前庭蜗神经（Ⅷ）	感受性	内耳门	脑桥	传导听觉及平衡觉
舌咽神经（Ⅸ）	混合性	颈静脉孔	延髓	传导舌后1/3味觉及咽部感觉，支配咽肌、腮腺
迷走神经（Ⅹ）	混合性	颈静脉孔	延髓	支配咽喉肌和胸腹内脏运动
副神经（Ⅺ）	运动性	颈静脉孔	延髓	支配胸锁乳突肌和斜方肌
舌下神经（Ⅻ）	运动性	舌下神经管	延髓	支配舌肌

（2）脊神经：脊神经是与脊髓相连的周围神经，共有31对，其中颈神经8对，胸神经12对，腰神经5对，骶神经5对，尾神经1对。每对脊神经都由后根（感觉根）和前根（运动根）组成。脊神经病变的临床表现是受损神经支配范围内的感觉、运动、反射和自主神经功能障碍，其部位

和范围随受损神经的分布而异，但又具有共同的特性。如前根损害表现为支配节段的下运动神经元性瘫痪，若后根损害则出现呈节段分布的感觉障碍，神经末梢损害时常出现四肢远端对称分布的手套–袜套样感觉障碍等。

二、护理评估

【病史评估】

1. 患病及治疗过程

（1）患病过程：① 起病情况，是急性、亚急性还是慢性起病，是突发性还是渐进性。如脑卒中多为急性、突发性，帕金森病多为慢性、进行性，脑血栓形成多发生于睡眠时，脑出血则常见于情绪激动时。② 主要症状和体征，部位、范围、性质、前后顺序、持续时间、严重程度、加重或缓解因素等。③ 病因或诱因，有无与本次发病有关的病因（外伤、中毒、感染等）和诱因（气候变化、环境改变、情绪、起居饮食失调等）。④ 伴随症状，注意有无与主要症状同时或随后出现的其他症状，如头痛、头晕、恶心、呕吐等。⑤ 病情的发展与演变，了解主要症状变化情况及有无新发症状等。

（2）诊疗及护理过程：既往检查、诊断、治疗护理经过及效果，是否遵医嘱治疗，所用药物的名称、剂量、时间和疗效等。

（3）目前情况与一般状况：主要不适及病情变化，评估头痛、意识障碍、感觉障碍、言语障碍、运动障碍、认知障碍等发生的部位、性质、症状发生前后顺序、累及范围、起始时间、持续时间、严重程度及演变情况等。是否有特征性症状和体征，如帕金森病的慌张步态、蛛网膜下腔出血的脑膜刺激征等。

（4）过敏史：了解有无药物、食物、空气、接触物品或环境因素中已知的过敏物质等过敏史。

2. 既往史及家族史

（1）既往史：了解病人既往病史（含传染病）、手术或外伤史、预防接种史、输血史，以及与之相关的具体情况，如患病、手术或外伤的名称、时间、诊疗与护理经过及转归；预防接种时间及疫苗种类；居住地或生活地区的主要传染病和地方病史。了解有无与神经系统疾病相关疾病，如高血压、糖尿病、心脏病、高脂血症等。应注意分析既往病史特点与现在疾病的关系，如长期服用异烟肼可能引起周围神经病，镇静剂可造成多种形式运动障碍等。女性病人应询问月经史和生育史。

（2）家族史：了解家族成员是否患有同样的疾病及与遗传有关的疾病，以明确遗传、家庭和环境因素等对病人目前健康状况的影响。

3. 心理–行为–社会状况

（1）心理状况：评估病人在疾病发生发展中的心理过程，包括文化程度、性格特点、职业及工作性质、认知水平、情感与应激、健康行为、自我概念和精神价值观。了解病人对疾病的性质、过程、防治及预后知识的了解程度；了解疾病对其日常生活、学习和工作的影响，病人能否面对现实、适应角色转变，有无焦虑、恐惧、抑郁、孤独、自卑等心理反应及其程度；了解病人的性格特点，人际关系与环境适应能力。如脑卒中病人常出现肢体瘫痪，容易产生抑郁、无用感、失落感；重症肌无力病人常因呼吸肌麻痹容易导致死亡恐惧。

（2）生活方式：了解病人的生长发育史和主要经历，包括出生地、居住地、有无疫水接触史、动物喂养史，家庭或职场是否接触化学物质，如脑血吸虫病常有疫水接触史，隐球菌脑膜炎常与喂养鸽子有关，弓形体病常有猫、狗等动物喂养史。了解病人日常饮食习惯，有无食物的特殊喜好或禁忌，有无特殊饮食医嘱及遵从情况，有无食物过敏史等。如周期性瘫痪常因饱餐诱发、偏头痛常因进食巧克力及饮酒而诱发。了解病人有无烟酒嗜好及毒麻药品接触史。了解病人的工作、学习、生活与睡眠是否具有规律性，评估病人日常活动及生活自理能力，是否需要借助辅助用具或他人帮助。

（3）社会支持系统：了解病人的家庭与社会背景，评估周围环境中有无影响健康的危险或干扰因素。如家庭成员、经济状况、文化教育层次，家属对病人的关心、支持及其所患疾病的认识程度；病人的工作单位或医疗保险机构所能提供的帮助或支持情况；病人出院后的继续就医条件，居住地的社区保健资源或继续康复治疗的可能性等。

【身体评估】

1. 一般检查

（1）一般情况：包括年龄、性别、发育、营养、面容与表情等，面部表情呆板或者面具脸常见于帕金森病。

（2）生命体征：体温、脉搏、呼吸、血压有无改变。体温升高常见于感染、下丘脑或脑干受损导致的中枢性高热；体温下降或不升，常提示呼吸、循环衰竭或下丘脑严重病变。脉搏增快见于感染性疾病，脉搏细速或不规则见于中毒与休克，急性颅内压增高时脉搏缓慢而有力。中枢神经系统病变导致呼吸中枢抑制时，可出现呼吸节律的改变；吗啡、巴比妥类药物中毒时呼吸缓慢。血压显著升高见于颅内压增高、高血压脑病或脑出血。呼吸深而慢及血压升高常为颅内高压的表现，呼吸表浅无力、脉搏增快见于吉兰-巴雷综合征、重症肌无力危象等引起的呼吸肌麻痹。

（3）意识与精神状态：意识是否清楚，检查是否合作，应答是否切题；衣着是否整洁，主动和被动接触是否良好，对疾病的自知力是否存在；有无认知、情感和意志行为方面的异常，如错觉、幻觉、联想散漫、思维迟缓、情感淡漠、精神运动性兴奋或抑郁等。

2. 皮肤与黏膜　全身皮肤黏膜是否完好，有无发红、皮疹、破损及水肿。

3. 头颈部检查　观察瞳孔的直径大小，两侧瞳孔是否等大、等圆，以及对光反射是否灵敏；检查有无头颈部肿块或压痛；观察有无面肌抽动或萎缩、血管斑痣、眼睑水肿、眼球突出、巩膜黄染、结膜充血、角膜色素环、口唇疱疹、乳突压痛；额纹和鼻唇沟是否变浅或对称；伸舌是否居中，舌肌有无萎缩；有无吞咽困难、饮水呛咳；咽反射是否存在或消失；有无声音嘶哑或其他言语障碍。头颅外伤常可见眶周瘀斑、鼓膜血肿、脑脊液鼻漏或耳漏；注意有无头部活动受限、不自主活动及抬头无力；颈部有无抵抗和姿势异常（如痉挛性斜颈、强迫头位），颈椎有无压痛，颈动脉搏动是否对称。

4. 四肢及躯干 注意四肢有无瘫痪、强直及震颤、抽搐；有无指（趾）发育畸形、弓形足；肌肉有无萎缩、肥大或压痛；关节运动是否灵活或受限；病人站立和行走时步态姿势有无异常。肌束震颤常见于运动神经元疾病或有机磷农药中毒，脊髓病变常出现截瘫，脑卒中常出现偏瘫，慌张步态常见于帕金森病。

5. 神经反射 有无深、浅反射的异常；有无病理反射和脑膜刺激征，如脑出血、脑肿瘤时锥体束受损会出现巴宾斯基征阳性；三叉神经损伤时角膜反射消失、舌咽神经损伤时咽反射消失等。

6. 其他检查 是否有大小便障碍、睡眠障碍及自主神经功能障碍等。

【辅助检查】

1. 血液检查 血常规检查对神经系统多种疾病如颅内感染、脑血管疾病、脑寄生虫病等的病因诊断有一定价值；血脂、血糖检测有助于脑血管疾病的病因诊断；乙酰胆碱受体抗体测定对重症肌无力的确诊有重要价值；血清肌酶学检测如肌酸激酶、乳酸脱氢酶等有助于肌肉疾病的诊断；血钾检测对周期性麻痹，血清铜蓝蛋白测定对肝豆状核变性等的诊断有重要意义。

2. 脑脊液检查 脑脊液压力测定可了解颅内压力情况，一般采用腰椎穿刺测量法，正常为80~180mmH₂O；脑脊液常规、生化、细胞学及免疫等检查对神经系统疾病，尤其是中枢神经系统感染性疾病的诊断和预后判断具有重要意义。

3. 活体组织检查

（1）肌肉活体组织检查：可鉴别神经源性和肌源性肌损害，适用于多发性肌炎、皮肌炎、进行性肌营养不良症、重症肌无力以及某些结缔组织疾病并发肌炎的定性诊断。肌肉活检时，慢性疾病宜选择轻、中度受累的肌肉；急性病变应选择受累较重甚至伴疼痛的肌肉，但切忌在作肌电图的部位附近取材进行肌肉活检，因针刺部位可能伴有炎细胞浸润而易导致误诊为肌炎。

（2）神经活体组织检查：有助于判断周围神经疾病的性质和病变程度，对某些遗传性疾病的诊断也有很大价值，常用的活体组织检查部位为腓肠神经。

（3）脑活体组织检查：目前主要适用于脑部感染性疾病经抗感染治疗效果不佳需进一步明确原因者，个别应用于临床疑诊的遗传代谢性疾病或者神经影像学提示的颅内占位性病变，以鉴别炎症、肿瘤和胶质增生以及不明原因的痴呆。取材方式为手术活检和立体定向穿刺活检。

4. 神经电生理检查

（1）脑电图（electroencephalography，EEG）检查：包括普通脑电图、动态脑电图和视频脑电图，对癫痫、颅内占位病变、中枢神经系统感染性疾病的诊断有重要价值。EEG检查前24小时需停服镇静剂、兴奋剂及其他作用于神经系统的特殊药物；检查前1天洗头，忌用发胶、头油等定型、护发用品；检查不能空腹，宜在饭后3小时内进行。

（2）肌电图（electromyography，EMG）检查：常和神经传导速度联合应用，借以判定神经肌肉所处的功能状态。主要用于周围神经、神经肌肉接头和肌肉疾病的诊断。由于该检查过程中需针刺局部皮肤，可能会引起疼痛，检查前应告知病人以配合检查。

（3）诱发电位（evoked potential，EP）检查：可选择性观察特异性传入神经通路的功能状态，临床常用的有脑干诱发电位、视觉诱发电位和体感诱发电位，用于视觉、听觉的客观检查以及某些疾病如视神经炎、多发性硬化、脑干及脊髓病变的诊断，还可以客观鉴别意识障碍与癔症。

5. 影像学检查

（1）X线：头颅平片可观察头颅大小、形状，颅骨厚度、密度及结构；脊椎平片可观察脊柱的生理曲度，椎体有无发育异常、骨质破坏、骨折、脱位、变形或骨质增生等。

（2）CT：目前主要用于颅内肿瘤、脑血管病、颅脑损伤、脊柱和脊髓病变的诊断。尤其是CT血管成像（computed tomography angiography，CTA）对闭塞性血管病变可提供重要的诊断依据。

（3）MRI：常用于诊断脱髓鞘疾病、脑变性疾病、脑肿瘤、脑血管疾病、颅脑外伤和颅内感染等；对脊髓肿瘤、脊髓空洞症、椎间盘脱出等脊髓病变能清晰显示。磁共振血管成像（magnetic resonance angiography，MRA）可以诊断颅内血管狭窄或闭塞、颅内动脉瘤、脑血管畸形等。

（4）数字减影血管造影（digital subtraction angiography，DSA）：详见本章第八节"神经系统疾病常用诊疗技术及护理"。

6. 头颈部血管超声检查

（1）颈动脉超声检查：可客观检测和评价颈部动脉（双侧颈总动脉、颈内动脉、颈外动脉、椎动脉和锁骨下动脉）的结构、功能状态及血流动力学的改变。对头颈部血管病变（如颈动脉粥样硬化、颈动脉瘤、大动脉炎及锁骨下动脉盗血综合征等），特别是缺血性脑血管病的诊断具有重要意义。

（2）经颅多普勒超声（transcranial Doppler，TCD）检查：TCD是利用颅骨薄弱部位为检查声窗，应用多普勒效应检查脑底动脉主干血流动力学变化的一种无创检测技术。

7. 放射性核素检查

（1）单光子发射计算机断层成像（single photon emission computed tomography，SPECT）：主要用于脑血管疾病、锥体外系疾病、痴呆、癫痫、脑瘤等神经系统疾病的诊断及预后判断，尤其对脑膜瘤和血管丰富或恶性程度高的脑瘤具有重要的诊断意义。

（2）正电子发射体层成像（positron emission tomography，PET）：主要用于脑部病灶的良、恶性鉴别，老年性痴呆的早期诊断和鉴别诊断，癫痫的定位诊断，以及帕金森病的病情评价。

三、常见症状体征的评估与护理

【头痛】

头痛（headache）为临床常见症状，机械、化学、生物刺激和体内生化改变作用于颅内外的疼痛敏感结构都可引起头痛。颅内的血管、神经和脑膜以及颅外的骨膜、血管、头皮、颈肌、韧带等均属头痛的敏感结构。这些敏感结构受挤压、牵拉、移位、炎症、血管的扩张与痉挛、肌肉的紧张性收缩等均可引起头痛。临床常见的头痛类型有偏头痛、丛集性头痛、紧张性头痛、高颅压性头痛、低颅压性头痛、颅外局部因素所致的头痛等。

1. 护理评估

（1）病史评估：① 发病原因或诱因。了解病人睡眠情况，询问既往用药史、头部外伤史、中毒史和家族史。② 症状特点。询问病人头痛的部位、程度、性质，起病形式、持续时间、疼痛规律、有无先兆及伴发症状。蛛网膜下腔出血常表现为突发剧烈头痛；丛集性头痛为眼眶周围的爆炸样、非搏动性剧痛；典型偏头痛发作常有视觉先兆并伴有恶心、呕吐、畏光等；颅内感染所致头痛常伴高热；高血压脑病及颅内占位病变所致头痛常伴视盘水肿；低颅压性头痛常在立位时出现或加重，卧位时减轻或消失；颅内高压引起的头痛常于咳嗽、打喷嚏及用力大便时加剧；紧张性头痛多为慢性病程且常伴失眠、焦虑或抑郁症状；丛集性头痛多在夜间睡眠后发作等。

（2）身体评估：观察病人有无意识、瞳孔改变，生命体征有无异常；检查有无颈项强直等脑膜刺激征，注意病人面部表情变化及疼痛量表评分结果等。

（3）辅助检查：神经影像学或腰穿脑脊液检查是判断有无颅内器质性病变的客观依据。

2. 常用护理诊断/问题　疼痛：头痛　与颅内外血管舒缩功能障碍或脑部器质性病变等因素有关。

3. 护理目标

（1）病人能叙述诱发或加重头痛的因素，并能设法避免。

（2）能正确运用缓解头痛的方法，头痛发作的次数减少或程度减轻。

4. 护理措施

（1）避免诱因：告知病人可能诱发或加重头痛的因素，如情绪紧张、进食某些食物、饮酒、月经来潮、用力性动作等；保持环境安静、舒适、光线柔和。

（2）指导减轻头痛的方法：如缓慢深呼吸，听轻音乐、生物反馈治疗，引导式想象，冷、热敷以及理疗、按摩、指压镇痛法等。

（3）心理疏导：长期反复发作的头痛，病人可能出现焦虑、紧张心理，应理解、同情病人的痛苦，耐心解释、适当诱导，解除其思想顾虑，鼓励病人树立信心，积极配合治疗。

（4）用药护理：指导病人遵医嘱正确服药。告知镇痛药物的作用与不良反应，让病人了解药物依赖性或成瘾性的特点，如大量使用镇痛剂，滥用麦角胺咖啡因可致药物依赖。

5. 评价

（1）病人能说出诱发或加重头痛的因素。

（2）能有效运用减轻头痛的方法，头痛减轻或缓解。

【意识障碍】

意识障碍（disturbance of consciousness）是指人对外界环境刺激缺乏反应的一种精神状态。清醒的意识活动有赖于大脑皮质和皮质下网状结构功能的完整性，任何病因引起的大脑皮质、皮质下结构、脑干上行网状激活系统等部位的损害或功能抑制，均可导致意识障碍。意识障碍可表现为觉醒度下降和意识内容变化，以觉醒度改变为主的意识障碍分为嗜睡、昏睡、轻度昏迷、中度昏迷和深度昏迷，以意识内容改变为主的意识障碍分为意识模糊和谵妄。

1. 护理评估

（1）病史评估：询问病人或家属发病方式及过程；询问既往健康状况，了解既往有无受凉、感染、外伤、急性中毒、药物过量或癫痫病史，有无抑郁症或自杀史等。

（2）身体评估：评估病人意识障碍的类型、程度；有无瞳孔改变和生命体征的异常；有无肢体瘫痪、头颅外伤和脑膜刺激征等。目前国际通用格拉斯哥（Glasgow）昏迷评定量表（表9-2）来评价意识障碍的程度，最高得分为15分，最低得分为3分，分数越低病情越重。一般将昏迷定义为对语言指令没有反应或不能睁眼且分数为8分或更低的情况。但Glasgow昏迷评定量表也有一定的局限性，如眼肌麻痹病人不能评价其睁眼反应；气管切开病人不能评价其言语活动等，故量表评定结果不能替代神经系统症状和体征的细致观察。

▼ 表9-2　Glasgow昏迷评定量表

检查项目	临床表现	评分/分	检查项目	临床表现	评分/分
A. 睁眼反应	自动睁眼	4	C. 运动反应	能按指令动作	6
	呼之睁眼	3		对针痛能定位	5
	疼痛引起睁眼	2		对针痛能躲避	4
	不睁眼	1		刺痛肢体屈曲反应	3
B. 言语反应	定向正常	5		刺痛肢体过伸反应	2
	应答错误	4		无动作	1
	言语错乱	3			
	言语难辨	2			
	不语	1			

（3）辅助检查：脑电图检查有无脑功能受损，血液生化检查有无血糖、血脂、电解质及血常规异常，头部CT、磁共振检查有无阳性发现。

2. 常用护理诊断/问题　意识障碍　与脑组织受损、功能障碍有关。

3. 护理目标

（1）病人意识障碍无加重或意识清楚。

（2）不发生长期卧床引起的各种并发症。

4. 护理措施

（1）日常生活护理：注意口腔卫生，不能经口进食者每天口腔护理2~3次。病人卧气垫床或按摩床，加保护性床栏；保持床单整洁、干燥，减少对皮肤的机械性刺激，保持肢体功能位，定时给予翻身、拍背。做好大小便护理。体温不升或肢端发凉者注意保暖，慎用热水袋，防止烫伤。

（2）饮食护理：给予高维生素、高热量饮食，补充足够的水分。遵医嘱鼻饲流质者应定时喂食，保证足够的营养供给；进食时至进食后30分钟抬高床头，防止食物反流。

（3）保持呼吸道通畅：平卧头侧位或侧卧位，开放气道，取下活动性义齿，及时清除口鼻腔分泌物和气道痰液，防止舌根后坠、窒息、误吸和肺部感染。

（4）病情监测：严密监测并记录生命体征及意识、瞳孔变化。观察有无恶心、呕吐及呕吐物的性状与量。观察皮肤弹性及有无脱水现象。观察有无消化道出血和脑疝的早期表现。

（5）预防并发症：预防压力性损伤、尿路感染、口腔感染和肺部感染；谵妄躁动者给予适当约束并告知家属或照顾者，防止病人坠床、自伤或伤人；长期卧床者注意被动活动和抬高肢体，预防下肢深静脉血栓形成。准确记录出入水量，预防营养失调和水电解质平衡紊乱。

5. 评价

（1）病人意识障碍程度减轻或意识清楚。

（2）生活需要得到满足，未出现压力性损伤、感染及营养失调等并发症。

【言语障碍】

言语障碍（language disorders）可分为失语症和构音障碍。失语症是指在意识清楚、发音和构音没有障碍的情况下，大脑皮质与语言功能有关的区域受损导致的语言交流能力障碍，是优势大脑半球损害的重要症状之一。根据对病人自发语言、听语理解、口语复述、匹配命名、阅读及书写能力的观察和检查可将失语症分为 Broca 失语、Wernicke 失语、传导性失语、命名性失语、完全性失语、失写和失读。构音障碍则是由于神经肌肉的器质性病变，造成发音器官的肌无力及运动不协调所致。病人的语言形成及接受能力正常，仅表现为口语的声音形成困难，主要为发音不清，发声困难，声音、音调及语速异常，严重者不能发音。

1. 护理评估

（1）病史评估：询问病人的职业、文化水平、既往语言能力与语言背景，如出生地、生长地及方言等；了解有无定向力、注意力、记忆力和计算力等认知功能障碍。观察有无孤独、抑郁、烦躁及自卑情绪；评估家庭及社会支持情况。

（2）身体评估：观察病人有无言语障碍及其程度、类型和残存能力；有无听觉和视觉缺损；能否按照检查者指令执行正确的动作；有无发音器官肌肉瘫痪及共济运动障碍，有无面部表情改变、流涎或口腔滞留食物等。

（3）辅助检查：有无头部 CT、MRI 及肌电图检查异常；有无新斯的明试验阳性发现。

2. 常用护理诊断/问题　语言沟通障碍　与大脑语言中枢病变或发音器官的神经肌肉受损有关。

3. 护理目标

（1）病人能采取有效的沟通方式表达自己的需要。

（2）能配合语言训练，最大限度地保持沟通能力或语言功能逐渐恢复正常。

4. 护理措施

（1）沟通方法指导：鼓励并指导病人灵活采取多种方式向医护人员或家属表达自己的需要，可借助符号、描画、图片、表情、手势、交流板、交流手册或 PACE 技术（利用更接近实用交流环境的图片及其不同的表达方式，使病人尽量调动自己的残存能力，以获得实用化的交流技能，是目前国际公认的实用交流训练法）等提供简单而有效的双向沟通方式。与感觉性失语病人沟通时，应减少外来干扰，如关掉收音机或电视，避免病人注意力分散；对于运动性失语的病人应尽量提出一些简单的问题，让病人回答"是"、"否"或点头、摇头示意；注意与病人沟通时语速要慢，应给予病人足够的时间做出反应；听力障碍的病人可利用实物图片法进行简单的交流；文字书写法适用于有一定文化素质、无书写障碍的病人。

（2）语言康复训练：脑卒中所致失语症的病人，由卒中单元制订个体化的全面语言康复计划，并组织实施；构音障碍的康复以发音训练为主，遵循由易到难的原则。护士可以在专业语言治疗师指导下，协助病人进行床旁训练。具体方法有：肌群运动训练、发音训练、复述训练、命名训练、刺激法训练等。语言康复训练是一个由少到多、由易到难、由简单到复杂的过程，训练效果很大程度上取决于病人的配合和参与度。因此，训练过程中应根据病情轻重及病人情绪状态，循序渐进地进行训练，切忌复杂化、多样化，避免产生疲劳感和厌烦、失望情绪。

（3）心理护理：病人常因无法表达自己的需要和感情而烦躁、自卑，应耐心解释不能说话或说话吐词不清的原因，关心、体贴、尊重病人，避免挫伤其自尊心的言行；鼓励克服羞怯心理，大声说话，当病人进行尝试和获得成功时给予肯定和表扬；鼓励家属、朋友多与病人交谈，并耐心、缓慢、清楚地解释每一个问题，直至病人理解、满意；尽可能营造一种和谐、轻松、安静的语言交流环境。

5. 评价

（1）病人能有效表达自己的基本需要和情感，情绪稳定，自信心增强。

（2）能正确地使用文字、表情或手势等交流方式进行有效沟通。

（3）能主动参与和配合语言训练，口语表达、理解、阅读及书写能力逐步增强。

【感觉障碍】

感觉障碍（sensory disorder）是指机体对各种形式刺激（如痛、温度、触、压、位置、振动等）无感知、感知减退或异常的一组综合征。临床上将感觉障碍分为抑制性症状和刺激性症状两大类。抑制性症状是指感觉传导通路受到破坏或功能受到抑制时，出现的感觉（痛觉、温度觉、触觉和深感觉）减退或缺失；刺激性症状是指感觉传导通路受到刺激或兴奋性增高时出现的感觉过敏、感觉过度、感觉倒错、感觉异常和疼痛。不同部位的损害产生不同类型的感觉障碍，典型感觉障碍的类型具有特殊的定位诊断意义，如末梢型感觉障碍见于多发性周围神经病，脊髓病变可导致节段型或传导束型感觉障碍，脑干病变可出现交叉型感觉障碍等。

1. 护理评估

（1）病史评估：评估病人的意识状态与精神状况，注意有无情感或认知功能障碍；有无疲劳或注意力不集中；了解感觉障碍出现的时间、分布的范围、发展的过程、传播的方式以及加重或缓解的因素，有无麻木感、冷热感、潮湿感、重压感、针刺感、震动感或自发疼痛，如感觉过敏常见于浅感觉障碍，感觉过度常见于烧灼性神经痛、带状疱疹疼痛及丘脑的血管性病变，感觉倒错常见于顶叶病变或癔症，感觉异常常见于周围神经或自主神经病变等；还应注意病人是否因感觉异常而烦闷、忧虑或失眠。

（2）身体评估：评估病人有无感觉障碍，以及感觉障碍的性质、部位、范围，双侧是否对称；有无肢体运动障碍及其类型，肌力有无异常；有无其他伴随症状。

（3）辅助检查：EMG、诱发电位、MRI及CT检查有无阳性发现。

2. 常用护理诊断/问题　感知觉紊乱　与脑、脊髓病变及周围神经受损有关。

3. 护理目标

（1）病人不发生跌倒、烫伤等意外事件。

（2）感觉障碍程度减轻或逐渐消失。

（3）日常生活需要得到满足，安全得到保障。

4. 护理措施

（1）日常生活护理：保持床单位清洁、干燥、无渣屑，防止感觉障碍的身体部位受压或机械性刺激。慎用热水袋或冰袋，防止烫伤、冻伤。对感觉过敏的病人尽量避免不必要的刺激。对深感觉异常、步态不稳者，下床活动时给予搀扶，以防跌撞受伤。

（2）感觉训练：在运动训练中建立感觉–运动训练一体化的概念。可进行肢体的拍打、按摩、理疗、针灸、被动运动和各种冷、热刺激。如每天用温水擦洗感觉障碍的身体部位，以促进血液循环；被动活动关节时反复适度地挤压关节，牵拉肌肉、韧带；让病人注视患肢并认真体会其位置、方向及运动感觉，随后将患肢摆放不同位置，嘱病人闭目让其寻找多个部位，多次重复直至找准，这些方法可促进病人本体感觉的恢复。还可以通过患侧上肢的负重训练改善上肢的感觉和运动功能。

（3）心理护理：感觉障碍常使病人缺乏正确的判断而产生紧张、恐惧心理或烦躁情绪，严重影响病人的运动能力和兴趣，应关心、体贴病人，主动协助日常生活活动；多与病人沟通，取得信任，使其正确面对，积极配合治疗和训练。

5. 评价

（1）病人感觉障碍减轻，舒适感增强。

（2）能配合感觉训练，感觉功能逐渐恢复正常。

（3）日常生活活动能力增强，未发生跌倒、烫伤等意外事件。

【运动障碍】

运动障碍（movement disorder）是指运动系统的任何部位受损所导致的骨骼肌活动异常，可分为瘫痪、不自主运动及共济失调等。瘫痪是指个体因肌力下降或丧失而导致的运动障碍。按病变部位和瘫痪的性质可分为上运动神经元性瘫痪和下运动神经元性瘫痪；按瘫痪的程度分为完全性瘫痪和不完全性瘫痪；按瘫痪的分布可分为偏瘫、截瘫、四肢瘫、交叉瘫和单瘫。第一级运动神经元位于大脑皮质中央前回，第二级运动神经元位于脑干脑神经核和脊髓前角。凡是二级运动神经元以上部位的传导束或一级运动神经元病变所引起的瘫痪称为上运动神经元性瘫痪，又称痉挛性瘫痪、硬瘫或中枢性瘫痪；第二级运动神经元和该神经元发出的神经纤维病变所引起的瘫痪称为下运动神经元性瘫痪，又称弛缓性瘫痪、软瘫或周围性瘫痪，上、下运动神经元性瘫痪的鉴别见表9-3。

▼ 表9-3　上、下运动神经元性瘫痪的鉴别

体征	上运动神经元性瘫痪	下运动神经元性瘫痪
瘫痪分布	整个肢体为主	肌群为主
肌张力	增高，呈痉挛性瘫痪	减低，呈弛缓性瘫痪
腱反射	增强	减低或消失

体征	上运动神经元性瘫痪	下运动神经元性瘫痪
病理反射	阳性	阴性
肌萎缩	无或轻度失用性萎缩	明显
肌束颤动	无	有
皮肤营养障碍	多无	常有
肌电图	神经传导正常，无失神经电位	神经传导异常，有失神经电位

此外，运动障碍还包括其他类型，其中不自主运动是指病人在意识清醒的情况下，出现的不受主观控制的无目的的异常运动，临床上可分为震颤、舞蹈样运动、手足徐动症、扭转痉挛和投掷动作。共济失调是指小脑、本体感觉及前庭功能障碍导致的运动笨拙和不协调，累及躯干、四肢和咽喉肌时可引起身体平衡、姿势、步态及言语障碍，临床根据病变部位分为小脑性共济失调、大脑性共济失调、感觉性共济失调和前庭性共济失调。

1. 护理评估

（1）病史评估：了解病人起病的缓急，运动障碍的性质、分布、程度及伴发症状；注意有无发热、肢体麻木、抽搐、疼痛和继发损伤；有无大小便障碍；询问饮食和食欲情况，是否饱餐或酗酒；过去有无类似发作病史；评估病人是否因肢体运动障碍而产生急躁、焦虑情绪或悲观、抑郁心理。

（2）身体评估：评估病人肌容积、肌张力、肌力、不随意运动、协调与平衡、姿势和步态等；评估营养和皮肤情况，注意皮肤有无发红、皮疹、破损、水肿；观察有无吞咽、构音和呼吸的异常。肌力是受试者主动运动时肌肉收缩的力量，肌力评估采用0~5级共6级的肌力记录法。日常生活活动（activities of daily living，ADL）是指人们为了维持生存及适应生存环境每天必须反复进行的最基本、最具有共性的活动，包括运动、自理、交流及家务活动。目前广泛使用巴塞尔（Barthel）指数评定，见表9-4。Barthel指数总分100分，61~99分者有轻度功能障碍，生活基本自理；41~60分有中度功能障碍，生活需要很大帮助；40分及以下有重度功能障碍，日常生活完全需要他人照护。

（3）辅助检查：CT、MRI检查可了解有无中枢神经系统病灶；肌电图检查可了解脊髓前角细胞、神经传导速度及肌肉有无异常；血液生化检查了解有无血清铜蓝蛋白、抗"O"抗体、血沉、肌酶谱、血清钾异常；神经肌肉活检可鉴别各种肌病和周围神经病。

2. 常用护理诊断/问题 躯体活动障碍 与大脑、小脑、脊髓病变及神经肌肉受损、肢体瘫痪或协调能力异常有关。

3. 护理目标

（1）病人能够适应进食、穿衣、沐浴、如厕等日常生活自理缺陷的状态。

（2）能配合运动训练，日常生活活动能力逐渐增强。

（3）不发生跌倒、受伤、压力性损伤、深静脉血栓等并发症。

单位：分

ADL项目	自理	稍依赖	较大依赖	完全依赖
进食	10	5	0	0
洗澡	5	0	0	0
修饰（洗脸、洗头、刷牙、刮脸）	5	0	0	0
穿衣	10	5	0	0
控制大便	10	5	0	0
控制小便	10	5	0	0
如厕	10	5	0	0
床椅转移	15	10	5	0
行走（平地45m）	15	10	5	0
上下楼梯	10	5	0	0

4. 护理措施

（1）安全护理：预防坠床和跌倒，确保安全。床铺高度适中，应有保护性床栏；呼叫器和经常使用的物品应置于床头病人伸手可及处；活动场所要宽敞、明亮，无障碍物阻挡，建立"无障碍通道"；走廊、厕所装扶手，以方便病人起坐、扶行；地面要保持平整干燥，防湿、防滑，去除门槛；上肢肌力下降的病人不要自行打开水或用热水瓶倒水，防止烫伤；行走不稳或步态不稳者，选用三角手杖等合适的辅助具，并有人陪伴，防止跌倒受伤。

（2）运动训练：考虑病人的年龄、性别、体能、疾病性质及程度，选择合适的运动方式、持续时间、运动频度和康复进度。瘫痪病人肌力训练应从助力活动开始，鼓励主动活动，逐步训练抗阻力活动；当肌力小于2级时，一般选择助力活动，当肌力达到3级时，训练患肢独立完成全范围关节活动，肌力达到4级时应给予渐进抗阻训练。训练过程中应分步解释动作顺序与配合要求，并观察病人的一般情况，注意重要体征、皮温、颜色以及有无局部疼痛不适；同时应注意保护或辅助，并逐渐减少保护和辅助量。

（3）生活护理：根据Barthel指数评分情况给予相应的生活协助。卧床及瘫痪病人应保持床单位整洁、干燥、无渣屑，可用气垫床或按摩床，协助定时翻身、拍背，骶尾部及足跟处必要时给予减压贴保护，预防压力性损伤。保持瘫痪肢体功能位，抬高患肢并协助被动运动，预防下肢静脉血栓形成。指导病人摄取充足的水分和均衡的饮食，养成定时排便的习惯，防止便秘，必要时教会病人床上大小便。提供特殊的餐具、牙刷、衣服等，方便病人自我生活能力训练。

（4）心理护理：为病人提供有关疾病、治疗及预后的正确信息。关心、尊重病人，多与病人交谈，鼓励病人表达自己的感受，指导克服焦躁、悲观情绪，适应病人角色的转变。正确对待康复训练过程中病人所出现的诸如注意力不集中、缺乏主动性、畏难、悲观及急于求成心理，鼓励病人克服困难，摆脱对照顾者的依赖心理，增强自我护理能力与自信心。营造和谐氛围和舒适环境，建立医院、家庭、社区协助支持系统。

5. 评价

（1）病人能适应运动障碍的状态，情绪稳定。

（2）能配合肢体功能康复训练，日常生活活动能力增强或恢复正常。

（3）未发生跌倒、外伤、压力性损伤、深静脉血栓等并发症。

（林蓓蕾）

第二节　吉兰-巴雷综合征

案例导入

病人，男，60岁，以"双手麻木20天，进行性四肢无力7天"为主诉入院。

病史评估：既往体健，发病3天前有"上呼吸道感染"史，随后出现双手麻木，双上肢无力，渐加重并累及双下肢。当地曾以"低钾"予输液治疗无好转，并出现抬头无力，憋气。

身体评估：T 36.4℃，P 90次/min，R 28次/min，BP 125/85mmHg，神志清醒，双侧瞳孔等大等圆，有明显呼吸困难，未闻及干湿啰音。言语无力，吞咽困难，饮水呛咳，抬头不能；双上肢近端肌力3级，远端肌力2级，双下肢肌力2级，四肢末端感觉减退，腱反射消失，病理征（-）。

辅助检查：脑脊液检查结果示白细胞计数$4×10^6$/L，蛋白1.1g/L。头颅MRI未见异常。神经肌电图检查见双侧正中神经、尺神经、胫神经、腓神经传导速度减慢，四肢远端运动潜伏期延长，动作电位幅度降低，F波传导速度延长。

初步诊断：吉兰-巴雷综合征。

请思考：该病人如突然出现严重呼吸困难，护士应该如何配合医生进行抢救？

吉兰-巴雷综合征（Guillain-Barré syndrome，GBS）是一种自身免疫介导的周围神经病，主要损害脊神经根和周围神经，也常累及脑神经。其中急性炎性脱髓鞘性多发性神经病（acute inflammatory demyelinating polyneuropathy，AIDP）和急性运动感觉轴突性神经病（acute motor sensory axonal neuropathy，AMAN）是GBS中最为常见的两个亚型。主要病理改变为多发神经根和周围神经节段性脱髓鞘。

【病因及发病机制】

本病的病因及发病机制不明。临床及流行病学资料显示发病可能与空肠弯曲菌感染有关，以腹泻为前驱症状的GBS空肠弯曲菌感染率高达85%。GBS还可能与EB病毒、巨细胞病毒、水痘-带状疱疹病毒、乙型肝炎病毒、肺炎支原体、HIV感染有关。另外，白血病、淋巴瘤、器官移植后使用免疫抑制剂或患有系统性红斑狼疮、桥本甲状腺炎等自身免疫病也常合并GBS。

分子模拟学说认为病原体某些组分与周围神经某些成分的结构相同，机体免疫系统发生识别错误，导致自身免疫细胞和自身抗体对正常的周围神经组分进行免疫攻击，引起多发性的周围神经脱髓鞘。这是目前认为可能导致GBS发病的最主要的机制之一。

【临床表现】

1. 起病情况 任何年龄、季节均可发病。急性起病，病前1~3周常有呼吸道或胃肠道感染症状或疫苗接种史，病情多于2周左右达高峰。

2. 运动障碍 首发症状多为肢体对称性弛缓性肌肉无力，多数病人肌无力从双下肢开始逐渐累及上肢、躯干肌，甚至是脑神经，数日内逐渐加重，少数病人病初肌无力呈非对称性。严重者可累及颈肌、肋间肌和膈肌致呼吸困难。四肢腱反射常减弱或消失。

3. 感觉障碍 发病时病人多有肢体感觉异常，如烧灼感、麻木、刺痛和不适感，感觉缺失相对较轻，呈手套-袜子样分布。

4. 脑神经损害 以双侧面神经麻痹最常见，部分病人以脑神经损害为首发症状就诊。

5. 自主神经功能障碍 部分病人有皮肤潮红、出汗增多、心动过速、心律失常、直立性低血压、手足肿胀、营养障碍等。

【辅助检查】

1. 脑脊液检查 蛋白-细胞分离现象是GBS的特征之一，表现为脑脊液细胞数正常而蛋白质明显增高。多数病人在发病数天内蛋白质含量正常，2~4周内蛋白质不同程度升高。糖和氯化物正常，白细胞计数一般<10×10^6/L。

2. 神经电生理检查 运动神经传导测定可见远端潜伏期延长、传导速度减慢，F波传导速度减慢或出现率下降，提示周围神经存在脱髓鞘病变。

【治疗要点】

1. 一般治疗

（1）辅助呼吸：重症病人可累及呼吸肌致呼吸衰竭，应密切观察呼吸情况，定时行血气分析。当血氧饱和度、血氧分压明显降低时应及时进行气管插管、气管切开和呼吸机辅助呼吸。

（2）抗感染：考虑有胃肠道空肠弯曲菌感染者，可用大环内酯类药物治疗。

（3）对症支持治疗。

2. 免疫治疗

（1）血浆置换：可迅速降低血浆中抗体和其他炎症因子，减轻临床症状，缩短呼吸机使用时间，减少并发症，有条件者应尽早使用。每次交换量为30~50ml/kg，依据病情轻重在1~2周内进行3~5次。严重感染、心律失常、心功能不全及凝血功能障碍者禁忌使用。

（2）免疫球蛋白：成人剂量0.4g/（kg·d），静脉滴注，连用3~5天。在发病后2周内使用最佳。

相关链接 | **静脉注射免疫球蛋白**

静脉注射免疫球蛋白来源于多克隆血清IgG制备方法，在临床中应用历史已超过30年；免疫球蛋白是一种广泛有效的抗炎和免疫调节剂，目前越来越多地用于治疗神经系统免疫疾病。静脉注射免疫球蛋白是GBS的一线治疗方法。治疗常见不良反应为头痛、发热、皮疹等，少见的严重不良反应为血栓和溶血性贫血。免疫球蛋白过敏或先天性IgA缺乏病人禁用。

（3）糖皮质激素：目前国内外指南均不推荐用于GBS的治疗。但无条件行血浆置换和免疫球蛋白治疗的病人或发病早期的重症病人可试用甲泼尼龙500mg/d，静脉滴注，连用5天，或地塞米松10mg/d，静脉滴注，7~10天为1个疗程。

3. 康复治疗 病情稳定后尽早开展正规神经功能康复训练，以防失用性肌萎缩和关节痉挛。

【常用护理诊断/问题及护理措施】

1. 低效型呼吸形态 与周围神经损害、呼吸肌麻痹有关。

（1）保持呼吸道通畅：指导病人半坐卧位，持续低流量给氧，鼓励病人深呼吸和有效咳嗽，协助翻身、拍背或机械排痰，及时清除口鼻腔和气道分泌物，必要时吸痰及加大氧流量。

（2）病情观察：给予心电监护，动态观察血压、脉搏、呼吸、血氧饱和度变化。询问病人有无胸闷、气短、呼吸费力等症状，注意呼吸困难的程度和血气分析的指标改变。

（3）抢救配合：床头常规备吸引器、气管切开包及机械通气设备，以便随时抢救。当肺活量降至正常的25%~30%，血氧饱和度、血氧分压明显降低时，应立即报告医生，配合医生抢救，尽早行气管插管或气管切开，机械辅助通气。

（4）心理护理：本病起病急，进展快，病人常因呼吸费力导致情绪紧张、焦虑、恐惧。护士应关注病人情绪变化，耐心倾听，并给予及时而细致的护理。同时对病人及家属解释病情经过、气管切开和机械通气的重要性，告知本病经过积极治疗和康复锻炼大多预后良好，以增强治疗信心，取得充分信任和合作。

2. 躯体移动障碍 与四肢肌力下降有关。

（1）饮食护理：指导进食高蛋白、高维生素、高热量且易消化的软食，多食水果、蔬菜，补充足够的水分。吞咽困难和气管切开、呼吸机辅助呼吸者应及时留置胃管，给予鼻饲流质，以保证机体足够的营养供给，维持水、电解质平衡。留置胃管的病人强调在进食时和进食后30分钟应抬高床头，防止食物反流引起误吸和坠积性肺炎。

（2）用药护理：注意药物的不良反应，观察药物疗效。使用糖皮质激素治疗时可能出现应激性溃疡导致上消化道出血，应观察有无胃部疼痛不适和柏油样大便等；留置鼻胃管的病人应定时回抽胃液，观察胃液的颜色、性质。使用免疫球蛋白治疗时常导致发热面红，减慢输液速度可减轻症状。

（3）生活护理、安全护理及康复护理：详见本章第一节概述中"运动障碍"的护理。

（4）预防并发症：重症病人卧床时间较长，机体抵抗力低下，易发生肺部感染、压力性损伤、下肢深静脉血栓、肌肉失用性萎缩、便秘等。护士应指导和协助病人翻身、拍背、肢体的主动和被动运动、腹部按摩等，以预防上述并发症。

> 🔔 **问题与思考**
> 糖皮质激素治疗常见的不良反应及注意事项有哪些？

【健康指导】

1. 疾病预防指导 加强营养，增强体质和机体抵抗力，避免淋雨、受凉、疲劳和创伤等诱因，防止复发。

2. 疾病知识指导 告知病人及家属病因、进展及预后；指导肢体功能锻炼和日常生活活动训练，预防跌倒，避免受伤。疾病恢复过程长，家属应支持和鼓励病人，保持情绪稳定，坚持康复锻炼。如出现呼吸困难、运动障碍或感觉障碍加重需及时就医。

（郑悦平）

第三节　急性脊髓炎

案例导入

病人，男，56岁，以"突然胸背部疼痛3天，双下肢无力6小时"为主诉入院。

病史评估： 3天前骑自行车时突然出现胸背部疼痛，难以忍受，至当地医院行胸部MRI检查未见明显异常，给予加巴喷丁口服后疼痛缓解，今日突然出现左下肢疼痛，5分钟后出现左下肢无力，10分钟后右下肢无力，随后双下肢瘫痪，伴有尿潴留。

身体评估： T 36.6℃，P 72次/min，R 20次/min，BP 120/80mmHg。神志清醒，双侧瞳孔等大等圆，双上肢肌力5级，双下肢肌力0级，腹股沟平面以下痛觉减退。

辅助检查： 脊髓MRI平扫增强示胸2~10脊髓中央长节段长 T_1、长 T_2 信号。

初步诊断： 急性脊髓炎。

请思考： 该病人病情监测的要点有哪些？如何有效预防并发症的发生？

急性脊髓炎（acute myelitis）是指各种感染或接种疫苗后引起的自身免疫反应所致的急性横贯性脊髓炎性病变，又称急性横贯性脊髓炎，是临床上最常见的一种脊髓炎，以病损平面以下肢体瘫痪、传导束性感觉障碍和尿便障碍为特征。如无严重并发症，多于3~6个月基本恢复至生活自理。完全性截瘫者半年后肌电图仍为失神经改变、MRI显示髓内广泛信号改变、病变范围累及脊髓节段多且弥漫者预后较差。急性上升性脊髓炎和高颈段脊髓炎预后差，短时间内可死于呼吸、循环衰竭。

【病因及发病机制】

病因不明，多数病人出现脊髓症状前1~4周有发热、上呼吸道感染、腹泻等病毒感染症状，故推测可能与病毒感染或接种疫苗后引起的机体自身免疫反应有关。病变可累及脊髓的任何节段，以胸髓（T_3~T_5）最为常见，其原因为该处的供血较差而易受累；其次为颈髓和腰髓。肉眼可见受累节段脊髓肿胀、质地变软，软脊膜充血或有炎性渗出物。切面可见病变脊髓软化，边缘不清，灰质与白质界限不清。镜下可见软脊膜和脊髓血管扩张、充血，血管周围炎症细胞浸润，以淋巴细胞和浆细胞为主；灰质内神经细胞肿胀、破碎、消失，尼氏小体溶解；白质内髓鞘脱失和轴索变性，病灶中可见胶质细胞增生。脊髓严重损害时可软化形成空腔。

【临床表现】

1. 起病情况　任何年龄均可发病，以青壮年多见，男女性别无差异。发病前1~2周多有上呼吸道感染、消化道感染症状或预防接种史。外伤、过劳、受凉等为常见诱因。急性起病，大多在数小时或数日内出现受累平面以下运动障碍、感觉及自主神经功能障碍。

2. 运动障碍　急性起病，进展迅速。早期为脊髓休克期，出现肢体瘫痪、肌张力减低、腱反射消失、病理反射（−），一般持续2~4周后进入恢复期，表现为瘫痪肢体肌张力增高，腱反射亢进，病理反射出现。肌力恢复常自远端开始，逐步上移。

3. 感觉障碍　病变节段以下所有感觉丧失，随病情恢复感觉平面逐渐下降，但比运动功能的恢复慢且差。

4. 自主神经功能障碍　早期表现为尿潴留，脊髓休克期膀胱容量可达1 000ml，呈无张力性神经源性膀胱，因膀胱过度充盈，可出现充盈性尿失禁。随着脊髓功能的恢复，膀胱容量缩小，尿液充盈到300~400ml即自行排尿，称为反射性神经源性膀胱，出现充溢性尿失禁。病变平面以下可出现无汗或少汗，皮肤脱屑和水肿、指（趾）甲松脆和角化过度等。病变平面以上则可出现皮肤潮红、发作性出汗过度等。

【辅助检查】

1. 脑脊液检查　压颈试验通畅，少数脊髓水肿严重者，脊髓腔可出现梗阻。压力正常，外观无色透明，脑脊液白细胞数稍增高或正常。

2. 电生理检查　下肢体感诱发电位波幅可明显减低；运动诱发电位异常，可作为疗效判断和预后的指标。

3. 影像学检查　脊髓MRI可见病变部位脊髓肿胀、多发片状或弥散T_2高信号等改变。

【治疗要点】

本病的治疗原则是减轻症状，防治并发症，加强功能训练，促进康复。

1. 一般治疗　对症支持治疗，防治各种并发症。如高颈段脊髓炎有呼吸困难时应该及时吸氧并保持呼吸道通畅，注意预防感染。

2. 药物治疗

（1）糖皮质激素：急性期可采用大剂量甲泼尼龙短程冲击疗法，500~1 000mg静脉滴注，每天1次，连用3~5天；也可用地塞米松10~20mg静脉滴注，每天1次，连用7~14天。之后改用泼尼松口服，维持4~6周后逐渐减量停药。

（2）大剂量免疫球蛋白：每日用量可按0.4g/kg计算，成人每次用量一般20g左右，静脉滴注，每天1次，连用3~5天。

（3）B族维生素有助于神经功能的恢复。

（4）根据病人病情应用抗生素预防感染。

3. 康复治疗　早期瘫痪肢体保持功能位，进行被动运动、按摩、针灸、理疗等康复治疗。部分肌力恢复后，应鼓励主动运动。

【常用护理诊断/问题及护理措施】

1. 躯体活动障碍 与脊髓病变所致截瘫有关。

（1）病情监测：评估病人运动和感觉障碍的平面是否上升。观察病人是否存在呼吸费力、吞咽困难和构音障碍。注意有无药物不良反应，如消化道出血等。有呼吸困难者应及时吸氧，保持呼吸道通畅。

（2）饮食护理：给予高蛋白、高维生素且易消化的饮食，多吃瘦肉、豆制品、新鲜蔬菜、水果和含纤维素多的食物，供给足够的热量与水分。

（3）生活护理、安全护理和康复护理：详见本章第一节概述中"运动障碍"的护理。

2. 尿潴留/尿失禁 与脊髓损害所致自主神经功能障碍有关。

（1）评估排尿情况：观察排尿的方式、次数、时间、尿量与颜色，了解有无排尿困难和尿路刺激征，检查膀胱是否膨隆，区分为无张力性神经源性膀胱还是反射性神经源性膀胱，出现充盈性尿失禁还是充溢性尿失禁。

（2）留置尿管的护理：① 严格无菌操作，定期更换尿管和无菌接尿袋，每天进行尿道口的清洗、消毒。② 观察尿的颜色、性质与量。③ 每4~6小时开放尿管1次，当膀胱功能恢复，残余尿量少于100ml时一般不再留置尿管，以防膀胱挛缩，体积缩小。④ 鼓励病人多喝水，以稀释尿液，促进代谢产物的排泄。

（3）促进膀胱功能恢复：对于排尿困难或尿潴留的病人可给予膀胱区按摩、热敷或进行针灸、穴位封闭等治疗，促使膀胱肌收缩、排尿；排尿障碍者应留置导尿管。

问题与思考

急性脊髓炎截瘫病人如何进行早期康复？

（4）预防压力性损伤：尿失禁者容易导致失禁性皮炎和骶尾部压力性损伤，应保持床单位清洁、干燥，保持会阴部和臀部皮肤清洁，按时翻身，保护易受压部位。

3. 潜在并发症：下肢深静脉血栓 与脊髓病变所致截瘫有关。

（1）评估病人深静脉血栓发生的风险，根据风险程度给予相应健康指导和预防措施。指导病人多喝水，2 000ml/d。鼓励病人进行适当的活动。指导或协助卧床病人在床上进行主动或被动活动，如踝泵运动、拳泵运动等；中高危病人予以机械预防；高危病人遵医嘱使用抗凝药物。

（2）每日观察病人有无肢体肿胀、疼痛、发热及Homans征阳性等下肢深静脉形成的症状和体征；有无呼吸困难、胸痛、咯血、血氧饱和度降低等肺栓塞症状。一旦发生肺栓塞需积极配合医生进行抢救。抗凝药物使用过程中，注意观察是否有出血倾向或凝血功能异常，一旦出现立即报告医生并进行相应处理。

> **理论与实践** 　　踝泵运动：包括踝关节背伸、趾屈和踝关节环绕运动，其中踝关节屈伸运动是指在无痛感或微微疼痛的范围内，最大限度地向上勾脚尖，让脚尖朝向自己，保持3~5秒，再最大限度向下绷脚尖，保持3~5秒，以上动作为一组。踝关节环绕运动则是指以踝关节为中心做踝关节360°环绕，每天3~4次，每次20~30组。运动频次可根据病人的活动耐受能力适当调整。踝泵运动通过模拟泵的作用，带动小腿肌群有节律地收缩和舒张，可以加速下肢深静脉血流速度，改善血流淤滞，预防下肢深静脉血栓的形成。

【健康指导】

1. 疾病预防指导　避免受凉、感染等诱因。告知家属积极预防泌尿系感染、压力性损伤、深静脉血栓、肺部感染等并发症，教会其日常照顾和预防感染的知识和方法。

2. 留置导尿病人的指导　带尿管出院者应向病人及照顾者讲授留置导尿的相关知识和操作注意事项；告知膀胱充盈的指征与尿道感染的相关表现，如发现病人尿液引流量明显减少或无尿、下腹部膨隆，小便呈红色或混浊时应及时就诊。

3. 康复指导　告知早期康复的重要性，指导加强肢体的主动运动和被动运动，鼓励进行力所能及的日常生活活动，康复过程中注意防跌倒。

（郑悦平）

第四节　脑血管疾病

一、概述

脑血管疾病（cerebral vascular diseases，CVD）是指脑血管病变导致脑功能障碍的一类疾病的总称，包括血管腔闭塞或狭窄、血管破裂、血管畸形、血管壁损伤或通透性发生改变等各种脑血管病变引起的局限性或弥漫性脑功能障碍。脑卒中（stroke）是指各种原因引起的脑血管疾病急性发作，包括缺血性脑卒中和出血性脑卒中两大类。《中国脑卒中防治报告2020》显示，脑卒中是我国成人致死、致残的首要原因，全球范围内我国已经成为卒中终身风险和疾病负担最重的国家。且随着人口老龄化和城市化进程加速，卒中危险因素流行趋势明显，疾病负担仍呈增长的态势。

【脑血管疾病的分类】

根据脑血管病的病因、发病机制、病变血管、病变部位及临床表现等，《中国脑血管疾病分类2015》将脑血管疾病分为13类。具体见表9-5。

Ⅰ.缺血性脑血管病	Ⅱ.出血性脑血管病
1.短暂性脑缺血发作	1.蛛网膜下腔出血
（1）颈动脉系统	2.脑出血
（2）椎基底动脉系统	3.其他颅内出血
2.脑梗死（急性缺血性卒中）	Ⅲ.头颈部动脉粥样硬化、狭窄或闭塞（未导致脑梗死）
（1）大动脉粥样硬化脑梗死	Ⅳ.高血压病
（2）脑栓塞	Ⅴ.颅内动脉瘤
（3）小动脉闭塞性脑梗死	Ⅵ.颅内血管畸形
（4）脑分水岭梗死	Ⅶ.脑血管炎
（5）出血性脑梗死	Ⅷ.其他脑血管病
（6）其他原因所致脑梗死	Ⅸ.颅内静脉系统血栓形成
（7）原因未明脑梗死	Ⅹ.无急性局灶性神经功能缺损症状的脑血管病
	Ⅺ.脑卒中后遗症
	Ⅻ.血管性认知障碍
	ⅩⅢ.脑卒中后情感障碍

【脑的血液供应】

脑部血液供应来自颈内动脉系统和椎基底动脉系统（图9-2），两者之间由脑底动脉环（Willis环）相通，其中颈内动脉系统（又称前循环）供应眼部和大脑半球前3/5部分的血液，椎基底动脉系统（又称后循环）供应小脑、脑干和大脑半球后2/5部分的血液。

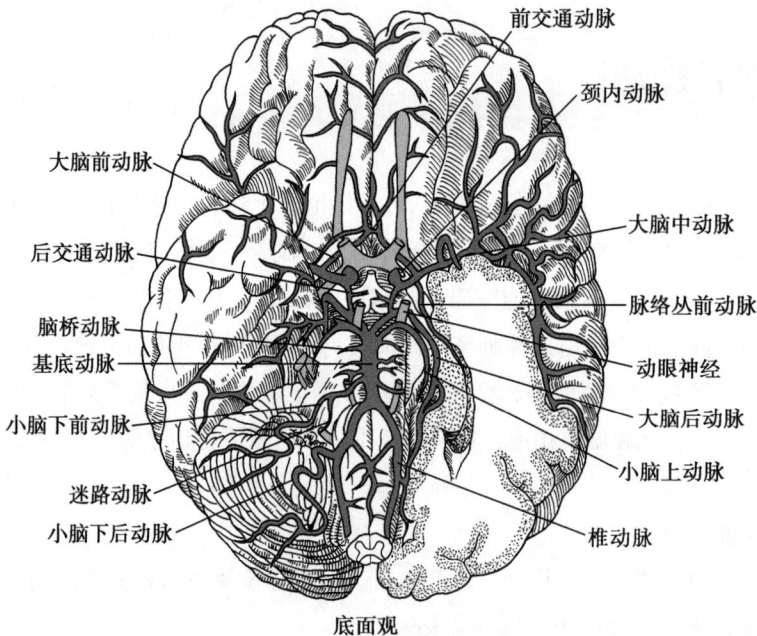

▲ 图9-2 脑的动脉供应

正常成人脑重1 500g，占体重的2%~3%，脑血流量占每分钟心搏出量的20%。因脑组织几乎无葡萄糖和氧的储备，所以对缺血缺氧性损害十分敏感。如脑组织血供完全中断6秒，病人即出现意识丧失，10秒自发脑电活动消失，5分钟最易损的特定神经元出现不可逆性损伤。

【脑血管疾病的病因】

1. 血管壁病变　高血压性动脉硬化和动脉粥样硬化（最常见）、动脉炎（风湿、结核、梅毒等所致）、先天性血管病（动脉瘤、动静脉畸形）、血管损伤（外伤、颅脑手术、穿刺）等。

2. 血液流变学及血液成分异常　高脂血症、高糖血症、高蛋白血症、白血病、红细胞增多症等所致血液黏滞度增高；原发性血小板减少性紫癜、血友病、DIC等所致凝血机制异常。

3. 心脏病和血流动力学异常　高血压、低血压或血压的急骤波动、心脏功能障碍、传导阻滞、风湿性心脏瓣膜病、心律失常（特别是心房颤动）等。

4. 其他　颅外栓子（空气、脂肪、癌细胞、细菌栓子等）进入颅内，脑血管受压、外伤或痉挛等。

【脑血管疾病的危险因素及预防】

脑血管疾病的危险因素分为可干预和不可干预两类，针对可干预因素采取措施，可减少脑血管疾病的发生。

1. 危险因素

（1）不可干预因素：年龄、性别、性格、种族、遗传等。55岁以后发病率明显增加，年龄每增加10岁，发生率约增加1倍；男性卒中发病率高于女性；父母双方的脑卒中史增加子女的卒中风险。

（2）可干预因素：高血压、高血脂、心脏病、糖尿病、高同型半胱氨酸血症、吸烟、酗酒、体力活动少、高盐饮食、超重、感染、脑卒中史等。其中高血压是各类型脑卒中最重要的独立危险因素。

2. 预防　循证医学证据表明，对脑卒中的危险因素进行早期干预，可显著降低发病风险。

（1）一级预防：指发病前的预防。对有卒中倾向，尚无卒中病史的个体，通过早期改变不健康的生活方式，积极主动控制各种危险因素，达到使脑血管病不发生或推迟发生的目的。其措施包括防治高血压、心脏病、血脂异常、糖尿病，戒烟限酒，合理膳食，加强身体活动及控制体重等，主要针对可干预因素。

（2）二级预防：是针对发生过一次或多次脑卒中的病人，通过寻找卒中事件发生的原因，对所有可干预的危险因素进行治疗，以降低再次发生卒中的危险，减轻残疾程度。其措施包括正确评估（明确既往卒中类型和相关危险因素）、积极管控血压、抗血小板聚集（应用抗血小板药物）、抗凝治疗、加强血糖及血脂管理、防止卒中后认知障碍等，主要目标是预防复发。

二、短暂性脑缺血发作

案例导入

病人，男，42岁，以"突然倒地、恶心、眩晕1天"为主诉入院。

病史评估： 昨日早晨公园锻炼时突然出现头晕、眼前发黑，双下肢无力而跌倒，约1分钟后缓解，症状消失后自行站起。近半年来反复出现头晕，有时伴耳鸣和轻微头痛，颈部血管彩超可见左侧椎动脉有软斑，给予阿司匹林口服。近1个月来头晕反复发作，平卧后缓解；不明原因跌倒2次，自述当时意识清醒，很快能自行爬起。既往有高血压病史5年。

身体评估： T 36.5℃，P 80次/min，R 20次/min，BP 152/89mmHg；身高170cm，体重80kg。神志清，四肢肌力、肌张力正常。

辅助检查： CT示颅内血管硬化。颈部血管彩超示双侧椎动脉形态结构正常，内膜毛糙增厚，左侧椎动脉后壁可见一长约3mm的低回声斑块。

初步诊断： 短暂性脑缺血发作。

请思考： 该病人存在哪些脑血管疾病危险因素？如何指导病人开展自我管理，进而预防完全性卒中发生？

短暂性脑缺血发作（transient ischemic attack，TIA）是指由局部脑或视网膜缺血引起的短暂性神经功能缺损，症状一般不超过1小时，最长不超过24小时，且无责任病灶的证据，但可反复发作。TIA是缺血性脑卒中最重要的危险因素，且年轻化趋势越来越明显。

【病因及发病机制】

TIA的发病目前认为与动脉粥样硬化、动脉狭窄、心脏病及血流成分改变等多种病因有关，主要有以下几个方面。

1. **血流动力学改变** 在各种原因所致的颈内动脉系统或椎基底动脉系统的动脉严重狭窄基础上，血压的急剧波动导致原来靠侧支循环支持的脑区发生一过性的缺血。此型TIA的临床表现较刻板，发作频次较多，每次发作时间较短，一般不超过10分钟。

2. **微栓塞** 来源于颈部和颅内大动脉，尤其是动脉分叉处的粥样硬化斑块和其他来源的微栓子，如脱落的心脏附壁血栓等，随血流进入颅内，引起相应动脉闭塞而产生临床症状。当微栓子崩解或移向远端血管时，血流恢复，症状缓解或消失。

3. **脑血管狭窄或痉挛** 颅内外动脉因粥样硬化导致管腔狭窄，可引起一过性脑供血不足；供应脑部血流的动脉受压或受各种刺激发生痉挛，可导致一过性脑缺血。

4. **其他** 颅内动脉炎、无名动脉和锁骨下动脉闭塞时、上肢活动可能引起的锁骨下动脉盗血现象均可导致TIA。

【临床表现】

1. **一般特点** ① 50~70岁的中老年多见，男性多于女性；② 多伴有高血压、动脉粥样硬化、糖尿病、高血脂和心脏病等脑血管疾病的高危因素；③ 突发局灶性脑或视网膜功能障碍，持续时间短暂，最长不超过24小时，不遗留神经功能缺损症状；④ 可反复发作，且每次发作表现相似。

2. 颈内动脉系统 TIA ① 大脑中动脉供血区 TIA 可出现缺血对侧肢体的单瘫、轻瘫、面瘫和舌瘫，可伴有偏身感觉障碍和对侧同向性偏盲，优势半球损伤出现失语和失用，非优势半球受损可出现空间定向障碍。② 大脑前动脉供血区 TIA 可出现人格和情感障碍、对侧下肢无力。③ 颈内动脉主干 TIA 主要表现为眼动脉交叉瘫（患侧单眼一过性黑矇、失明和/或对侧偏瘫及感觉障碍），Horner 交叉瘫（患侧 Horner 综合征，对侧偏瘫）。

3. 椎基底动脉系统 TIA ① 常见症状：眩晕、恶心和呕吐、平衡失调。② 特征性症状：跌倒发作（drop attack）和短暂性全面性遗忘症（transient global amnesia，TGA）。前者表现为转头或仰头时，双下肢无力而跌倒，常可很快自行站起，无意识丧失；后者表现为发作时出现短时间记忆丧失，对时间、地点定向障碍，但对话、书写和计算能力正常，无意识障碍，持续数分钟或数小时。③ 可能出现的症状：吞咽障碍、构音不清、共济失调（小脑缺血）、交叉性瘫痪（脑干缺血）。

【辅助检查】

1. 影像学检查 CT 或 MRI 多正常，MRA 和 DSA 可见血管狭窄、动脉粥样硬化改变；TCD 可见动脉狭窄、粥样硬化斑等。

2. 其他 血常规、血流变、血脂、血糖和同型半胱氨酸等检查，有助于发现病因。

【治疗要点】

TIA 是急症，发病后 2~7 天内为卒中的高风险期，紧急评估和干预可减少卒中发生。

1. 病因治疗 是预防 TIA 复发的关键，应积极查找病因，针对可能的危险因素进行治疗。此外，完成风险评估也可有效减少卒中发生，常用工具为 ABCD2 评分，症状发作在 72 小时内并存在以下情况之一者，建议入院治疗：① ABCD2 评分 >2 分；② ABCD2 评分 0~2 分，但门诊不能在 2 天之内完成系统检查；③ ABCD2 评分 0~2 分，但弥散加权成像（DWI）已显示对应小片状缺血灶或缺血责任大血管狭窄率 >50%。

理论与实践 ABCD2 评分：A——年龄（age），>60 岁计 1 分。B——血压（blood pressure），首诊收缩压 >140mmHg 或舒张压 >90mmHg，计 1 分。C——临床表现（clinical features），单侧肢体无力，计 2 分；无肢体无力但有言语障碍，计 1 分。D——症状持续时间（symptom duration），≥1 小时，计 2 分；持续时间 10~59 分钟，计 1 分。D——患糖尿病（diabetes），计 1 分。

2. 药物治疗

（1）抗血小板聚集：非心源性栓塞性 TIA 推荐抗血小板治疗，可减少微栓子的发生，预防复发。常用药物有阿司匹林、双嘧达莫、氯吡格雷等。

（2）抗凝治疗：心源性栓塞性 TIA 推荐抗凝治疗，对于发生 DVT 及 PE 风险高且无禁忌者，可皮下注射低分子肝素治疗，一般急性脑梗死病人不主张立即使用抗凝药物，溶栓后 24 小时内禁止使用抗凝药物。常用药物有肝素、低分子肝素和华法林。

（3）扩容治疗：针对血流动力型TIA，纠正低灌注。

（4）溶栓治疗：TIA病人不作为静脉溶栓治疗的禁忌证，对于反复发作、临床有脑梗死诊断可能的病人，应积极进行溶栓治疗。

（5）中药：常用药物有川芎、丹参、红花和三七等。

3. 外科治疗 常用方法包括颈动脉血管成形和支架植入术（carotid angioplasty and stenting，CAS）、颈动脉内膜切除术（carotid endarterectomy，CEA）。有或无症状、单侧重度颈动脉狭窄>70%或药物治疗无效者可考虑行CAS或CEA治疗。

【常用护理诊断/问题及护理措施】

有跌倒的危险 与突发眩晕、平衡失调和一过性失明有关。

（1）安全护理：指导病人发作时卧床休息，枕头不宜太高（以15°~20°为宜），以免影响头部血液供应。仰头或头部转动时应缓慢且转动幅度不宜太大，以防跌倒发作和外伤。频繁发作者避免重体力劳动，沐浴和外出应有家人陪伴。可进行散步、慢跑、踩脚踏车等运动，以改善心脏功能，增加脑部血流量，改善脑循环。

（2）用药护理：指导病人遵医嘱正确服药，不可自行调整、更换或停用药物。告知所用药物的机制和不良反应。阿司匹林、氯吡格雷或奥扎格雷等抗血小板药物主要不良反应有恶心、腹痛、腹泻等消化道症状和皮疹，偶可致严重但可逆的粒细胞减少症，用药期间定期检查凝血常规。肝素等抗凝药物可致出血，用药过程中应注意观察有无出血倾向、皮肤瘀点和瘀斑、牙龈出血、大便颜色等，有消化性溃疡和严重高血压者禁用。

（3）病情观察：对频繁发作的病人，应注意观察和记录每次发作的持续时间、间隔时间和伴随症状；观察病人肢体无力或麻木等症状有无减轻或加重，有无头痛、头晕或其他脑功能受损的表现，警惕完全性缺血性脑卒中的发生。

【健康指导】

1. 疾病预防指导 指导病人改变不良生活习惯，养成健康生活方式；并告知病人定期复查，监测药物不良反应，出现肢体麻木、无力、眩晕、复视等症状时及时就医；要求病人积极治疗高血压、高血脂、糖尿病、脑动脉硬化等。

2. 疾病知识指导 评估病人和家属对疾病的认知程度，介绍疾病发生的病因、主要危险因素、早期症状和体征、及时就诊和治疗与预后的关系、防治知识、遵医嘱用药和自我管理要点及方法。

三、脑梗死

案例导入

病人，男，72岁，退休工人。以"左侧肢体无力，言语不清1小时"为主诉入院。

病史评估：今晨6时，病人起床如厕时感觉头晕、左侧肢体无力，言语不清。当时神志清楚，测血压142/90mmHg，起病前无明显诱因，病后无昏迷、呕吐、抽搐等，无发热，大小便功能无障碍。

既往史：高血压病史10年，糖尿病史5年。

身体评估：T 36.9℃，P 86次/min，R 22次/min，BP 146/92mmHg；神志清，双侧瞳孔等大等圆，平卧位，痛苦面容，左侧鼻唇沟变浅，不完全性失语，查体合作。

辅助检查：总胆固醇9.6mmol/L，低密度脂蛋白5.2mmol/L，高密度脂蛋白0.8mmol/L，甘油三酯4.3mmol/L。

请思考：该病人存在哪些危险因素？为明确诊断，该病人还需要做哪些检查？当前的治疗要点有哪些？

脑梗死（cerebral infarction，CI）又称缺血性脑卒中（cerebral ischemic stroke），是指各种原因引起脑部血液供应障碍，导致脑组织缺血、缺氧性坏死而出现相应神经功能缺损的一类临床综合征。脑梗死是最常见的卒中类型，占全部脑卒中的70%~80%。根据局部脑组织发生缺血坏死的机制不同，可分为三种病理生理学类型：脑血栓形成、脑栓塞和腔隙性脑梗死，以下重点介绍脑血栓形成和脑栓塞。

（一）脑血栓形成

脑血栓形成（cerebral thrombosis）即动脉粥样硬化性血栓性脑梗死，是在脑动脉粥样硬化等动脉壁病变的基础上，脑动脉主干或分支管腔狭窄、闭塞或形成血栓，造成该动脉供血区局部脑组织血流中断而发生缺血、缺氧性坏死，引起偏瘫、失语等相应的神经症状和体征。脑血栓形成是临床最常见的脑血管疾病，约占全部脑梗死的60%。

【病因及发病机制】

1. 脑动脉粥样硬化　是脑血栓形成最常见和基本的病因。常伴有高血压且两者互为因果，糖尿病和高脂血症可加速脑动脉粥样硬化的进程。

2. 脑动脉炎　结缔组织疾病、细菌和钩端螺旋体等感染均可致脑动脉炎症，使管腔狭窄或闭塞。

3. 其他　包括血液系统疾病如真性红细胞增多症、血小板增多症、弥散性血管内凝血；脑淀粉样血管病、颅内外夹层动脉瘤及烟雾病等。尚有极少数病人病因不明。

急性脑梗死病灶由缺血中心区及其周围的缺血半暗带组成。缺血中心区脑组织已发生不可逆性损害；缺血半暗带是指梗死灶中心坏死区周围可恢复的部分血流灌注区，因此区内有侧支循环存在而可获得部分血液供给，尚有大量可存活的神经元，如血流迅速恢复，神经细胞可存活并恢复功能；反之，中心坏死区则逐渐扩大。有效挽救缺血半暗带脑组织的治疗时间，称为治疗时间窗（therapeutic time window，TTW）。《中国急性缺血性脑卒中诊治指南2018》推荐，急性缺血性脑卒中溶栓治疗时间窗一般不超过6小时，机械取栓时间也不超过6小时，个别病人可延长至24小时内，但需要影像学筛选辅助决策。如果血运重建时间超过TTW，则不能有效挽救缺血脑组织，甚至可能会因再灌注损伤和激发脑出血而加重脑损伤。

【临床表现】

1. 临床特点 ① 好发于50岁以上有动脉粥样硬化、高血压、高血脂、糖尿病者；② 安静或睡眠中发病，部分病人发病前有肢体麻木、无力等前驱症状或TIA；③ 症状多在发病后10小时或1~2天达高峰；④ 以偏瘫、失语、偏身感觉障碍和共济失调等局灶定位症状为主；⑤ 少部分病人可有头痛、呕吐、意识障碍等全脑症状。

🔔 问题与思考

脑血栓形成与TIA的临床特点有哪些异同点？

2. 临床类型

（1）完全型：起病后6小时内病情达高峰，病情重，表现为一侧肢体完全瘫痪甚至昏迷，临床需与脑出血进行鉴别。

（2）进展型：发病后症状在48小时内逐渐进展或呈阶梯式加重。

（3）缓慢进展型：起病2周以后症状仍逐渐发展。多见于颈内动脉颅外段血栓形成，与全身或局部因素所致脑灌注减少有关，应注意与颅内肿瘤、硬膜下血肿进行鉴别。

（4）可逆性缺血性神经功能缺失：症状和体征持续时间超过24小时，但在1~3周内完全恢复，不留任何后遗症。可能与缺血尚未导致不可逆的神经细胞损害、侧支循环迅速而充分地代偿、发生的血栓不牢固、伴发的血管痉挛及时解除等有关。

【辅助检查】

1. 血液检查 包括血常规、血流变、血糖、血脂、肾功能、凝血功能等。这些检查有助于发现脑梗死的危险因素并对病因进行鉴别。

2. 影像学检查 可直观显示脑梗死的部位、范围、血管分布、有无合并出血、病灶新旧等，帮助临床判断组织缺血后是否可逆、血管状况，以及血流动力学改变；也可帮助选择溶栓病人、评估继发性出血的危险程度。

（1）头颅CT：脑梗死发病24小时内一般无影像学改变，多数病例在发病24小时后逐渐显示低密度梗死灶。发病后尽快进行CT检查，有助于早期脑梗死与脑出血的鉴别。脑干或小脑梗死以及梗死部位较小时，CT难以检出。

（2）头颅MRI：与CT检查相比，可发现脑干、小脑或较小梗死灶；还可早期发现梗死灶，如弥散加权成像（DWI）在症状出现数分钟内就可显示缺血灶，并可以确定大小、部位及时间。

（3）血管造影：DSA和MRA可以发现血管狭窄、闭塞和其他血管病变，如动脉炎、动脉瘤和动静脉畸形等。其中DSA是脑血管病变检查的"金标准"。

【治疗要点】

卒中病人应收入卒中单元（stroke unit）治疗。卒中单元是指提高住院卒中病人疗效的医疗管理模式，专为卒中病人提供药物治疗、肢体康复、语言训练、心理康复和健康康复的组织系统。将卒中的急救、治疗、护理与康复等多学科专业人员有机地融为一体，可有效降低病人的病死率和致残率，提高生活质量，缩短住院时间并减少花费。

1. 治疗原则 ① 超早期治疗：发病后力争于治疗时间窗内选用最佳治疗方案。② 个体化治疗：根据病人年龄、病情严重程度、临床类型及基础疾病等采取最适当的治疗。③ 整体化治疗：

采取病因治疗、对症治疗、支持治疗和康复治疗等综合措施，同时对高危因素进行预防性干预。

2. 急性期治疗

（1）早期溶栓：溶栓治疗是目前最重要的恢复血流措施，包括静脉溶栓和动脉溶栓，应在发病后3~4.5小时以内进行，使血管再通。常用溶栓药物有重组组织型纤溶酶原激活剂（rt-PA）和尿激酶（UK）。① 重组组织型纤溶酶原激活剂，一次剂量为0.9mg/kg（最大剂量90mg）静脉滴注，其中10%在最初1分钟内静脉推注，其余90%持续滴注1小时；② 尿激酶，常用剂量为100万~150万IU，溶于生理盐水100~200ml中，持续静脉滴注30分钟。动脉溶栓应减少药量，需要在DSA监测下进行。溶栓期间应严密监护、加强巡视和观察。

（2）调整血压：急性期应维持病人血压于较平时稍高水平，以保证脑部灌注，防止梗死面积扩大。除非血压过高（收缩压>220mmHg或舒张压>120mmHg及平均动脉压>130mmHg），一般不予应用降压药物。研究表明，急性缺血性脑卒中发病24小时内降压水平不得超过原有血压水平的15%。

（3）防治脑水肿：多见于大面积脑梗死，常于发病后3~5天达高峰。治疗目标是降低颅内压、维持足够脑灌注且预防脑疝。常用20%甘露醇125~250ml快速静脉滴注，每6~8小时1次；心、肾功能不全病人可改用呋塞米20~40mg静脉注射，每6~8小时1次。亦可用10%复方甘油、白蛋白等。

（4）控制血糖：急性期病人血糖升高较常见，可能为原有糖尿病的表现或应激反应。当血糖>10mmol/L时，应立即予胰岛素治疗，控制血糖于7.8~10mmol/L以下，同时注意加强监测，避免低血糖。

（5）抗血小板聚集：常用药物包括阿司匹林和氯吡格雷。未行溶栓治疗的病人应在发病后48小时之内服用阿司匹林100~325mg/d，但不主张在溶栓后24小时内应用，以免增加出血风险。

（6）抗凝治疗：常用药物包括肝素、低分子肝素和华法林。需要根据活化部分凝血活酶时间（activated partial thromboplastin time，APTT）和国际标准化比值（international normalized ratio，INR）调整剂量。一般不推荐急性脑梗死病人立即应用抗凝药物。合并高凝状态、有深静脉血栓形成和肺栓塞的高危病人，可预防性应用。

（7）脑保护治疗：应用胞二磷胆碱、钙通道阻滞剂尼莫地平、自由基清除剂依达拉奉、脑蛋白水解物等药物和采用头部或全身亚低温治疗，可通过降低脑代谢，干预缺血引发细胞毒性机制而减轻缺血性脑损伤。

（8）中医中药治疗：丹参、川芎嗪、三七、葛根素、银杏叶制剂等可活血化瘀。

（9）血管内介入治疗：包括动脉溶栓、桥接、机械取栓、血管成形和支架术等。在发病后6小时内对于静脉溶栓治疗无效的或不适合静脉溶栓的大血管闭塞病人，给予机械取栓，距病人最后看起来正常时间在6~24小时者，经严格临床或影像学评估后，可进行血管内机械取栓治疗。

（10）早期康复治疗：针对病人情况早期、个体化开展康复治疗，分阶段、渐进式地选择不同强度的康复疗法，鼓励病人积极参与，降低致残率，促进神经功能恢复，早日重返社会。

3. 恢复期治疗 继续稳定病人的病情，高血压病人控制血压，高血脂病人调节血脂等。恢复期病人的患侧肢体由弛缓性瘫痪逐渐进入痉挛性瘫痪，康复治疗是重要的治疗手段。

【常用护理诊断/问题及护理措施】

1. 躯体移动障碍 与运动中枢损害致肢体瘫痪有关。

（1）生活、安全、康复及心理护理：见本章第一节概述中"运动障碍"的护理。

（2）用药护理：熟悉病人所用药物的药理作用、用药注意事项、不良反应和观察要点，遵医嘱正确用药。

1）溶栓和抗凝药物：应严格掌握药物剂量，监测出凝血时间和凝血酶原时间，观察有无黑便、牙龈出血、皮肤瘀点瘀斑等出血表现。密切观察症状和体征的变化，如病人原有症状和体征加重，或出现严重头痛、血压增高、脉搏减慢、恶心呕吐等，应考虑继发颅内出血，立即停用溶栓和抗凝药物，协助紧急头颅CT检查。

2）甘露醇：宜快速滴注（125~250ml在15~30分钟内滴完），注意用药速度并观察用药后病人的尿量和尿液颜色，准确记录24小时出入量，观察有无药物结晶阻塞肾小管所致少尿、血尿、蛋白尿及尿素氮升高等急性肾衰竭的表现，定时复查尿常规、血生化、血电解质和肾功能；观察有无脱水速度过快所致头痛、呕吐、意识障碍等低颅压综合征的表现，并注意与高颅压进行鉴别。

2. 言语沟通障碍 与语言中枢损害有关。见本章第一节概述中"言语障碍"的护理。

3. 吞咽障碍 与意识障碍或延髓麻痹有关。

（1）吞咽功能评估：评估病人能否经口进食及进食类型（固体、流质、半流质）、进食量和进食速度，饮水时有无呛咳；也可采用洼田饮水试验等评估吞咽功能。

吞咽功能评定方法：① 视频荧光造影（VFC）：调制不同黏度的造影剂，让病人吞服，然后在荧光屏幕下摄录整个吞咽过程，评价吞咽功能障碍的程度和部位。② 吞唾液测试：病人取坐位，护士将手指放在病人的喉结及舌骨处，观察在30秒内病人吞咽的次数和活动度；③ 洼田饮水试验：病人取坐位，饮温水30ml，观察饮水经过并记录时间。

（2）经口进食的护理：① 体位选择，根据病人是否能坐起，采取坐位或床头摇起30°进食。② 食物选择，选择病人喜爱的营养丰富易消化的食物，为防止误吸，便于食物在口腔内的移送和吞咽，可通过改变食物性状，使其易于形成食团便于吞咽。③ 吞咽方法选择，空吞咽和吞咽食物交替进行，侧方吞咽指吞咽时头侧向健侧肩部，防止食物残留在患侧梨状隐窝内，尤其适合偏瘫的病人；点头样吞咽指吞咽时配合头前屈、下颌内收如点头样的动作，以加强对气道的保护，利于食物进入食管。

（3）防止误吸、窒息：进食前应注意休息；保持进餐环境的安静、舒适；减少进餐时环境中分散注意力的干扰因素；因用吸管饮水需要比较复杂的口腔肌肉功能，所以，病人不可用吸管饮水、饮茶，用杯子饮水时，保持水量在半杯以上，以防低头饮水的体位增加误吸的危险。床旁备吸引装置，如果病人呛咳、误吸或呕吐，应立即指导其取头侧位，及时清理口、鼻腔内分泌物和呕吐物，保持呼吸道通畅，预防窒息和吸入性肺炎。

（4）肠内营养的护理：对于严重吞咽困难预计大于7天者，或需机械通气并伴有意识水平下降的危重症病人，应尽早开始肠内营养，并根据病人的营养风险、吞咽能力、意识水平、预期持续时间和并发风险等因素选择肠内营养的途径。管饲中加强观察，以保障病人安全及肠内营养顺利进行，同时要注意体位管理、及时吸痰、减少刺激以避免误吸和反流。

【健康指导】

1. 疾病预防指导　对有发病危险因素或病史者，指导进食高蛋白、高维生素、低盐、低脂清淡饮食，多食新鲜蔬菜、水果、谷类、鱼类和豆类，保持能量供需平衡，戒烟、限酒；应遵医嘱规则用药，规律锻炼；控制血压、血糖，抗血小板聚集，调节血脂。

2. 疾病知识指导　告知脑血栓形成基本病因和主要危险因素、早期症状和及时就诊的指征；指导病人遵医嘱正确服用降压、降糖和降脂药物，并定期进行相关项目的检查；告知病人和家属康复治疗的知识和自我护理的方法。

3. 鼓励生活自理　鼓励病人从事力所能及的家务劳动，日常生活不过度依赖他人，告知病人和家属功能恢复需经历的过程，使病人和家属克服急于求成的心理，做到坚持锻炼、循序渐进。同时，避免病人产生依赖心理，增强自我照顾的能力。

（二）脑栓塞

脑栓塞（cerebral embolism）是指血液中的各种栓子随血流进入颅内动脉系统，导致血管管腔急性闭塞，引起相应供血区脑组织缺血性坏死，出现局灶性神经功能缺损的症状和体征的一组临床综合征。占脑梗死的15%~20%。

【病因及发病机制】

根据栓子来源分为三类。

1. 心源性 为脑栓塞最常见病因，占脑栓塞的60%~75%。主要见于以下疾病。

（1）非瓣膜性心房颤动：是心源性脑栓塞中最常见的病因。心房颤动时血流缓慢瘀滞，易导致附壁血栓，栓子脱落引起栓塞。

（2）风湿性心脏瓣膜病：可影响血流动力学而导致附壁血栓形成。

（3）感染性心内膜炎：心瓣膜上的炎性赘生物脱落导致栓塞，并可引起颅内感染。

（4）心肌梗死：面积较大或合并慢性心力衰竭，可致血液循环瘀滞形成附壁血栓。

（5）二尖瓣脱垂：心脏收缩时脱垂的二尖瓣突入左心房，引起严重的血液反流，易导致附壁血栓形成。

（6）其他：如卵圆孔未闭、病态窦房结综合征等。

2. 非心源性 心脏以外的栓子随血流进入颅内引起栓塞。常见原因有：

（1）动脉粥样硬化斑块脱落性栓塞：主动脉弓或颈动脉粥样硬化斑块脱落形成栓子，沿颈内动脉或椎基底动脉进入颅内。

（2）脂肪栓塞：长骨骨折或手术后。

（3）空气栓塞：静脉穿刺、人工气腹等。

（4）癌栓塞：恶性肿瘤可浸润、破坏血管，瘤细胞进入血液形成癌栓。

（5）感染性栓塞：败血症的菌栓或脓栓、寄生虫虫卵栓子等。

3. 来源不明 部分病例无法查到栓子来源。

脑栓塞的病理改变与脑血栓形成基本相同，但由于脑动脉突然阻塞，易引起脑血管痉挛而加重脑组织缺血；又因无充足的时间建立侧支循环，所以，栓塞较发生在同一动脉的血栓形成病变范围更大。脑栓塞引起的脑组织坏死分为缺血性、出血性和混合性，其中出血性梗死更为常见，占30%~50%，可能是因为栓子破裂移向远端，血流恢复后栓塞区缺血坏死的血管壁在血压作用下发生破裂出血所致。

【临床表现】

1. 任何年龄均可发病，风湿性心脏瓣膜病所致脑栓塞以青壮年为主，冠心病及大动脉粥样硬化所致脑栓塞以中老年多见。

2. 起病急，症状常在数秒至数分钟内达高峰，是所有急性脑血管病中发病速度最快者。

3. 以偏瘫、失语等局灶定位症状为主要表现，有无意识障碍及其程度取决于栓塞血管的大小和梗死的部位与面积，重者可表现为突发昏迷、全身抽搐、因脑水肿或颅内高压继发脑疝而死亡。

4. 多有导致栓塞的原发病和同时并发的脑外栓塞表现，如心房颤动病人表现为第一心音强弱不等、心律不规则、脉搏短绌；心脏瓣膜病者可闻及心脏杂音；肺栓塞的气急、发绀、胸痛和咯血；肾栓塞的腰痛和血尿；皮肤栓塞的瘀点或瘀斑。

【辅助检查】

1. 头颅CT 可显示脑栓塞的部位和范围。CT检查在发病后24~48小时内病变部位呈低密度改变。发生出血性梗死时，在低密度梗死区可见1个或多个高密度影像（图9-3）。

2. 脑脊液 大面积梗死脑脊液压力增高，如非必要，应尽量避免此检查。出血性梗死时脑脊液呈血性或镜检可见红细胞。

3. 其他 常规进行心电图、胸部X线和超声心动图检查，确定栓子来源；疑似感染性心内膜炎时，应进行血常规和血细菌培养等检查。

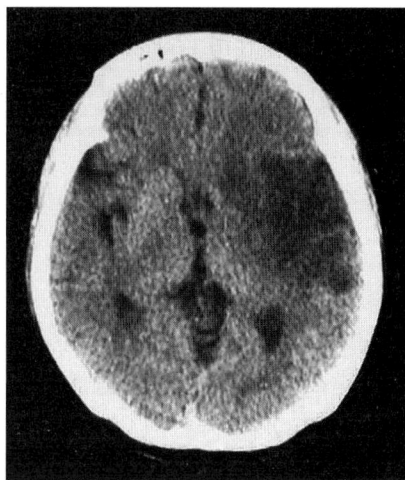

▲ 图9-3　大脑中动脉的脑栓塞

【治疗要点】

1. 脑栓塞治疗 与脑血栓形成的治疗相同，主要是改善微循环、减轻脑水肿、防止出血、减小梗死范围，合并出血时，应暂停溶栓、抗凝等。

（1）心源性栓塞：心房颤动或再栓塞风险较高的心源性疾病推荐抗凝治疗，用法同脑血栓形成；卧床休息为主，减少和避免栓子再次脱落。

（2）感染性栓塞：应用足量有效的抗生素，禁行溶栓或抗凝治疗，以防感染在颅内扩散。

（3）脂肪栓塞：应用肝素、低分子右旋糖酐、5% $NaHCO_3$ 及脂溶剂（如乙醇溶液）等静脉滴注溶解脂肪。

（4）空气栓塞：指导病人采取头低左侧卧位，进行高压氧治疗。

2. 原发病治疗 心脏瓣膜病的介入和手术治疗、感染性心内膜炎的抗生素治疗和控制心律失常等，可消除栓子来源，防止复发。

3. 抗凝和抗血小板聚集治疗 应用肝素、华法林、阿司匹林，能防止被栓塞的血管发生逆行性血栓形成和预防复发。

【常用护理诊断/问题及护理措施】

详见本节"脑血栓形成"的相关内容。

【健康指导】

告知病人和家属本病的常见病因和控制原发病的重要性，脑栓塞易复发，10%~20%的病人可能在1~2周内发生第二次栓塞，复发者病死率更高。指导病人遵医嘱长期抗凝治疗，预防复发，定期门诊复诊，监测凝血功能，及时在医护人员指导下调整药物剂量。其他详见本节"脑血栓形成"的相关内容。

相关链接 | **腔隙性脑梗死**

腔隙性脑梗死是指大脑半球或脑干深部的小穿通动脉，在长期高血压等危险因素的基础上，血管壁发生病变，最终管腔闭塞，导致供血动脉脑组织发生缺血性坏死（梗死灶直径<15~20mm），从而出现相应神经功能缺损的一类临床综合征。因缺血、坏死和

液化的脑组织由吞噬细胞移走形成小腔隙，故称为腔隙性脑梗死。占全部脑梗死的20%~30%。主要治疗措施为控制危险因素，预后一般良好，死亡率和致残率相对较低，但复发率较高。

四、脑出血

案例导入

病人，男，45岁，因"突发神志不清30分钟并逐渐加重、呕吐咖啡样胃内容物1次"收治入院。

病史评估： 2小时前开始与朋友一起聚餐，三人共饮酒约1 000ml，结束站起时突然跌倒，随后昏迷不醒。既往高血压病史3年，血压控制不佳。

身体评估： T 38.2℃，P 92次/min，R 23次/min，BP 170/108mmHg，呼吸不规则；双侧瞳孔缩小，对光反射迟钝，摇动及呼叫无反应，压迫眶上神经有反抗动作和痛苦表情。

辅助检查： 头颅CT和MRI显示桥脑部位高密度影像，出血量约4ml。

初步诊断： 脑出血。

请思考： 如何对病人进行抢救？病情观察的重点有哪些？如何预防并发症发生？

脑出血（intracerebral hemorrhage，ICH）又称自发性脑出血，是指原发性非外伤性脑实质内出血，占急性脑血管疾病的20%~30%。年发病率为45/10万，急性期病死率为30%~40%，是病死率最高的脑卒中类型。80%为大脑半球出血，脑干和小脑出血约占20%。

【病因及发病机制】

1. 病因 最常见病因为高血压合并细、小动脉硬化，其他病因包括脑动脉粥样硬化、颅内动脉瘤和动静脉畸形、脑动脉炎、血液病（再生障碍性贫血、白血病、特发性血小板减少性紫癜、血友病等）、梗死后出血、脑淀粉样血管病（cerebral amyloid angiopathy，CAA）、烟雾病（moyamoya disease）、抗凝及溶栓治疗等。

2. 发病机制 长期高血压致脑细、小动脉发生玻璃样变性及纤维素性坏死，甚至形成微动脉瘤或夹层动脉瘤，当血压剧烈波动时，容易导致血管破裂出血。发病部位以基底节区多见，因为供应此处的豆纹动脉从大脑中动脉呈直角发出，承受压力较高的血流冲击，易导致血管破裂出血，又称为出血动脉。脑出血后，形成血肿和血肿周围脑组织水肿，引起颅内压升高，使脑组织受压移位，引发脑疝。脑疝是导致病人死亡的直接原因。

【临床表现】

1. 临床特点 多见于50岁以上有高血压病史者，男性较女性多见，冬季发病率较高；体力活动或情绪激动时发病，多无前驱症状；起病较急，症状于数分钟至数小时达高峰；有肢体瘫痪、失语等局灶定位症状和剧烈头痛、喷射性呕吐、意识障碍等全脑症状；发病时血压明显升高。

问题与思考

脑出血、脑血栓形成、脑栓塞临床特点的不同点有哪些？

2. 不同部位出血的表现

（1）基底节区出血

1）壳核出血：最常见，占脑出血的50%~60%，系豆纹动脉尤其是外侧支破裂所致，分为局限型（血肿局限于壳核内）和扩延型。常出现病灶对侧偏瘫、偏身感觉障碍和同向性偏盲（"三偏征"），双眼球不能向病灶对侧同向凝视；优势半球损害可有失语。

2）丘脑出血：约占20%，系丘脑穿通动脉或丘脑膝状体动脉破裂所致，分为局限型（血肿局限于丘脑）和扩延型（出血侵及内囊内侧）。常有"三偏征"，感觉障碍重于运动障碍。深浅感觉均有障碍，但深感觉障碍更明显，可伴有偏身自发性疼痛和感觉过敏。优势侧出血可出现丘脑性失语（言语缓慢而不清、重复语言、发音困难、复述差、朗读正常等）；也可出现丘脑性痴呆（记忆力减退、计算力下降、情感障碍、人格改变等）。

（2）脑叶出血：占脑出血的5%~10%。以顶叶最为常见，其次为颞叶、枕叶及额叶。临床可表现为头痛、呕吐等，肢体瘫痪较轻，昏迷少见。不同脑叶出血后的临床表现与此部分脑组织功能密切相关。

（3）脑干出血：约占10%，绝大多数为脑桥出血，系基底动脉脑桥支破裂所致。脑桥大量出血（血肿>5ml）者，血肿波及脑桥双侧基底和被盖部，病人立即出现昏迷、双侧瞳孔缩小如针尖样、呕吐咖啡色样胃内容物（应激性溃疡）、中枢性高热、中枢性呼吸障碍；出血量少者无意识障碍。中脑出血少见，轻者有呕吐、头痛和意识障碍，重者深昏迷甚至迅速死亡。延髓出血最少见，易影响生命体征而引发死亡。

（4）小脑出血：约占10%，多由小脑上动脉分支破裂所致。小量出血者主要表现为小脑症状，如眼球震颤、病变侧共济失调、站立和步态不稳等，无肢体瘫痪。出血量较大者，尤其是小脑蚓部出血，常在发病时或发病后12~24小时内出现昏迷、双侧瞳孔缩小如针尖样、呼吸节律不规则、枕骨大孔疝形成而死亡（血肿压迫脑干之故）。

（5）脑室出血：占脑出血的3%~5%，分为原发性和继发性。原发性脑室出血多由脉络丛血管或室管膜下动脉破裂所致，继发性脑室出血是指脑实质出血破入脑室。常表现为头痛、呕吐、脑膜刺激征阳性、昏迷或昏迷逐渐加深、双侧瞳孔缩小如针尖样、四肢肌张力增高、早期出现去脑强直发作等，易误诊为蛛网膜下腔出血。

【辅助检查】

1. 头颅CT 确诊脑出血的首选检查方法，可清晰、准确显示出血部位、出血量、血肿形态、脑水肿情况及是否破入脑室等，有助于指导治疗、护理和判断预后。发病后即刻出现边界清楚的高密度影，血肿吸收后呈低密度或囊性变（图9-4、图9-5）。动态CT有助于评价出血进展情况。

2. 头颅MRI 对检出小脑出血灶和监测脑出血演进过程优于CT，还可发现脑血管畸形、肿瘤及血管瘤等病变。

3. 脑脊液检查 脑脊液压力增高，血液破入脑室者脑脊液呈血性。一般无需进行，以免诱发脑疝。

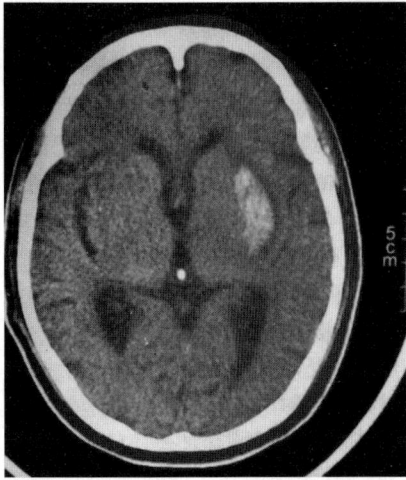

▲ 图9-4 壳核出血

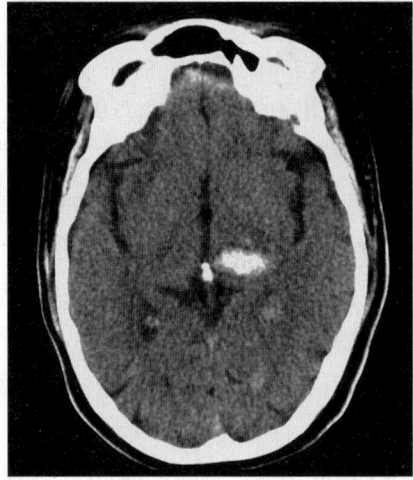

▲ 图9-5 丘脑出血

4. DSA检查 可显示脑血管的位置、形态及分布等，易发现脑动脉瘤、脑血管畸形及脑底异常血管网病等脑出血的病因。

5. 其他检查 包括血常规、血生化、凝血功能、心电图等，有助于了解病人的全身状态。重症脑出血急性期血白细胞、血糖和血尿素氮明显增高。

【治疗要点】

基本治疗原则为卧床休息、脱水降颅压、调整血压、防止继续出血、防治并发症。

1. 一般治疗 卧床休息2~4周，密切观察生命体征，保持呼吸道通畅，吸氧，保持肢体功能位，鼻饲，预防感染，维持水、电解质平衡等。

2. 脱水降颅压 脑出血后48小时脑水肿达高峰，维持3~5天后逐渐降低，可持续2~3周或更长。积极控制脑水肿、降低颅内压是脑出血急性期治疗的重要环节。可选择20%甘露醇125~250ml快速静脉滴注，每6~8小时1次，疗程7~10天。呋塞米20~40mg静脉注射，每天2~4次。

3. 调整血压 脑出血后血压升高，是机体对颅内压升高的自动调节反应，以保持相对稳定的脑血流量，当颅内压下降时血压也随之下降。因此，脑出血急性期一般不予应用降压药物，而以脱水降颅压治疗为基础。但血压过高时，可增加再出血的风险，应及时控制血压。对于收缩压150~220mmHg的病人，无急性降压治疗禁忌证的脑出血病人，将收缩压降至140mmHg是安全的，并且可能改善病人的功能预后。当收缩压大于220mmHg时，应持续静脉输注降压药物并密切监测血压，避免血压波动，收缩压目标值是160mmHg。

4. 止血和凝血治疗 仅用于并发消化道出血或有凝血障碍时，对高血压性脑出血无效。常用氨基己酸、氨甲苯酸等。应激性溃疡导致消化道出血时，可用西咪替丁、奥美拉唑等药物。

5. 外科治疗 壳核出血量≥30ml，丘脑出血≥10ml，小脑出血≥10ml或直径≥3cm，合并明显脑积水、重度脑室出血、脑出血合并脑血管畸形或者动脉瘤等血管病变者，可考虑行开颅血肿清除、脑室穿刺引流、经皮钻孔血肿穿刺抽吸等手术治疗。一般认为手术应在发病后早期（24小时内）进行。

6. 亚低温疗法 亚低温疗法是在应用肌松药和控制呼吸的基础上，采用降温毯、降温仪、降温头盔等进行全身和头部局部降温，将温度控制在32~35℃。局部亚低温治疗是脑出血的一种新的辅助治疗方法，可减轻脑水肿，减少自由基生成，促进神经功能缺损恢复，改善病人预后。

7. 康复治疗 早期将患肢置于功能位，待生命体征稳定、病情不再进展，应尽早进行肢体、语言功能和心理康复治疗，提高生存质量。

【常用护理诊断/问题及护理措施】

1. 意识障碍 与脑出血、脑水肿有关。

（1）病情监测：严密监测并记录生命体征，重点监测意识、瞳孔变化。脑出血病人意识障碍程度加深，常提示出血量大、继续出血或脑疝形成，应及时告知医生；此外，脑出血后因血液刺激，部分病人可出现癫痫发作症状，应注意观察和预防。

（2）休息与安全：病人绝对卧床休息，抬高床头15°~30°，以减轻脑水肿。见本章第一节概述中"意识障碍"的护理。

（3）保持呼吸道通畅：平卧头侧位或侧卧位，开放气道，取下活动性义齿，及时清除口鼻腔分泌物和气道痰液，防止舌根后坠、窒息、误吸和肺部感染。

（4）生活、心理及康复护理：同脑血栓形成病人的护理。

2. 潜在并发症：脑疝。

（1）病情监测：密切观察瞳孔、意识、体温、脉搏、呼吸、血压等生命体征，如出现剧烈头痛、喷射性呕吐、烦躁不安、血压升高、脉搏减慢、意识障碍进行性加重、双侧瞳孔不等大、呼吸不规则等脑疝的先兆表现，应立即报告医生。

（2）急救配合与护理：立即为病人吸氧并迅速建立静脉通道，遵医嘱快速静脉滴注甘露醇或静脉注射呋塞米，甘露醇应在15~30分钟内滴完，避免药物外渗，注意观察尿量和尿液颜色，定期复查电解质。备好气管切开包、脑室穿刺引流包、呼吸机、监护仪和抢救药品等。

3. 潜在并发症：上消化道出血。

（1）病情监测：高血压性脑出血，易并发应激性溃疡，导致上消化道出血。加强观察，如果出现恶心、上腹部疼痛、饱胀、呕血、黑便或者鼻饲病人抽吸胃液发现咖啡色等症状和体征，应怀疑上消化道出血。

（2）护理要点：遵医嘱禁食并给予止血治疗，出血停止后给予清淡、易消化、无刺激性、营养丰富的温凉流质饮食，少量多餐，防止胃黏膜损伤及加重出血。用药过程中要注意观察疗效和不良反应，如奥美拉唑可导致转氨酶升高，枸橼酸铋钾可导致大便发黑。

【健康指导】

1. 疾病预防指导 指导病人尽量避免使血压骤然升高的各种因素，如保持情绪稳定和心态平衡，避免过分喜悦、愤怒、焦虑、恐惧、悲伤等不良心理和惊吓等刺激；建立健康生活方式，保证充足睡眠，适当运动，避免体力或脑力过度劳累和突然用力；低盐、低脂、高蛋白、高维生素饮食；戒烟酒；养成定时排便的习惯，保持大便通畅。

2. 疾病知识指导 告知病人和家属疾病的基本病因、主要危险因素和防治原则，如遵医嘱正确服用降压药物，维持血压稳定；教会病人及早发现疾病征兆，发现血压异常波动或无诱因的剧烈头痛、头晕、晕厥、肢体麻木、乏力或语言交流困难等症状，应及时就医。

3. 康复指导　教会病人和家属自我护理的方法和康复训练技巧，如翻身训练、桥式运动等肢体功能训练方法，语言和感觉功能训练方法；使病人和家属认识到坚持主动或被动康复训练的意义。

相关链接　　　　　**卒中早期识别方法——"中风120"**

复旦大学附属闵行医院赵静医生和美国宾夕法尼亚大学麻醉和重症治疗科刘仁玉医生共同合作的文章《中风120：中风迅速识别和即刻行动之中国策略》。

"1"代表"看到1张不对称的脸"；

"2"代表"查两只手臂是否有单侧无力"；

"0"代表"聆（零）听讲话是否清晰"。

如果通过这三步观察怀疑病人是卒中（中风），可立刻拨打急救电话120。

五、蛛网膜下腔出血

案例导入

病人，女，56岁，以"突然剧烈头痛伴喷射性呕吐2小时并伴有轻度意识障碍"为主诉入院。

病史评估： 与家人发生争执时突然剧烈头痛，继之喷射性呕吐胃内容物数次。亲友随护送至急诊入院。既往体健，偶有头晕发作，休息后能自行缓解。2年前体检发现血压高，未重视。

身体评估： T 37.6℃，P 88次/min，R 22次/min，BP 160/100mmHg。意识模糊，烦躁不安；双侧瞳孔等大等圆，直径2~5mm，直接和间接对光反射迟钝；脑膜刺激征阳性。

辅助检查： 肝、肾功能及心电图正常；甘油三酯0.69mmol/L，总胆固醇4.13mmol/L，低密度脂蛋白3.25mmol/L；头部CT示"脑池、脑室、蛛网膜下腔高密度影像"。

请思考： 该病人最可能发生了什么？阐述目前该病人的护理要点有哪些？

蛛网膜下腔出血（subarachnoid hemorrhage，SAH）又称原发性蛛网膜下腔出血，是指脑底部或脑表面血管破裂，血液流入蛛网膜下腔引起相应临床症状的一种脑卒中。SAH约占急性脑卒中的10%，年发病率为（1~27）/10万。最常见的病因是颅内动脉瘤。

【病因及发病机制】

1. 病因　引起SAH的病因有多种。

（1）颅内动脉瘤：为最常见病因（占75%~80%），包括先天性动脉瘤（占75%）、高血压和动脉粥样硬化所致动脉瘤。

（2）脑血管畸形：约占SAH病因的10%，主要是动静脉畸形（arteriovenous malformation，AVM），青少年多见。

（3）其他：脑底异常血管网病（占儿童SAH的20%）、夹层动脉瘤、血管炎、颅内静脉系统血栓形成、血液病等。约10%的病人病因不明。

2. 发病机制 动脉瘤可能由动脉壁先天性肌层缺陷或后天获得性内弹力层变性或两者联合作用所致。随年龄增长，动脉壁弹性逐渐减弱，薄弱的管壁在血流冲击等因素影响下向外突出形成囊状动脉瘤，好发于脑底Willis环分支部位。脑动静脉畸形是发育异常形成的畸形血管团，血管壁薄弱易破裂。

病变血管可自发破裂，或因情绪激动、重体力劳动使血压突然增高而导致破裂，血液进入蛛网膜下腔，引起一系列病理生理过程：① 颅内容积增加致颅内压增高，严重者发生脑疝；② 血液刺激痛觉敏感结构或颅内压增高引起剧烈头痛；③ 血液在脑底或脑室发生凝固，阻塞脑脊液循环通路，使脑脊液回流受阻引起阻塞性脑积水和颅内压增高；④ 血液释放的血管活性产物如5-羟色胺、内皮素、组胺等，可引起脑动脉痉挛，严重者致脑梗死；⑤ 血液及分解产物的直接刺激致下丘脑功能紊乱，出现发热、血糖升高、心律失常。

【临床表现】

SAH临床表现差异较大，轻者可无明显症状和体征，重者可突然昏迷甚至死亡。

1. 临床特点 ① 可见于各种年龄组，但以中青年发病居多。② 多有剧烈运动、过度疲劳、情绪激动、用力排便等明显诱因而无前驱症状。③ 突发异常剧烈的头部胀痛或"爆裂样"疼痛、呕吐、脑膜刺激征阳性，约1/3的病人发病前数日或数周有轻微头痛，是小量前驱出血或动脉瘤受牵拉所致。头痛可持续数日不变，2周后逐渐减轻。如头痛再次加重，常提示动脉瘤再次出血。局部头痛常可提示破裂动脉瘤的部位。动静脉畸形破裂所致SAH头痛程度较轻。④ 部分病人眼底玻璃体膜下片状出血、视盘水肿或视网膜出血。⑤ 发病后2~3天可出现低到高热。⑥ 老年病人头痛、脑膜刺激征等临床表现不明显，但精神症状比较明显，如25%的病人可出现谵妄、欣快、幻觉等，常于发病后2~3周消失。

2. 常见并发症

（1）再出血：是SAH严重的急性并发症，20%的动静脉瘤病人病后10~14天可发生再出血，病死率增加1倍。临床表现为在病情稳定后，再次出现剧烈头痛、恶心呕吐、意识障碍加深、抽搐或原有症状和体征加重，复查脑脊液为血性。

（2）脑血管痉挛：20%~30%的SAH病人出现脑血管痉挛，主要发生于由血凝块包绕的血管，严重程度与出血量有关，可引起迟发性缺血性损伤，继发脑梗死，出现局灶神经体征如轻偏瘫和失语等，是SAH病人死亡和伤残的重要原因。血管痉挛多于发生出血后3~5天开始，5~14天为高峰期，2~4周后逐渐减少。

（3）脑积水：因蛛网膜下腔和脑室内血凝块堵塞脑脊液循环通路，15%~20%的病人于出血后1周内发生急性梗阻性脑积水。轻者表现为嗜睡、思维缓慢和近记忆损害，重者出现头痛、呕吐、意识障碍等，多随出血被吸收而好转。亚急性脑积水发生于起病数周后，表现为隐匿出现的痴呆、步态异常和尿失禁。

（4）其他：5%~10%的病人可发生癫痫发作。

【辅助检查】

1. 头颅CT 确诊SAH的首选检查方法，可见脑池、脑室、蛛网膜下腔高密度影像。早期敏感度高，可检出90%以上的SAH。CT还可初步判断颅内动脉瘤的位置。动态CT检查有助于了解出血吸收情况、有无再出血或继发脑梗死、脑积水等。

2. DSA 明确有无颅内动脉瘤的金标准。可清晰显示动脉瘤的位置、大小、与载瘤动脉的关系、有无血管痉挛等。宜在发病3天内或3周后进行，以避开脑血管痉挛和再出血的高峰期。

3. 脑脊液 有诱发脑疝形成的危险，但当CT检查阴性，疑似SAH且病情允许时，可尽早行腰椎穿刺检查。均匀一致的血性脑脊液是SAH的特征性表现，但注意和穿刺误伤血管引起的血性脑脊液相鉴别。

4. 血管造影CT 主要用于有动脉瘤家族史或者破裂先兆者的筛查、动脉瘤病人的随访及不能进行及时DSA检查的替代方法。

【治疗要点】

治疗目的是防治再出血、血管痉挛和脑积水等并发症。

1. 一般治疗 脱水降颅压、控制脑水肿、调整血压，维持水、电解质和酸碱平衡，预防感染。

2. 防治再出血

（1）安静休息：绝对卧床休息4~6周，避免一切可引起颅内压增高的因素，烦躁不安者适当应用地西泮、苯巴比妥等镇痛、镇静剂。

（2）调控血压：去除疼痛等诱因后，如平均动脉压>120mmHg或收缩压>180mmHg，可在密切监测血压下应用短效降压药物，保持血压稳定于正常或起病前水平。可选用钙通道阻滞剂、β受体阻滞剂或ACEI等。避免突然将血压降得过低。

（3）抗纤溶药物：抗纤溶药物可抑制纤溶酶形成，防止动脉瘤周围的血块溶解引起再出血。常用药物有氨基己酸（EACA）或氨甲苯酸（止血芳酸，PAMBA）等，但也可能会增加缺血性脑卒中发作风险。

3. 防治脑血管痉挛 一旦发生脑血管痉挛，很难逆转，所以重在预防。疾病早期注意维持正常循环血容量和血压，避免过度脱水，同时可应用钙通道阻滞剂，如尼莫地平片口服，必要时静脉应用。

4. 防治脑积水 轻度的急、慢性脑积水可予乙酰唑胺口服，减少脑脊液分泌，亦可用甘露醇、呋塞米等药物。SAH急性期合并脑积水可进行脑脊液引流术。

5. 手术治疗 消除动脉瘤是防止动脉瘤性SAH再出血的最佳方法，可采取血管内介入治疗或动脉瘤切除术。

【常用护理诊断/问题及护理措施】

1. 疼痛 与脑水肿、颅内高压、血液刺激脑膜或继发性脑血管痉挛有关。

（1）指导缓解头痛的技巧，如缓慢深呼吸、听音乐或者转移注意力等，必要时使用镇痛镇静药物。此外，放脑脊液疗法可促进血液吸收和缓解头痛，但每次释放10~20ml，1周内不超过2次；必要时遵医嘱应用镇痛镇静剂（详见本章第一节概述中"头痛"的护理）。

（2）心理护理：告知病人及家属疾病过程和预后，耐心解释头痛发生病因及可能持续时间，使病人了解随着出血停止和血肿吸收，头痛会逐渐缓解。告知病人DSA检查可明确病因，用于指导治疗，消除病人紧张、恐惧和焦虑心理，主动配合检查。

2. 潜在并发症：再出血。

（1）活动与休息：绝对卧床休息4~6周并抬高床头15°~20°。保持病房安静、舒适，避免声、光刺激。严格限制探视，治疗和护理活动集中进行。4~6周后若病人症状好转、头部CT检查证实血液基本吸收或DSA检查没有发现颅内血管病变者，可遵医嘱逐渐抬高床头、床上坐位、下床站立和适当活动。

（2）避免诱因：告知病人和家属应避免导致血压和颅内压升高，进而诱发再出血的各种危险因素，如精神紧张、情绪激动、剧烈咳嗽、用力排便、屏气等，必要时遵医嘱应用镇静剂、缓泻剂等药物。

（3）病情监测：SAH再出血发生率较高。颅内动脉瘤发病后24小时内再出血的风险最大，病后14天累计再出血率为20%~25%，1个月时为30%。应密切观察病人是否出现再出血征象，及时发现并告知医生。

【健康指导】

1. 预防再出血　本病病死率和再出血率比较高（未经外科治疗者约20%死于再出血，且多发生于出血后最初数天；昏迷病人6个月时的病死率为71%、清醒病人为11%），告知病人情绪稳定对疾病恢复和预防复发的意义，提高依从性。指导家属关心、体贴病人，在精神和物质上对病人给予支持，减轻病人焦虑、恐惧等不良心理反应。日常生活指导见本节"脑出血"的相关内容。告知病人和家属再出血的表现，发现异常，及时就诊。女性病人1~2年内避孕。

2. 疾病知识指导　向病人和家属介绍疾病的病因、诱因、临床表现、应进行的相关检查、病程和预后、防治原则和自我护理的方法。SAH病人一般在首次出血后3天内或3~4周后进行DSA检查，以避开脑血管痉挛和再出血的高峰期。应告知脑血管造影的相关知识，使病人和家属了解进行DSA检查以明确和去除病因的重要性，积极配合；耐心向需腰椎穿刺行脑脊液检查的病人解释检查的目的、方法、需配合问题和注意事项。告知病人和家属再出血的表现，发现异常，及时就诊。

（林蓓蕾）

第五节　帕金森病

案例导入

病人，男，69岁，以"四肢抖动5年加重伴步行困难、饮水呛咳近1个月"为主诉入院。

病史评估：5年前无明显诱因出现右手抖动，静止时明显，活动及持物时减轻，继而逐渐出现右下肢和左侧肢体抖动。目前服用多巴丝肼治疗，近1个月来肢体抖动加重，姿势平衡障碍，步行困难，饮水时呛咳，怕热，出汗多，小便可，大便干结，睡眠欠佳。

身体评估： T 36.8℃，P 84次/min，R 20次/min，BP 136/78mmHg。神志清醒，双侧瞳孔等大等圆，直径3mm，对光反射灵敏。面具脸，面部油脂多；洼田饮水试验3级。四肢肌力4$^+$级，肌张力明显增高，呈齿轮样强直，坐轮椅入院。病理征（－），腱反射（＋＋）。双肺呼吸音清，未闻及干湿啰音。

辅助检查： 血常规示血红蛋白138g/L，红细胞计数$5.11×10^{12}$/L，白细胞计数$9.0×10^9$/L，血小板计数$168×10^9$/L；尿常规（－）；肝肾功能正常；心电图大致正常；X线胸片示肺纹理增粗，头颅MRI未见明显异常。

初步诊断： 帕金森病。

请思考： 何为洼田饮水试验？有何临床意义？该病人目前主要护理问题有哪些？针对这些问题应如何护理？

　　帕金森病（Parkinson disease，PD）又称震颤麻痹（paralysis agitans），是中老年常见的神经系统变性疾病，以静止性震颤、运动迟缓、肌强直和姿势平衡障碍为临床特征，主要病理改变是黑质多巴胺能神经元变性和路易小体形成。此病多见于中老年人，常在60岁以后发病，我国65岁以上人群患病率为1 700/10万，40岁以前发病者甚少。男性多发，隐匿起病，缓慢进展。高血压脑动脉硬化、脑炎、脑外伤、中毒、基底核附近肿瘤及吩噻嗪类药物等产生的震颤、强直等症状，称为帕金森综合征。本节主要讨论帕金森病。

【病因及发病机制】

　　病因未明，发病机制复杂。目前认为PD发病应为多因素共同参与所致，可能与下列因素有关。

　　1. 神经系统老化　神经系统老化只是PD的促发因素，生理性多巴胺能神经元退变不足以引起本病，只有当黑质细胞减少至15%~50%，纹状体多巴胺递质减少80%以上，临床才会出现PD症状。

　　2. 环境因素　长期接触杀虫剂、除草剂或某些工业化学品等可能是PD发病的危险因素。环境中的吡啶类衍生物1-甲基-4-苯基-1,2,3,6-四氢吡啶（MPTP）可在脑内转变成有毒性的甲基-苯基-吡啶离子（MPP$^+$），随后被多巴胺转运载体选择性摄入黑质多巴胺能神经元内，抑制线粒体呼吸链复合物I型活性，影响细胞能量代谢，从而导致细胞死亡。与MPTP分子结构类似的某些工业和农业毒素可能是本病的病因之一。

　　3. 遗传因素　本病在一些家族中呈聚集现象，有报道示10%左右的PD病人有家族史，包括常染色体显性遗传或隐性遗传。但绝大多数病人为散发性。

　　4. 多因素交互作用　目前认为帕金森病并非单因素所致，而是多因素交互作用下发病，除基因突变导致少数病人发病外，基因易感性可使患病概率增加，但并不一定发病，只有在环境、神经系统老化等因素的共同作用下，通过氧化应激、线粒体功能紊乱、蛋白酶体功能障碍、炎性和/或免疫反应、钙稳态失衡、兴奋性毒性、细胞凋亡等机制导致黑质多巴胺能神经元大量变性、丢失，才会导致发病。

【临床表现】

1. 运动症状　运动症状常始于一侧上肢，逐渐累及同侧下肢，再波及对侧上下肢，呈"N"形进展。

（1）静止性震颤：常为首发症状，多始于一侧上肢远端，呈有规律的拇指对掌和手指屈曲的不自主震颤，类似"搓丸"样动作。具有静止时明显震颤，动作时减轻，入睡后消失等特征，故称为"静止性震颤"；随病程进展，震颤可逐步涉及下颌、唇、面和四肢。少数病人无震颤，尤其是发病年龄在70岁以上者。

（2）肌强直：表现为屈肌和伸肌肌张力均增高，被动运动关节时始终保持阻力增高，类似弯曲软铅管的感觉，称"铅管样"肌强直。静止性震颤病人被动运动过程中可在均匀的阻力中感觉到断续停顿，如同在转动齿轮的感觉，称为"齿轮样"肌强直，这是肌强直与静止性震颤叠加所致。颈部、躯干、四肢肌强直可使病人出现特殊的屈曲体态，表现为头部前倾，躯干俯屈，肘关节屈曲，腕关节伸直，前臂内收，髋及膝关节略为弯曲。

（3）运动迟缓：病人随意动作减少、动作缓慢、笨拙。早期表现以手指精细动作如系裤带、鞋带、解或扣纽扣等动作缓慢为主；逐渐发展成全面性随意运动减少、迟钝，晚期因合并肌张力增高，导致起床、翻身均有困难。面肌强直使面部表情呆板，双眼凝视和瞬目动作减少，笑容出现和消失减慢，造成"面具脸"。有书写时字越写越小的倾向，称为"小字征"。

（4）姿势平衡障碍：早期走路拖步，迈步时身体前倾，行走时步距缩短，颈肌、躯干肌强直而使病人站立时呈特殊屈曲体姿，行走时上肢协同摆动的联合动作减少或消失；晚期坐位、卧位起立困难，有时行走中全身僵住，不能动弹，称为"冻结"现象；有时迈步后碎步往前冲，且越走越快，不能立刻停步，称为"慌张步态"。

2. 非运动症状　包括感觉障碍、自主神经功能障碍、精神和认知障碍。

相关链接 ｜ 帕金森病的Hoehn-Yahr分级

0级：无疾病体征。

1级：单侧肢体症状。

1.5级：单侧肢体+躯干症状。

2级：双侧肢体症状，无平衡障碍。

2.5级：轻度双侧肢体症状，后拉试验可恢复。

3级：轻至中度双侧肢体症状，平衡障碍，保留独立能力。

4级：严重无活动能力，在无协助情况下仍能行走或站立。

5级：病人限制在轮椅或床上，需人照料。

通常将Hoehn-Yahr 1~2级定义为早期PD，将Hoehn-Yahr 3~5级定义为中晚期PD。

【辅助检查】

1. **血液、唾液、脑脊液检查** 常规检查一般无异常，唾液和脑脊液中α-突触核蛋白、DJ-1蛋白含量有改变，少数病人可有血DNA基因突变。

2. **嗅觉测试及经颅多普勒超声检查** 嗅觉测试可发现早期的嗅觉减退；大多数PD病人经颅超声检查可探测到黑质回声异常增强（单侧回声面积>20mm²）。

3. **分子影像学检查** PET或SPECT检查在疾病早期甚至亚临床期即能显示异常，有较高的诊断价值。

4. **病理学检查** 外周组织，如胃窦部和结肠黏膜、下颌下腺、周围神经等部位，可见α-突触核蛋白异常聚积。

【治疗要点】

1. **治疗原则**

（1）综合治疗：包括药物治疗、手术治疗、运动疗法、心理疏导和日常照护等。药物治疗为首选，是PD病人的主要治疗手段，手术治疗是药物治疗的一种有效补充。

（2）用药原则：提倡早诊断、早治疗，遵循一般原则并强调个体化特点，以达到有效改善症状、提高工作能力和生活质量为目标，尽可能以最小剂量达到满意的临床效果；同时，尽量避免、推迟或减少药物不良反应及运动并发症的发生。

2. **药物治疗**

（1）复方左旋多巴：是治疗PD最基本、最有效的药物，对震颤、强直、运动迟缓均有较好疗效。临床常用药物多巴丝肼复方左旋多巴制剂的标准片，口服初始用量自62.5mg开始，2~3次/d，餐前1小时或餐后1.5小时服用，根据症状控制情况，缓慢增加其剂量和服药次数，至疗效满意和不出现不良反应为止。

（2）抗胆碱能药物：可协助维持纹状体的递质平衡，主要适用于震颤明显的年轻病人。常用药物有苯海索。

（3）金刚烷胺：能促进神经末梢释放多巴胺，并阻止其再吸收，对少动、强直、震颤均有改善作用。

（4）多巴胺受体（DR）激动剂：可以减少和推迟运动并发症的发生。应从小剂量开始，逐渐增加至获得满意疗效而不出现副作用为止。常用药物有普拉克索和吡贝地尔。

（5）儿茶酚-O-甲基转移酶（COMT）抑制剂：通过抑制左旋多巴在外周的代谢，使血浆左旋多巴浓度保持稳定，并能增加其入脑量。一般与复方左旋多巴制剂合用，可改善疗效，减轻症状波动。常用药物有恩他卡朋。

（6）单胺氧化酶B（MAO-B）抑制剂：主要通过抑制多巴胺分解代谢，增加脑内多巴胺含量。与复方左旋多巴制剂合用可增加疗效，同时对多巴胺能神经元有保护作用。常用药物有司来吉兰和雷沙吉兰。

3. **外科治疗** 对于长期药物治疗疗效明显减退，同时出现异动症的病人可以考虑脑深部电刺激术（deep brain stimulation，DBS），手术可以明显改善症状，但不能根治，术后仍需药物治疗。

干细胞移植结合基因治疗也在探索中。

4.康复治疗 如进行肢体运动、语言、进食、日常生活活动等训练和指导，可改善病人生活质量，减少并发症。

【常用护理诊断/问题及护理措施】

1.躯体移动障碍 与黑质病变、锥体外系功能障碍所致震颤、肌强直、姿势平衡障碍、随意运动异常有关。

（1）生活护理：加强巡视，主动了解病人的需要，指导和鼓励病人自我护理，做自己力所能及的事情。协助病人洗漱、进食、沐浴、大小便料理和做好安全防护。加强舒适护理，预防并发症。

1）保持个人卫生：对于出汗多、皮脂腺分泌亢进的病人，要指导其穿柔软、宽松的棉布衣服；经常清洁皮肤，勤换被褥、衣服，勤洗澡，卧床病人应协助床上擦浴，每天1~2次。

2）做好皮肤护理：卧床病人垫气垫床或按摩床，保持床单位清洁、干燥，定时翻身、拍背，做好骨突或受压处保护，预防压力性损伤。

3）提供生活方便：对于下肢行动不便、起坐困难者，应配备高位坐厕、坚固且带有扶手的高脚椅、手杖、带护栏的床、卫生间和走道扶手等必要的辅助设施；保证床的高度适中（以脚着地为佳）；传呼器置于病人床边；提供便于穿脱、大小合适的衣服和鞋子，粗柄牙刷、吸水管、固定碗碟的防滑垫、大手柄的餐具等；生活日用品如茶杯、毛巾、纸巾、便器、手杖等固定放置于病人伸手可及处，以方便取用。

4）采取有效沟通：对言语不清、构音障碍的病人，应耐心倾听病人的主诉，了解病人的生活需要和情感需要，指导病人采用手势、纸笔、画板等沟通方式与他人交流；与病人沟通时态度和蔼、诚恳，尊重病人，不可随意打断病人说话。

5）保持大小便通畅：对于顽固性便秘者，应指导多进食含纤维素多的食物，多吃新鲜蔬菜、水果，多喝水，每天双手顺时针按摩腹部，促进肠蠕动；指导适量服食蜂蜜、麻油等帮助通便；必要时遵医嘱口服缓泻剂，或给予开塞露塞肛、灌肠、人工排便等。对于排尿困难者应评估病人有无尿潴留和尿路感染的症状体征，指导病人精神放松，下腹部热敷以促进排尿，必要时予留置导尿。

（2）运动护理：告知病人运动锻炼的目的在于防止和推迟关节强直与肢体挛缩，有助于维持身体的灵活性，增加肺活量，预防便秘、保持并增强自我照顾能力。应与病人和家属共同制订切实可行的具体锻炼计划。

1）疾病早期：起病初期病人主要表现为震颤，应指导病人维持和调整业余爱好，鼓励病人积极参与日常生活活动和社交活动，坚持适当运动锻炼，如养花、下棋、散步、打太极拳、做体操等，注意保持身体和各关节的活动强度与最大活动范围。

2）疾病中期：对于因功能障碍已感到困难的动作要有计划、有目的地锻炼。如病人感到从椅子上起立或坐下有困难，建议每天反复多次练习起坐动作；起步困难者可在病人脚前放置一个小的障碍物作为视觉提示，帮助起步，也可在走路练习时使用有明显节拍的音乐进行适当的听觉提示；步行时要目视前方、集中注意力，保持一定的步幅与步速；鼓励病人步行时两腿尽量保持一定距离，双臂摆动，以增加平衡；转身时要以弧线形式前移，尽可能不要在原地转弯；协助病人行走时，不要强行拉着往前走，当病人感到脚粘在地上时，可告诉其先向后退一步，再往前走。

3）疾病晚期：病人卧床不起，应帮助其采取舒适体位，被动活动关节，按摩四肢肌肉，但注意动作轻柔，勿造成疼痛和骨折。

（3）安全护理：措施见本章第一节中"运动障碍"的护理。强调以下几方面。① 防止意外伤害。对于上肢震颤未能控制、日常生活动作笨拙的病人，避免拿热水、热汤，避免病人自行使用液化气炉灶和从暖瓶中倒水，选用不易打碎的饭碗、水杯和汤勺，避免玻璃和陶瓷制品；禁止自行使用锐利器械和危险品等。② 防止误服药物。有幻觉、错觉等精神症状的病人应特别强调按时服药，每次药物送服到口。③ 防走失。合并精神、智能障碍的病人应专人护理，安置在有严密监控的区域，严格交接班制度。

2.自尊低下　与震颤、流涎、面肌强直等身体形象改变和言语障碍、生活依赖他人有关。

（1）心理护理：PD病人随着病程进展会出现不同的心理反应，要做到以下几点。① 细心观察。病人往往产生自卑、暴躁及忧郁心理，回避人际交往，整日沉默寡言，闷闷不乐；随着病程延长，病情进行性加重，丧失劳动能力，生活自理能力也逐渐下降，会进一步产生焦虑、恐惧甚至绝望心理。② 心理疏导。鼓励病人表达并耐心倾听，及时给予正确的信息和引导，使其能够接受和适应并能设法改善；鼓励病人尽量维持过去的兴趣与爱好，多与他人交往；告诉病人疗效好坏常与精神情绪有关，鼓励他们保持良好心态。③ 指导家属关心体贴病人，创造良好的亲情氛围和休养环境，减轻双方心理压力。

（2）自我修饰指导：指导病人进行鼓腮、伸舌、撅嘴、龇牙、吹吸等面肌功能训练，以改善面部表情和吞咽困难，协调发音；督促进食后及时清洁口腔，随身携带纸巾擦尽口角溢出的分泌物，注意保持个人卫生和着装整洁等，以尽量维护自我形象。

3.知识缺乏：缺乏本病药物治疗知识。

（1）用药原则：告知病人本病需要长期或终身服药治疗，应从小剂量开始，逐步缓慢加量直至有效维持；服药期间尽量避免使用维生素B_6、氯氮䓬（利眠宁）、利血平、氯丙嗪、奋乃静等药物，以免降低药物疗效或导致直立性低血压。

（2）疗效观察：服药过程中要仔细观察震颤、肌强直和其他运动功能、语言功能的改善程度，观察病人起坐的速度、步行的姿态、讲话的音调与流利程度，写字、梳头、扣纽扣、系鞋带及进食动作等，以确定药物疗效。

（3）防治长期用药综合征，见表9-6。

（4）药物不良反应及其处理：帕金森病常用药物的作用、可能出现的副作用及使用注意事项见表9-7。

4.营养失调：低于机体需要量　与吞咽困难、饮食减少和肌强直、震颤所致机体消耗量增加等有关。

▼ 表9-6　帕金森病长期用药综合征的观察与鉴别

用药反应	临床表现	处理
开-关现象	症状在突然缓解（开期，常伴异动症）与加重（关期，常伴无动）两种状态之间波动，一般"关期"表现为严重的帕金森症状，持续数秒或数分钟后突然转为"开期"	加用多巴胺受体激动剂，可以防止或减少发生
剂末恶化	每次服药后药物作用时间逐渐缩短，表现为症状随血药浓度发生规律性波动	适当增加服药次数或增加每次服药剂量，或改用缓释剂可以预防
异动症	为舞蹈症或手足徐动样不自主运动、肌强直或肌阵挛，可累及头面部、四肢和躯干。有以下3种表现形式：	
	① 剂峰异动症：出现在用药1~2小时的血药浓度高峰期，与用药过量或多巴胺受体超敏有关	减少复方左旋多巴的剂量并加用多巴胺受体激动剂或COMT抑制剂可改善
	② 双相异动症：指剂初和剂末异动症	更换左旋多巴控释片为标准片或加用多巴胺受体激动剂可缓解
	③ 肌张力障碍：表现为足或小腿痛性肌痉挛，多发生于清晨服药之前	睡前加用复方左旋多巴控释片或起床前服用复方左旋多巴标准片可缓解

▼ 表9-7　帕金森病常用药物的作用、副作用及用药注意事项

药物	作用	副作用	用药注意事项
多巴丝肼	补充黑质纹状体内多巴胺的不足	恶心、呕吐、便秘、眩晕、幻觉、异动症、开-关现象	餐前1小时或饭后1.5小时服用；避免与高蛋白食物一起服用；避免突然停药
普拉克索吡贝地尔	直接激动纹状体，使之产生和多巴胺作用相同的药物，减少和延缓左旋多巴的副作用	恶心、呕吐、眩晕、疲倦、口干、直立性低血压、嗜睡、幻觉与精神障碍	避免驾驶车辆和操作机器
恩他卡朋	抑制左旋多巴和多巴胺的分解，增加脑内多巴胺的含量	恶心、呕吐、神志不清、不自主动作、尿黄	与多巴丝肼一起服用
司来吉兰雷沙吉兰	阻止脑内多巴胺释放，增加多巴胺浓度	恶心、呕吐、眩晕、疲倦、做梦、不自主动作	为轻微兴奋剂，尽量在上午用药，以免影响睡眠；消化性溃疡病人慎用
苯海索	抗胆碱能药物，协助维持纹状体的递质平衡	恶心、呕吐、眩晕、疲倦、视物模糊、口干、便秘、排尿困难	不可立即停药，需缓慢减量，以免症状恶化
盐酸金刚烷胺	促进神经末梢释放多巴胺并阻止其再吸收	恶心、呕吐、眩晕、失眠、水肿、惊厥、玫瑰斑	尽量在黄昏前服用，避免失眠，心脏病及肾衰竭病人禁用

（1）饮食指导：中晚期PD病人常因面颊、口咽部肌肉僵硬与运动障碍导致吞咽困难，进食减少；加上病人反射功能渐趋迟钝导致咽反射、咳嗽反射受影响，若病人合并痴呆则进食过程中的自我控制能力也会下降，这些都将使病人的吞咽和饮食受到影响，护士应告知病人与家属导致营养低下的原因、饮食治疗的原则与目的，指导合理选择饮食和正确进食。

1）饮食原则：给予高热量、高维生素、高纤维素、低盐、低脂、适量优质蛋白的易消化饮食，并根据病情变化及时调整和补充各种营养素，戒烟酒。由于高蛋白饮食会降低左旋多巴类药

物的疗效，故不宜摄入过多蛋白质，蛋白质宜在晚餐进食；槟榔为拟胆碱能食物，可降低抗胆碱能药物的疗效，也应避免食用。

2）食物种类：根据中国膳食指南，合理搭配食物种类。主食以五谷类为主，多选粗粮，多食新鲜蔬菜、水果，多喝水（每天2 000ml左右），摄入适量奶制品、肉类、蛋、豆类。注意钙的补充，以预防骨质疏松。

3）进食方法：抬高床头，保持坐位或半坐位；注意力集中，并给予病人充足的时间和安静的进食环境，不催促、打扰病人进食；对于咀嚼能力和消化功能减退的病人应给予易消化、易咀嚼的细软、无刺激性的软食或半流质，少量多餐；对于咀嚼和吞咽功能障碍者应选用稀粥、面片、蒸蛋等精细制作的小块食物或黏稠不易反流的食物，并指导病人少量分次吞咽，避免吃坚硬、滑溜及圆形的食物，如果冻等。对于进食困难、饮水呛咳的病人要及时留置胃管给予鼻饲，避免经口进食引起误吸、窒息或吸入性肺炎。

问题与思考
帕金森病早、中、晚期的护理要点有什么不同？

（2）营养评估：评估病人营养状况，根据评估结果予以个性化饮食指导。

【健康指导】

1. 日常生活指导 鼓励病人维持和培养兴趣爱好，疾病早期坚持适当的运动和体育锻炼（如散步、打太极拳等），做力所能及的家务劳动。病人因震颤和不自主运动，出汗多，易造成皮肤刺激和不舒适感，皮肤抵抗力降低，还可导致皮肤破损和继发感染，应勤洗勤换，保持皮肤清洁。中期病人应加强日常生活动作训练，进食、洗漱、穿脱衣服等应尽量自理，保持最大范围的关节活动度。

2. 用药指导及病情监测 告知病人及家属药物治疗是PD病人的主要治疗手段，需坚持终身服药。详细告知所服药物的名称、剂量、用法、常见不良反应及注意事项；如出现肢体震颤、行动迟缓、异动症状等加重时，及时到专科门诊就诊，在医生指导下调整药物剂量、用法及品种。

3. 安全指导 ① 避免登高和操作高速运转的机器，不要单独使用燃气、热水器及锐利器械，避免意外伤害；② 避免进食带骨刺的食物和使用易碎的器皿；③ 直立性低血压病人睡眠时建议抬高床头，可穿弹力袜，起床站立、如厕后起身等改变体位时动作要慢，有助于预防低血压的发生；④ 日常生活中注意防跌倒，外出时需有人陪伴，精神智能障碍者应注意防走失。

4. 照护者指导 本病为终身性疾病，且病情逐渐加重，后期常常生活不能自理。家庭照护者身心压力大，经济负担重，医护人员应理解、关心家庭照护者，指导照护者：① 应关心体贴病人，协助进食、服药和日常生活的照顾，晚期卧床病人应协助翻身、清洁、被动活动关节和按摩肢体，预防压力性损伤、深静脉血栓、感染、关节僵硬和肢体挛缩；② 应督促病人遵医嘱正确服药，防止错服、漏服；③ 应细心观察病人病情变化，当病人出现肢体活动障碍加重，吞咽困难、发热、精神智能障碍加重时应及时就诊。

（郑悦平）

第六节 癫痫

案例导入

患儿，男，11岁。因"发作性意识丧失、肢体抽搐2年余，近1周症状反复出现"为主诉入院。

病史评估： 病人昨天无明显诱因出现四肢抽搐，呼吸急促、面色发绀、两眼上翻、口吐白沫、呼之不应，症状持续约5分钟后停止，而后意识逐渐恢复；今天夜间再次发作，持续时间明显延长且伴有尿失禁，急诊入院。既往体健，无手术史。

身体评估： T 37.0℃，P 78次/min，R 18次/min，BP 110/82mmHg。神志清，精神软，高级皮质功能减退，认知力、计算力下降，脑神经（－）；入院急查右上肢肌力4级，右下肢肌力4级，左下肢肌力4级，双侧巴宾斯基征阳性。

辅助检查： 头颅MRI示左侧额颞顶叶、右侧顶叶软化灶。右侧顶叶、颞叶皮质，左顶叶、枕叶、颞叶皮质局部血流灌注明显减低，考虑为颅内软化灶。

初步诊断： 癫痫持续状态。

请思考： 癫痫发作时的抢救处理要点是什么？为进一步明确诊断，应进行哪些检查？

癫痫（epilepsy）是由多种病因导致脑部神经元高度同步化异常放电所致的临床综合征。因异常放电神经元的位置和异常放电波及范围不同，导致病人发作形式不一，可表现为感觉、运动、意识、精神、行为、自主神经功能障碍。临床上每次发作或每种发作的过程称为痫性发作（seizure），一个病人可有一种或多种形式的痫性发作。癫痫是神经系统常见慢性脑部疾病或临床综合征。流行病学资料显示，我国癫痫病人达900万以上，每年有65万~70万新发病例，患病率约为5‰；全球有超过5 000万癫痫病人，近80%生活在中低收入国家。

【病因及发病机制】

1. **病因** 引起癫痫的病因非常复杂。按病因不同分为：

（1）特发性癫痫（idiopathic epilepsy）：又称原发性癫痫。病因不明，未发现脑部存在足以引起癫痫发作的结构性损伤或功能异常，与遗传因素密切相关。多在儿童或青年期首次发病，具有特征性的临床及脑电图表现。

（2）症状性癫痫（symptomatic epilepsy）：又称继发性癫痫。由各种明确的中枢神经系统结构损伤或功能异常引起，如颅脑外伤、中枢神经系统感染、脑血管病、脑肿瘤、遗传代谢性疾病、神经系统变性疾病、脑寄生虫病、药物和毒物等。

（3）隐源性癫痫（cryptogenic epilepsy）：临床表现疑似症状性癫痫，但目前的检查手段未能发现明确的病因。

2. **发病机制** 发病机制非常复杂，迄今为止未完全阐明。神经元异常放电是癫痫发病的电生理基础。异常放电可能系各种病因导致离子通道蛋白和神经递质异常，从而出现离子通道结构和功能的改变，导致离子异常跨膜运动所致。异常放电的传播区域与癫痫发作类型相关，异常放电局限于大脑皮质某一区域，表现为部分性发作；异常放电在局部反馈回路中长期传导，表现为部分性发作持续状态；异常放电向同侧其他区域甚至一侧半球扩散，表现为杰克逊（Jackson）发作；异常放电不仅波及同侧半球，还同时扩散到对侧大脑半球，表现为继发性全面性发作；异常放电起始部分在丘脑和上脑干，并扩及脑干网状上行激活系统时，表现为失神发作；异常放电广泛投射至两侧大脑皮质并使网状脊髓束受到抑制，表现为全面强直阵挛发作。对于癫痫放电的终止，目前机制也尚未完全明了，可能与脑内各层结构的主动抑制作用有关。

3. 影响癫痫发作的因素

（1）年龄：特发性癫痫与年龄密切相关。婴儿痉挛症在1岁内起病，6~7岁为儿童失神发作的发病高峰，肌阵挛发作在青春期前后起病。各年龄段癫痫的病因也不同。

（2）遗传因素：在特发性癫痫和症状性癫痫的近亲中，癫痫的患病率分别为1%~6%和1.5%，高于普通人群。儿童失神发作病人的兄弟姐妹在5~16岁间有40%以上出现3Hz棘慢波的异常脑电图，但仅1/4出现失神发作；也有报道显示，单卵双胎儿童失神和全面强直阵挛发作一致率很高。

（3）睡眠：癫痫发作与睡眠觉醒周期关系密切。全面强直阵挛发作常发生于晨醒后；婴儿痉挛症多于醒后和睡前发作。

（4）内环境改变：睡眠不足、疲劳、饥饿、便秘、饮酒、情绪激动等均可诱发癫痫发作，内分泌失调、电解质紊乱和代谢异常均可影响神经元放电阈值而导致癫痫发作。少数病人仅在月经期或妊娠早期发作，称为月经期癫痫和妊娠性癫痫；部分病人仅在闪光、音乐、下棋、阅读、沐浴、刷牙等特定条件下发作，称为反射性癫痫。

【临床表现】

癫痫发作有两个主要特征，即共性特征和个性特征。其中共同特征包括：① 发作性，症状突然发生，持续一段时间后迅速恢复，间歇期正常；② 短暂性，每次发作持续时间为数秒或数分钟，很少超过30分钟（癫痫持续状态除外）；③ 刻板性，每次发作的临床表现几乎一样；④ 重复性，第一次发作后，经过不同间隔时间会有第二次或更多次的发作。个性即不同临床类型癫痫所具有的特征，是一种类型的癫痫区别于另一种类型癫痫的主要依据。

（一）癫痫发作

根据发作时的临床表现和脑电图特征可将癫痫发作分为不同临床类型。目前应用最广泛的是国际抗癫痫联盟（ILAE）1981年癫痫发作分类。

1. 部分性发作（partial seizure） 是指源于大脑半球局部神经元的异常放电，分为单纯部分性发作、复杂部分性发作以及部分性继发全面性发作三类。

（1）单纯部分性发作（simple partial seizure）：发作持续时间短，一般不超过1分钟，起病和结束均较为突然，无意识障碍。可分为以下四种类型。

1）部分运动性发作：表现为身体的某一局部发生不自主抽动，多见于一侧眼睑、口角、手指或足趾，也可波及一侧面部肢体。常见以下几种发作形式：① Jackson发作，从局部开始，沿大脑皮质运动区移动，临床表现为抽搐自手指–腕部–前壁–肘–肩–口角–面部逐渐扩展；严重部分运动性发作病人发作后可遗留短暂性（30分钟至36小时）肢体瘫痪，称为托德（Todd）麻痹。② 旋转性发作，表现为双眼突然向一侧偏斜，继之出现头部不自主同向转动，伴有身体的扭转，但很少超过180°，部分病人过度旋转可引起跌倒，出现继发性全面性发作。③ 姿势性发作，表现为一侧上肢外展、肘部屈曲、头向同侧扭转、眼睛注视同侧。④ 发音性发作，表现为不自主重复发作前的单音或单词，偶可有语言抑制。

2）部分感觉性发作：躯体感觉性发作表现为一侧肢体麻木感和针刺感，多发生于口角、手指、足趾等部位；特殊感觉性发作可表现为视觉性（闪光和黑矇）、听觉性、嗅觉性和味觉性发作；眩晕性发作表现为坠落感或飘动感。

3）自主神经性发作：出现全身潮红、多汗、呕吐、腹痛、面色苍白、瞳孔散大等，易扩散出现意识障碍，成为复杂部分性发作的一部分。

4）精神性发作：表现为各种类型的记忆障碍（似曾相识、强迫思维等）、情感障碍（无名恐惧、忧郁、愤怒等）、错觉（视物变形、声音变强或变弱）、复杂幻觉等。精神性发作虽可单独出现，但常为复杂部分性发作的先兆，也可继发全面强直阵挛发作。

（2）复杂部分性发作（complex partial seizure，CPS）：又称为精神运动性发作，占成人癫痫发作的50%以上，有意识障碍，发作时对外界刺激无反应，以精神症状及自动症为特征。病灶多在颞叶，故又称颞叶癫痫。因起源、扩散途径及速度不同，临床表现有较大差异，主要分为以下类型。

1）仅有意识障碍：多为意识模糊，意识丧失少见。

2）意识障碍和自动症：自动症是指在癫痫发作过程中或发作后意识模糊状态下出现的具有一定协调性和适应性的无意识活动。自动症均在意识障碍的基础上发生，表现为反复咀嚼、舔唇、流涎或反复搓手，不断穿衣、解衣扣，也可表现为游走、奔跑、乘车上船，还可出现自言自语、唱歌或机械重复原来的动作。

3）意识障碍和运动症状：表现为发作开始即出现意识障碍和各种运动症状，特别是在睡眠中发生。运动障碍可为局灶性或不对称的强直、阵挛、各种特殊姿势如击剑样动作等。

（3）部分性发作继发全面性发作：先出现上述部分性发作，泛化为全身强直阵挛发作。

2. 全面性发作（generalized seizure） 最初的症状和脑电图提示发作起源于双侧脑部，多在发作初期就有意识丧失。

（1）全面强直阵挛发作（generalized tonic-clonic seizure，GTCS）：意识丧失、双侧强直后出现阵挛为此类型的主要临床特征。早期出现意识丧失、跌倒在地，随后的发作过程分为三期。

1）强直期：全身骨骼肌持续收缩，眼肌收缩致上眼睑上牵，眼球上翻或凝视；咀嚼肌收缩导致口腔强张，随后突然闭合，可咬伤舌尖；喉部肌肉和呼吸肌收缩致病人尖叫一声，呼吸停止；颈部和躯干肌肉收缩使颈和躯干先屈曲，后反张，上肢由上举后旋转为内收前旋，下肢先屈曲后猛烈伸直。常持续10~20秒转入阵挛期。

2）阵挛期：肌肉交替性收缩和松弛，呈一张一弛交替性抽动。阵挛频率逐渐减慢，松弛期逐渐延长，在一次剧烈阵挛后发作停止，进入发作后期。此期持续30~60秒或更长。

以上两期均可发生舌咬伤，并伴呼吸停止、心率增快、血压升高、唾液和支气管分泌物增多、瞳孔扩大及对光反射消失等。巴宾斯基征可为阳性。

3）发作后期：此期尚有短暂阵挛，以面肌和咬肌为主，造成牙关紧闭，可发生舌咬伤和大小便失禁。呼吸首先恢复，心率、血压和瞳孔渐至正常；肌张力松弛，意识逐渐清醒。从发作开始至意识恢复历时5~15分钟。清醒后病人常感头痛、头晕和疲乏无力，对抽搐过程不能回忆。部分病人有意识模糊，如强行约束病人可能发生自伤或伤人。

（2）强直性发作（tonic seizure）：多见于弥漫性脑损害的儿童，睡眠中发作较多。表现为与强直阵挛发作中强直期相似的全身骨骼肌强直性收缩，常伴有面色苍白或潮红、瞳孔散大等自主神经症状，发作时处于站立位者可突然倒地。发作持续数秒至数十秒。

（3）阵挛性发作（clonic seizure）：类似全面强直阵挛发作中阵挛的表现。

（4）失神发作（absence seizure）：分为典型失神发作和非典型失神发作。① 典型失神发作多为儿童期起病，青春期前停止发作。发作时病人意识短暂丧失，停止正在进行的活动，呼之不应，两眼凝视不动，可伴咀嚼、吞咽等简单的不自主动作，或伴失张力如手中持物坠落等。发作过程持续5~10秒，清醒后无明显不适，继续原来的活动，对发作无记忆。每天发作数次至数百次不等，发作后立即清醒，无明显不适，可继续先前动作。② 非典型失神发作，起始和终止均较典型失神发作缓慢，除意识丧失外，常伴有肌张力降低，偶有肌阵挛，多见于弥漫性脑损伤患儿，预后较差。

（5）肌阵挛发作（myoclonic seizure）：表现为快速、短暂、触电样肌肉收缩，可遍及全身或限于某个肌群、某个肢体，声、光刺激可诱发。可见于任何年龄，常见于预后较好的特发性癫痫病人。

（6）失张力发作（atonic seizure）：是姿势性张力丧失所致，部分或全身肌肉张力突然降低导致垂颈、张口、肢体下垂和跌倒。持续数秒至1分钟，时间短者意识障碍可不明显，发作后立即清醒和站起。

3. 癫痫持续状态（status epilepticus，SE） 又称癫痫状态，传统定义为癫痫连续发作之间意识尚未完全恢复又频繁发作，或癫痫发作持续30分钟以上未自行停止。目前的观点认为，如果病人出现全面强直阵挛发作持续5分钟以上就该考虑癫痫持续状态的诊断，因为发作5分钟以上即有可能发生神经元损伤。可见于任何类型的癫痫，其中全面强直阵挛发作最常见，危害性也最大。常见原因为不适当地停用抗癫痫药物或治疗不规范、感染、精神刺激、过度劳累、饮酒等。

相关链接 | **2017年国际抗癫痫联盟癫痫发作和癫痫新分类**

　　国际抗癫痫联盟（International League Against Epilepsy，ILAE）提出将癫痫分为四个大类，包括局灶性、全面性、全面性合并局灶性（combined generalized and focal epilepsy）及不明分类的癫痫。其中全面性合并局灶性癫痫是新提出的类型，临床表现为全面性起源和局灶性起源的癫痫发作，且脑电图提示全面性棘波和局灶性痫样放电。此外，基于癫痫发作类型、脑电图、影像特征等信息，有时可诊断相应的癫痫综合征，包含特发性全面性癫痫和自限性局灶性癫痫两种。

4. 难治性癫痫 多见于儿童时期一些特殊类型的癫痫及癫痫综合征。具体指根据癫痫发作类型，合理选择并正确使用至少2种耐受性好的抗癫痫发作药物单药或联合使用后，病人无发作持续时间未达到治疗前最长发作间隔的3倍或者1年。

（二）癫痫综合征

癫痫发作是指一次发作的全过程，而癫痫综合征则是一组疾病或综合征的总称。

1. 与部位有关的癫痫

（1）与年龄有关的特发性癫痫

1）伴中央–颞部棘波的良性儿童癫痫：好发于2~13岁，9~10岁为发病高峰，青春期自愈，男孩多见，部分有遗传倾向。通常为局灶性发作，表现为一侧面部和口角短暂的运动性发作，常伴有躯体感觉症，多在夜间发作，发作有泛化倾向，使患儿易惊醒。每月至数月发作1次。

2）伴有枕区放电的良性儿童癫痫：好发于1~14岁。发作开始表现为视觉症状、呕吐，继之出现眼肌阵挛、偏侧阵挛，也可合并全面强直阵挛发作及自动症。

3）原发性阅读性癫痫：少见，由阅读诱发，无自发性发作。表现为阅读时出现下颌阵挛，常伴手臂痉挛，继续阅读会出现全面强直阵挛发作。

（2）症状性癫痫：病灶部位不同可致不同类型的发作。

1）颞叶癫痫：起于颞叶，可表现为单纯或复杂部分性发作及继发全身性发作。常在儿童和青春期起病，40%有高热惊厥史，部分病人有阳性家族史。典型发作持续时间长于1分钟，常有发作后朦胧、事后不能回忆，逐渐恢复。

2）额叶癫痫：每次发作时间短暂，刻板性突出，强直或姿势性发作及下肢双侧复杂的运动性自动症明显，易出现癫痫持续状态，可仅在夜间入睡发作。

3）顶叶癫痫：常以单纯部分性发作开始，而后继发全面性发作，主要表现为感觉刺激症状，偶有烧灼样疼痛。

4）枕叶癫痫：表现为伴有视觉症状的单纯部分性发作，可有或无继发性全身性发作。常有偏头痛伴发。

2. 全面性癫痫和癫痫综合征

（1）与年龄有关的特发性癫痫

1）良性婴儿肌阵挛癫痫：1~2岁发病，有癫痫家族史。表现为发作性、短暂性、全身性肌阵挛。

2）儿童期失神癫痫：6~7岁发病，女性多见，与遗传因素关系密切。表现为频繁的典型失神发作，每天达数十次。

3）青少年期失神癫痫：青春早期发病，男女间无明显差异。80%以上的病人出现全身强直阵挛发作。

4）青少年期肌阵挛性癫痫：好发于8~18岁，表现为肢体阵挛性抽动，多合并全身强直阵挛发作和失神发作。

（2）隐源性或症状性：推测其是症状性，但病史及现有检测手段未能发现病因。

1）婴儿痉挛症：又称韦斯特（West）综合征，出生后1年内发病，3~7个月为高峰期，男孩多见，肌阵挛、智力低下和脑电图高度节律失调构成了本病特征性的三联征。典型发作表现为快速点头状痉挛、双上肢外展、下肢和躯干屈曲。一般预后不良，60%~70%在5岁前发作停止，40%转为其他类型。

2）伦诺克斯–加斯托（Lennox-Gastaut）综合征：好发于1~8岁，少数出现在青春期。多种发作类型并存、精神发育迟缓、脑电图显示棘慢波和睡眠中10Hz的快节律是本病的三大特征，易出现癫痫持续状态。

3）肌阵挛–失张力癫痫：又称肌阵挛–猝倒性癫痫，2~5岁发病，男孩多于女孩，首次发作多为全面强直阵挛发作，持续数月后，出现肌阵挛发作、失神发作和每天数次的跌倒发作，持续1~3年。

4）伴有肌阵挛失神发作的癫痫：约7岁起病，男孩多见，特征性表现为失神伴严重的双侧节律性阵挛性跳动。

【辅助检查】

1. EEG检查 诊断癫痫最重要的辅助检查方法，对发作性症状的诊断有很大价值，有助于明确癫痫的诊断及分型。常规头皮脑电图仅能记录到49.5%病人的痫性放电，重复3次可将阳性率提高至52%，采用过度换气、闪光等刺激诱导可进一步提高阳性率。近年来，24小时长程脑电监测和视频脑电图进一步提高了发现痫性放电的可能性。

2. 神经影像学检查 头颅CT或MRI可发现脑部器质性改变、占位性病变、脑萎缩等，有助于癫痫及癫痫综合征的诊断和分类。

相关链接 | **癫痫诊断的发展——打破砂锅、溯本求源**

癫痫疾病自古有之，在中国古代《黄帝内经》中已经存在了对癫痫的记载。《素问·奇病论》曰：人生而有癫疾者，病名曰何？安所得之？病名为胎病，此得之在母腹中，其母有所大惊，气上而不下，精气并居，故令子发癫疾也。较中国而言，西方对于癫痫的认识更晚，其认识手段更加粗暴，黑暗的中世纪时代，癫痫多被认为是"灵魂附身"等，而治疗方法也多采用"作法驱除"或者"祈祷"等。直到神经解剖学得以发展，才使得人们对癫痫的认识逐渐走向科学的轨迹。近现代，随着神经电生理技术的进步、神经影像学的发展、显微技术临床的应用，对于癫痫疾病的认识更是突飞猛进、日新月异。

【治疗要点】

目前仍以药物治疗为主。癫痫药物治疗三大目的：控制发作或最大限度地减少发作次数；长期治疗无明显不良反应；尽可能恢复病人原有生理、心理及社会功能状态。

1. 病因治疗 有明确病因者首先进行病因治疗，如手术切除颅内肿瘤、药物治疗寄生虫感染、纠正低血糖或低血钙等。

2. 发作时治疗 全面强直阵挛发作时协助病人立即平卧，头偏向一侧，保持呼吸道通畅，防止外伤。抽搐时切忌用力按压病人的肢体，以免造成骨折和脱臼。癫痫持续状态病人应专人守护，遵医嘱静脉注射地西泮等药物，吸氧，予心电、脑电监测，必要时行气管插管和切开。自动症病人发作时，应防止自伤、伤人或毁物。

3. 发作间歇期治疗 服用抗癫痫药物。

（1）药物治疗的一般原则

1）确定是否用药：半年内发作2次以上者，一经诊断即应用药；首次发作或半年以上发作1次者，告知药物的不良反应和不治疗可能发生的后果，根据病人和家属的意愿，酌情选用或不用药。

2）尽可能单药治疗：根据癫痫发作类型和药物不良反应等情况选择药物，70%~80%的癫痫病人通过服用一种抗癫痫药物控制发作。

3）小剂量开始：剂量由小到大，逐渐增加至最低有效量（最大限度地控制癫痫发作而无明显不良反应）。

4）合理联合用药：必要时在控制不良反应基础上联合用药。

5）长期规律服药：控制发作后必须坚持长期服药，不可随意减量或停药。一般情况下，全面强直阵挛发作、强直性发作、阵挛性发作完全控制4~5年后，失神发作停止半年后可考虑停药，且停药前应有缓慢的减量过程，1~1.5年以上无发作者方可停药。

（2）常用抗癫痫药物：传统抗癫痫药物包括卡马西平、苯妥英钠、丙戊酸钠、苯巴比妥等；新型抗癫痫药包括托吡酯、加巴喷丁、拉莫三嗪、奥卡西平等。部分性发作首选卡马西平；全面强直阵挛发作首选丙戊酸钠。

4. 癫痫持续状态的治疗 治疗目标：心肺支持，维持生命体征；迅速终止癫痫发作，减少发作对脑部神经元的损害；寻找并尽可能去除病因及诱因；处理并发症。

（1）对症治疗：迅速建立静脉通道，保持呼吸道通畅，牙关紧闭者放置牙套，吸氧、吸痰，必要时行气管插管或气管切开。予心电和脑电监测；关注血气和血液生化指标变化；查找并去除癫痫发作的原因与诱因等。

（2）控制发作：迅速控制发作是治疗关键，否则可危及生命。

1）地西泮治疗：首选地西泮10~20mg，以不超过2mg/min的速度静脉注射，如有效，再将地西泮60~100mg溶于5%葡萄糖盐水中，于12小时内缓慢静脉滴注。密切观察有无呼吸和心血管抑制，做好辅助呼吸和应用呼吸兴奋剂的准备。

2）地西泮加苯妥英钠：首先用地西泮10~20mg静脉注射取得疗效后，再用苯妥英钠0.3~0.6g加入生理盐水500ml中静脉滴注，速度不超过50mg/min。部分病人可单用苯妥英钠。用药中如果出现心律不齐或血压下降，应减缓输注速度或停药。

3）10%水合氯醛：成人20~30ml/d加等量植物油保留灌肠，每8~12小时1次，适用于肝功能不全或不宜使用苯妥英钠的病人。

4）咪达唑仑：具有起效和消除迅速的特点，给药途径可

问题与思考
癫痫持续状态抢救过程中病情观察的要点有哪些？

以是鼻内和颊黏膜给药，使用方便。另外，该药物对血压和呼吸抑制作用相对比传统药物小，静脉用可作为难治性癫痫持续状态的二线治疗，但需要在重症监护且保证呼吸道通畅的情况下使用，需注意密切监测血压及血氧饱和度。

5. **手术治疗**　常用方法有前额叶切除术、癫痫病灶切除术等。

【常用护理诊断/问题及护理措施】

1. 有受伤的危险　与癫痫发作时不受控制的强制性痉挛有关。

（1）发作期安全护理：全面强直阵挛发作时立即平卧，松开衣领、腰带，取下活动性义齿，及时清除口鼻腔分泌物，口中勿放任何物品，以防误吸。切忌用力按压病人抽搐肢体，以防骨折和脱臼。癫痫持续状态、极度躁动或发作停止后，意识恢复过程中有短时躁动的病人，应由专人守护，加保护性床档，必要时用约束带适当约束。密切观察并记录发作的类型、频率、起始及持续时间等。

（2）发作间歇期安全护理：创造安全、安静的休养环境，保持室内光线柔和、无刺激；安装带床档套的床档；床旁桌上不放置热水瓶、玻璃杯等危险物品。因癫痫具有突然发生、反复发作的特点，督促病人及家属做好安全预案，预防突然发作可能发生的意外情况。

2. 有窒息的危险　与癫痫发作时意识丧失、喉痉挛、口腔和气道分泌物增多有关。

保持呼吸道通畅：置病人于床上或者平整的地面上，头低侧卧或平卧头偏向一侧；松开领带和衣扣，解开腰带；不可强行给其喂水、喂食、喂药。必要时备好床旁吸引器和气管切开包。

3. 恐惧　与癫痫发作的不可预知和困窘有关。

（1）加强癫痫知识教育：癫痫发作的不可预测性及家属与目击者的无助，给病人和/或家属带来恐惧和冲击。癫痫的诊断影响病人、家庭及其社会关系。应加强癫痫知识教育，提高病人和家属对癫痫诊断、发作先兆或诱因、发作类型、药物作用及不良反应、安全自护措施、发作危险因素和发作结果的认识，增强自我管理能力。

（2）心理护理：应考虑病人的文化背景、健康素养、信息和支持需求，仔细观察病人的心理反应，关心、理解和尊重病人，鼓励病人表达自己的心理感受，提高病人、家属及社会对癫痫及相关知识的了解，减少误解，以减轻病人的病耻感及对癫痫发作的恐惧感。

【健康指导】

1. 疾病预防指导　向病人和家属讲解疾病及治疗的相关知识及自我护理方法。指导病人合理安排生活起居，养成良好的生活习惯，注意劳逸结合。告知病人劳累、睡眠不足、饥饿、饮酒、便秘、情绪激动、强烈的声光刺激、惊吓、心算、阅读、书写、下棋、外耳道刺激、长时间看电视、沐浴等都是诱发因素，应尽量避免。鼓励家属督促、管理病人治疗行为，保证病人坚持治疗，从而减少癫痫发作。

2. 用药指导与病情监测　癫痫病人需要坚持数年不间断地正确服药，部分病人需终身服药，一次少服或漏服可能导致癫痫发作，甚至发生癫痫持续状态或成为难治性癫痫。因此应告知病人遵医嘱坚持长期、规律用药，切忌突然停药、减药、漏服药及自行换药，尤其应防止在服药控制发作后不久自行停药。如药物减量后病情有反复或加重的迹象，应尽快就诊。告知病人坚持定期复查，首次服药后5~7天需要检查抗癫痫药物的血药浓度、肝肾功能和血常规、尿常规，用药后还需每月检测血、尿常规，每季度检测肝肾功能，以动态观察抗癫痫药物的血药浓度和药物不良反应。抗癫痫药物多数为碱性，饭后服药可减轻胃肠道反应，较大剂量于睡前服用可减少白天镇静作用。当病人癫痫发作频繁或症状控制不理想，或出现发热、皮疹时，应及时就诊。

3. 安全与婚育指导　告知病人外出时随身携带写有姓名、年龄、所患疾病、住址、家人联系方式的信息卡。在病情未得到良好控制时，户外活动或外出就诊应有家属陪伴。病人不应从事攀高、游泳、驾驶等在发作时有可能危及自身和他人生命的工作。此外，40%的女性癫痫病人处在育龄期，面临着更多的家庭及社会压力；随着新型抗癫痫药物不断面世，育龄期女性癫痫病人的药物选择越来越丰富，更高级别证据的临床决策也为该群体的母胎安全提供了有力保障。因此，建议育龄期女性在孕前详细咨询癫痫专科医生、产科医生及遗传科医生后再做妊娠决策。

（林蓓蕾）

第七节　重症肌无力

案例导入

病人，女，74岁，因"吞咽障碍3个月，四肢乏力加重7天"为主诉入院。

病史评估：病人1年前无明显诱因出现双眼睑下垂，晨轻暮重，活动后加重，休息后缓解，未就医治疗。3个月前出现吞咽困难，只能半流质饮食，医嘱给予"甲泼尼龙10mg/d"，症状改善不明显。近1周来症状明显加重，活动后呼吸困难、咳嗽无力并出现四肢乏力明显。

身体评估：T 36.2℃，P 72次/min，R 18次/min，BP 115/76mmHg。意识清醒，双侧瞳孔等大等圆，直径3mm，对光反射灵敏。眼球活动自如，咽反射消失，伸舌居中，抬头耸肩无力；双上肢近端肌力3级，远端4级，下肢肌力5⁻级；病理反射阴性。

辅助检查：生化、甲状腺、肿瘤各项指标正常。新斯的明试验（＋）。疲劳试验：阴性。CT检查可见胸腺区条索状阴影，肌电图提示右侧副神经低频刺激波幅呈递减现象。

初步诊断：重症肌无力。

请思考：该病人最主要的护理问题及可能的并发症有哪些？如何实施护理干预？

重症肌无力（myasthenia gravis，MG）是由自身抗体介导的获得性神经肌肉接头（neuromuscular junction，NMJ）传递障碍的自身免疫性疾病。乙酰胆碱受体（acetylcholine receptor，AChR）抗体是最常见的致病性抗体。主要临床表现为部分或全身骨骼肌无力和极易疲劳，活动后症状加重，休息和应用胆碱酯酶抑制剂治疗后明显减轻。

【病因及发病机制】

重症肌无力与自身抗体介导的突触后膜AChR损害有关。主要依据：① 80%~90%的重症肌无力病人血清中可检测到AChR抗体，进行血浆置换可改善肌无力症状。② 重症肌无力母亲生产的新生儿也可患重症肌无力，患儿的血清中有AChR抗体，该抗体的滴度随患儿症状的改善而降低。③ 将电鳗放电器官提纯的AChR注入家兔，可致家兔出现重症肌无力样表现，且其血清中可测到AChR抗体，可与突触后膜的AChR结合，突触后膜的AChR数目大量减少。④ 输入重症肌无力病人血清的小鼠可产生类重症肌无力的症状和电生理改变。⑤ 80%的重症肌无力病人有胸腺肥大和淋巴滤泡增生，10%~20%的病人合并胸腺瘤，切除胸腺后70%的病人临床症状得到改善甚至痊愈。⑥ 病人常合并甲状腺功能亢进、系统性红斑狼疮、类风湿关节炎等其他自身免疫性疾病。

重症肌无力的发病机制主要由AChR抗体介导，在细胞免疫和补体参与下突触后膜的AChR被大量破坏，不能产生足够的终板电位，导致突触后膜传递功能障碍而发生肌无力，当连续的神经冲动到来时，不能产生引起肌纤维收缩的动作电位，从而表现为易疲劳的肌无力。

【临床表现】

任何年龄均可发病，20~40岁发病者以女性多见，40~60岁发病者以男性居多，且多合并胸腺瘤。少数病人有家族史。常见诱因有感染、精神创伤、过度劳累、手术、妊娠和分娩等。多数起病隐匿，呈进展性或缓解与复发交替性发展。

1. 临床特征

（1）骨骼肌病态疲劳：肌肉连续收缩后出现严重无力甚至瘫痪，休息后症状减轻或缓解；晨起肌力正常或肌无力较轻，下午或傍晚肌无力明显加重，称为"晨轻暮重"现象。全身骨骼肌均可受累，以脑神经支配的肌肉更易受累。首发症状多为眼外肌麻痹，如上睑下垂、斜视和复视，重者眼球运动明显受限，甚至眼球固定，但瞳孔括约肌不受累。面部和口咽肌肉受累时出现表情淡漠、苦笑面容、咀嚼无力、饮水呛咳、吞咽困难和发音障碍。四肢肌受累以近端无力为主，表现为抬臂、梳头、上楼梯困难，腱反射不受影响，感觉正常。累及胸锁乳突肌和斜方肌时表现为颈软、抬头困难和耸肩无力等。

（2）重症肌无力危象：指呼吸肌受累时出现咳嗽无力甚至呼吸困难，严重时需用呼吸机辅助通气，是致死的主要原因。口咽肌和呼吸肌无力病人易发生危象，可由呼吸道感染、精神紧张、手术（包括胸腺切除术）、全身疾病等诱发，心肌偶可受累，引起突然死亡。大约10%的病人会出现重症肌无力危象。

（3）胆碱酯酶抑制剂治疗有效：是重症肌无力的一个重要临床特征。

2. 临床分型

（1）成年型（Osserman分型）

Ⅰ型（单纯眼肌型）：占15%~20%。病变仅限于眼外肌，出现上睑下垂和复视。

Ⅱa型（轻度全身型）：占30%。可累及眼、面和四肢肌肉，生活多能自理，无明显咽喉肌受累。

Ⅱb型（中度全身型）：占25%。四肢肌群受累明显，眼外肌麻痹，出现较明显的咽喉肌无力症状，如说话含糊不清、咀嚼无力、吞咽困难、饮水呛咳，呼吸肌受累不明显。

Ⅲ型（急性进展型）：占15%。发病急，数周内发展至延髓肌、肢带肌、躯干肌和呼吸肌，肌无力严重，有重症肌无力危象，需行气管切开，死亡率高。

Ⅳ型（迟发重症型）：占10%。病程达2年以上，常由Ⅰ、Ⅱa、Ⅱb型发展而来，症状同Ⅲ型。常合并胸腺瘤，预后较差。

Ⅴ型（肌萎缩型）：少数病人肌无力伴肌萎缩。

（2）儿童型：约占我国重症肌无力病人的10%。多数病例仅限于眼外肌麻痹，交替出现双眼睑下垂。约1/4可自然缓解，少数累及全身骨骼肌。

（3）少年型：14岁后至18岁前起病，多为单纯眼外肌麻痹，部分伴吞咽困难及四肢无力。

【辅助检查】

1. 疲劳试验（Jolly试验） 嘱病人持续上视，出现上睑下垂或两臂持续平举后出现上臂下垂，休息后恢复则为阳性。

2. 新斯的明试验 新斯的明0.5~1mg肌内注射，10~20分钟后症状明显减轻为阳性。为防止新斯的明毒蕈碱样作用，一般同时注射阿托品0.5mg。

3. 重复神经电刺激 是常用的具有确诊价值的检查方法。动作电位波幅第5波比第1波在低频电刺激后递减10%~15%以上，高频电刺激递减30%以上为阳性。90%的重症肌无力病人低频刺激为阳性，且与病情轻重相关。但此检查应在停用新斯的明12~18小时后进行，否则会出现假阳性。

4. AChR抗体测定 对重症肌无力的诊断有特征性意义。80%以上病人AChR抗体滴度增高。但眼肌型AChR抗体升高不明显，且抗体滴度与临床症状的严重程度并不完全一致。

5. 单纤维肌电图 通过特殊的单纤维针电极测量并判断同一运动单位内的肌纤维产生动作电位的时间是否延长来反映神经肌肉接头处的功能，重症肌无力病人表现为间隔时间延长。

6. 胸腺CT、MRI检查 可发现胸腺增生或胸腺瘤。

【治疗要点】

1. 药物治疗

（1）胆碱脂酶抑制剂：抑制胆碱酯酶活性，减少ACh的水解，减轻肌无力症状。常用药物：溴吡斯的明60~120mg/次，每天3~4次，餐前30~40分钟服用，2小时达到高峰，作用时间6~8小时，作用温和、平稳、不良反应小。氯化钾、麻黄碱等辅助药物可增强胆碱酯酶药物的作用。若发生毒蕈碱样反应可用阿托品拮抗。

（2）糖皮质激素：可抑制自身免疫反应，减少AChR抗体的生成，适用于各种类型的重症肌无力。冲击疗法适合于危重症病人、已行气管插管或应用呼吸机者。常用甲泼尼龙1 000mg静脉滴注，每天1次，连用3~5天，随后每天减半量，即500、250、125mg，继之改为泼尼松50mg口服，病情稳定后再逐渐减量。可用地塞米松10~20mg静脉滴注，每天1次，连用7~10天，病情稳定后停用地塞米松，改为泼尼松60~100mg隔天顿服。症状基本消失后逐渐减量，维持量一般在每天5~15mg，至少1年以上。若病情波动，则需随时调整剂量。此外，小剂量递增法可避免用药初期病情加重。

（3）免疫抑制剂：适用于不能耐受大剂量激素或疗效不佳的重症肌无力病人。常用药物有硫唑嘌呤、环磷酰胺、环孢素A等。

2. 胸腺治疗　主要用于胸腺肿瘤、胸腺增生和药物治疗困难者。包括胸腺切除和胸腺放射治疗。前者适用于大多数病人，后者主要用于少数不能进行手术或术后复发者。

3. 血浆置换　适用于肌无力危象和难治性重症肌无力。应用正常人血浆或血浆代用品置换病人的血浆，以去除其血液中的AChR抗体、补体及免疫复合物。该治疗起效快，近期疗效好，但不持久，疗效维持1周至2个月。血浆置换量平均每次2 000ml，每周1~3次，连用3~8次。

4. 免疫球蛋白　大剂量注射外源性IgG可保护AChR，0.4g/（kg·d），5天为1个疗程，作为辅助治疗缓解病情。

5. 危象处理　危象分为三种类型。

（1）肌无力危象：为最常见的危象，疾病本身发展导致，多由于抗胆碱酯酶药量不足。注射新斯的明后症状减轻可诊断。

（2）胆碱能危象：非常少见。系应用抗胆碱酯酶药物过量引起，病人肌无力加重，出现肌束震颤及瞳孔缩小、多汗、唾液分泌增多等毒蕈碱样反应。注射新斯的明后症状反而加重，应立即停药，待药物排出重新调整剂量。

（3）反拗危象：是对抗胆碱酯酶药物不敏感而出现的严重呼吸困难，新斯的明试验无反应。此时应该立即停用抗胆碱酯酶药物，待运动终板功能恢复后再重新调整剂量。

危象是重症肌无力最危急状态，不论何种危象均应保持呼吸道通畅。一旦发生呼吸肌麻痹，立即行气管插管或气管切开，应用呼吸机辅助呼吸，并根据危象类型采取相应处理措施。

问题与思考
胆碱酯酶抑制剂的作用机制是什么？

【常用护理诊断/问题及护理措施】

1. 生活自理缺陷　与全身肌无力致运动、语言等障碍有关。

（1）生活护理：指导病人充分休息，活动宜选择清晨、休息后或肌无力症状较轻时进行，自我调节活动量，以不感到疲劳为原则。评估日常生活活动能力，鼓励病人尽可能生活自理，必要时协助。病人出现咀嚼无力、吞咽困难时，要调整饮食计划，指导病人在用药后15~30分钟药效强时进餐，重症者可鼻饲流质饮食。给予高维生素、高蛋白、高热量、富含营养的食物，必要时遵医嘱静脉补充营养。告知病人和家属避免进食干硬、粗糙食物；进餐时尽量取坐位，当出现吞咽困难、饮水呛咳，不能强行经口服药和进食，防止误吸或窒息。

（2）有效沟通：鼓励病人采取有效方式向医护人员和家属表达自己的需求，耐心倾听病人的表述。为存在构音障碍的病人提供纸、笔、画板等交流工具，指导病人采用文字形式和肢体语言表达自己的需求。

2. 潜在并发症：重症肌无力危象。

（1）病情观察：密切观察病情，注意呼吸频率、节律与深度的改变，观察有无呼吸困难加重、发绀、咳嗽无力、腹痛、瞳孔变化、出汗、唾液或喉头分泌物增多等现象；避免感染、外伤、疲劳和过度紧张等诱发肌无力危象的因素。

（2）症状护理：鼓励病人咳嗽和深呼吸，抬高床头，及时吸痰，清除口鼻腔分泌物，遵医嘱给予氧气吸入。备好新斯的明、呼吸机等抢救药品和设备，必要时配合进行气管插管、气管切开和呼吸机辅助呼吸。

（3）用药护理：告知病人常用药物的服用方法、不良反应与用药注意事项，避免因用药不当而诱发重症肌无力危象。

1）抗胆碱酯酶药物：从小剂量开始，以保证最佳效果和维持进食能力为度。应严格掌握用药剂量和时间，以防用药不足或用药过量导致的肌无力危象或胆碱能危象。如出现恶心、呕吐、腹痛、腹泻、出汗、流涎等不良反应时，应立即报告医生并遵医嘱对症处理。

2）糖皮质激素：多从大剂量开始。用药开始2周内可能会出现病情加重，甚至发生危象，应严密观察病人呼吸变化，并作好气管切开和使用呼吸机的准备。长期服药者，需遵医嘱服药，不可骤然停药或者随意增减药物。注意有无上消化道出血、骨质疏松、股骨头坏死等并发症，可采取抗溃疡、补充钙剂等治疗方法，定期检测血压、血糖和电解质。

3）免疫抑制剂：定期复查血常规和肝、肾功能，若出现血白细胞减少、血小板减少、胃肠道反应、出血性膀胱炎等情况，应及时到专科门诊就诊。加强保护性隔离，减少医源性感染。

4）注意禁用和慎用药物：① 美国食品药品监督管理局警告禁用泰利霉素及环丙沙星、莫西沙星、左氧氟沙星等喹诺酮类抗生素；② 避免使用新霉素、多黏菌素、巴龙霉素等可加重神经肌肉接头传递障碍的氨基糖苷类抗生素；③ 禁用奎宁、D-青霉胺、肉毒毒素等可降低肌膜兴奋性、诱发肌无力加重的药物；④ 慎用普萘洛尔等β受体阻滞剂、他汀类药物、吗啡、地西泮、苯妥英钠等药物。

【健康指导】

1. 疾病预防指导　告知病人和家属避免诱发和加重疾病的相关因素，如感染、手术、精神创伤、过度疲劳、妊娠、分娩等。指导病人建立健康的生活方式，保持良好的心理状态。告知家属要理解和关心病人，给予精神支持和必要的生活照顾。育龄女性待病情好转后再计划妊娠。

2. 疾病知识指导　向病人和家属介绍疾病的临床过程和治疗方法，告知所用药物的名称、剂量、常见不良反应和服药的注意事项，指导病人遵医嘱正确服药，避免漏服、自行停服和更改药量，以免导致病情加重。因其他疾病就诊时应主动告知患有本病，以避免使用会影响和加重病情的禁用和慎用药物。

（郑悦平）

第八节　神经系统疾病常用诊疗技术及护理

一、腰椎穿刺

脑脊液（cerebrospinal fluid，CSF）是主要由侧脑室脉络丛产生的无色透明液体，充满在各脑室、蛛网膜下腔和脊髓中央管内，对脑和脊髓具有保护、支持和营养作用。腰椎穿刺（lumbar puncture）是通过穿刺第3~4腰椎或第4~5腰椎间隙进入蛛网膜下腔以获取脑脊液协助中枢神经系统疾病的诊断和鉴别诊断，或以注入药物、行内外引流术等治疗性穿刺为目的的技术。

【适应证】

1. 留取脑脊液做检测，以辅助中枢神经系统疾病的诊断。

2. 颅内压测定。

3. 注入液体或放出脑脊液以维持、调整颅内压平衡，注入药物治疗相应疾病。

4. 动态观察脑脊液变化，以辅助判断病情、预后及指导治疗。

5. 注入放射性核素行脑、脊髓扫描。

【禁忌证】

1. 穿刺部位有局灶性感染、脊柱结核、开放性损伤者。

2. 颅内压显著增高或已有脑疝先兆，尤其是可疑后颅窝占位性病变者。

3. 有明显出血倾向或病情危重不宜搬动者。

4. 脊髓压迫症病人，当其脊髓功能处于即将丧失的临界状态时。

【术前护理】

1. **评估与告知**　评估病人的文化水平、合作程度以及是否做过腰椎穿刺检查等；告知病人腰椎穿刺的目的、过程及注意事项，消除病人的紧张、恐惧心理，征得病人和家属的同意并签字确认。

2. **用物准备**　备好腰穿包、压力表、无菌手套、所需药物、络合碘、棉签等。

3. **病人准备**　嘱病人排空大小便，在床上静卧15~30分钟。

【术中护理】

1. 指导和协助病人保持腰椎穿刺的正确体位：弯腰侧卧位（多左侧卧位），屈颈抱膝，背齐床沿。

2. 观察病人呼吸、脉搏及面色变化，询问有无不适感。高颅内压的病人根据病情遵医嘱予以20%甘露醇快速静脉滴注。

3. 协助医生测压和留取脑脊液标本，督促标本及时送检。

【术后护理】

1. 指导病人去枕平卧4~6小时。

2. 观察病人有无头痛、腰背痛、脑疝及感染等穿刺后并发症。穿刺后头痛最常见，多在穿刺后24小时出现，可持续5~8天。头痛以前额和后枕部跳痛或胀痛多见，咳嗽、喷嚏或站立位症状加重，平卧时头痛减轻。可能为脑脊液量放出较多或持续脑脊液外漏引起颅内压降低所致。应指导病人多饮水，必要时遵医嘱静脉滴注生理盐水。

3. 颅内高压者不宜多饮水，遵医嘱严格卧床，密切观察意识、瞳孔及生命体征变化。

4. 保持穿刺部位的敷料干燥，观察有无渗液、渗血，24小时内不宜淋浴。

二、数字减影血管造影

数字减影血管造影（digital subtraction angiography，DSA）是一种将计算机图像处理技术与常规血管造影术相结合的X射线成像技术。通过计算机图像处理系统获得去除骨骼、肌肉和其他软组织的单纯血管影像的减影图像，是诊断动脉狭窄、闭塞、颅内动脉瘤和动静脉畸形等的"金标准"。

【适应证】

1. 颅内外血管性病变，如颅内动脉瘤、动静脉畸形、动脉狭窄、颅内静脉系统血栓形成等，以及侧支循环评估等。

2. 自发性颅内血肿或蛛网膜下腔出血的病因检查。

3. 颅内占位性病变的血供与邻近血管的关系及某些肿瘤的定性。

【禁忌证】

1. 有严重出血倾向或出血性疾病者。

2. 对碘造影剂过敏者（不含碘造影剂除外）。

3. 严重心、肝、肾功能不全或病情危重不能耐受手术者。

【术前护理】

1. **术前宣教**　向病人及家属讲解脑血管造影的目的、注意事项、造影过程中可能发生的危险与并发症，消除紧张、恐惧心理，征得病人和家属的同意并签字确认。儿童与烦躁不安者应使用镇静药或在麻醉下进行。

2. **术前准备**　①完善各项检查，如病人的肝肾功能，出、凝血时间，血小板计数；遵医嘱行碘过敏试验。②皮肤准备：按外科术前要求在穿刺侧腹股沟部位备皮。③用物准备：备好造影剂、麻醉剂、生理盐水、肝素钠、股动脉穿刺包、无菌手套、沙袋及抢救药物等。④其他准备：正常进食进水，勿过饱；术前30分钟排空大小便。

3. **术前用药**　术前30分钟遵医嘱用药（静脉滴注尼莫地平或法舒地尔等）。

【术中及术后护理】

1. **术中观察与配合**　密切观察病人意识、瞳孔及生命体征变化，注意病人有无头痛、呕吐、抽搐、失语、打哈欠、打鼾以及肢体活动障碍，发现异常及时报告、记录与正确处理；保持静脉通路通畅，及时准确给药。

2. **术后活动与休息**　指导病人术后平卧，穿刺部位压迫止血30分钟后加压包扎，一般以1kg沙袋加压穿刺部位6~8小时；穿刺侧肢体制动（取伸展位，不可屈曲）12小时，一般于穿刺后8小时左右可行侧卧位；24小时内卧床休息、限制活动。双足可做踝泵运动，预防深静脉血栓。24小时后如无异常情况可下床活动。卧床期间协助生活护理。

3. **术后病情观察**　密切观察穿刺部位有无渗血、血肿，指导病人咳嗽或呕吐时按压穿刺部位，避免因腹压增加而导致伤口出血；观察双侧足背动脉搏动和肢体远端皮肤颜色、温度等，防止动脉栓塞。术后注意监测肾功能，警惕造影剂肾病；指导病人多饮水，以促进造影剂排泄。

三、脑血管内介入治疗

脑血管内介入治疗（cerebral intravascular interventional therapy）是指在X线下，经血管途径借

助导引器械（针、导管、导丝）递送特殊材料进入中枢神经系统的血管病变部位，治疗颅内动脉瘤、颅内动–静脉畸形、颈动脉狭窄、颈动脉海绵窦瘘及其他脑血管病。相关治疗技术包括：血管内病变栓塞术、血管成形术、支架置入术、机械取栓术等。相比常规的开颅手术，脑血管内介入治疗具有创伤小、恢复快、疗效好等特点。此小节仅讨论缺血性脑血管病支架置入术。

【适应证】

1. 颈动脉狭窄　无创性血管成像证实病变颈动脉狭窄超过70%者；如有症状，6个月内有过病变血管责任供血区非致残性缺血性卒中或TIA，血管造影证实病变颈动脉狭窄超过50%者；无神经系统定位症状，但血管造影证实病变颈内动脉狭窄超过60%者。

2. 颅内动脉狭窄　一般认为，症状性颅内动脉粥样硬化性重度狭窄（70%~99%），规范性药物治疗无效时可以实施。

3. 颅外段椎动脉狭窄　药物治疗无效的症状性颅外段椎动脉重度狭窄（70%~99%）。

【禁忌证】

1. 3个月内的颅内出血者。

2. 3周内曾发生心肌梗死、大面积脑梗死者。

3. 伴有颅内动脉瘤、血管畸形等，不能提前处理或同时处理者。

4. 难以控制的严重高血压病人。

5. 胃肠道疾病且有活动性出血者。

6. 重要脏器如心、肺、肝和肾等严重功能不全者。

7. 对肝素以及抗血小板类药物有禁忌证者。

8. 对造影剂过敏者。

9. 动脉走行迂曲，导管、球囊、支架等器械到位困难者。

10. 预期生存期不足2年者。

【术前护理】

1. 术前宣教　评估病人的文化水平、心理状态以及对该项治疗技术的认识程度；告知病人及家属治疗的目的、过程、可能出现的意外或并发症，征得病人和家属的同意并签字确认；为病人创造安静的休养环境，解除心理压力。

2. 术前准备　① 遵医嘱做好各项化验检查，如血型、血常规、出凝血时间等。② 用物准备，包括注射泵、监护仪、介入用器材、药品等。③ 遵医嘱备皮、沐浴及更衣。④ 遵医嘱禁食、禁水：局麻者4~6小时，全麻者9~12小时。⑤ 建立静脉通路（留置针），尽量减少穿刺，防止出血及瘀斑。遵医嘱术前用药、特殊情况留置导尿管。

【术中护理】

1. 遵医嘱给药和吸氧，调节和记录给药时间、剂量、速度与浓度，根据病人血管情况准确提供所需器械、导管或导丝。保持各种管道通畅。

2. 观察病情　① 遵医嘱心电监护，密切观察病人意识状态和瞳孔变化，若术中出现烦躁不安、意识障碍或意识障碍程度加重，一侧瞳孔散大等，常提示病人脑部重要功能区血管栓塞或病变血管破裂，须立即配合抢救；② 注意观察病人全身情况，如有无语言沟通障碍、肢体运动及感觉障碍、寒战、高热，皮肤受压发红等，发现异常及时报告医生处理。

【术后护理】

1. **术后活动与休息** 术后平卧，穿刺部位压迫止血30分钟后加压包扎，一般以1kg沙袋加压穿刺部位6~8小时；穿刺侧肢体制动（取伸展位，不可屈曲）12小时，一般于穿刺后8小时左右可行侧卧位；24小时内卧床休息、限制活动。双足可做踝泵运动，预防深静脉血栓。卧床期间协助生活护理。指导病人咳嗽或呕吐时按压穿刺部位，避免因腹压增加而导致伤口出血。术后休息2~3天，避免情绪激动、精神紧张和剧烈运动，防止球囊或钢圈脱落移位。

2. **病情观察**

（1）严密观察意识、瞳孔及生命体征变化，及早发现颅内高压、脑血栓形成、颅内血管破裂出血、急性血管闭塞等并发症。

（2）观察双侧足背动脉搏动和肢体远端皮肤颜色、温度等，防止动脉栓塞；注意穿刺局部有无渗血、血肿。

（3）使用肝素、华法林等药物时需监测凝血功能，注意有无皮肤、黏膜、消化道出血，有无发热、皮疹、哮喘、恶心、腹泻等药物不良反应。

（4）密切观察与操作相关的并发症，如穿刺部位及邻近组织损伤，可出现穿刺局部血肿、动脉夹层、假性动脉瘤、动静脉瘘及后腹膜血肿等。

（5）密切观察造影剂相关并发症，如造影剂过敏、造影剂肾病、造影剂脑病等。鼓励病人多饮水，促进造影剂排泄。

（郑悦平）

第九节　神经系统临床思维案例

【案例1】

病史：病人，男，68岁，退休职工。以"头晕、恶心、呕吐伴轻度意识不清1小时余"为主诉入院。1小时前用力排便时突然出现右侧肢体麻木无力，伴有轻微言语不清，右侧口角下垂并伴有流涎，随后出现头晕、头痛、恶心，呕吐少许胃内容物。由120急救车送入医院，入院时轻度昏迷。

既往史：高血压病史30余年，糖尿病病史15年，血压最高时达190/110mmHg，近1年来口服"厄贝沙坦"每日1片，血压基本控制在正常范围。近1个月出现便秘，食欲下降。5年前因"胆囊结石"行"胆囊切除术"，无输血史。

个人史：无长期外地居住史，无烟酒等不良嗜好。

家族史：父母已故，母亲曾患有脑梗死，父亲死因不详。有1姐，已故。

婚育史：适龄婚配，配偶体健，夫妻关系和睦。育有1儿1女，均体健，在外地工作。

体格检查：T 37.8℃，P 78次/min，R 19次/min，BP 168/105mmHg。轻度昏迷，双侧瞳孔不等大等圆，左侧瞳孔稍大，且左侧瞳孔对光反射迟钝。右侧上、下肢肌力0级，肌张力降低；左侧上、下肢肌力和肌张力均正常；右侧眼睑下垂，鼻唇沟变浅，伸舌偏右。

辅助检查：血生化检查示总胆固醇6.13mmol/L，甘油三酯2.68mmol/L，低密度脂蛋白4.06mmol/L；颈部血管彩超示左右侧颈动脉壁增厚、粗糙，均可见少量斑块形成；CT检查显示左侧大脑半球可见一卵圆形的高密度区，边界清楚。

拟诊"脑出血"收住入院。

问题：

1. 请归纳该病例的临床特点和该病人存在的高危因素。

> 病情进展：
>
> 入院第2天，病人意识障碍加重，突然出现躁动不安、血压升高、呼吸不规则、脉搏减慢等症状。

2. 该病人目前最可能发生了什么并发症？该如何抢救和处理？

> 诊疗进展：
>
> 经紧急脱水降颅压、利尿、镇静、控制血压等对症支持治疗后，病情逐渐得以控制。查体：T 37.3℃，P 78次/min，R 18次/min，BP 146/88mmHg。

3. 为预防上述情况再次发生，病情观察重点有哪些？其他可能发生的并发症还有哪些？

> 诊疗进展：
>
> 经积极治疗，病人生命体征平稳，意识逐渐恢复清醒，但吞咽功能未完全恢复，饮水有呛咳；右上肢肌力3级，右下肢肌力3$^+$级，转当地医院继续康复治疗。

4. 为预防营养不良的发生，促进疾病转归，如何评估病人的吞咽功能及营养状态？

> 病情进展：
>
> 经康复中心持续康复训练2个月，病人的吞咽功能评估结果为：洼田饮水试验2级，可疑吞咽障碍；右侧上肢肌力为3$^+$级，下肢肌力4级，可独自站立及行走，但容易跌倒。病人子女要求出院居家康复锻炼，随即出院回家。

5. 请根据生理-心理-社会医学模式对病人及家庭进行评估，并制订科学可行的居家指导方案。

（林蓓蕾）

【案例2】

病史：病人，男，27岁，以"渐进性肌无力1天，加重2小时"为主诉入院。2周前上呼吸道感染后，病情持续未完全控制，自述容易乏力，不想活动，有时候伴有下肢疼痛。昨日突然出现下床走路无力，卧床休息后未见缓解，反而加重，当天晚上不愿吃晚饭，21：00不想说话，并自觉呼吸明显费力，当晚急诊入院。

既往史：既往体健，无手术史，父母体健。

体格检查：神志清，对答正确；双侧瞳孔等大等圆，直径3mm，对光反射灵敏；伸舌居中；双下肢肌力2级，双上肢肌力3级，深浅感觉缺失，腱反射减弱。

辅助检查：脑脊液检查见白细胞计数基本正常，蛋白质轻度升高，余未见明显异常；神经电生理检查可见神经传导速度明显减慢。

拟诊"吉兰-巴雷综合征"收住入院。

问题：

1. 请归纳出该病例的临床特点和当前的处理要点。

> 病情进展：
>
> 入院后病人呼吸困难明显加重，自主呼吸功能逐渐减弱，病情逐渐加重，随即转入ICU并紧急给予气管切开，呼吸机辅助通气。

2. 如何对病人进行呼吸道管理和护理？

3. 针对病人目前情况，如何对其及家庭进行健康指导？

> 诊疗进展：
>
> 经过积极治疗，病情好转，肌力逐渐恢复，呼吸及吞咽功能正常，临近出院，病人及家属非常担心和恐惧，不知道出院后如何应对，担心疾病复发等。

4. 请结合该病人个人及、家庭情况，制订个体化、针对性的健康指导方案。

（林蓓蕾）

【案例3】

病史：病人，女，78岁，初中文化，离休干部。因肢体抖动12年，加重伴行动迟缓1月余入院。病人于12年前无明显诱因出现左手抖动，静止不动时明显，活动及持物时减轻，继而逐渐出现左下肢和右侧肢体抖动。持续服用多巴丝肼治疗，近年来疗效减退，肢体抖动加重，时有起步困难，行走不稳，小步碎步往前冲。近日感不能持物和自行起床活动，且进食缓慢、饮水呛咳，便秘。

身体评估：T 37.5℃，P 74次/min，R 20次/min，BP 136/82mmHg。意识清醒，双侧瞳孔等大等圆，直径3mm，对光反射灵敏；面部表情呆板、油脂多，进食时咀嚼和吞咽缓慢；能回答问题，但语音断续，语调低沉，语速慢。四肢肌力正常，肌张力增高呈齿轮样强直，左侧明显，可见手指"搓丸样"动作；不能扣纽扣和系鞋带，写字越写越小；步行时呈慌张步态；病理反射（−），腱反射（++）。

辅助检查：血常规示血红蛋白137g/L，红细胞计数5.30×10^{12}/L，白细胞计数11.2×10^{9}/L，血

小板计数15.9×10^9/L。血糖5.6mmol/L，甘油三酯1.54mmol/L、总胆固醇4.89mmol/L；大、小便常规正常。肝肾功能正常。心电图大致正常。

拟诊"帕金森病"收住入院。

问题：

1. 请归纳该病例的临床特点并解释帕金森病的诊断依据。

病情进展：

入院第2天，病人不愿进食、少量饮水即频繁呛咳，T 37.9℃；X线胸片示右下肺斑片状阴影，密度不均匀。

2. 分析病人发热的可能原因是什么？目前吞咽功能状态如何？简述饮食护理的要点。

病情进展：

入院第5天，病人起床时突然感到头晕，且起步困难、步态不稳，差点跌倒。

3. 该病人的潜在并发症有哪些？请简述如何预防。

诊疗进展：

经过调整帕金森病治疗药物、积极抗感染治疗和综合护理干预，病人体温正常，血常规正常，能独立行走，拟出院回家。

4. 请查阅帕金森病管理及康复相关指南或规范，基于循证原则为病人制订个体化的出院指导。

（林蓓蕾　郑悦平）

复习参考题

一、简答题

1. 简述如何根据肌力指导瘫痪病人进行运动训练。
2. 急性炎性脱髓鞘性多发性神经病常见临床表现有哪些？
3. 急性脊髓炎常见的临床表现有哪些？
4. 简述脑血管疾病的危险因素。
5. 简述颈动脉系统TIA和椎基底动脉TIA的临床表现。
6. 脑出血常见并发症有哪些？如何抢救处理？
7. 帕金森病的常见临床表现有哪些？
8. 简述全面强直阵挛发作过程及特点。
9. 简述癫痫持续状态的抢救处理要点。
10. 重症肌无力病人的病情观察要点有哪些？

二、选择题

1. 病人，男，82岁。因2小时前用力排便时突然感觉右侧肢体无力，伴有言语不清、右侧口角下垂并流涎，小便失禁、头晕、头痛、呕吐1次急诊入院。查体：右侧上肢不能抬离床面，只能略微平移，请问其肌力是
   - A. 0级
   - B. 1级
   - C. 2级
   - D. 3级
   - E. 4级

2. 病人，女，58岁，诊断为急性炎性脱髓鞘性多发性神经病。其临床表现中严重威胁病人生命的是
   - A. 手套－袜子样感觉障碍
   - B. 吞咽困难
   - C. 面神经麻痹
   - D. 呼吸肌麻痹
   - E. 心动过速

3. 病人，男，38岁，诊断为急性脊髓炎。护士查房时发现病人右侧小腿肿胀、疼痛，皮温较左侧小腿高，抽血查D-二聚体为2.6mg/L（↑）。此病人最有可能发生了
   - A. 肺栓塞

   - B. 丹毒
   - C. 深静脉血栓
   - D. 动脉栓塞
   - E. 压力性损伤

4. 病人，男，79岁。既往高血压病史30余年，糖尿病病史10年，有长期吸烟史，情绪激动后出现鼾睡，呼之不醒，送到医院急诊，检查发现意识不清，瞳孔缩小，双眼凝视一侧，右侧肢体偏瘫，BP 180/90mmHg，R 24次/min，P 98次/min。为明确诊断，最有价值的检查是
   - A. 脑血管造影
   - B. 头颅CT检查
   - C. 头颅超声检查
   - D. 头颅MRI检查
   - E. 脑电图检查

5. 病人，男，32岁。酒后突然尖叫，跌倒在地，两眼上翻，牙关紧闭，口吐白沫，四肢抽搐，下列护理措施中，**不妥**的是
   - A. 就地平卧
   - B. 观察生命体征
   - C. 解松衣领及裤带
   - D. 口内放置硬物，防止舌尖咬伤
   - E. 切勿强压四肢

   答案：1. C 2. D 3. C 4. B 5. D

第十章　传染病病人的护理

学习目标

知识目标	1. 掌握　传染病病人常见症状体征发热与发疹的护理；病毒性肝炎、艾滋病、流行性乙型脑炎、狂犬病、肾综合征出血热、伤寒、细菌性痢疾、霍乱和流行性脑脊髓膜炎的临床表现、常见护理诊断/问题、措施及健康指导。 2. 熟悉　上述常见传染病的概念、流行病学、辅助检查和治疗要点；传染性疾病的临床思维分析方法。 3. 了解　上述传染病的病原学及发病机制。
能力目标	1. 能应用临床思维与评判性思维对传染病病人进行病情评估。 2. 能正确提出护理问题，实施整体护理。
素质目标	1. 树立正确的专业价值观，全心全意为病人服务、甘于奉献的专业精神。 2. 尊重病人，养成良好的职业道德，具备锲而不舍的科学素养。

第一节　概述

　　传染病（communicable diseases）是由各种病原微生物（如病毒、细菌、立克次体、螺旋体、支原体等）和寄生虫（原虫或蠕虫）感染人体后所引起的一组具有传染性、在一定条件下可造成流行的疾病。中华人民共和国成立后，我国积极推行"预防为主、防治结合"的方针，使传染病防治工作取得了巨大的成效。许多传染病都得到有效控制，消灭了天花，脊髓灰质炎、麻疹、百日咳等发病率明显下降。但是还有一些传染病如病毒性肝炎、肾综合征出血热、结核病仍广泛存在，与此同时，又出现一些新的传染病如艾滋病、严重急性呼吸综合征、人感染 H7N9 禽流感、埃博拉出血热、寨卡病毒感染、新型冠状病毒感染等。因此，传染病的防治工作仍不能松懈。传染病护理是防治传染病工作的重要组成部分，不仅关系到病人能否早日恢复健康，而且对控制传染病的流行、传播也起着至关重要的作用。

一、传染病的特征和管理

【传染病的基本特征】

1. 基本特征

（1）有病原体：每一种传染病都是由特异性的病原体引起的，包括病原微生物和寄生虫，以病毒和细菌感染最常见。

（2）有传染性：这是传染病与其他感染性疾病的主要区别。但传染性大小不同。感染者或病人排出病原体，有传染性的时期称为传染期，了解各种传染病的传染期是决定病人隔离期限的重要依据。

（3）有流行病学特征：传染病的流行过程，在自然和社会因素的影响下表现出流行病学特征。① 流行性：是一定条件下传染病在人群中广泛传播蔓延的特性，按其强度可分为散发、流行、大流行和暴发。② 季节性：有的传染病的发生和流行受季节影响，在特定季节发病率升高。如冬春季节呼吸道传染病发病率升高。③ 地方性：由于自然因素和社会因素影响，某些传染病仅局限于一定地理范围内发生，表现有地方性特点。如血吸虫病多发生在长江以南有钉螺存在的地区。④ 外来性：指在国内或地区内不存在，而从国外或外地通过外来人口或物品传入的传染病，如霍乱。

（4）有感染后免疫：人体感染病原体后，无论显性或隐性感染，都能产生针对病原体及其产物（如毒素）的特异性免疫。由于病原体种类不同，感染后所获得免疫的持续时间长短和强弱也不同。大多数病毒性传染病感染后免疫持续时间最长，往往可以保持终身，但有例外（如流行性感冒）。细菌、螺旋体、原虫性传染病感染后免疫时间较短，仅为数月至数年，但也有例外（如伤寒）。蠕虫感染后一般不产生保护性免疫，如血吸虫病。

2. 临床特点

（1）病程发展具有阶段性：急性传染病从发生、发展到转归具有一定阶段性，通常分为4期。① 潜伏期：是病原体侵入人体起，至感染者开始出现临床症状的时期。是病原体在体内繁殖、转移、定位、引起组织损伤和功能改变，导致临床症状出现之前的整个过程。潜伏期是确定传染病的检疫期及密切接触者医学观察期的重要依据。② 前驱期：从病人开始感到不适至症状明显为止的时期为前驱期。此期症状多无特异性，表现为发热、头痛、乏力、食欲缺乏、肌肉酸痛等，一般1~3天，已具有传染性。③ 症状明显期：此期不同传染病各自出现该病具有的特征性的症状、体征及实验室检查结果。病情由轻转重，到达顶峰，然后随机体免疫力产生，病原体逐渐被清除。④ 恢复期：机体免疫力增长至一定程度，体内病理生理过程基本终止，病人症状和体征基本消失。

（2）毒血症状：病原体及其各种代谢产物可引起发热以外的多种全身中毒症状，如皮疹、全身不适、头痛、关节痛、意识障碍、呼吸循环衰竭及肝、脾、淋巴结肿大等表现。这些毒血症状是多种传染病的常见共同表现。

【传染病的流行过程】

构成传染病的流行过程必须具备三个基本条件：传染源、传播途径和易感人群。

1. 传染源　是指体内有病原体生长繁殖，并不断向体外排出的人和动物。病人是重要传染源。其他传染源还有隐性感染者、病原携带者、受感染的动物等。

2. 传播途径　是病原体离开传染源后，再侵入另一个易感染者所经过的途径。常见传播途径包括：① 呼吸道传播，主要通过空气、飞沫、尘埃传播；② 消化道传播，主要通过水、食物传播；③ 接触传播，主要通过手、用具、玩具等传播；④ 虫媒传播，主要通过媒介昆虫传播；⑤ 血液、体液、血制品传播；⑥ 母婴传播；⑦ 土壤传播。

3. 人群易感性　对某种传染病缺乏特异性免疫力的人称为易感者。易感者在某一特定人群中的比例决定人群易感性。易感者在人群中达到一定数量时，则传染病流行很容易发生。

本书所列常见传染病的传染源、主要传播途径、人群易感性及流行特征见表10-1。

▼ 表10-1　常见传染病的传染源、传播途径、人群易感性及流行特征

传染病		主要传染源	主要传播途径	人群易感性	流行特征
病毒性肝炎	甲型肝炎	急性期病人和隐性感染者	粪–口传播	抗HAV阴性者	散发为主，污染的水源、食物可导致暴发流行
	乙型肝炎	急、慢性病人和病毒携带者	血液传播、母婴传播、性接触传播	HBsAg阴性者	散发为主，有家庭聚集现象，无明显季节性
	丙型肝炎	急、慢性病人和病毒携带者	血液传播、母婴传播、性接触传播	普遍易感	散发，无明显季节性
	丁型肝炎	急、慢性病人和病毒携带者	血液传播、母婴传播、性接触传播	普遍易感	无明显季节性
	戊型肝炎	急性期病人和隐性感染者	粪–口传播	普遍易感	暴发流行与粪便污染水源传播有关
艾滋病		HIV感染者和艾滋病病人	性接触，血液、母婴传播，其他途径（病毒携带者的器官移植、人工授精、医务人员被污染的针头刺伤）	普遍易感，男性同性恋者、多个性伴侣者、静脉药瘾者和血制品使用者为高风险人群	全球流行，我国是低流行
流行性乙型脑炎		感染乙脑病毒的猪	蚊虫叮咬	普遍易感	有季节性特征，集中在7、8、9月
狂犬病		带狂犬病毒的动物	大部分由咬伤时唾液暴露所致	普遍易感	全球性分布
肾综合征出血热		携带汉坦病毒的鼠和其他动物	呼吸道、消化道传播，接触传播、母婴传播、虫媒传播	普遍易感，男性青壮年为主	主要在亚洲，其次为欧洲和非洲，我国疫情较重；有明显高峰季节，黑线姬鼠传播者以11月至次年1月，褐家鼠传播者以3~5月，林区姬鼠传播者以夏季为流行高峰
人感染高致病性禽流感		患禽流感或携带禽流感的禽类	呼吸道传播，或直接接触受病毒感染的家禽及其排泄物、分泌物	普遍易感	H5N1亚型于1997年在香港首次发现能直接感染人类。2013年3月，我国首次发现人感染H7N9禽流感病例。人感染H7N9禽流感病例目前仍处于散发状态

传染病	主要传染源	主要传播途径	人群易感性	流行特征
新型冠状病毒感染	感染者	呼吸道飞沫和密切接触传播	普遍易感	全球发病，多季节发病
伤寒	病人与带菌者	消化道传播	普遍易感	热带、亚热带多见，流行多在夏秋季
细菌性痢疾	急慢性病人及带菌者	消化道传播	普遍易感	集中在温带和亚热带地区，夏秋季多发
霍乱	病人和带菌者	消化道传播	普遍易感	我国流行季节为夏秋季，7~10月多见，主要在沿海、沿江地区流行
流行性脑脊髓膜炎	病人和带菌者	飞沫传播	普遍易感，6个月至2岁婴幼儿发病率最高	全球流行，主要流行季节为冬春季

【传染病的预防管理】

做好传染病的预防工作可以减少传染病的发生与流行，应针对传染病流行过程的三个环节进行预防。

1. 管理传染源

（1）对病人的管理：要做到"五早"即早发现、早诊断、早报告、早隔离、早治疗。传染病的报告制度是早期发现、控制传染病的重要措施。传染病的报告按照《中华人民共和国传染病防治法》和《传染病信息报告管理规范（2015年版）》中的规定执行。

根据《中华人民共和国传染病防治法》和《突发公共卫生应急事件与传染病疫情监测信息报告管理办》，将法定传染病分为甲、乙、丙3类。

1）甲类：为强制管理的传染病。共2种，包括鼠疫、霍乱；要求在发现后2小时内通过传染病疫情监测信息系统上报。

2）乙类：为严格管理的传染病，包括传染性非典型肺炎、艾滋病、病毒性肝炎、脊髓灰质炎、人感染高致病性禽流感、麻疹、肾综合征出血热、狂犬病、流行性乙型脑炎、登革热、炭疽、细菌性和阿米巴性痢疾、肺结核、伤寒和副伤寒、流行性脑脊髓膜炎、百日咳、白喉、新生儿破伤风、猩红热、布鲁氏菌病、淋病、梅毒、钩端螺旋体病、血吸虫病、疟疾、人感染猪链球菌病、人感染H7N9禽流感、新型冠状病毒感染、猴痘等。要求发现后24小时内网络系统申报。但乙类传染病中的肺炭疽、传染性非典型性肺炎或疑似病人或发现其他传染病和其他不明原因疾病暴发时应采取甲类传染病的报告、控制措施。

3）丙类：为监测管理的传染病，包括流行性感冒（含甲型H1N1流感）、流行性腮腺炎、风疹、急性出血性结膜炎、麻风病、流行性和地方性斑疹伤寒、黑热病、棘球蚴病、丝虫病，除霍乱和阿米巴性痢疾、伤寒和副伤寒以外的感染性腹泻，手足口病。要求发现后24小时内上报。

（2）对接触者的管理：与传染源发生过接触的人，可能受到感染而处于疾病的潜伏期称为接触者。根据具体情况实施留验、医学观察、隔离和必要的卫生处理，或进行紧急免疫接种或药物预防。

（3）对病原携带者的管理：应做到早期发现。必须做好登记，加强管理，指导督促养成良好的卫生和生活习惯，并随访观察。必要时，调整工作岗位或隔离治疗。

（4）动物传染源的管理：应根据动物的病种和经济价值，予以隔离、治疗或杀灭。

2. 切断传播途径 根据不同的传播途径采取不同措施。对于消化道传染病，应加强饮食卫生、个人卫生及粪便管理，保护水源，消灭苍蝇、蟑螂、老鼠等。对于呼吸道传染病，应进行空气消毒，提倡外出戴口罩，流行期少到公共场合，教育群众不随地吐痰，咳嗽和打喷嚏时要用手帕捂住口鼻。对于虫媒传染病，应大力开展杀虫、灭鼠。血源性传染病应加强血源和血制品的管理，防止医源性传播。

3. 保护易感人群 提高人群免疫力可通过增强非特异性免疫力和特异性免疫力两个方面进行。

（1）增强非特异性免疫力：主要措施包括加强体育锻炼、改善营养、养成良好卫生生活习惯等。

（2）增强特异性免疫力：可通过隐性感染、显性感染或预防接种获得，其中预防接种起关键作用。预防接种分为人工主动免疫和人工被动免疫。

1）人工主动免疫：有计划地将减毒或灭活的病原体，纯化的抗原和类毒素制成菌（疫）苗接种到人体内，使机体在1~4周内产生抗体，称为人工主动免疫。它通过计划免疫和儿童基础免疫方案实现。绝大多数人预防接种后无反应或反应轻微，个别人出现严重反应。① 局部反应：接种24小时内局部出现红肿热痛。② 全身反应：全身不适、发热、头痛、食欲缺乏、恶心、呕吐等，以上反应轻微者，休息后可恢复，无须特殊处理，重者给予对症处理。③ 异常反应：表现为晕厥和过敏性休克，较少见。晕厥多发生于空腹、疲劳及精神紧张状态下，故注射前应做好解释工作，缓解紧张心理。一旦出现心慌、虚弱感、胃部不适、恶心、手心发麻等表现，立即让病人平卧，保持安静，喂糖水或温开水，针灸人中、十宣等穴位，一般不需服药。若出现面色苍白、手足冰凉、出冷汗、恶心、呕吐、血压下降等过敏性休克表现时，应立即报告医生，可肌内注射1∶1 000肾上腺素0.5~1.0ml（儿童0.01~0.03ml/kg）。

2）人工被动免疫：是将制备好的含抗体的血清或抗毒素注入易感者体内，使机体迅速获得免疫力的方法。常用于治疗或对接触者的紧急预防。

4. 药物预防 对某些尚无特异性免疫力或免疫效果不理想的传染病，在流行期间可给予易感者口服预防药物。

【标准预防】

> **相关链接** | **标准预防**
>
> 标准预防是医院感染控制的重要策略，也是医务人员做好职业防护保护病人安全的重要措施。1996年，美国医院感染控制顾问委员会（HICPAC）对隔离系统进行了修订，将普遍预防和体内物质隔离的许多特点进行综合，形成了标准预防（standard precautions, SP）。标准预防于1999年引入我国，并在2000年被编入卫生部颁布的《医院感染管理规范（试行）》中。

1. 核心内容 ① 所有病人均被视为具有潜在感染性的病人，均需要隔离；② 既要防止经血传播性疾病的传播，也要防止非经血传播性疾病的传播；③ 既强调防止疾病从病人传至医务人员，也要强调疾病从医务人员传至病人，实施双向防护，防止疾病双向传播。

2. 措施

（1）洗手：医疗活动前后按照正确洗手法洗净双手。

（2）手套：接触病人血液、体液、分泌物、排泄物及破损的皮肤黏膜时应戴手套。戴手套不能替代洗手。

（3）戴面罩、护目镜和口罩：减少病人的体液、血液、分泌物等液体的传染性物质飞溅到医护人员的眼睛、口腔及鼻腔黏膜。

（4）穿隔离衣：为防止被传染性的血液、分泌物、渗出物、飞溅的水和大量的传染性材料污染时才使用，接触不同病种病人应更换隔离衣。脱去隔离衣后应立即洗手。

（5）设置隔离室：将可能污染环境的病人安置在专用的病房。

（6）其他预防措施：可重复使用设备的清洁消毒；医院日常设施、环境的清洁标准和卫生处理程序的落实；做好医护人员的职业安全防护，如处理所有锐器时应当特别注意，弃于锐器盒，防止被刺伤。

【传染病的隔离和消毒】

1. 隔离的定义 隔离是指把处于传染期的传染病病人、病原携带者安置于指定地点，与健康人和非传染病病人分开，防止病原体扩散和传播。

2. 隔离的种类 2023年国家卫生健康委员会发布的《医院隔离技术标准》（WS/T 311—2023）规定了建筑布局与隔离要求、不同传播途径疾病的隔离预防原则和措施。在标准预防措施的基础上，医院应根据疾病的传播途径（接触传播、飞沫传播、空气传播和其他途径传播如虫媒传播），结合本院的实际情况，制定相应的隔离与预防措施。

（1）接触隔离：适用于经接触传播的疾病，如肠道传染病、经血传播疾病、多重耐药菌感染、皮肤感染病人等，在标准预防的基础上，还应采取接触传播的隔离与预防措施。

隔离措施：① 宜单间隔离；无条件的医院可采取床单位隔离或同种病原体感染病人隔离于一室。② 应限制病人的活动范围，减少转运。

（2）飞沫隔离：适用于经飞沫传播的疾病，如百日咳、白喉、流行性感冒、病毒性腮腺炎、流行性脑脊髓膜炎等。

隔离措施：① 宜限制病人的活动范围；病人病情容许时，应戴医用外科口罩，并定期更换。② 应减少转运，当需要转运时，医务人员应注意防护。③ 探视者应戴医用外科口罩，宜与病人保持1m以上距离。④ 加强通风，应遵循WS/T 368—2012的规定进行室内空气的消毒。

（3）空气隔离：适用于经空气传播的疾病，如肺结核、水痘等。

隔离措施：① 尽快将病人转送至有条件收治呼吸道传染病的医疗机构，注意转运过程医务人员的防护；② 具有传染性的肺结核病人宜安置在负压隔离病室；③ 病情允许时，病人应戴医用外科口罩，定期更换，并限制其活动范围；④ 应遵循WS/T 368—2012的规定进行空气消毒。

（4）其他传播途径疾病的隔离与预防措施：应根据疾病的特性，采取相应的隔离与防护措施。

3. 消毒的定义 消毒是通过物理、化学或生物学方法，消除或杀灭环境中病原微生物的一系列方法，是切断传播途径，控制传染病发生、蔓延的重要措施。

4. 消毒的种类

（1）疫源地消毒：指对目前存在或曾经存在传染源的地区进行消毒。包括终末消毒和随时消毒。① 终末消毒：指当传染源已离开疫源地场所进行的最后一次彻底的消毒措施。如病人出院、转科或死亡。② 随时消毒：随时对传染源的排泄物、分泌物及其污染物品进行消毒。

（2）预防性消毒：指虽未发现传染源，但对可能受到病原体污染的场所、物品和人体进行消毒。

5. 消毒方法 各种物理化学消毒方法可分为灭菌、高效消毒法、中效消毒法和低效消毒法。根据医用物品的危险性分类，高度危险性物品必须选用灭菌方法处理，中度危险性物品一般情况下达到消毒即可，可选用中效或高效消毒法，低度危险物品一般可用低效消毒方法，或只做一般的清洁处理即可，仅在特殊情况下，才做特殊的消毒要求。

二、护理评估

【病史评估】

1. 流行病学特点

（1）个人史：询问病人年龄、职业、籍贯、发病季节、居住与旅行地点、既往传染病史、输血史、密切接触史、是否集体发病、不洁饮食习惯及预防接种史等。

（2）生活史：了解病人的生活、卫生、饮食习惯，有无吸毒、性淫乱等不良行为。

（3）饮食方式：平常饮食习惯及食欲，每天餐次，进食时间是否规律，有无生食习惯，食物品种组成及数量，有无特殊的食物喜好或禁忌等。

2. 患病及检查治疗经过

（1）患病经过：了解病人发病起始时间，发病特点，有无明显诱因或接触史，主要症状、体征及其特点，症状加重有无诱发或缓解因素，有无伴随症状、并发症、后遗症及其特点等。

（2）检查及治疗经过：既往检查经过及结果，治疗经过及效果。是否遵从医嘱治疗。用药的种类、剂量、用法。有无特殊饮食医嘱及病人是否遵从，如伤寒病人应摄入清淡、少渣软食，忌暴饮暴食，以防止肠出血或肠穿孔发生。

（3）目前病情及一般状况：目前病人的主要不适症状及病情变化。患病后病人饮食、睡眠、大小便、体重等一般情况有无变化。

3. 心理-社会状况评估 观察病人有无焦虑、抑郁、沮丧、悲伤、恐惧等不良情绪，是否出现退缩、敌对、沉默、不合作等表现。了解病人对住院及隔离治疗的认识。评估病人有无因严重不良情绪导致食欲缺乏、睡眠障碍等表现。了解患病后工作、学习、生活是否受到影响，能否承担医疗费用等。

4. 社会支持系统 评估家庭成员对病人的关怀程度，亲属或朋友有无探望，所在社区是否能提供医疗保健服务等。

【身体评估】

1. 一般状态与生命体征 ① 评估病人有无意识障碍、程度及其表现；② 评估病人的生命体征；③ 评估病人营养状况，观察皮下脂肪厚度，皮肤色泽和弹性，有无眼窝或前囟凹陷、指纹干瘪等脱水表现；④ 皮肤黏膜观察：皮肤黏膜有无皮疹、苍白、黄疸、出血点或瘀斑；⑤ 全身浅表淋巴结有无肿大、压痛。

2. 各系统检查 应对病人进行全面细致的全身体格检查。对有呼吸道传染病病人应注意呼吸音及呼吸频率、节律、深度是否正常等。对有败血症和感染性休克的病人应重点评估心率、血压变化，检查有无四肢皮肤冰冷，判断有无尿量减少等。累及消化系统的传染病应重点检查腹部有无压痛、反跳痛，评估腹痛的部位、性质、程度及其影响因素，肝脾大小、质地、有无压痛、腹水等。中枢神经系统感染性传染病应重点评估瞳孔大小及对光反射，有无脑膜刺激征、病理反射、肢体瘫痪等。

【辅助检查】

一般检查 包括血液、尿液、粪便常规检查和血液生化检查。

（1）血常规检查：以血细胞计数和分类的用途最广，细菌感染时白细胞计数增多。

（2）尿常规检查：尿中见红细胞、白细胞、蛋白、管型，有助于肾综合征出血热等疾病的诊断。

（3）粪便常规检查：粪便中见红细胞、白细胞、虫卵等，有助于细菌性痢疾等消化道疾病的诊断。

（4）病原学检查：通过显微镜或肉眼直接检出病原体而明确诊断。

（5）分子生物学检查：通过分子杂交方法或聚合酶链式反应可检出特异性病原体核酸。

（6）免疫学检查：最常用的方法是应用已知抗原和抗体检测血清或血液中的相应抗体或抗原。

（7）其他检查：结肠镜检查可用于慢性细菌性痢疾、血吸虫病等的诊断。纤维支气管镜检查、影像学检查、活体组织检查等也用于疾病的诊断。

三、常见症状体征的评估与护理

【发热】

发热是传染病最常见、最突出的症状。稽留热多见于伤寒、斑疹伤寒等极期，弛张热多见于伤寒缓解期、肾综合征出血热，间歇热多见于疟疾，回归热多见于布氏菌病。

1. 护理评估

（1）病史：① 流行病学特点，注意病人发病的地区、季节、接触史等；② 患病及治疗经过；③ 评估是否伴有其他症状、体征；④ 病人的心理社会状况。

（2）身体评估：重点评估生命体征、营养状况、意识状态、面色，其他重要脏器如心、肺、肾、中枢神经系统的检查是否异常。

（3）辅助检查：进行血、尿、粪便常规检查和病原学检查，必要时结合病史行脑脊液检查、血清学检查、组织病理检查和影像学检查等。

2. 常用护理诊断/问题

体温过高　与病原体感染后释放内、外毒素致热原作用于体温中枢，导致体温中枢功能紊乱有关。

3. 护理措施

（1）严密监测病情变化：严密监测生命体征、意识状态、出入量、体重变化。

（2）采取有效降温措施：通常应用物理降温方法。

降温注意：① 避免局部冻伤，不要长时间冰敷同一部位；② 周围循环衰竭表现的病人禁用冷敷和乙醇擦浴；③ 全身发疹或有出血倾向的病人禁忌乙醇擦浴；④ 药物降温不可降得过快过低，以免大汗致虚脱；⑤ 冬眠疗法降温前，应补充血容量，避免搬动病人，观察生命体征，并保持呼吸道通畅。

（3）休息与环境：注意休息，保持病室适宜的温湿度，注意避免受凉。

（4）饮食护理：给予高热量、高蛋白、高维生素、易消化的流质或半流质饮食，保证2 000ml/d的液体摄入。必要时遵医嘱静脉输液补充水分。

（5）口腔、皮肤护理：指导病人在用餐前后、睡前漱口，病情严重或昏迷者给予口腔护理，避免感染。及时更换衣被，保持皮肤清洁干燥。

4. 评价　病人体温逐渐恢复正常，未发生并发症。

【发疹】

发疹是许多传染病的特征性体征，包括皮疹（外疹）和黏膜疹（内疹）两大类。通常斑丘疹多见于麻疹、风疹、伤寒，出血疹常见于败血症、登革热、流行性脑脊髓膜炎、肾综合征出血热，疱疹见于水痘、单纯疱疹，荨麻疹见于病毒性肝炎、血清病等。

1. 护理评估

（1）病史评估

1）流行病学特点：注意病人发病的地区、季节、接触史等。

2）患病及治疗经过：询问病人皮疹出现的时间、顺序、部位、形态、持续时间、进展情况，有无伴随发热、乏力、食欲不振、恶心、呕吐等，出疹后病人的自觉症状变化情况，是否有并发症。

（2）身体评估：重点评估生命体征、神志、面色，以及皮疹的性质、部位、形态。观察皮疹的形态、大小有无变化，有无融合或出现继发感染。全身浅表淋巴结有无肿大，扁桃体大小及有无分泌物，心、肺、腹部、神经系统检查是否有异常。

（3）辅助检查：进行血、尿、粪便检查，必要时行病原学检查等。

2. 常用护理诊断/问题

皮肤完整性受损　与病原体和/或其代谢产物引起皮肤黏膜损伤、毛细血管炎症有关。

3. 护理措施及依据

（1）观察出疹情况：注意观察皮疹的进展和消退。

（2）休息与环境：卧床休息，保持环境整洁，避免强光刺激及对流风直吹。

（3）局部皮肤护理

1）保持皮肤清洁：每日温水清洗皮肤，禁用肥皂水和乙醇，衣被保持清洁。

2）保护皮肤：有皮肤瘙痒者应避免搔抓，修剪指甲或包裹手部。翻身动作轻柔；有脱皮不完全处，不要用手撕扯，用消毒剪刀修剪；对大面积瘀斑、坏死的皮肤，定时进行皮肤消毒，局部用海绵垫、气垫圈加以保护。

3）皮肤发生破溃后应注意及时处理，小面积者可涂0.5%的碘伏或抗生素软膏，大面积者用消毒纱布包扎，防止继发感染。

（4）口腔黏膜疹的护理：注意做好口腔护理，每日常规温水或复方硼砂含漱液漱口，进食后用清水漱口。溃疡者用3%过氧化氢溶液清洗口腔后，涂冰硼散。

（5）眼部护理：观察有无充血、水肿，用4%硼酸水或生理盐水清洗眼部，滴0.25%氯霉素眼药水或擦眼药膏以防感染。

4. 评价　皮疹完全消退，受损组织恢复正常，未继发感染。

（柳家贤）

第二节　病毒感染

案例导入

病人，男，30岁，司机，因"发热、乏力、消瘦半年"入院。

病史评估：病人于半年前无明显诱因发热，多呈低热，不超过38℃，伴乏力、全身不适和厌食，大便每天2~3次，正常稀便，无脓血，无腹痛和恶心、呕吐，逐渐消瘦，不咳嗽。病初至医院检查胸片及化验血、尿、粪便常规均未见异常，自服中药治疗，症状不见好转。半年来体重下降约8kg，睡眠尚可。

身体评估：T 37.5℃，P 84次/min，R 18次/min，BP 120/80mmHg。略消瘦，皮肤未见皮疹和出血点，右颈部和左腋窝各触及1个2cm×2cm大小的淋巴结，活动度好，无压痛。双肺叩诊呈清音，未闻及啰音；心界叩诊不大，心率84次/min，律齐，无杂音。腹软无压痛，肝肋下2cm，软无压痛，脾侧位肋下刚触及，移动性浊音（-），肠鸣音4次/min。

辅助检查：血常规示血红蛋白120g/L，红细胞计数35×10⁹/L，中性粒细胞百分比70%，淋巴细胞百分比30%，血小板计数78×10⁹/L；血清抗HIV（+）。

初步诊断：获得性免疫缺陷综合征（AIDS）。

请思考：该病人护理评估还需要收集哪些资料？目前有哪些主要的护理问题？如何对家属做好疾病预防指导？

一、病毒性肝炎

病毒性肝炎（viral hepatitis）是由多种肝炎病毒引起的，以肝脏损害为主的一组全身性疾病。目前已确定的肝炎病毒有甲型、乙型、丙型、丁型、戊型，各型病原不同，但临床表现基本相似，以疲乏、食欲减退、肝大、肝功能异常为主要表现，部分病例出现黄疸。甲型及戊型主要表现为急性肝炎，而乙型、丙型及丁型可转化为慢性肝炎并可发展为肝硬化，且与肝癌有密切关系。目前病毒性肝炎尚缺乏特效治疗方法。甲型、乙型和戊型可通过疫苗预防。

【病原学和发病机制】

1. 甲型肝炎病毒（hepatitis A virus，HAV）属小RNA病毒科的嗜肝病毒属。对外界抵抗力较强，耐酸碱，在室温下可生存1周，在干粪25℃的条件下能生存30天，在海水、贝壳类、污水、泥土中可存活数月。对3%甲醛、紫外线、氯等比较敏感。60℃ 12小时部分灭活，煮沸5分钟全部灭活，紫外线（1.1W，0.9cm深）1分钟可灭活，15~25mg/L余氯15分钟可灭活，3%甲醛25℃ 5分钟可灭活。HAV经口侵入人体后，经肠道入血，在肝细胞内增殖，病毒由胆道进入肠腔，最后由粪便排出。病毒在体内增殖并不引起细胞病变，细胞损伤可能是通过免疫介导，由细胞毒性T细胞攻击感染病毒的肝细胞引起。

2. 乙型肝炎病毒（hepatitis B virus，HBV）属于嗜肝DNA病毒科。抵抗力很强，对热、低温、干燥、紫外线及一般浓度的消毒剂均能耐受，但煮沸10分钟，65℃ 10小时或高压蒸汽消毒可以灭活。在血清中30~32℃可保存6个月，−20℃中可保存15年。目前认为HBV并不引起明显的肝细胞损伤，造成肝细胞的损伤主要是由病毒诱发的免疫应答所致，即机体在通过免疫反应清除病毒的同时造成了肝细胞损伤。

3. 丙型肝炎病毒（hepatitis C virus，HCV）属于黄病毒科丙型肝炎病毒属。氯仿（10%~20%）、甲醛（1:1 000）6小时及60℃ 10小时可使HCV灭活。HCV是五种肝炎病毒中最容易发生变异的，有6个不同基因型，我国以1型为主。HCV引起肝细胞损伤的机制与病毒直接致病作用及免疫损伤有关。病毒直接致病作用可能是急性丙型肝炎中肝细胞损伤的主要原因，慢性丙型肝炎则以免疫损伤为主。

4. 丁型肝炎病毒（hepatitis D virus，HDV）是一种缺陷RNA病毒，必须有HBV或其他嗜肝DNA病毒辅助才能复制、表达。丁型肝炎的发病机制目前尚未完全阐明，认为可能与HDV本身及其表达产物对肝细胞的直接作用有关。另外，宿主免疫反应可能也参与了肝细胞的损伤。

5. 戊型肝炎病毒（hepatitis E virus，HEV）属于戊肝病毒科戊肝病毒属。HEV在碱性环境中比较稳定，对高热、氯仿、氯化铯敏感。HEV主要在肝细胞内复制，经胆道排出，细胞免疫是引起肝细胞损伤的主要原因，同时，病毒进入血液循环也可导致病毒血症。

除甲型、戊型肝炎无慢性病理改变外，各型肝炎的病理改变基本相同，主要表现为肝细胞肿胀、气球样变性或嗜酸性变性，可有点灶状或融合性坏死或凋亡小体，炎细胞浸润及库普弗细胞增生肥大等。各型病毒均可造成不同程度的肝细胞坏死或肝硬化，导致一系列病理生理改变，主要有黄疸、腹水、肝性脑病、出血、急性肾功能不全、肝肺综合征等。

【流行病学】

各型病毒性肝炎的传染源、传播途径、人群易感性和流行特征见表10-1。

【临床表现】

1. **潜伏期** 各型肝炎潜伏期不同，甲型肝炎5~45天，平均30天；乙型肝炎30~180天，平均70天；丙型肝炎15~150天，平均50天；丁型肝炎28~140天；戊型肝炎10~70天，平均40天。

2. 临床分型及特点 甲型和戊型肝炎多表现为急性肝炎；乙、丙、丁型肝炎多表现为慢性肝炎；5 种肝炎病毒之间可重叠或协同感染，导致病情加重。

（1）急性肝炎：分为急性无黄疸性肝炎和急性黄疸性肝炎。

1）急性无黄疸性肝炎：较黄疸性肝炎常见。主要表现为消化道症状，较黄疸性肝炎症状轻，病程多在 3 个月内，常因不易被发现而成为重要的传染源。

2）急性黄疸性肝炎：典型的表现分为 3 个时期，病程为 2~4 个月。① 黄疸前期，平均 5~7 天，甲、戊型起病较急，有畏寒、发热。乙、丙、丁型多起病缓慢，常无发热。此期可有病毒血症表现，如乏力、全身不适等，以及消化系统表现，如食欲减退、厌油、恶心、呕吐、腹胀等。部分病例也可出现尿黄。② 黄疸期，持续 2~6 周，1~2 周达高峰。黄疸前期自觉症状好转，但尿色更黄，巩膜皮肤黄染。查体可见肝大、质软，有压痛及叩击痛，部分病人脾大。也有病人因肝内阻塞出现大便颜色变浅、皮肤瘙痒等阻塞性黄疸表现。③ 恢复期，持续 1~2 个月，黄疸逐渐消退、肝脾回缩，肝功能恢复正常。

（2）慢性肝炎：指急性肝炎病程超过半年未愈，或原有乙、丙、丁型肝炎急性发作出现肝炎症状、体征及肝功能异常者。根据病情轻重分为轻度、中度和重度。根据 HBeAg 是否阳性可分为 HBeAg 阳性或阴性慢性乙型肝炎。

1）轻度：反复出现疲乏、食欲不振、厌油腻、肝区不适、肝大伴轻压痛，也可有轻度脾大。部分病人可无症状、体征。或仅有肝功能 1~2 项异常。病程迁延，只有少数发展为中度慢性肝炎。

2）中度：症状、体征以及实验室异常结果介于轻度和重度之间。

3）重度：明显或持续出现肝炎症状、体征，包括疲乏、食欲不振、厌油腻、腹胀、腹泻、面色灰暗、蜘蛛痣、肝掌或脾肿大。肝功能持续异常。

（3）重型肝炎（肝衰竭）：是最为严重的临床类型，病因及诱因复杂，在我国引起肝衰竭的主要病因是肝炎病毒（尤其是乙型肝炎病毒），其他包括重叠感染、妊娠、HBV 前 C 区突变、过度疲劳、精神刺激、饮酒、应用肝损害药物、机体免疫状况差、有其他合并症（如甲状腺功能亢进、糖尿病）等。占全部病例的 0.2%~0.5%，病死率高达 50%~80%。各型肝炎均可引起重型肝炎。

1）主要临床表现：① 极度乏力并伴有明显厌食腹胀、恶心、呕吐等严重消化道症状；② 短期内黄疸迅速加深，血清胆红素高于 171μmol/L；③ 出血倾向，凝血酶原时间显著延长，凝血酶原活动度（PTA）低于 40%；④ 迅速出现腹水、中毒性鼓肠，有肝臭，肝肾综合征，肝脏进行性缩小；⑤ 精神神经系统症状（肝性脑病），早期可出现计算能力下降、定向障碍、精神行为异常、烦躁不安、嗜睡和扑翼样震颤等，晚期可发生昏迷，深反射消失；⑥ 胆酶分离，血氨升高等。

2）分类：可分为 4 种类型。

急性肝衰竭：急性起病，2 周内出现 II 度及以上肝性脑病（按 IV 级分类法划分），以及肝衰竭临床表现，病死率高，病程不超过 3 周。

亚急性肝衰竭：急性黄疸性肝炎起病 15 天至 26 周内出现肝衰竭临床表现。肝性脑病多出现在疾病的后期，腹水往往较明显。晚期可有难治性并发症，如脑水肿、消化道大出血、严重感染、电解质紊乱及酸碱平衡失调。一旦出现肝肾综合征，预后极差。此型病程可长达数月，易转化为慢性肝炎或肝硬化。

慢加急性肝衰竭：在慢性肝病基础上，由各种诱因引起以急性黄疸加深、凝血功能障碍为肝衰竭表现的综合征，可合并肝性脑病、腹水、电解质紊乱、感染、肝肾综合征、肝肺综合征等并发症，以及肝外器官功能衰竭，是在慢性肝病基础上出现的慢加急性肝衰竭。

慢性肝衰竭：在肝硬化基础上，缓慢出现肝功能进行性减退及失代偿，导致以腹水或门静脉高压、凝血功能障碍和肝性脑病为主要表现的慢性肝功能失代偿。

（4）淤胆型肝炎：病程较长，一般2~4个月或更长，主要以肝内胆汁淤积为主要表现，类似急性黄疸型肝炎的表现。

（5）肝炎后肝硬化：在肝炎基础上发展为肝硬化，表现为肝功能异常和门静脉高压。

【辅助检查】

1. 血清酶检测　丙氨酸转氨酶（ALT）是判断肝细胞损害的重要指标。重型肝炎由于大量肝细胞坏死，ALT随黄疸迅速加深反而下降，称为胆酶分离。胆碱酯酶（ChE）由肝细胞合成，其活性降低提示肝细胞有明显损伤，其值越低病情越严重。

2. 血清蛋白检测　清蛋白由肝脏合成，球蛋白由浆细胞和单核吞噬细胞系统合成。当肝功能损害持续时间较长时，因合成功能不足，可致清蛋白合成减少；因解毒功能下降，致使抗原物质进入血流刺激免疫系统，产生大量免疫球蛋白，使球蛋白升高。

3. 血清和尿胆红素检测　胆红素含量是反映肝细胞损害严重程度的重要指标。黄疸性肝炎尿胆原和尿胆红素均升高，淤胆型肝炎尿胆红素增加，而尿胆原减少或阴性。黄疸性肝炎血清结合胆红素和非结合胆红素均升高，淤胆型肝炎以结合胆红素升高为主。

4. 凝血酶原活动度（PTA）检查　PTA与肝脏损害程度成反比，用于重型肝炎的临床诊断和预后判断。重型肝炎PTA常<40%，PTA越低，预后越差。

5. 血氨浓度检测　血氨升高提示肝性脑病。

6. 肝炎病毒病原学检测

（1）甲型肝炎：血清抗HAV IgM阳性提示近期感染，是确诊甲型肝炎最主要的标志物。血清抗HAV IgG为保护性抗体，见于甲型肝炎疫苗接种后或者既往感染HAV的病人。

（2）乙型肝炎：① HBsAg：阳性表示HBV感染。② 抗HBs：是保护性抗体，阳性提示预防接种乙肝疫苗后或过去感染并产生免疫力。③ HBeAg：阳性是HBV复制活跃，传染性较强。④ 抗HBe：阳性提示为HBV复制减少或停止，传染性减低。但在前C区基因变异时，仍可复制活跃。⑤ HBcAg：主要存在于感染的肝细胞核内，检测到提示病毒有复制，因检测难度较大，较少用于临床常规检测。⑥ 抗HBc IgG：提示过去感染或现在的低水平感染，高滴度抗HBc IgM阳性则提示HBV有活动性复制。⑦ HBV DNA：位于HBV的核心部分，是反映HBV感染最直接、最特异和最灵敏的指标。阳性提示HBV活动性复制，传染性较强。同时，HBV DNA定量检测有助于抗病毒治疗病例选择及判断疗效。

（3）丙型肝炎：① HCV RNA：在病程早期即可出现，是病毒感染和复制的直接指标。② 抗-HCV：是HCV感染的标志，主要用于丙型肝炎的筛查，甚至治愈后仍可持续存在。

（4）丁型肝炎：血清或肝组织中的HDV Ag和/或HDV RNA阳性有确诊意义。急性HDV感染时HDV Ag仅在血中出现数天，继之出现抗–HDV IgM，持续时间也较短。而抗–HDV IgG效价增高见于慢性丁型肝炎。

（5）戊型肝炎：常检测抗–HEV IgM及抗–HEV IgG，两者均可作为近期感染的指标。但因检测方法不理想，需结合临床进行判断。发病早期采用RT–PCR可在粪便和血液中检测HEV RNA，但HEV存在时间短，临床少用。

【治疗要点】

病毒性肝炎目前的治疗原则为综合性治疗，以休息、营养为主，辅以适当药物治疗，避免饮酒、过劳及应用损害肝脏药物。

1. 急性肝炎

（1）支持疗法：急性肝炎应卧床休息，予以清淡易消化饮食，进食少或胃肠症状明显者，如出现呕吐、腹泻，可静脉补充葡萄糖、维生素和电解质等。

（2）护肝药物：辅以适当护肝药物，如口服维生素类、葡醛内酯等。

（3）抗病毒治疗：急性肝炎一般为自限性，多可以完全康复，一般不主张进行抗病毒治疗，急性丙型肝炎可直接使用抗病毒药物治疗。

（4）中医中药治疗：中医认为黄疸肝炎由湿热引起，可用清热利湿方药辨证施治。

2. 慢性肝炎　除了适当休息和营养、心理平衡外，还需要保肝、抗病毒和对症治疗等。根据慢性肝炎临床分度，有无黄疸，有无病毒复制及肝功能受损、肝纤维化的程度等进行治疗。

（1）护肝药物及一般支持治疗：① 补充维生素类，如复合维生素B；② 促进解毒功能的药物，如还原型谷胱甘肽、葡醛内酯等；③ 促进能量代谢的药物，如肌苷、ATP、辅酶A等；④ 退黄药物，如丹参、茵栀黄；⑤ 改善微循环的药物，如山莨菪碱、低分子右旋糖酐等，可通过改善微循环起退黄作用；⑥ 输注白蛋白或血浆。

（2）降转氨酶的药物：具有非特异性的降转氨酶作用，可选用五味子类药物及垂盆草冲剂。

（3）免疫调控药物：如胸腺肽、猪苓多糖、转移因子、特异性免疫核糖核酸等。

（4）抗病毒治疗：是慢性乙型肝炎、慢性丙型肝炎最为重要的治疗措施。

1）慢性乙型肝炎抗病毒治疗的适应证：主要根据血清HBV DNA水平、血清ALT和肝脏疾病严重程度来决定，同时结合病人年龄、家族史和伴随疾病等因素，综合评估疾病进展风险后决定是否需要启动抗病毒治疗。满足以下条件的建议行抗病毒治疗：① 血清HBV DNA阳性、ALT持续异常，且排除其他原因者；② 血清HBV DNA阳性及HBsAg阳性失代偿期的乙型肝炎肝硬化病人；③ 血清HBV DNA阳性、ALT正常有下列情况之一者：肝组织学检查提示明显炎症和/或纤维化，有乙型肝炎肝硬化或肝癌家族史且年龄>30岁，存在HBV相关肝外表现者（如HBV相关性肾小球肾炎等）。

2）慢性乙型肝炎抗病毒药物及选择：乙型肝炎抗病毒药物主要有核苷（酸）类似物（如替诺福韦、恩替卡韦、替比夫定、拉米夫定等）和干扰素α［如普通干扰素α（IFN–α）和聚乙二醇干扰素（PegIFN–α）］。初治病人核苷（酸）类似物应首选强效低耐药药物治疗，核苷（酸）类似物总体安全性和耐受性良好。IFN-α严禁用于有妊娠、精神病史、未能控制的癫痫、失代偿期肝硬化、未控制的自身免疫病等基础疾病的病人。

3）慢性丙型肝炎抗病毒治疗适应证：所有HCV RNA阳性的病人不论是否有肝硬化、是否合并慢性肾脏疾病或者出现肝外表现，均应接受抗病毒治疗。

4）慢性丙型肝炎抗病毒药物及治疗方案：① 直接抗病毒药物（direct-acting antiviral agent，DAA）；② IFN-α联合利巴韦林（ribavirin）。不同HCV基因型病人采用DAA治疗方案及疗程不同，孕妇禁止使用IFN-α联合利巴韦林治疗，且用药期间及治疗结束后至少应避孕6个月。

（5）中医中药治疗：使用丹参、赤芍、毛冬青等药物进行活血化瘀或抗纤维化治疗。

3. 重型肝炎

（1）支持治疗：卧床休息，限蛋白饮食，减少肠道氨的来源，静脉输注白蛋白、血浆；维持水电解质平衡，防止和纠正低血钾；静脉滴注葡萄糖，补充维生素B、维生素C和维生素K。

（2）护肝药物治疗：① 推荐应用抗炎护肝药物、肝细胞膜保护剂、解毒保肝药物及利胆药物；② 微生态调节治疗，建议应用肠道微生态调节剂、乳果糖或拉克替醇，以减少肠道细菌易位或内毒素血症；③ 免疫调节剂的应用，肾上腺皮质激素在肝衰竭治疗中的应用尚存在不同意见。目前认为使用激素要慎重，必须严格掌握适应证。

（3）抗病毒治疗：对于HBV DNA阳性的肝衰竭病人，不论其测出的HBV DNA载量高低，建议立即使用核苷（酸）类药物抗病毒治疗，优先选择核苷类似物，如恩替卡韦、替诺福韦等。HCV RNA阳性的肝衰竭病人，可根据肝衰竭发展情况选择抗病毒治疗的时机及药物，在肝衰竭前、早、中期开始抗病毒治疗，疗效相对较好。

（4）促肝细胞再生：选用肝细胞生长因子等。

（5）并发症防治

1）防治出血：使用止血药物，也可输注新鲜血浆或凝血因子复合物等。

2）防治肝性脑病：防治氨中毒，低蛋白饮食，口服诺氟沙星抑制肠道细菌，口服乳果糖酸化肠道，静脉滴注谷氨酸钠降血氨；静脉滴注左旋多巴取代假性神经递质；输入支链氨基酸维持氨基酸平衡；甘露醇静脉滴注，必要时加用呋塞米，防治脑水肿。

3）防治继发感染：感染后根据药敏试验选用有效抗生素。

4）防治肝肾综合征：注意避免诱发因素，如血容量过低、使用损害肾脏的药物、过量利尿、严重感染等。已有肾功能不全者给予相应处理。

（6）人工肝支持系统和肝移植：人工肝支持系统可替代已丧失的肝功能，治疗重型肝炎，延长病人生存时间。肝移植主要用于晚期肝硬化及重型肝炎病人。

【常用护理诊断/问题及护理措施】

1. 活动耐力下降 与肝功能受损、能量代谢障碍有关。

（1）休息与活动：急性肝炎、慢性肝炎活动期、重型肝炎应卧床休息，降低机体代谢，增加肝血流，利于细胞修复。肝功能正常1~3个月后可恢复日常活动及工作，但避免过度劳累和重体力劳动。

（2）生活护理：病情严重者需协助做好进餐、洗漱、如厕等生活护理。

2. 营养失调：低于机体需要量　与食欲下降、呕吐、腹泻、消化和吸收功能障碍有关。

（1）合理饮食重要性的介绍：向病人及家属介绍肝脏的营养代谢作用，让病人了解合理饮食改善病人营养状况对肝功能恢复的作用。

（2）营养补充的原则及方式：明确营养治疗目标后，首先鼓励自主进食，选择的原则是尽量保证营养充足；保证摄入方式安全；可以搭配使用。当目标难以达到时，建议补充口服营养剂和睡前加餐，其后依次选择肠内营养和肠外营养方式。该路径选择适合所有肝病人群。

（3）营养物质的量与种类

1）热量供给总量：慢性肝病病人总热量供给按照1.3倍静息能量消耗计算。肝硬化病人是营养不良高危人群，静息能量消耗通常增加，而且营养状态与临床预后密切相关。

2）蛋白质的量与种类：肝硬化病人由于分解代谢增强，存在蛋白质热量营养不足的情况，手术或肝移植时可进一步加重，因此蛋白质的补充尤为重要。目前所有肝病营养指南推荐剂量均为1.2~1.5g/（kg·d），可选用乳类、蛋类、豆制品、鱼类、禽类等。重型肝炎或晚期肝硬化应限制蛋白质的摄入，并选择植物蛋白为宜，如豆制品，避免诱发肝性脑病。

3）脂肪的量与种类：肝病病人由于脂肪代谢发生严重障碍，进行合理的补充对病情恢复具有非常重要的作用，脂肪供给量应控制在1.0g/（kg·d）左右比较合理，但是需减少大豆油的比例。

4）维生素的量与种类：肝炎病人体内维生素代谢障碍，易发生维生素不足，故饮食要富含各种维生素。维生素C有促使肝炎恢复和解毒作用，可多食新鲜蔬菜和水果，以补充维生素C；维生素A、维生素D在动物肝、蛋、奶类、鱼肝油中含量较多；含维生素A的蔬菜有番茄、胡萝卜等；含维生素D的食物有豆类、酵母和蕈类。

（4）观察胃肠道症状合理调整饮食：饮食除了注意营养素的摄入要求，还要根据病人症状调整饮食，如肝炎急性期病人，有食欲不振症状，不宜强迫进食，注意调节饮食的色、香、味，选择清淡、易消化、富含维生素的流质，必要时可静脉补充葡萄糖、脂肪乳和维生素。进入黄疸消退期，病人食欲好转后，可逐渐增加饮食，少食多餐，避免暴饮暴食，保证营养摄入。如果病人消化道症状较重，尤其伴有中毒性肠麻痹所致的进行性腹胀，则提示病情重，需及时报告医生处理。

（5）营养监测：通过检测病人的BMI（kg/m^2），监测病人近期体重下降的情况、1周内进食情况以及有关实验室指标，如血清白蛋白、红细胞计数、血红蛋白水平等对病人的营养情况进行动态监测。如随着病情好转，休息好，食欲改善，食量增加，应防止肥胖和脂肪肝。

3. 潜在并发症：抗病毒药物治疗的不良反应。

（1）用药前指导：向病人说明药物治疗的目的、意义和可能的不良反应，以及反应可能持续的时间，让病人有心理准备，配合治疗。

（2）用药期间护理：核苷（酸）类似物总体安全性和耐受性良好，但在临床应用中可出现少见、罕见严重不良反应，如肾功能不全、肌炎、横纹肌溶解、乳酸酸中毒等，应引起关注。干扰素的不良反应和剂量密切相关，应严格遵医嘱用药，不能自行停药或加量，用药不当会降低疗效及加重不良反应。

治疗过程应监测：① 血常规：开始治疗第1个月，每1~2周检查1次，以后每月检查1次至治疗结束；② 生化指标：如ALT、AST等，开始每月1次，连续3次后，每3个月1次；③ 病毒学标志；④ 其他：如甲状腺功能、血糖和尿常规等指标；⑤ 定期评估精神状态。

（3）常见不良反应及处理措施

1）发热反应：一般在注射干扰素最初3~5次发生，以第1次注射后2~3小时发热最明显，低热至高热不等，随治疗次数增加逐渐减轻。应嘱病人多饮水，卧床休息，可在睡前注射，或在注射干扰素的同时服用解热镇痛药。

2）胃肠道反应：如恶心、呕吐、食欲减退、腹泻等，可对症处理，严重者停药。

3）脱发：停药后可恢复。

4）肝功能损害：极少数病人发生。可出现黄疸、ALT增高等，需酌情治疗或停药。

5）神经精神症状：极少数病人出现抑郁、焦虑等症状，严重者减量或停药。

6）血象改变：白细胞计数低较常见，若白细胞计数低于3×10^9/L或中性粒细胞低于0.75×10^9/L，或血小板计数低于50×10^9/L时，需减量甚至停药，酌情应用升白细胞药物。

4. 潜在并发症：出血。

参见第六章第三节中"出血倾向"的护理。

【健康指导】

1. 传染病预防指导

（1）切断传播途径：甲型和戊型肝炎应预防消化道传播，重点在于加强粪便管理，保护水源，严格饮用水消毒。乙、丙、丁型肝炎预防重点应在于防止血液和体液传播，做好血源监测，推广一次性注射用具，严格遵循医院感染管理的标准预防原则。注意公共场所消毒和个人卫生，避免通过共用物品传播。

（2）保护易感人群：甲型肝炎流行期，易感者可接种甲型肝炎减毒活疫苗，接触者可接种人血清免疫球蛋白以防止发病。新生儿可按照预防接种计划接种乙型肝炎疫苗，母亲HBsAg阳性者，新生儿应出生后立即注射高效价抗HBVIgG（HBIG）和乙型肝炎疫苗。HBIG对于暴露于HBV的易感者也适用。意外接触HBV感染者的血液和体液后，应立即检测乙型肝炎病毒血清学指标和转氨酶，未接种过乙型肝炎疫苗，或保护性抗体抗HBs抗体低于10mIU/mL或抗体水平不详者，应立即注射HBIG及乙型肝炎疫苗。

2. 疾病知识指导　慢性乙型和丙型肝炎可反复发作，常见诱因有过度劳累、暴饮暴食、酗酒、感染、不合理用药等，应正确指导病人做好预防；还应向病人及家属宣传病毒性肝炎家庭护理和自我保健知识，如保持乐观情绪、劳逸结合、规律生活、加强营养、戒烟酒、不滥用药物避免加重肝损害，并做好家属的预防接种及生活指导；同时对抗病毒治疗者给予用药指导和病情监测，指导病人遵医嘱进行抗病毒治疗，明确用药方法及剂量，了解漏服或擅自停用药物的危害；告知病人及家属复查的时间和内容。

（蔡小霞）

二、流行性乙型脑炎

流行性乙型脑炎（epidemic encephalitis B）简称乙脑，国际上又称日本脑炎，是由乙型脑炎病毒引起的以脑实质炎症为主要病变的中枢神经系统急性传染病。本病经蚊传播，流行于夏秋季，多见于儿童。其临床特征为高热、抽搐、意识障碍、病理反射及脑膜刺激征，严重者可有呼吸衰竭，重症病人可留有神经系统后遗症。近年来普及乙脑疫苗接种后发病率明显下降。

【病原学和发病机制】

乙型脑炎病毒（简称乙脑病毒）属虫媒病毒乙组的黄病毒科，呈球形，直径40~50nm，有包膜。病毒抵抗力不强，容易被常用消毒剂（碘酊、乙醇、酚类等）杀灭，对乙醚、酸等均很敏感，不耐热，100℃ 2分钟或56℃ 30分钟即可灭活。但因其耐低温和干燥，用冷冻干燥法在4℃冰箱中可保有数年。带有乙脑病毒的蚊虫在叮咬人后，病毒即侵入机体，在单核吞噬细胞内繁殖，继而进入血液循环引起病毒血症。机体免疫力强，只形成短暂的病毒血症，病毒很快被清除，不侵入中枢神经系统，临床表现为隐性感染或轻型病例，同时可获得终身免疫。当被感染者的免疫力低下而感染的病毒数量大及毒力强时，病毒才通过血脑屏障进入中枢神经系统，引起脑实质病变。

【流行病学】

流行性乙型脑炎的传染源、传播途径、人群易感性及流行特征见表10-1。

【临床表现】

潜伏期4~21天，一般10~14天。临床分期及特点如下。

1. 初期　起病急，体温1~2天内高达39~40℃，伴头痛、恶心和呕吐，可有嗜睡或精神倦怠，也可有颈部强直及抽搐。此期持续1~3天。

2. 极期　症状逐渐加重，主要表现为脑实质受损的症状。

（1）高热：发热程度和病情平行。一般体温可高达40℃以上，持续7~10天。

（2）意识障碍：程度不等，时间持续1周，重者也可达4周。表现为嗜睡、谵妄、昏迷或定向力障碍等。

（3）惊厥或抽搐：多见于病程第2~5天，先见于面部、眼肌、口唇的小抽搐，随后呈肢体阵挛性抽搐，重者出现全身抽搐、强直性阵挛，历时数分钟、数十分钟不等，均伴有意识障碍。频繁抽搐可导致发绀，甚至呼吸暂停。

（4）呼吸衰竭：多见于重症病人，为中枢性呼吸衰竭。特点为：呼吸节律不规则及幅度不均，可为双吸气、叹息样呼吸、潮式呼吸等，最后呼吸停止。此外，也可并发肺炎或脊髓受侵犯而出现周围性呼吸衰竭。呼吸衰竭是本病最严重的表现和主要死亡原因。

（5）颅内高压：表现为剧烈头痛、呕吐、血压升高和脉搏变慢。婴幼儿常前囟隆起，重者发展为脑疝。

（6）其他神经系统症状和体征：多在病程10天内出现。主要表现为深反射先亢进后消失，浅反射减弱、消失；大脑锥体束受损，病理征阳性；脑膜刺激征等。还可有病变部位相应的神经症状。

3. 恢复期　体温逐渐下降，精神、神经症状好转，一般2周左右可完全恢复。

4. 后遗症期　少数病人患病半年后仍有精神神经症状，称为后遗症。主要有意识障碍、痴呆、失语及肢体瘫痪、癫痫等。积极治疗可部分恢复。癫痫后遗症持续终身。

5. **并发症** 发生率10%，以支气管肺炎最常见，其次为肺不张、败血症、尿路感染、压疮、上消化道出血等。

【辅助检查】

1. **血常规** 白细胞计数增高，为（10~20）$\times 10^9$/L，中性粒细胞百分比达80%以上。

2. **脑脊液检查** 为无菌性脑脊液改变。压力高，无色透明或微浊，白细胞数轻度增加，多为（50~500）$\times 10^6$/L，中性粒细胞稍多，氯化物正常，糖正常或偏高。

3. **血清学检查** 特异性IgM抗体测定阳性可作为早期诊断，补体结合试验多用于回顾性诊断或流行病学调查。

【治疗要点】

目前尚无特效抗病毒药物，治疗主要为对症处理高热、抽搐和呼吸衰竭等危重表现，这是抢救乙脑病人的关键。

1. **对症治疗**

（1）高热：物理降温为主，药物治疗为辅。持续高热伴反复抽搐者可加用亚冬眠疗法。

（2）惊厥或抽搐：去除病因，镇静解痉。去除脑水肿、高热、呼吸道梗阻、电解质紊乱等病因，脑实质炎症者及时应用镇静解痉药物。镇静解痉首选地西泮，预防抽搐可用苯巴比妥钠。

（3）呼吸衰竭：首先保持呼吸道通畅，如定时翻身拍背、体位引流、吸痰、雾化吸入化痰药物，必要时气管切开或辅以人工呼吸器。另外给予吸氧、呼吸兴奋剂等。中枢性呼吸衰竭还可应用血管扩张剂以改善脑内微循环、解痉和兴奋呼吸中枢。

（4）颅内压增高：脱水治疗。

2. **中医治疗** 选用安宫牛黄丸等。

3. **恢复期及后遗症处理** 注意功能训练，并行理疗、针灸、体疗、高压氧治疗等。

【常用护理诊断/问题及护理措施】

1. **体温过高** 与病毒血症及脑部炎症有关。

参见本章第一节概述部分"发热"的相关内容，病人应隔离至体温正常为止。

2. **意识障碍** 与中枢神经系统、脑实质损害、抽搐、惊厥有关。

（1）休息与环境：卧床休息，避免各种刺激，如减少环境中的声、光刺激，减少医护操作对病人的刺激等。病房要设有防蚊设备和灭蚊措施。

（2）病情观察：观察脑疝早期的临床表现，如意识状态、瞳孔大小和对光反射、血压、呼吸等。观察惊厥发作先兆，如烦躁不安、口角抽动、指（趾）抽动、两眼凝视、肌张力增高等，以及发作次数、发作持续时间、抽搐的部位和方式。准确记录出入量。

（3）对症护理和治疗配合：① 脑水肿脱水治疗，应用甘露醇快速静脉滴注，注意15~30分钟内滴完。② 呼吸道分泌物多，应让病人取仰卧位，头偏向一侧，松开衣服和领口，如有义齿应取下，给予吸痰，保持呼吸道通畅。如有舌后坠阻塞呼吸道，可用缠有纱布的舌钳拉出后坠舌体，并使用简易口咽通气管，必要时气管切开。应用呼吸兴奋剂者，注意观察用药反应。③ 高热者给予物理降温，伴抽搐给予亚冬眠治疗，避免搬动病人。④ 脑实质炎症应用地西泮等镇静药时，注意药物对呼吸的抑制作用。

（4）生活护理：做好意识障碍病人的眼、鼻、口腔护理，防治压疮护理和安全护理。对吞咽困难或昏迷者的饮食护理，应以鼻饲或静脉输液方式补充足够水分和营养。早期以清淡流质饮食为宜，恢复期病人注意增加营养，防止继发感染。

3. 气体交换受损 与呼吸衰竭有关。

参见第二章第十二节"呼吸衰竭"的相关内容。

【健康指导】

1. 传染病预防指导 加强家畜管理，搞好牲畜饲养场所的环境卫生。可通过流行季节前对猪进行疫苗接种来控制乙脑的流行。加强开展灭蚊防蚊工作。加强预防接种教育，目前我国主要采用地鼠肾细胞灭活疫苗，这种疫苗也适用于初次进入流行区的人员，保护率可达60%~90%。

2. 疾病知识指导 进行乙脑的疾病知识和防治知识宣教，使群众认识乙脑的临床特征，如在流行季节发现高热、头痛、意识障碍，及早送院诊治。同时在恢复期病人可能仍有瘫痪、失语、痴呆等神经精神症状时，教会家属进行相应的康复疗法和护理措施，尽量使病人的功能障碍在6个月内恢复，以防留下不可逆性并发症。

（蔡小霞）

三、艾滋病

获得性免疫缺陷综合征（acquired immunodeficiency syndrome，AIDS），简称艾滋病，是由人类免疫缺陷病毒（human immunodeficiency virus，HIV）感染所致的慢性致命性传染病。HIV主要侵犯并破坏$CD4^+$ T淋巴细胞即辅助性T淋巴细胞，并使机体多种免疫细胞受损，最终并发各种严重的机会性感染和恶性肿瘤。本病主要通过性接触、血液及母婴传播，并具有传播迅速、发病缓慢、死亡率高的特点。

【病原学和发病机制】

HIV为单链RNA病毒，属于逆转录病毒科慢病毒属中的人类慢病毒组。HIV对外界抵抗力低，对热较为敏感，56℃ 30分钟能使体外的HIV对人的T淋巴细胞失去感染性，但不能完全灭活血清中的HIV；100℃ 20分钟可将HIV完全灭活。一般消毒剂如75%乙醇、0.2%次氯酸钠和漂白粉能将其灭活。但对0.1%甲醛、紫外线、γ射线不敏感。HIV主要侵犯人体免疫系统，破坏$CD4^+$ T淋巴细胞、单核吞噬细胞和树突状细胞，使多种免疫细胞受损，主要表现为$CD4^+$ T淋巴细胞数量不断减少，导致免疫功能严重缺陷，易发生各种严重机会性感染和恶性肿瘤。

【流行病学】

艾滋病的传染源、传播途径、人群易感性及流行特征见表10-1。

【临床表现】

本病潜伏期长，平均8~9年，临床表现复杂多样。早期可有急性感染的表现，然后在相当长的时间内，可长达10年无任何症状，或仅有全身淋巴结肿大，在感染HIV后的终末期即艾滋病期，表现为HIV相关症状、机会性感染及肿瘤。根据我国有关艾滋病的诊疗标准和指南，将艾滋病分为急性期、无症状期和艾滋病期。

1. 急性期　通常发生在初次感染HIV的2~4周，部分感染者出现HIV病毒血症和免疫系统急性损伤所产生的临床症状，如发热、皮疹、全身不适、头痛、厌食、恶心、呕吐、肌肉关节疼痛、全身广泛淋巴结轻度肿大等。大多数病人临床症状轻微，无需特殊处理，持续1~3周后可自行缓解。

2. 无症状期　本期可由原发HIV感染或急性感染症状消失后延伸而来。是病毒破坏CD4$^+$T淋巴细胞和其他免疫细胞直至免疫功能恶化前的阶段，实际上是本病的潜伏期。病人无任何症状，血清可检出HIV RNA和HIV抗体，持续时间一般为6~8年或更长。由于HIV在感染者体内不断复制，具有传染性。同时因免疫系统受损，CD4$^+$T淋巴细胞计数逐渐下降。

3. 艾滋病期　为感染HIV后的最终阶段。病人CD4$^+$T淋巴细胞计数明显下降，通常少于200个/μl，HIV血浆病毒载量明显升高。此期主要的临床表现为艾滋病相关综合征、各种机会性感染及肿瘤。

（1）艾滋病相关症状：主要表现为持续1个月以上的发热、盗汗、腹泻，体重减轻10%以上。部分病人表现为神经精神症状，如记忆力减退、精神淡漠、性格改变、头痛、癫痫及痴呆等。另外还可出现淋巴结肿大，其特点为：① 除腹股沟以外有2个或2个以上部位的淋巴结肿大；② 淋巴结直径≥1cm，无压痛，无粘连；③ 持续时间3个月以上。

（2）机会性感染及肿瘤：反复发作的肺部感染往往成为艾滋病病人主要的并发症，肺孢子菌肺炎最为常见，居艾滋病病人所有机会性感染之首，为最主要的并发症及死因。结核病是艾滋病病人中最常见的细菌感染，亦是HIV感染的第一位死因。有高达90%的病人出现不同的皮肤黏膜损害，主要分为感染性、非感染性皮肤病及肿瘤浸润三种。皮损复杂多样且多种皮损同时存在，口腔黏膜损害突出，是本病最早且唯一的临床体征。恶性淋巴瘤、卡波西肉瘤等侵犯下肢皮肤和口腔黏膜可引起紫红色或深蓝色浸润或结节，融合成片，表面溃疡并向四周扩散。还会出现口腔及眼部病变，如鹅口疮、舌毛状白斑、复发性口腔溃疡、牙龈炎及眼部巨细胞病毒、弓形虫引起的视网膜炎，眼部卡波西肉瘤等。

【辅助检查】

1. 血液检查　血红细胞、白细胞、血小板可有不同程度减少。白细胞分类计数淋巴细胞计数<1.0×10^9/L，T细胞绝对值下降，CD4$^+$T淋巴细胞计数下降，CD4$^+$/CD8$^+$比值<1.0。

2. 免疫学检查　迟发型变态反应皮试阴性。自身抗体阳性，免疫球蛋白、免疫复合物升高。

3. 血清学检查　① HIV-1抗体检查：是HIV诊断的金标准。包括抗-p24和抗-gp120，大多数感染者在3个月内血清抗体阳转。初查常采用酶联免疫吸附试验（ELISA），连续两次阳性者经免疫印迹法（WB）证实阳性可确诊。② HIV抗原检查：通常采用ELISA检测抗原p24，其出现早于抗体，有助于早期诊断和筛查。

4. HIV核酸检测　可用免疫印迹法或RT-PCR法。定量检测既有助于诊断，又可判断治疗效果及预后。

5. HIV基因型耐药检测 出现HIV耐药，表示该感染者体内病毒可能耐药；HIV耐药检测结果呈阴性，表示该份样品未检出耐药性，但不能确定该感染者体内HIV不存在耐药情况。HIV耐药检测结果可为抗逆转录病毒治疗（antiretroviral therapy，ART）方案的制订和调整提供参考。

6. 病毒分离 可从血液、淋巴细胞和其他体液中分离病毒，阳性率较高。因操作复杂，主要用于科研。

【治疗要点】

目前还没有治愈艾滋病的药物和方法，抗逆转录病毒治疗是针对病原体的特异治疗，目标是最大限度地抑制病毒复制，重建或维持免疫功能，降低病死率和HIV相关疾病的罹患率，提高生活质量，延长期望寿命，减少艾滋病的传播风险，预防母婴传播。

1. 抗病毒治疗 HIV抗病毒药物分别作用于病毒复制周期的多个环节，包括病毒的黏附、融合、脱壳、逆转录、整合、转录、翻译、装配与芽生释放等过程。目前，超过50种抗逆转录病毒药物（包含复合制剂）获得了美国食品药品监督管理局的批准，分别属于7个大类，包括：核苷类逆转录酶抑制剂（NRTIs）、非核苷类逆转录酶抑制剂（NNRTIs）、蛋白酶抑制剂（PIs）、整合酶抑制剂（INSTIs）、融合抑制剂、CCR5受体抑制剂和$CD4^+$ T淋巴细胞侵入抑制剂，另外，利托那韦（RTV）和考比司他（COBI）则作为蛋白酶和整合酶抑制剂艾维雷韦（EVG）的增效剂。

（1）核苷类逆转录酶抑制剂：能选择性与HIV逆转录酶结合，并掺入正在延长的DNA链中，使DNA链中止，从而抑制HIV的复制和转录。此类药物包括：齐多夫定（zidovudine，AZT/ZDV，为首选药物）、双脱氧肌苷（dideoxyinosine，DDI）、拉米夫定（lamivudine，LAM，又名3TC）、阿巴卡韦（abacavir，ABC）、司他夫定（stavudine，d4T）、替诺福韦酯（tenofovir disoproxil fumarate，TDF）、恩曲他滨（emtricitabine，FTC）、齐多拉米双夫定（AZT+3TC）、阿巴卡韦双夫定（AZT+3TC+ABC）。

（2）非核苷类逆转录酶抑制剂：可使HIV逆转录酶失去活性，抑制HIV复制，迅速发挥抗病毒作用，但也易产生耐药株。常用药有奈韦拉平（nevirapine，NVP）、依非韦伦（efavirenz，EFV）、利匹韦林（rilpivirine，RPV）。

（3）蛋白酶抑制剂：抑制蛋白酶来阻断HIV复制和成熟过程中所必须的蛋白质合成。此类抑制剂如洛匹那韦/利托那韦（lopinavir/ritonavir，LPV/r）、达芦那韦/考比司他（darunavir/cobicistat，DRV/c）。

（4）整合酶抑制剂：如拉替拉韦（raltegravir，RAL）、多替拉韦（dolutegravir，DTG）。

2. 抗机会性感染、肿瘤治疗

（1）肺孢子菌肺炎：首选复方磺胺甲噁唑。

（2）卡波西肉瘤：可用AZT与干扰素α联合治疗，或应用博来霉素、长春新碱、阿霉素联合化疗。也可配合放射治疗。

（3）隐孢子虫感染和弓形虫病：可用螺旋霉素或克林霉素。

（4）巨细胞病毒感染：可用更昔洛韦或阿昔洛韦。

（5）隐球菌性脑膜炎：应用氟康唑或两性霉素B。

3. 支持及对症治疗 包括输血、补充维生素及营养物质，必要时辅以心理治疗等。

4. 预防性治疗 ① 结核菌素试验阳性者，应接受异烟肼治疗1个月；② CD4$^+$ T淋巴细胞少于<200个/μl者，应接受肺孢子菌肺炎的预防治疗，可用喷他脒或复方磺胺甲噁唑；③ 医务人员被污染针头刺伤或实验室意外感染者，在2小时内应进行AZT等治疗，疗程4~6周；④ HIV感染的孕妇，产前3个月起服用AZT，产前顿服NVP 200mg，产后新生儿72小时内一次性口服NVP 2mg/kg，可降低母婴传播。

相关链接 | **白求恩式的医务工作者——桂希恩教授**

桂希恩是武汉大学中南医院的主任医师、教授、博士生导师。当他得知河南省的文楼村很多人因非法卖血得了一种"怪病"（经证实是艾滋病），便克服重重困难，亲自去调查、采血检查，成为中国艾滋病高发区的最早发现者。并且为了证明艾滋病不会通过日常生活接触传播，他还把艾滋病人请到家里同吃同住。被授予"白求恩式的医务工作者"称号，成为2004年度中央电视台十位"感动中国"人物之一，同时还是2003年度贝利马丁奖唯一得主。

【常用护理诊断/问题及护理措施】

1. **有感染的危险** 与免疫功能受损有关。

（1）隔离：HIV感染为接触性传播的传染病，可选择佩戴手套以及在工作需要时穿隔离衣进行隔离保护。

（2）病情观察：观察机会性感染的表现，以便早发现早治疗。

（3）休息与活动：急性感染期和艾滋病期卧床休息，无症状感染可工作，但避免劳累。

（4）加强个人卫生：加强口腔护理和皮肤清洁。长期腹泻者注意肛周皮肤护理，于排便后温水清洗局部，用软布或纸巾吸干，并涂润肤油保护皮肤。

（5）用药护理：AZT有严重的骨髓抑制副作用，早期可表现为巨幼细胞贫血，晚期可有中性粒细胞和血小板减少，亦可出现恶心、头痛和肌炎等症状。故用药者要查血型，做好输血准备，定期监测血象，当Hb≤60g/L或骨髓抑制时可输血，并遵医嘱减量。当中性粒细胞<0.5×10^9/L时，应报告医生停药。

2. **营养失调：低于机体需要量** 与纳差、慢性腹泻及艾滋病期并发机会性感染和肿瘤有关。

（1）营养监测：评估病人的营养状态和食欲。

（2）饮食护理：应给予高热量、高蛋白、高维生素、易消化饮食，不能进食、吞咽困难者给予鼻饲，必要时静脉补充所需营养和水分。

3. **恐惧** 与艾滋病预后不良、疾病折磨、担心受歧视有关。

（1）心理护理：多与病人沟通，善于倾听，关心体谅病人，注意保护病人隐私。

（2）社会支持：了解病人的社会支持资源状况及病人对资源的利用度，鼓励亲属、朋友给病人提供支持和帮助，解除病人的孤独、恐惧。鼓励病人珍爱生命，指导充分利用社会资源和信息，积极治疗并融入社会。

【健康指导】

1. 疾病预防指导　① 管理传染源：艾滋病确诊后，按有关规定登记，向当地疾病预防控制中心（CDC）报告（城镇于6小时内、农村于12小时内）。禁止HIV感染者或艾滋病病人献血、献器官、献精液，对所有捐献者实施严格的HIV抗体筛查。加强国境检疫。② 切断传播途径：是目前控制艾滋病流行的最有效措施。加强艾滋病防治知识宣传教育，提倡高危人群使用安全套和避免性乱，尽早服用抗逆转录病毒药物干预+安全助产+产后喂养指导是预防艾滋病母婴传播的主要措施。③ 保护易感人群：针刺或实验室意外感染者4小时内应用两种逆转录酶抑制剂（NRTI）治疗4~6周。

2. 疾病知识指导　教育病人充分认识本病的基本知识、传播方式、预防措施，学会保护他人和自我健康监控的方法。出现症状、并发感染或恶性肿瘤者，应住院治疗；所有感染HIV的孕妇不论其$CD4^+$ T淋巴细胞计数多少或疾病临床分期如何，均应尽早终身接受ART。对于已确定HIV感染的孕妇，主动提供预防艾滋病母婴传播咨询与评估，由孕产妇及其家人在知情同意的基础上做出终止妊娠或继续妊娠的决定。对于选择终止妊娠的HIV感染孕妇，应给予安全的人工终止妊娠服务，尽早手术，以减少并发症的发生。对于选择继续妊娠的孕妇，应给予优质的孕期保健、产后母乳喂养等问题的咨询，并采取相应的干预措施。应对HIV感染孕产妇所生婴儿提倡人工喂养，避免母乳喂养，杜绝混合喂养。医务人员应与HIV感染孕产妇及其家人就人工喂养的接受性知识和技能、负担的费用、是否能持续获得足量且营养和安全的代乳品、及时接受医务人员综合指导和支持等条件进行评估。对于具备人工喂养条件者尽量提供人工喂养，并给予指导和支持；对于因不具备人工喂养条件而选择母乳喂养的感染产妇及其家人，要做好充分的咨询，指导其坚持正确的纯母乳喂养，且在整个哺乳期间必须坚持ART，喂养时间最好不超过6个月。同时，应为HIV感染孕产妇所生儿童提供常规保健、生长发育监测、感染状况监测、预防营养不良指导、免疫接种、艾滋病检测服务（包括抗体检测和早期核酸检测）等服务。

3. HIV暴露前预防（PrEP）　是指当人面临HIV感染高风险时，通过服用药物以降低被感染概率的生物学预防方法。主要适用于男男性接触者（MSM）、与男女发生性关系的男性和不使用安全套的男性、变性人等个人，多性伴侣者、性病病人（STI）、共用针具或注射器或其他器具者等。

（1）用药原则

1）每日服药：每日服用TDF/FTC是对所有高风险人群推荐的口服PrEP方案，推荐每24小时口服1片TDF/FTC。如有计划停止或中止PrEP，需在最后一次风险暴露后持续使用TDF/FTC 7天。

2）按需服药（2-1-1方案）：仅推荐用于男男性接触者，2-1-1方案在预期性行为发生前2~24小时口服2片TDF/FTC，在性行为后，距上次服药24小时服药1片，48小时再服用1片。

（2）随访和监测：开始口服PrEP药物后，建议在第1个月内完成首次随访，重复进行HIV抗原抗体检测及评估药物早期不良反应，其后每3个月随访1次，确认HIV及其他性传播疾病感染情况，评估药物不良反应及服药依从性，决定是否继续进行PrEP。所有PrEP人群应定期检测肾功能和HBV抗原抗体，如使用FTC还需检测血脂及监测体重。

4. HIV职业暴露后的处理　HIV暴露分为职业暴露及非职业暴露。HIV职业暴露指医疗人员在职业工作中和HIV感染者的血液、组织或其他体液等接触而具有感染HIV的危险。HIV非职业暴露指和HIV感染者发生过性接触（男男性行为或男女性行为）和/或静脉药物依赖者共用过针具而有感染HIV的危险。暴露源通常为HIV感染者的体液，或者含有体液、血液的医疗器械、物品。高暴露危险因素有暴露量大、污染器械直接刺破血管、组织损伤深及生殖器溃疡或破损等。

（1）暴露途径及其危险度：发生职业暴露的途径包括暴露源损伤皮肤（刺伤或割伤等）和暴露源沾染不完整皮肤或黏膜。如暴露源为HIV感染者的血液，经皮肤损伤暴露感染HIV的危险性为0.3%，经黏膜暴露为0.09%，经不完整皮肤暴露的危险度尚不明确，一般认为<0.1%。暴露源危险度的分级为：① 低传染性：病毒载量水平低、暴露源接受ART并有持续病毒学成功；② 高传染性：病毒载量高、艾滋病晚期、未接受ART或不规律服药者；③ 暴露源情况不明：暴露源所处的病程阶段不明、暴露源是否为HIV感染以及污染的器械或物品所带的病毒载量不明。

（2）职业暴露后的处理原则

1）紧急局部处理措施：用肥皂液（或抗菌洗手液）和流动水清洗污染的皮肤，用生理盐水反复冲洗黏膜；如有伤口，首先由伤口近心端向远心端方向轻轻挤压，尽可能挤出损伤处的血液，再用肥皂液（或抗菌洗手液）和流动水冲洗伤口；局部冲洗后，应用消毒液，如75%乙醇或0.5%碘伏进行消毒，并包扎伤口。

2）预防性用药：应尽可能在发生HIV暴露后2小时内预防性用药，最好不超过24小时，用药时间越早越好。但即使暴露时间超过24小时，亦建议预防性用药。首选推荐方案为TDF/FTC+RAL或DTG等INSTIs；根据当地资源，如果INSTIs不可及，可以使用PIs如LPV/r和DRV/c；对合并肾脏功能下降者，可以使用AZT/3TC。

3）暴露后随访和监测：在暴露后立即、第4周、第8周、第12周及第24周后对艾滋病病毒抗体进行检测，对服用药物的毒性进行监控和处理，观察和记录HIV感染的早期症状等。

相关链接 | **世界艾滋病日**

第一个艾滋病病例是在1981年12月1日诊断出来的，故世界卫生组织将1988年12月1日定为第一个世界艾滋病日。世界艾滋病日的标志是红绸带，其意义是红绸带像一条纽带，将世界人民紧密联系在一起，共同抗击艾滋病；红绸带也象征着我们对艾滋病病人和HIV感染者的关心与支持；象征着我们对生命的热爱和对和平的渴望；象征着我们要用"心"来参与预防艾滋病的工作。

（蔡小霞）

四、狂犬病

狂犬病（rabies）又名恐水症，是由狂犬病毒引起的，以侵犯中枢神经系统为主的急性人畜共患传染病，为国家法定乙类传染病。狂犬病毒通常由病兽通过唾液以咬伤方式传染给人。临床表现有脑炎型（狂躁型）和麻痹型（哑型），脑炎型症状为特有的恐水、怕风、恐惧不安、咽肌痉挛、进行性瘫痪等。

【病原学和发病机制】

狂犬病毒是属于弹状病毒科狂犬病毒属的一种嗜神经病毒。对理化因素抵抗力低，易被紫外线、碘液、高锰酸钾及乙醇等灭活，但可耐受低温。狂犬病毒自皮肤或黏膜破损处侵入人体，先侵入感染部位附近的外周神经，沿神经的轴索向中枢神经扩展。后又从中枢神经向周围神经及组织离心性扩散，进而侵入各器官组织，导致非神经组织感染，出现相应症状，以唾液腺、舌部味蕾、嗅神经上皮等处病毒数量最多。

【流行病学】

狂犬病的传染源、传播途径、人群易感性及流行特征见表10-1。

【临床表现】

潜伏期5天至19年或更长，一般为1~3个月。一旦病人出现相关临床体征，通常会导致进行性脑病和死亡，极少有例外。临床分期及特点如下。

1. 前驱期　此期持续1~4天，多为非特异性类似感冒的症状，继而出现恐惧不安，烦躁失眠，对声、光、风等刺激敏感而有喉头紧缩感。最有意义的早期症状是愈合的伤口处及相应的神经支配区有痒、痛、麻及蚁走等异样感觉。

2. 临床狂犬病　感染可能进展为脑炎型（狂躁型）狂犬病和麻痹型（哑型）两大类，这两种类型狂犬病的初期均会出现上述非特异性前驱症状，脑炎型狂犬病更常见。咬伤程度、伤口和头部的距离及接触的分泌物量都对病程有极大影响。

（1）脑炎型狂犬病：典型表现包括发热、恐水、咽肌痉挛以及多动，后逐渐发展为麻痹、昏迷及死亡。下述症状和体征是此类狂犬病的典型表现。

1）恐水：为狂犬病最具特征性的临床表现，见于33%~50%的病人。病人初起感到有些咽部不适或吞咽困难，随后突然出现对水的强烈恐惧感，会在试图饮水时出现不自主的咽肌痉挛。在疾病的较晚期，看到或提到水都有可能引起咽肌的不自主痉挛。

2）气流恐惧症：也是对狂犬病具有诊断意义的表现，病人明显感受到气流可触发咽肌痉挛。膈肌及辅助呼吸肌在吸气时痛性痉挛可导致误吸、咳嗽、窒息、呕吐及呃逆；这些肌肉严重痉挛时可导致窒息及呼吸骤停。

3）面部肌肉挛缩：导致面部扭曲，肌肉强直可导致颈部和背部过度伸展（角弓反张）。

4）自主神经系统不稳定：约25%的病人会出现。自主神经系统过度兴奋的体征包括多涎、流泪、流汗、瞳孔扩张。也有关于高热及低体温交替出现的报道。心动过速及心律失常常见，可能与病毒直接损害导致的心肌炎有关。

5）病人可能出现构音障碍、吞咽困难，或者诉有复视或眩晕。一项回顾性病例系列研究结果显示，约半数的病人都有吞咽困难。

6）激越状态及好斗性：也比较常见（见于约50%的病人）。病人可能间歇性表现出广泛性兴奋或过度兴奋，引起定向障碍、意识波动、躁动、激越状态以及视幻觉或听幻觉。病人可能在好斗和躁狂后出现一段安静期。

7）体格检查：可发现意识状态改变、肌张力增强，肌腱反射亢进伴巴宾斯基征阳性及肌束震颤。可能出现颈强直。病人出现昏迷时，通常可见弛缓性麻痹伴广泛性反射消失。病人通常死于呼吸及循环衰竭。

（2）麻痹型狂犬病：不足20%的狂犬病病人表现为上行性麻痹，这些病人在疾病晚期前都极少出现脑受累表现。随着麻痹上行，病人出现严重截瘫、括约肌张力丧失，随后出现吞咽肌及呼吸肌麻痹，进而死亡。

3. 并发症　大部分狂犬病病人于昏迷后2周内死亡，但也有在重症治疗支持下达到更长病程的报道。

【辅助检查】

1. 血、尿常规检查　外周血白细胞总数轻至中度增多，中性粒细胞为主，占80%以上。尿常规检查常可发现轻度蛋白尿，偶有透明管型。

2. 脑脊液检查　脑脊液的压力在正常范围或者稍增高，细胞数及蛋白可稍增多，糖及氯化物正常。

3. 病毒分离　从病人脑组织、脊髓、唾液腺、肺、肾、肾上腺素、脑脊液、尿液中均可分离出病毒，其中脑活组织阳性率最高。

4. 内基小体检查　取动物或死者脑组织做切片染色后用光学显微镜观察。镜检找内基小体，阳性时可确诊。

5. 免疫学检查

（1）血清中和抗体或荧光抗体测定：血清中和抗体可于病后6天测得。对未注射过疫苗、抗狂犬病血清或免疫球蛋白者有诊断价值。

（2）免疫荧光技术检测法：采用免疫荧光法检测标本中的包涵体及病毒抗原，脑标本的检出阳性率达90%，皮肤活检标本阳性率为50%~75%。当检测血清标本中抗体时可采用间接免疫荧光法。

（3）免疫酶技术检测法：有狂犬病快速酶免疫诊断法（RREID）和ELISA。前者除用于病因诊断外，主要用于狂犬病的流行病学调查；后者常用于检测狂犬病疫苗接种者血清中抗体水平，也可用于流行病学调查。

【治疗要点】

目前无特效治疗，以对症、综合治疗为主。应隔离病人，减少刺激，必要时应用镇静剂；维持呼吸和循环功能，保持呼吸道通畅，必要时行人工呼吸器辅助呼吸；脑水肿者给予脱水剂治疗。

【常用护理诊断/问题及护理措施】

1. 皮肤完整性受损　与病犬、病猫等动物咬伤或抓伤有关。

（1）伤口处理：伤口处置包括彻底冲洗和规范清创处置。伤口处置越早越好，就诊时如伤口已结痂或者愈合则不主张进行伤口处置。冲洗或者清创时如疼痛剧烈，可给予局部麻醉。

1）伤口冲洗：用肥皂水（或者其他弱碱性清洁剂、专业冲洗液）和一定压力的流动清水交替彻底冲洗所有咬伤和抓伤处约15分钟，然后用生理盐水将伤口洗净，最后用无菌脱脂棉将伤口处残留液吸尽，避免在伤口处残留肥皂水或者清洁剂。较深伤口冲洗时，可用注射器或者专用冲洗设备对伤口内部进行灌注冲洗，做到全面彻底。

2）消毒处理：伤口冲洗后用稀释碘伏或其他具有病毒灭活效果的皮肤黏膜消毒剂（如季铵盐类消毒剂等）涂擦伤口。如伤口碎烂组织较多，应首先予以清创。

（2）预防接种：包括狂犬病疫苗接种和被动免疫制剂注射。首次暴露后的狂犬病疫苗接种越早越好。推荐的免疫程序仅限于已批准使用相应程序的狂犬病疫苗产品。常采用以下两种方式：① 5针免疫程序：于0（注射当天）、3、7、14和28天各注射狂犬病疫苗1剂次，共注射5剂次；② "2-1-1" 免疫程序：于0天（注射当天）注射狂犬病疫苗2剂次（左、右上臂三角肌各注射1剂次），第7、21天各注射1剂次，共注射4剂次。按照受种者体重计算被动免疫制剂使用剂量，一次性全部使用。狂犬病免疫球蛋白按照每千克体重20个国际单位（20IU/kg）计算；抗狂犬病血清按照每千克体重40个国际单位（40IU/kg）计算；单克隆抗体按照批准的剂量使用。如计算剂量不足以浸润注射全部伤口，可用生理盐水将被动免疫制剂适当稀释到足够体积再进行注射。

（3）病情观察：观察病人愈合伤口及相应神经支配区是否有感觉异常表现，如痒、痛、麻及蚁走感，若有及时就诊。

2. 有受伤的危险　与病人兴奋、狂躁等精神异常有关。

（1）休息与环境：病人应卧床休息，实施接触隔离，防止唾液污染。对有狂躁、恐怖、激动或幻听、幻视病人，加床栏或适当约束，防止坠床或外伤。

（2）避免刺激：① 保证病人休息的环境安静、避光；② 避免医护操作对病人的刺激；③ 避免病人闻及水声，不提及 "水" 字，适当遮蔽输液装置等；④ 指导家属了解兴奋、狂躁的原因，嘱其避免刺激病人。

3. 有窒息的危险　与病毒损害中枢神经系统导致呼吸肌痉挛有关。

（1）病情观察：严密观察生命体征，尤其是呼吸，注意有无呼吸困难、发绀；记录抽搐部位、发作次数和持续时间。

（2）保持呼吸道通畅及吸氧：及时清除唾液及口鼻分泌物，有咽肌或呼吸肌痉挛时，给予吸氧和镇静解痉剂。

（3）急救配合：备好镇静剂、呼吸兴奋剂、气管插管及气管切开包、人工呼吸机等物品，以备抢救呼吸衰竭病人时应用。

（4）心理护理：病人因其症状异常痛苦，恐惧不安，应多关心安慰病人。

【健康指导】

1. 疾病预防指导

（1）管理传染源：严格犬的管理，尤其对狂犬、狂猫及其他狂兽，应立即焚毁或深埋。对家犬进行登记和预防接种，进口动物做好检疫。

（2）保护易感染人群：高危人群如接触狂犬病的工作人员、兽医、山洞探险者、动物管理员，应进行暴露前的疫苗接种。若被犬、猫等咬伤或抓伤，应进行全程预防接种。

2. 疾病知识指导　人被咬伤后，及时（指2小时内）严格地处理伤口，对降低发病率有重要意义。并且教会病人伤口处理的正确措施。如发生咬伤应及时就医，并进行预防接种。

3. 预防接种

（1）疫苗接种：可用于暴露后预防，也可用于暴露前预防，我国为狂犬病流行地区，凡被犬咬伤者，或被其他可疑动物咬伤、抓伤者，或医务人员的皮肤破损处被狂犬病病人唾液沾污时均需做暴露后预防接种。暴露前预防主要用于高危人群，即兽医、山洞探险者、从事狂犬病毒研究人员和动物管理人员，暴露前基础免疫程序为第0、7、21（或28）天各接种1剂次狂犬病疫苗。持续暴露于狂犬病风险者，全程完成暴露前基础免疫后，在没有动物致伤的情况下，1年后加强1剂次，以后每隔3~5年加强1剂次。对妊娠妇女及患急性发热性疾病、处于急性过敏期、使用类固醇和免疫抑制剂者可酌情推迟暴露前免疫。

（2）被动免疫制剂注射：它可直接中和狂犬病毒，故应用越早效果越好。按暴露前或者暴露后程序全程接种狂犬病疫苗者，除严重免疫功能低下者外，暴露或者再次暴露后无需使用被动免疫制剂。

（3）预防接种需注意的几个问题：① 冻干狂犬病疫苗稀释液应严格按照说明书要求使用。② 狂犬病疫苗接种不分体重和年龄，每剂次均接种1个剂量。③ 对于狂犬病疫苗注射部位，2岁及以上受种者在上臂三角肌肌内注射，2岁以下婴幼儿在大腿前外侧肌内注射，避免臀部注射。

（4）不能确定致伤动物健康状况时，已暴露数月未接种狂犬病疫苗者可按照免疫程序接种狂犬病疫苗。

（5）正在进行国家免疫规划疫苗接种的儿童可按照正常免疫程序接种狂犬病疫苗。接种狂犬病疫苗期间也可按照正常免疫程序接种其他疫苗，但优先接种狂犬病疫苗。已注射狂犬病免疫球蛋白者，应按要求推迟接种其他减毒活疫苗。

（6）应按时完成狂犬病疫苗全程接种，全程、规范接种狂犬病疫苗可刺激机体产生抗狂犬病毒的免疫力。当某一剂次出现延迟，其后续剂次接种时间按原免疫程序作相应顺延，无需重启疫苗免疫程序。

（7）应尽量使用同一品牌狂犬病疫苗完成全程接种。若无法实现，可用不同品牌的狂犬病疫苗替换，并按替换疫苗的免疫程序继续完成剩余剂次。狂犬病疫苗不得交由受种者保存或携带至其他门诊接种。

（8）如发现受种者对狂犬病疫苗有严重不良反应时，重新评估暴露风险并签署知情同意书后，可更换不同种类的狂犬病疫苗，按替换疫苗的免疫程序继续完成剩余剂次。

（蔡小霞）

五、肾综合征出血热

肾综合征出血热（hemorrhagic fever with renal syndrome，HFRS）既往也称流行性出血热，1982年WHO建议统称为肾综合征出血热。本病是由汉坦病毒引起的、以鼠类为主要传染源的一种自然疫源性传染病，临床主要表现为发热、充血、出血、低血压休克和肾损害。

【病原学和发病机制】

汉坦病毒属布尼亚病毒科，为负性单链RNA病毒，由于其抗原结构的不同，至少分为20个血清型，在我国流行的主要是Ⅰ型和Ⅱ型病毒。汉坦病毒不耐热、不耐酸，高于37℃或pH低于5.0易被灭活，56℃ 30分钟或100℃ 1分钟可被灭活。对乙醚、氯仿、去氧胆酸盐敏感，对紫外线及一般消毒剂如乙醇和碘酒等也比较敏感。本病发病机制至今仍未完全清楚，多数研究认为是病毒直接损害作用和病毒感染诱发的免疫损伤及细胞因子和炎性介质共同作用的结果。

【流行病学】

肾综合征出血热的传染源、传播途径、人群易感性及流行特征见表10-1。

【临床表现】

潜伏期4~46天，一般为1~2周。典型病例起病急骤，主要表现为发热、出血和肾损害三类症状，以及发热期、低血压休克期、少尿期、多尿期、恢复期五个临床分期。

1. 发热期

（1）发热：突起畏寒、高热，24小时内体温迅速升至39~40℃，以弛张热多见，少数呈稽留型或不规则型，多持续3~7天。发热和病情严重程度平行，轻型病人热退后症状缓解，但重症病人热退后反而症状加重。少数病人起病时以低热、胃肠不适和呼吸道前驱症状开始。

（2）全身中毒症状：病人有"三痛"（头痛、腰痛、眼眶痛）、消化系统和神经系统等异常症状。

（3）毛细血管损害征

1）皮肤充血：表现为皮肤充血"三红"（颜面、颈部、胸部潮红）；黏膜"三红"（眼结膜、软腭、咽部充血）。

2）出血：皮肤出血多在腋下和胸背部，呈点状、搔抓样条索状瘀点。黏膜出血可见于软腭及眼结膜。少数病人内脏出血，有呕血、黑便、咯血等。

3）渗出水肿：球结膜水肿。

（4）肾损害：起病后2~4天出现，主要表现为蛋白尿、血尿和尿量减少，重症病人尿中可排出膜状物，镜检可见管型。

2. 低血压休克期　常发生于病程第4~6天，持续1~3天。多数病人主要表现为低血压及休克，轻症病人可不发生。本期持续时间长短与病情轻重、治疗是否及时正确有关。轻者血压略有波动，重者可见顽固性休克，易并发DIC、ARDS、急性肾损伤、脑水肿等。

3. 少尿期　是本病具有特征性的一期，发生于起病后5~8天，持续2~5天，其持续时间与病情成正比。主要表现为少尿或无尿、尿毒症、水电解质及酸碱失衡等，严重者可表现为高血容量综合征和肺水肿。

4. 多尿期　多发生于起病后9~14天，持续7~14天。此期尿量增多，但血尿素氮、肌酐仍上升。尿量超过2 000ml/d为多尿早期，氮质血症无改善；多尿后期尿量超过3 000ml/d，最多达4 000~8 000ml/d，全身症状明显好转，但仍可再次继发休克、急性肾损伤及电解质紊乱。

5. 恢复期　尿量恢复，逐渐恢复至2 000ml/d或以下，精神食欲基本恢复。一般尚需1~3个月体力才完全恢复。少数病人可遗留高血压、肾功能障碍、心肌损伤和垂体功能减退等症状。

6. 并发症　可出现内脏出血、肺水肿、ARDS、颅内出血、脑炎等并发症。

【辅助检查】

1. **血常规检查** 白细胞计数增多，达（15~30）×10^9/L，以中性粒细胞为主，也有淋巴细胞增多及异型表现。

2. **尿常规检查** 显著蛋白尿，少数可有颗粒管型和血尿。

3. **血生化检查** 血尿素氮、血肌酐多在低血压休克期开始上升。

4. **免疫学检查** 特异性抗原及抗体阳性有诊断价值。

5. **病原学检查** 病毒分离和RT-PCR检测未广泛应用于临床。

【治疗要点】

尚无特效治疗。治疗原则为"三早一就"，即早期发现、早期休息、早期治疗和就近治疗。主要注意防治休克、肾衰竭和出血。出现并发症者给予相应治疗。

【常用护理诊断/问题及护理措施】

1. **组织灌注不足** 与全身广泛性小血管损害、血浆外渗、出血、后期并发DIC有关。

（1）休息：绝对卧床休息，以免加重血浆外渗和组织脏器出血。

（2）病情观察：① 观察生命体征和意识状态；② 观察充血、渗出、出血及低血压休克表现；③ 了解凝血功能，及早发现DIC；④ 记录24小时出入量。

（3）配合抢救，防治并发症：迅速建立静脉通路，快速扩容，纠正酸中毒，应用血管活性药物，以纠正低血压休克。扩容时，注意观察心功能，有无急性肺水肿的临床表现。输入液体量合适与否的衡量指标是：收缩压达90~100mmHg，脉压＞30mmHg，心率≤100次/min，微循环障碍的解除，红细胞、血红蛋白及血细胞比容接近正常。

（4）给予吸氧，注意保暖。

（5）各部位出血的护理：参见第六章第一节中"出血或出血倾向"的护理。

（6）急性肾损伤的护理：参见第五章第四节"急性肾损伤"。

2. **体温过高** 与病毒血症有关。

参见本章第一节概述部分"发热"病人的护理。

3. **体液过多** 与肾损害有关。

参考第五章第一节中的"体液过多"病人的护理。

【健康指导】

1. **疾病预防指导** 加强卫生宣教，做好灭鼠防鼠工作，野外工作、疫区工作和动物实验工作时加强个人防护。改善卫生条件，防止鼠类排泄物的污染。对重点人群接种沙鼠肾疫苗（Ⅰ型汉坦病毒）和地鼠肾疫苗（Ⅱ型汉坦病毒）。

2. **疾病知识指导** 肾功能恢复需要较长时间，出院后仍需休息1~3个月，应指导病人出院后合理休息，生活要有规律，保证足够睡眠，安排力所能及的体力活动，逐渐增加活动量，以恢复肾功能。

（蔡小霞）

六、人感染高致病性禽流感

人感染高致病性禽流感（human infection with the highly pathogenic avian influenza）简称人禽流感，是由甲型流感病毒某些感染禽类的亚型引起的人类急性呼吸道传染病。根据禽流感病毒致病性的不同，分为高致病性禽流感病毒、低致病性禽流感病毒和无致病性禽流感病毒。其中高致病性禽流感病毒感染最为严重，发病率和死亡率高，感染的鸡群死亡率可达100%。病人主要表现为高热、咳嗽、呼吸急促。

【病原学和发病机制】

流感病毒属正黏病毒科甲型流感病毒属。其中H5和H7亚型毒株（以H5N1和H7N7为代表）能引起严重的禽类疾病，称为高致病性禽流感。目前由禽鸟传人的禽流感病毒主要有7种亚型：H5N1、H5N6、H7N7、H9N2、H7N2、H7N3及H7N9。其中感染H5N1、H5N6及H7N9的病人病情重，病死率高。

【流行病学】

人感染高致病性禽流感的传染源、传播途径、人群易感性及流行特征见表10-1。

【临床表现】

潜伏期一般在1~7天，通常为2~4天。

（1）临床症状：急性起病，H5N1早期类似普通型流感，主要为发热，体温大多持续在39℃以上，热程1~7天，一般为3~4天，可伴有流涕、头痛和全身不适。部分病人可有恶心、腹痛、腹泻、稀水样便等消化道症状。

（2）不同亚型病人的表现：不同亚型的禽流感病毒感染人类后可引起不同的临床症状。感染H9N2亚型的病人通常仅有轻微的上呼吸道感染症状，部分病人甚至没有任何症状；感染H7N7亚型的病人主要表现为结膜炎；重症病人一般为H5N1、H5N6、H7N9亚型病毒感染，其感染后病情发展迅速，可出现肺炎、急性呼吸窘迫综合征、肺出血、胸腔积液、全血细胞减少、肾衰竭、败血症、休克及瑞氏（Reye）综合征等多种并发症，可有肺实变体征。严重者可致死亡，病死率高达50%，若体温持续超过39℃，应警惕重症倾向。

【辅助检查】

1. **血常规检查**　白细胞总数一般不高或降低。重症病人多有白细胞总数及淋巴细胞减少，并有血小板轻到中度降低。

2. **病原学检查**　① 病毒抗原检测：取病人呼吸道样本，采用免疫荧光法（或酶联免疫法）检测甲型流感病毒核蛋白抗原（NP）及禽流感病毒H亚型抗原。② 核酸检测：用反转录聚合酶链反应（RT-PRC）直接检测上呼吸道分泌物中病毒RNA。③ 病毒分离：从病人呼吸道标本（如鼻咽分泌物、咽部含漱液、气管吸出物或呼吸道上皮细胞）中分离禽流感病毒。

3. **血清学检查**　发病初期和恢复期双份血清抗禽流感病毒抗体效价有4倍或以上升高，有助于回顾性诊断。

4. **影像学检查**　X线胸片可见肺内斑片状、弥漫性或多灶性浸润，但缺乏特异性。重症病人肺内病变进展迅速，呈大片毛玻璃状或肺实变影像，少数可伴有胸腔积液。

【治疗要点】

对疑似和确诊病人进行呼吸道隔离。因人感染禽流感病情重，进展迅速，病死率高，故应早期足量使用有效的抗病毒药物，对控制病情进展，改善病人的预后具有十分重要的意义。应在症状出现后的48小时内用药，越早越好，可缩短病毒持续复制的时间，提高病人存活率。即使超过48小时，亦应使用抗病毒药物。在使用抗病毒药物之前需留取呼吸道标本。目前抗禽流感病毒的药物有两类，即M2蛋白抑制剂及神经氨酸酶（NA）抑制剂。M2蛋白抑制剂（金刚乙胺及金刚烷胺）不良反应大，且目前耐药株多见。神经氨酸酶抑制剂（奥司他韦、帕拉米韦、扎那米韦）为新型抗流感病毒药物，对禽流感病毒H5N1和H9N2有抑制作用。

1. 奥司他韦　成人剂量75mg，每天2次，疗程5~7天，重症病例剂量可加倍，疗程可延长1倍以上。儿童3mg/kg，分2次口服，疗程5天。对于吞咽胶囊有困难的儿童，可选用奥司他韦混悬液。

2. 帕拉米韦　重症患者或无法口服者可用帕拉米韦氯化钠注射液，成人用量为300~600mg，静脉滴注，每天1次，疗程1~5天，重症病例疗程可适当延长。目前临床应用数据有限，应严密观察不良反应。

3. 扎那米韦　成人及7岁以上青少年每次10mg吸入，每天2次，每次间隔12小时。

【常用护理诊断/问题及护理措施】

1. 体温过高　与病毒感染有关。

参照本章第一节概述部分"发热"的护理。

2. 气体交换受损　与肺部感染有关。

（1）隔离：按呼吸道隔离要求，隔离病人1周或至主要症状消失。

（2）休息和活动：急性期应卧床休息，协助病人做好生活护理。

（3）病情观察：观察病人的生命体征，观察有无高热不退、呼吸急促、发绀、血氧饱和度下降；观察有无咳嗽、咳痰，咳嗽的性质、时间、诱因、节律、音色；观察痰液的性质、量等。

（4）对症护理：有咳嗽、咳痰、胸闷、气急、发绀等肺炎症状时，应协助其取半卧位，予以吸氧，必要时吸痰，并报告医生及时处理。必要时，予以呼吸机辅助呼吸。

（5）用药护理：应密切观察用药后的疗效和不良反应。帕拉米韦常见的不良反应为中性粒细胞计数降低，腹泻和呕吐。奥司他韦在1~12岁的儿童中应用会出现呕吐反应。同时儿童应避免应用阿司匹林，以免诱发严重的Reye综合征。

相关链接 | **Reye综合征**

Reye综合征又称脑病合并内脏脂肪变性（encephalopathy with fatty degeneration of theviscera），是急性进行性脑病。是儿童在病毒感染（如流感、感冒或水痘）康复过程中得的一种罕见病，以服用水杨酸类药物（如阿司匹林）为重要病因。Reye综合征本质是线粒体功能的损害。线粒体脂肪酸β氧化缺陷与Reye综合征的发生密切相关。

正常情况下线粒体脂肪酸β氧化是多种组织细胞的能量来源。当出现异常时导致脂肪代谢紊乱，血液中游离脂肪酸增多，内脏脂肪淤滞，出现Reye综合征的表现。病理特点是急性脑水肿和肝、肾、胰、心肌等器官的脂肪变性。临床特点是在前驱的病毒感染以后出现呕吐、意识障碍和惊厥等症状以及肝功能异常和代谢紊乱。

【健康指导】

1. 疾病预防指导

（1）管理传染源：做好早发现、早报告、早诊断、早隔离、早治疗。人感染高致病性禽流感确诊后要按有关规定登记上报。加强禽类疾病监测，必要时对密切接触禽类人员进行卫生检疫。

（2）切断传播途径：以飞沫隔离为主，接触隔离为辅，避免飞沫传播措施和流行性感冒相关内容相似；鸡肉等食物应彻底煮熟，不吃生的或半熟的动物食品；加强个人防护及职业防护；若自身有呼吸道感染或皮肤破损，应避免接触禽类或人感染高致病性禽流感病人；此外，还要注意做好死禽及禽类废弃物等的处理。

（3）保护易感人群：对未感染的禽类动物进行免疫接种可阻止禽流感病毒在动物间传播。

2. 疾病知识指导　对疑似病例应单独隔离，间隔24小时特异性核酸检测2次阴性，方可解除隔离；勤洗手，养成良好的个人卫生习惯，注意饮食卫生，不吃未熟的肉类及蛋类等食品；若自身有呼吸道感染或皮肤破损，应避免接触禽类或人感染高致病性禽流感病人；严格消毒，采用煮沸（100℃）、紫外线照射、一般消毒剂等，对室内空气、地面及病人口鼻分泌物、污染物、生活用具、衣物物体表面、生活垃圾、医疗废弃物进行消毒。

3. 加强疫情监控　应加强禽类疾病的监测，一旦发现禽流感疫情，动物防疫部门立即按有关规定进行处理；对疫源地进行彻底消毒，指导养殖及处理的所有相关人员必须做好防护工作。加强对密切接触禽类人员的监测，当这些人员中出现流感样症状时，应立即进行流行病学调查，采集病人标本并送至指定实验室检测，以进一步明确病原，同时采取相应防治措施。

相关链接 | **禽流感职业暴露人员分级防护原则**

各级医务人员、疾病预防控制机构及其他有关人员在医院或疫点、疫区进行禽流感防治工作时，应遵循以下防护原则。

1. 一级防护

（1）适用范围：① 对禽流感疑似或确诊病例的密切接触者及病死禽的密切接触者进行医学观察和流行病学调查的人员；② 对疫点周围3km范围内（疫点除外）的家禽进行捕杀和无害化处理，以及对禽舍和其他场所进行预防性消毒的人员。

（2）防护要求：① 戴16层棉纱口罩（使用4小时后，消毒更换），穿工作服，戴工作帽和乳胶手套；② 对疫点周围3km范围内的家禽宰杀和无害化处理，以及进行预防性消毒的人员还应戴防护眼镜、穿长筒胶鞋、戴橡胶手套；③ 每次实施防治处理后，应立即洗手和消毒。

2. 二级防护

（1）适用范围：① 进入医院污染区的人员；采集疑似病例及确诊病例咽拭子，处理其分泌物、排泄物的人员；处理病人使用过的物品和死亡病人尸体的人员，以及转运病人的医务人员和司机。② 对禽流感疑似或确诊病例进行流行病学调查的人员。③ 在疫点内对禽流感染疫动物进行标本采集、捕杀和无害化处理以及进行终末消毒的人员。

（2）防护要求：① 穿普通工作服、戴工作帽、穿隔离衣、戴防护眼镜和医用防护口罩（离开污染区后更换），戴乳胶手套、穿鞋套。进行家禽的宰杀和处理时，应戴橡胶手套，穿长筒胶鞋。② 每次实施防治处理后，应立即洗手和消毒。

3. 三级防护

（1）适用范围：确定禽流感可由人传染人时，对病人实施近距离治疗操作，例如气管插管、气管切开的医务人员。

（2）防护要求：除按二级防护要求外，穿一次性医用防护服，戴防护面屏、医用防护口罩或将口罩、防护眼镜换为全面型呼吸防护器。

（蔡小霞）

七、新型冠状病毒感染

新型冠状病毒感染为新发急性呼吸道传染病，目前已成为全球性重大的公共卫生事件。疫情防控和诊疗方案会随病毒毒株的变异而调整。

【病原学和发病机制】

新型冠状病毒（SARS–CoV–2），以下简称新冠病毒，为β属冠状病毒，有包膜，颗粒呈圆形或椭圆形，直径60~140nm，病毒颗粒中包含4种结构蛋白：刺突（spike，S）蛋白、包膜（envelope，E）蛋白、膜（membrane，M）蛋白、核壳（nucleocapsid，N）蛋白。截至2022年底，世界卫生组织（WHO）提出的"关切的变异株"（variant of concern，VOC）有5个，分别为阿尔法（Alpha，B.1.1.7）、贝塔（Beta，B.1.351）、伽玛（Gamma，P.1）、德尔塔（Delta，B.1.617.2）和奥密克戎（Omicron，B.1.1.529）。

新冠病毒入侵人体呼吸道后，主要依靠其表面的S蛋白上的受体结合域（RBD）识别宿主细胞受体血管紧张素转化酶2（ACE2），并与之结合感染宿主细胞。新冠病毒对紫外线、有机溶剂（乙醚、75%乙醇、过氧乙酸和氯仿等）以及含氯消毒剂敏感，75%乙醇以及含氯消毒剂较常用于临床及实验室新冠病毒的灭活，但氯己定不能有效灭活病毒。

【流行病学】

新型冠状病毒感染的传染源、传播途径、人群易感性及流行特征见表10-1。

【临床表现】

1. 常见表现 潜伏期多为2~4天。以咽干、咽痛、咳嗽、发热等为主要表现，发热多为中低热，部分病例亦可表现为高热，热程多不超过3天；部分病人可伴有肌肉酸痛、嗅觉味觉减退或丧失、鼻塞、流涕、腹泻、结膜炎等。少数病人病情继续发展，发热持续，并出现肺炎相关表现。重症病人多在发病5~7天后出现呼吸困难和/或低氧血症。严重者可快速进展为急性呼吸窘迫综合征、脓毒症休克、难以纠正的代谢性酸中毒和出凝血功能障碍及多器官功能衰竭等。极少数病人还可有中枢神经系统受累等表现。儿童感染后临床表现与成人相似，高热相对多见；部分病例症状可不典型，表现为呕吐、腹泻等消化道症状或仅表现为反应差、呼吸急促；少数可出现声音嘶哑等急性喉炎或气管炎表现或喘息、肺部哮鸣音，但极少出现严重呼吸窘迫；少数出现热性惊厥，极少数患儿可出现脑炎、脑膜炎、脑病甚至急性坏死性脑病、急性播散性脑脊髓膜炎、吉兰-巴雷综合征等危及生命的神经系统并发症；也可发生儿童多系统炎症综合征（MIS-C），主要表现为发热伴皮疹、非化脓性结膜炎、黏膜炎症、低血压或休克、凝血障碍、急性消化道症状及惊厥、脑水肿等脑病表现，一旦发生，病情可在短期内急剧恶化。大多数病人预后良好，病情危重者多见于老年人、有慢性基础疾病者、晚期妊娠和围产期女性、肥胖人群等。

2. 临床分型

（1）轻型：以上呼吸道感染为主要表现，如咽干、咽痛、咳嗽、发热等。

（2）中型：持续高热>3天和/或咳嗽、气促等，但呼吸频率<30次/min、静息状态下吸空气时指氧饱和度>93%。影像学检查可见特征性新型冠状病毒感染肺炎表现。

（3）重型：成人符合下列任何一条且不能以新型冠状病毒感染以外其他原因解释。

1）出现气促，呼吸频率≥30次/min。

2）静息状态下，吸空气时指氧饱和度≤93%。

3）动脉血氧分压（PaO$_2$）/吸氧浓度（FiO$_2$）≤300mmHg（1mmHg=0.133kPa），高海拔（海拔超过1 000m）地区应根据以下公式对PaO$_2$/FiO$_2$进行校正：PaO$_2$/FiO$_2$×［760/大气压（mmHg）］。

4）临床症状进行性加重，肺部影像学显示24~48小时内病灶明显进展>50%。

儿童符合下列任何一条也可诊断重型：

1）超高热或持续高热超过3天。

2）出现气促（呼吸频率：<2月龄，≥60次/min；2~12月龄，≥50次/min；1~5岁，≥40次/min；>5岁，≥30次/min），除外发热和哭闹的影响。

3）静息状态下，吸空气时指氧饱和度≤93%。

4）出现鼻翼扇动、三凹征、喘鸣或喘息。

5）出现意识障碍或惊厥。

6）拒食或喂养困难，有脱水征。

（4）危重型：符合以下情况之一者可诊断为危重型。

1）出现呼吸衰竭，且需要机械通气。

2）出现休克。

3）合并其他器官功能衰竭需ICU监护治疗。

【辅助检查】

1. 一般检查　发病早期外周血白细胞总数正常或减少，可见淋巴细胞计数减少，部分病人可出现肝酶、乳酸脱氢酶、肌酶、肌红蛋白、肌钙蛋白和铁蛋白增高。部分病人C反应蛋白（CRP）和血沉升高，降钙素原（PCT）正常。重型、危重型病例可见D-二聚体升高、外周血淋巴细胞进行性减少，炎症因子升高。

2. 病原学及血清学检查

（1）核酸检测：可采用核酸扩增检测方法检测呼吸道标本（鼻咽拭子、咽拭子、痰、气管抽取物）或其他标本中的新冠病毒核酸。荧光定量PCR是目前最常用的新冠病毒核酸检测方法。

（2）抗原检测：采用胶体金法和免疫荧光法检测呼吸道标本中的病毒抗原，检测速度快，其敏感性与感染者病毒载量呈正相关，病毒抗原检测阳性支持诊断，但阴性不能排除。

（3）病毒培养分离：从呼吸道标本、粪便标本等可分离、培养获得新冠病毒。

（4）血清学检测：新冠病毒特异性IgM抗体、IgG抗体阳性，发病1周内阳性率均较低。恢复期IgG抗体水平为急性期4倍或以上升高有回顾性诊断意义。

3. 胸部影像学检查　合并肺炎者，早期呈现多发小斑片影及间质改变，以肺外带明显，进而发展为双肺多发磨玻璃影、浸润影，严重者可出现肺实变，胸腔积液少见。

【治疗要点】

1. 一般治疗

（1）按呼吸道传染病要求隔离治疗。保证充分能量和营养摄入，注意水、电解质平衡，维持内环境稳定。高热者可进行物理降温、应用解热药物。咳嗽咳痰严重者给予止咳祛痰药物。

（2）对重症高危人群应进行生命体征监测，特别是静息和活动后的指氧饱和度等。同时对基础疾病相关指标进行监测。

（3）根据病情进行必要的检查，如血常规、尿常规、生化指标（肝酶、心肌酶、肾功能等）、凝血功能、动脉血气分析、胸部影像学等。

（4）根据病情给予规范有效的氧疗措施，包括鼻导管、面罩给氧和经鼻高流量氧疗。

（5）抗菌药物治疗：避免盲目或不恰当使用抗菌药物，尤其是联合使用广谱抗菌药物。

（6）有基础疾病者给予相应治疗。

2. 抗病毒治疗

（1）奈玛特韦片/利托那韦片组合包装：适用人群为发病5天以内的轻、中型且伴有进展为重症高风险因素的成年病人。用法：奈玛特韦300mg与利托那韦100mg同时服用，每12小时1次，连续服用5天。使用前应详细阅读说明书，不得与哌替啶、雷诺嗪等高度依赖CYP3A进行清除且其血浆浓度升高会导致严重和/或危及生命的不良反应的药物联用。只有母亲的潜在获益大于对胎儿的潜在风险时，才能在妊娠期间使用。不建议在哺乳期使用。中度肾功能损伤者应将奈玛特韦减半服用，重度肝、肾功能损伤者不应使用。

（2）阿兹夫定片：用于治疗中型新型冠状病毒感染的成年病人。用法为空腹整片吞服，每次5mg，每天1次，疗程至多不超过14天。使用前应详细阅读说明书，注意与其他药物的相互作用、不良反应等问题。不建议在妊娠期和哺乳期使用，中重度肝、肾功能损伤病人慎用。

（3）莫诺拉韦胶囊：适用人群为发病5天以内的轻、中型且伴有进展为重症高风险因素的成年病人。用法：800mg，每12小时口服1次，连续服用5天。不建议在妊娠期和哺乳期使用。

（4）单克隆抗体：安巴韦单抗/罗米司韦单抗注射液。联合用于治疗轻、中型且伴有进展为重症高风险因素的成人和青少年（12~17岁，体重≥40kg）。用法为两药的剂量分别为1 000mg。在给药前两种药品分别以100ml生理盐水稀释后，经静脉序贯输注给药，以不高于4ml/min的速度静脉滴注，之间使用生理盐水100ml冲管。在输注期间对病人进行临床监测，并在输注完成后对病人进行至少1小时的观察。

（5）静注COVID-19人免疫球蛋白：可在病程早期用于有重症高风险因素、病毒载量较高、病情进展较快的病人。使用剂量为轻型100mg/kg，中型200mg/kg，重型400mg/kg，静脉输注，根据病人病情改善情况，次日可再次输注，总次数不超过5次。

（6）康复者恢复期血浆：可在病程早期用于有重症高风险因素、病毒载量较高、病情进展较快的病人。输注剂量为200~500ml（4~5ml/kg），可根据病人个体情况及病毒载量等决定是否再次输注。

3. 免疫治疗

（1）糖皮质激素：对于氧合指标进行性恶化、影像学进展迅速、机体炎症反应过度激活状态的重型和危重型病例，酌情短期内（不超过10天）使用糖皮质激素，建议地塞米松5mg/d或甲泼尼龙40mg/d，避免长时间、大剂量使用糖皮质激素，以减少副作用。

（2）白细胞介素-6（IL-6）抑制剂：托珠单抗。对于重型、危重型且实验室检测IL-6水平明显升高者可试用。用法为首次剂量4~8mg/kg，推荐剂量400mg，生理盐水稀释至100ml，输注时间大于1小时；首次用药疗效不佳者，可在首剂应用12小时后追加应用1次（剂量同前），累计给药次数最多为2次，单次最大剂量不超过800mg。注意过敏反应，有结核等活动性感染者禁用。

4. 抗凝治疗　用于具有重症高风险因素、病情进展较快的中型病例，以及重型和危重型病例，无禁忌证情况下可给予治疗剂量的低分子肝素或普通肝素。发生血栓栓塞事件时，按照相应指南进行治疗。

5. 俯卧位治疗　具有重症高风险因素、病情进展较快的中型、重型和危重型病例，应当给予规范的俯卧位治疗，建议每天不少于12小时。

6. 心理干预　病人常存在紧张、焦虑情绪，应当加强心理疏导，必要时辅以药物治疗。

7. 重型、危重型支持治疗

（1）治疗原则：在上述治疗的基础上，积极防治并发症，治疗基础疾病，预防继发感染，及时进行器官功能支持。

（2）呼吸支持

1）鼻导管或面罩吸氧：PaO_2/FiO_2低于300mmHg的重型病例均应立即给予氧疗。接受鼻导管或面罩吸氧后，短时间（1~2小时）密切观察，若呼吸窘迫和/或低氧血症无改善，应使用经鼻高流量氧疗（HFNC）或无创机械通气（NIV）。

2）经鼻高流量氧疗或无创机械通气：PaO_2/FiO_2低于200mmHg应给予HFNC或NIV。接受

HFNC或NIV的病人，无禁忌证的情况下，建议同时实施俯卧位通气，即清醒俯卧位通气，俯卧位治疗时间每天应大于12小时。部分病人使用HFNC或NIV治疗的失败风险高，需要密切观察病人的症状和体征。若短时间（1~2小时）治疗后病情无改善，特别是接受俯卧位治疗后，低氧血症仍无改善，或呼吸频数、潮气量过大或吸气努力过强等，往往提示HFNC或NIV治疗疗效不佳，应及时进行有创机械通气治疗。

3）有创机械通气：一般情况下，PaO_2/FiO_2低于150mmHg，特别是吸气努力明显增强的病人，应考虑气管插管，实施有创机械通气。但鉴于部分重型、危重型病例低氧血症的临床表现不典型，不应单纯把PaO_2/FiO_2是否达标作为气管插管和有创机械通气的指征，而应结合病人的临床表现和器官功能情况实时进行评估。值得注意的是，延误气管插管，带来的危害可能更大。早期恰当的有创机械通气是危重型病例重要的治疗手段，应实施肺保护性机械通气策略。对于中重度急性呼吸窘迫综合征病人，或有创机械通气FiO_2高于50%时，可采用肺复张治疗，并根据肺复张的反应性，决定是否反复实施肺复张手法。应注意部分新型冠状病毒感染病人肺可复张性较差，避免过高的呼气末正压通气（positive end expiratory pressure，PEEP）导致气压伤。

4）气道管理：加强气道湿化，建议采用主动加热湿化器，有条件的使用环路加热导丝保证湿化效果；建议使用密闭式吸痰，必要时用气管镜吸痰；积极进行气道廓清治疗，如振动排痰、高频胸廓振荡、体位引流等；在氧合及血流动力学稳定的情况下，尽早开展被动及主动活动，促进痰液引流及肺康复。

5）体外膜肺氧合（extracorporeal membrane oxygenation，ECMO）：ECMO启动时机为在最优的机械通气条件下（$FiO_2 \geq 80\%$，潮气量为6ml/kg理想体重，$PEEP \geq 5cmH_2O$，且无禁忌证），且保护性通气和俯卧位通气效果不佳，并符合以下条件之一，应尽早考虑评估实施ECMO。

① $PaO_2/FiO_2 < 50mmHg$超过3小时；

② $PaO_2/FiO_2 < 80mmHg$超过6小时；

③ 动脉血pH < 7.25且$PaCO_2 > 60mmHg$超过6小时，且呼吸频率 > 35次/min；

④ 呼吸频率 > 35次/min时，动脉血pH < 7.2且平台压 > 30cmH_2O。

符合ECMO指征，且无禁忌证的危重型病例，应尽早启动ECMO治疗，避免延误时机，导致病人预后不良。ECMO模式选择：仅需呼吸支持时选用静脉-静脉方式ECMO（VV-ECMO），是最常用的方式；需呼吸和循环同时支持则选用静脉-动脉方式ECMO（VA-ECMO）；VA-ECMO出现头臂部缺氧时可采用静脉-动脉-静脉方式ECMO（VAV-ECMO）。实施ECMO后，严格实施保护性肺通气策略。推荐初始设置为潮气量 < 4~6ml/kg理想体重，平台压 $\leq 25cmH_2O$，驱动压 < 15cmH_2O，PEEP 5~15cmH_2O，呼吸频率4~10次/min，$FiO_2 < 50\%$。对于氧合功能难以维持或吸气努力强、双肺重力依赖区实变明显或需气道分泌物引流的病人，应积极俯卧位通气。

（3）循环支持：危重型病例可合并休克，应在充分液体复苏的基础上，合理使用血管活性药物；密切监测病人血压、心率和尿量的变化，以及乳酸和碱剩余。必要时进行血流动力学监测。

（4）急性肾损伤和肾替代治疗：危重型病例可合并急性肾损伤，应积极寻找病因，如低灌注和药物等因素。在积极纠正病因的同时，注意维持水、电解质、酸碱平衡。连续性肾脏替代治疗

（CRRT）的指征包括：① 高钾血症；② 严重酸中毒；③ 利尿剂无效的肺水肿或水负荷过多。

（5）儿童特殊情况的处理

1）急性喉炎或喉气管炎：首先应评估上气道梗阻和缺氧程度，有缺氧者予吸氧，同时应保持环境空气湿润，避免烦躁和哭闹。药物治疗首选糖皮质激素，轻症可单剂口服地塞米松（0.15~0.6mg/kg，最大剂量为16mg）或口服泼尼松龙（1mg/kg），中度、重度病例首选地塞米松（0.6mg/kg，最大剂量为16mg）口服，不能口服者静脉或肌内注射；也可给予布地奈德2mg雾化吸入；气道梗阻严重者应予气管插管或气管切开、机械通气，维持气道通畅。紧急情况下L-肾上腺素雾化吸入可快速缓解上气道梗阻症状，每次0.5ml/kg（最大量5ml），持续15分钟，若症状不缓解，15~20分钟后可重复吸入。

2）喘息、肺部哮鸣音：可在综合治疗的基础上加用支气管扩张剂和激素雾化吸入，常用沙丁胺醇、异丙托溴铵、布地奈德；痰液黏稠者可加用N乙酰半胱氨酸雾化吸入。

3）脑炎、脑病等神经系统并发症：应积极控制体温，给予甘露醇等降颅压及镇静、止惊治疗；病情进展迅速者及时气管插管机械通气；严重脑病特别是急性坏死性脑病应尽早给予甲泼尼龙20~30mg/（kg·d），连用3天，随后根据病情逐渐减量；静脉注射免疫球蛋白（IVIG），总量2g/kg，分1天或2天给予。也可酌情选用血浆置换、托珠单抗或改善线粒体代谢的鸡尾酒疗法（维生素B_1、维生素B_6、左卡尼汀等）。脑炎、脑膜炎、吉兰-巴雷综合征等治疗原则与其他病因引起的相关疾病相同。

4）儿童多系统炎症综合征（MIS-C）：治疗原则是尽早抗炎、纠正休克和出凝血功能障碍及脏器功能支持。首选IVIG 2g/kg和甲泼尼龙1~2mg/（kg·d）；若无好转或加重，可予甲泼尼龙10~30mg/（kg·d），静脉注射，或英夫利西单抗5~10mg/kg或托珠单抗。

（6）重型或危重型妊娠病人：应多学科评估继续妊娠的风险，必要时终止妊娠，剖宫产为首选。

（7）营养支持：应加强营养风险评估，首选肠内营养，保证热量［25~30kcal/（kg·d）］、蛋白质［>1.2g/（kg·d）］的摄入，必要时加用肠外营养。可使用肠道微生态调节剂，维持肠道微生态平衡，预防继发细菌感染。

（8）中医治疗：本病属于中医"疫"病范畴，病因为感受"疫戾"之气，各地可根据病情、证候及气候等情况，参照下列方案进行辨证论治。涉及超药典剂量，应当在医师指导下使用。针对非重点人群的早期新型冠状病毒感染者，可参照《新冠病毒感染者居家中医药干预指引》《关于在城乡基层充分应用中药汤剂开展新冠病毒感染治疗工作的通知》中推荐的中成药或中药协定方，进行居家治疗。

【常用护理诊断/问题及护理措施】

1. 体温过高　与新型冠状病毒感染有关。

参照本章第一节概述部分"发热"的护理。

2. 气体交换受损　与肺部感染有关。

（1）病情观察：严密观察呼吸型态的变化和呼吸困难的程度，监测动脉血气分析、血常规、胸片等。重型病例密切观察生命体征和意识状态，重点监测血氧饱和度。危重型病例24小时持续心电监测，每小时测量1次病人的心率、呼吸、血压、血氧饱和度，每4小时测量并记录1次体温。

（2）吸氧：呼吸困难伴低氧血症的病人，应遵医嘱给予氧疗。根据病人缺氧程度选择吸氧流量，轻度缺氧病人遵医嘱给予鼻导管吸氧，氧流量通常从5L/min起上调；若病人呼吸窘迫加重，应遵医嘱给予高流量鼻导管或面罩吸氧，氧流量通常从20L/min起始，逐步上调至50~60L/min，病情严重者可气管内插管或切开，经插管或切开处射流给氧，有利于呼吸道分泌物排出，保持呼吸道通畅。重症病人抢救时给予呼吸机给氧。

（3）指导病人进行有效咳嗽：① 病人取坐位或立位，上身略前倾；② 嘱病人缓慢深吸气，屏气2秒后收缩腹肌，用力连续咳嗽3次，停止咳嗽后缩唇，尽量呼出余气；③ 按照上述步骤连续做2~3次，休息后可重复进行。根据病人病情，可采取胸部叩击、振动排痰仪、体位引流等促进排痰的物理治疗方法。

3. 潜在并发症：严重肺炎、ARDS、休克、呼吸衰竭。

（1）观察并发症的征象：密切观察病人生命体征和意识状态，重点监测血氧饱和度。

（2）呼吸衰竭和多器官功能损伤病人的护理：遵医嘱给予鼻导管或面罩吸氧，意识清醒的病人应做好沟通，取得配合。无创及有创机械通气病人遵循相应的护理规范。做好人工气道的护理与俯卧位通气的护理。

（3）做好体外膜肺氧合治疗病人的护理工作：① 病人行体外膜肺氧合（ECMO）治疗期间，应给予充分镇静镇痛，妥善固定管路，防止脱出。② 保持ECMO管路通畅，注意观察离心泵的转速与流量，流量应保持恒定。观察膜式氧合器出气口有无渗漏，静脉管路有无抖动，如有异常及时通知医生。③ 保证膜式氧合器持续不间断氧供。④ 观察病人ECMO管路穿刺部位有无活动性出血、渗血、肿胀等情况，及时更换敷料，保持局部无菌环境。如有异常，及时通知医生进行处理。⑤ 密切监测以下各项指标，包括静脉血氧饱和度、平均动脉压、动脉血气分析和活化凝血时间及血细胞比容等。如有Swan-Ganz导管（肺动脉漂浮导管）置入时，监测心排血量和肺动脉压。监测病人各项灌注指标，记录尿量，预防并发症。

（4）对症护理：根据病人病情，明确护理重点并做好基础护理。合理、正确使用静脉通路，并保持各类管路通畅，妥善固定。卧床病人定时变更体位，预防压力性损伤。按护理规范做好无创机械通气、有创机械通气、人工气道、俯卧位通气、镇静镇痛治疗等的护理。特别注意病人口腔护理和液体出入量管理，有创机械通气病人防止误吸。清醒病人及时评估心理状况，做好心理护理。

【健康指导】

1. 疾病预防指导

（1）新冠病毒疫苗接种：接种新冠病毒疫苗可以减少新冠病毒感染和发病，是降低重症和死亡发生率的有效手段，符合接种条件者均应接种。符合加强免疫条件的接种对象，应及时进行加强免疫接种。

（2）一般预防措施：保持良好的个人及环境卫生，均衡营养、适量运动、充足休息，避免过度疲劳。提高健康素养，养成"一米线"、勤洗手、戴口罩、公筷制等卫生习惯和生活方式，打喷嚏或咳嗽时应掩住口鼻。保持室内通风良好，做好个人防护。

2. 疾病知识指导　住院病人应戴口罩，不得随意离开病房。病人不设陪护，不得探视。居家隔离病人应注意消毒隔离，避免与外界的接触。注意监测体温，如有发热、咳嗽、胸闷、憋气、腹泻等不适时，及时前往发热门诊就诊，注意调节情绪，减少焦虑、恐慌等不良情绪。

3. 医疗机构内感染预防与控制

（1）落实门急诊预检分诊制度，做好病人分流。提供手卫生、呼吸道卫生和咳嗽礼仪指导，有呼吸道症状的病人及陪同人员应当佩戴医用外科口罩或医用防护口罩。

（2）加强病房通风，并做好诊室、病房、办公室和值班室等区域物体表面的清洁和消毒。

（3）医务人员按照标准预防原则，根据暴露风险进行适当的个人防护。在工作期间佩戴医用外科口罩或医用防护口罩，并严格执行手卫生。

（4）按照要求处理医疗废物，病人转出或离院后进行终末消毒。

（蔡小霞）

第三节　细菌感染

案例导入

患儿，男，9岁，因"发热、头痛、呕吐3天，神志不清1天"入院。

病史评估： 患儿4天前出现发热，最高体温39.5℃，无寒战，伴头痛、呕吐，无抽搐及昏迷。1天前出现嗜睡。

身体评估： T 39.5℃，P 110次/min，R 30次/min，BP 102/60mmHg，嗜睡状，前胸、后背、下肢可见多个大小不等瘀点。颈有抵抗感，克氏征阳性，病理征阴性。

血常规： 白细胞计数$17.5×10^9$/L，中性粒细胞绝对值$0.9×10^9$/L，淋巴细胞绝对值$0.21×10^9$/L。

初步诊断： 流行性脑脊髓膜炎。

请思考： ① 该患儿病史评估还需要补充哪些资料？② 为明确诊断，还需要做哪些实验室检查？③ 该患儿目前存在哪些主要的护理诊断？如何护理？

一、伤寒

伤寒（typhoid fever）是由伤寒沙门菌（*Salmonella typhi*）引起的急性消化道传染病。主要经粪–口途径感染发病，临床上以持续发热、全身中毒症状、相对缓脉、玫瑰疹、肝脾肿大及白细胞减少为特征。主要并发症为肠出血、肠穿孔。

【病原学与发病机制】

伤寒沙门菌属于肠道杆菌沙门菌属D群，革兰氏染色阴性。在普通培养基中即可生长，但在含胆汁的碱性培养基中更易生长，因此在人体胆囊中易生长繁殖形成慢性带菌状态。

伤寒沙门菌在自然界中生命力强，耐低温，在水和食物中可存活2~3周，在粪便中可存活1~2个月，冰冻环境可维持数月。但对阳光、热、干燥抵抗力差，阳光直射数小时死亡，加热至60℃15分钟或煮沸后即可杀灭。对一般化学消毒剂敏感，5%苯酚5分钟即可杀灭。

伤寒沙门菌进入人体是否发病取决于细菌的数量、人体的免疫功能、菌株的致病性及内毒素等方面。胃肠道非特异性防御机制异常，如胃酸分泌减少、口服碱性药物、胃动力异常、肠道菌群失调等有利于伤寒沙门菌的定位与繁殖。伤寒沙门菌侵入肠道后经肠道淋巴系统入血，并在肝、脾、胆囊、骨髓等组织器官繁殖，引起菌血症，释放内毒素，产生临床症状。此外，伤寒沙门菌可随血流进入胆系，随胆汁入肠，侵犯肠壁组织，造成损伤，形成溃疡，严重者可有肠出血、肠穿孔等。

【流行病学】

伤寒的传染源、传播途径、人群易感性和流行特征见表10-1。

【临床表现】

潜伏期3~60天，一般为10~14天。

1. 典型伤寒　可分为4期。

（1）初期：病程第1周。起病缓慢，发热为最早出现的症状，发热前可有畏寒，但少有寒战，体温呈阶梯形上升，5~7天内达39~40℃，可伴有全身不适、头痛、乏力、食欲减退等症状。

（2）极期：病程第2~3周。主要表现为：① 高热：呈持续高热，以稽留热型为主，少数为弛张热型或不规则热型，热程较长，持续2周左右。② 消化道症状：腹部不适、腹胀，多有便秘，少数病人出现腹泻。因病变在回盲部，右下腹可有轻压痛。③ 神经系统症状：由内毒素引起，病人出现精神恍惚、表情淡漠、反应迟钝、听力减退，重者有谵妄、昏迷、病理反射阳性等中毒性脑病表现。随病情改善和体温下降而逐渐恢复。④ 循环系统症状：常有相对缓脉或重脉。相对缓脉指脉搏与发热不成比例上升，即体温每增高1℃，每分钟脉搏增加少于15~20次。并发中毒性心肌炎时，相对缓脉不明显。重脉是指桡动脉触诊时，每一次脉搏感觉有两次搏动的现象。重症病人出现脉搏细速、血压下降、循环衰竭。⑤ 玫瑰疹：病程7~14天，皮肤出现直径2~4mm的淡红色小斑丘疹，称为玫瑰疹，压之褪色，多分布在胸、腹、肩背等处，数量少于10个，分批出现，2~4天消退。⑥ 肝脾肿大：多数病人有轻度肝脾大，质软有压痛。若病人出现黄疸或肝功能明显异常时，提示并发中毒性肝炎。⑦ 其他：高热期可有蛋白尿，后期可有水晶型汗疹、消瘦及脱发。

（3）缓解期：为病程第3~4周。体温逐渐下降，各种症状逐渐减轻，但可能发生肠道并发症。

（4）恢复期：为病程第4~5周。体温恢复正常，临床症状消失，1个月左右完全康复。

2. 其他临床类型　除上述典型表现外，伤寒可有轻型、暴发型、迁延型、逍遥型、顿挫型及小儿和老年型等多种临床类型。

3. 复发和再燃　少数病人热退后1~3周，临床症状再度出现，血培养再次阳性，称为复发。多见于抗菌治疗不彻底、机体抵抗力低下的病人。部分缓解期的病人体温下降还未恢复正常时，又重新上升，血培养阳性，持续5~7天后退热，称再燃，与菌血症仍未被完全控制有关。

4. 并发症　肠出血是伤寒较常见的并发症，多发生在病程第2~3周，可有粪便隐血至大量便血，出血量少可无症状，大出血发生率为2%~15%，可引起出血性休克。肠穿孔是最严重的并发症，多见于病程第2~3周，发生率1%~4%，好发于回肠末段。急腹症的出现比较缓慢，给诊断带来困难。其他并发症有中毒性肝炎、中毒性心肌炎、支气管炎和肺炎、急性胆囊炎、血栓性静脉炎等。

【辅助检查】

1. 一般检查　血白细胞计数偏低或正常，一般为（3~5）×10^9/L，中性粒细胞减少，嗜酸性粒细胞减少或消失。尿常规见轻度蛋白尿和少量管型。粪便检查可见少量白细胞，并发肠出血时粪便隐血试验阳性。骨髓涂片可见伤寒细胞。

2. 细菌学检查　临床多采用血培养、便培养，有时采用尿培养。培养结果阳性即可确诊。① 血培养：是最常用的确诊方法。第1~2周阳性率为80%~90%，第3周开始下降，第4周常呈阴性。② 骨髓培养：阳性率高于血培养，且持续时间长，对已用抗生素治疗、血培养阴性的病人尤为适用。③ 粪便培养：早期诊断价值不高，病程第3~4周阳性率最高，常用于判断病人的带菌情况。④ 尿培养：早期常为阳性，病程第3~4周阳性率为25%。

3. 免疫学检查

（1）肥达试验（Widal test）：又称肥达反应，伤寒沙门菌血清凝集反应，该试验应用伤寒沙门菌"O"抗原和"H"抗原，通过凝集反应检测病人血清中相应抗体的凝集效价，对伤寒有辅助诊断价值。

（2）其他免疫学试验：对流免疫电泳、间接血凝试验、酶联免疫吸附试验、PCR等，主要检测伤寒沙门菌IgM、IgG及核酸。

【治疗要点】

1. 隔离　病人和带菌者执行接触隔离。隔离至体温正常后15天或每隔5~7天大便培养一次，连续两次阴性才可以解除隔离。

2. 病原治疗　第三代喹诺酮类药物是目前治疗伤寒的首选药物，但因其影响骨骼发育，孕妇、儿童、哺乳期妇女慎用。常用药物有诺氟沙星、氧氟沙星、环丙沙星等。第三代头孢菌素在体外有强大的抗伤寒沙门菌作用，是儿童和孕妇的首选药。

3. 对症治疗　高热者首选物理降温，不宜应用退热药物。便秘、腹胀给予对症处理。有严重毒血症状者，可在适量、有效抗生素治疗同时短期加用小剂量糖皮质激素。

4. 慢性带菌者治疗　可选择氧氟沙星、环丙沙星、氨苄西林等。

5. 并发症治疗　肠出血病人卧床休息、禁食，注射镇静剂及止血剂。大出血经内科积极治疗无效可考虑手术。肠穿孔病人禁食、胃肠减压，加用对肠道敏感的抗菌药物，视情况选择手术治疗。

【常用护理诊断/问题及护理措施】

1. 体温过高　与伤寒沙门菌感染有关。

（1）体温监测：注意监测体温变化，及时识别并发症、再燃和复发。

（2）对症护理：参见本章第一节概述部分"发热"的护理。注意擦浴要避免腹部加压，以免引起肠出血或穿孔。

（3）卧床休息：卧床休息至热退1周。恢复期无并发症可逐渐增加活动量。

（4）保证液体入量：鼓励多饮水，成人液体入量2 500~3 000ml/d、儿童60~80ml/（kg·d）。

（5）用药护理：遵医嘱使用抗生素，观察用药后疗效及不良反应。

2. 营养失调：低于机体需要量　与高热、食欲缺乏、腹胀、腹泻有关。

（1）介绍饮食控制的重要性：不当饮食可诱发肠道并发症，应指导病人及家属主动配合饮食管理，严格控制饮食。

（2）饮食护理：极期病人应给予营养丰富、清淡的流质饮食，少量多餐，避免过饱。有肠出血时应禁食，静脉补充营养。缓解期，可给予易消化的高热量、高蛋白、高维生素、少渣或无渣的流质或半流质饮食，避免刺激性和产气的食物，并观察进食后胃肠道反应。恢复期节制饮食，不可食用生冷、粗糙、不宜消化的食物，避免发生肠出血或肠穿孔。

（3）营养监测：定期监测体重、血红蛋白、血清蛋白等变化。

3. 便秘　与内毒素释放致肠道功能紊乱、中毒性肠麻痹、低钾、长期卧床等有关。

（1）便秘的护理：指导病人排便切忌过分用力，可用开塞露或生理盐水低压灌肠，忌用泻药。

（2）腹胀：腹胀时应停食牛奶及糖类等易产气食物，并注意钾盐的补充。可用松节油腹部热敷、肛管排气或生理盐水低压灌肠，但禁用新斯的明，避免剧烈肠蠕动诱发肠出血或穿孔。

4. 腹泻　与内毒素释放致肠道功能紊乱等有关。

（1）注意评估腹泻及检查大便隐血。遵医嘱补液，监测水、电解质、酸碱平衡状况。

（2）注意排泄物处理，病人大便等排泄物应该严格消毒处理。

（3）执行接触隔离措施，隔离期间注意病人的心理反应，减轻焦虑、孤独情绪反应。

5. 潜在并发症：肠出血、肠穿孔。

（1）避免以下诱因：病程中过早下床活动或随意起床、过量饮食、饮食中含有固体及纤维渣滓较多、用力排便、腹胀、腹泻、治疗性灌肠或用药不当等。

（2）观察并发症征象：密切监测生命体征，如病人出现血压下降、脉搏增快、体温下降、出冷汗、肠蠕动增快、便血等症状时提示肠出血征兆。如病人突发右下腹剧痛，伴有恶心、呕吐、面色苍白、体温和血压下降、腹肌紧张等提示有肠穿孔可能。

（3）肠出血和肠穿孔的护理：肠出血病人应绝对卧床休息，禁食，遵医嘱应用止血药物，同时严禁灌肠治疗。肠穿孔给予禁食、胃肠减压，做好术前准备。

【健康指导】

1. 传染病预防指导　加强公共饮食卫生管理、水源保护和粪便管理，注意个人卫生，消灭苍蝇、蟑螂，搞好"三管一灭"。

2. 保护易感人群　高危人群定期普查、普治。与带菌者一起生活，或进入伤寒流行区之前，可以接受伤寒疫苗注射以增加对伤寒的抵抗力，或预防用药，复方新诺明2片，每天2次，服用3~5天。重点人群可注射伤寒Vi多糖疫苗。

3. **疾病知识指导** 教育病人养成良好的卫生与饮食习惯，坚持饭前便后洗手、不饮生水，不吃不洁食物等。指导病人痊愈后检查粪便，以防成为带菌者。有发热等不适，及时随访，防止复发。若粪便或尿液培养呈阳性持续1年或以上者，不可从事饮食服务，需要抗生素治疗。对居家治疗的居所或临时隔离点的病人，指导病人及家属对污染的各种物品进行消毒。

（柳家贤）

二、霍乱

霍乱（cholera）是由霍乱弧菌所致的一种烈性肠道传染病，是我国法定甲类传染病。由霍乱弧菌污染水和食物而引起传播。典型临床表现为：急性起病，剧烈腹泻、呕吐以及由此引起的脱水、电解质紊乱和肌肉痉挛，严重者可发生循环衰竭。

【病原学和发病机制】

霍乱弧菌革兰氏染色阴性，呈弧形或逗点状，末端有一鞭毛，可见穿梭运动。霍乱弧菌属于兼性厌氧菌，耐碱不耐酸。能产生肠毒素、神经氨酸酶、血凝素及菌体裂解释放的内毒素。霍乱肠毒素不耐热，56℃30分钟即被破坏，是主要的致病力。

霍乱弧菌对干燥、热、酸和一般消毒剂均敏感，干热消毒2小时、55℃加热30分钟或煮沸1~2分钟即可杀灭，但在自然环境下存活时间较长。

霍乱弧菌侵入机体后，正常情况下可被胃酸杀灭。但当胃酸分泌减少或感染的弧菌数量较多时，进入小肠致病。在小肠的碱性环境下，霍乱弧菌大量繁殖，产生霍乱肠毒素。作用于腺苷酸环化酶（AC）使之活化，使三磷酸腺苷（ATP）不断转变为环磷酸腺苷（cAMP）。刺激肠黏膜隐窝细胞过度分泌水、氯化物及碳酸盐。同时抑制绒毛细胞对钠和氯离子的吸收，引起本病特征性的剧烈水样腹泻。霍乱肠毒素还能促使肠黏膜杯状细胞分泌黏液增加。胆汁分泌减少，腹泻出的粪便可成为"米泔水"样。

相关链接 | **"细菌学之父"——罗伯特·科赫**

罗伯特·科赫（1843—1910年）是德国医生和细菌学家，世界病原细菌学的奠基人和开拓者。1883年，罗伯特·科赫到埃及和印度去调查那里的霍乱暴发流行情况。他和他的同事一起发现了霍乱病原菌是形如逗号的霍乱弧菌，并发现该菌可以经过水、食物、衣服等途径传播。根据他对霍乱弧菌生物学知识及其传播方式的了解，科赫提出控制霍乱流行的法则，这些法则于1893年被各个国家批准实施，并形成至今仍被沿用的霍乱控制方法基础。科赫的这项研究工作对保护饮水规划有重大影响。科赫的一生都在与质疑作斗争，无论是创新细菌学科研技术，还是解开未知病因疾病的神秘面纱，在解除人类之病痛的道路上，科赫从未停下他的脚步。科赫对公共卫生的巨大贡献使其被后人尊为"细菌学之父"。

【流行病学】

霍乱的传染源、传播途径、人群易感性和流行特征见表10-1。

【临床表现】

潜伏期一般为1~3天。典型霍乱病程分为3期。

1. 分期

（1）泻吐期：以突起剧烈腹泻开始，多不伴腹痛及里急后重感。排出的粪便初为黄色稀样，有粪质，后为水样便，腹泻严重者排出白色混浊的米泔水样大便。少数可呈洗肉水样粪便。排便次数可从每天数次至数十次，重者大便失禁，腹泻后继之呕吐，呈喷射状，呕吐物初为胃内容物，后为水样，严重者呈米泔水样液体。一般不发热，少数低热。此期持续数小时至1~2天。

（2）脱水期：本期一般为数小时至2~3天。表现为不同程度的脱水、周围循环衰竭、肌肉痉挛、低钾综合征、代谢性酸中毒等。

（3）恢复期或反应期：此期随病人腹泻停止和脱水纠正，症状逐渐消失，体温、脉搏、血压恢复正常、尿量增加、体力逐步恢复。约1/3病人可出现轻重不一的发热，持续3天后自行消退。

2. 类型　本病轻重不一。接触带菌者或健康带菌者可无任何症状，仅呈排菌状态。罕见的有暴发型霍乱，以中毒性休克首发，病情急骤发展，未见腹泻已死于循环衰竭，故称"干性霍乱"。小儿霍乱表现不典型，腹泻呕吐少见，病情重，病死率高。

3. 并发症　最常见为急性肾损伤，常引起病人死亡。也可并发急性肺水肿等。

【辅助检查】

1. 一般检查　血液检查可见血液浓缩表现，白细胞计数可达（10~30）×10^9/L，血清钾、钠、氯化物、碳酸氢盐降低。尿液检查呈酸性。粪便检查可见黏液，镜检可见少量白细胞和红细胞。

2. 血清免疫学检查　霍乱弧菌感染后能产生抗菌抗体和抗肠毒素抗体。主要用于流行病学追溯诊断和粪培养阴性可疑病人的诊断。

3. 病原学检查

（1）粪涂片染色：可见革兰氏阴性弯曲弧菌，呈鱼群状排列。

（2）动力试验及制动试验：将新鲜粪便滴于玻片上，在暗视野显微镜下，可见穿梭样运动的弧菌，即为动力试验（＋）。加入霍乱免疫血清后可抑制弧菌的动力，为制动试验（＋）。可作为初筛诊断。临床出现制动试验阳性反应时，需按霍乱诊断并治疗。

（3）增菌培养：所有怀疑霍乱的病人均应留取粪便，除做显微镜检外，还要进行增菌后分离培养。

（4）快速抗原检测：是新近快速诊断霍乱的方法。

【治疗要点】

治疗原则包括严格隔离、及时补液、抗菌和对症治疗。

1. 严格隔离　按甲类传染病严密隔离和消化道隔离。症状消失后6天，隔天粪培养1次，连续3次阴性，可解除隔离。确诊病例和疑似病例分别隔离。

2. 补液治疗　及早、快速、足量补充液体和电解质是治疗霍乱的关键。

（1）静脉补液：适用于重型、不能口服的中型及少数轻型病人。先盐后糖，先快后慢，纠酸补钙，见尿补钾。补液总量包括纠正脱水量和维持量。补液种类有541液、2:1溶液及林格乳酸钠溶液等。输液量和速度根据失水程度决定。

（2）口服补液：口服补液盐适用对象是轻度和中度的霍乱病人及经静脉补液休克纠正、情况改善的重症霍乱病人。

3. 抗菌治疗 是液体治疗的辅助措施。常用药物有环丙沙星、诺氟沙星、多西环素、复方磺胺甲噁唑等。

4. 对症治疗 重症病人补充液体酸中毒纠正后血压较低者可加用肾上腺皮质激素和血管活性药物。对急性肺水肿和心力衰竭病人应调整输液速度，给予强心、利尿治疗。急性肾衰竭者，给予纠正酸中毒和电解质紊乱治疗，必要时进行透析治疗。

【常用护理诊断/问题及护理措施】

1. 腹泻 与霍乱肠毒素作用于肠道有关。

参见本章"细菌性痢疾"的护理。

2. 外周组织灌注无效 与频繁剧烈的呕吐或腹泻导致严重脱水、循环衰竭有关。

（1）病情观察：密切观察生命体征、尿量和神志变化；观察呕吐物和排泄物的特点；严格记录24小时出入量；评估脱水程度；监测水、电解质和酸碱平衡情况。

（2）补液治疗的护理：迅速建立至少两条静脉通道，可作中心静脉穿刺，输液时监测中心静脉压。加压或快速输液时，应加温液体至37~38℃，输液中注意观察病人有无急性肺水肿先兆，如烦躁、咳嗽、颈静脉充盈、肺部湿啰音等。观察输液效果：血压是否回升、皮肤弹性是否好转、尿量是否正常。

（3）饮食护理：剧烈泻吐，应暂禁食。症状好转，可给予少量多次饮水，病情控制后逐步过渡到温热低脂流质饮食。

（4）生活护理：卧床休息，床边放置容器便于拿取，协助床边排便。加强臀部皮肤护理。呕吐时取头侧位，呕吐后协助病人温水漱口。病人的泻吐物应严格消毒。

（5）对症护理：肌肉痉挛时遵医嘱给予药物治疗，同时采用局部热敷、按摩等方法解除肌肉痉挛。

3. 焦虑 与突然起病、病情发展迅速、严重脱水导致极度不适，实施严密隔离有关。

（1）心理状态评估：评估病人心理行为，如是否出现焦虑、恐惧、孤独感、自卑等心理反应。

（2）疾病知识教育：向病人及家属解释本病的发生发展，说明严密隔离的重要性和期限。缓解隔离期病人的陌生感，有助于减轻恐惧。

（3）心理支持：积极主动与病人沟通，倾听病人的情感表达。

【健康指导】

1. 疾病预防指导 向群众宣传霍乱知识，指导公众养成良好的个人卫生习惯，不饮生水、不食生冷或变质食物，饭前便后要洗手。严禁用未经无害化处理的粪便施肥，消灭苍蝇等传播媒介。

2. 保护易感人群 加强卫生防疫，保护易感人群，霍乱流行时，有选择地对疫区人群接种霍乱菌苗。

3. 疾病知识指导 加强传染源管理，严格执行疫情报告和隔离制度。霍乱流行时，对腹泻病人做好登记并采便培养是发现病人的重要方法，要早发现、早隔离、早治疗。密切接触者严格检疫5天，并预防性用药。病人和带菌者的排泄物应彻底消毒。

（柳家贤）

三、细菌性痢疾

细菌性痢疾（bacillary dysentery）简称菌痢，是由痢疾杆菌（志贺菌属）引起的肠道传染病。主要累及直肠、乙状结肠，表现为炎症和溃疡，以腹痛、腹泻、里急后重和黏液脓血便为主要临床表现，可伴有发热及全身毒血症状，严重者可出现感染性休克。

【病原学和发病机制】

痢疾杆菌，属肠杆菌科志贺菌属。我国以B群福氏志贺菌感染为主。

本菌在体外生存力较强，温度越低存活时间越长，如在阴暗处一般能存活11天，潮湿土壤中生存34天，在瓜果、蔬菜及污染物上可生存1~2周。但对理化因素抵抗力较低，日光直接照射30分钟死亡，60℃ 10分钟死亡，煮沸2分钟即被杀死，对各种化学消毒剂均敏感。

痢疾杆菌侵入机体后是否发病取决于细菌致病力、细菌数量和人体抵抗力。细菌致病力强或人体胃肠局部抵抗力弱，少量致病菌即可引起发病。痢疾杆菌进入消化道，侵入乙状结肠和直肠黏膜上皮增殖，引起发病，一般不侵入血流引起菌血症或败血症。痢疾杆菌主要致病因素有侵袭力、内毒素和外毒素。内毒素可引起毒血症状，还可引起发热、神志障碍甚至中毒性休克。外毒素引起肠黏膜细胞坏死、病初的水样腹泻及神经系统症状。

【流行病学】

细菌性痢疾的传染源、传播途径、人群易感性和流行特征见表10-1。

【临床表现】

本病潜伏期1~4天。临床分期及特点如下。

1. 急性菌痢　根据毒血症状及肠道症状轻重分为3型。

（1）普通型（典型）：起病急，高热伴畏寒、寒战，体温可达39℃，伴有头痛、乏力、食欲缺乏等全身毒血症状，早期有恶心、呕吐，继而出现阵发性腹痛、腹泻和里急后重。排便次数每天十几次至数十次，量少，粪便开始为黄稀便，可迅速转变为黏液脓血便。常有左下腹压痛及肠鸣音增强。发热一般于2~3天后自行消退。腹泻常持续1~2周缓解或自愈，少数转为慢性。

（2）轻型（非典型）：一般无全身毒血症状，不发热或低热。肠道症状较轻，排便次数较少，每天3~5次，粪便糊状或稀便。病程短，3~7天可痊愈，亦可转为慢性。

（3）重型：多见于老年、体弱、营养不良的病人，急起发热、腹泻每天30次以上，甚至大便失禁，为稀水脓血便，腹痛、里急后重明显。

（4）中毒性菌痢：多见于2~7岁体质较好的儿童。起病急骤，突起畏寒高热，以严重的全身毒血症状、休克和/或中毒性脑病为主要表现，而肠道症状多不明显。按照临床表现可分为3型。①休克型（周围循环衰竭型）：较多见，以感染性休克为主要表现。②脑型（呼吸衰竭型）：最为严重。表现为脑膜脑炎，颅压增高，甚至脑疝，并出现中枢性呼吸衰竭。③混合型：预后最为凶险，病死率高达90%以上；常先出现惊厥，未得到及时处理则迅速发展为呼吸衰竭和循环衰竭。

2. 慢性菌痢　病程反复发作或迁延不愈达2个月以上，即为慢性菌痢。临床表现分为3型。

（1）急性发作型：有菌痢病史，常因进食生冷食物或受凉、过度劳累等因素诱发急性发作，可出现腹痛、腹泻和脓血便，发热常不明显。

（2）慢性迁延型：最为多见。急性菌痢发作后，迁延不愈，长期有腹痛、腹泻或腹泻与便秘交替、稀黏液便或脓血便的表现，常有左下腹压痛，部分病人可扪及增粗的乙状结肠。长期腹泻导致病人营养不良、贫血和乏力等。

（3）慢性隐匿型：较少见，1年内有菌痢史，而无临床症状。粪便培养可检出志贺菌，乙状结肠镜检可见黏膜炎症或溃疡。

🔔 问题与思考

急性菌痢与伤寒的临床表现有哪些异同点？

【辅助检查】

1. 一般检查　急性期血常规示白细胞计数增高，中性粒细胞增高。慢性菌痢可有红细胞计数和血红蛋白含量的减少。粪便检查为黏液脓血便。

2. 病原学检查

（1）细菌培养：粪便培养出痢疾杆菌为确诊依据。早期、连续多次、抗菌治疗前、采新鲜粪便的脓血部分可提高培养阳性率。粪便培养同时做药敏试验可指导临床合理选用抗菌药物。

（2）特异性核酸检测：尚未广泛应用。

3. 免疫学检查　与细菌培养比较具有早期快速诊断的优点。

【治疗要点】

1. 急性菌痢

（1）一般治疗：实施接触隔离措施，解除隔离的要求为急性期症状消失，粪便培养连续两次阴性。注意饮食，维持水、电解质、酸碱平衡。

（2）病原治疗：根据药敏试验，选择易被肠道吸收的口服药物，病情重或口服吸收不良时，加用肌内注射或静脉滴注抗生素。治疗疗程一般为3~5天。喹诺酮类是目前成人菌痢的首选用药，因影响骨骺发育，故孕妇、儿童及哺乳期妇女慎用。

（3）对症治疗：高热给予物理降温或药物降温，腹痛剧烈可用解痉药如阿托品、颠茄合剂。毒血症严重者需卧床休息，可酌情加用糖皮质激素。

2. 慢性菌痢

（1）病原治疗：根据病原菌分离及细菌药敏试验选药，可联合应用2种不同类型的抗菌药物，疗程延长到10~14天，重复1~3个疗程。亦可用药物保留灌肠疗法，为提高疗效可加用小量糖皮质激素，以增加其渗透作用而提高疗效。

（2）对症治疗：肠功能紊乱可用镇静、解痉药物。肠道菌群失调者可用微生态制剂如乳酸杆菌或双歧杆菌制剂。

3. 中毒性菌痢　应及早诊断，及时采用综合抢救措施。

（1）病原治疗：应用有效抗菌药物静脉滴注，亦可两种药物联合应用。

（2）对症治疗：高热给予药物降温，伴躁动不安及反复惊厥者应用亚冬眠疗法。休克者积极抗休克治疗。脑水肿者给予脱水治疗，及时应用血管扩张剂改善脑血管痉挛。有呼吸衰竭者可用呼吸兴奋剂，必要时气管插管或应用人工呼吸器。

【常用护理诊断/问题及护理措施】

1. 体温过高　与痢疾杆菌内毒素激活细胞释放内源性致热原，作用于体温中枢导致体温升高有关。参见本章第一节中"发热"的护理。

2. 腹泻　与肠道炎症、广泛浅表性溃疡形成导致肠蠕动增强、肠痉挛有关。

（1）隔离措施：实施接触隔离措施。

（2）腹泻的观察：密切观察排便次数、量、颜色、性状及伴随症状，慢性菌痢者还应注意观察一般状况，如体重、营养状况等。采集粪便标本，注意标本要含有脓血、黏液部分的新鲜粪便，及时送检。如尚未排便，怀疑中毒性菌痢病人，可用肛拭子采集标本。

（3）休息：急性期病人应卧床休息，频繁腹泻伴发热、疲乏无力、严重脱水者应协助病人床边排便，以减少体力消耗、避免跌倒等不良事件发生。

（4）皮肤护理：排便后应清洗肛周，并涂润滑剂减少刺激。每日温水或1∶5 000高锰酸钾溶液坐浴，防止感染。

（5）饮食护理：严重腹泻伴呕吐者可暂禁食，静脉补充营养，使肠道得以休息。能进食者，以进食高热量、高蛋白、高维生素、少渣、少纤维素、易消化清淡流质或半流质饮食为原则，避免生冷、多渣、油腻或刺激性食物。病情好转可过渡至正常饮食。

（6）保持水电解质平衡：根据血液生化检查结果补充水及电解质。

（7）用药护理：遵医嘱使用抗菌药物，如诺氟沙星、复方磺胺甲噁唑，注意观察消化道反应、肾毒性、过敏、粒细胞减少等不良反应。

3. 外周组织灌注无效　与中毒性菌痢导致微循环障碍有关。

（1）病情观察：对休克型病人应严密监测生命体征、神志、尿量，观察有无面色苍白、四肢湿冷、血压下降、脉搏细速、尿少、烦躁等休克征象，通知医生，配合抢救。

（2）休息及体位：病人应绝对卧床休息，专人监护。病人取平卧位或休克体位，小儿去枕平卧，头偏向一侧。

（3）注意保暖：可调高室温，减少暴露部位。

（4）氧疗：给予吸氧，鼻导管给氧，氧流量2~4L/min，必要时4~6L/min。注意持续监测血氧饱和度。

（5）抗休克护理：建立静脉通路，记录24小时出入量，遵医嘱予以扩容、纠正酸中毒等抗休克治疗。

4. 潜在并发症：中枢性呼吸衰竭。参见第二章第十二节"呼吸衰竭"。

【健康指导】

1. 疾病预防指导　做好饮水、食品、粪便的卫生管理及防蝇灭蝇工作，改善环境条件卫生。养成良好的个人卫生习惯，餐前便后洗手，不饮生水，禁食不洁食物，把住"病从口入"关。

2. 保护易感人群　加强易感人群的管理，特别是散居的易感婴幼儿和退休老人。在痢疾流行期间，易感者可口服多价痢疾减毒活菌苗，提高机体免疫力。

3. 疾病知识指导　菌痢病人应及时隔离、治疗，应向病人及家属说明粪便消毒对于控制疾病传播的重要性。让病人遵医嘱按时、按量、按疗程服药，争取在急性期彻底治愈疾病，以防转为慢性菌痢。慢性菌痢病人注意避免诱发急性发作的因素，如进食生冷食物、暴饮暴食、过度紧张和劳累、受凉、情绪波动等。

（柳家贤）

四、流行性脑脊髓膜炎

流行性脑脊髓膜炎（epidemic cerebrospinal meningitis）简称流脑，是由脑膜炎球菌（又称脑膜炎奈瑟菌）引起的化脓性脑膜炎。临床主要表现为突起高热，剧烈头痛，频繁呕吐，皮肤黏膜瘀点、瘀斑及脑膜刺激征，严重者可有败血症、休克及脑实质损害，脑脊液呈化脓性改变。部分病人暴发起病，可迅速致死。儿童发病率高。

【病原学和发病机制】

脑膜炎球菌属奈瑟菌属。革兰氏染色阴性，呈肾形或豆形，具有多糖荚膜。多数凹面相对排列，故又称脑膜炎双球菌。可分为13个血清群，其中以A、B、C三群最常见，占流行病例的90%以上。

细菌对外界抵抗力弱，对干燥、寒冷、热及一般消毒剂和常用抗生素均敏感，温度低于30℃或高于50℃时皆易死亡。

病原菌自鼻咽部侵入人体。细菌释放的内毒素是本病致病的重要因素。内毒素引起全身的施瓦茨曼反应，激活补体，血清炎症介质明显增加，产生循环障碍和休克。脑膜炎球菌内毒素较其他内毒素更易激活凝血系统，因此在休克早期便出现弥散性血管内凝血（DIC）及继发性纤溶亢进，进一步加重微循环障碍、出血和休克，最终造成多器官功能衰竭。细菌侵犯脑膜，进入脑脊液，释放内毒素等引起脑膜和脊髓膜化脓性炎症及颅内压升高，出现惊厥、昏迷等症状。严重脑水肿时形成脑疝，可迅速致死。

【流行病学】

流行性脑脊髓膜炎的传染源、传播途径、人群易感性和流行特征见表10-1。

> **相关链接** ｜ **我国流脑疫情和防控**
>
> 中华人民共和国成立后，我国曾暴发过4次流脑疫情，以1966—1967年间的最为严重，发病300万余人，发病率403/10万，病死率5.49%。1967年3月，卫生部成立了防治脑膜炎办公室，组织对于"流脑"的预防治疗工作，并发出《关于立即组织医疗队下乡防治脑膜炎的通知》，各地积极开展主动防治工作，于1968年后逐步控制住了流脑疫情。20世纪80年代后，我国推广流脑疫苗接种，流脑发病率大幅下降。

【临床表现】

潜伏期1~10天，一般2~3天。临床分期及特点如下。

1. 普通型 最常见，占全部病例的90%以上。临床上可分为4期。

（1）前驱期（上呼吸道感染期）：多数病人此期症状不明显，可表现为非特异性上呼吸道感染症状，持续1~2天。

（2）败血症期：起病急，突发寒战、高热，体温39~40℃，伴头痛、肌肉酸痛、食欲减退及精神萎靡等毒血症症状。婴幼儿常有哭闹、拒食、烦躁、皮肤感觉过敏和惊厥。70%~90%的病人于发病后数小时出现皮肤、眼结膜或软腭黏膜瘀点或瘀斑，大小为1mm至2cm，初为鲜红色，后为紫红色，严重者瘀斑迅速扩大，中央因形成血栓而发生坏死，是本期特征性表现。多于1~2天发展至脑膜炎期。

（3）脑膜炎期：败血症期的毒血症表现仍持续存在，高热持续不退，出现烦躁不安、剧烈头痛、频繁喷射状呕吐等中枢神经系统症状，重者发生谵妄、神志障碍及抽搐。体格检查有颈项强直、克尼格征及布鲁津斯基征阳性等脑膜刺激征。多于2~5天后进入恢复期。

（4）恢复期：经治疗后体温逐渐降至正常，瘀点、瘀斑消失。神经系统检查也逐渐恢复正常，一般在1~3周内痊愈。部分病人出现脑神经功能损害、肢体运动障碍、失语、癫痫等后遗症。

2. 暴发型 起病急骤，病情凶险，儿童多见，病死率高。分为3型。

（1）休克型：循环衰竭是本型的突出特征，脑膜刺激征及脑脊液改变等脑膜炎的表现可不明显。

（2）脑膜脑炎型：以脑膜、脑实质损害为主要表现。颅内高压为本型的突出症状。病人出现血压升高、锥体束征阳性，严重者可发生脑疝，出现中枢性呼吸衰竭。

（3）混合型：最严重的类型，同时有休克及脑膜脑炎的表现，病死率极高。

3. 轻型 发生于流行后期，病变轻微，表现为上呼吸道感染症状，皮肤有少量细小出血点及脑膜刺激征阳性，脑脊液变化不明显，咽拭子培养可有病原菌。

4. 慢性败血症型 此型极为少见，可迁延数月。表现为间歇性寒战、发热、皮肤瘀点或皮疹、多发性大关节痛，少数病人有脾大，每次发作可持续1~6天。易误诊，需反复多次血培养或瘀点涂片检查。

【辅助检查】

1. 血液检查 白细胞计数显著增高，多在20×10⁹/L以上，中性粒细胞百分比80%以上，可出现中毒颗粒和空泡，并发DIC时血小板计数显著下降。

2. 脑脊液检查 是确诊的重要方法。脑脊液压力明显升高，外观变混浊如米汤样或呈脓样，白细胞数升高超过1 000×10⁶/L，以中性粒细胞为主，蛋白含量增高，糖和氯化物明显减少。

3. 细菌学检查 是确诊的重要手段。

（1）涂片：皮肤瘀点或脑脊液沉淀物涂片染色镜检有早期诊断价值。

（2）细菌培养：取血液、皮肤瘀点刺出液或脑脊液检测，阳性率较低。培养阳性者应进行抗菌药物敏感试验。

4. 免疫学检查 用酶联免疫或放射免疫等方法测定流脑病人脑脊液中脑膜炎球菌特异多糖抗

原和血清特异抗体，是目前的快速诊断方法，适用于已用抗生素治疗而细菌学检查阴性者。

【治疗要点】

1. 普通型

（1）一般治疗：执行呼吸道隔离，保证足够液体量及电解质平衡。

（2）病原治疗：尽早、足量应用对脑膜炎球菌敏感并能透过血脑屏障的抗菌药物。常用药物有青霉素、头孢菌素、氯霉素和磺胺类等。

（3）对症治疗：高热时物理降温，惊厥者应用镇静剂，颅压高者应用脱水剂降颅压。

2. 暴发型

（1）休克型：① 抗菌治疗；② 抗休克治疗。

（2）脑膜脑炎型：减轻脑水肿，防治脑疝及呼吸衰竭。

问题与思考

流行性脑脊髓膜炎与流行性乙型脑炎的临床特点有哪些异同？

【常用护理诊断/问题及护理措施】

1. 体温过高　与脑膜炎球菌感染导致败血症有关。

参见本章第一节中"发热"的护理。

2. 组织灌注无效　与内毒素导致微循环障碍有关。

参见本章第三节中"细菌性痢疾"的相关内容。

3. 意识障碍

（1）保持呼吸道通畅：平卧位或侧卧位，开放气道，及时清除口鼻分泌物。

（2）病情监测：严密观察病人生命体征及意识、瞳孔变化，记录出入量。

（3）饮食护理：保证足够的营养供给，遵医嘱鼻饲流质饮食。

（4）日常生活护理：加床栏，防止坠床。做好皮肤、口腔、泌尿道等护理。预防感染发生。

4. 潜在并发症：惊厥、脑疝、呼吸衰竭。

（1）观察并发症先兆：严密监测病人生命体征、意识状态、瞳孔大小及对光反射，有无抽搐、惊厥先兆，并记录24小时出入量。当病人出现意识障碍、烦躁不安、剧烈头痛、喷射性呕吐、血压升高等征象时，提示有颅内压增高。当病人呼吸频率和节律出现异常、瞳孔对光反射迟钝或消失、两侧瞳孔不等大等圆时，提示有脑疝的可能，此时应及时通知医生，配合抢救。

（2）休息和体位：病人应绝对卧床休息，治疗护理操作集中进行，尽量减少搬动病人，避免诱发其惊厥。呕吐时应将病人头偏向一侧，防止误吸。颅内高压病人理想的头位是头部抬高15°~30°，且保持正位。腰椎穿刺病人，需协助病人去枕平卧4~6小时。

（3）呼吸衰竭的护理：保持呼吸道畅通，及时吸痰，给予吸氧，准备好抢救物品和药品，如吸痰器、气管插管或气管切开包、呼吸兴奋剂等，做好抢救准备。出现呼吸衰竭时，遵医嘱使用呼吸兴奋剂。若病人呼吸停止，应配合医生行气管切开、气管插管，施行机械通气。切忌胸外按压。

（4）用药护理：① 抗菌药物治疗护理：青霉素应用时注意观察青霉素过敏反应。应用磺胺类药物应鼓励病人多饮水，每天至少饮水2 000ml，且保证尿量在1 000ml/d以上，或遵医嘱使用碱性药物以碱化尿液，避免出现肾损害。定期复查尿常规。氯霉素治疗时应注意有无胃肠道反应、骨髓抑制现象等。② 脱水剂治疗护理：甘露醇应用时要注意观察病人的呼吸、心率、血压、瞳孔、尿量的变化，颅内高压、脑膜刺激征表现有无改善，同时注意监测电解质平衡状况。③ 使用强心药，要严格掌握给药方法、剂量、间隔时间，观察心率、心律的变化。④ 肝素治疗DIC时，注意观察疗效、有无过敏反应和出血情况等。

（5）安全护理：意识障碍者，注意防止呕吐物误吸，头偏向一侧。注意观察昏迷病人有无尿潴留，及时给予排尿，以免病人躁动引起颅内压增高。烦躁不安者，应加床栏或约束四肢，防止坠床，必要时给予镇静剂。

5. 有皮肤完整性受损的危险　与内毒素损伤皮肤小血管引起出血致皮肤出现瘀点、瘀斑，以及瘀斑中央血栓形成致组织坏死有关。

（1）皮肤观察：注意观察全身皮肤有无瘀点、瘀斑，其部位、范围、程度、进展或好转情况，以及早发现DIC先兆，及时处理。

（2）皮肤护理：① 保持皮肤清洁：保持床褥清洁、平整，勤换洗内衣裤，防止大小便后浸渍。② 保护皮肤：保护瘀点、瘀斑处皮肤，病变部位不宜穿刺；应避免昏迷病人瘀斑、瘀点处皮肤黏膜受压；瘀斑处常有刺痒感，应修剪或包裹病人指甲，以免抓破皮肤。③ 避免皮肤感染：用无菌生理盐水清洗水疱溃破处，并涂以抗生素软膏，以防止感染。

【健康指导】

1. 传染病预防指导　开展卫生宣教，搞好环境和个人卫生，注意室内通风、勤晒衣被和儿童玩具。体质虚弱者做好自我保护。

2. 保护易感人群　流行季节可对易感人群进行脑膜炎球菌多糖体菌苗预防接种，流脑流行单位的密切接触者及家庭内密切接触的儿童可应用复方磺胺甲噁唑，并医学观察7天。

3. 疾病知识指导　讲解流脑的临床过程及预后等，教育病人及时就诊，进行呼吸道隔离。隔离至症状消失后3天，隔离期一般不少于7天，以防疫情扩散。由于该疾病可引起神经系统后遗症，应指导病人和家属坚持功能锻炼，提高病人自我管理能力和生活质量。

（柳家贤）

第四节　传染性疾病临床思维案例

病史：病人，男，42岁。因疲乏、纳差3年，加重伴食欲减退、呕吐、尿黄1周入院。病人于3年前因疲乏、纳差、厌油腻等症状就诊，抽血查HBsAg（＋）、HBeAg（＋），ALT稍升高，诊断为慢性乙型肝炎，进行抗病毒治疗，半年前自行停用抗病毒药物，平时仍有吸烟、喝酒，生活及休息不规律。近1周来自觉乏力明显加重，食欲显著减退，伴恶心、呕吐，巩膜及皮肤黄染加重，尿为浓茶色，量正常。

体格检查：T 36.7℃，P 80次/min，R 19次/min，BP 105/60mmHg。神志清楚、对答切题，精神差，营养中等，全身皮肤黏膜重度黄染，未见皮疹及出血点，肝掌征（＋），腹水征（＋），肝脾未扪及。

辅助检查：ALT 1 460U/L，AST 910U/L，HBsAg（＋），HBeAg（＋）。彩超示肝回声略低，肝脏、胆囊增大，胰腺轻度肿胀，可见腹水。

拟诊"乙型病毒性肝炎（重型）"收住入院。

问题：

1. 请归纳出该病例的临床特点，并做出解释。

病情进展：

入院后2天后病人出现烦躁、扑翼样震颤、回答不切题，呼气中有腥臭味，皮肤可见瘀斑。

---

2. 此时，考虑病人发生了什么问题，需要关注哪些检测指标？

诊疗进展：

今日病人主诉乏力、恶心、呕吐加重，查看病人黄染较前加重。急查肝功能及凝血功能提示：ALT 980U/L，总胆红素240μmol/L，结合胆红素161μmol/L，凝血酶原活动度38%。初步判断病人发生了肝衰竭。

---

3. 根据以上检查指标及病人的表现，分析病人发生肝衰竭的依据并判断其属于肝衰竭的哪一期？解释"胆–酶分离"的现象及临床意义。

病情进展：

进行对症支持、抗病毒、促进肝细胞再生等治疗后，病人突然出现剧烈头痛、喷射状呕吐，呕吐物为胃内容物，烦躁加重，双侧瞳孔不等大。

---

4. 该病人最可能出现了什么并发症？有何依据？此时宜首选什么辅助检查以判断病情？

病情进展：

经抢救治疗，病人病情稳定后第2天，家属要求转出重症病房，并希望进行血浆置换治疗。

---

5. 针对病人家属的要求护士应该给予什么样的建议和指导？结合病人目前的情况分析病人还可能出现哪些急性并发症？应关注哪些指标以及时发现病人病情变化？

（蔡小霞）

复习参考题

一、简答题

1. 简述传染病的4个基本特征。
2. 简述标准预防和传染病隔离、消毒的定义。
3. 简述乙型肝炎暴露后的处理措施。
4. 简述乙型肝炎的病原学检测结果及临床意义。
5. 如何做好艾滋病的预防指导？
6. 简述艾滋病暴露后的处理措施。
7. 简述被犬咬伤后的伤口处理。
8. 简述霍乱的补液原则及健康指导。
9. 简述中毒性菌痢的临床特点。
10. 简述流行性脑脊髓膜炎的临床表现。

二、选择题

1. 患儿，男，3岁，以突然高热、进行性呼吸困难入院，怀疑为中毒型痢疾。为早日检出痢疾杆菌，护士留取大便正确的做法是
   A. 标本多次采集，集中送检
   B. 可用开塞露灌肠取便
   C. 患儿无大便时，口服泻剂留取大便
   D. 如标本难以采集，可取其隔日大便送检
   E. 选取大便黏液脓血部分送检

2. 患儿，男，10岁。因流行性脑脊髓膜炎入院。病人突然出现昏迷，潮式呼吸，一侧瞳孔扩大，应立即
   A. 静脉滴注呋塞米
   B. 静脉滴注地塞米松
   C. 静脉滴注20%甘露醇
   D. 气管插管
   E. 使用人工呼吸机

3. 患儿，女，5岁。高热40.8℃，昏迷不醒，抽搐，四肢厥冷，休克血压。肛拭子取便镜检：脓细胞（+），红细胞（+）。下列护理措施中最首要的是
   A. 卧床休息
   B. 注意保暖
   C. 少渣饮食
   D. 氧气吸入
   E. 开放静脉扩容治疗

4. 孕妇，28岁。既往有乙型肝炎病史，肝功能正常，乙型肝炎病毒标志物检测发现只有HBsAg（+），近日在医院足月顺产一女婴，体重为4 200g，为阻断母婴传播，应对新生儿采取的预防措施是
   A. 接种乙肝疫苗
   B. 接种丙种球蛋白
   C. 接种高效价乙肝免疫球蛋白
   D. 接种乙肝疫苗+丙种球蛋白
   E. 接种乙肝疫苗+高效价乙肝免疫球蛋白

5. 病人，女，38岁。既往有HBsAg（+）病史，最近经常熬夜，3天前因出现乏力、食欲减退加重到医院就诊。查体：肝肋下3cm，有轻度压痛，皮肤巩膜深度黄染，为判断病人是否出现急性重型肝炎，应特别关注的症状是
   A. 出血倾向
   B. 消化道症状
   C. 肝肿大的情况
   D. 肝性脑病症状
   E. 黄疸的情况

答案：1. E 2. C 3. E 4. E 5. D

推荐阅读文献

［1］李葆华，赵志新. 传染病护理学. 北京：人民卫生出版社，2022.

［2］李兰娟，任红. 传染病学. 9版. 北京：人民卫生出版社，2018.

［3］钟锋. 传染病护理学. 2版. 北京：人民卫生出版社，2017.

［4］张小来. 传染病护理学. 2版. 北京：人民卫生出版社，2018.

［5］龚守会，王群，周东. 癫痫规范化诊断治疗和管理. 北京：科学出版社，2022.

［6］尤黎明，吴瑛. 内科护理学. 7版. 北京：人民卫生出版社，2022.

［7］葛均波，徐永健，王辰. 内科学. 9版. 北京：人民卫生出版社，2018.

［8］单春雷，宋为群. 脑卒中康复治疗. 2版. 北京：人民卫生出版社，2021.

［9］王宇明，李梦东. 实用传染病学. 4版. 北京：人民卫生出版社，2017.

［10］张振香，许梦雅，陈素艳，等. 失能老人生活重建康复护理指导. 郑州：河南科学技术出版社，2022.

［11］贾建平，陈生弟. 神经病学. 8版. 北京：人民卫生出版社，2020.

［12］万学红，卢雪峰. 诊断学. 9版. 北京：人民卫生出版社，2018.

［13］中国卒中学会. 中国脑血管病临床管理指南. 北京：人民卫生出版社，2019.

［14］中国卒中学会. 中风病人和照料者手册. 北京：人民卫生出版社，2019.

［15］中国高血压防治指南修订委员会，高血压联盟（中国），中华医学会心血管病学分会，等. 中国高血压防治指南（2018年修订版）. 中国心血管杂志，2019，24（1）：24-56.

［16］中华医学会心血管病学分会心力衰竭学组，中国医师协会心力衰竭专业委员会，中华心血管病杂志编辑委员会. 中国心力衰竭诊断和治疗指南2018. 中华心血管病杂志，2018，46（10）：760-789.

［17］中华医学会心血管病学分会，中华心血管病杂志编辑委员会. 急性ST段抬高型心肌梗死诊断和治疗指南（2019）. 中华心血管病杂志，2019，47（10）：766-783.

［18］中华医学会心血管病学分会，中国生物医学工程学会心律分会. 抗心律失常药物临床应用中国专家共识. 中华心血管病杂志，2023，51（3）：256-269.

［19］中国心血管病预防指南（2017）写作组，中华心血管病杂志编辑委员会. 中国心血管病预防指南（2017）. 中华心血管病杂志，2018，46（1）：10-25.

［20］经导管主动脉瓣置换术流程优化共识专家组. 经导管主动脉瓣置换术（TAVR）流程优化专家共识2022版. 中华急诊医学杂志，2022，31（2）：154-160.

［21］SAFIRI S，KARAMZAD N，SINGH K，et al. Burden of ischemic heart disease and its attributable risk factors in 204 countries and territories，1990-2019. Eur J Prev Cardiol，2022，29（2）：420-431.

［22］中华医学会消化病学分会幽门螺杆菌学组. 2022中国幽门螺杆菌感染治疗指南. 中华消化杂志，2022，42（11）：745-756.

［23］中华消化杂志编辑委员会. 消化性溃疡诊断与治疗共识意见（2022年，上海）. 中华消化杂志，2023，43（3）：176-192.

［24］中华医学会肝病学分会. 肝硬化诊治指南. 临床肝胆病杂志，2019，35（11）：2408-2425.

［25］上海市肾内科临床质量控制中心专家组. 慢性肾脏病早期筛查、诊断及防治指南（2022年版）. 中华肾脏病杂志，2022，38（5）：453-464.

［26］中华医学会血液学分会，中国医师协会血液科医师分会. 中国急性早幼粒细胞白血病诊疗指南（2018年版）. 中华血液学杂志，2018，39（3）：179-183.

［27］郑荣寿，张思维，孙可欣，等. 2016年中国恶性肿瘤流行情况分析. 中华肿瘤杂志，2023，45（3）：212-220.

［28］American Thyroid Association，American Association of Clinical Endocrinologists. Hyperthyroidism and other causes of thyrotoxicosis：management guidelines of the American Thyroid Association and American Association of Clinical Endocrinologists. Thyroid，2011，21（6）：593-646.

［29］谭惠文，唐宇，余叶蓉，等. 国际垂体协会《库欣病的诊断和管理共识（更新版）》解读——诊断篇. 中国全科医学，2022，25（20）：2435-2442.

［30］中华医学会糖尿病学分会. 中国2型糖尿病防治指南（2020年版）. 中华糖尿病杂志，2021，13（4）：315-409.

［31］中华医学会内分泌学分会，中华医学会糖尿病学分会，中国医师协会内分泌代谢科医师分会. 中国胰岛素泵治疗指南（2021年版）. 中华内分泌代谢杂志，2021，37（8）：679-701.

［32］中国免疫学会神经免疫分会. 静脉注射人免疫球蛋白治疗神经系统免疫疾病中国指南. 中国神经免疫学和神经病学杂志，2022，29（6）：437-448.

［33］国务院联防联控机制综合组. 关于印发新型冠状病毒感染防控方案（第十版）的通知.（2023-01-07）[2023-12-08] http://www.nhc.gov.cn/xcs/zhengcwj/202301/bdc1ff75feb94934ac1dadc176d30936.shtml.

中英文名词对照索引

F

G

H

附录　章重点小结思维导图

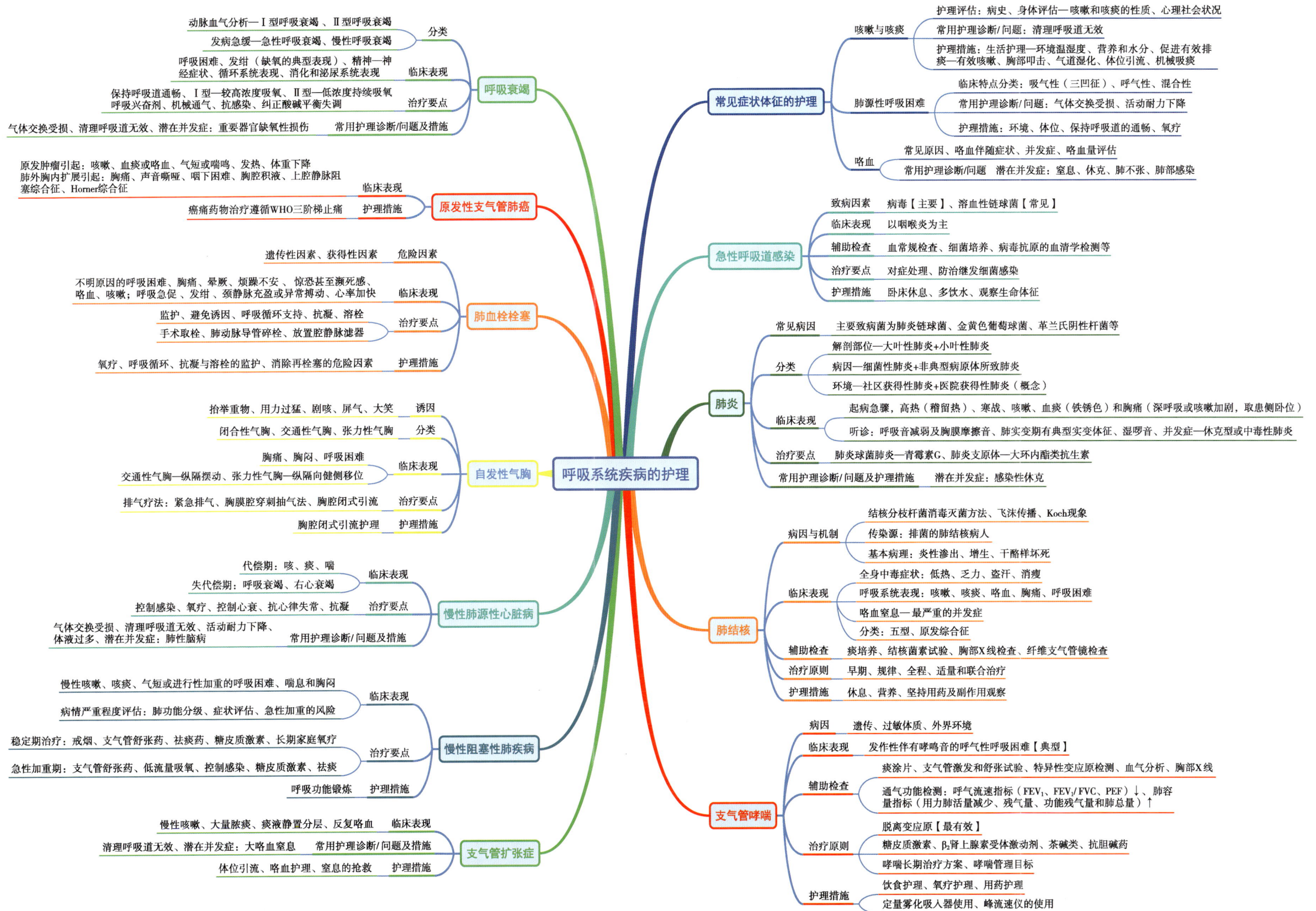

呼吸系统疾病的护理

常见症状体征的护理
- 咳嗽与咳痰
  - 护理评估：病史、身体评估—咳嗽和咳痰的性质、心理社会状况
  - 常用护理诊断/问题：清理呼吸道无效
  - 护理措施：生活护理—环境温湿度、营养和水分、促进有效排痰—有效咳嗽、胸部叩击、气道湿化、体位引流、机械吸痰
- 肺源性呼吸困难
  - 临床特点分类：吸气性（三凹征）、呼气性、混合性
  - 常用护理诊断/问题：气体交换受损、活动耐力下降
  - 护理措施：环境、体位、保持呼吸道的通畅、氧疗
- 咯血
  - 常见原因、咯血伴随症状、并发症、咯血量评估
  - 常用护理诊断/问题　潜在并发症：窒息、休克、肺不张、肺部感染

急性呼吸道感染
- 致病因素　病毒【主要】、溶血性链球菌【常见】
- 临床表现　以咽喉炎为主
- 辅助检查　血常规检查、细菌培养、病毒抗原的血清学检测等
- 治疗要点　对症处理、防治继发细菌感染
- 护理措施　卧床休息、多饮水、观察生命体征

肺炎
- 常见病因　主要致病菌为肺炎链球菌、金黄色葡萄球菌、革兰氏阴性杆菌等
- 分类
  - 解剖部位—大叶性肺炎+小叶性肺炎
  - 病因—细菌性肺炎+非典型病原体所致肺炎
  - 环境—社区获得性肺炎+医院获得性肺炎（概念）
- 临床表现
  - 起病急骤，高热（稽留热）、寒战、咳嗽、血痰（铁锈色）和胸痛（深呼吸或咳嗽加剧，取患侧卧位）
  - 听诊：呼吸音减弱及胸膜摩擦音、肺实变期有典型实变体征、湿啰音、并发症—休克型或中毒性肺炎
- 治疗要点　肺炎球菌肺炎—青霉素G、肺炎支原体—大环内酯类抗生素
- 常用护理诊断/问题及措施　潜在并发症：感染性休克

肺结核
- 病因与机制
  - 结核分枝杆菌消毒灭菌方法、飞沫传播、Koch现象
  - 传染源：排菌的肺结核病人
  - 基本病理：炎性渗出、增生、干酪样坏死
- 临床表现
  - 全身中毒症状：低热、乏力、盗汗、消瘦
  - 呼吸系统表现：咳嗽、咳痰、咯血、胸痛、呼吸困难
  - 咯血窒息—最严重的并发症
  - 分类：五型、原发综合征
- 辅助检查　痰培养、结核菌素试验、胸部X线检查、纤维支气管镜检查
- 治疗原则　早期、规律、全程、适量和联合治疗
- 护理措施　休息、营养、坚持用药及副作用观察

支气管哮喘
- 病因　遗传、过敏体质、外界环境
- 临床表现　发作性伴有哮鸣音的呼气性呼吸困难【典型】
- 辅助检查
  - 痰涂片、支气管激发和舒张试验、特异性变应原检测、血气分析、胸部X线
  - 通气功能检测：呼气流速指标（FEV_1、FEV_1/FVC、PEF）↓、肺容量指标（用力肺活量减少、残气量、功能残气量和肺总量）↑
- 治疗原则
  - 脱离变应原【最有效】
  - 糖皮质激素、β_2肾上腺素受体激动剂、茶碱类、抗胆碱药
  - 哮喘长期治疗方案、哮喘管理目标
- 护理措施
  - 饮食护理、氧疗护理、用药护理
  - 定量雾化吸入器使用、峰流速仪的使用

呼吸衰竭
- 分类
  - 动脉血气分析—Ⅰ型呼吸衰竭、Ⅱ型呼吸衰竭
  - 发病急缓—急性呼吸衰竭、慢性呼吸衰竭
- 临床表现　呼吸困难、发绀（缺氧的典型表现）、精神—神经症状、循环系统表现、消化和泌尿系统表现
- 治疗要点　保持呼吸道通畅、Ⅰ型—较高浓度吸氧、Ⅱ型—低浓度持续吸氧、呼吸兴奋剂、机械通气、抗感染、纠正酸碱平衡失调
- 常用护理诊断/问题及措施　气体交换受损、清理呼吸道无效、潜在并发症：重要器官缺氧性损伤

原发性支气管肺癌
- 临床表现
  - 原发肿瘤引起：咳嗽、血痰或咯血、气短或喘鸣、发热、体重下降
  - 肺外胸内扩展引起：胸痛、声音嘶哑、咽下困难、胸腔积液、上腔静脉阻塞综合征、Horner综合征
- 护理措施　癌痛药物治疗遵循WHO三阶梯止痛

肺血栓栓塞
- 危险因素　遗传性因素、获得性因素
- 临床表现　不明原因的呼吸困难、胸痛、晕厥、烦躁不安、惊恐甚至濒死感、咯血、咳嗽；呼吸急促、发绀、颈静脉充盈与异常搏动、心率加快
- 治疗要点　监护、避免诱因、呼吸循环支持、抗凝、溶栓、手术取栓、肺动脉导管碎栓、放置腔静脉滤器
- 护理措施　氧疗、呼吸循环、抗凝与溶栓的监护、消除再栓塞的危险因素

自发性气胸
- 诱因　抬举重物，用力过猛、剧咳、屏气、大笑
- 分类　闭合性气胸、交通性气胸、张力性气胸
- 临床表现　胸痛、胸闷、呼吸困难、交通性气胸—纵隔摆动、张力性气胸—纵隔向健侧移位
- 治疗要点　排气疗法：紧急排气、胸膜腔穿刺抽气法、胸腔闭式引流
- 护理措施　胸腔闭式引流护理

慢性肺源性心脏病
- 临床表现
  - 代偿期：咳、痰、喘
  - 失代偿期：呼吸衰竭、右心衰竭
- 治疗要点　控制感染、氧疗、控制心衰、抗心律失常、抗凝
- 常用护理诊断/问题及措施　气体交换受损、清理呼吸道无效、活动耐力下降、体液过多、潜在并发症：肺性脑病

慢性阻塞性肺疾病
- 临床表现　慢性咳嗽、咳痰、气短或进行性加重的呼吸困难、喘息和胸闷
- 病情严重程度评估：肺功能分级、症状评估、急性加重的风险
- 治疗要点
  - 稳定期治疗：戒烟、支气管舒张药、祛痰药、糖皮质激素、长期家庭氧疗
  - 急性加重期：支气管舒张药、低流量吸氧、控制感染、糖皮质激素、祛痰
- 护理措施　呼吸功能锻炼

支气管扩张症
- 临床表现　慢性咳嗽、大量脓痰、痰液静置分层、反复咯血
- 常用护理诊断/问题及措施　清理呼吸道无效、潜在并发症：大咯血窒息
- 护理措施　体位引流、咯血护理、窒息的抢救

▲ 呼吸系统疾病的护理

循环系统疾病的护理

▲ 循环系统疾病的护理

心包疾病

临床表现
- 心前区疼痛、心包摩擦音 —— 纤维蛋白性心包炎
- 呼吸困难、累及静脉回流、出现颈静脉怒张、肝大、水肿及腹水等、心脏压塞 —— 渗出性心包炎
- 劳力性呼吸困难、颈静脉怒张、肝大、腹水、下肢水肿、心率增快、Kussmaul征 —— 缩窄性心包炎
- 气体交换受损、疼痛 —— 常用护理诊断/问题及措施

感染性心内膜炎

病因
- 急性自体瓣膜心内膜炎主要由【金黄色葡萄球菌】引起
- 亚急性自体瓣膜心内膜炎最常见的致病菌是【草绿色链球菌】

临床表现
- 发热
- 心脏杂音
- 周围体征:淤点、指(趾)甲下线状出血、Osle结节、Janeway损害
- 动脉栓塞:可发生于机体的任何部位
- 感染的非特异性症状:如贫血、脾大等
- 并发症:心脏并发症、神经系统并发症、肾脏并发症

辅助检查:血培养、超声心动图

治疗要点:抗微生物药物治疗原则、手术治疗

护理诊断/措施:发热护理、正确采集血培养标本、病情观察、潜在并发症:栓塞

心肌疾病

扩张型心肌病
- 临床表现:劳力性呼吸困难和心绞痛症状,心脏轻度增大
- 治疗要点:病因,心力衰竭,抗凝,心律失常心脏起搏器,心脏移植

肥厚型心肌病
- 临床表现:劳力性呼吸困难和心绞痛、晕厥、猝死;心脏轻度增大
- 治疗要点:一般治疗、心脏起搏治疗、经皮间隔心肌消融术、外科手术、药物治疗(β受体阻滞剂、钙通道阻滞剂、心力衰竭治疗)

病毒性心肌炎
- 病因:柯萨奇B组病毒【最常见】
- 临床表现:与发热程度不平行的心动过速,重者可致严重心律失常、心源性休克、心力衰竭,甚至猝死

心肌病病人的护理
- 休息与活动
- 疼痛的评估与处理
- 潜在并发症:心力衰竭、心律失常、血栓栓塞、心源性猝死

冠状动脉粥样硬化性心脏病

主要危险因素:年龄、性别、血脂异常、高血压、吸烟、糖尿病和糖耐量异常

临床表现
- 诱因:体力劳动、情绪激动、饱餐、运动
- 稳定型心绞痛:发作性胸痛:休息或含服硝酸甘油可缓解
- 不稳定型心绞痛:疼痛发作的频率增加,程度加重、时限延长、诱发因素变化、硝酸酯类药物缓解作用减弱;心绞痛严重程度分级标准
- 急性心肌梗死:胸部不适等先兆症状、全身症状、胃肠道症状、心律失常(室性)、低血压和休克、心力衰竭、疼痛

辅助检查
- 急性心肌梗死心电图特征性改变、血清心肌坏死标记
- 冠状动脉造影术【确诊】

治疗要点
- 稳定型心绞痛:休息、硝酸制剂舌下含服
- 急性心肌梗死:休息、吸氧、监测、解除疼痛(哌替啶或吗啡、硝酸酯类)、心力衰竭、再灌注心肌(冠脉介入治疗、溶栓治疗)、消除心律失常、控制休克、抗凝
- 硝酸甘油无效的原因

护理措施:疼痛护理、溶栓疗效与不良反应观察、用药护理

健康指导:改变生活方式、避免诱发因素、病情的自我管理、提高服药依从性、冠心病二级预防ABCDE原则

原发性高血压

血压水平分类和定义:血压水平分类及定义、心血管风险水平分层标准

临床表现
- 大多数高血压病人起病隐匿,缺少典型症状
- 搏动性头痛、心力衰竭、肾功能障碍、中枢神经系统症状、胸痛
- 高血压急症和亚急症

辅助检查:24小时动态血压监测、超声心动图、颈动脉超声、血同型半胱氨酸、眼底检查及踝臂血压指数

治疗要点:降压目标、非药物饮食运动管理、五类一线药物、高血压急症治疗

护理措施:用药护理、避免受伤、高血压急症的预防与护理

常见症状体征的护理

- 结构与功能:心脏的位置,心脏的解剖结构,心脏瓣膜,心脏传导系统,冠状动脉循环
- 身体评估:心脏——视触叩听;颈部——颈静脉怒张、肝颈静脉回流征阳性、异常脉搏
- 心源性呼吸困难
  - 表现:劳力性呼吸困难、夜间阵发性呼吸困难、端坐呼吸
  - 护理诊断:气体交换受损
  - 护理措施:休息与活动、体位、吸氧、心理护理、输液量和速度、病情监测
- 心源性水肿
  - 特点:身体最低垂部位,凹陷性水肿
  - 护理诊断:体液过多 有皮肤完整性受损的危险
  - 护理措施:休息与活动、饮食——限钠,用药护理、病情监测、预防压疮
- 心源性胸痛:心绞痛、心肌梗死、急性主动脉夹层、梗阻性肥厚型心肌病、急性心包炎的胸痛特点
- 心源性晕厥:阿-斯综合征(Adams-Stokes syndrome)

慢性心力衰竭

基本病因
- 原发性心肌损害
- 压力负荷过重与容量负荷过重(相应疾病)

诱因:感染【最常见】、心律失常、血容量增加、过度劳累或情绪激动、治疗不当、甲状腺功能亢进、贫血、麻醉与手术

分期与分级
- 心力衰竭的分期,左室射血分数分类
- 心功能NYHA分级
- 6分钟步行试验

临床表现
- 左心衰竭:肺循环淤血及心排血量降低的综合征
- 右心衰竭:体循环淤血为主的综合征

治疗要点:病因治疗、消除诱因、利尿剂、ACEI、血管紧张素受体拮抗剂、血管扩张剂、β受体阻滞剂、洋地黄类药物

常用护理诊断/问题:气体交换受损、体液过多、活动无耐力、潜在并发症:洋地黄中毒

护理措施
- 体位、休息与运动、饮食护理(清淡、少食多餐、限制热量摄入、限制钠盐摄入)
- 用药护理:常见药物作用机制和不良反应
- 预防洋地黄类药物中毒、观察洋地黄类药物中毒表现、洋地黄类药物中毒的处理

急性心力衰竭

临床表现
- 症状:急性肺水肿——突发严重呼吸困难、端坐呼吸、大汗、粉红色泡沫样痰、窒息感、极度烦躁不安、恐惧
- 体征:两肺布满湿啰音和哮鸣音、舒张期奔马律、肺动脉瓣第二心音亢进

抢救配合:体位、氧疗、吗啡、快速利尿剂、血管扩张剂、洋地黄制剂、病情监测、心理护理、基础护理、饮食护理

心律失常

- 分类与临床表现:窦性心律失常、室上性心律失常、室性心律失常、房室传导阻滞
- 辅助检查:各型心律失常心电图特点
- 治疗要点:各型心律失常的针对性治疗、常用的抗心律失常药物

心脏瓣膜病

临床表现
- 二尖瓣狭窄
  - 症状:呼吸困难、咯血、咳嗽、声音嘶哑
  - 体征:"二尖瓣面容"、双颧紫红、心尖区可闻及舒张期隆隆样杂音、心影呈梨形
  - 并发症:心房颤动、心力衰竭、血栓栓塞、感染性心内膜炎
- 二尖瓣关闭不全
  - 症状:慢性者疲乏无力或轻微劳力性呼吸困难、急性者可发生急性左心衰
  - 体征:心尖冲动呈高动力型,向下移位、心尖区收缩期高调吹风样杂音
- 主动脉瓣狭窄
  - 定状:三联征:呼吸困难、心绞痛和晕厥
  - 体征:主动脉瓣第一听诊区吹风样收缩期杂音、细迟脉
- 主动脉瓣关闭不全
  - 症状:心悸、心前区不适、晚期可出现左心室衰竭表现
  - 体征:心尖冲动呈抬举样,向下移位、周围血管征、胸骨左缘第3~4肋间闻及高调叹气样舒张期杂音、心尖区舒张期隆隆样杂音,心影呈靴形

辅助检查:超声心动图,X线检查,心电图检查,造影术

治疗要点:抗风湿活动、治疗预防复发、预防感染性心内膜炎、介入手术

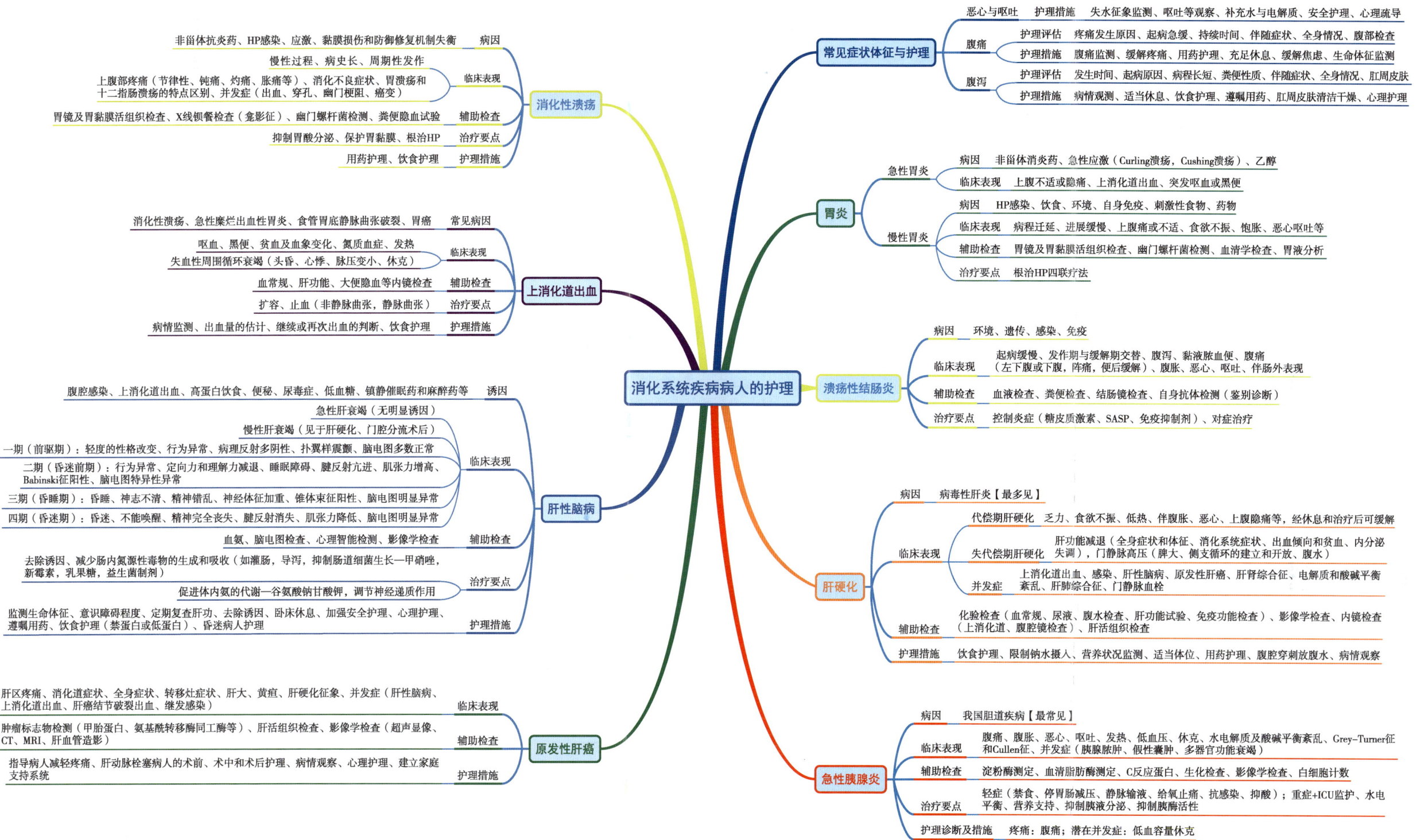

▲ 消化系统疾病病人的护理

消化系统疾病病人的护理

常见症状体征与护理
- 恶心与呕吐 — 护理措施 — 失水征象监测、呕吐等观察、补充水与电解质、安全护理、心理疏导
- 腹痛
  - 护理评估 — 疼痛发生原因、起病急缓、持续时间、伴随症状、全身情况、腹部检查
  - 护理措施 — 腹痛监测、缓解疼痛、用药护理、充足休息、缓解焦虑、生命体征监测
- 腹泻
  - 护理评估 — 发生时间、起病原因、病程长短、粪便性质、伴随症状、全身情况、肛周皮肤
  - 护理措施 — 病情观测、适当休息、饮食护理、遵嘱用药、肛周皮肤清洁干燥、心理护理

消化性溃疡
- 病因 — 非甾体抗炎药、HP感染、应激、黏膜损伤和防御修复机制失衡
- 临床表现 — 慢性过程、病史长、周期性发作 / 上腹部疼痛（节律性、钝痛、灼痛、胀痛等）、消化不良症状、胃溃疡和十二指肠溃疡的特点区别，并发症（出血、穿孔、幽门梗阻、癌变）
- 辅助检查 — 胃镜及胃黏膜活组织检查、X线钡餐检查（龛影征）、幽门螺杆菌检测、粪便隐血试验
- 治疗要点 — 抑制胃酸分泌、保护胃黏膜、根治HP
- 护理措施 — 用药护理、饮食护理

胃炎
- 急性胃炎
  - 病因 — 非甾体消炎药、急性应激（Curling溃疡，Cushing溃疡）、乙醇
  - 临床表现 — 上腹不适或隐痛、上消化道出血、突发呕血或黑便
- 慢性胃炎
  - 病因 — HP感染、饮食、环境、自身免疫、刺激性食物、药物
  - 临床表现 — 病程迁延、进展缓慢、上腹痛或不适、食欲不振、饱胀、恶心呕吐等
  - 辅助检查 — 胃镜及胃黏膜活组织检查、幽门螺杆菌检测、血清学检查、胃液分析
  - 治疗要点 — 根治HP四联疗法

上消化道出血
- 常见病因 — 消化性溃疡、急性糜烂出血性胃炎、食管胃底静脉曲张破裂、胃癌
- 临床表现 — 呕血、黑便、贫血及血象变化、氮质血症、发热 / 失血性周围循环衰竭（头昏、心悸、脉压变小、休克）
- 辅助检查 — 血常规、肝功能、大便隐血等内镜检查
- 治疗要点 — 扩容、止血（非静脉曲张，静脉曲张）
- 护理措施 — 病情监测、出血量的估计、继续或再次出血的判断、饮食护理

溃疡性结肠炎
- 病因 — 环境、遗传、感染、免疫
- 临床表现 — 起病缓慢、发作期与缓解期交替、腹泻、黏液脓血便、腹痛（左下腹或下腹，阵痛，便后缓解）、腹胀、恶心、呕吐、伴肠外表现
- 辅助检查 — 血液检查、粪便检查、结肠镜检查、自身抗体检测（鉴别诊断）
- 治疗要点 — 控制炎症（糖皮质激素、SASP、免疫抑制剂）、对症治疗

肝性脑病
- 诱因 — 腹腔感染、上消化道出血、高蛋白饮食、便秘、尿毒症、低血糖、镇静催眠药和麻醉药等
- 临床表现
  - 急性肝衰竭（无明显诱因）
  - 慢性肝衰竭（见于肝硬化、门腔分流术后）
  - 一期（前驱期）：轻度的性格改变、行为异常、病理反射多阴性、扑翼样震颤、脑电图多数正常
  - 二期（昏迷前期）：行为异常、定向力和理解力减退、睡眠障碍、腱反射亢进、肌张力增高、Babinski征阳性、脑电图特异性异常
  - 三期（昏睡期）：昏睡、神志不清、精神错乱、神经体征加重、锥体束征阳性、脑电图明显异常
  - 四期（昏迷期）：昏迷、不能唤醒、精神完全丧失、腱反射消失、肌张力降低、脑电图明显异常
- 辅助检查 — 血氨、脑电图检查、心理智能检测、影像学检查
- 治疗要点 — 去除诱因、减少肠内氮源性毒物的生成和吸收（如灌肠，导泻，抑制肠道细菌生长—甲硝唑、新霉素，乳果糖，益生菌制剂）/ 促进体内氨的代谢—谷氨酸钠甘氨酸钾，调节神经递质作用
- 护理措施 — 监测生命体征、意识障碍程度、定期复查肝功、去除诱因、卧床休息、加强安全护理、心理护理、遵嘱用药、饮食护理（禁蛋白或低蛋白）、昏迷病人护理

肝硬化
- 病因 — 病毒性肝炎【最多见】
- 临床表现
  - 代偿期肝硬化 — 乏力、食欲不振、低热、伴腹胀、恶心、上腹隐痛等，经休息和治疗后可缓解
  - 失代偿期肝硬化 — 肝功能减退（全身症状和体征、消化系统症状、出血倾向和贫血、内分泌失调）、门静脉高压（脾大、侧支循环的建立和开放、腹水）
  - 并发症 — 上消化道出血、感染、肝性脑病、原发性肝癌、肝肾综合征、电解质和酸碱平衡紊乱、肝肺综合征、门静脉血栓
- 辅助检查 — 化验检查（血常规、尿液、腹水检查、肝功能试验、免疫功能检查）、影像学检查、内镜检查（上消化道、腹腔镜检查）、肝活组织检查
- 护理措施 — 饮食护理、限制钠水摄入、营养状况监测、适当体位、用药护理、腹腔穿刺放腹水、病情观察

原发性肝癌
- 临床表现 — 肝区疼痛、消化道症状、全身症状、转移灶症状、肝大、黄疸、肝硬化征象、并发症（肝性脑病、上消化道出血、肝癌结节破裂出血、继发感染）
- 辅助检查 — 肿瘤标志物检测（甲胎蛋白、氨基酰转移酶同工酶等）、肝活组织检查、影像学检查（超声显像、CT、MRI、肝血管造影）
- 护理措施 — 指导病人减轻疼痛、肝动脉栓塞病人的术前、术中和术后护理、病情观察、心理护理、建立家庭支持系统

急性胰腺炎
- 病因 — 我国胆道疾病【最常见】
- 临床表现 — 腹痛、腹胀、恶心、呕吐、发热、低血压、休克、水电解质及酸碱平衡紊乱、Grey-Turner征和Cullen征、并发症（胰腺脓肿、假性囊肿、多器官功能衰竭）
- 辅助检查 — 淀粉酶测定、血清脂肪酶测定、C反应蛋白、生化检查、影像学检查、白细胞计数
- 治疗要点 — 轻症（禁食、停胃肠减压、静脉输液、给氧止痛、抗感染、抑酸）；重症+ICU监护、水电平衡、营养支持、抑制胰液分泌、抑制胰酶活性
- 护理诊断及措施 — 疼痛：腹痛；潜在并发症：低血容量休克

▲ 泌尿系统疾病的护理

泌尿系统疾病的护理

慢性肾衰竭
- 概述：我国主要病因：慢性肾炎
- 临床表现
  - 水、电解质和酸碱平衡失调；糖、脂肪、蛋白质代谢障碍
  - 心血管系统表现：高血压和左心室肥厚、心力衰竭、心包炎、动脉粥样硬化
  - 呼吸系统表现
  - 消化系统表现：食欲不振最早期和最常见表现
  - 血液系统表现：贫血、出血倾向、白细胞异常
  - 神经肌肉系统表现
  - 皮肤表现
  - 骨骼病变
  - 内分泌失调
  - 感染
- 治疗要点：治疗原发病和纠正加重慢性肾衰竭的因素、营养治疗、控制高血压和肾小球内高压力、贫血的治疗、替代治疗纠正水、电解质和酸碱平衡失调、控制感染、对症治疗
- 护理措施：优质低蛋白、监测肾功能与营养状况、皮肤护理、休息与活动、预防感染

急性肾损伤
- 病因：肾前性、肾性、肾后性
- 临床表现：起始期、维持期（AKI的全身并发症、水、电解质和酸碱平衡失调—代酸、高钾、低钠）、恢复期
- 治疗要点：尽早纠正可逆病因、维持体液平衡、饮食和营养、高钾血症的处理、纠正代谢性酸中毒、肾脏替代治疗、饮食和营养
- 护理诊断/问题：潜在并发症：水、电解质和酸碱平衡失调、营养失调低于机体需要量
- 护理措施：监测并及时处理水、电解质和酸碱平衡失调、卧床休息、优质低蛋白质饮食、热量充足、预防感染

尿路感染
- 病因与发病机制：大肠埃希菌【最常见的致病菌】；上行感染【主要途径】；尿路梗阻【最重要的易感因素】
- 临床表现
  - 膀胱炎：膀胱刺激征
  - 急性肾盂肾炎：膀胱刺激症状、全身症状、肋脊角压痛或叩击痛、血白细胞增高、尿中有白细胞管型、腰痛
  - 并发症：肾乳头坏死、肾周脓肿
  - 无症状性菌尿：有真性菌尿但无尿路感染症状
- 治疗要点
  - 急性膀胱炎：单剂量疗法，推荐短程疗法；妊娠妇女、老年病人、糖尿病等用7天疗法
  - 急性肾盂肾炎：口服有效抗菌药物14天，疗效评定：治愈、失败
  - 再发性尿路感染：复发—积极寻找并去除易感因素如尿路梗阻等，选择有效强力杀菌性抗生素；重新感染—长程低剂量抑菌疗法

常见症状体征的护理
- 肾性水肿
  - 体液过多：饮食护理（限盐、限水、优质低蛋白）、休息、病情观察、用药护理
  - 有皮肤完整性受损的危险：皮肤护理、病情观察
- 尿路刺激征：排尿障碍：休息、多饮水、局部皮肤黏膜清洁、疼痛护理、用药护理
- 肾性高血压
- 尿异常
- 肾区痛

急性肾小球肾炎
- 病理类型：毛细血管内增生性肾小球肾炎
- 临床表现
  - 尿异常（尿量减少、血尿、蛋白尿）、水肿、高血压、肾功能减退
  - 并发症：心力衰竭、高血压脑病、急性肾损伤
- 治疗要点
  - 一般治疗：卧床休息、限制水钠、特殊饮食
  - 对症治疗：利尿、降压
  - 控制感染
  - 透析治疗

慢性肾小球肾炎
- 临床表现：蛋白尿、血尿、水肿、高血压、肾功能损害
- 治疗要点
  - 优质低蛋白低磷饮食
  - 积极控制高血压和减少尿蛋白
  - 糖皮质激素和细胞毒药物
  - 避免加重肾损害的因素

肾病综合征
- 临床表现
  - 三高一低：大量蛋白尿、低蛋白血症、水肿、高脂血症
  - 并发症：感染：最常见，导致本病复发和疗效不佳的主因；血栓、栓塞、急性肾衰竭
- 治疗要点
  - 卧床休息
  - 对症：利尿消肿、减少尿蛋白
  - 抑制免疫炎症反应：糖皮质激素—起始足量、缓慢减量、长期维持
  - 并发症防治
- 护理措施
  - 优质低蛋白饮食、预防感染
  - 糖皮质激素、勿擅自减量或停药、毒副作用

血液系统疾病的护理

概述

- **血细胞的生理功能**
  - 红细胞：血红蛋白运输氧；网织红细胞计数反映骨髓造血功能
  - 白细胞
    - 中性粒细胞：抵御细菌入侵的第一道防线
    - 嗜酸性粒细胞：有抗过敏、抗寄生虫作用
    - 嗜碱性粒细胞：能释放组胺及肝素
    - 单核细胞：抵御细菌入侵的第二道防线
    - 淋巴细胞：参与细胞免疫与体液免疫
  - 血小板：参与止血与凝血
- **出血或出血倾向**
  - 原因：血小板数目减少及其功能异常、毛细血管脆性或通透性增加、血浆中凝血因子缺乏以及循环血液中抗凝血物质的增加
  - 护理诊断：有受伤的危险：出血
  - 护理措施：皮肤出血、鼻出血，口腔、牙龈出血，关节腔出血或深部组织血肿、眼底出血、颅内出血的预防与护理
- **发热**：出血倾向者禁酒精拭浴

贫血

- **定义**：Hb浓度、RBC计数和/或HCT↓
- **分类**
  - 按病因：红细胞生成减少；红细胞破坏过多；失血
  - 按红细胞形态特点：大细胞性贫血；正常细胞性贫血及小细胞低色素性贫血
- **护理评估**
  - 疲乏、无力【最常见、最早出现的症状】
  - 皮肤黏膜苍白【最突出体征】
  - 贫血严重程度——Hb浓度：轻度（>90g/L）、中度（60~90g/L）、重度（30~59g/L）、极重度（<30g/L）
- **常用护理诊断/问题及措施**：活动无耐力

缺铁性贫血

- **铁的代谢**：十二指肠及空肠上段是铁主要吸收部位
- **病因**
  - 铁摄入量不足、铁吸收不良、铁丢失过多
  - 慢性失血是成人缺铁性贫血【最常见病因】
- **临床表现**
  - 一般贫血表现
  - 组织缺铁表现：皮肤干燥无光泽，毛发干枯易脱落；反甲或匙状甲；黏膜损害表现为口角炎、舌炎、舌乳头萎缩；Plummer-Vinson综合征
  - 神经、精神系统异常：兴奋、易激惹、好动、异食癖、末梢神经炎或神经痛，智能发育障碍
- **辅助检查**
  - 血象：小细胞低色素性贫血
  - 骨涂片：铁染色示骨髓外铁消失，诊断金标准
  - 铁代谢：血清铁蛋白及血清铁减少
- **治疗要点**
  - 病因治疗【首要】
  - 补铁【首选口服铁剂】
  - 疗效指标：补铁有效—用药1周后外周血网织红细胞开始升高，10天左右达高峰；2周后血红蛋白开始上升，2个月左右恢复正常
  - 疗程：补足贮存铁，Hb恢复正常后继续服用铁剂3-6个月，或待血清铁蛋白正常后停药
- **护理措施**
  - 饮食护理：纠正不良的饮食习惯、增加含铁丰富食物
  - 口服铁剂的用药指导：促吸收——维生素C；抑制吸收—牛奶、浓茶、咖啡
  - 注射铁剂的护理：防过敏、深部肌内注射、"Z"形注射法或留空气注射法

再生障碍性贫血

- **病因**：射线、药物，化学物质以苯及其衍生物最常见
- **临床表现**
  - SAA：急，快，重，以出血、感染为主
  - NSAA：缓，慢，贫血为主，偶有出血
- **实验室及其他检查**
  - 血象：三系减少
  - 骨髓象【确诊依据】：骨髓增生低下或极度低下
- **治疗要点**
  - 支持疗法
  - SAA免疫抑制疗法：ATG/ALG联合CsA
  - NSAA雄激素：刺激肾脏产生促红细胞生成素【首选用药】
  - 造血干细胞移植
- **护理措施**
  - 雄激素的不良反应：局部反应、内分泌失调及身体意象紊乱
  - ATG/ALG的过敏反应

ITP

- **病因**：自身免疫反应→抗血小板抗体→血小板破坏【脾脏为主】
- **临床表现**
  - 急性型：发病前1~2周有上呼吸道感染史，可出现内脏出血
  - 慢性型：青年女性，皮肤黏膜出血和月经量过多
- **实验室及其他检查**
  - 巨核细胞增加或正常；白细胞多正常
  - 急性型常低于20×10^9/L，慢性型常为（30~80）×10^9/L
- **治疗要点**：糖皮质激素【首选药物】
- **护理措施**：出血、用药、糖皮质激素不良反应的护理

DIC

- **病因**：感染性疾病【最多见】、恶性肿瘤、手术及创伤、病理产科等
- **临床表现**：出血【最常见】、低血压、休克或微循环障碍、栓塞、微血管病性溶血
- **实验室检查**：血小板↓、血浆纤维蛋白质↓、3P阳性或FDP>20mg/L，PT↓或↑3秒、APTT↓或↑10秒
- **治疗要点**
  - 治疗原则：序贯性、及时性、个体性及动态性
  - 去除诱因、治疗原发病【前提和基础】
  - 肝素（抗凝首选），肝素过量用鱼精蛋白解毒
- **护理措施**
  - 观察手术伤口、穿刺点和注射部位的持续性渗血【特征】
  - 出血、组织器官栓塞、休克抢救及护理

慢粒

- **临床表现**
  - 慢性期
    - 代谢亢进、乏力、低热、多汗或盗汗、体重减轻
    - 脾肿大【最突出体征】；胸骨中下段压痛
  - 加速期和急变期：高热、体重下降，脾脏肿大、骨、关节痛、贫血、出血
  - 白细胞>200×10^9/L时可发生白细胞淤滞症
- **实验室检查**
  - 血象及骨髓象：中性中幼、晚幼和杆状核细胞明显增多
  - ph染色体，BCR-ABL融合基因
- **治疗要点**
  - 首选酪氨酸激酶抑制剂
  - 白细胞淤滞症可使用血细胞分离机
  - 轻基脲【首选化疗药物】
- **护理措施**：脾肿大、脾破裂、尿酸性肾病的防治与护理

急性白血病

- **临床表现**
  - 发热
    - 出血【M3最易并发DIC】；贫血【进行性加重】
    - 肿瘤性发热；感染（口最常见）
  - 浸润
    - 肝、脾、淋巴结肿大，CNSL最常见，是髓外复发根源
    - 骨骼（胸骨压痛）；眼眶绿色瘤；睾丸无痛性一侧增大
    - 颅内出血和CNSL的鉴别
- **实验室检查**：骨髓象（确诊）；奥尔小体（急非淋）
- **治疗要点**
  - 化疗：主要方案、不良反应；M3【维甲酸】
  - 支持对症：尿酸性肾病【碱化尿液和口服别嘌醇】
  - 造血干细胞移植：缓解期
- **护理措施**：化疗、发疱性化疗药物外渗、骨髓移植、口腔溃疡、消化道反应、心脏毒性的防治与护理

淋巴瘤

- **分类**
  - HL，以【R-S细胞】为特征
  - NHL，我国多见
- **临床表现**
  - 进行性、无痛性的颈部或锁骨上淋巴结肿大【首发症状】、热型多不规则、HL少见
  - 周期性发热、皮肤瘙痒
  - 饮酒痛是【HL特有】；热退时大汗淋漓【特征】；骨骼损害【以胸椎及腰椎最常见】
- **实验室及其他检查**：淋巴结活检【确诊和分型的依据】
- **治疗要点**：ABVD为HL【首选方案】
- **护理措施**：局部皮肤、放射损伤皮肤的护理

▲ 血液系统疾病的护理

内分泌代谢性疾病

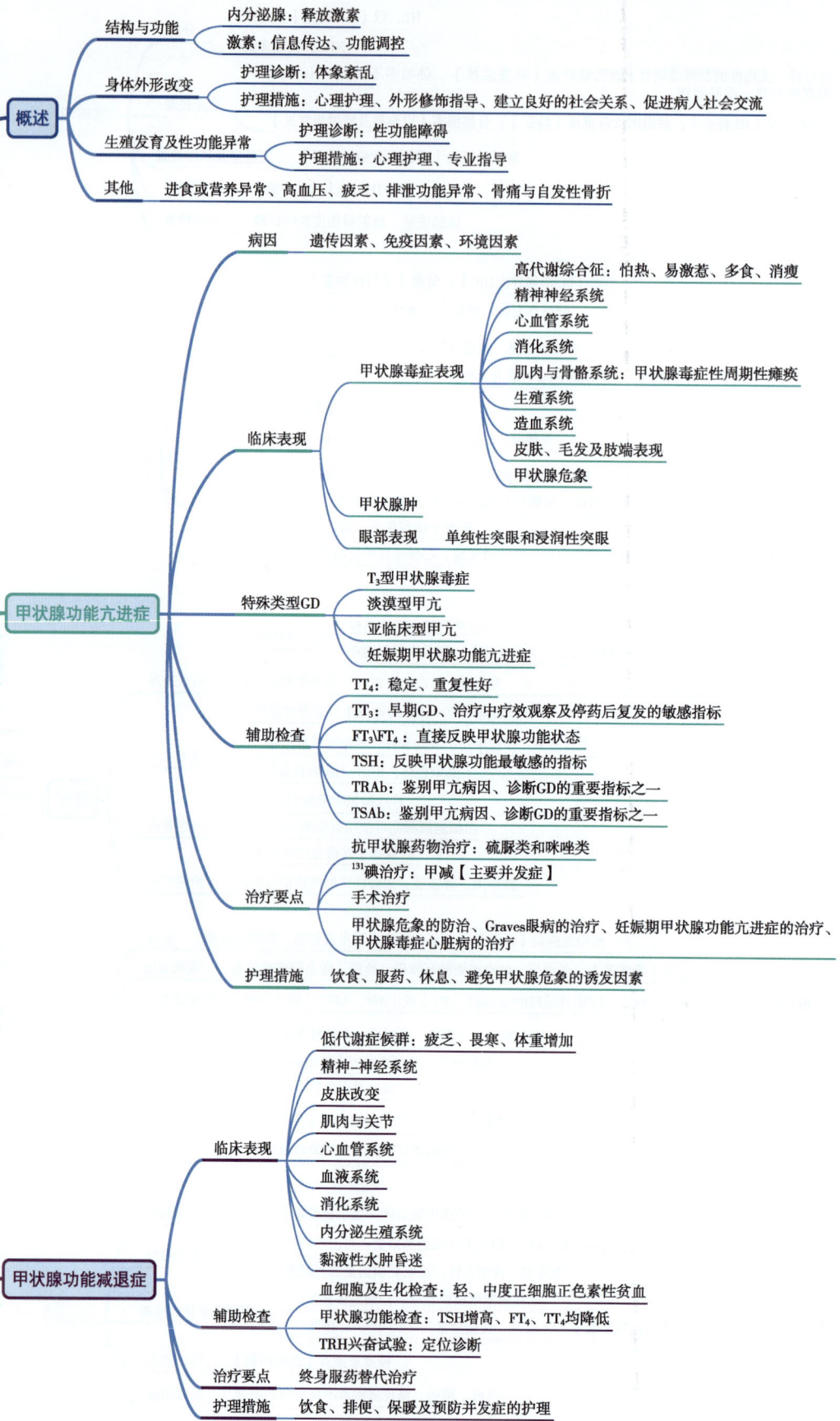

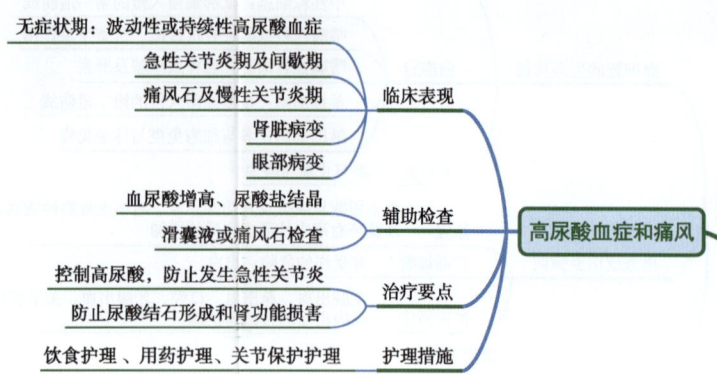

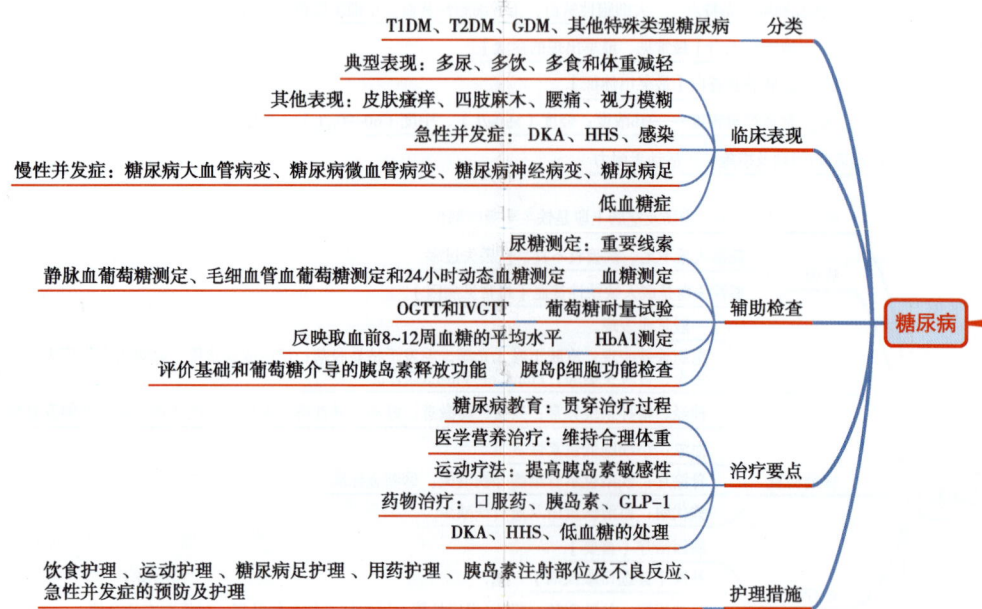

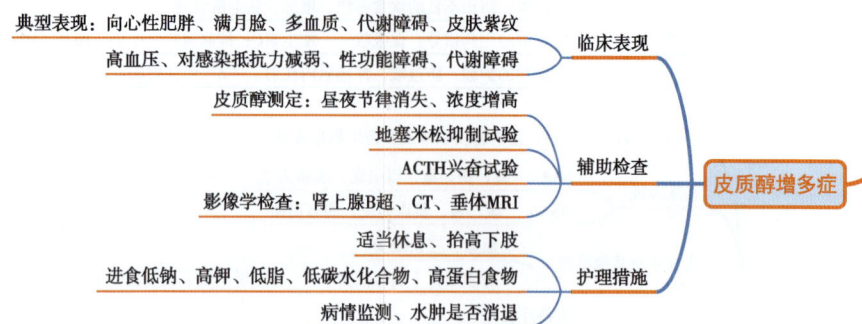

概述
- 结构与功能
  - 内分泌腺：释放激素
  - 激素：信息传达、功能调控
- 身体外形改变
  - 护理诊断：体象紊乱
  - 护理措施：心理护理、外形修饰指导、建立良好的社会关系、促进病人社会交流
- 生殖发育及性功能异常
  - 护理诊断：性功能障碍
  - 护理措施：心理护理、专业指导
- 其他　进食或营养异常、高血压、疲乏、排泄功能异常、骨痛与自发性骨折

高尿酸血症和痛风
- 临床表现
  - 无症状期：波动性或持续性高尿酸血症
  - 急性关节炎期及间歇期
  - 痛风石及慢性关节炎期
  - 肾脏病变
  - 眼部病变
- 辅助检查
  - 血尿酸增高、尿酸盐结晶
  - 滑囊液或痛风石检查
- 治疗要点
  - 控制高尿酸，防止发生急性关节炎
  - 防止尿酸结石形成和肾功能损害
- 护理措施　饮食护理、用药护理、关节保护护理

糖尿病
- 分类　T1DM、T2DM、GDM、其他特殊类型糖尿病
- 临床表现
  - 典型表现：多尿、多饮、多食和体重减轻
  - 其他表现：皮肤瘙痒、四肢麻木、腰痛、视力模糊
  - 急性并发症：DKA、HHS、感染
  - 慢性并发症：糖尿病大血管病变、糖尿病微血管病变、糖尿病神经病变、糖尿病足
  - 低血糖症
- 辅助检查
  - 尿糖测定：重要线索
  - 血糖测定　静脉血葡萄糖测定、毛细血管血葡萄糖测定和24小时动态血糖测定
  - 葡萄糖耐量试验　OGTT和IVGTT
  - HbA1测定　反映取血前8~12周血糖的平均水平
  - 胰岛β细胞功能检查　评价基础和葡萄糖介导的胰岛素释放功能
- 治疗要点
  - 糖尿病教育：贯穿治疗过程
  - 医学营养治疗：维持合理体重
  - 运动疗法：提高胰岛素敏感性
  - 药物治疗：口服药、胰岛素、GLP-1
  - DKA、HHS、低血糖的处理
- 护理措施　饮食护理、运动护理、糖尿病足护理、用药护理、胰岛素注射部位及不良反应、急性并发症的预防及护理

皮质醇增多症
- 临床表现
  - 典型表现：向心性肥胖、满月脸、多血质、代谢障碍、皮肤紫纹
  - 高血压、对感染抵抗力减弱、性功能障碍、代谢障碍
- 辅助检查
  - 皮质醇测定：昼夜节律消失、浓度增高
  - 地塞米松抑制试验
  - ACTH兴奋试验
  - 影像学检查：肾上腺B超、CT、垂体MRI
- 护理措施
  - 适当休息、抬高下肢
  - 进食低钠、高钾、低脂、低碳水化合物、高蛋白食物
  - 病情监测、水肿是否消退

甲状腺功能亢进症
- 病因　遗传因素、免疫因素、环境因素
- 临床表现
  - 甲状腺毒症表现
    - 高代谢综合征：怕热、易激惹、多食、消瘦
    - 精神神经系统
    - 心血管系统
    - 消化系统
    - 肌肉与骨骼系统：甲状腺毒症性周期性瘫痪
    - 生殖系统
    - 造血系统
    - 皮肤、毛发及肢端表现
    - 甲状腺危象
  - 甲状腺肿
  - 眼部表现　单纯性突眼和浸润性突眼
- 特殊类型GD
  - T$_3$型甲状腺毒症
  - 淡漠型甲亢
  - 亚临床型甲亢
  - 妊娠期甲状腺功能亢进症
- 辅助检查
  - TT$_4$：稳定、重复性好
  - TT$_3$：早期GD、治疗中疗效观察及停药后复发的敏感指标
  - FT$_3$\FT$_4$：直接反映甲状腺功能状态
  - TSH：反映甲状腺功能最敏感的指标
  - TRAb：鉴别甲亢病因、诊断GD的重要指标之一
  - TSAb：鉴别甲亢病因、诊断GD的重要指标之一
- 治疗要点
  - 抗甲状腺药物治疗：硫脲类和咪唑类
  - ^{131}碘治疗：甲减【主要并发症】
  - 手术治疗
  - 甲状腺危象的防治、Graves眼病的治疗、妊娠期甲状腺功能亢进症的治疗、甲状腺毒症心脏病的治疗
- 护理措施　饮食、服药、休息、避免甲状腺危象的诱发因素

甲状腺功能减退症
- 临床表现
  - 低代谢症候群：疲乏、畏寒、体重增加
  - 精神-神经系统
  - 皮肤改变
  - 肌肉与关节
  - 心血管系统
  - 血液系统
  - 消化系统
  - 内分泌生殖系统
  - 黏液性水肿昏迷
- 辅助检查
  - 血细胞及生化检查：轻、中度正细胞正色素性贫血
  - 甲状腺功能检查：TSH增高、FT$_4$、TT$_4$均降低
  - TRH兴奋试验：定位诊断
- 治疗要点　终身服药替代治疗
- 护理措施　饮食、排便、保暖及预防并发症的护理

▲ 内分泌代谢性疾病

风湿性疾病病人的护理

关节肿痛
- 护理诊断/问题
  - 疼痛：慢性关节疼痛
  - 焦虑
- 护理措施
  - 生活护理：急性期卧床休息、减少活动、保持关节功能位、避免疼痛部位受压、协助日常生活护理
  - 疼痛护理
    - 非药物止痛：放松疗法等分散疼痛注意力；物理疗法：热敷、按摩
    - 药物止痛：非甾体抗炎药、不良反应观察
  - 心理护理

关节僵硬和活动受限
- 护理诊断
  - 躯体活动障碍
- 护理措施
  - 协助日常生活护理
  - 休息和锻炼：急性期—限制活动；急性期后—被动性和主动性的全关节活动交替
  - 关节保暖预防晨僵：晨起温水浴或用热水浸泡僵硬关节再活动关节；夜间睡眠关节保暖戴手套
  - 病情观察及预防并发症（肌肉萎缩、足下垂、肺部感染、压疮、便秘）
  - 物理疗法及辅助工具（拐杖、助行器、轮椅）

皮肤受损
- 护理诊断
  - 皮肤完整性受损
- 护理措施
  - 生活护理：营养均衡、避免光敏性食物、注意保暖、戒烟酒和刺激性辛辣食物
  - 皮肤护理：清洁干燥、温水擦洗忌碱，避光、刺激性化妆品、药物（如普鲁卡因胺、肼屈嗪）、防压疮，皮疹或红斑处合理局部用药
  - 病情观察：雷诺现象
  - 用药护理：非甾体抗炎药、肾上腺糖皮质激素、免疫抑制剂、血管扩张药和抑制血小板聚集药物
  - 心理护理

类风湿关节炎
- 临床表现
  - 关节表现：晨僵、疼痛、肿胀、畸形、功能障碍
  - 关节外表现：类风湿结节（活动期表现）、类风湿血管炎
  - 其他：干燥综合征、费尔蒂（Felty）综合征、Caplan综合征
- 辅助检查
  - 血液检查—轻度及中度贫血、类风湿因子（RF）检查、关节滑液检查、关节X线
- 治疗要点
  - 非甾体抗炎药【首选】、糖皮质激素、抗风湿药
- 护理诊断及护理措施
  - 疼痛、有失用综合征的危险、预感性悲哀

系统性红斑狼疮
- 病因
  - 遗传因素、雌激素、环境因素（日光、感染、食物、药物等）
- 临床表现
  - 全身症状（发热、乏力等）
  - 皮肤与黏膜【蝶形红斑特征性】
  - 骨关节与肌肉：近端指间关节、腕、膝和掌指关节，呈对称性分布；肩、肘、踝及髋关节少累及，畸形少
  - 狼疮性肾炎、肾衰【常见死亡原因】
  - 循环系统（心包炎）、呼吸系统（狼疮性肺炎）、消化系统（腹痛、呕吐）、神经系统（脑损害）、血液系统（慢性贫血）
- 辅助检查
  - 活动期血沉增快
  - 免疫学检查
    - ANA：首选的筛查项目，敏感度高，特异性低
    - 抗dsDNA抗体：诊断SLE的特异性抗体
    - 抗ENA抗体谱、其他自身抗体
- 治疗要点
  - 糖皮质激素【首选】
  - 非甾体抗炎药、免疫抑制剂、其他药物治疗
- 护理诊断及措施
  - 皮肤完整性受损、疼痛：慢性关节疼痛、潜在并发症：慢性肾衰竭

▲ 风湿性疾病病人的护理

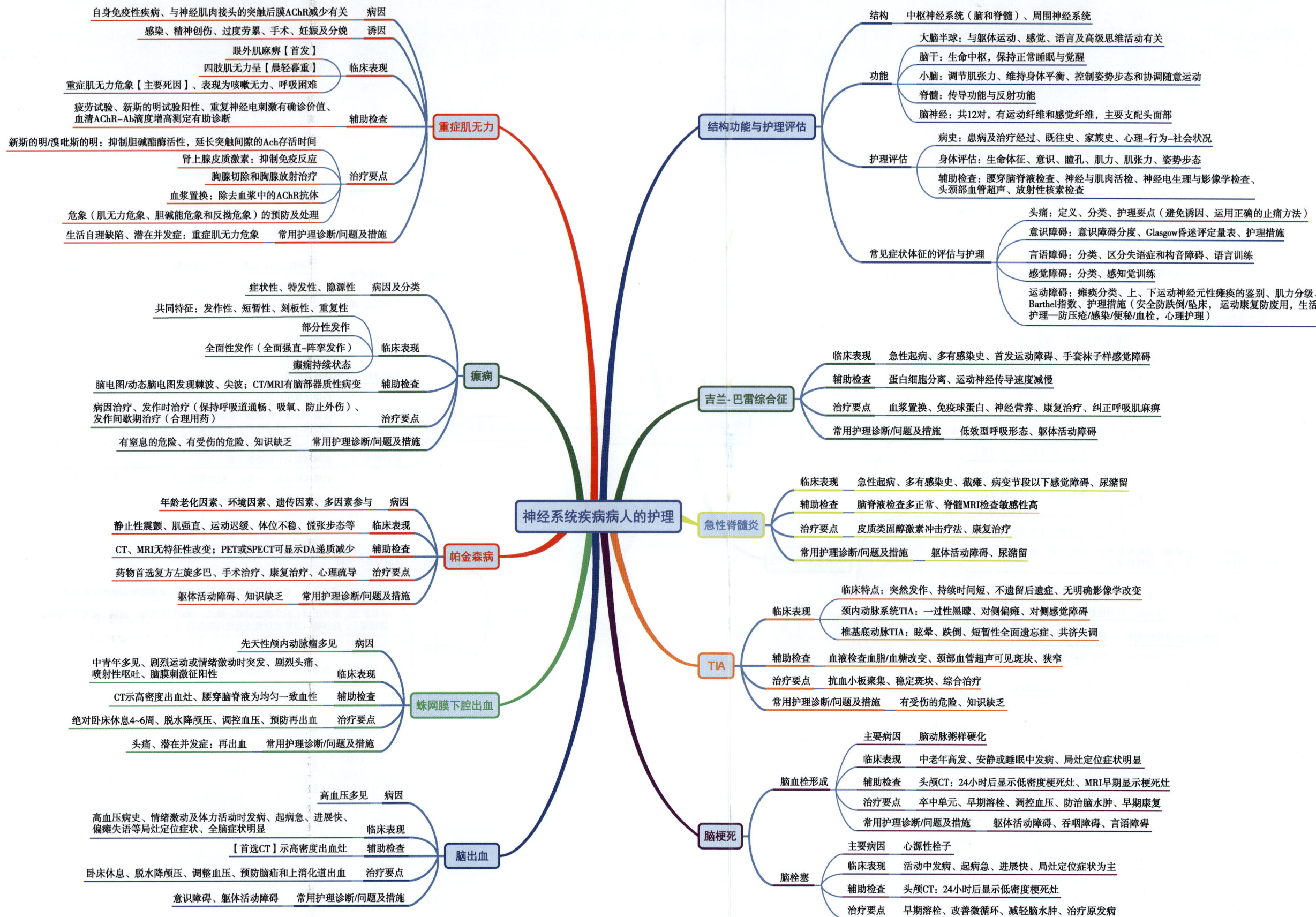

神经系统疾病病人的护理

重症肌无力
- **病因**：自身免疫性疾病、与神经肌肉接头的突触后膜AChR减少有关
- **诱因**：感染、精神创伤、过度劳累、手术、妊娠及分娩
- **临床表现**：
  - 眼外肌麻痹【首发】
  - 四肢肌无力呈【晨轻暮重】
  - 重症肌无力危象【主要死因】、表现为咳嗽无力、呼吸困难
- **辅助检查**：疲劳试验、新斯的明试验阳性、重复神经电刺激有确诊价值、血清AChR-Ab滴度增高测定有助诊断
- **治疗要点**：
  - 新斯的明/溴吡斯的明：抑制胆碱酯酶活性，延长突触间隙的Ach存活时间
  - 肾上腺皮质激素：抑制免疫反应
  - 胸腺切除和胸腺放射治疗
  - 血浆置换：除去血浆中的AChR抗体
- **常用护理诊断/问题及措施**：
  - 危象（肌无力危象、胆碱能危象和反拗危象）的预防及处理
  - 生活自理缺陷、潜在并发症：重症肌无力危象

癫痫
- **病因及分类**：症状性、特发性、隐源性
- **临床表现**：
  - 共同特征：发作性、短暂性、刻板性、重复性
  - 部分性发作
  - 全面性发作（全面强直-阵挛发作）
  - 癫痫持续状态
- **辅助检查**：脑电图/动态脑电图发现棘波、尖波；CT/MRI有脑部器质性病变
- **治疗要点**：病因治疗、发作时治疗（保持呼吸道通畅、吸氧、防止外伤）、发作间歇期治疗（合理用药）
- **常用护理诊断/问题及措施**：有窒息的危险、有受伤的危险、知识缺乏

帕金森病
- **病因**：年龄老化因素、环境因素、遗传因素、多因素参与
- **临床表现**：静止性震颤、肌强直、运动迟缓、体位不稳、慌张步态等
- **辅助检查**：CT、MRI无特征性改变；PET或SPECT可显示DA递质减少
- **治疗要点**：药物首选复方左旋多巴、手术治疗、康复治疗、心理疏导
- **常用护理诊断/问题及措施**：躯体活动障碍、知识缺乏

蛛网膜下腔出血
- **病因**：先天性颅内动脉瘤多见
- **临床表现**：中青年多见、剧烈运动或情绪激动时突发、剧烈头痛、喷射性呕吐、脑膜刺激征阳性
- **辅助检查**：CT示高密度出血灶、腰穿脑脊液为均匀一致血性
- **治疗要点**：绝对卧床休息4~6周、脱水降颅压、调控血压、预防再出血
- **常用护理诊断/问题及措施**：头痛、潜在并发症：再出血

脑出血
- **病因**：高血压多见
- **临床表现**：高血压病史、情绪激动及体力活动时发病、起病急、进展快、偏瘫失语等局灶定位症状、全脑症状明显
- **辅助检查**：【首选CT】示高密度出血灶
- **治疗要点**：卧床休息、脱水降颅压、调整血压、预防脑疝和上消化道出血
- **常用护理诊断/问题及措施**：意识障碍、躯体活动障碍

结构功能与护理评估
- **结构**：中枢神经系统（脑和脊髓）、周围神经系统
- **功能**：
  - 大脑半球：与躯体运动、感觉、语言及高级思维活动有关
  - 脑干：生命中枢，保持正常睡眠与觉醒
  - 小脑：调节肌张力、维持身体平衡、控制姿势步态和协调随意运动
  - 脊髓：传导功能与反射功能
  - 脑神经：共12对，有运动纤维和感觉纤维，主要支配头面部
- **护理评估**：
  - 病史：患病及治疗经过、既往史、家族史、心理-行为-社会状况
  - 身体评估：生命体征、意识、瞳孔、肌力、肌张力、姿势步态
  - 辅助检查：腰穿脑脊液检查、神经与肌肉活检、神经电生理与影像学检查、头颈部血管超声、放射性核素检查
- **常见症状体征的评估与护理**：
  - 头痛：定义、分类、护理要点（避免诱因、运用正确的止痛方法）
  - 意识障碍：意识障碍分度、Glasgow昏迷评定量表、护理措施
  - 言语障碍：分类、区分失语症和构音障碍、语言训练
  - 感觉障碍：分类、感知觉训练
  - 运动障碍：瘫痪分类、上、下运动神经元性瘫痪的鉴别、肌力分级、Barthel指数、护理措施（安全防跌倒/坠床，运动康复防废用，生活护理—防压疮/感染/便秘/血栓，心理护理）

吉兰-巴雷综合征
- **临床表现**：急性起病、多有感染史、首发运动障碍、手套袜子样感觉障碍
- **辅助检查**：蛋白细胞分离、运动神经传导速度减慢
- **治疗要点**：血浆置换、免疫球蛋白、神经营养、康复治疗、纠正呼吸肌麻痹
- **常用护理诊断/问题及措施**：低效型呼吸形态、躯体活动障碍

急性脊髓炎
- **临床表现**：急性起病、多有感染史、截瘫、病变节段以下感觉障碍、尿潴留
- **辅助检查**：脑脊液检查多正常、脊髓MRI检查敏感性高
- **治疗要点**：皮质类固醇激素冲击疗法、康复治疗
- **常用护理诊断/问题及措施**：躯体活动障碍、尿潴留

TIA
- **临床表现**：
  - 临床特点：突然发作、持续时间短、不遗留后遗症、无明确影像学改变
  - 颈内动脉系统TIA：一过性黑矇、对侧偏瘫、对侧感觉障碍
  - 椎基底动脉TIA：眩晕、跌倒、短暂性全面遗忘症、共济失调
- **辅助检查**：血液检查血脂/血糖改变、颈部血管超声可见斑块、狭窄
- **治疗要点**：抗血小板聚集、稳定斑块、综合治疗
- **常用护理诊断/问题及措施**：有受伤的危险、知识缺乏

脑梗死
- **脑血栓形成**：
  - 主要病因：脑动脉粥样硬化
  - 临床表现：中老年高发、安静或睡眠中发病、局灶定位症状明显
  - 辅助检查：头颅CT：24小时后显示低密度梗死灶、MRI早期显示梗死灶
  - 治疗要点：卒中单元、早期溶栓、调控血压、防治脑水肿、早期康复
  - 常用护理诊断/问题及措施：躯体活动障碍、吞咽障碍、言语障碍
- **脑栓塞**：
  - 主要病因：心源性栓子
  - 临床表现：活动中发病、起病急、进展快、局灶定位症状为主
  - 辅助检查：头颅CT：24小时后显示低密度梗死灶
  - 治疗要点：早期溶栓、改善微循环、减轻脑水肿、治疗原发病

▲ 神经系统疾病病人的护理

传染病病人的护理

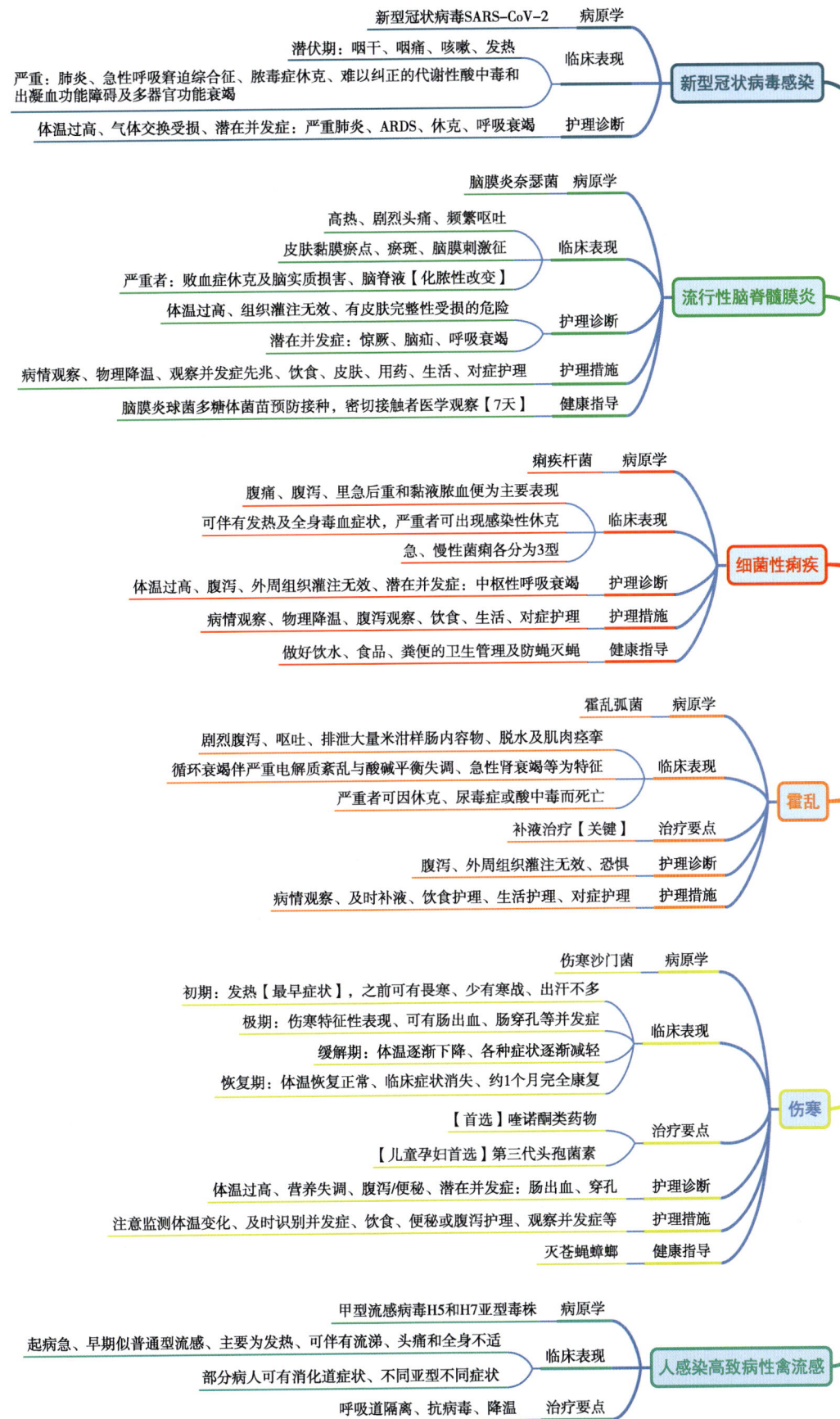

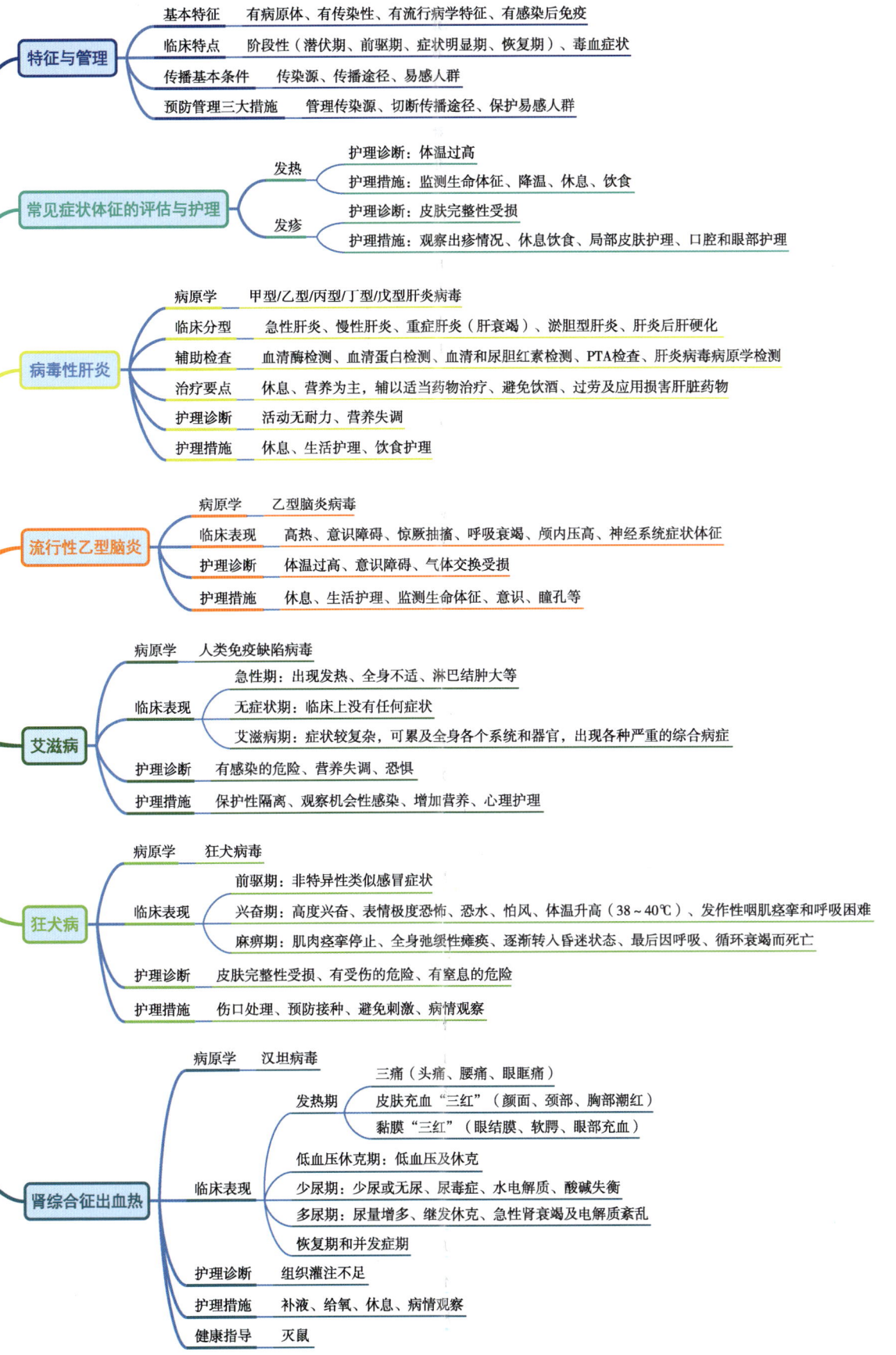

新型冠状病毒感染
- 病原学：新型冠状病毒SARS-CoV-2
- 临床表现
  - 潜伏期：咽干、咽痛、咳嗽、发热
  - 严重：肺炎、急性呼吸窘迫综合征、脓毒症休克、难以纠正的代谢性酸中毒和出凝血功能障碍及多器官功能衰竭
- 护理诊断：体温过高、气体交换受损、潜在并发症：严重肺炎、ARDS、休克、呼吸衰竭

流行性脑脊髓膜炎
- 病原学：脑膜炎奈瑟菌
- 临床表现
  - 高热、剧烈头痛、频繁呕吐
  - 皮肤黏膜瘀点、瘀斑、脑膜刺激征
  - 严重者：败血症休克及脑实质损害，脑脊液【化脓性改变】
- 护理诊断：体温过高、组织灌注无效、有皮肤完整性受损的危险、潜在并发症：惊厥、脑疝、呼吸衰竭
- 护理措施：病情观察、物理降温、观察并发症先兆、饮食、皮肤、用药、生活、对症护理
- 健康指导：脑膜炎球菌多糖体菌苗预防接种，密切接触者医学观察【7天】

细菌性痢疾
- 病原学：痢疾杆菌
- 临床表现
  - 腹痛、腹泻、里急后重和黏液脓血便为主要表现
  - 可伴有发热及全身毒血症状，严重者可出现感染性休克
  - 急、慢性菌痢各分为3型
- 护理诊断：体温过高、腹泻、外周组织灌注无效、潜在并发症：中枢性呼吸衰竭
- 护理措施：病情观察、物理降温、腹泻观察、饮食、生活、对症护理
- 健康指导：做好饮水、食品、粪便的卫生管理及防蝇灭蝇

霍乱
- 病原学：霍乱弧菌
- 临床表现
  - 剧烈腹泻、呕吐、排泄大量米泔样肠内容物、脱水及肌肉痉挛
  - 循环衰竭伴严重电解质素乱与酸碱平衡失调、急性肾衰竭等为特征
  - 严重者可因休克、尿毒症或酸中毒而死亡
- 治疗要点：补液治疗【关键】
- 护理诊断：腹泻、外周组织灌注无效、恐惧
- 护理措施：病情观察、及时补液、饮食护理、生活护理、对症护理

伤寒
- 病原学：伤寒沙门菌
- 临床表现
  - 初期：发热【最早症状】，之前可有畏寒、少有寒战、出汗不多
  - 极期：伤寒特征性表现、可有肠出血、肠穿孔等并发症
  - 缓解期：体温逐渐下降、各种症状逐渐减轻
  - 恢复期：体温恢复正常、临床症状消失、约1个月完全康复
- 治疗要点：【首选】喹诺酮类药物、【儿童孕妇首选】第三代头孢菌素
- 护理诊断：体温过高、营养失调、腹泻/便秘、潜在并发症：肠出血、穿孔
- 护理措施：注意监测体温变化、及时识别并发症、饮食、便秘或腹泻护理、观察并发症等
- 健康指导：灭苍蝇蟑螂

人感染高致病性禽流感
- 病原学：甲型流感病毒H5和H7亚型毒株
- 临床表现
  - 起病急、早期似普通型流感、主要为发热、可伴有流涕、头痛和全身不适
  - 部分病人可有消化道症状、不同亚型不同症状
- 治疗要点：呼吸道隔离、抗病毒、降温

特征与管理
- 基本特征：有病原体、有传染性、有流行病学特征、有感染后免疫
- 临床特点：阶段性（潜伏期、前驱期、症状明显期、恢复期）、毒血症状
- 传播基本条件：传染源、传播途径、易感人群
- 预防管理三大措施：管理传染源、切断传播途径、保护易感人群

常见症状体征的评估与护理
- 发热
  - 护理诊断：体温过高
  - 护理措施：监测生命体征、降温、休息、饮食
- 发疹
  - 护理诊断：皮肤完整性受损
  - 护理措施：观察出疹情况、休息饮食、局部皮肤护理、口腔和眼部护理

病毒性肝炎
- 病原学：甲型/乙型/丙型/丁型/戊型肝炎病毒
- 临床分型：急性肝炎、慢性肝炎、重症肝炎（肝衰竭）、淤胆型肝炎、肝炎后肝硬化
- 辅助检查：血清酶检测、血清蛋白检测、血清和尿胆红素检测、PTA检查、肝炎病毒病原学检测
- 治疗要点：休息、营养为主，辅以适当药物治疗、避免饮酒、过劳及应用损害肝脏药物
- 护理诊断：活动无耐力、营养失调
- 护理措施：休息、生活护理、饮食护理

流行性乙型脑炎
- 病原学：乙型脑炎病毒
- 临床表现：高热、意识障碍、惊厥抽搐、呼吸衰竭、颅内压高、神经系统症状体征
- 护理诊断：体温过高、意识障碍、气体交换受损
- 护理措施：休息、生活护理、监测生命体征、意识、瞳孔等

艾滋病
- 病原学：人类免疫缺陷病毒
- 临床表现
  - 急性期：出现发热、全身不适、淋巴结肿大等
  - 无症状期：临床上没有任何症状
  - 艾滋病期：症状较复杂，可累及全身各个系统和器官，出现各种严重的综合病症
- 护理诊断：有感染的危险、营养失调、恐惧
- 护理措施：保护性隔离、观察机会性感染、增加营养、心理护理

狂犬病
- 病原学：狂犬病毒
- 临床表现
  - 前驱期：非特异性类似感冒症状
  - 兴奋期：高度兴奋、表情极度恐怖、恐水、怕风、体温升高（38～40℃）、发作性咽肌痉挛和呼吸困难
  - 麻痹期：肌肉痉挛停止、全身弛缓性瘫痪、逐渐转入昏迷状态、最后因呼吸、循环衰竭而死亡
- 护理诊断：皮肤完整性受损、有受伤的危险、有窒息的危险
- 护理措施：伤口处理、预防接种、避免刺激、病情观察

肾综合征出血热
- 病原学：汉坦病毒
- 临床表现
  - 发热期
    - 三痛（头痛、腰痛、眼眶痛）
    - 皮肤充血"三红"（颜面、颈部、胸部潮红）
    - 黏膜"三红"（眼结膜、软腭、眼部充血）
  - 低血压休克期：低血压及休克
  - 少尿期：少尿或无尿、尿毒症、水电解质、酸碱失衡
  - 多尿期：尿量增多、继发休克、急性肾衰竭及电解质紊乱
  - 恢复期和并发症期
- 护理诊断：组织灌注不足
- 护理措施：补液、给氧、休息、病情观察
- 健康指导：灭鼠

▲ 传染性疾病病人的护理